教育部哲學社會科學研究重大課題攻關項目

「十一五」國家重點圖書出版規劃項目·重大工程出版規劃

國家社會科學基金重大項目

北京大學「九八五工程」重點項目

儒藏

精華編一八六册
子部儒學類

# 儒藏

精華編

北京大學《儒藏》編纂與研究中心

# 《儒藏》精華編第一八六册

首席總編纂 季羡林
項目首席專家 湯一介
總　編　纂 湯一介 龐樸 孫欽善 安平秋（按年齡排序）
本册主編 嚴佐之

# 《儒藏》精華編凡例

一、中國傳統文化以儒家思想爲中心。《儒藏》爲儒家經典和反映儒家思想、體現儒家經世做人原則的典籍的叢編。收書時限自先秦至清代結束。

二、《儒藏》精華編爲《儒藏》的一部分，選收《儒藏》中的精要書籍。

三、《儒藏》精華編所收書籍，包括傳世文獻和出土文獻。傳世文獻按《四庫全書總目》經史子集四部分類法分類，大類、小類基本參照《中國叢書綜録》和《中國古籍善本書目》，於個别處略作調整。凡單書已收入入選的個人叢書或全集者，僅存目録，並注明互見。出土文獻單列爲一個部類，原件以古文字書寫者一律收其釋文文本。韓國、日本、越南儒學者用漢文寫作的儒學著作，編爲海外文獻部類。

四、所收書籍的篇目卷次，一仍底本原貌，不選編，不改編，保持原書的完整性和獨立性。

五、對入選書籍進行簡要校勘。以對校爲主，確定内容完足、精確率高的版本爲底本，精選有校勘價值的版本爲校本。出校堅持少而精，以校正誤爲主，酌校異同。校記力求規範、精煉。

六、根據現行標點符號用法，結合古籍標點通例，進行規範化標點。專名號除書名號用角號（《》）外，其他一律省略。

七、對較長的篇章，根據文字内容，適當劃分段落。正文原已分段者，不作改動。千字以内的短文一般不分段。

八、各書卷端由整理者撰寫《校點説明》，簡要介紹作者生平、該書成書背景、主要内容及影響，以及整理時所確定的底本、校本（舉全稱後括注簡稱）及其他有關情況。重複出現的作者，其生平事蹟按出現順序前詳後略。

九、本書用繁體漢字豎排，小注一律排爲單行。

# 《儒藏》精華編第一八六册

## 子部　儒學類

### 性理之屬

# 太極圖説解

〔南宋〕朱熹 撰
黄珅 校點

# 目録

# 校點説明

周敦頤，字茂叔，道州營道（今湖南道縣）人。北宋天禧元年（一〇一七）生，熙寧六年（一〇七三）卒。因築書堂於廬山蓮花峰下小溪旁，以營道故居之濂溪名之，後人又稱其濂溪先生。曾官郴州郴縣令、知南康軍、國子博士等。後人編有《周子全書》。朱熹，字元晦，改字仲晦，別號晦庵、晦翁、遯翁、雲谷老人、滄州病叟等。祖籍徽州婺源（屬江西）。南宋建炎四年（一一三〇）生於南劍州尤溪縣（今福建南平）。紹興十八年（一一四八）進士。曾知南康軍、提舉浙東常平茶鹽公事、知漳州，官至煥章閣待制。晚年遭「慶元黨禁」，多次離家避難。慶元六年（一二〇〇）卒於建甯府建陽縣（今屬福建）。朱熹爲二程的四傳弟子，他繼承並發展了二程關於理氣關係的學説，建立起一個完整的理學體系，爲宋代理學的集大成者。

唐、宋之際，用圖解來説明宇宙生成的原理，已成一時風氣。周敦頤利用宋初道士陳摶的修煉圖，改繪成《太極圖》，作爲論證宇宙本體及萬物生成的圖式，並作《太極圖説》闡述。今傳《太極圖説》爲朱熹整理，僅二百五十餘字，朱熹還作《太極圖説解》加以發揮，使之成爲宋代理學的理論基礎，此書因而具有特殊重要的意義。

周敦頤提出：無極即太極，流轉而成陰陽兩儀，陰陽變合而生水火木金土五行。無極之真，與兩儀、五行之精，妙合而凝。二氣交感，化生萬物。朱熹的自然哲學，即以《太極圖説》爲出發點進行闡述。他説：「原『極』之所以得名，蓋取樞極之義。聖人謂之『太極』者，所以指夫天地萬物之根也。周子因之而又謂之『無極』者，所以大無聲無臭之妙也。」（《朱文公文集》卷四十五《答楊子真》）「太極只是一個理字」。（《朱子語類》卷一）朱熹認爲：周敦頤的「太極」，即二程所説的「理」；周敦頤的「二氣」、「五行」，即二程所説的「氣」。這樣，周敦頤的「太極」説，就成了程、朱「理氣」説的先導，换言之，「太極」説與「理氣」説合爲一體了。

《太極圖説》在宋代流傳甚廣，但朱熹在各類傳本中，發現有許多謬誤，和周敦頤的説法不合。爲了探求周敦頤的本意，不使後人誤入歧途，朱熹作《太極圖説解》，於乾道九年（一一七三）成。淳熙六年（一一七九）朱熹知南康軍，治所就在廬山脚下，與周敦頤讀書處鄰近。在任期間，他除了講解《大學章句》、《中庸章句》外，「又出《太極講義》一編，以示學者」。（曹彦約《昌穀集》卷二十《梅坡先生彭公墓誌銘》）淳熙十五年，爲了給有關「無極太極」的辯論做總結，朱熹刻印了《太極圖説解》，並跋云：「始予作《太極》、《西銘》二解，未嘗敢出以示人也。近見儒者多議兩書之失，或乃未嘗通其文義而妄肆詆訶，予竊悼焉，因出此解以示學徒，使廣其傳，庶幾讀者由辭以得文意，而知其未可以輕議也。」（《朱文公文集》卷八十二《題太極西銘解後》）

南宋黄益能將朱熹所撰《太極圖説解》、《通書注》、《西銘解》，編成《朱子三書》。（《新安文獻志》卷二十三引朱浚《題朱子三書》）此書在明代曾有刻印。前人已經注意到：清康熙間李光地所録《朱子三書》，已非黄益能本，而是從《性理大全》中抽出此三書編成的。周中孚《鄭堂讀書記》有言：「《太極圖説注》一卷，《通書注》一卷，《西銘注》一卷，《文貞全集》本，國朝李光地編，宋朱子撰……《性理大全》所收，俱全載朱注，厚庵即據以録出，各爲一卷，於三書後分載朱跋。」上海圖書館藏有《朱子三書》康熙刻本。國家圖書館所藏《朱子三書》清刻本，無序跋。經與《朱子成書》元刻本、《性理大全》明嘉靖鄭氏宗文堂刻本對校，發現它與後者更爲接近。

元黄瑞節輯朱熹所注《太極圖説》、《通書》、《西銘》、《易學啓蒙》、《家禮》、《律呂新書》、《皇極經世指要》、《周易參同契》、《陰符經》，編《朱子成書》，書前有劉將孫序。國家圖書館藏有元刻本、明初刻本、明景泰刻本、清初抄本。元刻本爲元至正元年辛巳(一三四一)日新書堂刊行,不分卷目。

明永樂十三年(一四一五),胡廣等奉敕編《性理大全》七十卷,内有《太極圖説解》。國家圖書館藏有明永樂十三年内府刻本。

本書標點,以國家圖書館所藏元刻《朱子成書》本爲底本,對校以明初刻《朱子成書》本(簡稱《成書》明刻本),參校以鄭氏崇文堂刻《性理大全》本(簡稱《大全》本)、明徐必達刻《周張全書》本(簡稱徐本)。

校點者　黄　珅

# 太極圖

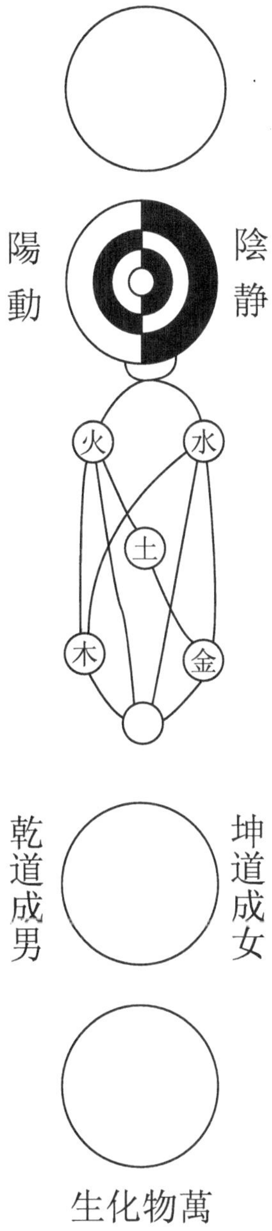

## 圖　解

○，此所謂無極而太極也，所以動而陽、靜而陰之本體也。然非有以離乎陰陽也，即陰陽而指其本體，不雜乎陰陽而爲言耳。❶，此○之動而陽、靜而陰也。中○者，其本體也。者，陽之動也，○之用所以行也；者，陰之靜也，○之體所以立也。者，之根也；者，之根也。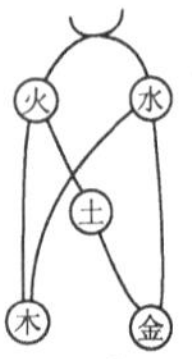

，此陽變陰合而生水火木金土也。者，陽之變也；者，陰之合也。㊌陰盛，故居右；㊋陽盛，故居左；㊍陽稚，故次火；㊎陰稚，故次水；㊏沖氣，故居中。而水火之交系乎上，陰根陽，陽根陰也。水而木，木而火，火而土，土而金，金而復水，如環無端，五氣布，四時行也。❷

，五行一陰陽，五殊二實，無餘欠也；陰陽一太極，精粗本末，無彼此也；太極本無極，上天之載無聲臭也。五行之生，各一其性，氣殊質異，各一其○，無假借也。，此無極、二五所以妙合而無間也。○，乾男坤女，以氣化者言也，各一其性，而男女一太極也。○，萬物化生，以形化者言也，各一其性，而萬物一太極也。惟人也得其秀而最靈，則所謂人○者，於是乎在矣。然形，之爲也；神，之發也；五性，

❶「雜」，《成書》明刻本作「離」。

❷「布」下，《大全》本有「而」字。

之德也；善惡，男女之分也；萬事，萬物之象也。此天下之動，所以紛綸交錯而吉凶悔吝所由以生也。❶惟聖人者，又得夫秀之精一，而有以全乎○之體用者也。是以一動一靜，各臻其極，而天下之故，常感通乎寂然不動之中。蓋中也、仁也、感也，所謂也，○之用所以行也；正也、義也、寂也，所謂也，○之體所以立也。中正仁義，渾然全體，而靜者常爲主焉。則人○於是乎立，而○

天地、日月、四時、鬼神有所不能違矣。君子之戒謹恐懼，所以修此而吉也；小人之放僻邪侈，所以悖此而凶也。天地人之道，各一○也。陽也、剛也、仁也，所謂也，物之始也；陰也、柔也、義也，所謂也，物之終也。此所謂易也，而三極之道立焉，實則一○也。故曰「易有太極」，之謂也。❷

❶「綸」，《成書》明刻本作「紜」。

❷「」，原作「」，據《成書》明刻本、《大全》本、徐本改。

# 太極圖説解

無極而太極。

「上天之載，無聲無臭」，而實造化之樞紐、品彙之根柢也。故曰：「無極而太極。」非太極之外，復有無極也。

太極動而生陽，動極而静；静而生陰，静極復動。一動一静，互爲其根，分陰分陽，兩儀立焉。

太極之有動静，是天命之流行也，所謂「一陰一陽之謂道」。誠者，聖人之本，物之終始，而命之道也。其動也，誠之通也，「繼之者善」，萬物之所資以始也；其静也，誠之復也，「成之者性」，萬物各正其性命也。「動極而静」，「静極復動」，「一動一静，互爲其根」，命之所以流行而不已也。「動而生陽」，「静而生陰」，「分陰分陽，兩儀立焉」，分之所以一定而不移也。蓋太極者，本然之妙也；動静者，所乘之機也。太極，形而上之道也；陰陽，形而下之器也。是以自其著者而觀之，則動静不同時，陰陽不同位，而太極無不在焉；自其微者而觀之，則沖漠無眹，而動静陰陽之理，已悉具於其中矣。雖然，推之於前，而不見其始之合；引之於後，而不見其終之離也。故程子曰：「動静無端，陰陽無始。」非知道者，孰能識之？

陽變陰合，而生水火木金土。五氣順布，四時行焉。

有太極，則一動一静而兩儀分；有陰陽，則一變一合而五行具。然五行者，質具於地而氣行於天者也。以質而語其生之序，則曰水火木金土，而水、木陽也，火、金陰也；以氣而語其行之序，則曰木火土金水，而木、火陽也，金、水陰也。又統而言之，則氣陽而質陰也；又錯而言之，則動陽而静陰也。盖五行之變，至於不可窮，然無適而非陰陽之道。至其所以爲陰陽者，則又無適而非太極之本然也，夫豈有所虧欠間隔哉？

五行，一陰陽也；陰陽，一太極也。太極，本無極也；五行之生也，各一其性。

五行具，則造化發育之具無不備矣，故又即此而推本之，以明其渾然一體，莫非無極之妙。而無極之妙，亦未嘗不各具於一物之中也。盖五行異質，四時異氣，而皆不能外乎陰陽；陰陽異位，動静異時，而皆不能離乎太極。至於所以爲太極者，又初無聲臭之可言，是性之本體然也。天下豈有性外之物哉？然五行之生，隨其氣質而所禀不同，所謂「各一其性」也。各一其性，則渾然太極之全體，無不各具於一物之中，而性之無所不在，又可見矣。

無極之真，二五之精，妙合而凝。「乾道成男，坤道成女」，二氣交感，化生萬物。萬物生生而變化無窮焉。

夫天下無性外之物，而性無不在，此無極、二五所以混融而無間者也，所謂「妙合」者也。「真」以理言，無妄之謂也；「精」以氣言，不二之名也。「凝」者，聚也，氣聚而成形也。盖性爲之主，而陰陽五行爲之經緯錯綜，又各以類凝聚而成形焉。陽而健者成男，則父之道也；陰而順者成女，則母之道也。是人物之始，以氣化而生者也。氣聚成形，則形交氣感，遂以形化，而人物生生變化無窮矣。自男女而觀之，則男女各一其性，而男女一太極也；自萬物而觀之，則萬物各一其性，而萬物一太極也。蓋合而言之，萬物統體一太極也；分而言之，一物各具一太極也。所謂天下無性外之物，而性無不在者，於此尤可以見其全矣。子思子曰：「君子語大，天下莫能載焉；語小，天下莫能破焉。」此之謂也。

惟人也，得其秀而最靈。形既生矣，神發知矣，五性感動，而善惡分，萬事出矣。

此言衆人具動静之理，而常失之於動也。蓋人物之生，莫不有太極之道焉。然陰陽五行，氣質交運，而人之所稟獨得其秀，故其心爲最靈，而有以不失其性之全，所謂「天地之心」而人之極也。然形生於陰，神發於陽，五常之性，感物而動，而陽善陰惡，又以類分，而五性之殊，散爲萬事。蓋二氣五行化生萬物，其在人者又如此，自非聖人全體太極有以定之，則欲動情勝，利害相攻，人極不立，而違禽獸不遠矣。

聖人定之以中正仁義本注云：聖人之道，仁義中正而已矣。而主静，本注云：無欲故静。立人極焉。故「聖人與天地合其德，日月合其明，四時合其序，鬼神合其吉凶」。

此言聖人全動静之德，而常本之於静也。蓋人稟陰陽五行之秀氣以生，而聖人之生，又得其秀之秀者。是以其行之也中，其處之也正，其發之也仁，其裁之也義。蓋一動一静，莫不有以全夫太極之道而無所虧焉。則向之所謂欲動情勝、利害相攻者，於此乎定矣。然静者，誠之復而性之貞也。苟非此心寂然無欲而静，則亦何以酬酢事物之變，而一天下之動哉？故聖人中正仁義，動静周流，而其動也必主乎靜。此其所以成位乎中，而天地、日月、四時、鬼神，有所不能違也。蓋必體立而後用有以行。若程子論乾坤動靜而曰：「不專一則不能直遂，不翕聚則不能發散。」亦此意爾。

君子修之吉，小人悖之凶。

聖人，太極之全體，一動一靜，無適而非中正仁義之極，蓋不假修爲而自然也。未至此而修之，君子之所以吉也；不知此而悖之，小人之所以凶也。修之悖之，亦在乎敬肆之間而已矣。敬則欲寡而理明，寡之又寡，以至於無，則靜虚動直，而聖可學矣。

故曰：「立天之道，曰陰與陽；立地之道，曰柔與剛；立人之道，曰仁與義。」又曰：「原始反終，故知死生之説。」

陰陽成象，天道之所以立也；剛柔成質，地道之所以立也；仁義成德，人道之所以立也。道一而已，隨事著見，故有三才之別，而於其中又各有體用之分焉，其實則一太極也。陽也，剛也，仁也，物之始也；陰也，柔也，義也，物之終也。能原其始而知所以生，則反其終而知所以死矣。此天地之間，綱紀造化，流行古今，不言之妙。聖人作《易》，其大意蓋不出此，故引之以證其説。

大哉《易》也，斯其至矣！

《易》之爲書，廣大悉備，然語其至極，則此圖盡之，其指豈不深哉！抑嘗聞之：程子昆弟之學於周子也，周子手是圖以授之。程子之言性與天道多出於此，然卒未嘗明以此圖示人，是則必有微意焉，學者亦不可以不知也。

論曰：❶愚既爲此説，讀者病其分裂已甚，辯詰紛然，苦於酬應之不給也。故總而論之。

大抵難者或謂不當以「繼善」、「成性」分陰陽，或謂不當以太極、陰陽分道器，或謂不當以仁義、中正分體用，或謂不當言一物各具一太極。又有謂體用一源，不可言體立而後用行者；又有謂仁爲統體，不可偏指爲陽動者；又有謂仁義中正之分，不當反其類者。是數者之説，亦皆有理。然惜其於聖賢之意，皆得其一而遺其二也。

夫道體之全，渾然一致，而精粗本末、内外賓主之分，粲然於其中，有不可以毫釐差者。此聖賢之言，所以或離或合，或異或同，而乃所以爲道體之全也。今徒知所謂渾然者之爲大而樂言之，而不知夫所謂粲然者之未始相離也。是以信同疑異，喜合惡離，其論每每陷於一偏，❷卒爲無星之稱、無寸之尺而已，豈不誤哉！

夫善之與性，不可謂有二物，明矣。然「繼之者善」，自其陰陽變化而言也；「成之者性」，自夫人物禀受而言也。陰陽變化流行，而未始有窮，陽之動也；人物禀受一定，而不可復易，陰之静也。以此辨之，則亦安得無二者之分哉？然性善，形而上者也；陰陽，形而下者

❶「論曰」，張伯行《周濂溪先生全集》、董榕《周子全書》作「附辯」。

❷「每每」，《大全》本、徐本不重。

也。周子之意，亦豈直指善爲陽而性爲陰哉？但語其分，則以爲當屬之此耳。然太極無象，而陰陽有氣，則亦安得而無上下之殊哉？此其所以爲道、器之别也。故程子曰：「形而上爲道，形而下爲器，須著如此説。然器亦道也，道亦器也。」得此意而推之，則庶乎其不偏矣。仁義中正，同乎一理者也，而析爲體用，誠若有未安者。然仁者，善之長也；中者，嘉之會也；義者，利之宜也；正者，貞之體也。而元亨者，誠之通也；利貞者，誠之復也。是則安得爲無體用之分哉？萬物之生，同一太極者也，而謂其各具，則亦有可疑者。然一物之中，天理完具，不相假借，不相陵奪，此統之所以有宗、會之所以有元也。是則安得不曰各具一理哉？若夫所謂體用一源者，程子之言蓋已密矣。其曰「體用一源」者，以至微之理言之，則沖漠無朕，而萬象昭然已具也；其曰「顯微無間」者，以至著之象言之，則即事即物，而此理無乎不在也。言理則先體而後用，蓋舉體而用之理已具，是所以爲一源也；言事則先顯而後微，蓋即事而理之體可見，是所以爲無間也。然則所謂一源者，是豈漫無精粗先後之可言哉？況既曰體立而後用行，則亦不嫌於先有此而後有彼矣。所謂仁爲統體者，則程子所謂「專言之而包四者」是也。然其言蓋曰：「四德之元，猶五常之仁，偏言則一事，專言則包四者。」則是仁之所以包夫四者，固未嘗離夫偏言之一事，亦未有不識夫偏言之一事而可以驟語夫專言之統體者也。況此圖以仁配義，而復以中正參焉，又與陰陽剛柔爲類，則亦不得爲專言之矣，安得遽以夫統體者言之，而昧夫陰陽動静之别哉！至於中之爲用，則以無過不及者言之，而非指所謂未發之中也。仁不爲體，則亦以偏言一事者言之，而非指所謂專言之仁也。對此而言，則正者所以爲中之幹，而義者所以爲仁之質，又可知矣。其爲體用，亦豈爲無説哉？大抵周子之爲是書，語意峻潔而混成，條理精密而疏暢。讀者誠能虚心一意，反覆潛玩，而毋以先入之説亂焉，則庶幾其有得乎周子之心，而無疑於紛紛之説矣。

# 朱熹後記

某既爲此説，嘗録以寄廣漢張敬夫。敬夫以書來曰：「二先生所與門人講論問答之言，見於書者詳矣。其於《西銘》蓋屢言之，至此圖則未嘗一言及也。謂其必有微意，是則固然。然所謂微意者，果何謂耶？」某竊以爲此圖立象盡意，剖析幽微，周子盖不得已而作也。觀其手授之意，蓋以爲惟程子爲能當之。至程子而不言，則疑其未有能受之者爾。夫既未能默識於言意之表，則馳心空妙，入耳出口，其弊必有不勝言者。近年已覺頗有此弊矣。觀其答張閎中論《易傳》成書，深患無受之者，及《東見録》中論横渠「清虚一大」之説使人向别處走，不若且只道敬，則其意亦可見矣。若《西銘》則推人以之天，即近以明遠，於學者日用最爲親切，非若此書詳於性命之原，而略於進爲之目，有不可以驟而語者也。孔子雅言《詩》、《書》、執禮，而於《易》則鮮及焉，其意亦猶此耳。韓子曰：「堯舜之利民也大，禹之慮民也深。」某於周子、程子亦云。既以復於敬夫，因記其説於此。乾道癸巳四月既望，朱某謹書。❶

❶「某」，《大全》本、徐本作「熹」。

# 太極圖説述解（存目，見《曹月川先生遺書》）

〔明〕曹端　撰

# 通書注

〔北宋〕周敦頤 撰
〔南宋〕朱熹 注
劉永翔 許丹 校點

# 目録

# 校點説明

《通書注》一卷，宋周敦頤撰，朱熹注。

周敦頤（一〇一七—一〇七三），道州營道（今湖南道縣）人，字茂叔，號濂溪，宋代理學的創始者之一。歷任分寧主簿，調南安軍司理參軍，桂陽令，徙知南昌。歷合州判官，通判虔州。熙寧初，知郴州。爲廣東轉運判官，提點刑獄。以疾求知南康軍。卒年五十七。嘉定十三年，賜謚元公。

周氏著《太極圖説》，「明天理之根源，究萬物之終始」（《宋史》本傳）。又著《通書》四十篇，朱熹説：「本號『易通』，與《太極圖説》並出，程氏（按：指二程）以傳於世，而其爲説，實相表裏。大抵推一理、二氣、五行之分合，以紀綱道體之精微；決道義、文辭、禄利之取舍，以振起俗學之卑陋。至論所以入德之方、經世之具，又皆親切簡要，不爲空言。顧其宏綱大用，既非秦漢以來諸儒所及；而其條理之密、意味之深，又非今世學者所能驟而窺也。」（《通書後記》）又説：「先生之學，其妙具於《太極》一圖，《通書》之言，皆發此圖之藴。」（《太極圖通書總序》）此説雖引起當時及後世的爭議，但正如四庫館臣所言：「二書分而解之，固各有義理；合而解之，於本意亦無所害。」（《四庫全書總目》卷九五《子部·儒家類存目》一《通書問》）其實，朱子將二書聯繫起來串講，在闡述自己對周氏思想理解的過程中，也正表達出他本人所抱的宇宙觀與人生觀，因而也成爲後人探究朱子思想的重要文獻之一，值得研究者去反復尋繹。

《通書》及《太極圖説》在朱子未注之前就有流傳，據朱熹説，「今舂陵、零陵、九江皆有本，而互有同異。長沙本最後出，乃熹所編定，視他本最詳密矣，然猶有所未盡也。」（《太極圖通書總序》）因此他又相繼編次了建安本、南康本（《再定太極通書後序》），意在精益求精。淳熙八年（一一八七），他又編出了注釋本（《通書後記》）。朱子一而再、再而三地編纂此二書猶感不足，又繼之以注解，由此可見他對周氏的服膺和崇拜。

朱子所編之本，宋代書目僅著録了南康本和注釋本（陳振孫《直齋書録解題·儒家類》、尤袤《遂初堂書目·儒家類》），其中尤袤所著録的《朱氏通書太極圖解》當是後世所傳朱子注本的祖本。《明代内閣藏書目録》著録《太極通書》三册、清代《國史經籍志補》著録《周子書》二卷，都屬朱子注本。

今存《通書》諸本，單行者有元刻本《周子通書訓義》。輯入叢書者則有宋刊《諸儒鳴道集》、元黄瑞節《朱子成書》及明胡廣等《性理大全》諸本，前一種爲白文本，後二者則爲朱注本。《通書注》編入周敦頤集者，宋有《元公周先生濂溪集》，明、清二代尤夥。經眼者有明萬曆二十七年劉觀文等所刻《周元公先生集》、萬曆三十四年徐必達所刻《合刻周張兩先生全書》、《四庫全書》本《周元公集》、清道光二十七年鄧顯鶴所刻《周子全書》本。

這次《通書注》的整理，以《朱子成書》元刻本爲底本，校以宋刻《元公周先生濂溪集》本（簡稱宋本）、《性理大全》明永樂十三年刊本（簡稱大全本）、《周元公先生集》本（簡稱劉本）、《合刻周張兩先生全書》本（簡稱徐本），并以影印文淵閣《四庫全書》本《周元公集》（簡稱四庫本）、《周子全書》本（簡稱鄧本）參校。

校點者　劉永翔

# 通書注

《通書》者，濂溪夫子之所作也。夫子自少即以學行有聞於世，❶而莫或知其師傳之所自。獨以河南兩程夫子嘗受學焉，而得孔孟不傳之正統，則其淵源因可概見。然所以指夫仲尼、顔子之樂，而發其吟風弄月之趣者，亦不可得而悉聞矣。所著之書，又多放失。❷獨此一篇，本號《易通》，與《太極圖說》並出程氏以傳於世，而其爲說，實相表裏。大抵推一理、二氣、五行之分合，以紀綱道體之精微；決道義、文辭、禄利之取舍，❸以振起俗學之卑陋。至論所以入德之方、經世之具，又皆親切簡要，不爲空言。顧其宏綱大用，既非秦漢以來諸儒所及，而其條理之密、意味之深，又非今世學者所能驟而窺也。是以程氏既没，而傳者鮮焉。其知之者，不過以爲用意高遠而已。某自蚤歲即幸得其遺編而伏讀之，❹初蓋茫然不知其所謂，而甚或不能以句。壯歲獲游延平先生之門，然後始得聞其說之一二。比年以來，潛玩既久，乃若粗有得焉。雖其宏綱大用所不敢知，然於其章句文字之間，則有以實見其條理之愈密、意味之愈深，而不我欺也。顧自始學以至于今，❺歲月幾何，倏焉三紀。慨前哲之益遠，懼妙指之無傳，竊不自量，輒爲注釋。雖

❶「夫子」下，宋本、大全本、徐本均有「姓周氏名惇頤字茂叔」九字。
❷「放」，大全本、徐本作「散」。
❸「禄利」，宋本、大全本、徐本作「利禄」。
❹「某」，宋本、大全本、徐本作「熹」。
❺「學」，宋本、大全本、徐本作「讀」。

知凡近不足以發夫子之精藴，然創通大義，以俟後之君子，則萬一其庶幾焉。淳熙丁未九月甲辰，後學朱某謹記。❶

❶「後學朱某謹記」，宋本、大全本、徐本作「熹」，劉本無此六字。

## 誠上第一

誠者，聖人之本。

誠者，至實而無妄之謂，天所賦、物所受之正理也。人皆有之，而聖人之所以聖者，無他焉，以其獨能全此而已。此書與《太極圖》相表裏。誠即所謂太極也。

「大哉乾元，萬物資始」，誠之源也。

此上二句，引《易》以明之。乾者，純陽之卦，其義爲健，乃天德之別名也。元，始也。資，取也。言乾道之元，萬物所取以爲始者，乃實理流出，以賦於人之本，如水之有源，即《圖》之「陽動」也。

「乾道變化，各正性命」，誠斯立焉。

此上二句亦《易》文。天所賦爲命，物所受爲性。言乾道變化，而萬物各得受其所賦之正，則實理於是而各爲一物之主矣，即《圖》之「陰静」也。

純粹至善者也。

純，不雜也；粹，無疵也。此言天之所賦、物之所受，皆實理之本然，無不善之雜也。

故曰：「一陰一陽之謂道，繼之者善也，成之者性也。」

此亦《易》文。陰陽，氣也，形而下者也；所以一陰一陽者，理也，形而上者也。道，即理之謂也。繼之者，氣之方出而未有所成之謂也。善則理之方行而未有所立之名也，陽之屬也，誠之源也。成則物之已成，性則理之已立者也，陰之屬也，誠之立也。

元、亨，誠之通；利、貞，誠之復。

元始、亨通、利遂、貞正，乾之四德也。

通者，方出而賦於物，善之繼也。復者，各得而藏於已，性之成也。此於《圖》已爲五行之性矣。

大哉易也，性命之源乎！

易者，交錯代換之名。卦爻之立，由是而已。天地之間，陰陽交錯，而實理流行，一賦一受於其中，亦猶是也。

## 誠下第二

聖，誠而已矣。

聖人之所以聖，不過全此實理而已，即所謂「太極」者也。

誠，五常之本，百行之源也。

五常，仁、義、禮、智、信，五行之性也。❶百行，孝、悌、忠、順之屬，萬物之象也。實理全，則五常不虧，而百行脩矣。

靜無而動有，至正而明達也。

方靜而陰，誠固未嘗無也，以其未形，而謂之無耳；及動而陽，誠非至此而後有也，以其可見，而謂之有耳。靜無，則至正而已；動有，然後明與達者可見也。

五常百行非誠，非也，邪暗塞也。

非誠，則五常百行皆無其實，所謂「不誠無物」者也。靜而不正，故邪；動而不明不達，故暗且塞。

故誠則無事矣。

誠則衆理自然，無一不備，不待思勉而從容中道矣。

至易而行難。

實理自然，故易；人僞奪之，故難。

果而確，無難焉。

❶「行」，原作「常」，據宋本、大全本、劉本、徐本改。

果者，陽之決；確者，陰之守。決之勇，守之固，則人僞不能奪之矣。

故曰：「一日克己復禮，天下歸仁焉。」

克去己私，復由天理，天下之至難也。然其機可一日而決，其効至於天下歸仁，果確之無難如此。

## 誠幾德第三

誠，無爲。

實理自然，何爲之有？即「太極」也。

幾，善惡。

幾者，動之微，善惡之所由分也。蓋動於人心之微，則天理固當發見，而人欲亦已萌乎其間矣。此陰陽之象也。

德：愛曰仁，宜曰義，理曰禮，通曰智，守曰信。

道之得於身者謂之德，❶其別有是五者之用，而因以名其體焉，即五行之性也。

性焉安焉之謂聖。

性者，獨得於天；安者，本全於己；聖者，大而化之之稱。此不待學問强勉，而誠無不立，幾無不明，德無不備者也。

復焉執焉之謂賢。

復者，反而至之；執者，保而持之；賢者，才德過人之稱。此思誠研幾以成其德，而有以守之者也。

發而不可見、充周不可窮之謂神。

發之微妙而不可見，充之周徧而不可窮，則聖人之妙用而不可知者也。

❶「身」，大全本、劉本、徐本作「心」。

## 聖第四

寂然不動者，誠也；感而遂通者，神也；動而未形，有無之間者，幾也。

本然而未發者，實理之體；善應而不測者，實理之用。動靜體用之間，介然有頃之際，則實理發見之端，而衆事吉凶之兆也。

誠精故明，神應故妙，幾微故幽。

「清明在躬，志氣如神」，精而明也；「不疾而速，不行而至」，應而妙也；理雖已萌，事則未著，微而幽也。

誠、神、幾，曰聖人。

性焉安焉，則精明應妙，❶而有以洞其幽微矣。

## 慎動第五

動而正，曰道。

動之所以正，以其合乎衆所共由之道也。

用而和，曰德。

用之所以和，以其得道於身，而無所待於外也。

匪仁、匪義、匪禮、匪智、匪信，悉邪也。

所謂道者，五常而已。非此，則其動也邪矣。

邪動，辱也，甚焉害也。

無得於道，則其用不和矣。

故君子慎動。

❶「應妙」，原作「妙應」，據宋本、大全本、劉本、徐本改。

動必以正，則和在其中矣。

## 道第六

聖人之道，仁義中正而已矣。

中即禮，正即智，《圖解》備矣。

守之貴，

天德在我，何貴如之？

行之利，

順理而行，何往不利？

廓之配天地。

充其本然並立之全體而已矣。

豈不易簡！豈爲難知！

道體本然，故易簡；人所固有，故易知。

不守、不行、不廓耳。

言爲之則是，而嘆學者自失其幾也。

## 師第七

或問曰：「曷爲天下善？」曰：「師。」曰：「何謂也？」曰：「性者，剛柔善惡，中而已矣。」

此所謂性，以氣稟而言也。

不達。曰：「剛善，爲義、爲直、爲斷、爲嚴毅、爲幹固；惡，爲猛、爲隘、爲彊梁。柔善，爲慈、爲順、爲巽；惡，爲懦弱、爲無斷、爲邪佞。」

剛柔固陰陽之大分，而其中又各有陰陽，以爲善惡之分焉。惡者固爲非正，而善者亦未必皆得乎中也。

惟中也者，和也，中節也，❶莫不中節也，天下之達道也，聖人之事也。

---

❶「莫不」，宋本、大全本、劉本、徐本無此二字。

此以得性之正而言也。然其以和爲中，與《中庸》不合。蓋就已發無過不及者而言之，如《書》所謂「允執厥中」者也。

故聖人立教，俾人自易其惡，自至其中而止矣。

易其惡，則剛柔皆善，有嚴毅慈順之德，而無强梁懦弱之病矣；至其中，則其或爲嚴毅、或爲慈順也，又皆中節而無太過不及之偏矣。

故先覺覺後覺，闇者求於明，而師道立矣。

師者，所以攻人之惡，正人之不中而已矣。

師道立，則善人多；善人多，則朝廷正而天下治矣。

此所以爲天下善也。○此章所言剛柔，即《易》之「兩儀」；各加善惡，即《易》之「四象」；《易》又加倍，以爲「八卦」。而此書及《圖》則止於「四象」，以爲火、水、金、木，而即其中以爲土。蓋道體則一，而人之所見詳略不同，但於本體不差，則並行而不悖矣。

## 幸第八

人之生，不幸不聞過，大不幸無恥。

不聞過，人不告也；無恥，我不仁也。

必有恥，則可教；聞過，則可賢。

有恥，則能發憤而受教；聞過，則知所改而爲賢。然不可教，則雖聞過而未必能改矣。以此見無恥之不幸爲尤大也。

## 思第九

《洪範》曰：「思曰睿，睿作聖。」無思，本也；

思通，用也。幾動於彼，誠動於此。無思而無不通，曰聖人。❶

睿，通也。無思，誠也。思通，神也。所謂「誠、神、幾，曰聖人」也。

不思，則不能通微；不睿，則不能無不通。是則無不通生於通微，通微生於思。

通微，睿也；無不通，聖也。

故思者，聖功之本，而吉凶之機也。

思之至，可以作聖而無不通；其次亦可以見幾通微，而不陷於凶咎。

《易》曰：「君子見幾而作，不俟終日。」

睿也。

又曰：「知幾其神乎！」

聖也。

## 志學第十

聖希天，賢希聖，士希賢。

希，望也。字本作「晞」。

伊尹、顔淵，大賢也。伊尹恥其君不爲堯舜，一夫不得其所，若撻于市。顔淵「不遷怒，不貳過」，「三月不違仁」。

說見《書》及《論語》，皆賢人之事也。

志伊尹之所志，學顔子之所學。

此言「士希賢」也。

過則聖，及則賢，不及則亦不失於令名。

三者隨其用力之淺深，❷以爲所至之近遠。不失令名，以其有爲善之實也。

❶「曰」，宋本、大全本、劉本、徐本作「爲」。

❷「用力」，大全本作「所用」。

胡氏曰：❶「周子患人以發策決科、榮身肥家、希世取寵爲事也，故曰『志伊尹之所志』；患人以廣聞見、工文詞、矜智能、慕空寂爲事也，故曰『學顏子之所學』。人能志此志而學此學，則知此書之包括至大，而其用無窮矣。」

## 順化第十一

天以陽生萬物，以陰成萬物。生，仁也；成，義也。

陰陽，以氣言；仁義，以道言。詳已見《圖解》矣。

故聖人在上，以仁育萬民，❷以義正萬民。

所謂定之以仁義。

天道行而萬物順，聖德脩而萬民化。大順大化，不見其迹，莫知其然之謂神。

天地聖人，其道一也。

故天下之衆，本在一人。道豈遠乎哉！術豈多乎哉！

天下之本在君，君之道在心，心之術在仁義。

## 治第十二

十室之邑，人人提耳而教且不及，況天下之廣、兆民之衆哉！曰：純其心而已矣。

純者，不雜之謂。心，謂人君之心。仁、義、禮、智四者，動靜、言貌、視聽無違之謂純。

❶ 「胡氏曰」至「無窮矣」，原闕，據宋本、大全本、劉本、徐本補。

❷ 「民」，大全本、劉本、徐本作「物」。

仁、義、禮、智，五行之德也。動静，陰陽之用；而言貌、視聽，五行之事也。德不言信、事不言思者，欲其不違，則固以思爲主，而必求是四者之實矣。

**心純，則賢才輔。**

君取人以身，臣道合而從也。

**賢才輔，則天下治。**

衆賢各任其職，則不待人人提耳而教矣。

**純心要矣，用賢急焉。**

心不純，則不能用賢；不用賢，則無以宣化。

## 禮樂第十三

**禮，理也；樂，和也。**

禮，陰也；樂，陽也。

**陰陽理而後和，君君、臣臣、父父、子子、兄兄、弟弟、夫夫、婦婦，萬物各得其理然後和，故禮先而樂後。**

此「定之以中正仁義而主静」之意，程子論「敬則自然和樂」，亦此理也。學者不知持敬，而務爲和樂，鮮不流於慢者。

## 務實第十四

**實勝，善也；名勝，耻也。故君子進德脩業，孳孳不息，務實勝也。德業有未著，則恐恐然畏人知，遠耻也。小人則僞而已。故君子日休，小人日憂。**

實修而無名勝之耻，故休；名勝而無實修之善，故憂。

## 愛敬第十五

「有善不及？」

設問。人或有善而我不能及，則如之何？

曰：「不及，則學焉。」

答言。當學其善而已。

問曰：「有不善？」

問：人有不善，則何以處之？

曰：「不善，則告之不善。❶且勸曰：庶幾有改乎？斯爲君子。」

答言。人有不善，則告之以不善而勸其改。告之者，恐其不知此事之爲不善也；勸之者，恐其不知不善之可改而爲善也。

「有善一，不善二，則學其一而勸其二。」

亦答詞也。言人有善惡之雜，則學其善而勸其惡。

有語曰：「斯人有是之不善，非太惡也。」❷則曰：「孰無過，烏知其不能改？❸改則爲君子矣。不改爲惡，惡者天惡之，彼豈無畏邪？烏知其不能改！」

此亦答言。聞人有過，雖不得見而告勸之，亦當答之以此，冀其或聞而自改也。有心悖理謂之惡，無心失理謂之過。

故君子悉有衆善，無弗愛且敬焉。

善無不學，故悉有衆善；惡無不勸，故不棄一人於惡。不棄一人於惡，則無所不用其愛敬矣。

❶「則告之」，劉本作「告之以」。
❷「太」，大全本、劉本、徐本作「大」。
❸「烏」，宋本、大全本、劉本、徐本作「焉」。

## 動静第十六

動而無静，静而無動，物也。

有形，則滯於一偏。

動而無動，静而無静，神也。

神，則不離於形，而不囿於形矣。

動而無動，静而無静，非不動不静也。

動中有静，静中有動。

物則不通，神妙萬物。

結上文，起下意。

水陰根陽，火陽根陰。

水，陰也，而生於一，則本乎陽也；火，陽也，而生於二，則本乎陰也。所謂「神妙萬物」者如此。

五行陰陽，陰陽太極。

此即所謂「五行一陰陽，陰陽一太極」者，以「神妙萬物」之體而言也。

四時運行，萬物終始。

此即所謂「五氣順布，四時行焉」，無極二五，「妙合而凝」者，以「神妙萬物」之用而言也。

混兮闢兮，其無窮兮。

體本則一，故曰混；用散而殊，故曰闢。一動一静，其運如循環之無窮，此兼舉其體用而言也。○此章發明《圖》意，更宜參考。

## 樂上第十七

古者聖王制禮法，脩教化，三綱正，九疇叙，百姓大和，萬物咸若。

綱，網上大繩也。三綱者，夫爲妻綱，父爲子綱，君爲臣綱也。疇，類也。九疇，見《洪範》。若，順也。此所謂理而後和也。

乃作樂以宣八風之氣，以平天下之情。

八音以宣八方之風，見《國語》。宣，所以達其理之分；平，所以節其和之流。

故樂聲淡而不傷，和而不淫。入其耳，感其心，莫不淡且和焉。淡則欲心平，和則躁心釋。

淡者，理之發；和者，聲之爲。❶先淡後和，亦主静之意也。然古聖賢之論樂，曰「和而已」。此所謂淡，蓋以今樂形之，而後見其本於莊正齊肅之意耳。

優柔平中，德之盛也；天下化中，治之至也。是謂道配天地，古之極也。

欲心平，故平中；躁心釋，故優柔。言聖人作樂功化之盛如此。或云：「化中」當作「化成」。

後世禮法不脩，政刑苛紊，縱欲敗度，下民困苦。謂古樂不足聽也，代變新聲，妖淫愁怨，導欲增悲，不能自立。❷故有賊君棄父，輕生敗倫，不可禁者矣。

廢禮敗度，故其聲不淡而妖淫；政苛民困，故其聲不和而愁怨。妖淫，故導欲而至於輕生敗倫；愁怨，故增悲而至於賊君棄父。

嗚呼！樂者古以平心，今以助欲；古以宣化，今以長怨。

古今之異，淡與不淡，和與不和而已。

不復古禮，不變今樂，而欲至治者，遠哉！❸

復古禮，然後可以變今樂。

❶「聲」，原作「和」，據四庫本改。鄧本作「理」。

❷「立」，宋本、大全本、劉本、徐本作「止」。

❸「哉」，大全本、劉本作「矣」。

## 樂中第十八

樂者，本乎政也。政善民安，則天下之心和。故聖人作樂以宣暢其和心，達于天地，天地之氣感而太和焉。天地和，則萬物順，故神祇格，鳥獸馴。

聖人之樂，既非無因而强作，而其制作之妙，又能真得其聲氣之元。故其志氣、天人交相感動而其效至此。

## 樂下第十九

樂聲淡則聽心平，樂辭善則歌者慕，故風移而俗易矣。妖聲豔辭之化也亦然。

## 聖學第二十

「聖可學乎？」曰：「可。」曰：「有要乎？」曰：「有。」「請聞焉。」曰：「一爲要。一者，無欲也。無欲，則静虚動直。静虚則明，明則通；動直則公，公則溥。明通公溥，庶矣乎！」

此章之指最爲要切，然其辭義明白，不煩訓解。學者能深玩而力行之，則有以知無極之真、兩儀四象之本皆不外乎此心，而日用間自無別用力處矣。

## 公明第二十一

公於己者公於人，未有不公於己而能公於人也。

此爲不勝己私、而欲任法以裁物者發。

明不至則疑生。明，無疑也。謂能疑爲明，何啻千里！

此爲不能先覺、而欲以逆、詐、億、不信爲明者發。然明與疑正相南北，何啻千里之不相及乎！

## 理性命第二十二

厥彰厥微，匪靈弗瑩。

此言理也。陽明陰晦，非人心太極之至靈，孰能明之？

剛善剛惡，柔亦如之，中焉止矣。

此言性也。說見第七篇，即五行之理也。

二氣五行，化生萬物。五殊二實，二本則一。是萬爲一，一實萬分。萬一各正，大小有定。❶

此言命也。二氣五行，天之所以賦授萬物而生之者也。自其末以緣本，則五行之異，本二氣之實，二氣之實，又本一理之極。是合萬物而言之，爲一太極而已也。自其本而之末，則一理之實，而萬物分之以爲體。故萬物之中，各有一太極，而小大之物，莫不各有一定之分也。

○此章與十六章意同。

## 顔子第二十三

顔子「一簞食，一瓢飲，在陋巷，人不堪其憂，而不改其樂」。

說見《論語》。

夫富貴，人所愛者也。顔子不愛不求，而樂

❶「大小」，宋本、大全本、劉本、徐本作「小大」。

乎貧者，獨何心哉？

設問。以發其端。

天地間有至貴至愛可求而異乎彼者，見其大而忘其小焉爾。

「至」、「愛」之間，當有「富可」二字。所謂「至貴至富、可愛可求」者，即周子之教程子，「每令尋仲尼、顏子樂處，所樂何事」者也。然學者當深思而實體之，不可但以言語解會而已。

見其大，則心泰；心泰，則無不足；無不足，則貴富貧賤處之一也；處之一，則能化而齊。故顏子亞聖。

「齊」字意複，恐或有悮。或曰：「化，大而化也；齊，齊於聖也；亞則將齊而未至之名也。」

## 師友上第二十四

天地間，至尊者道、至貴者德而已矣。至難得者人，人而至難得者，道德有於身而已矣。

此略承上章之意，其理雖明，然人心蔽於物欲，鮮克知之。故周子每言之詳焉。

求人至難得者有於身，非師友，則不可得也已！

是以君子必隆師而親友。

## 師友下第二十五

道義者，身有之則貴且尊。

周子於此一意而屢言之，非複出也，其丁寧之意切矣。

人生而蒙，長無師友則愚，是道義由師友有之。

此處恐更有「由師友」字，屬下句。

而得貴且尊，其義不亦重乎！ 其聚不亦樂乎！

此重、此樂，人亦少知之者。

## 過第二十六

仲由喜聞過，令名無窮焉。 今人有過，不喜人規，如護疾而忌醫，寧滅其身而無悟也。噫！

## 勢第二十七

天下，勢而已矣。 勢，輕重也。

一輕一重，則勢必趨於重，而輕愈輕、重愈重矣。

極重不可反，識其重而亟反之可也。

重未極而識之，則猶可反也。

反之，力也。 識不早，力不易也。

反之在於人力，而力之難易，又在識之早晚。

力而不競，天也。 不識不力，人也。

不識，則不知用力；不力，則雖識無補。

天乎？ 人也。 何尤！

問勢之不可反者，果天之所爲乎？ 若非天而出於人之所爲，則亦無所歸罪矣。

## 文辭第二十八

文所以載道也。 輪轅飾而人弗庸，徒飾也，況虛車乎？

文所以載道，猶車所以載物。 故爲車者

必飾其輪轅，爲文者必善其詞説，皆欲人之愛而用之。然我飾之而人不用，則猶爲虛飾而無益於實。況不載物之車、不載道之文，雖美其飾，亦何爲乎？

文辭，藝也；道德，實也。篤其實而藝者書之，美則愛，愛則傳焉。賢者得以學而至之，是爲教。故曰：「言之無文，行之不遠。」

此猶車載物，而輪轅飾也。

然不賢者，雖父母臨之、師保勉之，❶不學也；强之，不從也。

此猶車已飾，而人不用也。

不知務道德而第以文辭爲能者，藝焉而已。噫，弊也久矣！

此猶車不載物，而徒美其飾也。○或疑有德者必有言，則不待藝而後其文可傳矣。周子此章，似猶别以文辭爲一事而用力焉，何也？曰：人之才德，偏有短長，❷其或意中了了，而言不足以發之，則亦不能傳於遠矣。故孔子曰：「辭達而已矣。」程子亦言：「《西銘》，吾得其意，但無子厚筆力，不能作耳。」正謂此也。然言或可少而德不可無，有德而有言者常多，有德而不能言者常少。學者先務，亦勉於德而已矣。

## 聖蘊第二十九

「不憤不啓，不悱不發，舉一隅，不以三隅反，則不復也。」

説見《論語》。言聖人之教，必當其可而不輕發也。

❶「母」，大全本、劉本、徐本作「兄」。

❷「短長」，大全本、劉本、徐本作「長短」。

子曰：「予欲無言。天何言哉？四時行焉，百物生焉。」

說亦見《論語》。言聖人之道，有不待言而顯者，故其言如此。

然則聖人之蘊，微顏子殆不可見。發聖人之蘊，教萬世無窮者，顏子也。聖同天，不亦深乎！

蘊，中所畜之名也。仲尼無迹，顏子微有迹。故孔子之教，既不輕發，又未嘗自言其道之蘊，而學之者唯顏子爲得其全。❶故因其進脩之迹，而後孔子之蘊可見。猶天不言，而四時行、百物生也。

常人有一聞知，恐人不速知其有也，急人知而名也，薄亦甚矣！

聖凡異品，高下懸絶，有不待校而明者。其言此者，正以深厚之極，警夫淺薄之尤耳。然於聖人言深、常人言薄者，深則厚，淺則薄，上言首，下言尾，互文以明之也。

## 精蘊第三十

聖人之精，畫卦以示；聖人之蘊，因卦以發。卦不畫，聖人之精不可得而見；微卦，聖人之蘊殆不可悉得而聞。

精者，精微之意，畫前之易，至約之理也。伏羲畫卦，專以明此而已。蘊，謂凡卦中之所有，如吉凶消長之理、進退存亡之道，至廣之業也。有卦則因以形矣。

《易》何止五經之源，其天地鬼神之奧乎！

陰陽有自然之變，卦畫有自然之體，此

❶「之」，大全本、劉本、徐本無此字。

《易》之爲書所以爲文字之祖、義理之宗也。然不止此，蓋凡管於陰陽者，雖天地之大、鬼神之幽，其理莫不具於卦畫之中焉。此聖人之精蘊所以必於此而寄之也。

## 乾損益動第三十一

君子乾乾，不息於誠，然必懲忿窒欲、遷善改過而後至。乾之用，其善是；損、益之大，莫是過。聖人之旨深哉！

此以《乾》卦爻辭、《損》《益》大象發明思誠之方，蓋乾乾不息者，體也；去惡進善者，用也。無體則用無以行，無用則體無所措，故以三卦合而言之。或曰：「其」字亦是「莫」字。

「吉凶悔吝生乎動」，噫，吉一而已，動可不慎乎！

四者一善而三惡，故人之所得，❶福常少而禍常多，不可不謹。○此章論《易》，所謂「聖人之蘊」。

## 家人睽復无妄第三十二

治天下有本，身之謂也；治天下有則，家之謂也。

則，謂物之可視以爲法者，猶俗言「則例」、「則樣」也。

本必端。端本，誠心而已矣。則必善。善則，和親而已矣。

心不誠，則身不可正；親不和，則家不可齊。

❶「得」，宋本、大全本、劉本、徐本作「值」。

家難而天下易，家親而天下疏也。

親者難處，疏者易裁。然不先其難，亦未有能其易者。

家人離，必起於婦人。故《睽》次《家人》，以「二女同居，而志不同行」也。

《睽》次《家人》，《易》卦之序。「二女」以下，《睽》彖傳文。二女，謂《睽》卦兑下離上，兑少女，離中女也。陰柔之性，外和悦而内猜嫌，故同居而異志。

堯所以釐降二女于媯汭，舜可禪乎？吾兹試矣。

釐，理也。降，下也。媯，水名。汭，水北，舜所居也。堯理治下嫁二女於舜，將以試舜而授之以天下也。

是治天下觀于家，治家觀身而已矣。身端，心誠之謂也。誠心，復其不善之動而已矣。

不善之動息於外，則善心之生於内者無不實矣。❶

不善之動，妄也。妄復，則无妄矣。无妄，則誠焉。❷

程子曰：「無妄之謂誠。」

故《无妄》次《復》，而曰「先王以茂對時育萬物」，深哉！

《无妄》次《復》，亦卦之序。「先王」以下，引《无妄》卦大象，以明對時育物，唯至誠者能之，而贊其旨之深也。○此章發明四卦，亦皆所謂「聖人之藴」。

## 富貴第三十三

君子之道充爲貴，身安爲富，故常泰無不足。

---

❶「生」，原作「主」，據宋本、大全本、劉本、徐本改。

❷「焉」，宋本、大全本、劉本、徐本作「矣」。

而銖視軒冕，塵視金玉，其重無加焉爾！

此理易明而屢言之，欲人有以真知道義之重，而不爲外物所移也。

## 陋第三十四

聖人之道，入乎耳，存乎心，蘊之爲德行，行之爲事業。彼以文辭而已者，陋矣！

意同上章。欲人真知道德之重，而不溺於文辭之陋也。

## 擬議第三十五

至誠則動，「動則變，變則化」，故曰：「擬之而後言，議之而後動，擬議以成其變化。」

《中庸》、《易大傳》所指不同，今合而言之，未詳其義。或曰：至誠者，實理之自然；擬議者，所以誠之之事也。

## 刑第三十六

天以春生萬物，止之以秋。物之生也，既成矣，不止則過焉，故得秋以成。聖人之法天，以政養萬民，肅之以刑。民之盛也，欲動情勝，利害相攻，不止則賊滅無倫焉，故得刑以治。

意與十一章略同。

情僞微曖，其變千狀。苟非中正、明達、果斷者，不能治也。《訟》卦曰：「利見大人。」以「剛得中」也。《噬嗑》曰：「利用獄。」以「動而明」也。

中正，本也；明斷，用也。然非明則斷無以施，非斷則明無所用，二者又自有先後也。《訟》之中兼乎正，《噬嗑》之明兼乎達。《訟》之剛、《噬嗑》之動，即果斷之謂也。

嗚呼！天下之廣，主刑者民之司命也，任用可不慎乎！

## 公第三十七

聖人之道，至公而已矣。或曰：「何謂也？」曰：「天地至公而已矣。」

## 孔子上第三十八

《春秋》，正王道、明大法也，孔子爲後世王者而脩也。亂臣賊子誅死者於前，所以懼生者於後也。宜乎萬世無窮，❶王祀夫子，報德報功之無盡焉。

## 孔子下第三十九

道德高厚，教化無窮，實與天地參而四時同，其惟孔子乎！

道高如天者，陽也；德厚如地者，陰也；教化無窮如四時者，五行也。孔子其太極乎！

## 蒙艮第四十

「童蒙求我」，我正果行，如筮焉。筮，叩神也，再三則瀆矣，瀆則不告也。

此通下三節，雜引《蒙》卦彖、象而釋其義。童，稚也。蒙，暗也。我，謂師也。

---

❶「乎」，原作「爲」，據宋本、大全本、劉本、徐本改。

筮，揲蓍以決吉凶也。言童蒙之人，來求於我，以發其蒙，而我以正道果決彼之所行，如筮者叩神以決疑，而神告之吉凶，以果決其所行也。叩神求師，專一則明，如初筮則告，二三則惑。故神不告以吉凶，師亦不當決其所行也。

「山下出泉」，静而清也。汩則亂，亂不決也。

「山下出泉」，大象文。山静泉清，有以全其未發之善，故其行可果。汩，再三也。亂，瀆也。不決，不告也。蓋汩則不静，亂則不清。既不能保其未發之善，則告之不足以果其所行，而反滋其惑，不如不告之爲愈也。

慎哉！其唯「時中」乎！

「時中」者，彖傳文，教當其可之謂也。初則告，瀆則不告；静而親則決之，汩而亂則不決。皆時中也。

「艮其背」，背非見也。静則止，止非爲也，爲不止矣。其道也深乎！

此一節引《艮》卦之象而釋之。艮，止也。背，非有見之地也。「艮其背」者，止於不見之地也。止於不見之地則静，静則止而無爲。一有爲之之心，則非止之道矣。○此章發明二卦，皆所謂「聖人之藴」而主静之意。❶

❶「意」下，大全本、徐本有「矣」字。

# 西銘解

〔北宋〕張載 撰
〔南宋〕朱熹 解義
朱傑人 校點

# 目録

# 校點説明

《西銘》一卷，張載著。朱熹爲之作注，題名《西銘解》。

張載（一〇二〇—一〇七七），字子厚，宋代理學的奠基人之一。祖籍大梁（今河南開封），後徙鳳翔郿縣（今陝西眉縣）横渠鎮，世稱横渠先生。《東銘》、《西銘》原是張載題寫於學堂東西二牖的銘文，左謂《砭愚》，右謂《訂頑》，後程頤以啓争端爲疑改今名。《西銘》以天人一體、物我同胞的「氣一元」理論爲核心，闡發儒家本則乾坤的仁德原理和宗法體系，並援舊典中天道倫理之例，倡喻儒家澤揚萬物的樂天修養和現實關懷。《西銘》全文僅二百五十三字，卻在宋代理學史上佔有極重要的地位。二程稱頌此書發「前聖所未發」而又「意極完備，乃仁之體」，是自孟子以來儒家最重要的理論見解，並專以《西銘》開示後學。因之，南宋一朝，程門弟子多有論説《西銘》之作。朱熹也十分重視《西銘》，事實上，從與二劉的誦習，到易簀前的講授，《西銘》踰歷朱熹學術生涯之始終。他更通過爲《西銘》作注、作論，發揮其義，着重闡釋「天人一體」、「理一分殊」的理學思想。

朱熹注解《西銘》，大約發端於乾道六年（一一七〇）四月與蔡元定等人在雲谷山論議，七月前後，草成《西銘》句解和《西銘論》，並函張栻、吕祖謙等人商榷。乾道八年（一一七二）十月，因新見《尹和靖言行録》和《龜山語録》，補作《書楊時西銘説後》。其後，朱熹一面搜集各家注釋《西銘》的材料，一面繼續與汪應辰、蔡元定、詹儀之等人書信討論。淳熙十五年（一一八八）二月，因有人妄議詆毁《西銘》，朱熹爲正本清源，乃出《西銘解》示門人。

朱熹去世後，門人私淑次第編輯刊印《西銘解義問答》、《西銘輯説》、《西銘解》等，宋末該書已廣爲流傳。元代黄瑞節輯朱熹十種單行的著作爲《朱子成書》，刻於至正元年（一三四一），其中録有《西銘解》。黄瑞節在《西銘解》題目之下、各節之間另纂《附録》，「以朱子爲主，他書之互見、同時之講明、門第之難疑、後來之闡説俱附焉」，並參己見出按語。明永樂十三年（一四一五），胡廣等奉敕編輯《性理大全》，收録《西銘解》。《性理大全》本《西銘解》係取《朱子成書》本爲藍本，訂正文字，損益《附録》而成。由於《性理大全》「擇焉不精」、「泛雜冗長」，清康熙時李光地等奉敕重訂，成《性理精義》。《性理精義》本《西銘解》保留了《西銘》及朱注、論，而大量裁汰《附録》内容。明清士人大抵趨奉二《性理》的朱解爲圭臬，對《西銘》獨創性的闡釋著述很少。

《西銘解》亦存於張載集中，這種做法當係程朱後學所爲。元代吴澄於張載之書「始爲校定次第，正其訛缺，挈《東西銘》於篇首而《正蒙》次之」，以吴氏師承淵源論，《西銘解》很有可能即於此時附入張集，此本惜不存。現存最早收録《西銘解》的張載集是明萬曆三十四年徐必達編刻的《張子全書》，其後沈自彰、張伯行、朱軾、宋廷萼諸本俱係覆刻徐本而來。

此次整理《西銘解》，以元至正刻《朱子成書》本爲底本，校以《性理大全》明永樂刻本（簡稱「大全本」），並以《張子全書》明徐必達刻本（簡稱「徐本」）參校。黄瑞節《附録》多采朱集、語録而成，今略去。

臺灣故宫博物院藏有《晦庵先生文集》前集十一卷、後集十八卷，約刻於南宋淳熙、紹熙間福建書坊，是現存最早的朱熹文集刻本。前集卷四收録《西銘解義》，有《西銘》句解、《西銘論》和《書楊時西銘説後》，無《題太極圖西銘解後》，當爲淳熙十五年二月以前的一種稿本。因文字與通行本相差過大，今亦不取。

校點者　朱傑人

# 西銘解

乾稱父，坤稱母，予兹藐焉，乃混然中處。

天，陽也，以至健而位乎上，父道也；地，陰也，以至順而位乎下，母道也。人禀氣於天，賦形於地，以藐然之身，混合無間而位乎中，子道也。然不曰天地而曰乾坤者，天地其形體也，乾坤其性情也。乾者，健而無息之謂，萬物之所資以始者也；坤者，順而有常之謂，萬物之所資以生者也。是乃天地之所以爲天地而父母乎萬物者，故指而言之。

故天地之塞，吾其體；天地之帥，吾其性。

乾陽坤陰，此天地之氣，塞乎兩間而人物之所資以爲體者也，故曰「天地之塞，吾其體」。乾健坤順，此天地之志，爲氣之帥而人物之所得以爲性者也，故曰「天地之帥，吾其性」。深察乎此，則父乾母坤，混然中處之實可見矣。

民吾同胞，物吾與也。

人物並生於天地之間，其所資以爲體者，皆天地之塞；其所得以爲性者，皆天地之帥也。然體有偏正之殊，故其於性也，不無明暗之異。惟人也，得其形氣之正，是以其心最靈，而有以通乎性命之全，體於並生之中，又爲同類而最貴焉，故曰「同胞」。則其視之也，皆如己之兄弟矣。物則得夫形氣之偏，而不能通乎性命之全，故與我不同類，而不若人之貴。然原其體性之所自，是亦本之天地而未嘗不同也，故曰「吾與」。則其視之也，亦如己之儕輩矣。惟同胞也，故以天下爲一家，中國爲一人，如下文之云。❶惟吾與也，故凡有形於天地之間者，若動若植，有情無情，莫不有以若其性、遂其宜焉。此儒者之道，所以必至於參天地、贊化育，然後爲功用之全，而非有所强於外也。

大君者，吾父母宗子；其大臣，宗子之家相也。尊高年，所以長其長；慈孤弱，所以幼其幼。聖其合德，賢其秀也。凡天下疲癃殘疾、惸獨鰥寡，皆吾兄弟之顛連而無告者也。

乾父坤母而人生其中，則凡天下之人，皆天地之子矣。然繼承天地，統理人物，則大君而已，故爲父母之宗子；輔佐大君，綱紀衆事，則大臣而已，故爲宗子之家相。天下之老一也，故凡尊天下之高年者，乃所以長吾之長；天下之幼一也，故凡慈天下之孤弱者，乃所以幼吾之幼。聖人與天地合其德，是兄弟之合德乎父母者也；賢者才德過於常人，是兄弟之秀出乎等夷者也。是皆以天地之子言之，則凡天下之疲癃殘疾、惸獨鰥寡，非吾兄弟無告者而何哉！

于時保之，子之翼也；樂且不憂，純乎孝者也。

畏天以自保者，猶其敬親之至也；樂天而不憂者，猶其愛親之純也。

違曰悖德，害仁曰賊，濟惡者不才。其踐形，惟肖者也。

不循天理而徇人欲者，不愛其親而愛他人也，故謂之悖德；戕滅天理、自絕本根者，賊殺其親，大逆無道也，故謂之賊；長惡不悛、不可教訓者，世濟其凶，

❶「之」，徐本作「所」。

增其惡名也，故謂之不才。若夫盡人之性，而有以充人之形，則與天地相似而不違矣，故謂之肖。

知化，則善述其事；窮神，則善繼其志。

孝子，善繼人之志、善述人之事者也。聖人知變化之道，則所行者無非天地之事矣；通神明之德，則所存者無非天地之心矣。此二者，皆樂天踐形之事也。

不愧屋漏爲「無忝」，存心養性爲「匪懈」。

《孝經》引《詩》曰「無忝爾所生」，故事天者仰不愧、俯不怍，則不忝乎天地矣。又曰「夙夜匪懈」，故事天者存其心、養其性，則不懈乎事天矣。此二者，畏天之事，而君子所以求踐夫形者也。

惡旨酒，崇伯子之顧養；育英才，潁封人之錫類。

好飲酒而不顧父母之養者，不孝也。故遏人欲如禹之惡旨酒，則所以「顧天之養」者至矣。性者，萬物之一源，非有我之得私也。故育英才如潁考叔之及莊公，則所以「永錫爾類」者廣矣。

不弛勞而底豫，舜其功也；無所逃而待烹，申生其恭也。

舜盡事親之道而瞽叟底豫，其功大矣。故事天者盡事天之道，而天心豫焉，則亦天之舜也。申生無所逃而待烹，其恭至矣。故事天者夭壽不貳而脩身以俟之，則亦天之申生也。

體其受而歸全者，參乎！勇於從而順令者，伯奇也。

父母全而生之，子全而歸之，若曾參之啓手啓足，則體其所受乎親者而歸其全也。況天之所以與我者，無一善之不備，亦全而生之也。故事天者能體其所受於天者而全歸之，則亦天之曾子矣。❶子於父母，東西南北，唯令之從，若伯奇之履霜中野，則勇於從而順令也。況天之所以命我者，吉凶禍福，非有人欲之私。故事天者能勇於從而順受其正，則亦天之伯奇矣。

富貴福澤，將厚吾之生也；貧賤憂戚，庸玉女於成也。

富貴福澤，所以大奉於我，而使吾之爲善也輕；貧賤憂戚，所以拂亂於我，而使吾之爲志也篤。天地之於人，父母之於子，其設心豈有異哉！故君子之事天也，以周公之富而不至於驕，以顏子之貧而不改其樂；其事親也，愛之則喜而弗忘，❷惡之則懼而無怨。其心亦一而已矣。

存，吾順事；没，吾寧也。

孝子之身存，則其事親也，❸不違其志而已；没，則安而無所愧於親也。仁人之身存，則其事天也，❹不逆其理而已；没，則安而無所愧於天也。蓋所謂朝聞夕死，吾得正而斃焉者。故張子之銘以是終焉。

論曰：天地之間，理一而已。然「乾道成男，坤道成女」，二氣交感，化生萬物」，則其大小之分，親疏之等，至於十百千萬而不能齊也。不有聖賢者出，孰能合其異而會其同哉！❺《西銘》之作，意蓋如此。程子以爲明「理一而分

❶「則」，據大全本、徐本補。
❷「喜」，原作「嘉」，據大全本、徐本改。
❸「也」，大全本、徐本作「者」。
❹「也」，大全本、徐本作「者」。
❺「會」，大全本、徐本作「反」。

殊」，可謂一言以蔽之矣。蓋以乾爲父，以坤爲母，❶有生之類，無物不然，所謂「理一」也。而人物之生，血脉之屬，各親其親，各子其子，則其分亦安得而不殊哉！一統而萬殊，則雖天下一家、中國一人，而不流於「兼愛」之敝；萬殊而一貫，則雖親疏異情、貴賤異等，而不梏於「爲我」之私。此《西銘》之大指也。觀其推親親之厚，以大無我之公；因事親之誠，以明事天之道，蓋無適而非所謂分立而推理一者。❷夫豈專表，然後知其分之殊哉！且所謂「稱物平施」者，正謂稱物之宜，以平吾之施云爾。若無稱物之義，則亦何以知夫所施之平哉？龜山第二書蓋欲發明此意，然言不盡而理有餘也，故愚得因其説而遂言之如此。同志之士，幸相與折衷哉。❸

某既爲此解，❹後得尹氏書云：「楊中立《答伊川先生論〈西銘〉書》有『釋然無惑』之語，先生讀之，曰：『楊時也未釋然。』」乃知此論所疑第二書之説，先生蓋亦未之許也，然《龜山語録》有曰：《西銘》「理一而分殊」。知其理一，所以爲仁；知其分殊，所以爲義。所謂分殊，猶孟子言『親親而仁民，仁民而愛物』。其分不同，故所施不能無差等耳。或曰：『如是，則體用果離而爲二矣。』曰：『用未嘗離體也。以人觀之，四支百骸具於一身者，❺體也；至其用處，則

❶「以」，原無，據大全本、徐本補。
❷「者」，大全本、徐本作「也」。
❸「哉」，大全本、徐本作「焉」。
❹「某」，大全本、徐本作「熹」。
❺「支」，大全本、徐本作「肢」。

首不可以加屨，足不可以納冠。蓋即體而言，而分已在其中矣。』」此論分別異同，各有歸趣，大非答書之比，豈其年高德盛而所見始益精與？因復表而出之，以明答書之説誠有未釋然者，而龜山所見，蓋不終於此而已也。乾道壬辰孟冬朔旦某書。❶

始予作《太極》、《西銘》二解，未嘗敢出以示人也。近見儒者多議兩書之失，或乃未嘗通其文義而妄肆詆訶，予竊悼焉。因出此示學徒，使廣其傳。庶幾讀者由辭以得意，而知其未可以輕議也。淳熙戊申二月己巳晦翁題。

❶「某書」，大全本、徐本作「熹謹書」。

# 張子正蒙注

〔清〕王夫之　撰
夏劍欽　校點

# 目　録

# 校點說明

王夫之（一六一九—一六九二），字而農，號薑齋，湖南衡陽人。明清之際傑出思想家。晚年居衡陽之石船山，學者稱船山先生。他一生學術成就很高，對天文、曆法、數學、地理都有所研究，尤精於經學、史學、文學。王夫之主要貢獻體現在從哲學層面總結和發展中國傳統的唯物主義。他的哲學思想，受北宋哲學家張載的影響最大。鄧顯鶴《船山著述目録》說，船山「生平論學，以漢儒爲門户，以宋五子爲堂奥，而原本淵源，尤在《正蒙》一書。以爲張子之學，上承孔孟之志，下救來兹之失，如皎日麗天，無幽不燭，聖人復起，未之能易」。船山臨終前自撰墓銘，有「希張横渠之正學而力不能企」之語，足見其對張載信仰之深切。

《張子正蒙注》是船山以注解張載所著《正蒙》的形式，來闡述自己哲學思想的一部重要著作。其傳世版本之源當爲岳麓書社編校《船山全書》時從船山十二世孫衡陽王鵬處所獲之船山手鈔藏本。鈔本字迹正楷，體勢端嚴凝重，點畫結構，一絲不苟。其筆致與傳世之船山手迹《顯考武夷府君行狀》、《顯妣譚太孺人行狀》、《自題墓石》、《傳家十四戒》及《噩夢》等完全相同，當爲船山手迹無疑。其書分裝兩册，凡一百九十一頁，除上册失去數頁外，餘悉完整。每册第一面第一行，上標書名，下有「朱宏燝較」四字；第二行署「王夫之注」。上册名「張子正蒙」，下册名「正蒙下」。每頁中縫均有「正蒙」小字。按船山此書共十八篇，上册八篇，下册十篇。前十六篇與他本無異，第十七、十八兩篇作《乾稱篇》、《可狀篇》，與他本作《乾稱上》、《下》不同。

據此鈔本末頁「乙丑孟春下旬丁亥成　庚午季夏月重訂」小字，可知成書時間爲康熙二十四年（一六八五）正月二十七日，是年船山六十有七；重訂時間爲康熙二十九年六月，時船山已七十二歲。此鈔本文字只避明代帝王名諱和船山家諱，而不避清諱；尚無其子王敔於康熙三十一年臘月録「蕉畦副本」時所加按語和康熙四十六年衡陽劉氏鈔録「蕉畦副本」時的《序論》。鈔本半葉九行,每行十七字。今存衡陽劉氏鈔本和康熙四十六年前後王敔據蕉畦副本所刻之《王船山先生書集》五種之一的《張子正蒙注釋》(即湘西草堂本,簡稱「草堂本」),及往後相沿之道光二十八年所刻之衡陽學署本(簡稱「學署本」)、同治四年之金陵節署本(簡稱「金陵本」)、民國二十二年之太平洋書店本(簡稱「太平洋本」)等,凡有脱落處,字數每與此鈔本一行十七字相合。蓋蕉畦録副時即跳行脱落,以致其後各本相沿脱落而無從覈察矣。

衡陽學署本實即湘西草堂藏板之補鐫重印。金陵本之刊刻雖云曾得劉氏鈔本,然其所有訛脱删改仍與草堂本、學署本同,頗疑其係以草堂本或學署本直接作底本付刻,而並未利用劉氏鈔本有所校勘。惟金陵本曾經曾國藩校閲,故亦偶有個別之校改,不同於劉氏鈔本而反與船山手鈔本合者,疑皆出於曾氏或其書局人之手。如《參兩篇》之《正蒙》本文「日爲陽精,然其質本陰,故其



右行雖緩,亦不純繫於天」,劉氏鈔本及草堂本、學署本「純」均誤爲「絶」,惟金陵本作「純」,與此鈔本合;又如《動物篇》「物之初生」一節船山注文「反歸者鬼,而死之前爲鬼者亦多矣」,劉氏鈔本、草堂本、學署本「歸」均誤作「鬼」,惟金陵本作「歸」,亦與此鈔本合。至太平洋本則全依金陵本排印,徒增訛脱,無可述者。

一九五六年北京古籍出版社據太平洋書店本出版繁體字標點本(簡稱「古籍出版社本」)。一九七五年中華書局改用金陵節署本《船山遺書》爲底本出版重新校點的簡體字本(簡稱「中華本」),其「《正蒙》原文與明萬曆年間陝西鳳翔府官刻本的清初翻刻本相對勘,注文則參照周調陽依衡陽劉氏家藏鈔本及衡陽學署本所作的校勘記,作了改、補、删」,可謂已兼有劉氏鈔本、衡陽學署本、金陵本之長,且有自行校改之善。但藉此船山手鈔本與中華本相較,仍可發現此書原各本相沿之脱文四十餘處、二百四十餘字,訛誤二十餘處、二十餘字。

根據以上情況,此次整理遂以船山十二世孫

王鵬家藏之船山手鈔本爲底本，參以劉氏鈔本、湘西草堂本、學署本、金陵本、中華本及其各家校記。《正蒙》本文又同時參校中華書局一九七八年出版之《張載集》。此鈔本所缺之船山《序論》、敔按小注及其他少數缺頁缺段，則據劉氏鈔本、湘西草堂本等補足。爲體現版本源流，突出底本之優，各本文字異同均詳爲校記。

又劉氏鈔本及衡陽學署本以下各本，《序論》後均有《宋史》張子本傳一篇，底本及草堂本則未之見。今爲便利讀者，亦予收入，作爲本書之附録。

校點者　夏劍欽

# 序論❶

謂之正蒙者，養蒙以聖功之正也。聖功久矣，大矣，而正之惟其始。蒙者，知之始也。孟子曰：「始條理者，智之事。」其始不正，未有能成章而達者也。

或疑之曰：古之大學，造之以《詩》、《書》、《禮》、《樂》，迪之以三德六行，皆日用易知簡能之理。而《正蒙》推極夫窮神、知化、達天德之藴，則疑與《大學》異。子夏曰：「有始有卒，其惟聖人乎！」今以是養蒙，恐未能猝喻而益其疑。則請釋之曰：大學之教，先王所以廣教天下而納之軌物，使賢者即以之上達而中人以之寡過。先王不能望天下以皆聖，故堯、舜之僅有禹、皋陶，湯之僅有伊尹、萊朱，文王之僅有太公望、散宜生；其他則德其成人，造其小子，不强之以聖功而俟其自得，非有吝也。《正蒙》者，以獎大心者而使之希聖，所繇不得不異也。

抑古之爲士者，秀而未離乎其樸，下之無記誦詞章以取爵禄之科，次之無權謀功利苟且以就功名之術。其尤正者，無狂思陋測，蕩天理，蔑彝倫而自矜獨悟，如老聃、浮屠之邪説，以誘聰明果毅之士而生其逸獲神聖之心，則但習於人倫物理之當然，而性命之正自不言而喻。至于東周而邪慝作矣。故夫子贊《易》而闡形而上之道，以顯諸仁而藏諸用，而孟子推生物一本之理，以極惻隱、羞惡、辭讓、是非之所繇生。《大學》之道，明德以修己，新民以

❶ 本文不見於底本及草堂本，至劉氏鈔本始見此序，學署本、金陵本以下各本均有之。茲據劉氏鈔本補。

治人，人道備矣，而必申之曰「止於至善」。不知止至善，則不定，不静，不安，而慮非所慮，未有能得者也。故夫子曰：「吾十有五而志於學。」所志者，知命、耳順、不踰之矩也；知其然者，志不及之，則雖聖人未有得之於志外者也。故孟子曰：「大匠不爲拙工改廢繩墨，羿不爲拙射變其彀率。」宜若登天而不可使逸獲於企及也。特在孟子之世，楊、墨雖盈天下，而儒者猶不屑屈吾道以證其邪，❶故可引而不發以需其自得。而自漢、魏以降，儒者無所不淫，苟不抉其躍如之藏，則志之搖搖者，差之黍米而已背之霄壤矣。此《正蒙》之所繇不得不異也。

宋自周子出，而始發明聖道之所繇，一出於太極陰陽人道生化之終始，二程子引而伸之，而實之以静一誠敬之功，然游、謝之徒，且岐出以趨於浮屠之蹊徑。故朱子以格物窮理爲始教，而檠括學者於顯道之中；乃其一再傳而後，流爲雙峰、勿軒諸儒，逐跡躡影，沈溺於訓詁。故白沙起而厭棄之，然而遂啓姚江王氏陽儒陰釋誣聖之邪説；其究也，爲刑戮之民、爲閹賊之黨，皆争附焉，而以充其無善無惡、圓融理事之狂妄，流害以相激而相成，則中道不立、矯枉過正有以啓之也。

人之生也，君子而極乎聖，❷小人而極乎禽獸，然而吉凶窮達之數，於此於彼，未有定焉。不知所以生，不知所以死，則爲善爲惡，皆非性分之所固有，職分之所當爲，下焉者何弗蕩棄彝倫以遂其苟且私利之欲！其稍有恥之心而厭焉者，則見爲寄生兩間，去來無準，惡爲贅疣，善亦弁

❶ 「屈」，學署本以下各本作「曲」。

❷ 「聖」下，羅汝懷編《湖南文徵》收本篇有「人」字。「聖人」與下「禽獸」對文，句意更確。

髦，生無所從，而名義皆屬漚瀑，兩滅無餘，以求異於逐而不返之頑鄙。乃其究也不可以終日，則又必佚出猖狂，爲無縛無礙之邪説，終歸於無忌憚。自非究吾之所始與其所終，神之所化，鬼之所歸，效天地之正而不容不懼以終始，惡能釋其惑而使信於學！故《正蒙》特揭陰陽之固有，屈伸之必然，以立中道，而至當百順之大經皆率此以成，故曰「率性之謂道」。天之外無道，氣之外無神，神之外無化，死不足憂而生不可罔，一瞬一息，一宵一晝，一言一動，赫然在出王游衍之中，善吾伸者以善吾屈。然後知聖人之存神盡性，反經精義，皆性所必有之良能，而爲職分之所當脩，非可以見聞所及而限爲有，不見不聞而疑其無，偷用其蕞然之聰明，或窮大而失居，或卑近而自蔽之可以希覬聖功也。嗚呼！張子之學，上承孔、孟之志，下救來兹之失，如皎日麗天，無幽不燭，聖人復起，未有能易焉者也。

學之興於宋也，周子得二程子而道著。程子之道廣，而一時之英才輻輳於其門；張子斅學於關中，其門人未有殆庶者。而當時鉅公耆儒如富、文、司馬諸公，張子皆以素位隱居而末繇相爲羽翼，是以其道之行，曾不得與邵康節之數學相與頡頏，而世之信從者寡，故道之誠然者不著。貞邪相競而互爲畸勝，是以不百年而陸子静之異説興，又二百年而王伯安之邪説熺，其以朱子格物、道問學之教争貞勝者，猶水之勝火，一盈一虚而莫適有定。使張子之學曉然大明，以正童蒙之志於始，則浮屠生死之狂惑，不折而自摧，陸子静、王伯安之蕞然者，亦惡能傲君子以所獨知，而爲浮屠作率獸食人之倀乎！

《周易》者，天道之顯也，性之藏也，聖

功之牖也，陰陽、動静、幽明、屈伸，誠有之而神行焉，禮樂之精微存焉，鬼神之化裁出焉，仁義之大用興焉，治亂、吉凶、生死之數準焉，故夫子曰「彌綸天下之道以崇德而廣業」者也。張子之學，無非《易》也，即無非《詩》之志，《書》之事，《禮》之節，《樂》之和，《春秋》之大法也，《論》、《孟》之要歸也。自朱子慮學者之騖遠而忘邇，測微而遺顯，其教門人也，以《易》爲占筮之書而不使之學，蓋亦矯枉之過，幾令伏羲、文王、周公、孔子繼天立極、扶正人心之大法，下同京房、管輅、郭璞、賈耽壬遁奇禽之小技。而張子言無非《易》，立天，立地，立人，反經研幾，精義存神，以綱維三才，貞生而安死，則往聖之傳，非張子其孰與歸！

嗚呼！孟子之功不在禹下，張子之功又豈非疏洚水之岐流，引萬派而歸墟，使斯人去昏墊而履平康之坦道哉！是匠者之繩墨也，射者之彀率也，雖力之未逮，養之未熟，見爲登天之難不可企及，而志於是則可至焉，不志於是未有能至者也。養蒙以是爲聖功之所自定，而邪説之淫蠱不足以亂之矣，故曰《正蒙》也。

衡陽王夫之論。

# 張子正蒙注卷一

## 太和篇

此篇首明道之所自出，物之所自生，性之所自受，而作聖之功，下學之事，必達於此，而後不爲異端所惑，蓋即《太極圖説》之旨而發其所函之藴也。

太和所謂道，

太和，和之至也。道者，天地人物之通理，即所謂太極也。陰陽異撰，而其絪緼於太虚之中，合同而不相悖害，渾淪無間，和之至矣。未有形器之先，本無不和，既有形器之後，其和不失，故曰太和。

中涵浮沈、升降、動静相感之性，是生絪緼相盪、勝負屈伸之始。

涵，如水中涵影之象；中涵者其體，是生者其用也。輕者浮，重者沈，親上者升，親下者降，動而趨行者動，動而赴止者静，皆陰陽和合之氣所必有之幾，而成乎情之固然，猶人之有性也。絪緼，太和未分之本然；相盪，其必然之理勢。勝負，因其分數之多寡，乘乎時位，一盈一虚也。勝則伸，負則屈；勝負屈伸，衰王死生之成象，其始則動之幾也。此言天地人物消長死生自然之數，皆太和必有之幾。

其來也幾微易簡，其究也廣大堅固。

來，謂始動而化之初；究，謂已成形體也。幾微，氣之初動；易簡者，唯陽健陰順而已。廣大，品物流形；堅固，體成而不易毁也。乾、坤有體則必生用，用而還成其體。體静而用動，故曰「静極而動，動極而静」，動静無端。

起知於易者乾乎！效法於簡者坤乎！

太和本然之體，未有知也，未有能也，易簡而已。而其所涵之性，有健有順，故知於此起，法於此效，而大用行矣。

散殊而可象爲氣，清通而不可象爲神。

太和之中，有氣有神。神者非他，二氣清通之理也。不可象者，即在象中。陰與陽和，氣與神和，是謂太和。人生而物感交，氣逐於物，役氣而遺神，神爲氣使而迷其健順之性，❶非其生之本然也。

**不如野馬、絪縕，不足謂之太和。**敔按：野馬者，天之神；絪縕者，天之氣。

此言體道者不於物感未交、喜怒哀樂未倚之中，合氣於神，合神於性，以健順五常之理融會於清通，生其變化而有滯有息，則不足以肖太和之本體，而用亦不足以行矣。敔按：清通者，心之神；變化者，心之化。

**語道者知此，謂之知道；學《易》者見此，謂之見《易》。**

見，實證之於心也。《易》曰：「陰陽相摩，八卦相盪，鼓之以雷霆，潤之以風雨，日月運行，一寒一暑，乾道成男，坤道成女。」此之謂也。健順合而太和，其幾必動，氣以成形，神以居理，性固具足於神氣之中，天地之生人物，人之肖德於天地者，唯此而已矣。

**不如是，雖周公才美，其智不足稱也已。**

待其已感，因事而效能者，才也；智則灼見道體，而知無不起，法無不效矣。敔按：知道見《易》，始謂之知；❷知不足而恃才，雖美如周公，亦不足稱。

**太虛無形，氣之本體；**

於太虛之中具有而未成乎形，氣自足也，聚散變化，而其本體不爲之損益。敔按：理具陰陽，陰陽具理，理氣渾然，是爲本體。

**其聚其散，變化之客形爾。**

日月之發斂，四時之推遷，百物之生死，與風雨露雷乘時而興、乘時而息，一也，皆客形也。有去有來謂之客。發斂，謂日月出入之道。

**至静無感，性之淵源；**

於物感未交、至静之中，健順之性承於天者，固有不失，有本而不窮。

**有識有知，物交之客感爾。**

識知者，五常之性所與天下相通而起用者也。知其物乃知其名，知其名乃知其義，不與物交，則心具此理，而名不能言，事不能成。赤子之無知，精未徹也，愚蒙之無知，物不審也。自外至曰客。

**客感客形與無感無形，惟盡性者能一之。**❸

---

❶「氣」，各本皆脱，惟底本有之。「神爲氣使」，句乃可通。

❷「知」，此字及下句「知」字，劉氏鈔本、草堂本及學署本同。金陵本以下各本均作「智」。

❸「能」，金陵本以下各本無此字。

静而萬理皆備，心無不正，動而本體不失，意無不誠，盡性者也。性盡，則生死屈伸一貞乎道，而不撓太虚之本體，動静語默一貞乎仁，而不喪健順之良能，不以客形之來去易其心，不以客感之貞淫易其志，所謂「夭壽不貳，修身以俟之」，「不顯亦臨，無射亦保」也。蓋其生也異於禽獸之生，則其死也異於禽獸之死，全健順太和之理以還造化，存順而没亦寧。其静也異於下愚之静，則其動也異於下愚之動，充五常百順之實以宰百爲，志繼而事亦述矣。無他，人之生死、動静有間，而太和之絪緼本無間也。

此上二章，兼動静、生死而言。動静之幾，盡性之事，死生之故，立命之事，而一動一静，一屈一伸，理所必有而通於一，則一也。

**天地之氣，雖聚散、攻取百塗，然其爲理也順而不妄。**

聚則見有，散則疑無，既聚而成形象，則才質性情各依其類。同者取之，異者攻之，故庶物繁興，各成品彙。乃其品彙之成各有條理，故露雷霜雪各以其時，動植飛潛各以其族，必無長夏霜雪、嚴冬露雷、人禽艸木互相淆雜之理。故善氣恒於善，惡氣恒於惡，治氣恒於治，亂氣恒於亂，屈伸往來，順其故而不妄。不妄者，氣之清通，天之誠也。

**氣之爲物，散入無形，適得吾體；聚爲有象，不失吾常。**

散而歸於太虚，復其絪緼之本體，非消滅也。聚而爲庶物之生，❶自絪緼之常性，非幻成也。聚而不失其常，故有生之後，雖氣稟物欲相窒相牿，而克自修治，即可復健順之性。散而仍得吾體，故有生之善惡治亂，至形亡之後，清濁猶依其類。

**太虚不能無氣，氣不能不聚而爲萬物，萬物不能不散而爲太虚。循是出入，是皆不得已而然也。**

氣之聚散，物之死生，出而來，入而往，皆理勢之自然，不能已止者也。不可據之以爲常，不可揮之而使散，不可挽之而使留，是以君子安生安死，於氣之屈伸無所施其作爲，俟命而已矣。

**然則聖人盡道其間，兼體而不累者，存神其至矣。**

❶「而」，原脱，劉氏鈔本、草堂本、學署本及金陵本以下各本相沿有之，今據補。

氣無可容吾作爲，聖人所存者神爾。兼體，謂存順没寧也。神清通而不可象，而健順五常之理以順，天地之經以貫，萬事之治以達，萬物之志皆其所涵。存者，不爲物欲所遷，而學以聚之，問以辨之，寬以居之，仁以守之，使與太和絪緼之本體相合無間，則生以盡人道而無歉，死以返太虛而無累，全而生之，全而歸之，斯聖人之至德矣。

**彼語寂滅者，往而不反；**

釋氏以滅盡無餘爲大涅槃。

**徇生執有者，物而不化，**

物，滯於物也。魏伯陽、張平叔之流，鉗魂守魄，謂可長生。

**二者雖有間矣，**

徇生執有者尤拂經而爲必不可成之事。

**以言乎失道則均焉。**

皆不知氣之未嘗有有無而神之通於太和也。

此章乃一篇之大指。貞生死以盡人道，乃張子之絶學，發前聖之藴，以闢佛、老而正人心者也。朱子以其言既聚而散，散而復聚，譏其爲大輪迴。而愚以爲朱子之説正近於釋氏滅盡之言，❶而與聖人之言異。孔子曰：「未知生，焉知死。」則生之散而爲死，死之可復聚爲生，其理一轍，明矣。《易》曰：「精氣爲物，游魂爲變。」游魂者，魂之散而游於虛也，爲變，則還以生變化，明矣。又曰：「屈信相感而利生焉。」伸之感而屈，生而死也；屈之感而伸，非既屈者因感而可復伸乎！又曰：「形而上者謂之道，形而下者謂之器。」形而上，即所謂清通而不可象者也。器有成毁，而不可象者寓於器以起用，未嘗成，亦不可毁，器敝而道未嘗息也。以天運物象言之，春夏爲生，爲來，爲伸，秋冬爲殺，爲往，爲屈，而秋冬生氣潛藏於地中，枝葉槁而根本固榮，則非秋冬之一消滅而更無餘也。車薪之火，一烈已盡，而爲燄，爲煙，爲燼，木者仍歸木，水者仍歸水，土者仍歸土，特希微而人不見爾。一甑之炊，濕熱之氣，蓬蓬勃勃，必有所歸；若盦蓋嚴密，則鬱而不散。汞見火則飛，不知何往，而究歸於地。有形者且然，況其絪緼不可象者乎！未嘗有辛勤歲月之積，一旦悉化爲烏有，明矣。故曰往來，曰屈伸，曰聚散，曰幽明，而不曰生滅。生滅者，釋氏之陋説也。儻如朱子散盡無餘之説，❷則此太極渾淪之内，何處爲其翕受消歸之府乎？又云造化日新而不用其故，止此太虛之

❶「正」，劉氏鈔本、草堂本以下各本均作「反」。
❷「朱子」，劉氏鈔本、草堂本以下各本均無此二字。

內，❶亦何從得此無盡之儲，以終古趨於滅而不匱邪？且以人事言之，君子修身俟命，所以事天；全而生之，全而歸之，所以事親。使一死而消散無餘，則諺所謂伯夷、盜跖同歸一丘者，又何恤而不逞志縱欲，不亡以待盡乎！惟存神以盡性，則與太虛通爲一體，生不失其常，死可適得其體，而妖孽、災眚、姦回、濁亂之氣不留滯於兩間，斯堯、舜、周、孔之所以萬年，而《詩》云「文王在上，於昭于天」，爲聖人與天合德之極致。聖賢大公至正之道異於異端之邪説者以此，則謂張子之言非明睿所炤者，愚不敢知也。

聚亦吾體，散亦吾體，知死之不亡者，可與言性矣。

聚而成形，散而歸於太虛，氣猶是氣也。神者，氣之靈，不離乎氣而相與爲體，則神猶是神也。聚而可見，散而不可見爾，其體豈有不順而妄者乎！故堯、舜之神，桀、紂之氣，存於絪緼之中，至今而不易。然桀、紂之所暴者，氣也，養之可使醇，持之可使正，澄之可使清也；其始得於天者，健順之良能未嘗損也，存乎其人而已矣。

知虛空即氣，則有無、隱顯、神化、性命通一無二，顧聚散、出入、形不形，能推本所從來，則深於《易》者也。

虛空者，氣之量；氣彌綸無涯而希微不形，❷則人見虛空而不見氣。凡虛空皆氣也，聚則顯，顯則人謂之有；散則隱，隱則人謂之無。神化者，氣之聚散不測之妙，然而有迹可見；性命者，氣之健順有常之理，主持神化而寓於神化之中，無迹可見。若其實，則理在氣中，氣無非理，氣在空中，空無非氣，通一而無二者也。其聚而出爲人物則形，散而入於太虛則不形，抑必有所從來。蓋陰陽者氣之二體，動静者氣之二幾，體同而用異則相感而動，動而成象則静，動静之幾，聚散、出入、形不形之從來也。《易》之爲道，乾、坤而已。乾六陽以成健，坤六陰以成順，而陰陽相摩，則生六子以生五十六卦，皆動之不容已者，或聚或散，或出或入，錯綜變化，要以動静夫陰陽。而陰陽一太極之實體，唯其富有充滿於虛空，故變化日新，而六十四卦之吉凶大業生焉。陰陽之消長隱見不可測焉，❸天地人物屈伸往來之故盡於此。知此者，盡《易》之蘊矣。

---

❶「止」，劉氏鈔本、草堂本以下各本作「則」。

❷「綸」，各本作「淪」，疑誤。

❸「焉」，各本作「而」，屬下讀。

若謂虚能生氣，則虚無窮，氣有限，體用殊絶，入老氏「有生於無」自然之論，不識所謂有無混一之常。

老氏以天地如橐籥，動而生風，是虚能於無生有，變幻無窮；而氣不鼓動則無，是有限矣。然則孰鼓其橐籥而令生氣乎？有無混一者，可見謂之有，不可見遂謂之無，其實動静有時而陰陽常在，有無無異也。誤解《太極圖説》者，❶謂太極本未有陰陽，因動而始生陽，静而始生陰。不知動静所生之陰陽，乃固有之緼，❷爲寒暑、潤燥、男女之情質，其絪緼充滿在動静之先。動静者即此陰陽之動静，動則陰變於陽，静則陽凝於陰，一震、巽、坎、離、艮、兑之生於乾、坤也；非動而後有陽，静而後有陰，本無二氣，繇動静而生，如老氏之説也。

若謂萬象爲太虚中所見賢遍反。之物，則物與虚不相資，形自形，性自性，形性、天人不相待而有，陷於浮屠以山河大地爲見病之説。

浮屠謂真空常寂之圓成實性，止一光明藏，而地水火風根塵等皆繇妄現，知見妄立，執爲實相。若謂太極本無陰陽，乃動静所顯之影象，則性本清空，禀於太極，形有消長，生於變化，性中增形，形外有性，人不資氣而生而於氣外求理，則形爲妄而性爲真，陷於其邪説矣。

此道不明，正由懵者略知體虚空爲性，

差愈於告子「食色性也」、荀子性惡之論爾。

不知本天道爲用，

天即道爲用，以生萬物。誠者，天之道也，陰陽有實之謂誠。

反以人見之小因緣天地。

但見來無所從，去無所歸，遂謂性本真空，天地皆緣幻立，事物倫理一從意見横生，不覩不聞之中别無理氣。近世王氏之説本此，唯其見之小也。

明有不盡，則誣世界乾坤爲幻化。幽明不能舉其要，遂躐等妄意而然。

未能窮理知性而言天人之際，是謂躐等。

不悟一陰一陽範圍天地、通乎晝夜、三極大中之矩，

陰陽二氣充滿太虚，此外更無他物，亦無間隙，天之象，地之形，皆其所範圍也。散入無形而適得氣之體，聚

❶「説」，各本無此字。

❷「乃固有之緼」五字，各本置於下句「情質」之後，又「緼」皆作「藴」。

爲有形而不失氣之常，通乎生死猶晝夜也。晝夜者，豈陰陽之或有或無哉！日出而人能見物，則謂之晝；日入而人不見物，則謂之夜。陰陽之運行，則通一無二也。在天而天以爲象，在地而地以爲形，在人而人以爲性，性在氣中，屈伸通於一，而裁成變化存焉，此不可踰之中道也。

**遂使儒、佛、老、莊混然一途，語天道性命者，不罔於恍惚夢幻，則定以「有生於無」，爲窮高極微之論。入德之途，不知擇術而求，多見其蔽於詖而陷於淫矣。**

陷於佛者，如李翱、張九成之流，而富鄭公、趙清獻雖賢而不免；若陸子静及近世王伯安，則屈聖人之言以附會之，説愈淫矣。陷于老者，如王弼注《易》及何晏、夏侯湛輩皆其流也；若王安石、吕惠卿及近世焦竑、李贄之屬，❶則又合佛、老以溷聖道，尤其淫而無紀者也。

**氣坱然太虚，**

坱然，猶言滃然，充滿盛動貌。徧太虚中皆氣也。

**升降飛揚，未嘗止息，《易》所謂「絪緼」，莊生所謂「生物以息相吹」、「野馬」者與！**

升降飛揚，乃二氣和合之動幾，雖陰陽未形，而已全具殊質矣。「生物以息相吹」之説非也，此乃太虚之流動洋溢，非僅生物之息也。引此者，言莊生所疑爲生物之息者此也。

**此虚實、動静之機，陰陽、剛柔之始。**

虚者，太虚之量；實者，氣之充周也。升降飛揚而無間隙，則有動者以流行，則有静者以凝止。於是而静者以陰爲性，雖陽之静亦陰也；動者以陽爲性，雖陰之動亦陽也。陰陽分象而剛柔分形，剛者陽之質，而剛中非無陰；柔者陰之質，而柔中非無陽。就象而言之，分陰分陽；就形而言之，分柔分剛；就性而言之，分仁分義；分言之則辨其異，合體之則會其通，故張子統言陰陽剛柔以概之。機者，飛揚升降不容已之幾；始者，形象之所繇生也。

**浮而上者陽之清，降而下者陰之濁。**

天地之法象，人之血氣表裏、耳目手足，以至魚鳥飛潛、艸木華實，雖陰陽不相離，而抑各成乎陰陽之體。就其昭明流動者謂之清，就其凝滯堅强者謂之濁；陽之清引陰以偕升，陰之濁挾陽以俱降，其神之清通者，則貫徹乎其中而未有礙也。

❶「焦竑」，劉氏鈔本空二格，草堂本、學署本均作墨丁，金陵本始作「王畿」。

其感遇聚散，爲風雨，爲雪霜，萬品之流形，山川之融結，糟粕煨燼，無非教也。

感者，交相感；陰感於陽而形乃成，陽感於陰而象乃著。遇者，類相遇；陰與陰遇，形乃滋，陽與陽遇，象乃明。感遇則聚，聚已必散，皆升降飛揚自然之理勢。風雨、雪霜、山川、人物，象之顯藏，形之成毁，屢遷而已結者，雖遲久而必歸其原，條理不迷，誠信不爽，理在其中矣。教者，朱子所謂「示人以理」是也。

氣聚，則離明得施而有形；

離明，在天爲日，在人爲目，光之所麗，乃著其形。有形則人得而見之，明也。

不聚，則離明不得施而無形。

無形則人不得而見之，幽也。無形，非無形也，人之目力窮於微，遂見爲無也。心量窮於大，耳目之力窮於小。

方其聚也，安得不謂之客；方其散也，安得遽謂之無。

聚而明得施，人遂謂之有；散而明不可施，人遂謂之無。不知聚者暫聚，客也，非必常存之主；散者，返於虛也，非無固有之實。人以見不見而言之，是以滯爾。

故聖人仰觀俯察，但云「知幽明之故」，不云「知有無之故」。

明則謂有，幽則謂無，衆人之陋爾；聖人不然。

盈天地之間者，法象而已矣；

示人以可見者，此而已矣。

文理之察，非離不相覩也。

法象中之文理，唯目能察之，而所察者止於此；因而窮之，知其動静之機，陰陽之始，屈伸聚散之通，非心思不著。

方其形也，有以知幽之因；方其不形也，有以知明之故。

盡心思以窮神知化，則方其可見而知其必有所歸往，則明之中具幽之理；方其不可見而知其必且相感以聚，則幽之中具明之理。此聖人所以知幽明之故而不言有無也。言有無者，徇目而已；不斥言目而言離者，目其静之形，敔按：成形則静。離其動之用也。敔按：藏用於動。蓋天下惡有所謂無者哉！於物或未有，於事非無；於事或未有，於理非無；尋求而不得，怠惰而不求，則曰無而已矣。甚矣，言無之陋也！敔按：此即前章形不形之所從來也。

氣之聚散於太虛，猶冰凝釋於水；知太虛

**即氣，則無無。**

人之所見爲太虛者，氣也，非虛也。虛涵氣，氣充虛，無有所謂無者。敔按：先子和陳白沙「六經總在虛無裏」詩云：「六經總在虛無裏，方信虛無不是無。」

**故聖人語性與天道之極，盡於參伍之神變易而已。**

性天之旨盡於《易》，《易》卦陰陽互相參伍，隨時變易，而天人之藴，幽明之故，吉凶大業之至賾備矣。乾有六陽，坤有六陰；而其交也，至屯、蒙而二陽參四陰，至需、訟而二陰參四陽，非陰陽之有缺也。屯、蒙之二陽麗於明，四陽處於幽，需、訟之二陰麗於明，四陰處於幽，其形而見者爲屯、蒙，其隱而未見者爲鼎、革，形而見者爲需、訟，隱而未見者爲晉、明夷。餘放此。變易而各乘其時，居其位，成其法象，非所見者有，所不見者無也。故曰「乾、坤其易之緼邪」，言《易》藏畜陰陽，具足充滿，以因時而成六十二象。惟其富有，是以日新，有幽明而無有無，明矣。

**諸子淺妄，有有無之分，非窮理之學也。**

淺則據離明所得施爲有，不得施爲無，徇目而心不通；妄則誣有爲無，莊、列、淮南之流以之；而近世以無善無惡爲良知者，亦惟其淺而成乎妄也。

**太虛爲清，清則無礙，無礙故神；反清爲濁，濁則礙，礙則形。**

氣之未聚於太虛，希微而不可見，故清；清則有形有象者皆可入於中，而抑可入於形象之中，不行而至神也。反者，屈伸聚散相對之謂，氣聚於太虛之中則重而濁，物不能入，不能入物，拘礙於一而不相通，形之凝滯然也。其在於人，太虛者，心涵神也；濁而礙者，耳目口體之各成其形也。礙而不能相通，故嗜欲止於其所便利，而人己不相爲謀；官骸不相易，而目不取聲，耳不取色；物我不相知，則利其所利，私其所私；聰明不相及，則執其所見，疑其所罔。聖人知氣之聚散無恒而神通於一，故存神以盡性，復健順之本體，同於太虛，知周萬物而仁覆天下矣。

**凡氣，清則通，昏則壅，**

天有光風霽月、曀陰霾霧之異，人有高明廣大、庸沓鄙陋之殊，其理一也。

**清極則神。**

不爲形礙，則有形者昭明寧静以聽心之用而清極矣。神則合物我於一原，達死生於一致，絪緼合德，死而不亡。

故聚而有間如字，則風行而聲聞具達，清之驗與！

間，形中之虛也。心之神居形之間，惟存養其清通而不爲物欲所塞，則物我死生，曠然達一，形不能礙，如風之有牖即入，笙管之音具達矣。

不行而至，通之極與！

神，故不行而至。至清而通，神之效也。蓋耳目止於聞見，唯心之神徹於六合，周於百世。所存在此，則猶曠窅之墟，空洞之籟，無所礙而風行聲達矣。

此二章言存神爲聖功之極致。

由太虛，有天之名；由氣化，有道之名；合虛與氣，有性之名；合性與知覺，有心之名。

名者，言道者分析而名；言之各有所指，故一理而多爲之名，其實一也。太虛即氣，絪縕之本體，陰陽合於太和，雖其實氣也，而未可名之爲氣；其升降飛揚，莫之爲而爲萬物之資始者，於此言之則謂之天。氣化者，氣之化也。陰陽具於太虛絪縕之中，其一陰一陽，或動或静，相與摩盪，乘其時位以著其功能，五行萬物之融結流止、飛潛動植，各自成其條理而不妄，則物有物之道，人有人之道，❶鬼神有鬼神之道，而□知之必明，❷處之必當，皆循此以爲當然之則，於此言之則謂之道。此二句兼人物言之，下言性心，則專言人矣。太虛者，陰陽之藏，健順之德存焉；氣化者，一陰一陽，動静之幾，品彙之節具焉。秉太虛和氣健順相涵之實，而合五行之秀以成乎人之秉夷，❸此人之所以有性也。原於天而順乎道，凝於形氣，而五常百行之理無不可知，無不可能，於此言之則謂之性。人之有性，函之於心而感物以通，象著而數陳，名立而義起，習其故而心喻之，形也，神也，物也，三相遇而知覺乃發。故繇性生知，以知知性，交涵於聚而有間之中，統於一心，繇此言之則謂之心。順而言之，則惟天有道，以道成性，性發知道；❹逆而推之，則以心盡性，以性合道，以道事天。惟其理本一原，故人心即天，而盡心知



❶「人有人之道」五字，各本皆無。
❷「□」，底本此字恰在右下邊角，糟朽損壞。自劉氏鈔本、草堂本以下各本皆作「而知之必明」，五字爲句。
❸「夷」，各本作「彝」。
❹「道」，原作「通」，據各本改。

性，則存順没寧，❶死而全歸於太虛之本體，不以客感雜滯遺造化以疵纇，聖學所以天人合一，而非異端之所可溷也。

## 鬼神者，二氣之良能也。

陰陽相感，聚而生人物者爲神；合於人物之身，用久則神隨形敝，敝而不足以存，復散而合於絪緼者爲鬼。神自幽而之明，成乎人之能，而固與天相通；鬼自明而返乎幽，然歷乎人之能，抑可與人相感。就其一幽一明者言之，則神陽也，鬼陰也，而神者陽伸而陰亦隨伸，鬼者陰屈而陽先屈，故皆爲二氣之良能。良能者，無心之感合，成其往來之妙者也。凡陰陽之分，不可執一言者，類如此；學者因所指而詳察，乃無拘滯之失。若朱子死則消散無有之説，❷則是有神而無鬼，與聖人所言「鬼神之德盛」者異矣。

## 聖者，至誠得天之謂；神者，太虛妙應之目。

至誠體太虛至和之實理，與絪緼未分之道通一不二，是得天之所以爲天也。其所存之神，不行而至，與太虛妙應以生人物之良能一矣。如此，則生而不失吾常，死而適得吾體，迹有屈伸，而神無損益也。

## 凡天地法象，皆神化之糟粕爾。

日月、雷風、水火、山澤固神化之所爲，而亦氣聚之客形，或久或暫，皆已用之餘也，而況人之耳目官骸乎！故形有屈伸，而神無幽明之異。語寂滅者不知不亡之良能，執有徇生者據糟粕爲常存，❸其迷均矣。

## 天道不窮，寒暑已；衆動不窮，屈伸已；❹

寒已而暑，暑已而寒，循環而如相反，四時之行，生殺之用，盡此矣；蓋二氣之噓吸也。屈者屈其所伸，伸者伸其所屈，群動之變，不能離此二用，動静、語默、行藏、喜怒之變，盡此矣；蓋二氣之舒斂也。

## 鬼神之實，不越二端而已矣。

❶「順」，原作「事」，據各本改。按本書本篇前文正作「順」。又按張載《西銘》：「存，吾順事；没，吾寧也。」

❷「若朱子死則消散無有之説」，各本作「若謂死則消散無有」。

❸「存」，各本脱。

❹二「已」字，金陵本以下各本作「也」。按中華書局版《張載集》均作「(已)〔也〕」，校曰：「兩『也』字依《宋元學案》及王夫之《正蒙注》改。」其所云王注乃金陵本。

一噓一吸，一舒一斂，升降離合於太虛之中，乃陰陽必有之幾。則鬼神者，天之所顯而即人之藏也。靜以成形，鬼之屬也，而可以迎神而來；動而成用，神之屬也，而將成乎鬼以往。屈伸因乎時，而盡性以存神，則天命立於在我，與鬼神合其吉凶矣。

**兩不立，則一不可見；**

陰陽未分，二氣合一，絪緼太和之真體，非目力所及，不可得而見也。

**一不可見，則兩之用息。**

其合一而爲太和者，當其未成乎法象，陰陽之用固息也。

**兩體者，虛實也，動靜也，聚散也，清濁也，其究一而已。**

虛必成實，實中有虛，一也。而來則實於此，虛於彼，往則虛於此，實於彼，其體分矣。止而行之，動動也；行而止之，靜亦動也：一也。而動有動之用，靜有靜之質，其體分矣。聚者聚所散，散者散所聚，一也。而聚則顯，散則微，其體分矣。清以爲濁，濁固有清，一也。而清者通，濁者礙，其體分矣。使無一虛一實，一動一靜，一聚一散，一清一濁，則可疑太虛之本無有，而何者爲一。惟兩端迭用，遂成對立之象，於是可知所動所靜，所聚所散，爲虛爲實，爲清爲濁，皆取給於太和絪緼之實體。一之體立，故兩之用行；如水唯一體，則寒可爲冰，熱可爲湯，於冰湯之異，足知水之常體。



**感而後有通，不有兩，則無一。**

陰陽合於太和，而性情不能不異；惟異生感，故交相訢合於既感之後，而法象以著。藉令本無陰陽兩體虛實清濁之實，則無所容其感通，而謂未感之先初無太和，亦可矣；今既兩體各立，則溯其所從來，太和之有一實，顯矣。非有一，則無兩也。

**故聖人以剛柔立本，乾坤毀則無以見《易》。**

聖人之存神，本合乎至一之太虛，而立教之本，必因陰陽已分、剛柔成象之體，蓋以繇兩而見一也。乾之六陽，坤之六陰，健順之德具足於法象，故相摩相盪，成六十二卦之變易，以盡天下之亹亹。若陰陽不純備乎乾、坤，則六十二象之往來者何所從生邪，其何以見《易》乎？聖人成天下之盛德大業於感通之後，而以合絪緼一氣和合之體，修人事即以肖天德，知生即以知死，存神即以養氣，惟於二氣之實，兼體而以時用之爾。

**游氣紛擾，合而成質者，生人物之萬殊；**

游氣，氣之游行也，即所謂升降飛揚。紛擾者，無心之化，無擇於施，陰陽老少互相遇而無一成之軌，乾坤立而六子、五十六象多寡消長之無典要，成天下之至賾，乃其象矣。合者，陰陽之始本一也，而因動静分而爲兩，迨其成又合陰陽於一也。如男陽也而非無陰，女陰也而非無陽，敔按：如氣血魂魄之屬，男女畢具，是陽必具陰，陰必具陽也。以至於艸木魚鳥，無孤陽之物，無孤陰之物，唯深於格物者知之。時位相得，則爲人，爲上知；不相得，則爲禽獸，爲下愚；要其受氣之游，合兩端於一體，則無有不兼體者也。

**其陰陽兩端循環不已者，立天地之大義。**

義者，居正有常而不易之謂。陰陽不偏，循環不息，守正以待感，物得其宜，爲經常不易之道，此仁義中正之理所從出。曰誠，曰無妄，曰不息，曰敦化，皆謂此也。然則萬殊之生，因乎一氣，❶二氣之合，行乎萬殊，天地生生之神化，聖人應感之大經，概可知矣。

**「日月相推而明生，寒暑相推而歲成。」**

《易·繫傳》文。體異，故相感而合，以成乎不息之德。❷

**神易無方體，**

《易·繫傳》云：「神無方而易無體。」無方者，無方而非其方，無體者，無體而非其體，屈伸不異明矣。

**「一陰一陽」，**

《繫傳》云：「一陰一陽之謂道。」一一者，參伍相雜合而有辨也。卦或五陽一陰，或五陰一陽，乃至純乾純坤，而陰陽並建以爲《易》之緼，亦一陰一陽也，則陰陽之不以屈伸而息亦明矣。

**「陰陽不測」，**

《繫傳》云：「陰陽不測之謂神。」不測者，乘時因變，初無定體，非「幽明異致，陰陽分界」，如邵子「四方八段」之説；亦非「死此生彼，各有分段」，如浮屠之言明矣。

**皆所謂「通乎晝夜之道」也。**

晝夜者，非天之有異，乃日月出没，而人之離明有得施不得施之别爾。日月寒暑之兩行，一陰一陽之殊建，人以覩其明，定其歲，而謂之爲方體，實則無方無體，陰陽不測，合同於絪緼而任其變化，乃神易陰陽之固然也。晝夜分兩端，而天之運行一；生死分兩端，而神之恒存

❶「一」，各本作「二」。

❷「體異」至「之德」十四字注，各本無。

一；氣有屈伸，神無生滅，通乎其道，兩立而一見，存順沒寧之道在矣。❶

晝夜者，天之一息乎！寒暑者，天之晝夜乎！

氣之屈伸往來，一也。

天道春秋分而氣易，猶人一寤寐而魂交。

寤則魂交於明，寐則魂交於幽，神固未嘗亡也。

魂交成夢，百感紛紜，對寤而言，一身之晝夜也；氣交爲春，萬物揉錯，❷對秋而言，天之晝夜也。

魂交者，專指寐而魂交於幽而言。❸身内爲幽，身外爲明；生物者客形爾，暫而不常，還原而忘其故，故如夢。秋冬斂物之精，適得太虛絪緼之體，故如寤之返於真也。❹晝爲生，夜爲死，氣通乎晝夜者，合寤寐而如一，故君子無不正之夢而與寤通理。

此篇之旨，以存神而全歸其從生之本體，❺故以秋配晝寤，以春配夜夢。而下章推物欲之所自出，唯不能通夜於晝，而任魂交之紛紜，故有發無斂，流於濁而喪其清，皆隨氣遷流，神不存而成貞淫交感之勢也。舊與下通一章，今按文義分爲二章。

氣本之虛則湛一無形，❻感而生則聚而有象。

湛，澄澈而静正也。感而生，游氣交感而人資以生也。言太和絪緼爲太虛，以有體無形爲性，可以資廣生大生而無所倚，道之本體也。二氣之動，交感而生，凝滯而成物我之萬象，雖即太和不容已之大用，而與本體之虛湛異矣。

有象斯有對，對必反其爲；有反斯有仇，仇必和而解。

以氣化言之，陰陽各成其象，則相爲對，剛柔、寒温、生殺，必相反而相爲仇；乃其究也，互以相成，無終相敵

---

❶「順」，原作「寧」，據本篇前文改。

❷「揉」，金陵本以下各本作「糅」。又中華書局版《張載集》亦作「糅」。

❸「專指寐而魂交於幽而言」，各本作「專指寐而言」。

❹「寤」，各本作「寐」，疑誤。

❺「其」下，各本有「所」字。

❻「一」，原作「本」，中華本校記云：「『本』字涉上文而誤，依《誠明篇》『湛一氣之本』句改『一』。」今據改。

之理，而解散仍返於太虛。以在人之性情言之，已成形則與物爲對，而利於物者損於己，利於己者損於物，必相反而仇；然終不能不取物以自益也，和而解矣。氣化之變□性情，❶其機一也。

**故愛惡之情同出於太虛，而卒歸於物欲，**

相反相仇則惡，和而解則愛。陰陽異用，惡不容已；陰得陽，陽得陰，乃遂其化，愛不容已；太虛一實之氣所必有之幾也，而感於物乃發爲欲，情之所自生也。

**倏而生，忽而成，不容有毫髮之間，其神矣夫！**

愛惡之情無端而不暫息者，即太虛之氣一動一靜之幾；物無不交，則情無不起，蓋亦不疾而速，不行而至也。存神以合湛，則愛惡亦無非天理矣。

**造化所成，無一物相肖者，**

大同必有小異。

**以是知萬物雖多，其實一物；無無陰陽者，**

若使但依種性而成，則區別而各相肖；唯聚而成，散而毁，既毁而復聚，一唯陰陽之變合，故物無定情，無定狀，相似而必有異。足知陰陽行乎萬物之中，乘時以各效，全具一絪緼之體而特微爾。

**以是知天地變化，二端而已。**

一氣之中，二端既肇，摩之盪之而變化無窮，是以君子體之，仁義立而百王不同法，千聖不同功。

**萬物形色，神之糟粕，**

生而榮，如糟粕之含酒醴；死而槁，如酒醴盡而糟粕存；其究糟粕亦有所歸，歸於神化。

**「性與天道」云者，易而已矣。**

神之有其理，在天爲道，凝於人爲性。易，變易也。陰陽摩盪，八卦興，六十四象成，各有時位錯綜，而陰陽、剛柔、仁義之體立，皆神之變易也。互相易而萬物各成其形色，變易之妙，健順五常之用爲之，故聖人存神以盡性而合天。敔按：神無方，易即其方；易無體，神即其體。

**心所以萬殊者，感外物爲不一也，**

心函絪緼之全體而特微爾，其虛靈本一。而情識意見成乎萬殊者，物之相感，有同異，有攻取，時位異而知覺殊，亦猶萬物爲陰陽之偶聚而不相肖也。

**天大無外，其爲感者，絪緼二端而已。**

---

❶「□」，此字在底本邊角，糟朽脱落。各本脱「之變□」三字，而以「氣化性情」爲句。

絪縕之中，陰陽具足，而變易以出，萬物不相肖而各成形色，並育於其中，❶隨感而出，無能越此二端。人心萬殊，操縱、取舍、愛惡、慈忍，一唯此陰陽之翕闢，順其理則爲聖，從其妄則爲狂，聖狂之分，在心幾變易之間，非形色之有善惡也。

**物之所以相感者，利用出入，莫知其鄉，一萬物之妙者與！** 敔按：此節言天人合一之原，故下文以「天與人交勝」發明其感通。

此言聖人存神之妙，物無不相感應之理。其出而加乎物，物入而應乎己，用無不利，皆有不知其所以然而然之妙。蓋繇萬物之生成，俱神爲之變易，而各含絪緼太和之一氣，是以聖狂異趣，靈蠢異情，而感之自通，有不測之化焉。萬物之妙，神也；其形色，糟粕也；糟粕異而神同，❷感之以神而神應矣。

**氣與志，天與人，有交勝之理。**

氣者，天化之撰；志者，人心之主；勝者，相爲有功之謂。唯天生人，天爲功於人而人從天治也。人能存神盡性以保合太和，而使二氣之得其理，人爲功於天而氣因志治也。不然，天生萬殊，質偏而性隱，而因任糟粕之嗜惡攻取以交相競，則濁惡之氣日充塞於兩間，聚散相仍，災眚凶頑之所繇彌長也。

**聖人在上而下民咨，氣壹之動志也；鳳皇儀，志壹之動氣也。**

堯舜在上而下民有昏墊之咨，其時氣偶不順，於是聖人憂勤以相天之不足，氣專於偏戾，而聖人之志在勝天，不容不動也。地平天成，鳳皇來儀，則聖人勝天之功用成，而天爲之動矣。人物之生，皆絪緼一氣之伸聚，雖聖人不能有所損益於太和；而二氣既分，吉凶、善不善以時位而不齊，聖人貞其大常，存神以御氣，則爲功於變化屈伸之際，物無不感而天亦不能違之，此聖道之所自立，而異於異端之徇有以私一己，滅有以忘天下之詖辭也。敔按：此言氣動志，志動氣，猶言天勝人，人勝天也。今《孟子大全集》以此釋本文，失其旨矣。

## 參兩篇

此篇備言天地日月五行之理數，理本於一而通極於

---

❶「萬物不相肖而各成形色，並育於其中」，各本作「萬物並育於其中，不相肖而各成形色」。

❷「神」下，各本有「用」字。

萬變，以因象數而見理之一原。但所言日月疾遲與曆家之言異，太祖高皇帝嘗譏其非。天象高遠，不能定其孰是，而以二曜南北發斂遲疾例之，則陽疾陰遲之説未可執據。愚謂在天者即爲理，不可執理以限天。《正蒙》一書，唯此爲可疑，善讀者存之以待論可也。

**地所以兩，分剛柔男女而效之，法也；天所以參，一太極兩儀而象之，性也。**

天一地二，陽之爻函三爲一而奇，陰之爻得三之二而偶，偶則分，奇則合。在天者渾淪一氣，凝結爲地，則陰陽分矣。植物有剛柔之殊，動物有男女之别。效者，效著以成形也。法者，物形之定則。凡山川、金石、艸木、禽蟲以至於人，成乎形者皆地之效，而物之法則立焉，兩者之分不可强而合矣。若其在天而未成乎形者，但有其象，絪緼渾合，太極之本體，中函陰陽自然必有之實，則於太極之中，不昧陰陽之象，而陰陽未判，固即太極之象，合而言之則一，擬而議之則三，象之固然也。性以理言，有其象必有其理，惟其具太和之誠，故太極有兩儀，兩儀合而爲太極，而分陰分陽，生萬物之形，皆秉此以爲性。象者未聚而清，形者已聚而濁，清者爲性爲神，濁者爲形爲法。

此章引伸《周易》參天兩地之説，而推其所以然之理。而君子因有形之耳目官骸，即物而盡其當然之則，進退、舒卷各有定經，體無形有象之性，以達天而存其清虛一大之神，故存心養性，保合太和，則參兩相倚以起化，而道在其中矣。

**一物兩體，氣也。**

絪緼太和，合於一氣，而陰陽之體具於中矣。

**一故神，**張子自注：❶兩在故不測。

神者，不可測也。不滯則虛，善變則靈，太和之氣，於陰而在，於陽而在。其於人也，含於虛而行於耳目口體膚髮之中，皆觸之而靈，不能測其所在。

**兩故化，**張子自注：推行於一。

自太和一氣而推之，陰陽之化自此而分，陰中有陽，陽中有陰，原本於太極之一，非陰陽判離，各自孳生其類。故獨陰不成，孤陽不生，既生既成，而陰陽又各殊體。其在於人，剛柔相濟，義利相裁，道器相需，以成酬酢萬變之理，而皆協於一。

❶「張子自注」，底本僅「自注」二字，外有黑框。劉氏鈔本、草堂本以下各本均加「張子」二字，今亦仍之。下同。

此天之所以參也。

自其神而言之則一，自其化而言之則兩。神中有化，化不離乎神，則天一而已，而可謂之參。故陽爻奇，一合三於一；陰爻偶，一分一得二；陽爻具陰，陰爻不能盡有陽也，分則與太極不離而離矣。

地純陰凝聚於中，天浮陽運旋於外，此天地之常體也。

此言天者，天之體也。聚而成形者謂之陰，動而有象者謂之陽。天包地外，地在天中，渾天之説如此。

恒星不動，純繫乎天，與浮陽運旋而不窮者也。

恒星，三垣二十八宿之經星。此言不動，謂其左旋者天體也。然以北斗回指言之，抑未可通。

日月五星逆天而行，并包乎地者也。

并包乎地，言居地之外，與地爲體而同轉。以經星屬天，以七政屬地，乃張子之創説。

地在氣中，雖順天左旋，其所繫辰象隨之，稍遲則反移徙而右爾；❶

所繫辰象，謂日月五星也。七政隨天左旋，以遲而見爲右轉。張子盡破曆家之説，未問孰是，而謂地亦動而順天以旋，則地之不旋，明白易見，竊所未安。

間有緩速不齊者，七政之性殊也。

如曆家之説，月最速，金、水、日次之，火次之，木次之，土星最遲。此隨天左旋之説反是。七政既隨地而行，又安得自行其性？此亦未安。

月陰精，反乎陽者也，故其右行最速；

右行最速，左行最緩也。

日爲陽精，然其質本陰，故其右行雖緩，亦不純繫乎天，如恒星不動。

以外景内暗離卦之象推之，故曰其質本陰。不純繫乎天者，謂并包乎地也。

金、水附日前後進退而行者，其理精深，存乎物感可知矣。

未詳。

鎮星地類，然根本五行，雖其行最緩，亦不純繫乎地也。

❶「右爾」下，各本《正蒙》本文接下「間有」至「殊也」爲一段，船山注則無「如曆家之説」至「此亦未安」五十字。

根本五行者，❶木、火、水、金皆依土而生者也。行最緩，以不及天而行，如左旋之説，則其行於七政爲最速。不純繫乎地，二十八歲而其行始不及天一周，幾與天同其健行矣。

火者亦陰質，爲陽萃焉，然其氣比日而微，❷故其遲倍日。

陽萃者，陽聚於外而含陰也。其遲差日一倍，二歲而一周天。

惟木乃歲一盛衰，故歲歷一辰。辰者，日月一交之次，有歲之象也。

辰，十有二次也；日月交者，一月則易一次而交之。説與曆家異。曆家以象起數，此以理論數，此其所以異乎！

凡圜轉之物，動必有機；既謂之機，則動非自外也。古今謂天左旋，此直至粗之論爾，不考日月出没、恒星昏曉之變。

此直謂天體不動，地自内圜轉而見其差，於理未安。

愚謂在天而運者，唯七曜而已。

即所謂繫乎地而不繫乎天也。繫乎地，故與地偕動，遲緩但因其性爾。

恒星所以爲晝夜者，直以地氣乘機左旋於中。故使恒星河漢因北爲南，日月因天隱見。

「左」，當作「右」。謂地氣圓轉，❸與曆家四游之説亦異。

太虚無體，則無以驗其遷動於外也。

太虚，至清之郛郭，固無體而不動；而块然太虚之中，虚空即氣，氣則動者也。此義未安。

天左旋，處其中者順之，少遲則反右矣。

處其中者，謂日月五星。其説謂七曜亦隨天左旋，以行遲而不及天，人見其退，遂謂右轉。與曆家之説異，未詳孰是；而與前地旋而見天之左，抑不相通。

---

❶「根本」上，劉氏鈔本有「也」字，疑緣上「也」字而衍，句作「也根本五行者」；其他各本則有「謂」字，句作「謂根本五行者」。

❷「其」，劉氏鈔本以下各本均誤作「而」，至中華本始據明萬曆陝西鳳翔府官刻本之清初翻刻本《正蒙》校正。

❸「圓」，各本作「圜」。

地，物也；天，神也；物無踰神之理，顧有地斯有天，若其配然爾。

天無體，太和絪緼之氣，爲萬物所資始，屈伸變化，無迹而不可測，萬物之神所資也。聚而爲物，地其最大者爾。踰，謂越此而別有也。地不能越天之神而自爲物，成地者天，而天淪浹於地之中，本不可以相配。但人之生也資地以生，有形乃以載神；則就人言之，地之德可以配天爾。知此，則抗方澤之祀於圜丘，伸母斬衰之服以齊於父，徇形重養而不恤義，後世所以淪乎幽而成乎亂也。張子之論韙矣。

地有升降，日有脩短。地雖凝聚不散之物，然二氣升降其間，相從而不已也。

《月令》言「天氣下降，地氣上升」，謂氣也；此則言形隨氣而升降，未審然否。

陽日上，地日降而下者，虚也；陽日降，地日進而上者，盈也。

謂冬至以後，地日漸下，去日漸遠而晝長；夏至以後，地日漸高，去日漸近而晝短；與日行南北二陸之説異。虚，謂天地之間空曠；盈，謂天地相近而氣充滿。

此一歲寒暑之候也。

謂地高近日則暑，地下遠日則寒，不用南北二陸遠近之説。

至於一晝夜之盈虚升降，則以海水潮汐驗之爲信；

以潮驗地之升降，謂地升則潮落，地降則潮生，地有一歲之大升降，又有一晝夜之小升降也。其謂寒暑因地之升降，皆自此測之。乃水亦地中之一物，故謂土爲四行根本，而水必比地以安，則未可以水之盈虚驗地之升降矣。

然其間有小大之差，則繫日月朔望，其精相感。

此説又與上異。水之盈虚與月相感，使誠因乎此，則非地之升降矣。不及專家之學，以渾天質測及潮汐南北異候驗之之爲實也。敔按：質測之説出近日，曆家謂據法象以質實測之。

日質本陰，月質本陽；

日，火之精也，火内暗而外明，離中陰也；月，水之精也，水内明而外暗，坎中陽也。日月不可知，以水火、坎離測之。

故於朔望之際，精魄反交，則光爲之蝕矣。❶

謂日精月魄交射，而易其外見之陰陽，故光爲之奪。與曆家之説異，曆説爲允。

虧盈法：

謂月晦朔弦望虧盈之理。

月於人爲近，日遠在外，故月受日光常在於外，人視其終初如鈎之曲，及其中天也如半璧然：此虧盈之驗也。

此説未詳。虧盈之故，曉然易知，沈存中之説備矣。

月所位者陰，❷故受日之光，不受日之精，相望中弦則光爲之食，精之不可以二也。

位，謂定位而成質也。不受日之精，精相食則光亦不受，坎外之陰不爲陽易也。此以理推度，非其實也。天者理所自出，在天者即爲理，執理以測之，必有所窒矣。日月食自以曆家之説爲允，但闇虚之説，疑不可從爾。

日月雖以形相物，

因其形而各謂之一物。

考其道則有施受健順之差焉。

日施光而月受之，施者健，受者順也，所以謂日陽而月陰，道取諸此。

星月金水受光於火日，陰受而陽施也。

謂星亦受日光，近天文家亦有云然者。然以太白晝見驗之，與月之在晝而暗者異，則説亦難通。金水受光於日火，以鏡及止水驗之，亦物理之一端而已。

陰陽之精互藏其宅，則各得其所安，

精者，陰陽有兆而相合，始聚而爲清微和粹，含神以爲氣母者也。苟非此，則天地之間，一皆游氣而無實矣。互藏其宅者，陽入陰中，陰麗陽中，坎、離其象也。太和之氣，陰陽渾合，互相容保其精，得太和之純粹，故陽非孤陽，陰非寡陰，相函而成質，乃不失其和而久安。

❶「蝕」，中華本據明萬曆陝西鳳翔府官刻本之清初翻刻本《正蒙》校改爲「食」。

❷「陰」，各本作「陽」，中華本《張載集》亦作「陽」，疑誤。

故日月之形，萬古不變。

互藏之精相得不舍，則其相生也不窮，固與太虛之太和通理。天不變，故日月亦不變。

若陰陽之氣，則循環迭至，聚散相盪，升降相求，絪緼相揉，蓋相兼相制，欲一之而不能。

此則就分陰分陽各成其氣以主群動者言也。循環迭至，時有衰王，更相爲主也。聚散相盪，聚則成而盪其散者之弱，散則游而盪其聚者之滯也。升降相求，陰必求陽，陽必求陰，以成生化也。絪緼相揉，氣本虛清，❶可以互入，而主輔多寡之不齊，揉離無定也。二氣所生，風雷、雨雪、飛潛、動植、靈蠢、善惡皆其所必有，故萬象萬物雖不得太和之妙，而必兼有陰陽以相宰制，形狀詭異，性情區分，不能一也；不能一，則不能久。

此其所以屈伸無方，運行不息，莫或使之，不曰性命之理，謂之何哉？

屈伸無方者，生死之所以不恒，而聚散不能仍復其故也。運行不息，則雖不復其故，而伸者屈，屈者必伸也。鼓動於太虛之中，因氣之純雜，而理之昏明、强柔，性各别矣。故自風雷水火以至犬牛蛇虎，各成其性而自爲理，變化數遷，無一成之法則也。以此論之，太和未分之前，初得其精者，日月也；陰陽成質以後，而能全其精者，人也。人之所以繼天立極，與日月之貞明同其誠而不息；能無喪焉，斯聖矣。

「日月得天」，得自然之理也，非蒼蒼之形也。

此上二節，皆因《易》「日月得天而能久照」之義而推言之。自然者，有自而然也。陰陽合而各有良能，神氣凝而爲精，此日月之所自而能久照者，與太虛保合太和於無聲無臭之中同其理，❷故曰「得天」。

閏餘生於朔，不盡周天之氣。

三百六十五日有奇而天氣一周，一歲之朔十二，止得三百五十四日有奇。不盡者，氣盈朔虛也。置閏者，所以合月於日。

而世傳交食法，與閏異術，蓋有不知而作者爾。

❶「氣」，各本作「數」，疑誤。

❷「中」下，各本有「者」字。

合朔之法，以日月爲朔望之準，用推閏餘，乃使分秒之積不差，如穀梁子晦食食既朔之説，及《四分》、《三統》諸曆有經朔無定朔，皆不知而作也。此法今曆爲密。

**陽之德主於遂，陰之德主於閉。**

德，謂性情功效；性情者其所自據之德，功效者見德於物也。遂，發生成物；閉，收藏自成。凡發生暢遂，皆陽之爲而用夫陰；收藏成形，❶皆陰之爲而保其陽。天地、水火、四時、百物、仁義、禮樂，無不然者。

**陰性凝聚，陽性發散；陰聚之，陽必散之，其勢均散。**

天地之化，人物之生，皆具陰陽二氣。其中陽之性散，陰之性聚，陰抱陽而聚，陽不能安於聚必散，其散也陰亦與之均散而返於太虛。

**陽爲陰累，則相持爲雨而降；陰爲陽得，則飄揚爲雲而升。**

雨雲皆陰也，陰氣迫聚於空虛而陽不得下交，陽爲陰累矣。然陽不久困，持於上而使陰不升，陰勢終抑而雨降，陽乃通矣。陰氣緩聚而欲升，與陽不相亢，而相入以相得也，則陽因其緩而受之。以其從容漸散而升，❷雲之所以聚而終散也。此言陰陽者二氣絪緼，輕清不聚者爲陽，雖含陰氣亦陽也；其聚於地中與地爲體者爲陰，雖含陽氣亦陰也。凡陰陽之名義不一，陰亦有陰陽，陽亦有陰陽，非判然二物，終不相雜之謂。

**故雲物班布太虛者，陰爲風驅，斂聚而未散者也。**

陰氣上升，初尚輕微，無形無象，陽氣欲散之，而驅之太驟，則陰弗能即與相得，而相保以聚，有爲雨之勢，

---

❶ 「藏」，各本作「斂」。按上云「收藏自成」，則此作「藏」是。

❷ 「而升」至「絪緼」二十字，各本均無，而逕接「輕清不聚者爲陽」以爲句。按底本半葉九行，行十七字，注文均以小字雙行夾注形式緊接《正蒙》本文之後。劉氏鈔本格式不同，乃半葉十行，行二十一字，《正蒙》本文頂格，船山注文則以同大字體另行低一格書寫，每行二十字。又按劉氏鈔本封面破爛處有「壬申臘月二十八日蕉畦副本，丁亥重九後一日劉□□」小字，故其格式似即蕉畦副本之格式。或者蕉畦本已無此二十字，或者劉□□鈔寫時於此跳脱一行，故所失亦恰爲二十字也。此亦爲船山手鈔本——蕉畦副本——劉氏鈔本源流關係之一證。

故曰斂聚；然多不雨，彌久而後交於陽，故曰未散。前言飄揚而升者，倏起旋滅之雲；此言班布太虛者，彌亘不散之雲也。

凡陰氣凝聚，

凝聚於地上也。地天之際，人物之區，陰陽往來之衝，氣爲尤厚。天氣渾淪，入有入無，一也，而入有者以有礙而難散，❶則氣聚於其間，輪屯紛遝，天氣舒緩以入，地氣得之相挾以聚，因互相凝結，即陽氣亦以聚而成陰矣。陰陽有定性而無定質也，故獨言陰而不言陽。

陽在内者不得出，則奮擊而爲雷霆；

内，地中也。陰氣在外錮之，迫而怒發。震，二陰錮一陽於内，雷從地出之象。

陽在外者不得入，則周旋不舍而爲風。

外，地上空界也。空而無礙，可恣其游衍周旋。不舍，八風相報也。巽，二陽在一陰之上，風行地上之象。

其聚有遠近、虛實，故雷風有小大、暴緩。

聚，陰聚也。陰之所聚，陽所不得而出入也。遠則風大而緩，近則風小而暴，虛則雷易出而小，實則雷難出而暴。

和而散則爲霜雪雨露，

雨雪則陰降入地中而任陽之出入，和而散其聚矣；霜露又其微而緩者。

不和而散則爲戾氣曀霾；

陽急欲散而陰之凝結益固，然其勢必不能久聚，激爲戾氣曀霾而後散焉。戾氣，雹類。

陰常散緩，受交於陽，則風雨調，寒暑正。

陰之必聚，其性然也。聚之緩而不惜散，則風雨應候，而不怙結以成戾，風雨時，則寒暑有節而正矣。

此章言雷風雲雨之化，精極理勢，於篇中尤醇矣。

天象者，陽中之陰；風霆者，陰中之陽。

輕清上浮者陽也，而有象有形，聚者爲陰；出地而有實者陰也，而形無固形，究歸於散爲陽。故曰「立天之道，曰陰與陽；立地之道，曰柔與剛」，非判然兩分而不相合也。

雷霆感動雖速，然其所由來亦漸爾。

陽風積習於地中，盈而後奮。

能窮神化所從來，德之盛者與！

---

❶「散」，原脱，各本有此字，今據補。

德盛於中，故神化疾速，於雷霆可驗。如伊尹樂堯、舜之道，一介無非道義，故一出而伐夏救民，莫之能禦，其所從來者盛也。

火日外光，能直而施；金水内光，能闢而受。受者隨材各得，

大小、昏明各如其量而止。

施者所應無窮，

容光必照，遠而不御。

神與形，天與地之道與！

形則限於其材，故耳目雖靈，而目不能聽，耳不能視。且見聞之知，止於已見已聞，而窮於所以然之理。神則内周貫於五官，外泛應於萬物，不可見聞之理無不燭焉，天以神施，地以形應，道如是也。地順乎天，則行無疆；耳目從心，則大而能化；施者爲主，受者爲役。明乎此，則窮神合天之學得其要矣。

此上二章，因天化以推心德之主宰，尤學者所宜盡心也。

「木曰曲直」，能即曲而反伸也；❶

既曲可伸，伸抑可曲。

「金曰從革」，一從革而不能自反也。

從者，不易其質；革者，其形可變。能從能革，具斯二德，此云不能自反，於義未安。

水火，氣也，故炎上潤下，與陰陽升降，土不得而制焉。

水火有質而勝用在氣，氣故可旁達，與金木之用止於形中異矣。與陰陽升降者，以陰陽升降爲體也。土不得制者，不受命於土也。炎以散寒，潤以解燥，與上升下降各爲二德，❷此獨就上下釋之。

木金者，土之華實也，

木者，土之敷榮；金，土之結而堅者爾。

其性有水火之雜。故木之爲物，水漬則生，火然而不離也，蓋得土之浮華於水火之交也。金之爲物，得火之精於土之燥，得水之精於水當作土之濡，故水火相待而不相害，爍之反流而不耗，蓋得土之精實於水火之際也。

漬而生，然而不離，惟其中有水火之性也。水火之

❶「即」，中華本《張載集》作「既」。
❷「降」，各本作「燥」，似緣上「燥」字而誤。

交，謂水火之氣與陰陽升降，融徹土中，故土感其氣，合同而化，以發生浮華，以此知土中具有燥濡之性，爲水火所資生，雖不能制，自包函之。燥者，土函火；濡者，土函水。木受水火之氣，故浮；金乃水火之精所結，故實。相待，謂金有津潤還可生水，燧鏡還可生火，交相待以生。相不相害，謂水火不能毀金，火雖爍金而金反流。流者，生動之機，火既去仍無所耗，若水則終不損金也。際者，兩相接而成之謂。水濡之，火燥之，土堅實而成金。

土者，物之所以成始而成終也，

始生於土，終歸於土，神有往來，土受之而成形。

地之質也，

地一土而已，木金皆其所生，水火依之而成。

化之終也。

二氣變化，至形成而止矣。

水火之所以升降，

火依地而升，水依地而降，下徹黃壚，炎潤之性在焉。故無依空之水，火離土依空則息。

物兼體而不遺者也。

水、火、木、金皆與土爲體，則萬彙之生，有形有質，土皆兼體而不遺矣。《洪範》之言五行，以人事言，利用厚生之資，故於土但曰稼穡。若自天化而言，土即地



也，❶四行所不得伉也。❷周子《太極》第一圖，太極之本體；第二圖，陰陽二氣，天之藴也；第三圖，五行順布，地之撰也。第二圖陰陽分左右，而中有太極，陰陽分體太極，而太極自不雜，在天之極也；第三圖位土於中，周行水、火、木、金而別無太極，明土爲在地之極也。土不待水火而生，而水火依土；木金，土之華實，非土外之有木金。張子此論，究極物理，與周子脗合。而術家之言謂火生土、木克土者，其陋明矣。蓋嘗論之，天以神御氣，地以氣成形，形成而後五行各著其體用。故在天唯有五星之象，在地乃有五行之形。五氣布者，就地而言。若七曜以上之天，極於無窮之高，入於無窮之深，不特五行之所不至，且無有所謂四時者。然則四時之行，亦地天之際氣應所感，非天體之固然矣。人生於天地之際，資地以成形而得天以爲性，性麗於形而仁、義、禮、智著焉，斯盡人道之所必察也。若聖人存神以合天，則渾然一誠，仁、義、禮、智初無分用，又豈有惻隱、羞惡、恭敬、是非之因感而隨應者。然下學上達，必循其有迹以盡所得爲，而豁然貫通之後，以至誠合天德，固未可躐等求也。

冰者，陰凝而陽未勝也；

❶「土」，各本脱。

❷「伉」，各本作「抗」。

「冰」當作「水」。水本以陽爲質，而依於土之至陰，比而不離，一陽在陷，❶不能勝陰，終與地爲體而成乎陰。

**火者，陽麗而陰未盡也。**

火本以陰爲質，而麗於陽木以發，其光餤然，其中含陰暗，終不盡失其性，則固繫乎地而不屬乎天。

**火之炎，人之蒸，有影無形，能散而不能受光者，其氣陽也。**

蒸，謂身之煖氣。陽散陰聚，陽施陰受，精含於內，氣發於外，故人知日火之炎明而不知其中之暗，知煖氣之蒸爲炅熱而不知其中之寒。《素問》曰「陽虛故外熱」，得此旨矣。君子之自居德務保其精，而知人之明不取其外浮之氣，悉此理也。

**陽陷於陰爲水，附於陰爲火。**

坎、離其象也，皆以陽爲主，君子詞也。

❶「陷」下，各本有「而」字。

# 張子正蒙注卷二

## 天道篇

前二篇具明天道，此篇因天道以推聖德，而見聖人之學，惟求合於所自來之天而無所損益。其言雖若高遠，而原生之所自，則非此抑無以爲人。周子曰：「賢希聖，聖希天。」希聖者，亦希其希天者也。大本不立而欲以學聖，非異端則曲學而已。學者不可以爲若登天而別求企及之道也。

天道四時行，百物生，無非至教；聖人之動，無非至德。夫何言哉！敔按：四時行，百物生，大德之敦化也；聖人之動，至教之入神也。參互言之。

天言教者，天之曲成萬物，各正性命，非以自成其德也。聖言德者，聖人動無非善，非爲立教而設，祇以自成其德，然而學者之所學在此也。聖者，極乎善之謂。夫何言哉，知天知聖者於此學之，自不待言而至，非聖人之有秘密，求之於言語道斷間也。夫何言哉，舊本「夫」作「天」，今正之。

天體物不遺，❶猶仁體事無不在也。

天以太虛爲體，而太和之絪緼充滿焉，故無物不體之以爲性命。仁以無欲爲體，而視聽言動之節文生焉，故無事不體之以爲心理之安。天者仁之全體，仁者天之心，一也。敔按：仁之全體即天，於心見天，故曰天之心，天人一矣。

「禮儀三百，威儀三千」，無一物而非仁也。

心所不容已而禮不容已矣，故復禮斯爲仁矣。禮者，復吾心之動而求安，以與事物相順者也。敔按：復吾心之動而求安，所謂「復其見天地之心」也。

「昊天曰明，及爾出王；昊天曰旦，及爾游衍。」無一物之不體也。敔按：禮者，天理之節文也。曰明，曰旦，節文於斯顯矣。

無一事之不有體，則無一物之可與天違也。

❶「天體物不遺」至「默而成之，存乎德行」各段，原缺頁，茲據劉氏鈔本補足。

此章合天與仁而言，其全體切近人心，朱子謂其從赤心流出，允矣。而顯仁於體，俾學者有所持循，尤求仁者之實務，非憑虛以言存養而與異端相似之比。張子之學，以禮爲鵠，此章其樞要也。

**上天之載，有感必通；**

百物之生，情動氣興，天命即授以成其形性，蓋渾淪流動，有可受斯應之。

**聖人之爲，得爲而爲之應。**敔按：得爲而爲之，是以以時制禮。

渾然一仁，道無不足，時可爲則如其理而爲之。

**天不言而四時行，聖人神道設教而天下服，誠於此，通於彼，神之道與！**

觀之象曰「神道設教」，非假鬼神以誣民也，不言而誠盡於己，與天之行四時者順理而自然感動，天下服矣。天以化爲德，聖人以德爲化，惟太和在中，充實誠篤而已。

**天不言而信，**

四時不忒，萬物各肖其類之謂信。

**神不怒而威。**

聖人神道設教而天下服。

**誠，故信；**

天惟健順之理充足於太虛而氣無妄動，無妄動，故寒暑化育無不給足，而何有於爽忒。敔按：氣無妄動，理之誠也。無妄，信也。

**無私，故威。**

聖人得理之仝，無所偏則無所用其私，刑賞皆如其理而隨應之，故天下自服。

此章申明上章誠此通彼之理而著其所以然之實，蓋人惟託於義理之迹而無實，則據所託以爲己私而思以詘天下。聖人喜怒恩威，至虛而靈，備萬物生殺之理，至足而無所缺陷，何私之有？天之誠，聖人之無私，一也；御六氣，用陰陽，非人之所能測矣，此神之大用也。

**天之不測謂神，神而有常謂天。**敔按：天之不測，天之神也；神而有常，人之天也。

天自有其至常，人以私意度之則不可測。神，非變幻無恒也，天自不可以情識計度，據之爲常，誠而已矣。

**運於無形之謂道，形而下者不足以言之。**

敔按：運於無形，兼天道人道而言。

形有定而運之無方，運之者得其所以然之理而盡其能然之用。惟誠則體其所以然，惟無私則盡其能然；所以然者不可以言顯，能然者言所不能盡。言者，但言其有形之器而已；故言教有窮，而至德之感通，萬物皆受其裁成。

**鼓萬物而不與聖人同憂，天道也。**

化之有災祥，物之有善惡靈蠢，聖人憂之而天不以爲憂，在天者無不誠，則無不可成其至教也。

**聖不可知也，無心之妙，非有心所及也。**

聖人雖與民同其憂患，而不役心於治教政刑以求勝之，唯反身而誠，身正而天下平，故不親不治不答，皆以無心應之。彼迫於治物者，恃心以應物而物不感，見聖人之舞干而苗格，因壘而崇降，不測其所以然之理，則固不能知之。

**「不見而章」，已誠而明也；**

「見」，如字。誠有其理，則自知之，如耳目口鼻之在面，暗中自知其處，不假聞見之知。

**「不動而變」，神而化也；**

有言有教皆動也。神者以誠有之太和感動萬物，而因材各得，物自變矣。

**「無爲而成」，爲物不貳也。**

誠不息，神無間，盡誠合神，純於至善，而德盛化神，無不成矣。有爲者以己聞見之知，倚於名法，設立政教，於事愈繁，於道愈缺，終身役役而不能成，惡足以知其妙哉！

**已誠而明，故能「不見而章，不動而變，無爲而成」。**

承上章而括之以誠。神，非變幻不測之謂，實得其鼓動萬物之理也。不貳，非固執其聞見之知，終始盡誠於己也。此至誠存神之實也。

**「富有」，廣大不禦之盛與！「日新」，悠久無疆之道與！**

富有，非積聞見之知也，通天地萬物之理而用其神化，則廣大不禦矣。日新，非數變其道之謂，體神之誠，終始不間，則極乎悠久無疆矣。釋《易·繫傳》而示學者勿侈博以爲廣大，勿逐物以爲日新。

天之知物，不以耳目心思，然知之之理，過於耳目心思。

心思倚耳目以知者，人爲之私也；心思寓於神化者，天德也。

天視聽以民，明威以民，故《詩》、《書》所謂帝天之命，主於民心而已焉。

天無特立之體，即其神化以爲體；民之視聽明威，皆天之神也。故民心之大同者，理在是，天即在是，而吉凶應之。若民私心之恩怨，則祁寒暑雨之怨咨，徇耳目之利害以與天相忤，理所不在，君子勿恤。故流放竄殛，不避其怨而逢其欲，己私不可徇，民之私亦不可徇也。

「化而裁之存乎變。」存四時之變，則周歲之化可裁；存晝夜之變，則百刻之化可裁。

存，謂識其理於心而不忘也。變者，陰陽順逆事物得失之數。盡知其必有之變而存之於心，則物化無恒，而皆豫知其情狀而裁之。存四時之温涼生殺，則節宣之裁審矣；存百刻之風雨晦明，則作息之裁定矣。化雖異而不驚，裁因時而不逆，天道且惟其所裁，而況人事乎！

「推而行之存乎通。」推四時而行，則能存周歲之通；推晝夜而行，則能存百刻之通。

通者，化雖變而吉凶相倚，喜怒相因，得失相互，可會通於一也。推其情之所必至，勢之所必反，行於此者可通於彼而不滯於一隅之識，則夏之葛可通於冬之裘，晝之作可通於夜之息，要歸於得其和平，而變皆常矣。故或仕或止，或語或嘿，或刑或賞，皆協一而不相悖害。惟豫有以知其相通之理而存之，故行於此而不礙於彼；當其變必存其通，當其通必存其變，推行之大用，合於一心之所存，此之謂神。

「神而明之，存乎其人。」不知上天之載，當存文王。

文王之德，「不顯亦臨，不聞亦式」，能常存此於心，則天載之神，化育亭毒於聲臭之外者，無不明矣。

「默而成之，存乎德行。」學者常存德性，則自然默成而信矣。

德性者，非耳目口體之性，乃仁義禮智之根心而具足者也。常存之於心，而静不忘，動不迷，不倚見聞言論而德皆實矣。

**存文王則知天載之神，存衆人則知物性之神。**

衆人之聰明明威，皆天之所降神也。故既存聖人藏密之神，抑必存衆人昭著之神。天載者，所以推行於物性，而物性莫非天載也。天之神理，無乎不察，於聖人得其微，於衆人得其顯，無往而不可用其體驗也。❶

**谷之神也有限，故不能通天下之聲；**

老氏以谷神爲衆妙之門，然就其心量之所及而空之，以待物而應，則天下之理不得者多矣，猶谷之應聲不能及遠。❷

**聖人之神惟天，故能周萬物而知。**

聖人通天載而達物性，不立一私意而無一物之滯者，惟其萬物之理皆得而知四達也。蓋神運於虛，而老氏以虛爲神，暫止其躁動窒塞之情，亦能以機應物而物或應；惟其虛擬聖人之天載而遺乎物性，則與太虛之絪緼一實者相離，而天下之不能通必矣。

**聖人有感無隱，正猶天道之神。**

仁義、禮樂、刑賞、進退之理無倚，而皆備於虛静之中，感之者各得所欲而無不給，與天之絪緼不息，物感之而各成，❸其肆應不勞，人所不能測也。

**形而上者，得意斯得名，得名斯得象；**

形而上者，道也。形之所從生與其所用，皆有理焉，仁義中正之化裁所生也。仁義中正，可心喻而爲之名者也。得惻隱之意，則可自名爲仁，得羞惡之意，則可自名爲義，因而徵之於事爲，以愛人制事，而仁義之象著矣。

**不得名，非得象者也。**

若夫神也者，含仁義中正之理而不倚於迹，爲道之所從生，不能以一德名之。而成乎德者亦不著其象，不得已而謂之曰誠。誠，以言其實有爾，非有一象可名之爲誠也。

**故語道至於不能象，則名言亡矣。**

存之於心者得之爾。

**世人知道之自然，未始識自然之爲體爾。**

❶「可」，各本無此字。

❷「及」，各本無此字。

❸「成」下，各本有「者同」二字。中華本以「者」字屬上句，「同」字屬下句。

孩提愛親，長而敬兄，天高地下，迪吉逆凶，皆人以爲自然者也。自然者，絪緼之體，健順之誠，爲其然之所自，識之者鮮矣。

有天德，然後天地之道可一言而盡。

存神以存誠，知天地之道唯此爾，故可以一言而盡。

正明不爲日月所眩，正觀不爲天地所遷。

「正」，《易》作「貞」，宋避廟諱作「正」。貞者，正而恒也。自誠而明，非目之倚，日月爲明，還爲所眩也。觀者，盡於己而示物也。天地，以氣化之變言。治亂吉凶，天地無常數，而至誠有常理，不爲所變也。

## 神化篇

此篇備言神化，而歸其存神敦化之本於義，上達無窮而下學有實。張子之學所以異於異端而爲學者之所宜守，❶蓋與孟子相發明焉。

神，天德；

絪緼不息，爲敦化之本。

化，天道；

四時百物各正其秩敘，爲古今不易之道。

德其體，道其用，

體者所以用，用者即用其體。

一於氣而已。敔按：此言德者健順之體，道者陰陽之用，健順陰陽，一太和之氣也。

氣，其所有之實也。其絪緼而含健順之性，以升降屈伸，條理必信者，神也。神之所爲聚而成象成形以生萬變者，化也。故神，氣之神；化，氣之化也。

神無方，易無體，

神行氣而無不可成之化，凡方皆方，無一隅之方。《易》六位錯綜，因時成象，凡體皆體，無一定之體。

大且一而已爾。

無所遺之謂大，無不貫之謂一，故易簡而天下之理得。體斯道也，仁義中正擴充無外，而進退、存亡、刑賞、禮樂、清和、安勉，道皆隨時而得中；若夷之清，惠之和，有方有體，不足以合神而體易矣。寬以居之，仁以行之，

❶「異於」，各本作「别於」。

學以聚之，問以辨之，則所繇至於大且一也。

**虛明照鑒，神之明也；**

太虛不滯於形，故大明而秩敘不紊；君子不滯於意欲，❶故貞明而事理不迷。照鑒者，不假審察而自知之謂。

**無遠近幽深，利用出入，神之充塞無間也。**

氣之所生，神皆至焉。氣充塞而無間，神亦無間，明無不徹，用無不利，神之爲德莫有盛焉矣。

**天下之動，神鼓之也；**

天以神御氣而時行物生，人以神感物而移風易俗。神者，所以感物之神而類應者也。

**辭不鼓舞，不足以盡神。**❷

君子之有辭，不徇聞見，不立標榜，盡其心，專其氣，言皆心之所出而氣無浮沮，則神著於辭，雖愚不肖不能不興起焉。若襲取勦説，則仁義忠孝之言，人且迂視之而漠然不應，不足以鼓舞，唯其神不存也。

**鬼神，往來屈伸之義；**張子自注：神亓者，歸之始；歸往者，來之終。

始終循環一氣也，往來者屈伸而已。

**故天曰神，地曰示，人曰鬼。**

天之氣伸於人物而行其化者曰神，人之生理盡而氣屈反歸曰鬼；地順天生物，而人繇以歸者也，屈伸往來之利用，皆於是而昭著焉，故曰亓。亓居神鬼之間，以昭示夫鬼神之功效者也。

**形而上者，得辭斯得象矣。**

神化，形而上者也，迹不顯；而繇辭以想其象，則得其實。

**神爲不測，故緩辭不足以盡神；**

不測者，有其象，無其形，非可以比類廣引而擬之。指其本體，曰誠，曰天，曰仁，一言而盡之矣。

**化爲難知，故急辭不足以體化。**❸

❶「欲」，各本無此字。

❷「不足」上，金陵本以下各本有「則」字。又按中華本《張載集》此句亦有「則」字。

❸「體」，各本作「盡」，疑誤。按中華本《張載集》此字亦作「體」。

化無定體，萬有不窮，難指其所在，故四時百物萬事皆所必察，不可以要略言之，從容博引，乃可以體其功用之廣。辭之緩急如其本然，所以盡神，然後能鼓舞天下，使衆著於神化之象，此讀《易》窮理者所當知也。

**氣有陰陽，**

陰陽之實，情才各異，故其致用，功效亦殊。若其以動静、屈伸、聚散分陰陽爲言者，又此陰陽二氣合而因時以效動，❶則陽之静屈而散，亦謂之陰，陰之動伸而聚，亦謂之陽，假陰陽之象以名之爾，非氣本無陰陽，因動静、屈伸、聚散而始有也。故直言氣有陰陽，以明太虚之中雖無形之可執，而温肅、生殺、清濁之體性俱有於一氣之中，同爲固有之實也。

**推行有漸爲化，合一不測爲神。**

其發而爲陰陽，各以序爲主輔，而時行物生，不窮於生，化也。其推行之本，則固合爲一氣，和而不相悖害。陰陽實有之性，名不能施，象不能别，則所謂神也。

**其在人也，知義用利，則神化之事備矣。**知，去聲。

知者，洞見事物之所以然，未效於迹而不昧其實，神之所自發也。義者，因事制宜，剛柔有序，化之所自行也。以知知義，以義行知，存於心而推行於物，神化之事也。

**德盛者，窮神則知不足道，知化則義不足云。**

知所以求窮乎神，義所以求善其化。知之盡，義之精，大明終始，無事審察，隨時處中而不立矩則。惟純體陰陽之全德，則可陰，可陽，可陽而陰，可陰而陽，如春温而不無凉雨，秋肅而不廢和風，不恃知知，❷不求合義矣。然使非全體天地陰陽之德，則棄知外義以遯於空虚，洸洋自恣，❸又奚可哉！

**天之化也運諸氣，人之化也順夫時；非氣非時，則化之名何有，化之實何施！**

惟其有氣，乃運之而成化；理足於己，則隨時應物以利用，而物皆受化矣。非氣則物自生自死，不資於天，何云天化；非時則己之氣與物氣相忤，而施亦窮。乃所以爲時者，喜怒、生殺、泰否、損益，皆陰陽之氣一闔一闢之幾也。以陰交陽，以陽濟陰，以陰應陰，以陽應陽，以吾

❶「又此陰陽二氣合」，各本作「又此二氣之合」。

❷「恃」，各本作「待」。

❸「自恣」，原脱，依各本補。

性之健順應固有之陰陽，則出處語默、刑賞治教，道運於心，自感通於天下。聖人化成天下，而樞機之要，❶唯善用其氣而已。

**《中庸》曰「至誠爲能化」，《孟子》曰「大而化之」，皆以其德合陰陽，與天地同流而無不通也。**

至誠，實有天道之謂；大者，充實於內，化之本也。惟其健順之德，凝五常而無間，合二氣之闔闢，備之無遺，存之不失，故因天地之時，與之同流，有實體則有實用，化之所以咸通也。陰陽合爲一德，不測之神也；存神以御氣，則誠至而聖德成矣。

**所謂氣也者，非待其鬱蒸凝聚，接於目而後知之；**

陽爲陰累則鬱蒸，陰爲陽迫則凝聚，此氣之將成乎形者。養生家用此氣，非太和絪縕、有體性、無成形之氣也。

**苟健順、動止、浩然、湛然之得言，皆可名之象爾。**

健而動，其發浩然，陽之體性也；順而止，其情湛然，陰之體性也。清虛之中自有此分致之條理，此仁義禮知之神也，皆可名之爲氣而著其象。蓋氣之未分而能變合者即神，自其合一不測而謂之神爾，非氣之外有神也。

**然則象若非氣，指何爲象？**

健順、動止、浩、湛之象，爲乾、坤六子者皆氣也，氣有此象也。

**時若非象，指何爲時？**

隨時而起化者，必以健順、動止、浩、湛之幾爲與陰陽、翕闢、生殺之候相應以起用，不然，又將何以應乎時哉！

**世人取釋氏銷礙入空，學者舍惡趨善以爲化，此直可爲始學遺累者薄乎云爾，豈天道神化所同語也哉！**

釋氏以真空爲如來藏，謂太虛之中本無一物，而氣從幻起以成諸惡，爲障礙真如之根本，故斥七識乾健之性、六識坤順之性爲流轉染污之害源。此在下愚，挾其鬱蒸凝聚之濁氣以陷溺於惡者，聞其滅盡之説，則或可稍懲其狂悖；而仁義無質，忠信無本，於天以太和一氣含神起化之顯道，固非其所及知也。昧其所以生，則不知其所以死，妄欲銷隕世界以爲大涅槃，彼亦惡能銷隕之

❶「而」，各本作「其」。

哉，徒有此妄想以惑世誣民而已。❶ 敔按：釋氏謂第七識爲「末那識」，華云「我識」；第六識爲「紇哩耶識」，華云「意識」。此言乾健之性、坤順之性者，爲仁由己，乾道也；主敬行恕，要在誠意慎獨，坤道也。

「變則化」，由粗入精也；

變者，自我變之，有迹爲粗；化者，推行有漸而物自化，不可知爲精，此一義也。

「化而裁之謂之變」，以著顯微也。

「謂之」，當作「存乎」。化之所自裁，存乎變易不測，不失其常之神。化見於物，著也，裁之者存乎己，微也，此又一義也。《中庸》變先於化，《易傳》化先於變，取義不同；凡言陰陽動靜，不可執一義以該之，類如此。《中庸》之言變，知義之事，化則神之效也。《易傳》之言化，德盛之事，變則神之用也。變者，化之體；化之體，神也。精微之蘊，神而已矣。

谷神不死，故能微顯而不揜。

「谷」，當作「鬼」，傳寫之譌也。神陽，鬼陰，而神非無陰，鬼非無陽，《祭禮》有求陰求陽之義，明鬼之有陽矣。二氣合而體物，一屈一伸，神鬼分焉；而同此氣則同此理，神非無自而彰，鬼非無所往而滅，故君子言往來，異於釋氏之言生滅。屈伸一指也，死生一物也，無間斷之死滅，則常流動於化中；而察乎人心，微者必顯，孰能揜之邪！

鬼神常不死，故誠不可揜；人有是心，在隱微必乘間而見。

鬼神無形聲而必昭著於物，則苟其實有，❷不待形而見，不待聲而聞。一念之善惡動於不及覺之地，若或使之發露，蓋氣機之流行，有則必著之也。

故君子雖處幽獨，防亦不懈。

非畏其著見，畏其實有之而不能遏也。一念之貞邪不審，❸雖或制之不發，而神氣既爲之累，見於事爲，不覺而成乎非僻，不自測其所從來而不可遏抑。蓋神氣者，始終相貫，無遽生遽滅之理勢，念之於數十年之前，而形之也忽成於一旦，故防之也不可不早，不得謂此念忘而後遂無憂，如釋氏心忘罪滅之説也。敔按：此所謂「天奪其

---

❶ 「此」，各本無此字。

❷ 「苟」下，各本有「有」字。

❸ 「貞」，各本無此字。

魄」也。天者神也，魄者形也。神氣既累，必動乎四體而莫揜其形。

**神化者，天之良能，非人能；**

見聞之所推測，名法之所循行，人能也。

**故大而位天德，然後能窮神知化。**

位，猶至也。盡心以盡性，性盡而與時偕行，合陰陽之化，乃位天德，實體之則實知之矣。

**大可爲也，大而化不可爲也，**

擴充其善以備乎理之用，則大矣，與時偕行而物無不順，非恃其大而可至也。

**在熟而已。**

一其心於道而漸積以自然，則資深居安而順乎時，故學莫妙於熟，人之所以皆可爲堯、舜也。

**《易》謂「窮神知化」，乃德盛仁熟之致，非智力能强也。**

張子之言，神化極矣，至此引而歸之於仁之熟，乃示學者易簡之功，學聖之奧也。擇善固執，熟之始功，終食不違則熟矣。

**「大而化之」，能不勉而大也；**

熟則不勉。

**不已而天，則不測而神矣。**

天之神化惟不已，故萬變而不易其常。伯夷、伊尹不勉而大，而止於其道，有所止則不能極其變；唯若孔子與時偕行而神應無方，道在則誠，道變則化，化而一合於誠，不能以所止測之。

**先後天而不違，順至理以推行，知無不合也。**

心之所存，推而行之，無不合於理，則天不能違矣。理者，天之所必然者也。

**雖然，得聖人之任者，皆可勉而至，猶不害於未化爾。大幾聖矣，**

伊尹自耕莘以來，集義而純乎道，故以覺民爲志，伐夏而天下服，放君而太甲悔過，雖所爲有迹，矯時以立德，未幾於化，而天理順則亦幾於聖矣。

**化則位乎天德矣。**

仁熟而神無不存，則與時偕行，萬物自正其性命；故鳳鳥不至，河不出圖，而孔子之道自參天地，贊化育，不待取必於天也。

**大則不驕，化則不吝。**

成物皆成己之事，而後驕心永釋；因物順應而已不勞，而後吝心不生。此廣大高明之極也。學者則欲至於大，❶當勿以小有得而驕；欲幾於化，當勿以私有得而吝。若顔子之勿伐善、勿施勞，竭才以思企及，則得矣。

**無我而後大，**

誠者，成身也，非我則何有於道？而云無我者，我，謂私意私欲也。欲之害理，善人、信人幾於無矣；唯意徇聞見，倚於理而執之，不通天地之變，不盡萬物之理，同我者從之，異我者違之，則意即欲矣。無我者，德全於心，天下之務皆可成，天下之志皆可通，萬物備於我，安土而無不樂，斯乃以爲大人。

**大成性而後聖，**

德盛仁熟，不求備物而萬物備焉，與時偕行，成乎性而無待推擴，斯聖矣。聖者，大之熟也。

**聖位天德不可致知謂神。故神也者，聖而不可知。**敔按：致知，猶言推測而知。

聖不可知，則從心所欲，皆合陰陽健順之理氣，其存於中者無仁義之迹，見於外者無治教政刑之勞，非大人以降所可致知，斯其運化之妙與太虛之神一矣。自大人而上，熟之則聖，聖熟而神矣，非果有不可知者爲幻異也。「堯舜之道，孝弟而已矣」，不雜乎人而一於天也。

**見幾則義明，**

事物既至，則不但引我以欲者多端，且可託於義者不一。初心之發，善惡兩端而已，於此分析不苟，則義明而不爲非義所冒。

**動而不括則用利，**

括，收也，滯也。放義而行，一如其初心，推之天下，無中止之機，則用無不利矣。

**屈伸順理則身安而德滋。**

滋，漸長而盛也。義明而推行之無所撓止，或屈或伸，無非理矣。時有否泰而身安，恒一於義，而心日廣、德日潤矣。此言學聖之始功在於見幾。蓋幾者，形未著，物欲未雜，思慮未分，乃天德之良所發見，唯神能見之，不倚於聞見也。

**「窮神知化」，與天爲一，豈有我所能勉**

❶「則」，各本無此字。

哉？乃德盛而自致爾。

存神以知幾，德滋而熟，所用皆神，化物而不爲物化，此作聖希天之實學也。幾者，動之微；微者必著，故聞見之習俗一入於中以成乎私意，則欲利用安身而不可得，况望其德之滋乎！

「精義入神」，❶事豫吾内，求利吾外也；

察事物所以然之理，察之精而盡其變，此在事變未起之先，見幾而決，故行焉而無不利。

「利用安身」，素利吾外，致養吾内也；

義已明，則推而行之不括，無所撓止。用利身安，則心亦安於理而不亂，故吉凶生死百變而心恒泰。如其行義不果，悔吝生於所不豫，雖欲養其心以静正，而憂惑相擾，善惡與吉凶交争於胸中，未有能養者也。

「窮神知化」，乃養盛自致，非思勉之能强，故崇德而外，君子未或致知也。

外利内養，身心率循乎義，逮其熟也，物不能遷，形不能累，唯神與理合而與天爲一矣。故君子欲窮神而不索之於虚，欲知化而不億測其變，惟一於精義而已；義精而德崇矣，所繇與佛、老之强致者異也。蓋作聖之一於豫養，不使其心有須臾之外馳，以爲形之所累，物之所遷，而求精於義，則即此以達天德。是聖狂分於岐路，人禽判於幾希，閑邪存誠，與私意私欲不容有毫髮之差也。

神不可致思，存焉可也；

心思之貞明貞觀，即神之動幾也，存之則神存矣。舍此而索之於虚無不測之中，役其神以從，妄矣。

化不可助長，順焉可也。

德未盛而欲變化以趨時，爲詭而已矣。順者修身以俟命，正己而物正。

存虚明，久至德，

澄心攝氣，莊敬以養之，則意欲不生，虚而自啓其明；以涵泳義理而熟之，不使間斷，心得恒存而久矣。此二者，所以存神也。

順變化，達時中，

貞觀立而天地萬物之變不憂不逆；行法以俟命，隨時皆有必中之節，放義以行而不括。此二者，所以順化也。

仁之至，義之盡也。

---

❶「精義入神」至《動物篇》序言「可比也」，原缺頁，兹依劉氏鈔本並參校其餘各本補。

存神順化，則仁無不至，義無不盡。

**知微知彰，不舍而繼其善，然後可以成人性矣。**

知微知彰，虛明而知幾也。不舍而繼其善，久至德而達時中也。成性者，成乎所性之善，性焉安焉之聖也。成乎性而神化在我，豈致思助長者之所可擬哉！言人性者，天之神篤於生而爲性，其化則動植之物，故曰「唯人也得其秀而最靈」。

**聖不可知者，乃天德良能；立心求之，則不可得而知之。**

天德良能，太和之氣健順，動止時行而爲理之所自出也，熟則自知之。大人以下，立心求之，則不知其從心不踰之矩爾，非有變幻不測，絶乎人而不可測，如致思助長者之詫神異也。

**聖不可知謂神，莊生繆妄，又謂有神人焉。**

聖而不已，合一於神。神者，聖之化也。莊生欲蔑聖功，以清虛無累之至爲神人，妄矣。

**惟神爲能變化，以其一天下之動也。**

德之獨至者，爲清，爲任，爲和，皆止於量，猶萬物之動者因其質也。天之神，萬化該焉，而統之以太和之升降屈伸；聖人之神，達天下之亹亹而統之以虛明至德，故動皆協一。子曰「吾道一以貫之」，存神於心之謂也。

**人能知變化之道，其必知神之爲也。**

變化者，因天下之動也。其道則不私於形，不執一於道，不孤其德，神存而順化以協其至常，六龍皆可乘以御天，特在時位移易之間爾，可於此以徵神之所爲。

**見《易》則神其幾矣。**

《易》有六十四象，三百八十四變，變化極矣，而唯乾之六陽、坤之六陰錯綜往來，摩盪以成其變化爾，此神之所爲也，故易簡而行乎天下之險阻。於此而知神之爲用，純一不息，隨其屈伸消長皆成乎化。聖不可知，唯以至一貞天下之動，而隨時處中，在運動之間而已。

**「知幾其神」，由經正以貫之，則寧用終日，斷可識矣。**

經，即所謂義也。事理之宜吾心，有自然之則，大經素正，則一念初起，其爲善惡吉凶，判然分爲兩途而無可疑，不待終日思索而可識矣。張子之言，神化盡矣，要歸於一；而奉義爲大正之經以貫乎事物，則又至嚴而至簡。

蓋義之所自立，即健順動止，陰陽必然之則；敔按：此所謂立天地之大義。正其義則協乎神之理，凝神專氣以守吾心之義，動存静養一於此，則存神以順化，皆有實之可守，而知幾合神，化無不順。此《正蒙》要歸之旨，所以與往聖合轍，而非賢知之過也。

**幾者，象見而未形也；**

事無其形，心有其象。

**形則涉乎明，不待神而後知也。**

已形則耳目之聰明可以知其得失，不待神也。然而知之已晚，時過而失其中，物變起而悔吝生矣。

**「吉之先見」云者，順性命則所先皆吉也。**

精義而存之不息，則所守之大經，固性命各正之理，於此閑邪存誠，一念之動罔非吉矣。故《易》曰：「介於石」，正其經也；「不終日，貞吉」，念一起而即與吉爲徒也；順天地之至常，變化而不渝矣。

**知神而後能饗帝饗親，**

不知神而以爲無，是不得已而姑饗之也，則亡乎愛；以爲有，是以山妖木魅饗之也，則亡乎敬。

**見《易》而後能知神。**

《易》卦非錯則綜，互相往來。神伸而生，生則嚮於



鬼；神屈而死，死則返於神；錯綜往來不息之道也。

**是故不聞性與天道而能制禮作樂者，末矣。**

天以神爲道，性者神之撰，性與天道，神而已也。禮樂所自生，一順乎陰陽不容已之序而導其和，得其精意於進反屈伸之間，而顯著無聲無臭之中，和於形聲，乃以立萬事之節而動人心之豫。不知而作者，玉帛鐘鼓而已。此章言明有禮樂，幽有鬼神，皆自無而肇有；唯窮神者兩得其精意，以鼓舞天下而不倦，故以鬼神興禮樂，以禮樂求鬼神者，從其類也。

**「精義入神」，豫之至也。**

義精則與神同其動止，以神治物，冒天下之道，不待事至而幾先吉，非立一義以待一事，期必之豫也，故《中庸》以明善爲誠身之豫道。

**徇物喪心，人化物而滅天理者乎！存神過化，忘物累而順性命者乎！**

陰陽之糟粕，聚而成形，故内而爲耳目口體，外而爲聲色臭味，雖皆神之所爲，而神不存焉矣，兩相攻取而喜怒生焉。心本神之舍也，馳神外徇，以從小體而趨合於

外物，則神去心而心喪其主。知道者凝心之靈以存神，不溢喜，不遷怒，外物之順逆，如其分以應之，乃不留滯以爲心累，則物過吾前而吾已化之，性命之理不失而神恒爲主。舜之飯糗茹草與爲天子無以異，存神之至也。

**敦厚而不化，有體而無用也；**

敦厚，敬持以凝其神也；化，因物治之而不累也。君子之於物，雖不徇之，而當其應之也必順其理，則事已靖，物已安，可以忘之而不爲累。若有體而無用，則欲卻物而物不我釋，神亦終爲之不寧，用非所用而體亦失其體矣。敔按：莊子所謂「其神凝而物不疵厲」者，蓋有體而無用也。

**化而自失焉，徇物而喪己也。**

必欲事之靖，物之安，則事求可，功求成，馳情外徇，而己以喪矣。敔按：此言管、晏之學。

**大德敦化，然後仁智一而聖人之事備。**

大德，天德也。敦，誠以存神而隨時以應；化，則大而化之矣。敦者仁之體，化者智之用。

**性性爲能存神，物物爲能過化。**

性性，於所性之理安焉而成乎性，不爲習遷也。物物，因物之至，順其理以應之也。性性，則全體天德而神自存；物物，則應物各得其理，雖有違順，而無留滯自累以與物競，感通自順而無不化矣；此聖人之天德也。學聖者見幾精義以不違於仁，動而不括以利用其智，立體以致用，庶幾別於異端之虛寂、流俗之功名矣。

**無我然後得正己之盡，存神然後妙應物之感。**

此言存神過化相爲體用也。徇物喪己者，拘耳目以取聲色，唯我私之自累，役於形而不以神用，則物有所不通，而應之失其理。故惟無我，則因物治物，過者化，而己以無所累而恒正；存神，則貫通萬理而曲盡其過化之用。過化之用即用存神之體，而存神者即所以善過化之用，非存神，未有能過化者也。

**「範圍天地之化而不過」，過則溺於空，淪於靜，既不能存夫神，又不能知夫化矣。**

範圍天地者，神也，必存之以盡其誠，而不可舍二氣健順之實，以卻物而遁於物理之外。釋言「真空」，老言「守靜」，皆以神化爲無有而思超越之。非神則化何從生，非化則神何所存！非精義以入神，則存非存，知非知，喪己而不能感物，此二氏之愚也。

**「旁行不流」，圓神不倚也。**

圓者，天之道也。屈伸順感而各得，神之圓也。不倚於形器，則不徇物而流。

「百姓日用而不知」，溺於流也。

作息飲食，何莫非神之所爲，氣動而理即在其中。百姓日所用者皆神，而徇物以忘其理，故如水之流而不止，違於神而趨於鬼，終屈而莫能伸也。

義以反經爲本，經正則精，

經者，人物事理之大本；反者，反而求乎心之安也。止此倫物，而差之毫釐則失其正。無不正則無不精，非隨事察之爲精也。

仁以敦化爲深，化行則顯。

敦厚以體萬物之化，乃盡物性而合天行，而仁之用顯。顯者，顯其所敦也，故《易》曰「顯諸仁」。

義入神，動一静也；仁敦化，静一動也。

存諸中者爲静，見諸行者爲動。義精而入神，則所動而施行者皆中存之天德，非因事求義而專於動也；仁敦化，則寂然不動之中，萬化之理密運於心而無一念之息，非虛寂爲仁而專於静也。敦化者豈豫設一變化以紛吾思哉？存大體以精其義而敦之不息爾。動静合一於仁，而義爲之幹，以此，張子之學以義爲本。

仁敦化則無體，義入神則無方。

《易》曰：「神無方而易無體。」仁函萬化以敦其全體，則隨所顯而皆仁，六位時成，《易》之所以冒天下之道者此也。義之精者，體陰陽、屈伸、高下之秩敍而盡其神用，義非外襲而圓行以不流，神之所以藏諸用者此也。無體，無孤立之體，異於老、釋之静；無方，無滯於一隅之方，異於名、法之動。無體者，所以妙合無方之神。精義之德至矣哉！

# 張子正蒙注卷三

## 動物篇

此篇論人物生化之理，神氣往來應感之幾，以明天人相繼之妙，形器相資之用，蓋所以發知化之旨，而存神亦寓其間，其言皆體驗而得之，非邵子執象數以觀物之可比也。

**動物本諸天，以呼吸爲聚散之漸；**

動物皆出地上，而受五行未成形之氣以生。氣之往來在呼吸，自稚至壯，呼吸盛而日聚，自壯至老，呼吸衰而日散。形以神而成，故各含其性。

**植物本諸地，以陰陽升降爲聚散之漸。**

植物根於地中，❶而受五行已成形之氣以長。陽降而陰升，則聚而榮；陽升而陰降，則散而槁。以形而受氣，故但有質而無性。

**物之初生，氣日至而滋息；物生既盈，氣日反而游散。**

有形則有量，盈其量，則氣至而不能受，以漸而散矣。方來之神，無頓受於初生之理，非畏、厭、溺，非疫厲，非獵殺、斬艾，則亦無頓滅之理。日生者神，而性亦日生；反歸者鬼，而未死之前爲鬼者亦多矣。所行之清濁善惡，與氣俱而游散於兩間，爲祥爲善，爲眚爲孽，皆人物之氣所結，不待死而始爲鬼以滅盡無餘也。❷敔按：此論顯然有徵，人特未之體貼耳。

**至之謂神，以其伸也；反之爲鬼，以其歸也。**

用則伸，不用則不伸，鬼而歸之，仍乎神矣。死生同條，而善吾生者即善吾死。伸者天之化，歸者人之能，君子盡人以合天，所以爲功於神也。敔按：全而歸之者，必全而後可謂之歸也，故曰歸者人之能。

**氣於人，生而不離，死而游散者謂魂；聚成**

---

❶「中」，各本無此字。

❷「始」，各本無此字。

形質，雖死而不散者謂魄。

可以受聽明覺了之靈者，魄也；其不可受者，形也。嗜欲之性，皆魄之所攻取也，但魂離之則不能發其用爾。❶魄雖不遽散，而久亦歸於土，化其餘氣，❷上蒸亦返於虛，莫非氣之所聚，❸則亦無不歸於氣也。敔按：本文所謂不散者，非終不散也。

海水凝則冰，浮則漚；然冰之才，漚之性，其存其亡，海不得而與焉。推是足以究死生之説。

冰有質，故言才；漚含虛，故言性。不得而與，謂因乎氣之凝浮，海不能有心爲之也。凝聚而生，才性成焉；散而亡，則才性仍反於水之神。此以喻死生同於太虛之中，君子俟命而不以死爲憂，盡其才，養其性，以不失其常爾。伊川程子改「與」爲「有」，義未詳。

有息者根於天，

息，呼吸也。動物受天氣之動幾。

不息者根於地。

植物受地氣之静化。

根於天者不滯於用，

視聽持行可以多所爲。天氣載神，故靈。

根於地者滯於方，

離土則槁矣。地氣化形，故頑。

此動植之分也。

人者動物，得天之最秀者也，其體愈靈，其用愈廣。

生有先後，所以爲天序；小大高下相並而相形焉，是謂天秩。

少長有等，老穉殊用，別於生之先後也。高下，以位言；小大，以才量言；相形而自著也。❹秩序，物皆有之而不能喻；人之良知良能，自知長長、尊尊、賢賢，因天而無所逆。

天之生物也有序，

其序之也亦無先設之定理，而序之自天在天者即

❶「魂」，各本作「魄」。
❷「化」，各本無此字，句連下作「其餘氣上蒸」。
❸「所」，各本無此字。
❹「著」下，各本有「者」字。

爲理。❶

**物之既形也有秩。**

小大高下分矣，欲踰越而不能。

**知序然後經正，**

經即義也。敬長爲義之實，推而行之，義不可勝用矣。

**知秩然後禮行。**

尊尊、賢賢之等殺，皆天理自然，達之而禮無不中矣。秩序人所必繇，而推之使通，辨之使精，則存乎學問，故博文約禮爲希天之始教。

**凡物能相感者，鬼神施受之性也；**

魄麗於形，鬼之屬；魂營於氣，神之屬。此鬼神之在物者也。魄主受，魂主施，鬼神之性情也。物各爲一物，而神氣之往來於虚者，原通一於絪緼之氣，故施者不吝施，受者樂得其受，所以同聲相應，同氣相求，琥珀拾芥，磁石引鐵，不知其所以然而感。聖人感人心而天下和平，亦惟其固有可感之性也。

**不能感者，鬼神亦體之而化矣。**

成形成質有殊異而不相喻者，❷亦形氣偶然之偏戾爾。及其誠之已盡，亦無不同歸之理。蓋其始也皆一氣之伸，其終也屈而歸於虚，不相悖害，此鬼神合萬彙之往來於一致也。存神者與鬼神合其德，則舞干而苗格，因壘而崇降，不已於誠，物無不體矣。如其驕吝未化，以善惡、聖頑相治而相亢，誠息而神不存，則可感者且相疑貳，而況不能相感者乎！

**物無孤立之理，非同異、屈伸、終始以發明之，則雖物非物也。**

凡物，非相類則相反。《易》之爲象，乾坤、坎離、頤大過、中孚小過之相錯，餘卦二十八象之相綜，物象備矣。錯者，同異也；綜者，屈伸也。萬物之成，以錯綜而成用。或同者，如金鑠而肖水，木灰而肖土之類；或異者，如水之寒、火之熱、鳥之飛、魚之潛之類。或屈而鬼，或伸而神，或屈而小，或伸而大，或始同而終異，或始異而終同，比類相觀，乃知此物所以成彼物之利。金得火而成器，木受鑽而生火。惟於天下之物知之明，而合之、離之、消之、長之，乃成吾用。不然，物各自物，而非我所得用，非物矣。

❶「自天」，各本無此二字。

❷「喻」，金陵本以下各本作「踰」。

事有始卒乃成，非同異有無相感，則不見其成；不見其成，則雖物非物。

事之所繇成，非直行速獲而可以永終。始於勞者終於逸，始於難者終於易，始於博者終於約，歷險阻而後易簡之德業興焉。故非異則不能同，而百慮歸於一致；非同則不能異，而一理散爲萬事。能有者乃能無，積之厚而後散之廣；能無者乃能有，不諱屈而後可允伸。故曰「尺蠖之屈以求伸，龍蛇之蟄以全身」。若不互相資以相濟，事雖幸成，且不知其何以成，而居之不安，未能自得，物非其物矣。

故一「一」當作「曰」，傳寫之譌。「屈伸相感而利生焉」。

凡天下之事物，❶一皆陰陽往來之神所變化。物物有陰陽，事亦如之。其爲同爲異，❷各有所屈，各有所伸，以成乎多寡、小大、吉凶、善惡之形；知其所屈，而屈此者可以伸彼，知其所伸，而伸者必有其屈；以同相輔，以異相治，以制器而利天下之用，以應事而利攸往之用，❸以俟命而利修身之用，存乎神之感而已。神者，不滯於物而善用物者也。

獨見獨聞，雖小異，怪也，出於疾與妄也；共見共聞，雖大異，誠也，出陰陽之正也。

目眚則空中生華，風眩則蟬鳴於耳，雖事所可有，而以無爲有，非其實也。妄人之説，不仰觀俯察，鑒古知今，而唯挾偶然意見所弋獲，而據爲道教與之同也。疾風迅雷，非常之甚矣，而共見共聞；陰陽之正，運於太虚，人不能察爾。放君伐暴，成非常之事，制禮作樂，極非常之觀，皆體陰陽必然之撰，曉然與天下後世正告之而無思不服。

賢才出，國將昌；子孫才，族將大。

神氣先應之也。於此可徵鬼神之不揜。

人之有息，❹蓋剛柔相摩、乾坤闔闢之

❶「事」，各本無此字。

❷「爲同」至「多寡」十七字，各本皆脱。按此十七字恰爲底本之一整行，或蕉畦副本跳行脱落，其後各本遂亦沿誤。

❸「攸」，各本均作「彼」。中華本依文義改，與此本合。

❹「息」，金陵本、太平洋本及此前各本均誤作「思」，中華本據明萬曆年間陝西鳳翔府官刻本之清初翻刻本《正蒙》校改爲「息」。

象也。

一屈一伸，交相爲感，人以之生，天地以之生人物而不息，此陰陽之動幾也。動而成乎一動一静，然必先有乾坤剛柔之體，而後闔闢相摩，猶有氣而後有呼吸。

寤，形開而志交諸外也；夢，形閉而氣專乎内也。

開者，伸也；閉者，屈也。志交諸外而氣舒，氣專於内而志隱，志隱則神亦藏而不靈。❶神隨志而動止者也。

寤所以知新於耳目，夢所以緣舊於習心。

開則與神化相接，耳目爲心效日新之用；閉則守耳目之知而困於形中，習爲主而性不能持權。故習心之爲累，❷烈矣哉。

醫謂飢夢取，飽夢與，凡寤夢所感，專語氣於五藏之變，容有取焉爾。

形閉而神退聽於形，故五藏之形有欣厭，心亦隨之而結爲妄，形滯而私故也。形爲神用則靈，神爲形用則妄。

聲者，形氣相軋而成。

觸而相迫曰軋。

兩氣者，谷響雷聲之類；

鋭往之氣與空中固有之氣相觸而成也。

兩形者，桴鼓叩擊之類。

兩形相觸也。然運桴而氣亦隨之，迫於鼓而發聲，則亦無非氣也。聲之洪纖異者，形之厚薄疎密異，氣亦殊感。❸

形軋氣，羽、扇、敲矢之類；

敲，音雹，鳴鏑也。三者形破氣，氣爲之鳴。

氣軋形，人聲笙簧之類。

氣出而脣舌、匏竹斂之縱之以激成響，氣發有洪纖，體有通塞之異，而氣之舒疾宣鬱亦異。

是皆物感之良能，人皆習之而不察者爾。

不感則寂，感則鳴，本有可鳴之理，待動而應之必速。良能，自然之動幾也。

形也，聲也，臭也，味也，温凉也，動静也，六者莫不有五行之别，同異之變，皆帝則

❶「志隱」，各本無此二字，疑緣上而脱。

❷「爲」，各本無此字。

❸「聲之」以下十七字，各本作「聲之洪纖者，形之厚薄疎密，其氣亦殊感」。

之必察者與！

温凉，體之覺；動静，體之用。五行之神未成乎形者，散寄於聲色臭味氣體之中，人資以生而爲人用；精而察之，條理具，秩敍分焉，帝載之所以信而通也。知天之化，則於六者皆得其所以然之理而精吾義，然亦得其意而利用，❶天理之當然得矣。若一一分析以配合於法象，則多泥而不通。張子約言之而邵子博辨之，察帝則以用物，以本御末也，觀物象以推道，循末以測本也，此格物窮理之異於術數也。

## 誠明篇

前篇統人物而言，原天所降之命也；此篇專就人而發，性之藴於人所受而切言之也。《中庸》曰「天命之謂性」，爲人言而物在其中，則謂統人物而言之可也。又曰「率性之謂道」，則專乎人而不兼乎物矣。物不可謂無性，而不可謂有道，道者人物之辨，所謂人之所以異於禽獸也。故孟子曰「人無有不善」，專乎人而言之，善而後謂之道；汎言性，則犬之性，牛之性，其不相類久矣。盡物之性者，盡物之理而已。虎狼噬人以飼其子，而謂盡父子之道，亦率虎狼之性爲得其道而可哉？禽獸，無道者也；草木，無性者也；唯命，則天無心無擇之良能，因材而篤，物得與人而共者也。張子推本神化，統動植於人而謂萬物之一源，切指人性，而謂盡性者不以天能爲能，同歸殊塗，兩盡其義，乃此篇之要旨。其視程子以率性之道爲人物偕焉者，❷得失自曉然易見；而抉性之藏，該之以誠明，爲良知之實，則近世竊釋氏之瀋，以無善無惡爲良知者，其妄亦不待辨而自闢。學者欲知性以存養，所宜服膺也。

誠明所知，乃天德良知，

仁義，天德也，性中固有之而自知之。無不善之謂良。

非聞見小知而已。

行所不逮，身所不體。心所不喻，偶然聞一師之言，見一物之機，遂自以爲妙悟，小知之所以賊道。

天人異用，不足以言誠；

理，天也；意欲，人也。理不行於意欲之中，意欲有

❶「用」下，各本有「而」字，屬下讀。

❷「物」下，各本有「之」字。

時而踰乎理，天人異用矣。

**天人異知，不足以盡明。**

因理而體其所以然，知以天也；事物至而以所聞所見者證之，知以人也。通學識之知於德性之所喻而體用一源，則其明自誠而明也。

**所謂誠明者，性與天道，不見乎小大之別也。**

通事物之理、聞見之知與所性合符，達所性之德與天合德，則物無小大，一性中皆備之理。性雖在人而小，道雖在天而大，以人知天，體天於人，則天在我而無小大之別矣。

**義命合一存乎理，**

義之所在即安之爲命，唯貞其常理而已。

**仁智合一存乎聖，**

天德本合，徇其迹者或相妨也。聖人與時偕行，至仁非柔，大智非察，兼體仁智而無仁智之名。如舜好問好察，智也；隱惡揚善，仁也，合於一矣。

**動静合一存乎神，**

動静異而神之不息者無間。❶聖能存神，則動而不離乎静之存，静而皆備其動之理，敦誠不息，則化不可測。

**陰陽合一存乎道，**

太和所謂道，陰陽具而無倚也。

**性與天道合一存乎誠。**

誠者，神之實體，氣之實用，在天爲道，命於人爲性，知其合之謂明，體其合之謂誠。

**天所以長久不已之道，乃所謂誠。**

氣化有序而亘古不息，惟其實有此理也。

**仁人孝子所以事天成身，不過不已於仁孝而已。**

實知之，實行之，必欲得其心所不忍不安，❷終身之慕，終食之無違，信之篤也。

**故君子誠之爲貴。**

有不誠，則乍勇於爲而必息矣；至誠則自不容已。而欲致其誠者，惟在於操存而勿使間斷，己百己千，勉强之熟而自無不誠矣。

---

❶「動静」，劉氏鈔本同，草堂本、學署本以下各本作「静動」。

❷「必欲得其心所不忍不安」十字，劉氏鈔本同，中華本據周調陽《校勘記》補。其他各本脱。

此章直指立誠之功，特爲深切著明，尤學者之所宜加勉。

**誠有是物，則有終有始；**

天道然也。生之必成之，四時序而百物成。

**僞實不有，何終始之有！故曰「不誠無物」。**

人爲之僞，意起而爲之，意盡而止，其始無本，其終必忒。物，謂事也；事不成之謂無物。

**「自明誠」，由窮理而盡性也；「自誠明」，由盡性而窮理也。**

存養以盡性，學思以窮理。

**性者，萬物之一源，非有我之得私也。**

性以健順爲體，本太虛和同而化之理也，繇是而仁義立焉。隨形質而發其靈明之知，則彼此不相知而各爲一體，如源之分流矣；恃靈明之知發於耳目者爲己私智，以求勝於物，逐流而忘源矣。

**惟大人爲能盡其道，是故立必俱立，知必周知，愛必兼愛，成不獨成。**

能安其所處爲立，各效其材以有用爲成。

**彼自蔽塞而不知順吾理者，則亦末如之何矣。❶**

己私成，則雖有至教，不能移矣。

此章統萬物於一源，溯其始而言之，固合人物而言之；❷而曰立，曰成，則專乎人之辭爾。知之必有詳略，愛之必有區別，理一分殊，亦存乎其中矣。親疏貴賤之不同，所謂順理也；雖周知博愛而必順其理，蓋自天命以來，秩敍分焉。知其一源，則必知其分流，故窮理盡性，交相爲功，異於墨、釋之漫滅天理之節文而謂會萬物於一己也。❸

**天能爲性，人謀爲能。**

天能者，健順五常之體也；人謀者，察識擴充之用也。

**大人盡性，不以天能爲能而以人謀爲能，**

❶「末」，各本皆作「莫」，中華本據明萬曆年間陝西鳳翔府官刻本之清初翻刻本《正蒙》改作「末」，茲從之。

❷「之」，各本無此字。

❸「釋之」下，草堂本、學署本以下各本有「教」字。

大人不失其赤子之心，而非孤守其惻隱、羞惡、恭敬、自然之覺，必擴而充之以盡其致，一如天之陰陽有實，而必於闔闢動止神運以成化，則道弘而性之量盡矣。蓋盡心爲盡性之實功也。

**故曰「天地設位，聖人成能」。**

天地有其理，誠也；聖人盡其心，誠之者也。

**盡性，然後知生無所得。**

非己之私得。

**則死無所喪。**

理明義正而道不缺，氣正神清而全歸於天，故君子之生，明道焉爾，行道焉爾，爲天效動，死則寧焉。喪者，喪其耳目口體，而神無損也。

**未嘗無之謂體，體之謂性。**

無則不可爲體矣。人有立人之體，百姓日用而不知爾，雖無形迹而非無實；使其無也，則生理以何爲體而得存邪？仁之於父子，義之於君臣，用也；用者必有體而後可用，以此體爲仁義之性。

**天所性者通極於道，**

天所命人而爲性者，即以其一陰一陽之道成之。即一非二曰通，此外無雜曰極。人生莫不有性，皆天道也，故仁義禮智與元亨利貞無二道。

**氣之昏明不足以蔽之；**

稟氣有昏明，則知能有偏全，而一曲之誠即天之誠，故「乍見孺子」之仁，「無受爾汝」之義，必發於情，莫能終蔽也。

**天所命者通極於性，**

命以吉凶壽夭言。以人情度之，則有厚於性而薄於命者，而富貴、貧賤、夷狄、患難，皆理之所察。予之以性，即予之以順受之道，命不齊，而性無不可盡也。

**遇之吉凶不足以戕之；**

性存而道義出，窮通夭壽，何至戕其生理。

**不免乎蔽之戕之者，未之學也。**

任其質而不通其變，惟學有未至，故其端發見而不充，吉凶雜至而失其素。

**性通乎氣之外，命行乎氣之內。氣無内外，假有形而言爾。**

人各有形，形以内爲吾氣之區宇，形以外吾之氣不至焉，故可立内外之名。性命乎神，天地萬物函之於虛靈而皆備，仁可以無不達，義可以無不行，氣域於形，吉凶禍福止乎其身爾。然則命者私也，性者公也，性本無蔽，而命之戕性，惟不知其通極於性也。

**故思知人不可不知天，盡其性然後能至於命。**

知人，知人道也；知天，知天性也。知性之合於天德，乃知人性之善，明者可誠而昏皆可明；性盡，則無所遇而不可盡吾性之道。繇是而知命之通極於性，與天之命我，吉凶無心而無非順正者同其化矣。

**知性知天，則陰陽、鬼神皆吾分內爾。**

知性者，知天道之成乎性；知天者，即性而知天之神理。知性知天，則性與天道通極於一，健順相資，屈伸相感，陰陽、鬼神之性情皆吾所有事，而爲吾職分之所當修者矣。

**天性在人，正猶水性之在冰，凝釋雖異，爲物一也；**

未生則此理氣在太虛爲天之體性，❶已生則此理氣聚於形中爲人之性，死則此理氣仍返於太虛。形有凝釋，氣不損益，理亦不雜，此所謂通極於道也。敔按：朱子謂冰水之喻近釋，以朱、張論聚散之本體不同也。説詳《太和篇》注中。

**受光有小大昏明，其照納不二也。**

此亦以水喻性。形之受性，猶水之受光。水以受光爲性，人以通理爲性，有小大昏明者，氣稟爾；而曲者可致，濁者可澄，其道本能受也，在學以明善而復初爾。此所謂氣有昏明不足以蔽之。

**天良能本吾良能，顧爲有我所喪爾。** 張子自注：明天人之本無二。

體天之神化，存誠盡性，則可備萬物於我。有我者，以心從小體，而執功利聲色爲己得，則迷而喪之爾。孟子言良知良能，而張子重言良能。蓋天地以神化運行爲德，非但恃其空晶之體；聖人以盡倫成物爲道，抑非但恃其虛靈之悟。故知雖良而能不逮，猶之乎弗知。近世王氏之學，舍能而孤言知，宜其疾入於異端也。

**上達反天理，下達徇人欲者與！**

反天理，則與天同其神化；徇人欲，則其違禽獸不遠矣。

---

❶「理氣」，各本此處均無「氣」字，按下文亦理氣並舉，則疑各本誤脱。下句「理氣」同。

**性其總，合兩也；**

天以其陰陽五行之氣生人，理即寓焉而凝之爲性。故有聲色臭味以厚其生，有仁義禮智以正其德，莫非理之所宜。聲色臭味，順其道則與仁義禮智不相悖害，合兩者而互爲體也。

**命其受，有則也；**

厚生之用，有盈有詘，吉凶生死因之，此時位之不齊，人各因所遇之氣而受之。百年之内，七尺之形，所受者止此，有則而不能過。

**不極總之要，則不至受之分，**

極總之要者，知聲色臭味之則與仁義禮智之體合一於當然之理。當然而然，則正德非以傷生，而厚生者期於正德。心與理一，而知吾時位之所值，道即在是，窮通壽夭，皆樂天而安土矣。若不能合一於理而吉凶相感，則怨尤之所以生也。

**盡性窮理而不可變，乃吾則也。**

性無所不可盡，故舜之於父子，文王之於君臣，極乎仁義而無不可盡。唯其於理無不窮，故吉凶生死，道皆行焉，所遇者變而誠不變，吾之則無往而非天則，非若命之有則，唯所受而不能越也。

**天所自不能已者謂命，不能無感者謂性。❶**

萬類靈頑之不齊，氣運否泰之相乘，天之神化廣大，不能擇其善者而已其不善者，故君子或窮，小人或泰，各因其時而受之。然其所受之中，自有使人各得其正之理，則生理之良能自感於倫物而必動，性貫乎所受不齊之中而皆可盡，此君子之所以有事於性，無事於命也。

**雖然，聖人猶不以所可憂而同其無憂者，有相之道存乎我也。**

君子有事於性，無事於命，而聖人盡性以至於命，則於命不能無事焉。天廣大而無憂，聖人盡人道，不可同其無憂，故頑嚚必格，知其不可而必爲。是以受人之天下而不爲泰，匹夫行天子之事而不恤罪我，相天之不足，以與萬物合其吉凶，又存乎盡性之極功，而合兩所以協一也。

**湛一，氣之本；**

太虚之氣，無同無異，妙合而爲一，人之所受即此氣也。故其爲體，湛定而合一，湛則物無可撓，一則無不可

❶「不能」上，中華本《張載集》有「物所」二字，校云：「『物所』二字依《朱子語類》補。」

受。學者苟能凝然静存，則湛一之氣象自見，非可以聞見測知也。

**攻取，氣之欲。**

動而交於物，❶則有同有異而攻取生矣。

**口腹於飲食，鼻舌於臭味，皆攻取之性也。**

氣之與神合者，固湛一也，因形而發，則有攻取，以其皆爲生氣自然之有，故皆謂之性。生以食爲重，故言飲食臭味以該聲色貨利。

**知德者屬厭而已，**

性有之，不容絶也。知德者知吾所得於天之不專繫於此，❷則如其量以安其氣而攻取息。

**不以嗜欲累其心，不以小害大、末喪本焉爾。**

心者，湛一之氣所含。湛一之氣，統氣體而合於一，故大；耳目口體成形而分有司，故小。是以鼻不知味，口不聞香，非其所取則攻之；而一體之間，性情相隔，愛惡相違，況外物乎！小體，末也；大體，本也。

**心能盡性，「人能弘道」也；性不知檢其心，「非道弘人」也。**

天理之自然，爲太和之氣所體物不遺者爲性；凝之於人而函於形中，因形發用以起知能者爲心。性者天道，心者人道，天道隱而人道顯；顯，故充惻隱之心而仁盡，推羞惡之心而義盡。弘道者，資心以效其能。性則與天同其無爲，不知制其心也；故心放而不存，不可以咎性之不善。

**盡其性，能盡人物之性；至於命者，亦能至人物之命；**

牛之穿而耕，馬之絡而乘，蠶之繅而絲，木之伐而薪，小人之勞力以養君子，效死以報君國，豈其性然哉，其命然爾。至於命，則知命以樂天，取於人物者有節不淫，而殺生皆敦乎仁，立命以相天治。夫人物者，裁成有道，而茂對咸若其化，人物之命皆自我而順正矣。

**莫不性諸道，命諸天。** 敔按：性諸道，言人物之性莫非道；命諸天，言人物之命莫非天。

上智下愚，有昏明而無得喪；禽獸於人，有偏全而無違離。知其皆性諸道，❸故取諸人以爲善，聖不棄愚，觀

---

❶「動」，各本作「物」，疑誤。

❷「專」，劉氏鈔本同，中華本依周調陽《校勘記》補，其他各本脱。

❸「其」，中華本校：「依下文『知其皆命諸天』句補。」與底本同。其他各本脱。

於物以得理，人不棄物。知其皆命諸天，則秩敘審而親疎、上下各得其理，節宣時而生育，肅殺各如其量。聖人所以體物不遺，與鬼神合其吉凶，能至人物之命也。

我體物未嘗遺，物體我知其不遺也。敔按：物體我，猶言物以我爲體。

能體物，則人物皆以我爲體，不能離我以爲道，必依我之綏以爲來，動以爲和，九族睦，百姓昭，黎民變，鳥獸草木咸若，物無有能遺我者。

至於命，然後能成己成物，不失其道。

己無不誠，則循物無違而與天同化，以人治人，以物治物，各順其受命之正，雖不能知者皆可使繇，萬物之命自我立矣。所以然者，我與人物莫不性諸道，命諸天，無異理也。

以生爲性，既不通晝夜之道，且人與物等，故告子之妄不可不詆。

知覺運動，生則盛，死則無能焉。性者，天理流行，氣聚則凝於人，氣散則合於太虛，晝夜異而天之運行不息，無所謂生滅也。如告子之説，則性隨形而生滅，是性因形發，形不自性成矣。曰性善者，專言人也，故曰「人無有不善」。犬牛之性，天道廣大之變化也，人以爲性，則無所不爲矣。

性於人無不善，

乾道變化，各正性命，理氣一源而各有所合於天，無非善也。而就一物言之，則不善者多矣，唯人則全具健順五常之理。善者，人之獨也。

繫其善反不善反而已；

攻取之氣，逐物而往，恒不知反。善反者，應物之感，不爲物引以去，而斂之以體其湛一，則天理著矣。此操存舍亡之幾也。

過天地之化，不善反者也；

食色以滋生，天地之化也。如其受命之則而已。恃其攻取之能而求盈，則湛一之本，迷而不復。

命於人無不正，

天有生殺之時，有否泰之運，而人以人道受命，則窮通禍福，皆足以成仁取義，無不正也。

繫其順與不順而已；

盡其道而生死皆順也，是以舜受堯之天下，若固有之，孔子畏於匡，戹於陳、蔡而無憂。

行險以僥倖，不順命者也。

故必盡性而後可至於命。

**形而後有氣質之性，**

氣質者，氣成質而質還生氣也。氣成質，則氣凝滯而局於形，取資於物以滋其質；質生氣，則同異攻取各從其類。故耳目口鼻之氣與聲色臭味相取，亦自然而不可拂違，此有形而始然，非太和絪緼之氣、健順之常所固有也。舊説以氣質之性爲昏明强柔不齊之品，與程子之説合。今按張子以昏明强柔得氣之偏者，繫之才而不繫之性，故下章詳言之。而此言氣質之性，蓋孟子所謂口耳目鼻之於聲色臭味者爾。蓋性者，生之理也。均是人也，則此與生俱有之理，未嘗或異；故仁義禮智之理，下愚所不能滅，而聲色臭味之欲，上智所不能廢，俱可謂之爲性。而或受於形而上，或受於形而下，在天以其至仁滋人之生，成人之善，初無二理。但形而上者爲形之所自生，則動以清而事近乎天；形而後有者資形起用，則静以濁而事近乎地。形而上者，亘生死、通晝夜而常伸，事近乎神；形而後有者，困於形而固將竭，事近乎鬼；則一屈一伸之際，理與欲皆自然而非繇人爲。故告子謂食色爲性，亦不可謂爲非性，而特不知有天命之良能爾。若夫才之不齊，則均是人而差等萬殊，非合兩而爲天下所大總之性；性則統乎人而無異之謂。

**善反之則天地之性存焉。**

天地之性，太和絪緼之神，健順合而無倚者也。即此氣質之性，如其受命之則而不過，勿放其心以徇小體之攻取，而仁義之良能自不可揜。蓋仁義禮智之喪於己者，類爲聲色臭味之所奪，不則其安佚而惰於成能者也。制之有節，不以從道而奚從乎！天地之性原存而未去，氣質之性亦初不相悖害，屈伸之間，理欲分馳，君子察此而已。

**故氣質之性，君子有弗性者焉。**

弗性，不據爲己性而安之也。此章與孟子之言相爲發明，而深切顯著，乃張子探本窮歸之要旨，與程子之言自别，讀者審之。

**人之剛柔、緩急，有才與不才，氣之偏也。**

昏明、强柔、敏鈍、静躁，因氣之剛柔、緩急而分，於是而智愚、賢不肖若自性成，故荀悦、韓愈有三品之説，其實才也，非性也。性者，氣順理而生人，自未有形而有形，成乎其人，則固無惡而一於善，陰陽健順之德本善也。才者，形成於一時升降之氣，❶則耳目口體不能如一，而聰明幹力因之而有通塞、精粗之别，乃動静、闔闢

❶「形成」，各本作「成形」。

偶然之幾所成也。❶ 性藉才以成用，才有不善，遂累其性，而不知者遂咎性之惡，此古今言性者，皆不知才性各有從來，而以才爲性爾。商臣之蠭目豺聲，才也，象之傲而見舜則忸怩，性也；舜能養象，楚頵不能養商臣爾。居移氣，養移體，氣體移則才化，若性則不待移者也。才之美者未必可以作聖，才之偏者不迷其性，雖不速合於聖，而固舜之徒矣。程子謂天命之性與氣質之性爲二，其所謂氣質之性，才也，非性也。張子以耳目口體之必資物而安者爲氣質之性，合於孟子，而別剛柔緩急之殊質者爲才。性之爲性，乃獨立而不爲人爲所亂。❷ 蓋命於天之謂性，成於人之謂才；静而無爲之謂性，動而有爲之謂才。性不易見而才則著，是以言性者但言其才而性隱。張子辨性之功大矣哉！ 敬按：動而有爲之謂才，才，所謂心之官。心之體爲性，心之用爲情，心之官爲才。

**天本參和不偏。養其氣，反之本而不偏，則盡性而天矣。**

天與性一也，天無體，即其資始而成人之性者爲體。參和，太極、陰、陽，三而一也。氣本參和，雖因形而發，有偏而不善，而養之以反其本，則即此一曲之才，盡其性而與天合矣。養之，則性現而才爲用；不養，則性隱而唯以才爲性，性終不能復也。養之之道，沈潛柔友剛克，高明强弗友柔克。教者，所以裁成而矯其偏。若學者之自養，則惟盡其才於仁義中正，以求其熟而擴充之，非待有所矯而後可正。故教能止惡，而誠明不倚於教，人皆可以爲堯、舜，人皆可以合於天也。

**性未成則善惡混，故亹亹而繼善者，斯爲善矣。**

成，猶定也，謂一以性爲體而達其用也。善端見而繼之不息，則始終一於善而性定矣。蓋才雖或偏，而性之善者不能盡揜，有時而自見，惟不能分别善者以歸性，而以偏者歸才，❸ 則善惡混之説所以疑性之雜而迷其真。繼善者，因性之不容揜者察識而擴充之，才從性而純善之體現矣，何善惡混之有乎！

**惡盡去則善因以亡，故舍曰「善」而曰「成之者性」。**

惡盡去，謂知性之本無惡，而不以才之偏而未養者誣其性也。❹ 善惡相形而著，無惡以相形，則善之名不

---

❶「幾」，各本作「機」。

❷「人爲」，各本無「爲」字。

❸「而以偏者歸才」，草堂本以下各本作「偏者以歸才」。

❹「養」，各本作「喪」。

立，故《易》言「繼之者善，成之者性」，分言之而不曰性善，反才之偏而恰合於人，以其可欲而謂之善矣。善者，因事而見，非可以盡太和之妙也。抑攷孟子言天之降才不殊，而張子以才爲有偏，似與孟子異矣。蓋陷溺深，則習氣重而並屈其才，陷溺未深而不知存養，則才伸而屈其性。故孟子又言「爲不善非才之罪」，則爲善亦非才之功可見。是才者性之役，全者不足以爲善，偏者不足以爲害，故困勉之成功，均於生安。學者當專於盡性，勿恃才之有餘，勿諉才之不足也。

德不勝氣，性命於氣；德勝其氣，性命於德。

繼善而得其性之所固有曰德。此言氣者，謂偏氣成形，而氣即從偏發用者也。勝氣者，反本而化其偏也。德不至而聽才氣之所爲，則任其一偏之爲，而或迪或逆，善惡混而吉凶亦無據矣。以善之純養才於不偏，則性焉安焉於德，而吉無不利，皆德之所固有，❶此至於命而立命也。

窮理盡性，則性天德，命天理，

與天同德，則天之化理在我矣。

氣之不可變者，獨死生修夭而已。

氣成乎形。體之强弱形，則凝滯而不可變，故跖壽而顏夭。

故論死生則曰「有命」，以言其氣也；

形氣之厚薄不可變也。

語富貴則曰「在天」，以言其理也。

理御氣而可變者也。

此大德所以必受命，易簡理得而成位乎天地之中也。

易簡，乾坤之德，所謂天德。成位乎中者，君師天下而參贊天地。

所謂天理也者，能悦諸心，能通天下之志之理也。能使天下悦且通，則天下必歸焉；

天之聰明，自民能通天下之志而悦之。人歸即天與，此天命之實，理固然也。

不歸焉者，所乘所遇之不同，如仲尼與繼世之君也。

仲尼不遇堯、舜之薦，無可乘之權，故德不加於天

❶「皆」上，各本有「則」字。

下，民不知歸；而繼世之君，非桀、紂之無道，尚能有其位。

「舜、禹有天下而不與焉」者，正謂天理馴致，非氣稟當然，非志意所與也。

舜、禹初未嘗受天子之命於初生之氣稟，❶唯以德馴致之，窮理盡性而命即理，於斯驗矣。❷然理至而命自至，固無欲得之心，自無或爽之命，理則然也。

必曰「舜、禹」云者，餘非乘勢則求焉者也。

繼世之君乘勢而有天下，命乎氣也。湯、武則未嘗無求之之心，非與天通理，故可曰俟命而不可曰至於命。有天下而不與，則以德馴致而無心，所以合一於神化。此明天子之位，舜、禹能以其德馴致，則吉凶、禍福何不自我推移，而特非有心爲善以徼福者之所能與也。

利者爲神，滯者爲物。

皆氣之爲也。其本體之清微者，無往而不通，不疾而速；及其聚而成象，又聚而成形，則凝滯而難於推致矣。

是故風雷有象，不速於心；心禦見聞，不弘於性。

風雷無形而有象，心無象而有覺，故一舉念而千里之境事現於俄頃，速於風雷矣。心之情才雖無形無象，而必依所嘗見聞者以爲影質，見聞所不習者，心不能現其象。性則純乎神理，凡理之所有，皆性之所函，寂然不動之中，萬化賅存，❸無能禦也。是以天之命，物之性，本非志意所與；而能盡其性，則物性盡，天命至，有不知其所以然者而無不通。蓋心者翕闢之幾，無定者也；性者合一之誠，皆備者也。

上智下愚，習與性相遠既甚而不可變者也。

氣之偏者，才與不才之分而已；無有人生而下愚，以終不知有君臣父子之倫、穿窬之可羞者。世教衰，風俗壞，才不逮者染於習尤易，遂日遠於性而後不可變，象可格而商臣終於大惡，習遠甚而成乎不移，非性之有不移也。

纖惡必除，善斯成性矣；察惡未盡，雖善必粗矣。

❶ 上「初」字，各本無此字。
❷ 「驗」，各本作「著」。
❸ 「化」，草堂本以下各本作「象」。

性無不善，有纖芥之惡，則性即爲蔽，故德之已盛，猶加察於幾微；此《虞書》於精一執中之餘，尤以無稽、無詢爲戒，爲邦於禮明樂備之後，必於鄭聲、佞人致謹也。心無過而身猶有之，則不能純粹以精，以成乎性焉安焉之聖德也。

「不識不知，順帝之則」，有思慮識知，則喪其天矣。

思慮者，逆詐、億不信之小慧；識知者，專己保殘之曲學。天即理也，私意雖或足以知人而成事，而不能通於天理之廣大，與天則相違者多矣。張子此言，與老、釋相近而所指者不同，學者辨之。

「君子所性」，與天地同流，異行而已焉。

一於天理之自然，則因時合義，無非帝則矣。異行者，裁成天地之道，輔相天地之宜，自成其能也。

「在帝左右」，察天理而左右也，

無不在之謂察。左右者，與時偕行而無所執也。

天理者，時義而已。

理者，天所昭著之秩序也。時以通乎變化，義以貞其大常，風雨露雷無一成之期，而寒暑生殺終於大信。君子之行藏刑賞，因時變通而協於大中，左宜右有，皆理也，所以在帝左右也。

君子教人，舉天理以示之而已；其行己也，述天理而時措之也。

小慧所測，記問所得，不恃以爲學誨，所明者一以其誠而已。誠者，天理之實然，無人爲之僞也。

和樂，道之端乎！

和者於物不逆，樂者於心不厭。端，所自出之始也。道本人物之同得而得我心之悦者，故君子學以致道，必平其氣，而欣於有得，乃可與適道；若操一求勝於物之心而視爲苦難，則早與道離矣。下章言誠言敬，而此以和樂先之。非和樂，則誠敬局隘而易於厭倦；故能和能樂，爲誠敬所自出之端。

和則可大，樂則可久，天地之性，久大而已矣。

不氣矜以立異，則時無不可行，物無不可受；不疲形以厭苦，則終食無違，終身不去。和樂者，適道之初心，而及其至也，則與天地同其久大矣。性，體性也；太虛之體，絪緼太和，是以聚散無恒而不窮於運。孔子之學不厭，教不倦，人皆可學而不能幾，唯其用情異也。

莫非天也，

耳目口體之攻取，仁義禮智之存發，皆自然之理，天以厚人之生而立人之道者也。

陽明勝則德性用，陰濁勝則物欲行。

陽動而運乎神，陰静而成乎形，神成性，形資養，凡物欲之需，皆地産之陰德，與形相滋益者也。氣動而不凝滯於物，則怵惕惻隱之心無所礙而不窮於生；貪養不已，馳逐物欲，而心之動幾息矣。

領惡而全好者，其必由學乎！

好善惡惡，德性也；領者，順其理而挈之也。陽明之德，剛健而和樂，陰濁則荏苒而賊害以攻取於物，欲澄其濁而動以清剛，則不可以不學。學者用神而以忘形之累，日習於理而欲自遏，此道問學之所以尊德性也。

不誠不莊，可謂之盡性窮理乎？

釋氏以天理爲幻妄，則不誠；莊生以逍遥爲天遊，則不莊，皆自謂窮理盡性，所以賊道。

性之德也未嘗僞且慢，故知不免乎僞慢者，未嘗知其性也。

性受於天理之實然，何僞之有！雖居静而函萬化以不息，何慢之有！若王介甫之雜機巧，蘇子瞻之好驕樂，皆自言知性，所知者釋氏、莊生之所謂性也，恍惚無實而淌洋自廢之浮氣也。居處恭，執事敬，與人忠，乃以體性之誠；心恒存而性顯，則不待推求而知之真矣。

勉而後誠莊，非性也。

勉强則志困而氣疲，求其性焉安焉，未能也。

不勉而誠莊，所謂「不言而信，不怒而威」者與！

勉者循其迹，❶不勉者存其神；存神之至，與天地同其信威。《中庸》言勉强則成功一，而張子以勉爲非性，似過高而不切於學者。乃釋此篇之旨，先言和樂而後言誠莊，則學者適道之始，必以和樂之情存誠而莊莅，然後其爲誠莊也可繼，馴而致之，聖人之至善合天，不越乎此。蓋《中庸》所言勉强者，學問思辨篤行之功，固不容已於勉强；而誠莊乃静存之事，勉强則居之不安而涉於人爲之僞。❷且勉强之功，亦非和樂則終不能勉；養蒙之道，通於聖功，苟非其中心之樂爲，强之而不能以終日。故學者在先定其情，而教者導之以順。古人爲教，

❶「循」，各本作「存」。

❷「僞」，金陵本以下各本誤作「偏」。

先以《勺》、《象》，其此意與！

**生直理順，則吉凶莫非正也。**

義不當死，則慎以全身，義不可生，則決於致命，直也。氣常伸而理不可屈，天所命人之正者此也。

**不直其生者，非幸福於回，則免難於苟也。**

處安平而枉以幸福，必臨難而苟於求免。遇氣數之偶然，❶幸而得福者有矣；以正言之，刑戮之民爾。

**「屈伸相感而利生」，感以誠也；**

屈則必伸，伸則必屈，善其屈所以裕其伸，❷節其伸所以安其屈，天地不息之誠，太和不偏之妙也。人能以屈感伸，斂華就實，而德自著；以伸感屈，善其得者善其喪，皆體天地自然之實理，修身俟命而富貴不淫，貧賤不屈，夭壽不貳，用無不利矣。

**「情僞相感而利害生」，雜之僞也。**

情，實也。事之所有爲情，理之所無爲僞。事可爲而即爲，而不恤其非理之實，以事起事，以名邀名，以利計利，則雖事或實然，而雜之以妄，幸而得利，害亦伏焉。

**至誠則順理而利，僞則不循理而害。順性命之理，則所謂吉凶，莫非正也；逆理則凶爲自取，吉其險幸也。**

誠者，吾性之所必盡，天命之大常也。順之則雖凶而爲必受之命，逆則雖幸而得吉，險道也，險則未有不危者。故比干死而不與惡來同其誅，曹丕、司馬昭雖竊大位而禍延於世，不可以屈伸之數，幸事之或有而不恤理之本無也。

此章繹《易傳》之旨而決之於義利之分，❸爲天道物理之恒，人禽存去之防，其言深切。學者近取而驗吾心應感之端，決之於幾微，善惡得失判爲兩塗，當無所疑矣。

**「莫非命也，順受其正。」順性命之理，則得性命之正。滅理窮欲，人爲之招也。**

性命之理本無不正，順之，則當其伸而自天佑之，當其屈而不媿於天。若滅理窮欲以徼幸者，非其性之本然，命之當受，爲利害之感所搖惑而致爾。



❶「遇」，各本作「憑」。
❷「所」，各本均脱。
❸「繹」，各本作「釋」。

# 張子正蒙注卷四

## 大心篇

此上六篇，極言天人神化性命之理；自此以下三篇，乃言學者窮理精義之功。明乎道之所自出，則功不妄，反諸學之所必務，則理不差，君子之道所以大而有實也。此篇乃致知之要，下二篇乃篤行之實，知之至而後行無不得，又學者知止之先資也。

**大其心，則能體天下之物，物有未體，則心爲有外。**

大其心，非故擴之使遊於荒遠也；天下之物相感而可通者，吾心皆有其理，唯意欲蔽之則小爾。繇其法象，推其神化，達之於萬物一源之本，則所以知明處當者，條理無不見矣。天下之物皆用也，吾心之理其體也；盡心以循之而不違，❶則體立而用自無窮。

**世人之心，止於聞見之狹。聖人盡性，不以見聞梏其心，其視天下，無一物非我，**

聞見，習也；習之所知者，善且有窮，況不善乎！盡性者，極吾心虛靈不昧之良能，舉而與天地萬物所從出之理合，而知其大始，則天下之物與我同源，而待我以應而成。故盡孝而後父爲吾父，盡忠而後君爲吾君，無一物之不自我成也；非感於聞見，顧名思義，❷觸事求通之得謂之知能也。

**孟子謂盡心則知性知天以此。**

朱子謂知性乃能盡心，而張子以盡心爲知性之功，其說小異。然性處於静而未成法象，非盡其心以體認之，則偶有見聞，遂據爲性之實然，此天下之言性者所以鑿也。

**天大無外，故有外之心不足以合天心。**

心不盡則有外，一曲乍得之知，未嘗非天理變化之端，而所遺者多矣。

**見聞之知，乃物交而知，非德性所知；**

天下有其事而見聞乃可及之，故有堯，有象，有瞽

❶「而不違」，各本皆無此三字。
❷「顧」，各本誤作「觸」。

瞍，有舜，有文、武，幽、厲，❶有三代之民，事迹已著之餘，傳聞而後知，遂挾以證性，知爲之梏矣。德性之知，循理而反其原，廓然於天地萬物大始之理，乃吾所得於天而即所得以自喻者也。

**德性所知，不萌於見聞。**

萌者，所從生之始也。見聞可以證於知已知之後，而知不因見聞而發。德性誠有而自喻，如暗中自指其口鼻，不待鏡而悉。

**由象識心，❷徇象喪心。**

物之有象，理即在焉。心有其理，取象而證之，無不通矣。若心所不喻，一繇於象，而以之識心，則徇象之一曲而喪心之大全矣。故乍見孺子入井，可識惻隱之心，然必察識此心所從生之實而後仁可喻。若但據此以自信，則象在而顯，象去而隱，且有如齊王全牛之心，反求而不得者矣。

**知象者心。存象之心，亦象而已，謂之心可乎？**

知象者本心也，非識心者象也。存象於心而據之爲知，則其知者象而已；象化其心而心唯有象，不可謂此爲吾心之知也明矣。聞見所得者象也，知其器，知其數，知其名爾。若吾心所以制之之義，豈彼之所能昭著乎！

**人謂己有知，由耳目有受也；**

受聲色而能知其固然，因恃爲己知，而不察知所從生，陋矣。

**人之有受，由内外之合也。**

耳與聲合，目與色合，皆心所翕闢之牖也。合，故相知；乃其所以合之故，則豈耳目聲色之力哉！故輿薪過前，群言雜至，而非意所屬，則見如不見，聞如不聞，其非耳目之受而即合，明矣。

**知合内外於耳目之外，則其知也過人遠矣。**

合内外者，化之神也，誠之幾也。以此爲知，則聞之見之而知之審，不聞不見而理不亡，事即不隱，此存神之妙也。

**天之明莫大於日，故有目接之，不知其幾**

❶「武」，草堂本以下各本誤作「王」。

❷「識」，中華本據明萬曆年間陝西鳳翔府官刻本之清初翻刻本《正蒙》改，與底本同。其他各本作「徇」，疑涉下而誤。

萬里之高也；天之聲莫大於雷霆，故有耳屬之，莫知其幾萬里之遠也；天之不禦莫大於太虛，故心知廓之，莫究其極也。敔按：「幾萬里之遠也」，「萬」當作「百」。

言道體之無涯，以耳目心知測度之，終不能究其所至，故雖日之明，雷霆之聲，爲耳目所可聽覩，而無能窮其高遠；太虛寥廓，分明可見，而心知固不能度，況其變化難知者乎！是知耳目心知之不足以盡性道，而徒累之使疑爾。心知者，緣見聞而生，其知非真知也。

人病其以耳目見聞累其心，而不務盡其心，

盡其心者，盡心之本知。

故思盡其心者，必知心所從來而後能。

心所從來者，日得之以爲明，雷霆得之以爲聲，太虛絪緼之氣升降之幾也。於人，則誠有其性即誠有其理，自誠有之而自喻之，故靈明發焉；耳目見聞皆其所發之一曲，而函其全於心以爲四應之真知。知此，則見聞不足以累其心，而適爲獲心之助，廣大不測之神化無不達矣。此盡性知天之要也。

耳目雖爲性累，然合内外之德，知其爲啓之之要也。

累者，累之使禦於見聞之小爾，非欲空之而後無累也。内者，心之神；外者，物之法象。法象非神不立，神非法象不顯。多聞而擇，多見而識，乃以啓發其心思而會歸於一，又非徒恃存神而置格物窮理之學也。此篇力辨見聞之小而要歸於此，張子之學所以異於陸王之孤僻也。

成吾身者，天之神也。不知以性成身，而自謂因身發智，貪天功爲己力，吾不知其知去聲也。

身，謂耳目之聰明也。形色莫非天性，故天性之知，繇形色而發。智者引聞見之知以窮理而要歸於盡性；愚者限於見聞而不反諸心，據所窺測，恃爲真知。徇欲者以欲爲性，耽空者以空爲性，皆聞見之所測也。

民何知哉？因物同異相形，萬變相感，耳目内外之合，貪天功而自謂己知爾。

形之所發，莫非天也；物變之不齊，亦莫非天也；兩相攻取而順逆之見生焉。若能知性知天，則一理之所貫通有真是，而無待是非之兩立以相比擬，因天理之固然而不因乎聞見，則無恃以自矜其察矣。待有幽厲而始知文武之民善，待烏喙之毒而始知菽粟之養乎？同異萬變，佹得佹失，不足爲知也，明矣。

**體物體身，道之本也；**

萬物之所自生，萬事之所自立，耳目之有見聞，心思之能覺察，皆與道爲體。知道而後外能盡物，內能成身；不然，則徇其末而忘其本矣。

**身而體道，其爲人也大矣。**

視聽言動，無非道也，則耳目口體全爲道用，而道外無徇物自恣之身，合天德而廣大肆應矣。

**道能物身，故大；不能物身而累於身，則藐乎其卑矣。**

物身者，以身爲物而爲道所用，所謂以小體從大體而爲大人也。不以道用其耳目口體之能，而從嗜欲以沈溺不反，從記誦以玩物喪志，心盡於形器之中，小人之所以卑也。

**能以天體身，則能體物也不疑。**

天不息而大公，一於神一於理一於誠也。大人以道爲體，耳目口體無非道用，則入萬物之中，推己即以盡物，循物皆得於己，物之情無不盡，物之才無不可成矣。



**成心忘，然後可與進於道。**張子自注：成心者，私意也。

成心者，非果一定之理，不可奪之志也。乍然見聞所得，未必非道之一曲，而不能通其感於萬變，徇同毁異，强異求同，成乎己私，違大公之理，恃之而不忘，則執一善以守之，終身不復進矣。萬世不易之常經，通萬變而隨時得中，學者即未能至，而不恃其習成之見，知有未至之境，則可與適道，而所未至者，皆其可至者也。

**化則無成心矣。**

大而化之，則身純乎道。❶盡無方無體之理，自無成心。

**成心者，意之謂與！**

意者，心所偶發，執之則爲成心矣。聖人無意，不以意爲成心之謂也。蓋在道爲經，在心爲志，志者，始於志學而終於從心之矩，一定而不可易者，可成者也。意則因感而生，因見聞而執同異攻取，不可恒而習之爲恒，不可成者也。故曰學者當知志意之分。

❶「身」，各本作「心」。

**無成心者，時中而已矣。**

中無定在，而隨時位之變，皆無過不及之差，私意不得而與焉。❶

**心存，無盡性之理，故聖不可知謂神。**❷

心存，謂成心未忘也。性爲神之體而統萬善，若以私意爲成心，則性之廣大深微不能盡者多矣。楊之義，墨之仁，申之名，韓之法，莫非道之所可，而成乎性之偏，惟挾之以爲成心，而不能極道之深，充道之廣也。盡性而無成心，則大人以下，有所執以爲善者，皆不測其時行時止、進退勸威之妙，蓋聖人之神，超然知道之本原，以循理因時而已。敔按：不可知者，謂大人以下皆不能測之也。

**以我視物，則我大，**

視聽之明，可以攝物，心知之量，可以受物，於是而可以知物之不足而我之有餘，則不徇物以自替其大矣。

**以道體物我，則道大。**

物與我皆氣之所聚，理之所行，受命於一陰一陽之道，而道爲其體；不但夫婦、鳶魚爲道之所昭著，而我之心思耳目，何莫非道之所凝承，而爲道效其用者乎！唯體道者能以道體物我，則大以道而不以我。

**故君子之大也大於道，大於我者，容不免狂而已。**

於道無不體，則充實光輝而大矣。狂者見我之尊而卑萬物，不屑徇物以爲功名而自得，乃考其行而不揜，則亦耳目心思之曠達而已。

**燭天理，如向明，萬象無所隱；**

燭天理者，全體而率行之，則條理萬變無不察也。萬象之情狀，以理驗其合離，則得失吉凶，不待逆億而先覺。

**窮人欲，如專顧影間，區區於一物之中爾。**

形蔽明而成影；人欲者，爲耳目口體所蔽而窒其天理者也。耳困於聲，目困於色，口困於味，體困於安，心之靈且從之而困於一物，得則見美，失則見惡，是非之準，吉凶之感，在眉睫而不知；此物大而我小，下愚之所以陷溺也。

此章直指智愚之辨，窮本推源，最爲深切，尤學者之

❶「私」，各本無此字。

❷「神」下，草堂本有「張子自注：此章言心者，亦指私心爲言也」十六字小注，以下各本相沿。按中華本《張載集》亦有此注，校云：「此非張氏原注。」

所宜知警也。

**釋氏不知天命，而以心法起滅天地，**

天命，太和絪緼之氣，屈伸而成萬化，氣至而神至，神至而理存者也。釋氏謂「心生種種法生，心滅種種法滅」，置之不見不聞，而即謂之無。天地本無起滅，而以私意起滅之，愚矣哉！

**以小緣大，以末緣本，其不能窮而謂之幻妄，真所謂疑冰者與！** 張子自注：夏蟲疑冰，以其不識。❶

小，謂耳目心知見聞覺知之限量；大者，清虛一大之道體；末者，散而之無，疑於滅，聚而成有，疑於相緣以起而本無生。惟不能窮夫屈伸往來於太虛之中者，實有絪緼太和之元氣，函健順五常之體性，故直斥爲幻妄。己所不見而謂之幻妄，真夏蟲不可語冰也。蓋太虛之中，無極而太極，充滿兩間，皆一實之府。特視不可見，聽不可聞爾。存神以窮之，則其富有而非無者自見。緣小體視聽之知，則但見聲色俱泯之爲無極，而不知無極之爲太極。其云「但願空諸所有」，既云有矣，我惡得而空之？「不願實諸所無」，若其本無，又何從可得而實之？惟其乍離人欲而未見夫天理，故以人欲之妄，概天理之真，非果有賢智之過，亦愚不肖之不及而已。

**釋氏妄意天性，而不知範圍天用，**

其直指人心見性，妄意天性，不知道心，而以惟危之人心爲性也。天用者，升降之恒，屈伸之化，皆太虛一實之理氣成乎大用也。天無體，用即其體。範圍者，大心以廣運之，則天之用顯而天體可知矣。敔按：《中庸》云「天地之道，博也，厚也，高也，明也，悠也，久也」，正所謂「天無體，用即其體」也。

**反以六根之微因緣天地。明不能盡，則誣天地日月爲幻妄，蔽其用於一身之小，溺其志於虛空之大，**

萬化之屈伸，無屈不伸，無伸不屈。耳目心知之微明，驚其所自生以爲漚合，疑其屈而歸於無，則謂凡有者皆畢竟歸空，而天地亦本無實有之理氣，但從見病而成眚。其云「同一雨而天仙見爲寶，羅刹見爲刀」，乃盜賊惡月明，行人惡雨濘之偷心爾。是蔽其用於耳目口體之私情，以己之利害爲天地之得喪，因欲一空而銷隕之，遂謂「一真法界本無一物」，則溺其志以求合，而君父可滅，

❶「張子自注」以下十二字，原無，茲據劉氏鈔本以下各本補。

形體可毁，皆其所不恤已。

**所以語大語小，流遁失中。其過於大也，塵芥六合；其蔽於小也，夢幻人世。**

以虚空爲無盡藏，故塵芥六合；以見聞覺知所不能及爲無有，故夢幻人世。

**謂之窮理可乎？不知窮理而謂盡性可乎？謂之無不知可乎？**

夢幻無理，故人無有窮究夢幻者。以人世爲夢幻，則富有日新之理皆可置之不思不議矣。君可非吾君矣，父可非吾父矣。天理者，性之撰，此之不恤，是無性矣。故其究竟，以無生爲宗，而欲斷言語，絶心行，芒然一無所知，而妄謂無不知，流遁以護其愚悍，無所不至矣。

**塵芥六合，謂天地爲有窮也；**

如華藏世界等説是也。不知法界安立於何所，其愚蚩適足哂而已。

**夢幻人世，明不能究所從也。**

不能究所從者，不知太和絪緼之實爲聚散之府，則疑無所從生而惟心法起滅，故立十二因緣之説，以無明爲生死之本。統而論之，流俗之徇欲者，以見聞域其所知也；釋氏之邪妄者，據見聞之所窮而遂謂無也。致知之道，惟在遠此二愚，大其心以體物體身而已。

## 中正篇

此篇博引《論語》、《孟子》之言以著作聖之功，而終之以教者善誘之道。其云中道者，即堯、舜以來相傳之極致，《大學》所謂至善也。學者下學立心之始，即以此爲知止之要而求得焉，不可疑存神精義爲不可企及而自小其志量也。

**中正然後貫天下之道，**

不倚之謂中，得其理而守之、不爲物遷之謂正。中正，則奉天下之大本以臨事物，大經審而物不能外，天下之道貫於一矣。有成心者有所倚，徇見聞者必屢遷；唯其非存大中而守至正，故與道多違。

**此君子之所以大居正也。**

居者，存之於心，待物之來而應之。

**蓋得正則得所止，得所止則可以弘而至於大。**

所止者，至善也；事物所以然之實，成乎當然之則者也。以健順之大常爲五常之大經，擴之則萬事萬物皆效法焉，而至於大矣。

**樂正子、顏淵，知欲仁矣。**

仁者，生物之理。以此，生則各凝之爲性，而終身率繇，條理暢遂，無不弘焉；是性命之正，不倚見聞之私，不爲物欲所遷者也。知欲仁，則志於仁矣。

**樂正子不致其學，足以爲善人信人，志於仁，無惡而已。**

學，所以擴其中正之用而弘之者也；學雖未弘而志於仁，抑可以無惡者。蓋夫人之心，善則欲，惡則惡，情之所然，即二氣之和，大順而不可逆者也。惻然有動之心，發生於太和之氣，故苟有諸己，人必欲之，合天下之公欲，不違二氣之正，乖戾之所以化也。

**顏子好學不倦，合仁與智，具體聖人，獨未至聖人之止爾。**

顏子之好學，不遷怒，不貳過，養其心以求化於迹，則既志於仁，抑能通物理之變而周知之，具聖人之體矣。未極乎高明廣大至善之境，以貞萬物於一原，故未造聖人之極致。

**學者中道而立，則有仁以弘之。**❶

中道者，大中之矩，陰陽合一，周流於屈伸之萬象而無偏倚者，合陰陽、健順、動靜於一而皆和，故周子曰「中也者和也」。《中庸》自其存中而後發之和言之，則中其體也，和其用也。自學者奉之爲大本以立於四達之道言之，本乎太和而成無過不及之節，則和又其體而中其用也。仁者，中道之所顯也；靜而能涵吾性之中，則天理來復，自然發起而生惻隱之心，以成天下之用，道自弘矣。

**無中道而弘，則窮大而失其居，**

老之虛，釋之空，莊生之逍遥，皆自欲弘者；無一實之中道，則心滅而不能貫萬化矣。

**失其居則無地以崇其德，與不及者同；**

苟欲弘而失其居，則視天下皆非吾所安之土，故其極至於恤私而蔑君親，縱欲而習放誕，以爲不繫不留，理

❶「弘之」下，草堂本以下各本有「『仁』，坊本作『位』者誤」七字小注。船山注文「仁者」至「道自弘矣」四十一字，原作「位者，規量之謂，以天下之大本定天下之大經，爲其所止之規量，則即此弘之，而成位乎中，合德於天地矣」，繼而勾去，復以小字改書今句於側，字體相同。二者同爲船山手蹟，則今句爲船山所自改。蓋或先依坊本「位」字作注，後復改從「仁」字耳。

事皆無礙，而是非不立，與不肖者之偷污等矣。

此顔子所以克己研幾，必欲用其極也。

極，中道也。克己，則不徇耳目之見聞而爲所固蔽；❶研幾，則審乎是非之微，知動静之因微成著而見天地之心。顔子知用中道之極以求仁，故仁將來復。

未至聖而不已，故仲尼賢其進；未得中而不居，故惜夫未見其止也。

不居，未能居也；居之安，則不思不勉而與天同其化矣。未見其止者，顔子早夭，故不及止於至善也。

大中至正之極，文必能致其用，約必能感而通。

大中者，無所不中；至正者，無所不正。貫天下之道者也。文有古今質文之異，而用之皆宜，非博辨而不適於用；約以禮，修之於己，無心於物，物無不應。蓋文與禮，一皆神化所顯著之迹，陰陽、剛柔、仁義自然之秩敍，不倚於一事一物而各正其性命者也。

未至於此，其視聖人，恍惚前後，不可爲之像，此顔子之歎乎！

神化之理，散爲萬殊而爲文，麗於事物而爲禮，故聖人教人，使之熟習之而知其所繇生；乃所以成乎文與禮者，人心不自已之幾，神之所流行也。聖人存神，隨時而處中，其所用以感天下者，以大本行乎達道，故錯綜變化，人莫能測，顔子之歎以此。如《禮記》所載「拱而尚左」之類，亦文與禮之易知易從者，得其時中而人且不知，亦可以想聖人義精仁熟、熟而入化之妙矣。❷

可欲之謂善，志仁則無惡也，

無惡，則不拂人之性而見可欲。

誠善於心之謂信，

有諸己者，誠自信於心也。

充内形外之謂美，

義理足乎日用，德純一致無疵纇曰美。

塞乎天地之謂大，

天地之間，事物變化，得其神理，無不可彌綸者。能以神御氣，則神足以存，氣無不勝矣。

大能成性之謂聖，

大則無以加矣，熟之而不待擴充，全其性之所能，而安之以成乎固然，不待思勉矣。

❶「固」，草堂本、學署本同，劉氏鈔本、金陵本作「錮」。

❷「想」，各本作「思」。

天地同流、陰陽不測之謂神。

神者，聖之大用也。合陰陽於一致，進退生殺乘乎時，而無非天理之自然，人不得以動静、剛柔、仁義之迹測之，聖之神也。六者，以正志爲入德之門，以存心立誠爲所學之實，以中道貫萬理爲至善之止，聖與神則其熟而馴致者也。故學者以大心正志爲本。

高明不可窮，博厚不可極，則中道不可識，蓋顔子之嘆也。

窮高明者，達太虚至和之妙，而理之所從出無不知也；極博厚者，盡人物之逆順險阻，皆能載之而無所拒也。窮高明則文皆致用，極博厚則禮能感通，而後天下之富有，皆得其大中之矩以貫萬理。顔子彌高彌堅之嘆，非侈心於高堅，所以求中道爾。不窮高明，不極博厚，而欲識中道，非偏則妄矣。

君子之道，成身成性以爲功者也。

身者道之用，性者道之體。合氣質攻取之性，一爲道用，則以道體身而身成；大其心以盡性，熟而安焉，則性成。身與性之所自成者，天也，人爲蔽之而不成；以道體天，而後其所本成者安之而皆順。君子精義研幾而化其成心，所以爲作聖之實功也。

未至於聖，皆行而未成之地爾。

欲罷不能而未熟，私意或間之也；行而不息，則成矣。

大而未化，未能有其大，化而後能有其大。

與時偕行而無不安，然後大無所禦；以天地萬物一體爲量而有任之之意存，則動止進退必有所礙，不能全其大矣。任之之意，即有思勉、有方體也。

知德以大中爲極，❶可謂知至矣。

大中者，陰陽合德，屈伸合機，萬事萬理之大本也。知之而必至於是以爲止，知乃至其極也。

擇中庸而固執之，乃至之之漸也。

中庸，中之用也。擇者，擇道心於人心之中，而不以見聞之人爲雜天理之自然也。固執，動静恒依而不失也。擇之精，執之固，熟則至矣。

惟知學然後能勉，能勉然後日進而不息可期矣。

❶「極」，中華本《張載集》同，其他各本均誤作「期」。

知學，知擇執以至於中也；不息，則成性而自能化矣。不知學者，俗儒以人爲爲事功，異端以窮大失居爲神化，故或事求可，功求成，而遂生其驕吝，或謂知有是事便休，皆放其心而不能勉；雖小有得，以間斷而失之。

體正則不待矯而弘，

體，才也；才足以成性曰正。聰明强固，知能及而行能守，則自弘矣。

不正必矯，矯而得中，然後可大。

得中道之一實以體天德，然後可備萬物之理。才既偏矣，不矯而欲弘，則窮大失居，弘非其弘矣。蓋才與習相狎，則性不可得而見，習之所以溺人者，皆乘其才之相近而遂相得。故矯習以復性者，必矯其才之所利；不然，陷於一曲之知能，雖善而隘，不但人欲之局促也。

故致曲於誠者，必變而後化。敔按：此言變化，與朱子《中庸章句》異，詳後《致曲不貳章》。

變，謂變其才質之偏；化，則弘大而無滯也。

極其大而後中可求，止其中而後大可有。❶

大者，中之撰也；中者，大之實也。盡體天地萬物之化理，而後得大本以隨時而處中，得中道而不遷，則萬化皆繇之以弘，而用無不備矣。

大亦聖之任，

聖之任，亦大之至爾。

雖非清和一體之偏，猶未忘於勉而大爾。

伊尹耕於有莘，亦夷之清；出而五就湯、五就桀，亦惠之和；可兼二子，而執義已嚴，圖功已亟，皆勉也。

若聖人，則性與天道無所勉焉。

聖人，謂孔子。順性而自止於大中，因天道而自合其時中，不以道自任，故化不可測。伊尹之道疑於孔子，而大與聖分焉，故辨之。

無所雜者清之極，無所異者和之極。勉而清，非聖人之清；勉而和，非聖人之和。所謂聖者，不勉不思而至焉者也。

伯夷、柳下惠體清和而熟之，故孟子謂之爲聖，化於清和也。伊尹大矣，而有所勉，夷、惠忘乎思勉，而未極

❶ 此二句及其下船山注文，原無，但有一小圈以示有所脱落。劉氏鈔本、草堂本以下各本皆有此節，兹據補。

乎大。❶清和未極其大，故中不能止；任者未止於中，故大不能化。唯孔子存神而忘迹，有事於天，無事於人，聖功不已，故臻時中之妙，以大中貫萬理而皆安也。

勉，蓋未能安也；思，蓋未能有也。

未能安，則見難而必勉；未能有，必待思而得之。見道於外，則非己所固有而不安；存神以居德，則雖未即至而日與道合。作聖之功，其入德之門審矣。

不尊德性，則學問從而不道；

道，謂順道而行。不尊德性，徇聞見而已。

不致廣大，則精微無所立其誠；

不弘不大，區限於一己而不備天地萬物之實，則窮微察幽，且流於幻妄。

不極高明，則擇乎中庸，失時措之宜矣。

不極乎形而上之道以燭天理之自然，則雖動必遵道而與時違。張子此説，與陸子静之學相近，然所謂廣大高明者，皆體物不遺之實，而非以空虛爲高廣。此聖學異端之大辨，❷學者慎之。

絶四之外，心可存處，蓋必有事焉，而聖不可知也。

凡人之心，離此四者則無所用心；異端欲空此四者而寄其心於虛寂惝怳，皆未能有事。聖人豈其然哉！「成性存存，道義之門」，非人所易知爾。

不得已，當爲而爲之，雖殺人，皆義也；

不得已者，理所必行，乘乎時位，已之則失義也。

有心爲之，雖善，皆意也。

有心爲者，立意以求功也。

正己而物正，大人也；

大人正己而已，居大正以臨物，皆爲己也。得萬物理氣之大同，感物必通矣。

正己而正物，猶不免有意之累也。

以欲正物，故正己以正之，賢於藏身不恕者爾。而政教督責，有賢智臨人之意，物不感而憂患積矣。



❶「乎」，各本作「其」，疑誤。

❷「而非以空虛爲高廣，此聖學異端之大辨」，原作「非以空虛爲聖學異端之大辨」，「爲」下有斜撇及兩小點，似係表示有闕文待增補之意，兹據草堂本以下各本補「而」、「高廣」及「此」四字。

**有意爲善，利之也，假之也；**

利者利其功，假者假其名，非義也。

**無意爲善，性之也，由之也。**

性成乎必然，故無意而必爲。繇者，以其存於中者率而行之也，《孟子》曰：「繇仁義行。」

**有意在善，且爲未盡，況有意於未善邪！**

善者，人心偶動之機，類因見聞所觸，非天理自然之誠，故不足以盡善。而意不能恒，則爲善爲惡，皆未可保。故志於仁者，聖功之始；有意爲善者，非辟之原。志大而虛含衆理，意小而滯於一隅也。

**仲尼絶四，自始學至成德，竭兩端之教也。**

意、必、固、我，以意爲根；必、固、我者，皆其意也，無意而後三者可絶也。初學之始，正義而不謀利，明道而不計功；及其至也，義精仁熟，當爲而爲，與時偕行，而所過者化矣。聖功之始基，即天德之極致，下學上達，一於此也。

**不得已而後爲，至於不得爲而止，斯智矣夫！**

不得已，理所不可止，義也；不得爲，時所未可爲，命也。義命合一存乎理，順理以屈伸動静，智斯大矣。

**意，有思也；**

未能有諸己而思及之。

**必，有待也；**

期待其必得。

**固，不化也；**

事已過而不忘。

**我，有方也。**

一方之善可據而據之。

**四者有一焉，則與天地爲不相似。**

天地誠有而化行，不待有心以應物；❶施生無方，栽培傾覆，無待於物以成德；❷四時運行，成功而不居；❸並育並行，無所擇以爲方體；❹四者忘，則體天矣。此言

---

❶ 此句下，草堂本、學署本以下各本有「無意」之小字夾注。

❷ 此句下，草堂本、學署本以下各本有「無必」之小字夾注。

❸ 此句下，草堂本、學署本以下各本有「無固」之小字夾注。

❹ 此句下，草堂本、學署本以下各本有「無我」之小字夾注。

成德之極致，四者絶也。

天理一貫，則無意、必、固、我之鑿。

隨時循理而自相貫通，順其固然，不鑿聰明以自用。

意、必、固、我，一物存焉，非誠也。

鑿者，理所本無，妄而不誠。

四者盡去，則直養而無害矣。

順義以直行，養其中道，無私妄以爲之害矣。此始學之存心當絶四者也。

妄去然後得所止，

意、必、固、我，皆妄也，絶之，則心一於天理流行之實而不妄動。

得所止，然後得所養而進於大矣。

養其所止之至善，則知此心與天地同其無方而進於大。

無所感而起，妄也；

天下無其事而意忽欲爲之，非妄而何！ 必、固、我皆緣之以成也。

感而通，誠也；

神存而誠立，誠則理可肆應，感之而遂通。

計度而知，昏也；不思而得，素也。

萬事萬物之不齊，善惡得失二端而已。大經正，大義精，則可否應違，截然分辨，皆素也。計度而知，設未有之形以料其然，是非之理不察者多矣。

事豫則立，必有教以先之；

明善乃可以立誠，❶教者所以明也。

盡教之善，必精義以研之；

以義爲大經，研其所以然，則物理無不察，所立之教皆誠明矣。

精義入神，然後立斯立，動斯和矣。敔按：此言「斯立」、「斯和」，與《論語》本文小異，後以《能問不能章》解「私淑艾」亦然。凡此類，註皆如張子之意而通之，不襲程、朱之旨。說見下卷《作者篇》。

得物情事理屈伸相感之義以教人，而審其才質剛柔之所自别，則矯其偏而立斯立，動其天而自和樂以受裁，竭兩端之教，所以中道而立，無貶道以徇人之理。

❶「可」，各本作「所」。

**志道則進據者不止矣，依仁則小者可游而不失和矣。**

進而據者，德也；志道，則壹其志於性天之理，其得爲真得，愈進而愈可據。小，謂藝也。和者，萬事一致之理。依仁，則藝皆仁之散見，而知合於一貫，明非據事以爲德，游小而忘大也。

**志學然後可與適道，**

志學者大其心以求肖夫道，則無窮之體皆可繇之而至。

**强禮然後可與立，**

强者力制其妄，敦行其節，動無非禮，則立身固矣。

**不惑然後可與權。**

理一而有象，有數，有時，有位，數賾而不亂，象變而不驚，時異而行之有素，位殊而處之有常，輕重、大小、屈伸通一而皆齊，可與權也。

**博文以集義，集義以正經，正經然後一以貫天下之道。**

申明不惑可權之義。言博文而集義之，蓄變無所疑惑，則無往而不得其經之正。此强禮之後，立本以親用之學。經正則萬物皆備，而天下之道貫於經之一，故其趨不同而皆仁也。權者，以銖兩而定無方之重輕，一以貫之之象，隨時移易而皆得其平也。明此，則權即經之所自定，而反經合權之邪説愈不足立矣。抑張子以博文之功在能立之後，與朱子以格物爲始教之説有異，而《大學》之序，以知止爲始，修身爲本，朱子謂本始所先，則志道强禮爲學之始基，而非志未大，立未定，徒恃博文以幾明善，亦明矣。

**將窮理而不順理，將精義而不徙義，欲資深且習察，吾不知其智也。**

理者，合萬化於一源，即其固然而研窮以求其至極，則理明。乃舍其屈伸相因之條理而別求之，則恍惚幻妄之見立而理逆矣。義者，一事有一事之宜，因乎時位者也。徙而不執，乃得其隨時處中之大常；若執一義而求盡其微，則楊之爲我，墨之兼愛，所以執一而賊道。資深自得，則本立而應無窮；若即耳目所習見習聞者察之，則蔽於所不及見聞，言僻而易窮，如釋氏生滅之説，足以惑愚民而已，奚其智！

**知、仁、勇，天下之達德，雖本之有差，及所**

以知之成之則一也。蓋謂仁者以生知、以安行此五者，智者以學知、以利行此五者，勇者以困知、以勉行此五者。

朱子之説本此；而以生安爲知，學利爲仁，則有小異，蓋説可通參，各有所本。要之，知、仁、勇各有生安、學利、困勉之差，非必分屬三品也。

中心安仁，無欲而好仁，無畏而惡不仁，天下一人而已，惟責己一身當然爾。

爲天下之一人，豈可概望之天下哉！治天下以天下，而責一人之獨至於己，故養先於教，禮先於刑，所爲易從而能化也。

行之篤者，敦篤云乎哉！如天道不已而然，篤之至也。

敦篤者，奮發自强於必爲，勇之次者也。如天道不已而然，則仁者之終身無違也。以天體身，以身體道，知其不容已，而何已之有！

君子於天下，達善達不善，無物我之私。

達者，通物我於一也。君子所欲者，純乎善而無不善爾。若善則專美於己，不善則聽諸物，是拒物私我而善窮於己，不善矣。

循理者共悦之，

己有善則悦，人有善，視之無異於己，是達善也。

不循理者共改之。

己有過則改，人有惡則反求自盡而化之，是達不善也。

改之者，過雖在人如在己，不忘自訟；

「萬方有罪，罪在朕躬」，非但天子爲然。横逆不改而三自反，所以盡己而感人也。

共悦者，善雖在己，蓋取諸人而爲，必以與人焉。

己知之，待人言而行之，歸其功於人，不自有也。

善以天下，不善以天下，是謂達善達不善。

形迹化而天理流行，神化之事也。然學者克去己私以存心，則亦何遠之有哉！

善人云者，志於仁而未致其學，能無惡而已，「君子名之必可言也」如是。

學，謂窮理精義以盡性之功，名之曰善人，則其實也。無惡之謂善。

善人，欲仁而未致其學者也。欲仁，故雖不踐成法，亦不陷於惡，有諸己也。

仁者心之安，心所不安則不欲，故不陷於惡。鄉原則踐成法以自文，而不恤其心之安，故自以爲善者皆惡人，雖欲之相似而實相反。

「不入於室」由不學，故無自而入聖人之室也。

善人而學，則洗心藏密而入聖人之室矣，聖非不可學而至也。

惡不仁，故不善未嘗不知；

惡之誠則知之明，不善當前而與己相拂，如惡惡臭，過前而即知之。

徒好仁而不惡不仁，則習不察，行不著。

未嘗取不仁之惡而決擇之，則或見爲當然，狎習之而不知惡。故窮異端之妄，必知其不仁之所在，然後別天理之幾微；不然，且有如游、謝諸子暗淫於其説者矣。司馬君實好善篤而惡惡未精，故蘇子瞻並與游而不知擇。道雖廣而義不得不嚴，君子所以反經而消邪慝也。

是故徒善未必盡義，徒是未必盡仁；

徒欲善而不辨其惡以去之，則義有所不正；徒行其是而不防是之或非，則仁有所不純。

好仁而惡不仁，然後盡仁義之道。

嚴以拒不仁而辨之於微，然後所好者純粹以精之理行，習之似是者不能亂也。❶故坤之初六，履霜而辨堅冰之至。苟或惟不知此，是以陷於亂臣賊子之黨而不自知。

「篤信好學」，篤信不好學，不越爲善人信士而已。

越，過也。學以充實其所以然之理，作聖之功也。此節舊連下章，傳寫之訛，今別之。

「好德如好色」，好仁爲甚矣。

求必得也。

見過而内自訟，惡不仁而不使加乎其身，惡不仁爲甚矣。

不容有纖芥之留也。

❶「似是」下，各本有「而非」二字。

學者不如是，不足以成身，

成身者，卓然成位乎中，直方剛大而無愧怍於天人也。

故孔子未見其人，必嘆曰「已矣乎」，思之甚也。

君子之好惡用諸己，小人之好惡用諸物，涵泳孔子之言而重嘆之，張子之學所爲壁立千仞，而不假人以游泆之便。先儒或病其已迫，乃誠僞之分，善惡之介，必如此謹嚴而後可與立。彼託於春風沂水之狂而陶然自遂者，未足以開來學、立人道也。

孫其志於仁則得仁，孫其志於義則得義，惟其敏而已。

孫，順也。順其志者，❶志於仁義而不違。志與相依而不違，則不能自已而進於德矣。此釋《説命》「孫志時敏」之義，明孫非柔緩之謂，乃動與相依，静與相守，敏求而無須臾之違也。

博文約禮，由至著入至簡，故可使不得叛而去。

文者，禮之著見者也。會通於典禮，以服身而制心，所謂至簡也。不博考於至著之文，而專有事於心，則虚寂恍惚以爲簡，叛道而之於邪矣。

温故知新，多識前言往行以畜德，

温故知新，非以侈見聞之博；多識而力行之，所得者皆可據之以爲德。❷

繹舊業而知新益，❸思昔未至而今至，

即所聞以驗所進。

緣舊所見聞而察來，

據所聞，以義類推之。

皆其義也。

皆博文之益也。存神以立本，博文以盡其蕃變，道相輔而不可偏廢。

責己者當知天下國家無皆非之理，

人雖窮凶極惡，亦必有所挾以爲名，其所挾之名則亦是也。堯以天下與人而丹朱之傲不争，若殷之頑民稱

❶「者」，草堂本以下各本作「也」。

❷「所得者」，各本無此三字。

❸「益」，原作「蓋」。金陵本以下各本作「益」，中華本《張載集》據《宋元學案》亦作「益」，茲據改。

亂不止，亦有情理之可諒。倘挾吾之是以摘彼之非，庸詎不可，而已亦有歉矣。大其心以體之，則唯有責己而已。

**故學至於不尤人，學之至也。**

學以窮理而成身，察理於横逆之中，則義精而仁弘，求己以必盡之善，則誠至而化行，乃聖學之極致。

**聞而不疑則傳言之，見而不殆則學行之，中人之德也。**

傳言，述之爲教也；學行，模仿以飾其行也。資聞見以求合於道，可以寡過，非心得也，故夫子亦但以爲可以得禄之學。

**聞斯行，好學之徒也；**

不闕疑殆而急於行，好學而不知道。

**見而識其善而未果於行，愈於不知者爾。**

此尤不足有爲者，愈於不知而妄作者爾。

**世有不知而作者，蓋鑿也，妄也；**

慧巧者則爲鑿，粗肆者則爲妄。

**夫子所不敢也，故曰「我無是也」。**

聖人且不敢，而況未至於聖者乎！

此章言恃聞見以求合，雖博識而僅爲中人之德，若急於行、怠於行者，尤無德之可稱，則聞見之不足恃明矣。然廢聞見而以私意測理，則爲鑿爲妄，❶陷於大惡，乃聖人之所深懼。蓋存誠以燭理，❷則聞見廣而知日新，故學不廢博，而必以存神盡心爲至善，其立志之規模不同，而後養聖之功以正。大學之道，以格物爲先務，而必欲明明德於天下，知止至善以爲本始，則見聞不叛而德日充。志不大則所成者小，學者所宜審也。

**以能問不能，以多問寡，私淑艾以教人，隱而未見之仁也。**

私淑艾，謂取人之善以自淑，非以教人，而所以奬進愚不肖者，則教行乎其間矣。蓋以多能下問，則苟有一得者，因問而思所疑，堅所信，則亦求深於道而不自已，其曲成萬物之仁，隱於求益自成之中，教思無窮，愈隱而愈至矣。此大舜之德而顔子學之也。

**爲山平地，此仲尼所以惜顔回未至，蓋與互鄉之進也。**

❶「爲鑿爲妄」，各本作「爲妄爲鑿」。

❷「誠」，各本作「神」。

志於善則不可量，故不拒童子。顏子殆聖而聖功未成，一簣之差也。聖人望人無已之心如是。

學者四失：爲人則失多，好高則失寡，不察則易，苦難則止。

爲人，求諸人也，失多者，聞見雜而不精。好高者，自用而不能取益於衆。❶易於爲者，不察而爲之則妄。知其難者，憚難而置之則怠。四者，才之偏於剛柔者也。知其失而矯之，爲人而反求諸己，志高而樂取善，易於爲而知慎，知其難而勇於爲，然後可與共學。

學者捨禮義，則飽食終日，無所猷爲，與下民一致，所事不踰衣食之間、燕遊之樂爾。

甚言其賤也。困其心於衣食之計，暇則燕遊，自謂恬淡寡過，不知其爲賤丈夫而已。學者讀陶靖節、邵康節之詩，無其志與識而效之，則其違禽獸不遠矣，莊周所謂人莫悲於心死也。

以心求道，正猶以己知人，終不若彼自立彼爲不思而得也。

以心求道者，見義在外，而以覺了能知之心爲心也。性函於心而理備焉，即心而盡其量，則天地萬物之理，皆於吾心之良能而著；心所不及，則道亦不在矣。以己知人，飢飽寒暑得其彷彿爾。若彼自立彼，人各有所自喻，如飢而食，渴而飲，豈待思理之當然哉！吾有父而吾孝之，非求合於大舜；吾有君而吾忠之，非求合於周公；求合者終不得合，用力易而盡心難也。

考求迹合以免罪戾者，畏罪之人也；故曰考道以爲無失。

以誠心體誠理，則光明剛大，行於憂患生死而自得，何畏之有！無失者，僅免於罪。

儒者窮理，故率性可以謂之道。

窮仁義中正之所自出，皆渾淪太和之固有，而人得之以爲性，故率循其性而道即在是。

浮圖不知窮理而自謂之性，故其說不可推而行。

釋氏緣見聞之所不及而遂謂之無，故以真空爲圓成



❶「用」，草堂本以下各本作「困」，疑誤。

實性，乃於物理之必感者，無理以處之而欲滅之；滅之而終不可滅，又爲「化身無礙」之遁辭，乃至云「淫坊酒肆皆菩提道場」，其窮見矣。性不可率之以爲道，其爲幻誕可知；而近世王畿之流，中其邪而不寤，悲夫！

**致曲不貳，則德有定體；**

不貳，無間雜也。定體，成其一曲之善而不失。

**體象誠定，則文節著見；**

體象，體成而可象也。誠定者，實有此善而定於心也。❶所行者一，因其定立之誠則成章而條理不紊。

**一曲致文，則餘善兼照；**

餘善，未至之善也。心實有善而推行之，則物理之當然，推之而通，行至而明達矣。

**明能兼照，則必將徙義；**

知及之則行必逮之，蓋所知者以誠而明，自不獨知而已爾。動而曰徙義者，行而不止之謂動。

**誠能徙義，則德自通變；**

徙義以誠，其明益廣，其義益精，變無不通矣。

**能通其變，則圓神無滯。**

至變與大常合而不相悖，以神用而不以迹合，與時偕行，大經常正而協乎時中之道矣。此釋《中庸》之義，而歷序其日進之德，蓋張子自道其致曲之學所自得者，脈絡次序，唯實有其德者喻之，非可以意爲想像也。

**有不知則有知，無不知則無知；**

有知者，挾所見以爲是，而不知有其不知者在也。聖人無不知，故因時，因位，因物，無先立之成見，而動靜、剛柔皆統乎中道。其曰「吾道一以貫之」，而曾子曰「忠恕而已矣」，❷豈聖人之獨知者哉！

**是以鄙夫有問，仲尼竭兩端而空空。**

若有秘密獨知之法，則必不可以語鄙夫矣。竭兩端者，夫子以之而聖，鄙夫以之而寡過，一也。空空，無成心，無定則也，事理皆如其應得爾。❸

**《易》無思無爲，受命乃如響。**

全體乎吉凶悔吝之理，以待物至而應之，故曰「《易》廣矣大矣」。聖人之知無不通，所以合於鬼神。

**聖人一言盡天下之道，雖鄙夫有問，必竭兩端而告之。**

❶「善」，各本作「理」。

❷「而曾子曰忠恕而已矣」九字，各本脱。

❸「應」，草堂本以下各本作「意」。

凡事之理，皆一源之變化屈伸也；存神忘迹，則天道物理之廣大皆協於一，而一言可盡，非以己所知之一言强括天下之理也。

然問者隨才分各足，未必能兩端之盡也。

非獨鄙夫爲然，顔、閔以下，亦各不能體其言之所盡，有所受益而自據爲知，所以受教於聖人而不能至於聖。

教人者必知至學之難易，

有初學難而後易者，有初學易而後難者，因其序則皆可使之易。

知人之美惡，

剛柔、敏鈍之異。

當知誰可先傳此，❶誰將後倦此。

年强氣盛則樂趨高遠；而使循近小，雖强習必倦。

若灑掃應對，乃幼而遜弟之事；長後教之，人必倦弊。惟聖人於大德有始有卒，故事無大小，莫不處極。

聖人合精粗、大小於一致，故幼而志於大道，老而不遺下學。

今始學之人，未必能繼，妄以大道教之，是誣也。

繼，謂純其念於道而不間也。若灑掃應對，則可相繼而不倦；故習其志於專謹，且以畢小德而不俟其倦。

知至學之難易，知德也。

行焉而皆有得於心，乃可以知其中甘苦之數。

知其美惡，知人也。

曲盡人才，知之悉也。

知其人且知德，故能教人使入德。

順其所易，矯其所難，成其美，變其惡，教非一概之施也。❷

仲尼所以問同而答異，以此。

理一也，從入者異爾。❸

「蒙以養正。」使蒙者不失其正，教人者之

❶「此」，底本與劉氏鈔本均無此字，草堂本以下各本均有，按中華本《張載集》亦有此字，茲據補。

❷「概之施」，各本無此三字。

❸「入」，金陵本以下各本作「人」，誤。

功也；盡其道，其唯聖人乎！

才之偏，蒙也；養之者因所可施可受而使安習之。聖人全體天德之條理，以知人而大明其終始，故教道不一而盡。

洪鐘未嘗有聲，由扣乃有聲；聖人未嘗有知，由問乃有知。

洪鐘具大聲之理，聖人統衆理之神，扣焉而無不應，問焉而無不竭。

「有如時雨化之者。」當其可、乘其間如字。而施之，

可者，當其時也；間者，可受之機也。

不待彼有求有爲而後教之也。

有求則疑，有爲則成乎過而不易救。

志常繼則罕譬而喻，言易入則微而臧。

學者志正而不息，則熟於天理，雖有未知，聞言即喻，不待廣譬也。遜志而敏求，則言易相入，但微言告之而無不盡善。此言教者在養人以善，使之自得，而不在於詳說。

「凡學，官先事，士先志」，謂有官者先教之事，未官者使正其志焉。

所謂當其可也。即事以正志，即志以通事，徐引之以達於道。

志者，教之大倫而言也。

大倫，可以統衆事者。正其志於道，則事理皆得，故教者尤以正志爲本。

道以德者，運於物外，使自化也。

物者，政刑之迹。

故諭人者，先其意而遜其志可也。

意之所發，或善或惡，因一時之感動而成乎私；志則未有事而豫定者也。意發必見諸事，則非政刑不能正之；豫養於先，使其志馴習乎正，悦而安焉，則志定而意雖不純，亦自覺而思改矣。

蓋志意兩言，❶則志公而意私爾。

未有事，則理無所倚而易明。惟庸人無志爾，苟有

❶「言」至下文《正蒙》本文「故孟子教人，雖貨色之欲，親長之私」，原缺頁，劉氏鈔本不缺而略有舛漏，茲依草堂本補。

志，自合天下之公是。意則見己爲是，不恤天下之公是。故志正而後可治其意，無志而唯意之所爲，雖善不固，惡則無不爲矣。故大學之先誠意，爲欲正其心者言也，非不問志之正否而但責之意也。教人者知志意公私之别，不争於私之已成，而唯養其虚公之心，所謂「禁於未發之謂豫」也。

能使不仁者仁，仁之施厚矣；故聖人並答仁智以「舉直錯諸枉」。

「仁智合一」之説本此。

以責人之心責己則盡道，所謂「君子之道四，丘未能一焉」者也；

責人則明，責己或暗，私利蔽之也。去其蔽，責己自嚴。

以愛己之心愛人則盡仁，所謂「施諸己而不願，亦勿施於人」者也；

君子之自愛，無徇私之欲惡，無不可推以及人。

以衆人望人則易從，所謂「以人治人改而止」者也；

大倫大經，民可使由之，雖不可使知之，而勿過求焉。

此君子所以責己、責人、愛人之三術也。

術者，道之神妙。

有受教之心，雖蠻貊可教；爲道既異，雖黨類難相爲類。

君子道大教宏而不爲異端所辱者，當其可、乘其間而已。

大人所存，蓋必以天下爲度。

念之所存，萬物一源之太和，天下常在其度内。

故孟子教人，雖貨色之欲，親長之私，達諸天下而後已。

天下之公欲，即理也；人人之獨得，即公也。道本可達，大人體道，❶故無所不可達之於天下。

子而孚化之，

子，禽鳥卵也；孚，菢也。有其質而未成者，養之以

❶「大人體道」，各本無此四字。

和以變其氣質，猶鳥之伏子。

衆好者，翼飛之，

衆好，喻禽鳥之少好者；翼飛，喻哺而長其翼，教之習飛也。志學已正而引之以達，使盡其才，猶鳥之教習飛。

則吾道行矣。

師道立，善人多，道明則行。

# 張子正蒙注卷五

## 至當篇

此篇推前篇未盡之旨而徵之於日用，尤爲切近，然皆存神知化之理所一以貫之者，所謂易簡而天下之理得也。篇内言易簡、知幾而歸本於大經之正，學者反而求之於父子君臣之間，以察吾性之所不容已，則天之所以爲天，人之所以爲人，聖之所以爲聖，無待他求之矣。

**至當之謂德，百順之謂福。**

當於理則順。於事至當，則善協於一，無不順矣。居之安而志無不遂，❶事無所逆之謂福。

**德者福之基，福者德之致，無入而非百順，故君子樂得其道。**

以德致福，因其理之所宜，乃順也。無入而不順，故堯水、湯旱而天下安，文王囚、孔子戹而心志適，皆樂也，樂則福莫大焉。小人以得其欲爲樂，非福也。

**循天下之理之謂道，得天下之理之謂德，**

理者，物之固然，事之所以然也，顯著於天下，循而得之，非若異端孤守一己之微明，離理氣以爲道德。

**故曰「易簡之善配至德」。**

至德，天之德也。順天下之理而不鑿，五倫百行，曉然易知而簡能，天之所以行四時、生百物之理在此矣。

**「大德敦化」，仁智合一，厚且化也；**

敦，存仁之體也；化，廣智之用也。大德存仁於神而化無不行，智皆因仁而發，仁至而智無不明。化者，厚之化也，故化而不傷其厚，舉錯而枉者直，此理也。

**「小德川流」，淵泉時出之也。** 敔按：此言用涵於體，體著於用，小德大德，一誠而已。

淵泉則無不流，惟其時而已，故德以敦仁爲本。

**「大德不踰閑，小德出入可也」，大者器，則小者不器矣。**

❶「居之安而志無不遂」，各本脱此八字。

器者，有成之謂。仁成而純乎至善，爲不踰之矩則。小德如川之流，禮有損益，義有變通，運而不滯，而皆協於至一，故任讓、進退、質文、刑賞，隨施而可。

**德者，得也，凡有性質而可有者也。**

得，謂得之於天也。凡物皆太和絪緼之氣所成，有質則有性，有性則有德，艸木鳥獸非無性無德，而質與人殊，則性亦殊，德亦殊爾。若均是人也，所得者皆一陰一陽繼善之理氣，才雖或偏而德必同，故曰「人無有不善」。

**「日新之謂盛德」，過而不有，不凝滯於心知之細也。❶**

日新盛德，乾之道，天之化也。人能體之，所知所能，皆以行乎不得不然而不居，則後日之德非倚前日之德，而德日盛矣。時已過而猶執者，必非自然之理，乃心知緣於耳目一曲之明爾，未嘗不爲道所散見，而不足以盡道體之弘。

**浩然無害，則天地合德；**

以理御氣，周徧於萬事萬物，而不以己私自屈撓，天之健、地之順也。

**照無偏繫，則日月合明；**

以理燭物，則順逆、美惡皆容光必照，好而知惡，惡而知美，無所私也，如日月之明矣。

**天地同流，則四時合序；**

因天之時，順地之理，時行則行，時止則止，一四時之過化而日新也。

**酬酢不倚，則鬼神合吉凶。**

應天下以喜怒刑賞，善善惡惡各如其理，鬼神之福善禍淫無成心者，此爾。故鬼神不可以淫祀禱，君子不可以非道悦。

**天地合德，日月合明，然後能無方體；能無方體，然後能無我。**

方體，以用言；我，以體言。凡方而皆其可行之方，凡體而皆其可立之體，則私意盡而廓然大公，與天同化矣。無方體者，神之妙；無我者，聖之純。

**禮器則藏諸身，用無不利。**

❶「日新」至「細也」，各本同。中華本《張載集》依《周易繫辭精義》（《古逸叢書》本）作：「『日新之謂盛德』，過而不有，凝滯於心，知之細也，非盛德日新。惟日新，是謂盛德。」然船山注文固依其所據之本。

禮器，禮運曲禮之要。禮器於多寡、大小、高下、質文，因其理之當然，隨時位而變易，度數無方而不立所尚以爲體，故曰「禮器是故大備」，❶言盡其變以合於大常也。全乎不一之器，藏於心以爲斟酌之用，故無不協其宜，而至當以成百順。

**禮運云者，語其達也；禮器云者，語其成也。**

運云者，運行於器之中，所以體天地日月之化而酬酢於人事者也。❷達，謂通理而爲萬事之本；成者，見於事物而各成其事也。

**達與成，體與用之道合；**

禮運，體也；禮器，用也。達則無不可成，成者成其達也。體必有用，顯諸仁也。用即用其體，藏諸用也。達以成而成其所達，則體用合矣。

**體與用，大人之事備矣。**

「體」上脱「合」字，傳寫之闕。❸體無不成，用無不達，大人宰制萬物，役使群動之事備矣。

**禮器不泥於小者，則無非禮之禮，非義之義。蓋大者器，則出入小者，莫非時中也。**

禮器備而斟酌合乎時位，無所泥矣；不備，則貴多有時而侈，貴寡有時而陋，貴高有時而亢，貴下有時而屈，自以爲禮義，而非天理之節文，吾心之裁制矣。達乎禮之運，而合吉凶、高下以不踰於大中之矩，故度數之小，可出可入，用無不利。

**子夏謂「大德不踰閑，小德出入可也」，斯之謂爾。**

出入，損益也。雖有損益，不踰天地日月運行各正之矩，非謂小節之可以自恣也。

**禮器則大矣，**

能備知禮器而用之，大人之事備矣。蓋禮器云者，以天理之節文合而爲大器，不倚於一偏者也。

**修性而非小成者與！**

性，謂理之具於心者；修，如修道之修，著其品節也。❹修性而不小成，所以盡吾性之能而非獨明其器數。

**運則化矣，**

❶「是故」，原作「然後」，據各本改。

❷「以」下，各本有「爲」字，疑衍。

❸「體上」至「之闕」，金陵本以下各本逕於《正蒙》本文「體與用」上加「合」字，遂删此句。

❹「著」上，各本重「修」字。

禮運本天地日月之化而推行於節文，非知化者不能體。

達順而樂亦至焉爾。

通達大順，得中而無不和，則於多寡、大小、高下、質文之損益，曲暢人情之安矣。律吕之高下，人心之豫悦，此理而已。蓋中和一致，中本於和而中則和，著於聲容，原於神化，陰陽均而動静以時，所謂「明則有禮樂」也。故禮器以運爲本。敔按：中本於和，謂時中本於太和。

「萬物皆備於我」，言萬物皆有素於我也；

素，猶豫也，言豫知其理而無不得。此孟子自言其所得之辭。

「反身而誠」，謂行無不慊於心，則樂莫大焉。

知之盡，則實踐之而已。實踐之，乃心所素知，行焉皆順，故樂莫大焉。

未能如玉，不足以成德；未能成德，不足以乎天下。

如玉，表裏純善而無疵也。放道而行，非誠有其得於心者，則所行雖善，❶不足以感人。

「修己以安人」，修己而不安人，不行乎妻子，况可愾於天下！

愾，氣相感也。修己之盡者，成如玉之德，無私無欲而通天下之志；如其不然，刻意尚行，矯物以爲高，妻子不可行也。德至則感通自神，豈以己之是臨物之非哉！

「正己而不求於人」，不願乎外之盛者與！

君子之不願乎外，非恬淡寡欲而已，隨所處而必居正，則自無外願也。盛，謂道之大者。

仁道有本，近譬諸身，推以及人，乃其方也。

心備萬物之理，愛之本也。推以及人，於此求之而已。

必欲博施濟衆，擴之天下，施之無窮，必有聖人之才，能弘其道。

用之大者因其才，性其本也，性全而才或不足，故聖

❶「則所行」，各本脱此三字。

人不易及。然心日盡則才亦日生，故求仁者但求之心，不以才之不足爲患。

制行以己，非所以同乎人。必物之同者，己則異矣；必物之是者，己則非矣。

制行必極於至善，非人之所能企及也。德盛則物自化，己有善而必人之己若，則立異而成乎過。君子不忍人之不善，唯嚴於責己而已。

此節舊分爲二，今合之。

能通天下之志者，爲能感人心。聖人同乎人而無我，故和平天下，莫盛於感人心。

天下之人，嗜好習尚移其志者無所不有，而推其本原，莫非道之所許。故不但兵農禮樂爲所必務，即私親、私長、好貨、好色，亦可以其情之正者爲性之所弘。聖人達於太和絪緼之化，不執己之是以臨人之非，則君子樂得其道，小人樂得其欲，無不可感也，所以天下共化於和。敔按：《易·咸卦》彖曰：「聖人感人心而天下和平。」張子引申其義，見聖人之化天下，唯無朋從而光大故也。

道遠人則不仁。

仁者，己與萬物所同得之生理。倚其偏至之識才可爲而爲人所不能爲者，❶老、釋是已。己與天下殊異而不相通，則一身以外皆痿痹也；發而爲已甚之行，❷必慘薄而寡恩。

易簡理得則知幾，知幾然後經可正。

易簡，乾、坤之至德，萬物同原之理。知此，則吾所自生微動之幾，爲萬化所自始，皆知矣。即此而見君臣、父子、昆弟、夫婦、朋友天敍天秩不容已之愛敬，則親、義、序、別、信皆原本德性以盡其誠，而無出入、過不及於大經之中。蓋惟盡性者爲能盡倫，非獨行之士一往孤行之忠孝也。

天下達道五，其生民之大經乎！經正則道前定，事豫立，不疑其所行，利用安身之要莫先焉。

終身所行，自此五者而外無事也。仁民、愛物、制禮、作樂，全此五者而已。五者豫立，則推行萬事，無不安利；舍此則妄揣冥行，事賾而志亂，吉凶悔吝莫知所

❶「而爲」，各本無此二字。

❷「發」下，各本有「焉」字。

從。張子推天道人性變化之極而歸之於正經，則窮神知化，要以反求大正之中道，此繇博反約之實學，《西銘》一皆此意廣言之也。❶

**性天經，然後仁義行，故曰「有父子、君臣、上下，然後禮義有所錯」。**

性天經者，知大倫之秩敍自天，本吾性自然之理，成之爲性，安焉而無所勉强也。能然，則愛敬之用擴充而無不行矣。禮義，仁義之用也，舍五者而泛施之，禮僞而義私，冥行而鮮當，刑名、法術之所以違天、拂人、戕仁義也。

**仁通極其性，故能致養而静以安；**

仁者，生理之函於心者也；感於物而發，而不待感而始有，性之藏也。人能心依於仁，則不爲物欲所遷以致養於性，静存不失。

**義致行其知，故能盡文而動以變。**

義者，心所喻之物則也；知者，仁所發見之覺也。誠之明，知之良，因而行之，則仁之節文具而變動不居，無所往而非仁矣。

此章言義所以成仁之用，行無非義，則盡仁而復性矣。

**義，仁之動也，流於義者於仁或傷；**

仁存而必動，以加於物，則因物之宜而制之。然因物審處，則於本體之所存有相悖害者矣。故處物必不忘其静之所函，而屢顧以求安。

**仁，體之常也，過於仁者於義或害。**

體之常者，貫動静而恒一也。❷乃方動而過持以静，則於事幾之變失矣。故必静存萬理、化裁不滯之圓神，曲成萬物而不遺。

此章言仁義之相爲體用，動静、剛柔以相濟而不可偏也。

**立不易方，安於仁而已乎！**

乎，歎美之辭。隨所立而不易其方，義也。然唯安於仁者，動而不失其静之理，故雖遇變而恒貞。

此章言仁所以立義之體，仁熟則義自正矣。以上三章，互相發明仁義合一之理。蓋道之所自行，德之所自

❶「皆」，草堂本以下各本脱。

❷「一」，各本無此字。

立，原其所本，則陰陽也，剛柔也，仁義也，當其絪緼而太和，初未嘗分而爲兩；盡性合天者，得其合一、兩在之神，則義不流，仁不過，而天下之理無不得。若徒襲仁義之迹，則或致兩妨，故學者以存神爲要。《易》以仁配陰，以義配陽，釋者紛紜，唯此以一靜一動爲言，發明特切。然在天，在地，在人，理同而撰異，初不可畫然分屬，讀者得意而舍迹可也。

**安所遇而敦仁，故其愛有常心，有常心則物被常愛也。**

安遇所以自處，敦仁則必及物。然人之所以不能常其愛者，境遇不齊而心爲之變；心爲境遷，則雖欲敦愛，而利於物者恐傷於己，仁不容不薄矣。若得喪安危，無遇不安，則苟可以愛而仁無所吝，一言一介，無遷就規避之心，不必澤及天下而後爲仁也。

**大海無潤，因暍者有潤；至仁無恩，因不足者有恩。樂天安土，所居而安，不累於物也。**

無恩者，非以爲恩於物而施之，愛猶大海，非爲潤人之渴而有水也。君子自存其仁，不爲境遷，則物不能累己，而己亦不致爲物之累，則因物之利而利之而已。若沾沾然以爲恩於物爲功，則必需勢位以行愛而愛窮。

**愛人然後能保其身；**張子自注：寡助則親戚叛之。**能保其身則不擇地而安；**張子自注：不能有其身，則資安處以置之。**不擇地而安，蓋所達者大矣；大達於天，則成性成身矣。**

四海之廣，古今之變，順逆險阻，無不可行矣。

大而化之，仁熟而無土不安，合於天德之無不覆，聖矣。無所遇而不安於性，以成身也。故舜之飯糗茹草，與爲天子一也；孔子之困厄，與堯舜一也。通乎屈伸而安身利用，下學而上達矣。

此章之指，言近而指遠，尤學者所宜加省。

**上達則樂天，樂天則不怨；下學則治己，治己則不尤。**❶

上達於天，屈伸之理合一，而不疑時位之不齊，皆天理之自然，富貴厚吾生，貧賤玉吾成，何怨乎！治己則

❶「不尤」，中華本《張載集》作「無尤」。

去物之累，以責人之心責己，愛己之心愛人，不見人之可尤矣。聖之所以合天安土，敦仁而已。

**不知來物，不足以利用；**

來物，方來之事也。人之所以不利用者，據現在之境遇而執之也；若知將來之變不可測而守其中道，則無不利矣。

**不通晝夜，未足以樂天。**

屈伸往來之理，莫著於晝夜。晝必夜，夜必晝，晝以成夜，夜以息晝。故堯舜之伸必有孔子之屈，一時之屈所以善萬世之伸，天之所命無不可樂也。

**聖人成其德，不私其身，故乾乾自强，所以成之於天爾。**

身者，天之化也；德者，身之職也。乾乾自强，以成其德，以共天職，而歸健順之理氣於天地，則生事畢而無累於太虛，非以聖智之功名私有於其身，所遇之通塞何足以繫其念哉！

**君子於仁聖，爲不厭，誨不倦，然且自謂不能，蓋所以爲能也。**

仁聖之道，乾乾不息而已。

**能不過人，故與人爭能，以能病人；**

少有所得，則其氣驕；廣大無涯，則其志遜。

**大則天地合德，自不見其能也。**

時行物生，豈以今歲之成功自居，而息其將來之化哉！

**君子之道達諸天，故聖人有所不能；**

道通於天之化，君子之所必爲著明；而天之盛德大業，古今互成而不迫，生殺並行而不悖，聖人能因時裁成，而不能效其廣大。

**夫婦之智淆諸物，故大人有所不與。**

夫婦之智偶合於道，而天明孤發，幾與蜂蟻之君臣、虎狼之父子相雜。故自經溝瀆之信，從井救人之仁，夫婦能之而大人弗爲，大人貞一以動也。

**匹夫匹婦，非天之聰明不成其爲人；**

非能自立人道，天使之然爾。

**聖人，天聰明之盡者爾。**

天之聰明，在人者有隱有顯，有變有通，聖人以聖學擴大而誠體之，則盡有天之聰明，而視聽無非理矣。

大人者，有容物，無去上聲物，有愛物，無徇物，天之道然。

大人不離物以自高，不絕物以自潔，廣愛以全仁，而不違道以干譽，皆順天之理以行也。

天以直養萬物，

萬物並育於天地之間，天順其理而養之，無所擇於靈蠢、清濁，撓其種性，而後可致其養，直也。

代天而理物者，曲成而不害其直，斯盡道矣。

道立於廣大而化之以神，則天下之人無不可感，天下之物無不可用，愚明强柔，治教皆洽焉，聲色貨利，仁義皆行焉，非有所必去，有所或徇也。若老、釋之徒，絕物以孤立，而徇人以示愛，違天自用，不祥久矣。

志大則才大、事業大，故曰「可大」，又曰「富有」；志久則氣久、德性久，故曰「可久」，又曰「日新」。

志立則學思從之，故才日益而聰明盛，成乎富有；志之篤，則氣從其志，以不倦而日新，蓋言學者德業之始終，一以其志爲大小久暫之區量，故《大學》教人，必以知止爲始，孔子之聖，唯志學之異於人也。天載物，則神化感通之事，下學雖所不逮，而志必至焉，不可泥於近小，以荼其氣而自棄其才也。

清爲異物，和爲徇物。

清之過，和之流也。

金和而玉節之則不過，知運而貞一之則不流。

金堅玉白，而養之以和，節之以潤，則至清而不異；智能運物，而恒貞於一，則至和而不徇。孔子之所以聖不可知，其涵養德性者密也。

此章上二句舊分一章，「金和」以下連下章，今正之。

道所以可久可大，以其肖天地而不離也；

肖其化則可大，乾乾不息而不離則可久。

與天地不相似，其違道也遠矣。

意欲之私，限於所知而不恒，非天理之自然也。釋、老執一己之生滅，畏死厭難，偷安而苟息，曲學拘聞見之習而不通於神化，以自畫而小成，邪正雖殊，其與道違一也。「道二，仁與不仁而已」，天與人之辨焉耳。

**久者一之純，大者兼之富。**

不雜以私僞，故純；久，非專執不化也。窮天地萬物之理，故富；大，非故爲高遠也。兼之富者，合萬於一；一之純者，一以貫萬。一故神，兩在故不測，下學而上達矣。

**大則直不絞，方不劌，故不習而無不利。**

大則通於萬理而無不順，直不傷激，方不矯廉，坤之六二，以柔居剛，❶剛柔合德，純一而大，天下之理皆伸而情皆得，故無不利。

**易簡然後能知險阻，**

以險阻之心察險阻，則險阻不在天下而先生於心；心有險阻，天下之險阻愈變矣。以乾之純於健，自强而不恤天下之險，其道易；以坤之純於順，厚載而不憂天下之阻，其道簡。險阻萬變，奉此以臨之，情形自著，而吾有以治之矣。

**易簡理得，然後一以貫天下之道。**

險阻可通，況其大常者乎！

**易簡故能説諸心，知險阻故能研諸慮，**

道在己而無憂，故悦；悦而憂惑不妄起，則所慮者正而自精。不然，在己無大常之理，物至情移，愈變而愈迷矣。

**知幾爲能以屈爲伸。**

幾者，動静必然之介。伸必有屈，屈所以伸，動静之理然也。以屈爲伸，則善吾生者善吾死，死生不易其素，一以貫久大之德矣。《乾》之「知存亡進退而不失其正」，《坤》之「先迷後得」，所以平天下之險阻也。

**「君子無所争」，彼伸則我屈，知也；**

陰陽、柔剛，迭相爲屈伸，君子小人各乘其時，知者知此，則量自宏矣。

**彼屈則吾不伸而自伸矣，**

彼屈則我自伸，不待鳴其屈以求伸。

**又何争！**

屈亦無争，伸亦無争，保吾大正而已。

**無不容然後盡屈伸之道，至虚則無所不伸矣。**

於人有君子小人，於世有治亂，於己有富貴、貧賤、夷

---

❶「以柔居剛」，草堂本以下各本作「居中得正」。

狄、患難，天地之化至大，其屈伸非旦夕之效也。人所以不能盡屈伸之道者，遇屈則不能容也。至虛，則古今如旦暮，人我如影響，交感於太和之中，而神不損。龍蛇蟄而全身，尺蠖之伸在屈，浩然之氣，亘今古而常伸。「言忠信，行篤敬，雖之夷狄不可棄也」，利害於我何有焉！

**「君子無所爭」，知幾於屈伸之感而已。**

屈伸必相感者也，無待於求伸，而又何爭！

**「精義入神」，交伸於不爭之地，❶順莫甚焉，利莫大焉。「天下何思何慮」，明屈伸之變，斯盡之矣。**

精義，則伸有伸之義，屈有屈之義，知進退、存亡而不失其正。入神者，否泰消長之機化有變而神不變。故六十四象而乾、坤之德在焉，陰陽之多少，位之得失，因乎屈伸爾。知達於此，理無不順，用無不利矣。彼與物爭者，唯於天下生其思慮，而不自悦其心，研其慮，故憧憧爾思而不寧，唯己小而天下大，異於大人之無不知而無不容也。

此章舊分爲二，今合之。

**勝兵之勝，勝在至柔，明屈伸之神爾。**

兵以求伸者也，而勝以柔，屈伸相感之神，於斯見



矣。善爲國者不師，至於用兵爭勝，非能全體屈伸之神，窺見其幾而已。老氏遂奉此以爲教，欲伸固屈，以柔勝剛，與至虛能容之誠相違遠矣。讀者當分別觀之。

**敬斯有立，有立斯有爲。**

莊敬自持，而後耳目口體從心而定其物，則卓然知有我之立於兩間，不因物而遷矣。有我而備萬物之誠存焉，❷奉此以有爲而仁義行。

**敬，禮之輿也，不敬則禮不行。**

敬者，禮之神也，神運乎儀文之中，然後安以敏而天下孚之。

**「恭敬、撙節、退讓以明禮」，仁之至也，愛道之極也。**

斂情自約以順愛敬之節，心之不容已而禮行焉；不

❶「伸」，各本作「神」。中華本《張載集》校云：「王注作『神』。此承『屈伸之感』言，《精義》依《易》文作『信』。王注誤。」所言「王注」蓋金陵本，未見此船山鈔本。

❷「萬物」，草堂本以下各本均無「物」字。

崇己以替天下，仁愛之心至矣。故復禮爲爲仁之極致，心之德，即愛之理也。

己不勉明，則人無從倡，道無從弘，教無從成矣。

既明其理，尤詳其事，君子之所以耄而好學，有餘善以及天下後世也。

禮，直斯清，撓斯昏，

順天理自然之節文爲直；衆論起而撓之，奉吾直而折之乃不亂。歐陽修、張孚敬皆成乎一説，惟其曲而不直也。敔按：《濮議》及《興獻帝謚説》，行乎一時而理不順乎人心，故曰「曲而不直」。

和斯利，樂斯安。

順心理而直行，和於人心而己心適矣；安而利，孰得而撓之！退讓爲節，直清爲守，合斯二者而後可以言禮。

將致用者，幾不可緩；

心之初動，善惡分趣之幾，辨之於早，緩則私意起而惑之矣。

思進德者，徙義必精；

辨其幾，則已取義矣；而義必精而後盡理之極致，故進此而研之以充類至盡。

此君子所以立多凶多懼之世，乾乾德業，不少懈於趨時也。

義精，則有以處凶懼而無不正矣。趨時者，與時行而不息，宵晝瞬息，皆有研幾徙義之功也。

「動靜不失其時」，義之極也。

動靜，以事言，謂行止進退也。不失其時者，順天下之大經，合於時之中道，❶研幾速而徙義精，一於正也。

義極則光明著見，

曉然可以對於天下後世而無不白之隱。

唯其時，物前定而不疚。

物，事也。前定者，義精而誠立，因時必發而皆當。

有吉凶利害，然後人謀作，大業生；

此屈伸相感之幾也。故堯有不肖之子，舜有不順之

❶「道」，各本無此字。

親，文王有不仁之君，周公有不軌之兄，孔子有不道之世，皆惟其時而精其義，歸於大正。

若無施不宜，則何業之有！

無施不宜，所遇皆順也。知此，則不怨不尤，而樂天敦仁於不息矣。

「天下何思何慮」，行其所無事，斯可矣。

所謂天下有道不與易也。處變則不怨尤，處常則不妄作，皆與時偕行之精義，非以己意思慮之。

舊本分爲二，今合之。

知崇，天也，形而上也；通晝夜而知，其知崇矣。

知崇者，知天者也，知形而上之神也。化有晦明而人用爲晝夜，神則不息，通晝夜而無異行；略屈伸之迹而知其恒運之理，知合於天，崇矣。時有屈伸而君子之神無間，《易》曰「知崇法天」，法其不息也。

知及之而不以禮性之，非己有也。

禮之節文見於事爲，形而下之器，地之質也。性，安也。形而上之道，有形而即麗於器，能體禮而安之，然後即此視聽言動之中，天理流行而無不通貫，乃以凝形而上之道於己，否則亦高談性命而無實矣。

故知禮成性而道義出，如天地位而易行。

知極於高明，禮不遺於卑下，如天地奠位而變化合一，以成乎乾、坤之德業，聖學所以極高明而道中庸也。

知德之難言，知之至也。

天下之所言者，道而已。德則通極於天，存之以神，和之於氣，至虛而誠有，體一而用兩；若倚於一事一念之所得而暢言之，則非德矣。知已至，乃知其言之難。

孟子謂「我於辭命則不能」，又謂「浩然之氣難言」，《易》謂「不言而信，存乎德行」，又以尚辭爲聖人之道，非知德，達乎是哉？

聖賢知德之難言，然必言之而後自信其知之已至，故以尚辭爲道之極致。「性與天道不可得而聞」，「修辭立誠」，言其所自知，非中人以下所可與聞也。

「闇然」，修於隱也。❶

入德以凝道。

「的然」，著於外也。

附託於道而不知德。

❶「隱」，草堂本以下各本作「德」，疑誤。

## 作者篇

此下四篇，皆釋《論語》、《孟子》之義，其説有與程、朱異者。蓋聖賢之微言大義，曲暢旁通，雖立言本有定指，而學者躬行心得，各有契合，要以取益於身心，非如訓詁家拘文之小辨。讀者就其異而察其同，斯得之矣。

「作者七人」，伏羲、神農、黄帝、堯、舜、禹、湯，制法興王之道，非有述於人者也。

周監於二代，則亦述而已矣。夫子言此，以明作者既盛，則道在述而不容更作。若嬴秦之壞法亂紀與異端之非聖誣民，皆妄作之過也。

以知人爲難，故不輕去未彰之罪；以安危爲難，故不輕變未厭之君。

謂堯不誅四凶也。❶ 變者，誅其君而別立君，謂三苗也；三苗不服，民猶從之。

及舜而去之，

攝位時事。

堯君德，故得以厚吾終；舜臣德，故不敢不虞其始。

君以容蓄厚載爲德，臣以行法無私爲德，所以皆合時中。

「稽衆舍己」，堯也；「與人爲善」，舜也；「聞善言則拜」，禹也；「用人惟己，改過不吝」，湯也；「不聞亦式，不諫亦入」，文王也。

「惟己」，當作「惟其賢」。不聞、不諫，謂不待聞人之諫而旁求衆論也。聖人之德，一於無我，至虚而受天下之善。

「別生分類」，孟子所謂「明庶物、察人倫」者與！

人物同受太和之氣以生，本一也；而資生於父母、根荄，則艸木鳥獸之與人，其生別矣。人之有君臣、父子、昆弟、夫婦、朋友，親疏上下各從其類者分矣。於其同而

❶「不」下，各本有「知」字。

見萬物一體之仁，於其異而見親親、仁民、愛物之義，明察及此，則繇仁義行者皆天理之自然，不待思勉矣。

「象憂亦憂，象喜亦喜」，所過者化也，與人爲善也，隱惡也，所覺者先也。敔按：所過者化，謂感人以誠；所覺者先，謂察理獨精。

「象憂亦憂，象喜亦喜」之心，誠信之不可測者也，故必疑其爲僞。約略言之，想見其心有此四者。蓋聖人之心，大公無我，唯至仁充足，隨所感通，即沛然若決江河而莫禦，於天下且然，而況其弟乎！

「好問」，「好察邇言」，「隱惡揚善」，「與人爲善」，「象憂亦憂，象喜亦喜」，皆行其所無事也，過化也，不藏怒也，不宿怨也。

聖人之心，純一於善，惡之過乎前，❶知其惡而已，不復留於胸中以累其神明，惡去而忘之矣。善則留，惡則去，如天地雖有不祥之物而不以累其生成。學者知此，則惡稱人之惡而勿攻；若其惡不仁雖至，乃唯以自嚴而不加乎其身，所以養吾心之善氣而泯惡於無迹，善日滋而惡日遠，誠養心之要也。

舜之孝，湯武之武，雖順逆不同，其爲不幸均矣。

瞽瞍底豫，順也；桀放、紂誅，逆也。

明庶物，察人倫，然後能精義致用，性其仁而行。

舜惟一率其所生之性而審於親疏輕重之辨，故人悅之。天下將歸，皆不足以易其孺慕，而一言一動一舉念之間，無非曲盡其爲子之義。故坦然行之，無所憂疑，而終至於底豫，所謂性之也。

湯放桀，有慚德而不敢赦，執中之難也如是。

欲赦之則可無慚，而負上帝求莫之心；欲不赦則順乎天，而於己君臣之義有所不安；擇於二者之中，輕重之權衡難定，故雖決於奉天討罪，而慚終不釋。

天下有道而已，在人在己不見其有間也，「立賢無方」也如是。

乃其得天下以後不以己意行爵賞，明其本志唯在化無道爲有道，與天下之賢者共治之，而昔之致討有罪，非己私而可無慚於天下，曲折以合於義，所謂反之也。事至於不幸，雖聖人難之矣。明物察倫以安於仁，此易簡之理所以配至德，非湯武之所幾及也。

❶「乎」，各本作「於」。

「立賢無方」，此湯所以公天下而不疑；

初行放伐之時，必且疑賢者之效尤，湯惟無求固其位之心，故天下安之。漢誅功臣，宋削藩鎮，皆昧屈伸之義而已私勝也。

周公所以于其身望道而必吾見也。

舊注：「周公」上疑有「坐以待旦」四字。

「帝臣不蔽」，言桀有罪，己不敢違天縱赦；既已克之，今天下莫非上帝之臣，善惡皆不可揜，惟帝擇而命之，己不敢不聽。

湯放桀而不即自立，欲唯天所命、民所歸而戴之爲君，其公天下之心如是。所以既有天下之後，立賢無方，不倚親臣爲藩衛，如周之監殷，張子以此獨稱湯而略武王。

「虞、芮質厥成」，訟獄者不之紂而之文王。文王之生所以縻繫於天下，由多助於四友之臣故爾。

縻繫，謂爲人心所繫屬，❶文王無求天下歸己之心，乃四友之臣宣其德化，而天下慕之爾。

以杞包瓜，文王事紂之道也。

杞，杞柳爲筐也。瓜易壞者，包椷而藏之，使無急壞。

厚下以防中潰，盡人謀而聽天命者與！

紂之無道極矣，周雖不伐，天下必有起而亡之者。文王受西伯之命，以德威鎮天下，故文王不興師，天下不敢動，厚集其勢，防中潰之變，所爲盡人謀以延商者至矣。必天命之不可延而後武王伐之，天之命也，非己所願也，斯其所以爲仁至義盡，而執中無難，非湯武之所可及與！

上天之載，無聲臭可象，正惟儀刑文王，當冥契天德而萬邦信悅。

文王之德，天德也，故法文王即合天載，求諸有可效者也。天之聰明自民聰明，故萬邦作孚爲契天之驗。

故《易》曰：「神而明之，存乎其人。」

心存文王之所以爲文，則神明之德在矣。

不以聲色爲政，不革命而有中國，默順帝

❶ 「謂爲人心」，各本作「爲人」，疑有脱誤。

則而天下自歸者，其惟文王乎！

不以聲色爲政者，非廢聲色也；有其心乃有其事，則動無不誠，❶而不於號令施爲求民之從。其順帝則以孚民志者，皆積中發外，因時而出，天下自悦而信之。

可願可欲，雖聖人之知，不越盡其才以勉焉而已。

越，過也。聖人之願欲廣大，而不過盡其才之所可爲，人道盡而帝則順，屈伸因乎時也。

故君子之道四，雖孔子自謂未能；博施濟衆，修己安百姓，堯、舜病諸。是知人能有願有欲，不能窮其願欲。

有願欲而欲窮極之，墨、釋所以妄而淫。

「周有八士」，記善人之富也。

富，衆也；賢才出，國所以昌。

重耳婉而不直，小白直而不婉。

婉則譎，直則正；故君子之道恒剛，小人之道恒柔；剛以自遂，柔以誘人。



魯政之弊，馭法者非其人而已；齊用管仲，遂併壞其法，故必再變而後至於道。

法存則待人以修明之而已；法壞而欲反之於正，條理不熟，既變其法，又待其人，必再變而後習而安之。法者，先王禮樂刑政之大經，如《中庸》所謂「九經」是也。

孟子以智之於賢者爲有命，如晏嬰智矣，而獨不智於仲尼，非天命耶！

性命於天，而才亦命於天，皆命也。晏嬰才有所蔽，不足以至於孔子之廣大，若是非之性則無以異也。仁義禮智之體具於性，而其爲用必資於才以爲小大偏全。唯存神盡性以至於命，則命自我立，才可擴充以副其性，天之降才不足以限之。故君子於此，以性爲主而不爲命之所限。

山楶藻梲爲藏龜之室，祀爰居之義，同歸於不智，宜矣。

❶「動」，各本作「物」，疑誤。

龜雖神物，而神非以其形也；媚其形器，不足以知神之所在，則與祀海鳥之愚同。

使民義，不害不能教當作養。愛猶衆人之母，不害使之義。禮樂不興，僑之病與！

義與愛，不相悖而相成，子産庶幾知陰陽屈伸合同而化之道，則禮樂之興達此而行爾。病而未能，故謂其有君子之道，言已得其道而惜其未成也。

獻子者忘其勢，五人者忘人之勢，不資其勢而利其有，然後能忘人之勢。

人之勢於己何有；而不忘之，必其資而利之也。無所求，則見有道而已。

若五人者有獻子之勢，則反爲獻子之所賤矣。

己忘之而人顧不能忘，此流俗之所以可賤也。

顓臾主祀東蒙，❶既魯地，則是已在邦域之中矣，雖非魯臣，乃吾事社稷之臣也。❷

諸侯祀境内山川，而社稷爲群祀之主，則顓臾必供祀事於魯。《詩》稱「錫之附庸」，其爲供祀之臣明矣。❸

❶「祀」，草堂本以下各本作「事」。按注「諸侯祀境内山川」，則作「祀」是。

❷「事」，草堂本以下各本無此字。按注「顓臾必供祀事於魯」，故爲「事社稷之臣」。各本脱誤。

❸「明矣」上，草堂本以下各本有「可」字，中華本已據周校删去。

# 張子正蒙注卷六

## 三十篇

三十器於禮，非强立之謂也。

盡其用之謂器，無動非禮，則立人之道盡矣。

四十精義致用，時措而不疑。

禮之所自出，義之當然也，精之，則盡變矣。

五十窮理盡性，至天之命；然不可自謂之至，故曰知。

義者因事而措理，則其合一之原也。理原於天化之神而爲吾性之所固有，窮極其至，一本而萬殊，則吾之所受於天者盡，而天之神化，吾皆與其事矣。不可謂至者，聖人自謙之辭。知，猶與聞也。

六十盡人物之性，聲入心通。

合天之化而通之於物理，則人物之志欲情理，皆知其所自而隨感即通，處之有道矣。物之相感也莫如聲，聲入心通，不待形見而早有以應之。

七十與天同德，不思不勉，從容中道。

窮理盡性之熟也。聖功之極致，與天合德，而其所自成，則以執禮精義爲上達之本。蓋禮，器也，義，器與道相爲體用之實也；而形而上之道麗於器之中，則即器以精其義，萬事萬物無不會通於至一之變化，❶故曰「下學而上達，知我者其天乎！」天之爲德，不顯於形色，而成形成色，淪浹貫通於形色之粗，無非氣之所流行，則無非理之所昭著。聖功以存神爲至，而不舍形色以盡其誠，此所以異於異端之虚而無實，自謂神靈而實則習不察、行不著也。

常人之學，日益而不自知也。

❶「一」，金陵本以下各本作「誠」。按學署本此字適位於板片邊角，漶漫不可辨識，而金陵本所據者或即此本，則此「誠」字殆金陵本編者之臆補。又按上注文言理「則其合一之原」、理「一本而萬殊」，此段又言成形成色「無非氣之所流行，則無非理之所昭著」，皆與「萬事萬物無不會通於至一之變化」一致，「誠」字於此則見突兀矣。

學則必有益矣；聞見之力忽生其心，故不自知其所以益。

**仲尼學行習察，異於他人，**

學則行之而無所待，習則察其所以然，是其聖性之自然合道，而所志者天德，聞見日啓而不恃聞見以知，皆誠於得而明自誠生也。❶

**故自十五至於七十，化而知裁，其德進之盛者與！**

學而行，無滯於行，則已行者化；習而察，則不執所習，而參伍以盡其變，故不執一德而裁成萬理；德進之盛，殆繇此與！　蓋循物窮理，待一旦之豁然，賢者之學，得失不能自保，而以天德爲志，所學皆要歸焉，則一學一習皆上達之資，則作聖之功當其始而已異。　此張、朱學誨之不同，學者辨之。

**窮理盡性，然後至於命；盡人物之性，然後耳順；與天地參，無意、必、固、我，然後範圍天地之化，從心而不踰矩；**

知命，從心，不踰矩，聖德之效也。　有聖學而後聖德日升，聖學以窮理爲之基，而與天地參者，灼見天地之神，窮理之至也。

**老而安死，然後不夢周公。**

此七十以後聖心之妙也。　範圍天地之化，則死而歸化於天，無不安者，屈伸自然無所庸其志也。《詩》曰「文王在上，於昭于天」，此之謂與！

**從心莫如夢。**

物無所感，自然而如其心之所志。

**夢見周公，志也；**

志則非時位所能爲而志之。

**不夢，欲不踰矩也，**

矩，天則也。　範圍天地之化，屈伸行止，無往而不在帝則之中，奚其踰！

**不願乎外也，**

無往而非天理，天理無外，何踰之有！

**順之至也，**

於天皆合，則於物皆順。

**老而安死也，**

順自然之化，歸太和絪緼之妙，故心以安。

---

❶「得」，各本作「德」。

故曰「吾衰也久矣」。

形衰將屈，神將伸也。

困而不知變，民斯爲下矣；不待困而喻，賢者之常也。

未嘗處困而能喻乎道，賢矣。然因常而常，則喻其當然，而屈伸動静之變有不察者。

困之進人也，爲德辨，爲感速，孟子謂「人有德慧術知者存乎疢疾」，以此。

困之中必有通焉，窮則變，變則通。不執一之道，惟困而後辨之，人情物化變而有常之理，亦惟困而後辨之，故曰其德辨。心極於窮，則觸變而即通，故曰其感速。不待困而喻者，知其大綱，忘其條理，因循故常，雖感亦不能速辨。

自古困於内無如舜，困於外無如孔子。以孔子之聖而下學於困，則其蒙難正志，聖德日躋，必有人所不及知而天獨知之者矣，故曰「莫我知也夫」，「知我者，其天乎！」

無生安之可恃而不倚於學，迫其神明以與道合，下學之事也。正志者，正大經也。萬變而反於大經，非賢者以下所知，唯天屈伸聚散，運行於太和之中，❶具此理爾。義日精，仁日熟，則從心不踰，困之所得者深矣。然則處常而無所困者，將如之何？境雖通而一事一物之感，一情一意之發，嚴持其心，臨深履薄而不使馳驅，以研幾於極深而盡性於至隱，則安利之境，不忘困勉之心，聖功在是。故知不待困而喻者，雖賢於人，終不可至於聖也。

「立斯立，道斯行，綏斯來，動斯和」，從欲風動，神而化也。

存禮樂刑政之神而達其用，以盡人物之性，與天之曲成萬物者通理，則民有不自知其所以然，而感動於不容已者矣。

仲尼生於周，從周禮，故公旦法壞，夢寐不忘爲東周之意；使其繼周而王，則其損益可知矣。

❶「和」，各本作「極」。

禮隨時爲損益，義之所以精也，中道也，大經也。爲周人則志周禮，繼周王則且必變通之。

滔滔忘反者，天下莫不然，如何變易之？

述桀溺之意，所言亦近是。

「天下有道，丘不與易。」知天下無道而不隱者，道不遠人，且聖人之仁，不以無道必天下而棄之也。

道不遠人，有人斯可行道。定公之君，季斯之臣，三月而魯大治，非孔子與以所本無也。即不我用，聖人不忍棄之。天不以嚚訟而奪小人之口體，不以淫邪而奪小人之耳目，自盡其化而已。

仁者先事後得，先難後獲，故君子事事則得食；不以事事，「雖有粟，吾得而食諸！」仲尼少也國人不知，委吏、乘田得而食之矣；及德備道尊，至是邦必聞其政，雖欲仕貧，無從以得之。

位望既尊，不可復爲卑官。

「今召我者而豈徒哉」，庶幾得以事事矣，而又絶之，是誠繫滯如匏瓜不食之物也。

人不能不食，雖聖人必以事食；不能不食，則不能不事事，故急於事，不輕絶人。此言雖淺，而學者以此存心，則飽食終身，爲天地民物之累，亦尚知愧乎？

不待備而勉於禮樂，「先進於禮樂」者也；

先，謂未備物而急於行；後，謂備物而後行。禮樂不可斯須去身，故急於行者不待物之備。

備而後至於禮樂，「後進於禮樂」者也。

治定制禮，功成作樂，聖人而在天子之位，乃建中和之極。君子、野人，以位言。

仲尼以貧賤者必待文備而後進，則於禮樂終不可得而行矣，故自謂野人而必爲，所謂「不願乎其外」也。

素位行道，而無所待於大行。

功業不試，則人所見者藝而已。

藝，六藝也。聖人之德，非人所可測，道行則人見其功，❶道不行則人但見其藝。功與藝有大小，而盛德之光

❶「道行」二字，各本脱。

輝不可揜，則一也。

鳳至圖出，文明之祥。伏羲、舜、文之瑞不至，則夫子之文章知其已矣。

文章，謂制禮作樂、移風易俗之事。聖德默成萬物，不因隱見而損益，文章則不可見也。

魯禮文闕失，不以仲尼正之，如有馬者不借人以乘習。

借，猶請也。謂馬未馴習，必假請善御者調習之乃可乘，喻魯君不能正禮樂，當假夫子修習之。

不曰禮文而曰「史之闕文」者，祝史所任，儀章器數而已，舉近者而言約也。

淺近易知者且闕失之，況其大者！「猶及」，謂力能任之；「今亡矣夫」，嘆其終不可得而正矣。

「師摯之始」，樂失其次，徒洋洋盈耳而已焉。

有聲無律，則其音濫。

夫子自衛反魯，一嘗治之，其後伶人賤工識樂之正。及魯益下衰，三桓僭妄，自太師以下，皆知散之四方，逾河蹈海以去亂。聖人俄頃之助，功化如此，「用我者期月而可」，豈虛語哉！

聖人順大經而存神，故感人心之速如此。

「與與如也」，君或在朝在廟，容色不忘向君也。

與與，相授貌。心盡乎君，則容色不貳。

「君召使擯，趨進翼如」；張子自注：此翼如，左右在君也。

向君而趨，如兩翼之夾身也。知非張拱者，近君不宜自爲容。

「没階，趨進翼如」。張子自注：張拱而翔。

「進」字衍文。文同而義異，上以向君，下以自飭也。

「賓不顧矣」，相君送賓，賓去則白曰「賓不顧而去矣」，紓君敬也。

敬無所施而過於恭，則自辱。

上堂如揖，恭也；

致圭於主，君當盡其恭。

下堂如授，其容紓也。

受命於君，已執圭而反於次，敬可少舒矣。

冉子請粟與原思爲宰，見聖人之用財也。

財以成用，當其可則義精矣。

聖人於物無畔援，雖佛肸、南子，苟以是心至，教之在我爾，不爲已甚也如是。

畔援，君子必與君子爲類，交相倚也。聖人盡人物之性，在我者無不誠，不倚於物，故不爲已甚，絶惡人以自表異。

「子欲居九夷」，不遇於中國，庶遇於九夷，中國之陋爲可知。

九夷之陋陋於文，中國之陋陋於心。

欲居九夷，言忠信，行篤敬，雖蠻貊之邦可行，「何陋之有」！

聖人之化不可測，而大經之正，立誠而已矣。

栖栖者，依依其君而不能忘也。

疑微生畝之言，因孔子遲遲去魯而發。

固，猶不回也。

執一往之念，❶去則不可止。

仲尼應問，雖叩兩端而竭，

即下學之中，具上達之理。

然言必因人爲變化，所貴乎聖人之詞者，以其知變化也。

盡人之性而知之明，則原於善而成乎偏者，洞知其所自蔽，因其蔽而通之，變化無方而要歸於一，是其因人而施之教，未嘗不竭盡上達之旨矣。

「富而可求也，雖執鞭之士，吾亦爲之。」不憚卑以求富，求之有可致之道也；

此小人之設心則然。

然得乃有命，是求無益於得也。

曲諭小人，使知返而自安於命。

愛人以德，喻於義者常多，故罕及於利；

❶ 「一」下，各本有「必」字。

聖人之徒，正義而不謀利，無庸復與言利。

盡性者方能至命，未達之人，告之無益，故不以亟言；

求道於天，而不求道於己，無益於進德。

仁大難名，人未易及，故言之亦鮮。

盡天下之理，皆吾心之惻然而動，不容已者；執事以言之，則倚於一曲而不全。

顏子於天下，「有不善未嘗不知，知之未嘗復行」，

誠立而幾明，則自知審，而即以驗天下，無不知也；因人之不善以自警，則終身不行。

故怒於人者不使加乎其身，愧於己者不輒貳之於後也。

人有不善，則怒之矣；己不效尤，不使人將怒己，故曰不遷。貳，猶復也。此顏子力行之功，故夫子許爲好學之實。

顏子之徒，隱而未見，行而未成，

未仕，故道不達；早亡，故所求之志未竟。

故曰「吾聞其語而未見其人也」。

所以知此爲顏子之類言者，以用行舍藏知之。❶

「用則行，舍則藏，惟我與爾有是夫。」顏子龍德而隱，故「遯世不見知而不悔」，與聖者同。

學以聚之，問以辨之，寬以居之，仁以行之，顏子之學，見龍之德也，可以利見，而時在潛則潛。所學者聖學，故道同於聖。

龍德，聖修之極也；

修之極而聖德純，則屈伸一致而六龍可御。

顏子之進，則欲一朝而至焉，「可謂好學也已矣」。

所謂大其心則能體天下之物也。大學之道，止於至善；近小自期，非學也。

「回非助我者」，無疑問也；

大其心而正大經，則雖所未知，而聞言即貫，無疑則

❶「以用行舍藏知之」，各本作「以用舍行藏知之」。據下文「用則行，舍則藏」，知底本爲佳。

無容問矣。

有疑問，則吾得以感通其故而達夫異同者矣。

道有異同，推其異以會其同，學者當自求而得之。待教而喻，雖達異同，其所達者猶有方也。聖人因問而曲盡教思之無窮，然非學者進德之實益。

「放鄭聲，遠佞人。」顏回爲邦，禮樂法度不必教之，惟損益三代，蓋所以告之也。

「三」，當作「四」。言行，言乘，言服，《韶》舞言則，❶皆現成之辭，是其度數文章，顏子皆已知之，不待詳教，但告之損益而已。

法立而能守，則德可久，業可大；鄭聲、佞人能使爲邦者喪所以守，故放遠之。

德立而業成，於君道無憾矣。以鄭聲、佞人爲不足慮而姑置之，終爲盛德之累，且潛移風會而不知。唯守之純一，而淫邪之微疵必謹，則君心一，百官正，風俗醇，可久可大之道，純王之德也。

「天下有道則見，無道則隱」，「君子疾没世而名不稱」，

二者疑於不相通。

蓋「士而懷居，不可以爲士」，必也去無道，就有道。

春秋之世，諸侯之國皆可仕，故不當懷土重遷而必去之。

遇有道而貧且賤，君子恥之。舉天下無道，然後窮居獨善，不見知而不悔，

夫子所以周流列國而後反魯以老。

《中庸》所謂「惟聖者能之」，仲尼所以獨許顏回「唯我與爾爲有是」也。

無我之至，龍德而時中，夫子聖而顏子以此爲學。

仲由樂善，故車馬衣裘，喜與賢者共敝；

子路所友，必其賢也；樂人之善，外見之仁也。

❶「韶舞言則」，古籍出版社本及中華本俱作「言韶舞則」，而以「則」字屬下爲句，未知所本。其他各本與底本同。按《論語》「樂則《韶》舞」，朱註「取其盡善盡美」，是「則」爲實詞，猶言「法」也，當以底本爲是。

顏子樂進，故願無伐善施勞；

進而不已，不見有可伐可施，樂己之進無窮，內修之仁也。

聖人樂天，故合內外而成其仁。

天者，理之無間者也。安之，信之，懷之，內盡於己者至；老安，友信，少懷，外及於物者弘。合人於己而己無非天，顏子所欲進者此，而未逮爾。

子路禮樂文章，未足盡爲政之道，以其重然諾，言爲衆信，故「片言可以折獄」，如《易》所謂「利用折獄」、「利用刑人」，皆非爻卦盛德，適能是而已焉。

噬嗑礬而合，非天理之自然；蒙三未出乎險，聖功不就，皆非盛德事。

顏淵從師，進德於孔子之門；孟子命世，修業於戰國之世，❶此所以潛見之不同。

命世，世無人而己任責於天也。二子皆學孔子，而因時爲位，無成心以執一，所以爲善學。

犂牛之子雖無全純，然使其色騂且角，縱不爲大祀所取，次祀小祀終必取之，言大者苟立，人所不棄也。

大祀謂郊廟。

大者，大節不失也。此教仲弓以用人之道，與「先有司、赦小過」意同。

## 有德篇

此篇亦廣釋《論》、《孟》之義而開示進修之方，尤切身心之用，誠學者所宜服膺也。

「有德者必有言」，能爲有也；

言以垂世立教，興起天下而天下賴之，聖賢所以死而不亡。

「志於仁而無惡」，能爲無也。

不以己私累天下，天下無所損，安而忘之。張子此

❶「世」，草堂本以下各本作「際」。按中華本《張載集》亦作「際」。

言，以警學者至矣。縱欲趨利，則天下求無其人而不得，是人類之狼蠹也。

行修言道，則當爲人取，

道，順於道也。取，取法也。

不務徇物强施以引取乎人，故往教妄説，皆取人之弊也。

君子之教，思無窮而道在己，則有志者自來取法；若不可與言而與言，必姑屈其説以誘使企及，成乎妄矣。往教之弊，終於妄説，枉己者未有能正人也。

「言不必信，行不必果」，志正深遠，不務硜硜信其小者。

反大經則正，達天德則深，循大常則遠。

辭取達意則止，多或反害也。

旁及則害於本意。

君子寧言之不顧，不規規於非義之信；寧身被困辱，不徇人以非禮之恭；寧孤立無助，不失親於可賤之人。三者知和而能以禮節之也。

言必於信，恭以免辱。不擇人而與親，所以和天下也。以禮節之者，以禮立身，雖不與世侮而終不枉己，所以節和而不流。

與上有子之言，文相屬而不相蒙者，凡《論語》、《孟子》發明前文，義各未盡者，皆挈之。他皆放此。

挈，相引而及也。

德主天下之善，

主，所要歸也。德得於心，而必以人心之同然者爲歸；偏見自得之善，非德也。❶

善原天下之一。

原，所從出也。天下者，萬事萬物之富有，而皆原天道自然之化，陰陽相感，剛柔相劑，仁義相成，合同而利用者也。若隨其偶感之幾，立異同以成趨尚，則有不善者矣。

---

❶「德」，各本作「善」。

善同歸治，故王心一；

期於善天下而已。張弛質文，善不同而同治，王心定也。一者，括萬理而貫通之。

言必主德，故王言大。

政教號令，因時因事，而皆主於心之所得以感人心之同得，則言約而可以統博，推之四海，垂之百世，咸爲法則。此言王者之心，本於一原而散於萬有，體天地民物之理，全備而貫通之，故隨時用中，一致而百慮，異於執見聞以爲我，私偏尚而流於霸功也。

言有教，

言皆心得而可爲法則。

動有法，

動審乎幾而不踰乎閑。

晝有爲，

日用皆察著而力行之。

宵有得，

静思以精義。

息有養，

物無時不相引，而静正以養之，勿使牿害。

瞬有存。

心易出而外馳，持理勿忘以因時順應。此張子自得之實修，特著之以自考而示學者。其言嚴切，先儒或議其太迫。然苟息心以静，而不加操持嚴密之功，則且放逸輕安，流入於釋、老之虛寂；逮其下流，則有如近世王畿之徒，汩没誕縱，成乎無忌憚之小人。故有志聖功者，必當以此爲法。

君子於民，導使爲德而禁其爲非，不大望於愚者之道與禮。謂道民以言，禁民以行，斯之謂爾。

文義未詳，疑有闕誤。大略謂不過望愚民而嚴爲之禁，但修之己者，言可法，行可則，以示民而感之使善。

無徵而言，取不信、啓詐妄之道也。

以意度之，以理概之，雖其説是而取人不信，且使詐妄者效而造僞説以誣世。❶

杞、宋不足徵，吾言則不言，

得其大指，可以義起，而終不言。

❶「效」下，草堂本以下各本有「之」字。

**周足徵則從之。故無徵不信，君子不言。**

言天者徵於人，言心者徵於事，言古者徵於今，所謂「修辭立其誠」也。

**便僻，足恭；善柔，令色；便佞，巧言。**

無識者取友，取此而已。故君子擇交，莫惡於易與，莫善於勝己。己不逮而惡人之驕，自棄者也。「僻」，當作「辟」。

**節禮樂，不使流離相勝，能進反以爲文也。**

流於彼，則離於此矣。禮主乎減，所以裁抑形神而使不過；然必進以爲文者，鼓動其懽忻暢達之情以行禮，則無强制不安而難繼之憂。樂主乎盈，以舒志氣而使樂於爲善；然必反以爲文者，收斂神情，如其自得者而樂之，則無隨物以靡、往而不復之傷。蓋禮樂互相爲節而成章，習其數，❶精其義，得其合同而化之，神斯須不去而節自著，故樂之不厭。

**驕樂，侈靡；宴樂，宴安。**

其氣驕者其用物必侈，侈則愈驕；其心好樂者必偷安，安則愈不知戒懼。❷

**言形則卜如響，**

言形，謂可明言所疑，❸使卜人正告鬼神，無暗昧不可言之隱。

**以是知蔽固之私心，不能默然以達於性與天道。**

性者，神之凝於人；天道，神之化也。蔽固者爲習氣利欲所蔽，雖有測度性天之智而爲所固隘，必且有意與天違之隱，不得已而託於默以自匿，是其求明之心，早與性天之廓然大公、昭示無隱者相違，亦猶懷私而不能昌言者，卜而神不告也。陸、王之學多所秘藏，與釋氏握拳、竪拂同其詭閟，蓋弗能洞開心意以通極乎天則，故若明若昧，無繇測性天之實也。

**人道知所先後，**

謂篤親不遺舊。

❶「習」，各本脱。

❷「安」，各本脱。

❸「明」，各本作「名」，雖亦可解，然觀下文「無暗昧不可言之隱」，則以「明」爲是。

則恭不勞，慎不葸，勇不亂，直不絞，民化而歸厚矣。

大經正則自得其和矣。合二章爲一，亦挈前文之說，而於文義未安。❶ 蓋聖賢之言，推其極無不可以貫通，而義各有指，不可强合，此則張子之小疵。

膚受，陽也；其行，陰也。

以膚受激烈明愬，其迹陽也；陰而隱，其情陰也。

象生，法必效，故君子重夫剛者。

象者心所設，法者事所著。膚受雖内陰而外陽，然其陰譎不能終隱，則其後必茶然而自失，心柔則事必不剛也。剛者無欲而伸，有其心乃有其事，則純乎陽，而千萬人吾往矣。必言象法者，以凡人未有事而心先有其始終規畫之成象，此陰陽之序，善惡之幾，君子所必審察也。

歸罪爲尤，罪己爲悔。

人歸罪於己爲尤，己既失而追自咎爲悔。

「言寡尤」者，不以言得罪於人也。

言必於理之有徵，人孰得而罪之！

「己所不欲，勿施於人」，能恕己以仁人也。

恕己，猶言如己之心。

「在邦無怨，在家無怨」，己雖不施不欲於人，然人施於己，能無怨也。

反仁，反禮而已。此仁者存心之常定也。

「敬而無失」，與人接而當也；

親疏尊卑各得其分誼。

「恭而有禮」，不爲非禮之恭也。

恭以自靖，非徇物也。

聚百順以事君親，故曰「孝者畜也」，又曰「畜君者好君也」。

畜之爲言聚也。孝子於親，忠臣於君，孤致其心而不假於外，非期聚乎百順也。然其誠之專至，則凡心之所念，身之所爲，物之所遇，皆必其順於君親者而後敢爲，則不期於事之順而自無不順矣，然後可以養親之志而養君於道。❷

❶ 「文」，各本無此字。

❷ 「養君」，劉氏鈔本作「養親」，草堂本以下各本作「引君」。

**事父母「先意承志」，**

意將動而先知之，則順其美而幾諫其失；志之所在，則承之以行而無違。

**故能辨志、意之異，然後能教人。**

因禮文而推廣之。於意言先，於志言承，則可從不可從分矣。意者，乍隨物感而起也；志者，事所自立而不可易者也。庸人有意而無志，中人志立而意亂之，君子持其志以慎其意，聖人純乎志以成德而無意。蓋志一而已，意則無定而不可紀。善教人者，示以至善以亟正其志，志正，則意雖不定，❶可因事以裁成之。不然，待其意之已發，或趨於善而過奬之，或趨於不善而亟絶之，賢無所就而不肖者莫知所懲，教之所以不行也。

**藝者，日爲之分義，涉而不有，**

得不居功。

**過而不存，**

不恃才而數爲之。

**故曰「游」。**

所依者仁而已。藝者，仁之迹。

**天下有道，道隨身出；**

身不徒出，道隨以行。

**天下無道，身隨道屈。**

道不可行，身必隱也。此謂愛身以愛道，見有道而不見有身。

**「安土」，不懷居也；**

懷則有所從違而不安。

**有爲而重遷，無爲而輕遷，皆懷居也。**

有爲重遷，爲利所縻也；無爲輕遷，非義所當去，激於一往而去之。

**「老而不死，是爲賊。」幼不率教，長無循述，老不安死，三者皆賊生之道也。**

率教、循述，以全生理；安死，以順生氣。老不安死，欲寧神静氣以幾幸不死。原壤蓋老氏之徒，修久視之術者。屈伸，自然之理，天地生化之道也。欲干天化以偷生，不屈則不伸，故曰賊生。

**「樂驕樂」則佚欲，**

❶「定」，各本作「立」。

凡侈皆生於驕也。

「樂宴樂」則不能徙義。❶

偷安則以義爲繁難而外之，莊、告是也。

「不僭不賊」，其不忮不求之謂乎！

不忮，則不越分而妄作；不求，則不損物以利己。心平，則動皆無咎。

不穿窬，義也；謂非其有而取之曰盜，亦義也。惻隱，仁也；如天，亦仁也。故擴而充之，不可勝用。

仁義之全體具足於性，因推行而有小大爾。小者不遺，知天性之在人；大而無外，知人之可達於天。

自養，薄於人，私也；

欲希衆而要譽。

厚於人，私也；

有意忘物。

稱其才，

當作「財」。

隨其等，無驕吝之弊，斯得之矣。

厚人者驕，自厚者吝。君子之用財，稱物平施，心無繫焉爾。

罪己則無尤。

引過自責，盡仁盡禮，尤之者妄人而已，不足恤也。

困辱非憂，取困辱爲憂；

以取困辱爲憂，則困辱不足憂矣。

榮利非樂，忘榮利爲樂。

有道則若固有之。

「勇者不懼。」死且不避，而反不安貧，則其勇將何施耶？不足稱也；

人有氣誼所激，奮不顧身，而不能安貧者，不受嘑蹴以死而受萬鍾。勇之所施，施於所欲而已。勇莫勇於自制其欲。

「仁者愛人。」彼不仁而疾之深，其仁不足

❶ 下「樂」字，各本作「安」。中華本《張載集》同。

稱也；皆迷謬不思之甚，故仲尼率歸諸亂云。❶

思死與貧之孰重孰輕，則專致其勇於義矣；思彼之可疾惟其不仁，而我疾之甚，則自薄其愛，人將疾我矣。必内篤其仁而後愛以溥。❷

擠人者人擠之，侮人者人侮之。「出乎爾者反乎爾」，理也；

不仁、無理者所應得。

勢不得反，亦理也。

反則成乎相報無已之勢，自反而無難於妄人，君子自盡容物之理。

克己行法爲賢。

不以榮利失自守之道，克己之事也。審其宜而進退，行法之事也。

樂已可法爲聖。

自有其樂，進退屈伸因時而不累其心，皆得其中，允爲行藏之法。

聖與賢，迹相近而心之所至有差焉。「辟世」者依乎中庸，没世不遇而無嫌，「辟地」者不懷居以害仁，「辟色」者遠恥於將形，「辟言」者免害於禍辱，此爲士清濁淹速之殊也。

知幾則速，速則純乎清矣。知幾者，非於幾而察之，心純乎道，樂以忘憂，則見幾自明。故曰「知幾其神乎」！

辟世辟地，雖聖人亦同，然憂樂於中，與「賢者」、「其次者」爲異，故曰迹相近而心之所至者不同。

賢者未免於憂，自克而已；聖人樂天，雖憂世而不以爲悶。

「進賢如不得已，將使卑踰尊，疏踰戚」之意，與《表記》所謂「事君難進而易退則位有序，易進而難退則亂也」相表裏。

君慎於進賢，非吝也；士慎於自進，非驕也。天位天

❶「率」，各本作「卒」。按底本先亦作「卒」，勾去，復書爲「率」。又，中華本《張載集》亦作「率」。

❷「愛以溥」，草堂本以下各本作「愛篤以溥」，疑緣上「篤」字而重「篤」字。

職，非己所得私，君臣交慎，則天理順而人能畢效矣。

「弓調而後求勁焉，馬服而後求良焉，士必慤而後智能焉。」不慤而多能，譬之豺狼不可近。

君之取士，士之取友，以此求之則不失。慤者，人之恒心也，小人之誤國而賣友者，唯無恒而已。

谷神能象其聲而應之，

谷之虛而能應者曰神。象其聲，無異響也。

非謂能報以律呂之變也，

以虛應物而能象之，彷彿得其相似者而已。不能窮律呂之變，不能合同於異，盡情理之微也。

猶卜筮叩以是言則報以是物而已，《易》所謂「同聲相應」是也。

神之有方者，非能變者也。

王弼謂「命呂者律」，語聲之變，非此之謂也。

命，猶倡也。律倡之，呂和之，而聲之變乃備。律呂清濁洪細之不同，合異而同，變乃可盡。故孤陽不生，獨陰不成，至清則隘，❶至和則不恭；太和之氣，健順不偏，大中之理，仁義不倚。君子之道，出處語默之不齊，命官取友之無黨，高明沈潛之相濟，中道之矩，神化之所以行也。若應所同而違所異，則小人之道矣。惟其中無主而量不宏，以谷神爲妙用而不以誠也。

「行前定而不疚」，光明也。

前定者，非執一而固必之；正大經以應天下，昭然使人喻之。

大人虎變，夫何疚之有？

大經正而萬變皆載其威，神行不同而心則一，所以不疚。

言從作乂，名正，其言易知，人易從。聖人不患爲政難，患民難喻。

德禮之精意，民不能知，挈其要以定大經。故修辭立誠，聖人有其難其慎者，詳則多疑，略則不喻。《春秋》之筆削，游、夏不能贊一辭，以此。

---

❶「至」下，各本皆脱「清則隘，至和則不恭；太和之氣，健順不偏，大」十七字，恰爲底本之一整行。

# 張子正蒙注卷七

## 有司篇

有司，政之綱紀也。

素習其事，則大綱具悉。

始爲政者，未暇論其賢否，必先正之，

正其職掌。

求得賢才而後舉之。

爲政者迫於有爲，急取有司而更易之以快一時之人心，而新進浮薄之士驟用而不習於綱紀，廢事滋甚。惟任有司而徐察之，知其賢不肖而後有所取舍，則事之利病，我既習知，人之賢否，無所混匿，此遠大之規存乎慎緩也。

爲政不以德，人不附且勞。

勞，爲民擾也。不本諸心得之理，非其至當，法雖善而拂人之性。❶

「子之不欲，雖賞之不竊。」欲生於不足則民盜，能使無欲則民不爲盜。假設以子不欲之物賞子，使竊其所不欲，子必不竊。故爲政者在乎足民，使無所不足，不見可欲，而盜必息矣。

田疇易，稅斂薄，則所可欲者已足；食以時，用以禮，已足而無妄欲，即養以寓教，民不知而自化矣。

爲政必身倡之，且不愛其勞，又益之以不倦。

以乾乾夕惕之心臨民，則民化；以無爲清靜自逸，則民偷。

「天子討而不伐，諸侯伐而不討」，

自合六師曰討，奉詞合衆曰伐。

❶「法」，各本無此字。

故雖湯、武之舉，不謂之討而謂之伐。

「伐夏救民」，「燮伐大商」，皆曰「伐」，是也。雖無可奉之命，必正告諸侯，衆允而後連師以伐。

陳恒弑君，孔子請討之，

聖人於名必正，不輕言討，必有所據。

此必因周制鄰有弑逆諸侯當不請而討。

胡氏曰：先發後聞可也。

孟子又謂「征者上伐下，敵國不相征」，然湯十一征，非賜鈇鉞，則征討之名至周始定乎！

疑湯之已賜鈇鉞，又疑夏、商未定征伐之名，皆正名必謹乎微之意。

「野九一而助」，郊之外助也。「國中什一使自賦」，郊門之内通謂之國中，田不井授，故使什而自賦其一也。

助九一、賦什一者，助則公田之耕具種饁，❶皆上給也。郊，近郊。滕地方五十里，三十里外之遠郊，非其境矣。

「道千乘之國」，不及禮樂刑政，而云「節用愛人，❷使民以時」，言能如是則法行，不能如是則法不徒行，禮樂刑政亦制數而已爾。

節用，禮之本；愛人，樂之本；使民以時，則政簡而刑不濫，制數皆藉此以行。慈儉存於心，萬化之原也。❸

富而不治，不若貧而治；

事得其理曰治。國不治，雖富而國必危。

大而不察，不若小而察。

❶「具」，劉氏鈔本、草堂本、學署本同，草堂本、學署本字之右上角略有缺損。金陵本以下各本作「其」，疑係據學署本而誤作「其」。

❷「節用」下，中華本據《張載集》補「而」字，其他各本無此字。

❸「慈儉存於心，萬化之原也」，劉氏鈔本同，草堂本、學署本、金陵本、太平洋本、古籍出版社本均作「慈儉存心於萬物之原也」；周校於此惟著一「化」字異文，中華本遂以「慈儉」屬上，「物」改訂爲「化」，句作「制數皆藉此以行慈儉，存心於萬化之原也」。疑誤。

盡民之情曰察。地大民衆而不得民之情，民必不附。

報者，天下之利，率德而致。

自有德於人，不求報而自致。

善有勸，不善有沮，皆天下之利也。小人私己，故利於不治；

治，明辨也。德怨不報，苟利目前而已。

君子公物，利於治。

使天下樂於德而憚於怨，與人爲善之公也。此明以德報怨爲小人之術。

## 大易篇

此篇廣釋《周易》之指，有大義，有微言，旁及於訓詁，而皆必合於道。蓋張子之學，得之《易》者深，與周子相爲發明，而窮神達化，開示聖學之奧，不拘於象數之末以流於術數，則與邵子自謂得伏羲之秘授，比擬分合，爲鬻術射覆之俑者迥異，❶切問近思者所宜深究也。

《大易》不言有無；言有無，諸子之陋也。

明有所以爲明，幽有所以爲幽；其在幽者，耳目見聞之力窮，而非理氣之本無也。老、莊之徒，於所不能見聞而決言之曰無，陋甚矣。《易》以乾之六陽、坤之六陰大備而錯綜以成變化爲體，故乾非無陰，陰處於幽也；坤非無陽，陽處於幽也；剥、復之陽非少，夬、姤之陰非微，幽以爲緼，明以爲表也。故曰「《易》有太極」，乾、坤合於太和而富有日新之無所缺也。若周子之言無極者，言道無適主，化無定則，不可名之爲極；而實有太極，亦以明夫無所謂無，而人見爲無者皆有也。屈伸者，非理氣之生滅也；自明而之幽爲屈，自幽而之明爲伸；運於兩間者恒伸，而成乎形色者有屈。彼以無名爲天地之始，滅盡爲真空之藏，猶瞽者不見有物而遂謂無物，其愚不可瘳已。

《易》語天地陰陽，情僞至隱賾而不可惡也。

神化雖隱，變合雖賾，而皆本物理之固然，切生人之

❶「爲鬻術射覆之俑」，草堂本以下各本均脱。中華本據周校補此七字，然將「爲」字誤作「有」。

利用，故不可厭惡。

**諸子馳騁説辭，窮高極幽，而知德者厭其言。**

諸子論天人之理而歸於無所行者，❶必不能與之相應，則又爲遁辭以合於流俗，使人喪所守而波靡以浮沈於世。知德者，知其言之止於所不能見聞而非其實，故厭之。

**故言爲非難，使君子樂取之爲貴。**

可以通天下之志，成天下之務，盛德大業資焉，而有益於學，則君子樂取之。

**《易》一物而三才：陰陽，氣也，而謂之天；剛柔，質也，而謂之地；仁義，德也，而謂之人。**

才以成乎用者也。一物者，太和絪緼合同之體，含德而化光，其在氣則爲陰陽，在質則爲剛柔，在生人之心，載其神理以善用，則爲仁義，皆太極所有之才也。故凡氣之類，可養而不可强之以消長者，皆天也；凡質之類，剛柔具體可以待用，載氣之清濁柔强而成仁義之用者，皆地也；氣質之中，神理行乎其間，而惻隱羞惡之自動，則人所以體天地而成人道也。《易》備其理，故有見有隱而陰陽分，有奇有偶而剛柔立，有得有失而仁義審，體一物以盡三才之撰也。「謂之」云者，天、地、人亦皆人爲之名，而無實不能有名，無理不能有實，則皆因乎其才也。

**《易》爲君子謀，不爲小人謀。**

若《火珠林》之類，有吉凶而無善惡，小人資之謀利，朱子取之，❷竊所未安。

**故撰德於卦，**

不但言吉凶，而必明乎得失之原，乾且曰「利貞」，況其餘乎！貞雖或凶，未有言利不貞者也。

**雖爻有小大，**

陰過爲小，陽勝爲大，失其時位，則得失殊矣。

**及繫辭其爻，必諭之以君子之義。**

有小人之爻，而聖人必繫以君子之辭。❸《剥》之六五，陰僭之極，而告以「貫魚」之寵；❹《姤》之九二，比匪

❶「歸」，各本作「終」。
❷「朱子」，草堂本以下各本皆作「君子」，疑因諱而改。
❸「繫」下，各本有「之」字。
❹「貫魚」下，各本脱「之寵；《姤》之九二，比匪之甚，而告以『不及賓』」十六字。按《剥》六五「貫魚以宫人寵」，《姤》九二「不利賓」，「及」當作「利」。

之甚，而告以「不及賓」之義。或使君子治小人，或使小人知懼，不徇其失而以幸爲吉。若《火珠林》之類，謀利計功，盜賊可以問利害，乃小人徼幸之術，君子所深惡也。

**一物而兩體，其太極之謂與！陰陽天道，象之成也；剛柔地道，法之效也；仁義人道，性之立也。**

成而爲象，則有陰有陽；效而爲法，則有剛有柔；立而爲性，則有仁有義；皆太極本所並有，合同而化之實體也。故謂「太極静而生陰，動而生陽」。自其動幾已後之化言之，則陰陽因動静而著；若其本有爲所動所静者，則陰陽各有其體，而動静者乃陰陽之動静也。静則陰氣聚以函陽，動則陽氣伸以盪陰，陰陽之非因動静而始有，明矣。故曰兩體，不曰兩用。此張子之言所以獨得其實，而非從呼吸之一幾測理之大全也。

**三才兩之，莫不有乾、坤之道。**

三才各有兩體，陰陽、柔剛、仁義，皆太和之氣，有其至健，又有其至順，並行不悖，相感以互相成之實。

**陰陽、剛柔、仁義之本立，而後知趨時應變。**

三才之道，氣也，質也，性也，其本則健順也。純乎陽而至健立，純乎陰而至順立，《周易》並建乾、坤於首，無有先後，天地一成之象也。無有地而無天、有天而無地之時，則無有有乾而無坤、有坤而無乾之道，無有陰無陽、有陽無陰之氣，無有剛無柔、有柔無剛之質，無有仁無義、有義無仁之性，無陽多陰少、陰多陽少，❶實有而虛無、明有而幽無之理，則屯、蒙明而鼎、革幽，鼎、革明而屯、蒙幽，六十四卦、六陰六陽具足，屈伸幽明各以其時而已。故小人有忤，君子有情，趨時應變者惟其富有，是以可日新而不困。《大易》之藴，唯張子所見，深切著明，盡三才之撰以體太極之誠，聖人復起，不能易也。邵子謂天開於子而無地，地闢於丑而無人，則無本而生，有待而滅，正與老、釋之妄同，非《周易》之道也。

**故「乾、坤毁則無以見《易》」。**

乾、坤非有毁也，曲學之士，執所見聞偶然之象，而雜以異端之小慧，見乾則疑無陰，見坤則疑無陽，見夬、

❶「陰多陽少」，底本與劉氏鈔本俱無此四字，草堂本以下各本有之。按底本於上句「陽多陰少」之「少」字下側有兩點加一小撇（此爲習用記號），猶言此有脱文，當補入也。兹據補。

姤則疑無剥、復，見屯、蒙則疑無鼎、革，因幽之不可見而疑其無，則是毁之矣。毁乾、坤十二位之實體，則六十二位之錯綜，何據以趨時應變哉！

六爻各盡利而動，

筮之策，老則動而變，蓋道至其極而後可以變通，非富有不能日新。堯仁極矣，而後舜可用其竄殛；文王順極矣，而後武王可行其燮伐；德未盛而變，則妄矣。

所以順陰陽、剛柔、仁義、性命之理也。

其動也有大有小，有當位有不當位，蓋在天之氣有温肅，在地之質有利鈍，在人之性有偏倚，化不齊而究無損於太極之富有，其理固然，則雖凶而無悔，雖吝而無咎，善用之者皆可以盡天道人事之變而反其大經。故父頑而有至孝之子，國亡而有自靖之臣，極險阻以體易簡，則何屈非伸，而天下之理無不得。《易》之爲君子謀者，順性命而變不失常也。

故曰「六爻之動，三極之道也」。

天、地、人所必有之變也。

陽偏體衆陰，衆陰共事一陽，理也。

體者，爲之幹而達其情以治之也。事，順而承之也。

此因時之變而言之，震、巽、坎、離、艮、兑，皆乾、坤之變也。若《易》之全體，乾、坤合德，君子小人同歸於道，天理人欲，從心不踰，則爲理之大宗，無所容其亢抑矣。

是故二君共一民，

争亂之端。

一民事二君，

立心不固。

上與下皆小人之道也；

上無讓德，下有貳心，亂世之道，小人之時爲之。以此而推，心無定主，而役耳目以回惑於異端，氣不輔志，而任其便以張弛，皆小人之道。而忠信以爲主，博學詳説以反約，斯君子之所尚。明體適用之學，於此辨之而已。

一君而體二民，

容保者大。

二民而宗一君，

大一統。

上與下皆君子之道也。

上不泄忘，下無異志，治世之道，君子之時爲之。

吉凶、變化、悔吝、剛柔，《易》之四象與！

## 悔吝由贏不足而生，亦兩而已。

天地之四象，陰陽剛柔也；《易》之四象，則吉凶悔吝也。吉凶，天之命，陰陽之變化也；悔吝，剛柔、贏不足之情，因乎地之質也；皆自兩儀而生。純陽爲天，純陰爲地，而天有陰，地有剛，又各自爲陰陽，二而四，四而合二，道本如是，非判然一分而遂不相有也。在天有陰陽，在陽有老少，在數有九七；在地有剛柔，在陰有老少，在數有六八；於是而四象成。故《易》一爻之中，有陰有陽，有老有少，而四象備焉。震、坎、艮之一陽，老陰所變；巽、離、兑之一陰，老陽所變；故曰「四象生八卦」。邵子乃畫奇耦各一之象爲兩儀，增爲二畫之卦爲四象，又增三畫之卦爲四畫之卦凡十六，又增爲五畫之卦凡三十二，苟合其加一倍之法，立無名無象無義之卦，則使因倍而加，極之萬億而不可象，非所謂致遠恐泥者與！

## 尚辭則言無所苟，

尚，謂尊信而效法之。《易》辭本陰陽之定體以顯事理之幾微，尚之，修辭皆誠矣。

## 尚變則動必精義，

少不變，以循禮之中也；老變，以達事之窮也；尚之，隨時而求當，義必精矣。

## 尚象則法必致用，

推陰陽、剛柔、動止以制器，其用必利。

## 尚占則謀必知來。

因其時義以定吉凶，君子之謀與神合，知屈伸自然之理而順之也。

## 四者非知神之所爲，孰能與於此！

《易》具其理而神存乎其中，必知神之所爲，顯於象數而非徒象數，然後能學《易》而盡四者之用。王輔嗣之流，脱略象占，固有所未盡；而朱子謂《易》但爲占用，❶幾與《壬遁》、《火珠林》等，則健順毁而幾無以見《易》。然則四尚之義，缺一而不足以知《易》，故善言《易》者，其惟張子乎！

## 《易》非天下之至精，則詞不足待天下之問；

假設以啓疑而斷其必然也。天下之問至賾，《易》以易簡之詞盡之，問者各得焉，惟精於義而不倚形象之粗也。此言尚辭。

## 非深，不足通天下之志；

❶「朱子」，草堂本以下各本脱，疑因諱而删。

通天下之志，所以窮理也。此言尚變。❶

**非通變極數，則文不足以成物，象不足以制器，幾不足以成務；**

極數，盡數之損益而止於其則，故大衍止於五十，乾、坤之策止於三百六十，卦止於六十四，爻止於三百八十四，變通而有極，故言而有物，行而有制，制器而足適於用。❷此言尚象。

**非周知兼體，則其神不能通天下之故，不疾而速，不行而至。**

乾、坤並建，陰陽六位各至，足以隨時而相爲隱顯以成錯綜，則合六十四卦之德於乾、坤，而達乾、坤之化於六十有二，道足而神行，其伸不吝，其屈不悔，故於天下之故，遺形器之滯累，而運以無方無體之大用，化之所以不可知也。此明《易》之爲道，聖人以天性之神，盡天地之妙，而立爲大經，達爲百順，非其他象數之學所可與也。焦贛、京房、虞翻之流，惡足以知此，況如《火珠林》之鄙倍乎！❸

**示人吉凶，其道顯矣；**

貞妄得失，吉凶必應其則，示天下以可知也。

**知來藏往，其德行神矣；**

吉凶未著，從其貞妄之性情而早知其變之必至，所以詔天下於德者，其用神也。

**語蓍龜之用也。**

用，所以前民而正其行也。

**顯道者，危使平，易使傾，懼以終始，其要無咎之道也。**

吉凶之變，危而可使平，易而或以傾，得失爭於善惡之幾，能戒懼以持其終始，則要歸於無咎，其道至約而昭示無隱，所謂顯也，乃已成之象占也。

**神德行者，寂然不動，冥會於萬化之感而莫知爲之者也。**

道雖顯於象占，而其所繇然，不待事幾之至前。設其理於陰陽未剖之先，豫以應天下之感，人之所不能知者，《易》已早知而待之。惟其達乎屈伸動静之妙，故不俟時至事起而謀之，此不測之神因乎誠者也。

---

❶「非深」至「尚變」兩行，原脱，而於上段末作雙圈記號以示。劉氏鈔本以下各本有之，茲據補。

❷「足」，各本無此字。

❸「倍」，金陵本以下各本作「俗」。

**受命如響，故「可與酬酢」；**

天道人事本通一而相酬答也。

**曲盡鬼謀，故「可以佑神」。**❶

佑，助也。鬼神之謀，莫能喻於人；❷而《易》曲盡以著其忠告，是贊助乎神也。

**開物於幾先，故曰「知來」；明患而弭其故，故曰「藏往」。**

弭患於前而效著於後，❸《易》之戒占者，其貽謀久遠也。

**極數知來，前知也。**

前知者，非偶因一數之盈虛而測之；盡其數之所有，而萬變皆盡，來者無窮，莫之能踰也。

**前知其變，有道術以通之，君子所以措於民者遠矣。**

變無常而道自行乎其中，勸進其善之利而戒以惡之所自積，則民咸可喻於君子之義，而天下萬世共繇以利用安身。

**「潔靜精微」，不累其迹，知足而不賊，則於《易》深矣。**

此釋《禮記·經解》之言而示學《易》之法。潔靜者，不以私利瀆亂而潔清其志，❹靜以待吉凶之至也。精微者，察其屈伸消長之理而研於義之所宜也。不累其迹者，因數而知象，數爲象立，不泥於數；因象而窮理，象爲理設，不執於象也。知足不賊者，止於義之所可，而不謀利計功，徼幸於吉之先見以害正命也。如此以學《易》，則可以寡過；以占筮，則知懼而無咎矣。彼執象數而役志於吉凶者，固不足以與於《易》也。

**「天下之理得」，元也；**

萬事萬物皆天理之所秩敍，故體仁則統萬善。

**「會而通」，亨也；**

理無不通，故推而行之皆順。

**「説諸心」，利也；**

利合於義，則心得所安。

**「一天下之動」，貞也。**

大經正，則隨所動而皆不失其正，此推本而言之，謂

❶「以」，各本均同。按《易·繫辭》作「與」。
❷「莫」，各本作「奚」。
❸「而」下，各本有「後」字。
❹「利」，各本無此字。

乾具此四德，故以備萬善而協於一也。四德分而體用自相爲因，元、貞，體也；亨、利，用也。惟元統天下之理，故於事通而於心說。貞者，貞於其元。惟貞於仁，故通萬變而心常安。乃必通乎事而理始咸得，説乎心而後居正不疑，則亨、利，用也而抑爲體。故《文言》分析四德，而《彖》則大亨而利正，其義一也。孔子之《易》，曾何異於文王哉！

**乾之四德，終始萬物，迎之隨之，不見其首尾。**

天德之生殺，本無畛域。以一歲而言，春夏秋冬，密運而無截然之限；以大化而言，❶循環往來，無有顯著之轍迹。非春果爲首，冬果爲尾。以萬物而言，各以其生殺爲春秋，其春榮而冬落者，艸木之凋者而已。蓋四德隨時而用，物亦隨所受而見爲德，此見爲義者彼見爲仁，絪緼一氣之中，不倚一理以爲先後，唯用之各得而已。故曰「天德不可爲首」，有首有尾，則運窮於小成而有間斷矣。

**然後推本而言，當父母萬物。彖明萬物資始，故不得不以元配乾；坤其偶也，故不得不以元配坤。**

推其父母萬物者而言之，則資始之德元爲首；天生之，地即成之，❷故資生之德元爲首。然未生而生，已生而繼其生，則萬物日受命於天地，而乾、坤無不爲萬物之資，非初生之生理畢賦於物而後無所益。且一物有一物之始，即爲一物之元，非天地定以何時爲元而資之始生，因次亨、次利，待貞已竟而後復起元也。在人之成德而言，則仁義禮信初無定次。故求仁爲本，而當其精義，則義以成仁；當其復禮，則禮以行仁；當其主信，則信以敦仁；四德互相爲緣起。❸此惟明於大化之渾淪與心源之寂感者，乃知元亨利貞統於乾、坤之妙，而四德分配之滯説，貞下起元之偏辭，不足以立矣。彖之以乾元坤元言資始資生者，就物之生，借端而言之爾。

此章舊分爲二節，❹今合之。

---

❶「春夏」至「而言」十七字，劉氏鈔本以下各本均脱。按底本每行十七字，脱文中「而言」二字，與上文「以一歲而言」之「而言」二字，在底本中前後行並排，疑蕉畦副本鈔寫時跳行脱落，致以下各本亦相沿而脱。

❷「地即」，各本互乙。

❸「德」，草堂本以下各本脱此字。

❹「節」，各本作「章」。

仁統天下之善，禮嘉天下之會，義公天下之利，信一天下之動。

惟其會於一原，故時措之而無不宜。不然，則一德之用在一事，而能周乎天下哉！先儒皆以智配貞，而貞者正而固；循物無違，正也，終始不渝，固也，則貞之爲信，明矣。即以木火金水言之，《坎》之《象》曰「行險而不失其信」，則君子之取於水者，取其不舍晝夜之誠，非取其曲流委順，遇員而員、遇方而方之詭隨也。君子之智以知德，仁而不愚，禮而不僞，義而不執，信而不諒，智可以周行乎四德而聽四德之用。智，知也，四德，行也。匪知之艱，惟行之艱，行焉而後可爲德，《易》之言貞，立義精矣。張子之知德，迥出於諸子之上，於此信矣。

六爻擬議，各正性命，故乾德旁通，不失太和而利且貞也。

此釋《乾》彖「乾道變化」四句之義，以龍德擬議，六爻之道，自潛而亢，各有性命之正；時位不齊，應之異道，而皆不違乎太和之理，則無不利而不失其正，此純乾之所以利貞也。不然，因時蹈利，則違太和之全體而非貞矣。

顏氏求龍德正中而未見其止，故擇中庸，得一善則拳拳服膺，嘆夫子之忽焉前後也。

得渾淪合一之理，則隨變化而性命各正，合太和之全體，顏子之所欲幾及而未逮也。

乾三、四，位過中重剛，庸言庸行不足以濟之，

九二得中，故庸言庸行足濟。

雖大人之盛有所不安。外趨變化，內正性命，故其危其疑，

九三曰「厲」，九四曰「或」。

艱於見德者，時不得舍也。

舍，止也。以庸言庸行爲可據之德，止而不疑，則時可舍而舍矣。乾之三四，雖大人之庸德可行，而大經之正，必旁通於危疑，德不易見，安能遽自信而釋其憂乎！❶舜以「不得乎親不可以爲人」爲危疑，而後庸德可見，時爲之也。

❶「遽」，太平洋本作「據」，疑係誤植，古籍出版社本、中華本相沿而誤。

九五，大人化矣，天德位矣，成性聖矣，

歷乎危疑而誠之至者，變無不通，故大化而聖。

故既曰「利見大人」，又曰「聖人作而萬物覩」。

爲天下所利見而天下化之，大人之進乎聖也。蓋聖人之德，非於大人之外別有神變不測之道，但誠無不至，用以神而不以迹，居德熟而危疑不易其心，及其至也，物自順之而聖德成矣。

「亢龍有悔」，以位畫爲言，若聖人則不失其正，何亢之有！

上九之亢，聖人之窮，亦屈伸之常理，非聖人之亢有以致之。知進退存亡之必有，則安死全歸而道合於太虛，況窮困乎！位畫所值，聖人何疑焉！乾之六爻，純乎龍德。九二之學問寬仁，其本也；三、四之危疑，所以通乎變也；九五之利見，變而通也；上九之亢，屈伸之常也；相因而互成，此乾道之旁通而無不利者，不失其正也。

聖人用中之極，不勉而中；有大之極，不爲其大。

仁熟則不待勉，義精則下學上達，不顯其大，歷乎危疑而成性，九五之德也。

大人望之，所謂絶塵而奔，峻極于天，不可階而升者也。❶

大人閑邪存誠而後光輝達，故不能測聖之藏。

《乾》之九五曰「飛龍在天，利見大人」，乃大人造位天德，

造，七到反，至也。位，臻其域也。

成性躋聖者爾。

以乾道保合太和，歷危疑而時乎中，大人義精仁熟而至乎聖，此孔子耳順、從心之候也。

若夫受命所出，則所性不存焉。

時至則聖人不違爾。

故不曰「位乎君位」而曰「位乎天德」，不曰「大人君矣」而曰「大人造也」。

乾體本六陽純成，而自爻言之，有漸造之象焉。惟德則日躋而聖，若位則乘時以登，無漸升之理。以爲自

❶「者」，原無，中華本依《張載集》補，茲從之。

潛而見，歷危疑躍飛而有天下，則是曹操、司馬懿之妄干神器，皆大人矣。《易》不爲小人謀，故必以言德者爲正。

**庸言庸行，蓋天下經德達道，大人之德施於是者溥矣，**

溥，周徧也。明倫察物，無所遺也。

**天下之文明於是著矣。**

秩敍明則禮樂興。

**然非窮變化之神以時措之宜，則或陷於非禮之禮，非義之義，**

時變而執其常，則不中而非禮，不宜而非義。唯盡人物之性，善惡、吉凶達乎天之并育並行不相悖害者以貞其大常，而後成己成物無有不化，此乾道之所以必歷三、四之危疑，而始得時中，以造飛龍之天德也。

**此顏子所以求龍德正中，乾乾進德，思處其極，未敢以方體之常安吾止也。**

顏子庸德已至，閑邪存誠，方進乎九三之惕厲，而未得九五之安止。方體之常，庸德之大綱也，拳拳服膺之善也。

**惟君子爲能與時消息，順性命，躬天德而誠行之也。**

萬物皆備於我而會屈伸於一致，乃能與時消息。❶若大經未正而急於乘時，則性命不順，聖德之時中，與無忌憚之迹相似而實相遠也。誠行之者，無非心理之實然。

**精義時措，故能保合太和，健利且貞，**

時措則利，保合則貞，❷而聖功唯在精義，義精則入神。❸

**孟子所謂始終條理，集大成於聖智者與！《易》曰：「大明終始，六位時成，時乘六龍以御天。乾道變化，各正性命，保合太和，乃利貞。」其此之謂乎！**

大明者，智之事也。天下之變不可測，而不能越乎

❶「時」，各本作「物」，疑誤。

❷「合」，原作「和」，據劉氏鈔本及所注《正蒙》文字改。此字草堂本以下各本均作「和」，惟中華本據周校改作「合」。

❸「義精」，各本互乙。

大經。❶大經之法象有常，而其本諸心之不貳者，變化該焉。故庸德之修，進而歷危疑以盡變，具知萬變之不齊皆屈伸之常，天德之誠不息，則無屈不伸而萬物皆覩；是智之事，非徒聰明之察，乃剛健不息，歷變知常，❷力行精義而抵乎大明之效也。故乾卦閱潛、見、躍、飛而終始乎剛健，惟其不貳，是以不測，天德聖功，一而已矣。以卦象言之，天之純乎乾，無漸者也；以卦之數言之，筮者自一奇以至於十八變，純乎奇而得乾，有漸者也。卦言乾而不言天，天無爲而運行有序，聖有功而成章始達，不得以天之渾成言乾，乾爲天而卦非徒言天也。

**成性則躋聖而位天德。**

謂九五。

**乾九二正位於內卦之中，有君德矣，而非上治也。**

庸德盡於己，則秩敘正，可以君天下矣。非上治者，未能盡萬物之性，以達其變而使之化也。

**九五言上治者，言乎天之德，聖人之性，故捨曰君而謂之天。見大人，德與位之皆造也。**

君德正己以正物，天德正己而物自正。位，謂德效之成。

**大而得易簡之理，當成位乎天地之中，時舍而不受命，乾九二有焉。**

乾以易知，而兼言簡者，九二以陽居陰也。君德成矣而不欲受命，知前之有危疑，必乾惕而不可止故也。

**及夫化而聖矣，造而位天德矣，則富貴不足以言之。**

善世而不伐，欲罷而不能，加以乾乾夕惕，乃造於聖；聖則無疑於受命，時出則有天下而不與，時未出則以匹夫行天子之事，非徒富貴也。位天德者，德即其位也。

**「樂則行之，憂則違之」，主於求吾志而已，無所求於外。**

此聖功之始，闇然爲己之修也。

---

❶「越」，草堂本以下各本至太平洋本、古籍出版社本均誤作「起」，中華本依文義改作「超」，亦非原字。

❷「知」，各本作「而」。

故善世溥化，❶龍德而見者也；

龍之爲龍一也，蟄而見，見而飛，龍無異道，而蟄以求伸，道日盛，善世溥化，❷光輝不能隱也。充實之美而進乎大，可以見矣。

若潛而未見，則爲己而已，未暇及人者也。❸

爲己可以及人，然必成章而始達。

「成德爲行」，德成自信，則不疑所行，日見乎外可也。

誠有諸己而充實，無疑於見之行矣。此初九之馴至乎九二也。

乾九三修辭立誠，非繼日待旦如周公，不足以終其業。

修辭所以成天下之務，立誠所以正在己之經。九二德成而可見之行，九三則修應世之業。業因物而見功，事賾而變不測，事變之興，不易以達吾之義，惟處心危而歷事敏，業乃可終。故九二立本，九三趨時，成章而達也。

九四以陽居陰，故曰「在淵」；

心隱而不能急喻諸物也。

能不忘於躍，乃可免咎。

含德自信而不求物之喻，可靜而不可動，無以化天下，故必不忘躍。

「非爲邪也」，終其義也。

然其不忘於躍，乃義之固然，變而不失其中，及物而非以失己，大人於此有密用焉，❹達此則可造乎天德矣。義者，因時大正之謂；終其義，歷險而成乎易也。

至健而易，至順而簡，

反天下之大經，無所間雜，故易簡；天不能違，化物而不倦，❺則健順至矣。

故其險其阻，不可階而升，不可勉而至。

心純乎理，天下之至難者也；見聞之知，勇敢之行，不足以企及之。

❶「溥」，原作「博」，據各本改。

❷「溥」，原作「博」，據各本改。

❸「未暇及人者也」，《張載集》同，劉氏鈔本脱「者」字，草堂本以下各本作「未及人也」。

❹「大人於此」，各本無此四字。

❺「不」，各本脱。

仲尼猶天，「九五飛龍在天」，其致一也。

聖功熟則不測而天矣。

「坤至柔而動也剛」，乃積大勢成而然也。

唯剛乃可以載物，地之載必積廣厚，故曰地勢坤。順理之至，於物無撓，非老氏致柔之説也。

乾至健無體，爲感速，故易知；

乾，氣之健也。無體者，至健則不滯於一事，隨方即應，可以御萬理而不窮，故無所遲疑，洞達明示而易知。

坤至順不煩，其施普，故簡能。

坤，情之順也。順天而行，己無專見之能以煩擾爭功，而乾之所至，隨效法焉，故不勞而功能自著。❶此以乾、坤之德言。

坤先迷不知所從，故失道；後能順聽，則得其常矣。

以順爲德者，無必爲之志，而聽乾之生，因而成之，則先無適從，而有所順聽乃得大常之理，所謂「無成有終」也，臣道也，婦道也，下學之道也。君子之學，以乾爲主，知之而後效，故大學之始，必知止至善以立大經，而後循循以進，斯善用坤而不迷。

造化之功，發乎動，

不動則不生，繇屈而伸，動之幾爲生之始，震也。

畢達乎順，

動而順其性，則物各自達，巽也。

形諸明，

畢達則形發而神見矣，離也。

養諸容，

不息其長養，惟其厚德能容也，坤也。

載遂乎説，

能容則物各自得而欣暢，兑也。

潤勝乎健，

「潤」字疑誤。自得則堅勝而成質，乾也。

不匱乎勞，

歷險阻而各有以自成，坎也。

終始乎止。

❶「不」下，各本有「言」字。

成則止矣。止者，即止其所動之功，終始一，則艮也。此釋「帝出乎震」一章之義，而以動爲造化之權輿，則以明夫不動不止而歷至於止，皆以善其動而爲功。彼以無爲爲化原者，終而不能始，屈而不能伸，死而不能生，昧於造化之理而與鬼爲徒，其妄明矣。

健、動、陷、止，剛之象；順、麗、入、説，柔之體。

體，謂體性。此言八卦成能之用，故不言陰陽而言柔剛。

「巽爲木」，萌於下，滋於上；

陰弱爲萌，陽盛爲滋，益盛也。❶

「爲繩直」，順以達也；

陰不違陽，故順而直。達者，順之功效。

「爲工」，巧且順也；

陰不亢而潛伏，巧也。順者，順物之理。

「爲白」，所遇而從也；

遇藍則青，遇茜則赤，陰從於陽，無定質也。

「爲長，爲高」，木之性也；「爲臭」，風也，入也；

臭因風而入，鼻不因形而達。❷

「於人爲寡髮廣顙」，躁人之象也。

陽亢於陰，故躁。凡言爲者，皆謂變化之象也。萬物之形體才性，萬事之變遷，莫非陰陽、屈伸、消長之所成，故《説卦》略言之以通物理，而占者得其事應，皆造化必然之效。然可以理通而不可以象測，執而泥之，則亦射覆之賤術而已矣。

「坎爲血卦」，周流而勞，血之象也；

入於險阻，故勞。血經營身中，勞則溢。

「爲赤」，其色也。

血亦水穀之滋，得勞而赤。

「離爲乾卦」，「於木爲科上槁」，附且躁也。

「躁」，當作「燥」。一陰附於兩陽，熯之而燥。

「艮爲小石」，堅難入也；

陽止於上，下有重陰不能入。

❶ 「益」，草堂本以下各本作「滋」。

❷ 下「因」字，原無，據各本補。

「爲徑路」，通或寡也。

止則寡通。

「兑爲附決」，内實則外附必決也；

陽盛，陰雖附之，必爲所決絶。

「爲毁折」，物成則上柔者必折也。

一陰孤立於上，不能自固。

「坤爲文」，衆色也；「爲衆」，容載廣也。❶

一色表著曰章，衆色雜成曰文。坤廣容物，多受雜色。

「乾爲大赤」，其正色；

此取乾南坤北之象。

「爲冰」，健極而寒甚也。

又取乾位西北之象。於此見八卦方位，初無定在，隨所見而測之，皆可爲方，故曰「神無方，易無體」，無方而非其方，無體而非其體也。分文王、伏羲方位之異，術士之説爾。



「震爲萑葦」，「爲蒼筤竹」，「爲旉」，皆蕃鮮也。

旉，花也。蕃盛鮮明，動則榮也。

**一**陷溺而不得出爲坎，**一**附麗而不能去爲離。

**一**，奇畫，讀如奇。坎，陽陷陰中，入于坎窞；離，陰爲主於内，二陽交附之。二卦皆以陽取義，不使陰得爲主，扶陽抑陰之義。

艮一陽爲主於兩陰之上，各得其位而其勢止也。《易》言光明者，多艮之象，

卦有艮體，則繫之以光明。

著則明之義也。

陽見於外爲著。陽明昭示而無所隱，異於震之動也微，坎之陷也匿。

---

❶「爲衆容載廣也」六字，原在注文「多受雜色」句後，金陵本以下各本移於「衆色也」之下，兹從之。

蒙無遽亨之理，由九二循循行時中之亨也。

初生始蒙，其明未著，無能遽通乎萬事，惟九二得中，以陽居陰，循循漸啓其明，則隨時而養以中道，所以亨也。天之生人也，孩提之知識，惟不即發，異於雛犢之慧，故靈於萬物；取精用物，資天地之和，漸啓其明，而知乃通天之中也。聖人之教人，不能早喻以廣大高明之極致，敷五教以在寬而黎民時變，循文禮以善誘而高堅卓立，不使之迫於小成而養之以正，聖人之中也。故曰：「大學之教存乎時。」

「不終日貞吉」，言疾正則吉也。

善惡之幾，決於一念；濡遲不決，❶則陷溺不振。

仲尼以六二以陰居陰，獨無累於四，故其介如石；

欲而能反於理，不以聲色味貨之狎習相泥相取，一念決之而終不易。

雖體柔順，以其在中而靜，何俟終日，必知幾而正矣。

小人之誘君子，聲色貨利之引耳目，急與之争，必將不勝，惟靜以處之，則其不足與爲緣之幾自見，故曰「無欲故靜」；靜則欲止不行，而所當爲之義以靜極而動，沛然勇爲而無非正矣。

坎維心亨，故行有尚；外雖積險，苟處之心亨不疑，則雖難必濟而往有功也。❷

陽在内，心象也。二陰陷陽，險矣；而陽剛居中，秉正不撓，直行而無憂疑，忠臣孝子之所以遂志而濟險，行其所當爲，泰然處之而已。

中孚，上巽施之，下悦承之，其中必有感化而出焉者。蓋孚者覆乳音孺之象，有必生之理。

中孚二陰在内，疑非施信之道；然以柔相感，如鳥之伏子，有必生之理，光武所謂「以柔道治天下」者，亦治道之一術也。敔按：孟子曰：「中也養不中，才也養不才。」中孚者，養道也，必信乃能養也。

---

❶「遲」，各本作「滯」。

❷「雖」，劉氏鈔本以下各本均無，疑係脱誤。中華本《張載集》有「雖」字。

物因雷動，雷動不妄，

以其時出，則固不妄。

則物亦不妄，

雷出而物生必信。

故曰「物與無妄」。

雷之動也，無恒日，無恒聲，無恒處，此疑於不測而非有誠然，陽氣發以應天，自與物候相感而不忒；聖人之動，神化不測，出人億度之表，而乘時以應天，天下自效其誠。皆天理物性之實然，無所增損也。

静之動也，無休息之期，

衆人之動，因感而動，事至而念起，事去而念息。君子於物感未交之際，耳目不倚於見聞，言動不形於聲色，而不顯亦臨，不諫亦入；其於静也無瞬息之怠放而息，則其動也亦發邇而不忘遠，及遠而不泄邇，終身終日不使其心儳焉，此存心窮理盡性之學也。

故地雷爲卦，言「反」又言「復」；

地，静體也；雷，動幾也。反，止於静也；復，興於動也。

終則有始，循環無窮。

事物有終始，心無終始。天之以冬終，以春始，以亥終，以子始，人謂之然爾；運行循環，天不自知終始也。謂十一月一陽生，冬至前一日無陽者，董仲舒之陋也。復之爲卦，但取至静而含動之象，豈有時哉！卦氣之説，小道之泥也。

入，指其化而裁之爾；❶

入，非收視反聽，寂静以守黑之謂也；化之未形，裁之以神而節宣其化，入者所以出也。「入」，坊本作「人」，蓋誤。

深，其反也；

極深以窮其理，反求之内也。

幾，其復也；

幾，動而應以所精之義，復於外也。

故曰「反復其道」，❷

反而具復之道。

又曰「出入無疾」。

其人不忘，故其出不妄，動静一致，而静不偏枯，動不凌競矣。

---

❶「裁」下，各本有「成」字。中華本《張載集》與底本同。

❷「幾動」至「其道」，各本脱此兩行文字。中華本據《張載集》補足《正蒙》本文，仍無前行船山注文。

「益長裕而不設」，益以實也；

益，損外卦四爻之陽以益初爻，使群陰得主，陽以富有之實而益人，故施之可裕，而非所不可損者强與之。蓋益者否之變，益之以陽，所以消否。敔按：三陽三陰之卦，皆自否、泰而來，故曰「益者否之變」。

妄加以不誠之益，非益也。

非所當得而益之爲不誠。

「井渫而不食」，强施行，惻然且不售，作《易》者之歎與！

强施行，不忍置也；惻然，不食而情愈迫也。作《易》者，謂周公。周公盡心王室而成王不受訓，心懷耿憂，所以歎也。其後孔子於魯，孟子於齊，知不可而爲之，世終莫知，聖賢且無如之何。故竭忠盡教而人不寤，君子之所深惻也。

闔户，静密也；闢户，動達也；

陰爻耦，闔象也；而言闔户者，坤之德順，以受陽之施，闔而納之，處静以藏動也。陽之爻奇，闢象也；而言闢户者，乾之德健而發，施於陰者無所吝，而動則無不達也。陰陽，質也；乾、坤，性也；闔闢之體用互用，不倚於質之所偏，此乾、坤之互爲質性，而不爽夫太和也。

形開而目覩耳聞，受於陽也。

形，陰之静也。開者，陽氣動而開之，覩聞乘其動而達焉。雖陰魄發光，而必待開於陽，故闢者陽之功能，寐則陰函陽而閟之於內，陰之效也。静以居動，則動者不離乎静，動以動其静，則静者亦動而靈，此一闔一闢所以爲道也。敔按：莊子曰：「其寐也魂交，其覺也形開。」張子蓋取交言，而以《易》闔其闢之義通之。

辭各指其所之，聖人之情也。

指，示也；所之者，人所行也。吉凶存乎命而著乎象，人所攸往之善，存乎性而視其所趨。聖人正天下以成人之美、遠人之惡者，其情於辭而見。故《易》之《繫辭》非但明吉凶，而必指人以所趨嚮。

指之以趨時盡利，順性命之理，臻三極之道也。

指示占者使崇德而廣業，非但告以吉凶也。趨時，因時擇中，日乾夕惕也；盡利，精義而行，則物無不利也。能率吾性之良能以盡人事，則在天之命，順者俟之，逆者立之，而人極立，贊天地而參之矣。蓋一事之微，其行其止，推其所至，皆天理存亡之幾。精義以時中，則自寢食言笑以至生死禍福之交，皆與天道相爲陟降。因爻立象，因事明占，而昭示顯道，無一而非性命之理。《易》爲君子謀，初非以趨利避害也。

**能從之，則不陷於凶悔矣，**

因所占以進退精義，則無不利矣。

**所謂「變動以利言」者也。**

變動，謂占者玩占而徙義；利者，利用而合於義也。

**然爻有攻取愛惡，本情素動，因生吉凶悔吝而不可變者，**

時位不相當，陰陽不相協，故天數人事，有攻取愛惡之不同，性情動於積素以生吉凶悔吝，旦夕莫可挽回者，非天數之固然，攻取愛惡所釀成者漸也。

**乃所謂「吉凶以情遷」者也。**

君子之情豫定，則先迷而後必得；小人之情已淫，則惡積而不可揜。故履信思順，則天祐而無不利，迷復則十年有凶；非理無可復，情已遷則不可再返也。

**能深存《繫辭》所命，則二者之動見矣。**

命，告也，爻所告人者也。二者，盡利之道，遷變之情也。情遷者，君子安命而無求，利告者，君子盡道以補過，惟深察乎《繫辭》，則自辨其所之矣。

**又有義命當吉、當凶、當否、當亨者，**

當吉則居富貴而不疑，當凶則罹死亡而不恤，當否則退藏以聽小人之利，當亨則大行而司衮鉞之權。

**聖人不使避凶趨吉，一以貞勝而不顧。**

辭明示以凶而不爲謀趨吉之道，貞勝則凶不避也。

**如「大人否亨」、**

雖否而亨。

**「有損自天」、**

禍福忽至而不知所從來。

**「過涉滅頂凶无咎」、**

雖凶無咎。

**《損》《益》「龜不克違」，**

福至非其所欲而不能辭。

**及「其命亂也」之類，**

雖吉而非正命。

**三者情異，不可不察。**

有隕自天不克違，則慎所以處之；其命亂，則必去之；否亨、凶無咎，則決於赴難而不懼。三者，天數物情之必有，貞勝而不爲所動，聖人之情亦見乎辭，此《大易》所以與術數之說喻義喻利之分也。

因爻象之既動，明吉凶於未形，故曰「爻象動乎內，吉凶見乎外」。

爻象以理而生象數，在人爲善惡得失之幾初動於心，故曰內；吉凶因象數而成得失之繇，在人爲事起物應而成敗著見，故曰外。

「富有」者，大無外也；

神行於天地之間，無所不通，天之包地外而并育並行者，乾道也。

「日新」者，久無窮也。

順受陽施以成萬化而不息，榮枯相代而彌見其新，坤道也。

顯，其聚也；隱，其散也。

聚則積之大而可見，散則極於微而不可見。

隱且顯，幽明所以存乎象；

於其象而觀之，則有幽明之異，人所知也。

聚且散，推盪所以妙乎神。

其聚其散，推盪之者神爲之也，而其必信乎理者誠也。以《易》言之，乾陽顯而陰隱，坤陰顯而陽隱，屯、蒙、鼎、革、剥、復、夬、姤之屬相錯而迭爲隱顯，聚之著也。乾、坤並建，而大生廣生以備天下之險阻，位有去來，時有衰王，維之盪之，日月、雷風、男女、死生、榮謝，同歸而殊塗，萬化不測而必肖其性情，神之妙也，非象所得而現矣。

「變化進退之象」云者，進退之動也微，必驗之於變化之著，故察進退之理爲難，察變化之象爲易。

變者，陰變爲陽；化者，陽化爲陰；六十四卦互相變易而象成。進退者，推盪而屈伸也；推之則伸而進，盪之則屈而退，而變化生焉。此神之所爲，非存神者不能知其必然之理。然學《易》者必於變化而察之，知其當然而後可進求其所以然，王弼「得言忘象，得意忘言」之説非也。

「憂悔吝者存乎介」，欲觀《易》象之小疵，宜存志靜，知所動之幾微也。

悔吝非凶，故曰小疵。爻之有悔吝，動違其時，在幾微之間爾。靜察其理，則正而失宜，過不在大，審之於獨知之際，以消息其應違，不容不戒懼矣。

往之爲義，有已往，

如「素履往」之類。

有方往，

如「往蹇」之類。

臨文者不可不察。

已往則保成而補過，方往則勉慎以圖功，察其文，可以因占而得所宜。❶

❶「因」下，各本有「其」字。

# 張子正蒙注卷八

## 樂器篇

此篇釋《詩》、《書》之義。其説詩而先之以樂，❶樂與詩相爲體用者也。

**樂器有相，周、召之治與！**

相，韋表糠裹。《記》曰「治亂以相」，相之音菀而不宣，所以節音之雜亂，周、召之治還醇止亂之道。

**其有雅，太公之志乎！**

雅，柷類，以木爲桶，中有椎，擊之。《記》曰「訊疾以雅」，促樂使疾也，功以速成而定，故曰「太公之志」。

**雅者，正也，直己而行正也。故訊疾蹈厲者，太公之事邪！**

敬勝怠，義勝欲，正己而正人，以伐無道，事不得緩。

**《詩》亦有雅，亦正言而直歌之，無隱諷譎諫之巧也。**

正雅直言功德，變雅正言得失，異於風之隱譎，故謂之「雅」，與樂器之「雅」同義。即此以明詩、樂之理一。

**《象武》，武王初有天下，象文王武功之舞，歌《維清》以奏之。**張子自注：成童舞之。

戡黎伐崇，文王之武功。

**《大武》，武王没，嗣王象武王之功之舞，歌《武》以奏之。**張子自注：冠者舞之。**《酌》，周公没，嗣王以武功之成由周公，告其成於宗廟之歌也。**張子自注：十三舞焉。

「酌」，《禮記》作「勺」。此明詩、樂之合一以象功。學者學詩則學樂，興與成，始終同其條理。惟其興發志意於先王之盛德大業，則動静交養，以暢於四支，發於事業，蔑不成矣。

**興己之善，觀人之志，群而思無邪，怨而止**

❶「其説詩」，劉氏鈔本以下各本脱此三字。

禮義，人可事親，出可事君。但言君父，舉其重者也。

奮發於爲善而通天下之志，群而貞，怨而節，盡己與人之道，盡於是矣。事父事君以此，可以寡過，推以行之，天下無非中正和平之節，故不可以不學。

志至詩至，有象必可名，有名斯有體，故禮亦至焉。

象，心有其成事之象也。禮，見於事而成法則也。詩以言達志，禮以實副名，故學詩可以正志，可以立體。

幽贊天地之化，❶非聖人而能哉！

凡有其理而未形，待人而明之者，皆幽也。聖人知化之有神，存乎變合而化可顯，故能助天地而終其用。

詩人謂「后稷之穡，有相之道」，贊化育之一端也。

天能生之，地能成之，而斟酌飽滿以全二氣之粹美者，人之能也。穡有可豐美之道而未盡昭著，后稷因天之能，盡地之利，以人能合而成之，凡聖人所以用天地之神而化其已成之質，使充實光輝者，皆若此。



禮矯實求稱，或文或質，居物後而不可常也。

實，情也，情不足則益之以文，情有餘則存之以質。物亦實也，情已動而事且成，乃因時因事而損益之，在情事之後，矯之正也。文質各矯其所偏，故不可常。

他人才未美，故絢飾之以文；莊姜才甚美，乃更絢飾之用質素。

質已成之後，禮因損益之以致美，無一定之絢在才質之先也。此明因才節宣之道存乎禮，故有其質者，不可不學禮以善其後。

下文「繪事後素」，素謂其材，字雖同而義施各異，故設色之工，材黄白者必繪以青赤，材赤黑必繪以粉素。

繪非異色，則文不足以宣，故禮以人之情而著其美，酌情事之異而損餘補不足也。❷ 敔按：此章注義，亦就張子之意而通之。

❶「化」，草堂本以下各本作「道」。中華本《張載集》亦作「道」。惟船山於此則皆據「化」作注。

❷「餘」上，草堂本以下各本有「有」字。

「陟降庭止」，上下無常，非爲邪也，進德修業欲及時也。「在帝左右」，所謂欲及時者與！

作而有爲，上也，陟也；退而自省，下也，降也；一陟一降，皆有天理之明明赫赫者臨之於庭，則動静無恒而一於正道。不執一，則存省愈嚴，陟降一心，德業一致，此朝乾夕惕、存神盡性之密用，❶作聖之功，於斯至矣。

江沱之媵以類行而欲喪朋，故無怨；嫡以類行而不能喪其朋，故不以媵備數。

類者，貴賤之分；朋，私心也。媵安於卑賤之類而忘己私，嫡處於尊貴而恃其類，懷私以不能容物，此得朋喪朋之異，公私之分也。

卒能自悔，得安貞之吉，乃終有慶，而「其嘯也歌」。

自悔，則能喪其私而先迷後得矣。坤之爲德，以厚載有容爲美，而私心間之，則吝而驕；惟去私以廣容，而後能承天以利正，婦道也，臣道也。下學遜志，遏欲以存理之始功也。

采枲耳，議酒食，女子所以奉賓祭、厚君親者足矣；又思酌使臣之勞，推及求賢審官，王季、文王之心，豈是過與！

此引申毛傳之旨而廣言之。盡仁孝以爲本，而推以愛賢任官，王季、文王之德也；后妃以順承之，則乾、坤合德矣。

《甘棠》，初能使民不忍去，上聲。中能使民不忍傷，卒能使民知心敬而不瀆之以拜，

以拜爲致敬之辭，於義未安。

非善教寢明，能取是於民哉！

繇善教，故仁聲作。

「振振」，勸使勉也；「歸哉歸哉」，序其情也。

先勸君子急公而後望其歸，發乎情，止乎禮義。

《卷耳》，念臣下小勞則思小飲之，

❶「朝」，原作「鼂」，避父王朝聘諱也。今回改。下同，不再出校。

兕觥。

大勞則思大飲之，

金罍。

甚則知其怨苦噓歎。婦人能此，則險詖私謁害政之心知其無也。

一於正則不邪。

「綢直如髮」，貧者紒縰無餘，順其髮而直韜之爾。

縰以帛斂髮而作紒，古者紒不露髮，帛有餘，則斜纏繞之，帛不足，則裁直條如其髮之長而直韜之，此言儉而不失其容也。

《蓼蕭》、《棠華》「有譽處兮」，皆謂君接己溫厚，則下情得伸，讒毁不入，而美名可保也。

處，謂居之安也。讒毁之人，皆繇君有刻薄疑忌之心；君仁臣忠，無所容其間矣。

《商頌》「顧予烝嘗，湯孫之將」，言祖考來顧以助湯孫也。

祭者，子孫之心，然必時和年豐，天人胥洽，而後禮備；而孝思可伸，則在祖考之佑助也。古者以祭成爲大福。敔按：引此亦與「陟降庭止，在帝左右」之意相通。

「鄂不韡韡」，兄弟之見，不致文於初，本諸誠也。

鄂，花萼；不，音趺，❶花承蒂小莖也。花方含蕊，文未著，而韡韡之生意在中，與兄弟之好一本諸誠，非徒尚文。

《采苓》之詩，舍旃則無然，爲言則求所得，所譽必有所試，厚之至也。

舍旃，毁之令斥也；無然，無毁也；爲言，揚其美也；求所得，察其何所得當於道。譽必試也，毁則無譽，必試而謂之厚者，人之刻薄賊恩，喜怒自任，類非其本心，❷惟輕信人言而不自求諸心。能不因人爲毁譽，則好

❶「趺」，各本作「跗」。
❷「類」，各本無此字。

惡從心，而傷害於物者鮮矣。❶試，坊本作誠，誤。❷

簡，略也，無所難也，甚則不恭焉。

難，去聲。於物無所難，以爲不足較也。

賢者仕祿，非迫於飢寒，不恭莫甚焉。

孔子爲委吏乘田，免於飢寒則去之。此伶官非以貧故，而謂世不足與有爲，仕於卑賤，不恭之甚矣。

「簡兮簡兮」，雖刺時君不用，然爲士者不能無太簡之譏，故詩人陳其容色之盛，善御之强，

推其賢以責備之。

與夫君子由房由敖，不語其材武者異矣。

君子陽陽，安分自得，無疾世之意，故無責焉。

「破我斧」，「缺我斨」，言四國首亂，烏能有爲，徒破缺我斧斨而已；

四國：商、奄、管、蔡。

周公征而安之，愛人之至也。

諒其無能爲而不窮兵致討，念其愚而安之，周公之心，純乎仁愛。

《伐柯》言正當加禮於周公，取人以身也。

屈己而後能下賢。

其終見書「予小子其新逆」。

成王終成此詩之志。

《九罭》，言王見周公當大其禮命，則大人可致也。

君臣合德則禮命自隆，大人以道致，所謂「同聲相應，同氣相求」也。

《狼跋》，美周公不失其聖，卒能感人心於和平也。

庸人處變而不知自裁以禮，其賢者則改節降志以自貶損而免患，若郭子儀是已。聖人達於屈伸之感而貞其大常，静正而物自感，心無私累，則物我之氣俱順。人心之和平，公心之和平化之也。

---

❶「鮮」，各本作「多」，疑誤。

❷「試坊本作誠誤」，草堂本以下各本無此六字。

《甫田》「歲取十千」，一成之田九萬畝，

九萬畝，百井也。按四井爲邑，四邑爲丘，四丘爲甸，甸地方八里，旁加一里爲成，止六十五井，五萬八千五百畝，此云「九萬畝」未詳。

公取十千畝，九一之法也。

后稷之生，當在堯舜之中年，

舜攝政而使稷教稼穡，在已彊仕矣，❶此云「中年」，未詳。

而《詩》云「上帝不寧」，疑在堯時高辛子孫爲二王後，而詩人稱帝爾。

此謂上帝爲天子之稱，疑者，未定之辭。實則稷蓋帝摯之子，生於諸侯廢摯，堯即位之初。摯，堯兄也，兄廢弟立，未嘗改姓易服，不得稱「二王後」。此説未安。

唐棣，枝類棘枝，

未詳。

隨節屈曲，其華一偏一反，

嚮外生者偏，內出者反。

左右相矯，因得全體均正。偏，喻管、蔡失道；反，喻周公誅殛。言我豈不思兄弟之愛，以權宜合義，主在遠者爾。

所繫者家國之大。

《唐棣》本文王之詩，

以「唐棣」爲「棠棣」，❷又云「文王作」，蓋誤。

此一章周公制作，序己情而加之，

謂周公增此一章。

仲尼以不必常存而去之。

漢注合上「可與共學」爲一章，以偏反之反爲反經合權之比，而張子因之，義多未順。張子之學主於心得，於博學詳説之功多所簡忽，若此類是也。

日出而陰升自西，日迎而會之，雨之候也，

日自東而西，微雨自西而東，與日相會合，陰陽和則雨。

❶「在」，草堂本以下各本無此字。

❷「以唐棣爲棠棣」，古籍出版社本及中華本作「以棠棣爲唐棣」。

喻昏姻之得禮者也；

陽迎陰，男下女，以崇廉節也。

日西矣而陰生於東，

日已去而陰逐其後，日無會雨之心，雨强而奔隨之，❶雨終不成。

喻昏姻之失道者也。

「朝隮于西，崇朝其雨」，正而和也；「蝃蝀在東，則人莫之敢指」，不正之氣也。張子此説爲長。朱子謂虹蜺天之淫氣，不知微雨漾日光而成虹，人見之然爾，非實有虹也。言虹飲於井者，野人之説。

鶴鳴而子和，言出之善者與！

善則物必應。

鶴鳴魚潛，畏聲聞之不臧者與！

鶴鳴而聲聞于天，魚潛而或在渚，不善則不可揜也。故必善其鳴而慎其潛，乃以得臧。取喻同而義異，《易》以言好仁之益，《詩》以示惡不仁之警。

「鴥彼晨風，鬱彼北林」，晨風雖鷙擊之鳥，猶時得退而依深林而止也。

興勞人之不得息。

《漸漸之石》言「有豕白蹢，烝涉波矣」，豕之負塗曳泥，其常性也；今豕足皆白，衆與涉波而去，水患之多爲可知也。

水患多則征人勞。

「君子所貴乎道者三」，猶「王天下有三重焉」：言也，動也，行也。

君子所貴乎道，求之身而已；言、行、動皆本諸身之道，立其本而中和致，乃可以制禮作樂。若度數文章稽於衆，❷而習之者能贊之，猶籩豆之事，任之有司可也。故道以反經爲大。

---

❶ 「日無」至「隨之」十二字，草堂本、學署本缺「而」字，金陵本以下各本則作「日無會陰之心，陰强奔隨之」。

❷ 「度」，草堂本以下各本作「讀」，蓋音同致誤。

耇造德降，❶則民誠當作諴。和而鳳可致，故鳴鳥聞，所以爲和氣之應也。

天地人物之氣，其原一也。民和則天和不干，天和則物效其和，德施普降，和氣達於萬民，而物應之不爽矣。

九疇次敍：民資以生，莫先天材，故首曰五行；

疇，事也；九事皆帝王臨民之大法。五行者，非天化之止於此，亦非天之秩分五者而不相爲通，特以民生所資，厚生利用，需此五者，故炎上、潤下、曲直、從革、稼穡及五味，皆就人所資用者言之。五行，天産之材以養民，而善用之者君道也；五事，天命之性以明民，而善用之者君德也；皆切乎民事而言，故曰範，曰疇。漢以後儒者不察，雜引術數家言，分配支離，皆不明於《洪範》之旨；而醫卜星命之流，因緣附會以生克休王之鄙說。張子決言其爲資生之材以闢邪說，韙矣。

君天下必先正己，故次五事；

正己而後可正人，踐形盡性，所以正己。

己正然後邦得而治，故次八政；

八政以節宣五行而立爲常典。

政不時舉必昏，故次五紀；

合於天乃順於人。

五紀明然後時措得中，故次建皇極；

極建則隨時以處中。

求大中不可不知權，故次三德；

剛柔正直，各適其宜，權也。

權必有疑，故次稽疑；

循常而行，人謀定則可不待卜筮；行權有疑，而後決之以鬼謀。

可徵然後疑決，故次庶徵；

卜筮隱而天象顯。

福極徵，然後可不勞而治，故九以嚮勸終焉。

刑賞合天則大法行，而非徒恃法也。

五爲數中，故皇極處之；權過中而合義者也，故三德處六。

次敍之說，亦理之一端。以《雒書》證之，抑有不盡

❶「耇」，原作「苟」，中華本依《書・君奭》「耇造德不降」改，茲從之。

然者，讀者不必泥也。

「親親尊尊」，

周道也。

又曰「親親尊賢」，

周公治魯之道。

義雖各施，然而親均則尊其尊，尊均則親其親爲可矣。

親尊互酌而重者見矣。

若親均尊均，則齒不可以不先，此施於有親者不疑。

昭穆亦齒序之推也。❶

若尊賢之等，則於親尊之殺，必有權而後行。

賢均則以親疏尊卑爲等。

急親賢爲堯舜之道，

親賢，謂親而賢者。

然則親之賢者先得之於疎之賢者爲必然。

先得，急之也；謂先舉而尊之。

堯明俊德於九族而九族睦。

明，顯也；表而尊之，則人皆喻於爲善之榮。

章俊德於百姓而萬邦協，黎民雍；

九族之賢既舉而後舉庶士。百姓，謂百官賜族姓者。

皋陶亦以惇敘九族、庶明勵翼爲邇可遠之道；

庶明，庶士之賢者。邇可遠，謂即邇以及遠。

則九族勉敬之人固先明之，然後遠者可次敘而及。

周道以親親爲本，一堯、舜之道也。

《大學》謂「克明俊德」爲自明其德，不若孔氏之注愈。

義民，安分之良民而已；

僅免於惡而不足與爲善。

俊民，俊德之民也。

俊，大也；德大則所施亦大。

官能，則準牧無義民；

❶「齒序」，各本互乙。

鄉黨自好者，可使安於野而不可使在官。

治昏，則俊民用微。

取小善而棄大德，昏主之所以壞風俗也；雖聖世不能無鄉原，惟置而不用，則不足以賊德。

五言，樂語歌咏五德之言也。

樂語，所歌之文詞。

「卜不習吉」，言卜官將占，先決問人心，有疑乃卜，無疑則否。

理顯於明而故索之幽，徒亂德而已。

「朕志無疑，人謀僉同」，故無所用卜；鬼神必依，龜筮必從，

幽明無二理。

故不必卜筮，玩習其吉以瀆神也。

謀已決而欲得吉占，玩神以自快而已。

衍忒未分，有悔吝之防，此卜筮之所由作也。

衍忒，數之過也。事非常而過於常數，爲之則悔，不爲則吝，故卜筮以決之。若吉凶之數適如其理，則受人之天下而不辭，蹈白刃而不避，何卜筮之有！卜筮者，所以審在己之悔吝，而非爲吉凶也。

## 王禘篇

此篇略釋三禮之義，皆禮之大者，先王所以順天之秩敘而精其義者也。張子之學以立禮爲本，而言禮則辨其大而遺其細。蓋大經有一定之理，而恭敬、撙節、退讓之宜，則存乎人之隨時以處中，而不在乎度數之察也。

「禮不王不禘」，則知諸侯歲闕一祭爲不禘明矣。

謂夏、商春礿夏禘，即於夏季時享行大禘，諸侯不禘，則夏不祭。

至周以祠爲春，以禴爲夏，宗廟歲六享，則二享、四祭爲六矣。

二享，禘、祫；四祭，祠、禴、嘗、烝。

諸侯不禘，其四享與！

四時之祭闕其一，合祫而四。周制，諸侯各以其方

助祭于天子，❶故其時不行宗廟之祭。

夏、商諸侯，夏特一祫，《王制》謂「礿則不禘，禘則不嘗」，假其名以見時祀之數爾。作《記》者不知文之害意，過矣。

《王制》蓋謂諸侯祠則不礿，礿則不嘗，亦言闕一祭爾。假夏、商時享之名謂礿爲禘，於文未審，恐讀者不察，且疑諸侯之亦禘，害於禮矣。夏、商諸侯，夏時天子大禘之時而祫祭，非禘也。作《記》者，漢文帝時博士。❷

禘於夏，周當是「商」字之譌爲春夏，嘗於夏、商爲秋冬，作《記》者交舉，以二氣對互而言爾。

言禘以該礿，言嘗以該烝，《禮記》專言禘、嘗者，以陰陽二氣之變，故於夏秋之交相對而言，略春冬而舉夏秋，要以夏、商之禮爲名；若周，則禘在時享之外。

享嘗云者，享爲追享朝享，禘亦其一爾。

所自出之帝遠矣，故云追享。朝享者，諸侯覲王亦有享禮，以下奉上之通詞，故禘亦可云享。

嘗以配享，亦對舉秋冬而言也。夏、商以禘爲時祭，知追享之必在夏也。

謂夏、商因夏之時祭而行大禘，故以與嘗對舉，嘗言秋冬，享言春夏。

然則夏、商天子歲乃五享，

謂五祭。

禘列四祭，并祫而五也。

以不王不禘，禘爲大享，故知夏禘之外不更別行時祭。

周改禘爲禴，則天子享六；

禘祫二祭，於四祭外別舉之。

諸侯不禘，

祫而不禘。

又歲闕一祭，則亦四而已矣。《王制》所謂天子犆礿、祫禘、祫嘗、祫烝，既以禘爲時祭，則祫可同時而舉。張子自注：礿以物薄，而犆嘗從舊。❸

❶「于」，各本脱。
❷「時」，各本無此字。
❸「而」，原作「放」，依中華本改。

祫禘云者，據夏、商而言；祫禘、祫嘗、祫烝，謂隨三時可并行祫祭。

諸侯礿犆張子自注：同天子。❶禘一犆一祫，言於夏禘之時正爲一祭，

不祫也。

特一祫而已。

祫隨秋冬行之。

然則不王不禘，又著見於此矣。

大禘不得言犆言祫；諸侯之言禘，非禘也，孟夏時享之名也。

又云嘗祫、烝祫，則嘗、烝且祫無疑矣。

秋嘗冬烝，可於時并行，祫祭實止一祫也。

若周制亦當闕一時之祭，則當云諸侯礿則不禴，禴則不嘗。

以夏、商之禮言，故云禘。若以周制言之，則當云礿禴，不當云礿禘；作《記》者雜用三代之文，故害於意。反復釋此，所以申明不王不禘之大義。

庶子不祭祖，張子自注：不止言王考而已。

大夫三廟而上，皆有祖廟祀始受命者。

明其宗也；張子自注：明宗子當祭也。

庶子即爲大夫，不得專立祖廟，後世乃可祖之；若宗子，則雖不爲大夫，亦必祭祖。

不祭禰，張子自注：以父爲親之極甚者，故又發此文。

上庶子對繼祖之宗子而言，此庶子兼對繼禰之宗子而言。苟爲庶子，則禰且不祭，況祖乎！

明其宗也。

唯繼禰之宗子乃得祭禰；庶子貴，以其牲就宗子而行事。

庶子不爲長子斬，不繼祖與禰故也。張子自注：此以服言，不以祭言，故又發此義。

凡庶子皆不繼祖，即有繼禰者，亦不爲其長子斬，況其不繼禰者，❷雖嫡長，但繼己而已，非祖禰之繼，義不得伸。

「庶子不祭殤與無後者」，注：「不祭殤者，父之庶。」

---

❶「同」，草堂本以下各本作「如」。按中華本《張載集》亦作「如」。

❷「其不」，各本無此二字。

註，鄭氏注也。不繼禰之庶子，不祭己之殤。❶

蓋以殤未足語世數，特以己不祭禰，故不祭之。

此釋鄭註，言殤非父之適孫，不足列世數。己既非繼禰之宗，則殤卑賤不得祭。

「不祭無後者，祖之庶也」，

二句鄭氏注文。於祖爲庶孫，雖於禰爲適子，可以祭殤，而不可以祭諸父昆弟之無後者。

雖無後，以其成人備世數，當祔祖以祭之，己不祭祖，故不得而祭之也。

釋鄭注，言己不敢入祖廟而祭，則共其祭物而宗子主焉，己不祭也。

「祖庶之殤，則自祭之也」，

二句鄭氏注文。己爲祖庶，於禰爲適，則可祭己之適殤。

言庶孫則得祭其子之殤者，以己爲其祖矣，無所祔之也。

釋鄭注，言庶子，祖之庶也。己之殤，己之適長殤，己爲其祖者，己可祭禰，則禰爲殤之祖矣。❷ 無所祔，言不須祔於己之祖廟。

「凡所祭殤者唯適子」，

鄭氏注文。此適子，謂殤。

此據《禮》天子下祭殤五，皆適子適孫之類。故知凡殤非適皆不當特祭，惟當從祖祔食。❸

釋鄭註。言必有承祖世爵之貴乃特祭之，其他則雖世數，必祔食乃祭。

「無後者，謂諸父昆弟」，

鄭氏注文。

殤與無後者，如祖廟在小宗之家，祭之如在大宗。❹ 張子自注：見《曾子問》注。

此引伸鄭注而言。祖廟在小宗之家，謂大夫更立祖廟别爲一宗者。如在大宗，即祔於小宗家之廟，不必合於大宗，從祖而已。

❶「祭」，各本作「繼」，疑緣上「繼」字而誤。

❷「則禰」，各本無此二字。

❸「當」，各本脱。按中華本《張載集》有此字。

❹「在」，各本脱。按中華本《張載集》有此字。

殷而上七廟，自祖考而下五，并遠廟爲祧者二，

據《王制》而言。

無不遷之太祖廟。至周有不毀之祖，

謂后稷。

則三昭三穆，四爲親廟，二爲文、武二世室，并始祖而七。

謂周之親廟止於四世，五世則祧。

諸侯無二祧，

謂世室。

故五。

四親廟，與始封之君而五。

大夫無不遷之祖，則一昭一穆，

父與王父。

與祖考而三。

祖考，謂曾祖。大夫不世官，祀之三世而止。

故以祖考通謂爲太祖，

名爲太祖，實祖考也；以西嚮之尊，故稱太祖。

若祫，則請於其君，并高祖干祫之。張子自注：干祫之，不當祫而特祫之也。

并，合也。干，求也。大夫不得合祭，貴大夫請於君而得行合食之禮。

孔注：「《王制》，謂周制。」亦粗及之而不詳爾。

孔注，孔穎達疏。《王制》所云，非周制也。天子諸侯親廟各四，所謂五世而斬也。然二昭二穆必於四世，胡氏謂父死子繼，兄終弟及，皆爲一世，則有兄弟踵立，如齊桓公四子皆爲君，則不得祀其祖；且兄弟爲昭穆而昭穆亂，其説非也。人君無子，則早立繼嗣，必以其昭穆，其未立者，非如漢之冲、質，君道未成，則自私而輕宗廟，當以無後祔食之例祔於祖廟，而不入世數可知。雖天子諸侯無後，亦不得特立廟也。

「鋪筵設同几」，疑左右几一云。

享祖考以妣合食則設同几。言同者，以别於左右各一几也。疑者，釋其疑之謂。

交鬼神異於人，故夫婦而同几。

人道則夫婦有别，交祖考者以神道，神則陰陽合德而資生，孝子慈孫以其精意感神於漠，即己之志氣而神在焉。己爲考妣合一之身，不得有陰陽男女之異，鬼神無嫌，不必别也。

求之或於室，或於祊也。

於室者，正祭；於祊，繹祭也。一神而求之多方，神無定在也。夫婦同几而不嫌於同，一神兩求而不嫌於異，知分合聚散之理，然後知禮之精義而入神。

「祭社稷五祀百神」者，以百神之功報天之德爾。

百神，皆天之神所分著者也，隨所著而報之。天德無方體，唯天子饗帝然。抑分而使人各効其報，以不忘資始之德。

故以天事鬼神，事之至也，理之盡也。

事鬼神而歸本於天，乃窮理以盡人事之至。淫祀者以鬼事鬼，不當於理，❶其黷甚矣。

「天子因生以賜姓，諸侯以字爲謚」當是「氏」字之譌。蓋以尊統上、卑統下之義。

天子賜諸侯之姓，推原其所生，❷故魯、衛同於姬，齊、紀同於姜，本所自出之帝，統於一尊，所以尊諸侯而上之。諸侯賜大夫之氏，因王父之字爲氏，不得上統於始祖，分族命氏，以明其所出之卑。❸君臣之分，於斯著矣。

「天子因生以賜姓」，難以命於下之人，亦尊統上之道也。

下之人，同姓之大夫也。天子命其大夫之氏，亦必分而各使爲氏，與侯國同。天子之大夫視侯，然唯諸侯則因生賜姓，而大夫否，尊統於上，不得及下也。子男雖卑，君道也；天子之大夫雖貴，臣道也。

此章舊分爲二，今合之。

據《玉藻》，疑天子聽朔於明堂，諸侯則於太廟，就藏朔之處告祖而行。

聽朔，頒朔也。諸侯奉朔藏於太廟，每月告祖而行。胡氏曰：「月，王月也。王者贊天敷治，自己制之，諸侯不敢自專，待命於尊親。」

「受命祖廟，作龜禰宮」，次序之宜。

此師行之禮，受命宜於尊者，卜吉宜於親者。

---

❶「理」，各本作「禮」。

❷「所」下，各本有「自」字。

❸「所」下，各本有「自」字。

「公之士及大夫之衆臣爲『衆臣』；公之卿大夫、卿大夫之室老及家邑之士爲『貴臣』。」

公之士，公之衆有司也；大夫之衆臣仕於大夫爲群有司，非室老，又非宰邑者也。卿、大夫，公之貴臣；室老、邑宰，大夫之貴臣。

上言「公士」，所以别士於公者也；

此釋《喪禮》之文。别士於公與士於家者也。士於家，更不在公室衆臣之列，愈賤而服愈降。

下言「室老士」，所以别士於家者也。

别士於家者於公之士也，公之士不爲大夫服。

「衆臣杖不以即位」，❶疑義與庶子同。

分卑則不得伸其哀。

「適士」，疑諸侯薦於天子之士及王朝爵命之通名。

諸侯所薦，仕於天子而受三命爲士者，與諸侯之士有功而王命之者，皆曰適士。適士，對庶士之稱。

蓋三命方受位天子之朝，

於王朝有班位。

一命再命受職受服者，疑官長自辟除，未有位於王朝，故謂之「官師」而已。

官長，六官之長，諸侯自命者亦如之。

「小事則專達」，蓋得自達於其君，不俟聞於長者，《禮》所謂「達官」者也。

引《周禮》以證《禮記》達官之義。

所謂「達官之長」者，得自達之長也。

官皆統於六官爲之長，而達官又各有長，如今制欽天監行人司遥屬禮部，而監正司正又爲之長。

所謂「官師」者，次其長者也。然則達官之長必三命而上者，官師則中士而再命者，庶士則一命爲可知。

《周禮》「小事則專達」，天子之官也。諸侯亦有達官之長，故以《周禮》推之，知其亦有專達之官，而有長有

---

❶「杖不以」，原作「不以杖」，中華本以「杖」字易置「臣」字之下，校云：「依《儀禮·子夏喪服傳》改。」兹從之。

貳，長上士，貳則中、下士，故達官之長，於諸侯爲貴臣。

「賜官」，使臣其屬也。張子自注：若卿大夫以室老士爲貴臣，未賜官則不得臣其士也。

明非但諸侯得有其臣，卿大夫既賜官，亦得臣其室老士。

祖廟未毁，教於公宫，

女子許嫁，教之三月。

則知諸侯於有服族人亦引而親之，如家人焉。

女子既然，則男子可知。諸侯絶期，而言有服者，以士禮推之，五世内服屬也。

「下而飲」者，不勝者自下堂而受飲也。「其争也」，争爲謙讓而已。

自安於不能，讓道也。

君子之射，以中爲勝，不必以貫革爲勝。侯以布，鵠以革，其不貫革而墜於地者，中鵠爲可知矣。

鵠，栖皮於布，侯之中也。布易貫，革難貫，至革而墜，中可知矣。

此「爲力不同科」之一也。

有力則貫，無力則否，先王因材取人而不求備，於《射禮》見其一。

「知死而不知生，傷而不弔。」

傷，哭也。

畏、壓、溺可傷尤甚，故特致哀死者，

畏，兵死；壓，木石壓死；溺，没水死。

不弔生者以異之，

雖知生亦不弔，蓋哀致於死者，則不暇及於生者。而致其親之死於畏、壓、溺，則不孝慈矣，雖與相知，絶之可也。爲君父戰而死者，非畏也，不在不弔之科。

且「如何不淑」之詞，無所施焉。

有故而死，無容問之。此舊注文，申釋之以明情與文之必稱。

「博依善依」，永而歌樂之也；

習其音調也。

「雜服」，雜習於制數服近之文也。

近，猶習也。音調文儀，非禮樂之至，然器繇道設，舍器而無以見道。

《春秋》大要，天子之事也。

大要，謂褒貶寓刑賞之權。

故曰：「知我者其唯《春秋》乎，罪我者其唯《春秋》乎！」

胡氏之說備矣。

「苗而不秀者」與下「不足畏也」爲一說。

一說，猶言一章。

# 張子正蒙注卷九

## 乾稱篇

此篇張子書於西牖示學者，題曰《訂頑》；伊川程子以啓争爲疑，改曰《西銘》。龜山楊氏疑其有體無用，近於墨氏，程子爲辨明其理一分殊之義，論之詳矣。抑考君子之道，自漢以後，皆涉獵故迹，而不知聖學爲人道之本。然濂溪周子首爲《太極圖説》，以究天人合一之原，所以明夫人之生也，皆天命流行之實，而以其神化之粹精爲性，乃以爲日用事物當然之理，無非陰陽變化自然之秩敍有不可違。然所疑者，自太極分爲兩儀，運爲五行，而乾道成男，坤道成女，皆乾、坤之大德，資生資始；則人皆天地之生，而父母特其所禪之幾，則人可以不父其父而父天，不母其母而母地，與六經、《語》、《孟》之言相爲蹠盭，而與釋氏真如緣起之説雖異而且同。❶則濂溪之旨，必有爲推本天親合一者，而後可以合乎人心，順乎天理而無敝；故張子此篇不容不作，而程子一本之説，誠得其立言之奥而釋學者之疑。竊嘗沉潛體玩而見其立義之精。其曰「乾稱父，坤稱母」，初不曰「天吾父，地吾母」也。從其大者而言之，則乾坤爲父母，人物之胥生，生於天地之德也固然矣；從其切者而言之，則別無所謂乾，父即生我之乾，別無所謂坤，母即成我之坤，惟生我者其德統天以流形，故稱之曰父，惟成我者其德順天而厚載，故稱之曰母。故《書》曰「惟天地萬物父母」，統萬物而言之也；《詩》曰「欲報之德，昊天罔極」，德者健順之德，則就人之生而切言之也。盡敬以事父，則可以事天者在是；盡愛以事母，則可以事地者在是；守身以事親，則所以存心養性而事天者在是；推仁孝而有兄弟之恩、夫婦之義、君臣之道、朋友之交，則所以體天地而仁民愛物者在是。人之與天，理氣一也；而繼之以善，成之以性者，父母之生我，使我有形色以具天性者也。理在氣之中，而氣爲父母之所自分，則即父母而溯之，其德通於天地也，無有間矣。若舍父母而親天地，雖極其心以擴大而企及之，而非有惻怛不容已之心動於所不可昧。是故於父而知乾元之大也，於母而知坤元之至也。此其誠之必幾，禽獸且有覺焉，而況於人乎！故曰「一陰一陽之

❶「且」，各本無此字。

謂道」，乾、坤之謂也；又曰「繼之者善，成之者性」，誰繼天而善吾生？誰成我而使有性？則父母之謂矣。繼之成之，即一陰一陽之道，則父母之外，天地之高明博厚，非可躐等而與之親，而父之爲乾，母之爲坤，不能離此以求天地之德，亦照然矣。張子此篇，補周子天人相繼之理，❶以孝道盡窮神知化之致，使學者不舍閨庭之愛敬，而盡致中和以位天地、育萬物之大用，誠本理之至一者以立言，而辟佛、老之邪迷，挽人心之横流，真孟子以後所未有也。惜乎程、朱二子引而不發，未能洞示來兹也。此篇朱子摘出别行，而張子門人原合於全書，今仍附之篇中，以明張子學之全體。

**乾稱父，坤稱母；**

謂之父母者，亦名也；其心之必不忍忘，必不敢背者，所以生名之實也。惟乾之健，故不敢背，惟坤之順，故不忍忘，而推致其極，察乎天地，切求之近以念吾之所生成，則太和絪緼，中含健順之化，誠然而不可昧。故父母之名立，而稱天地爲父母，迹異而理本同也。朱子曰：「天地者其形體，迹之與父母異者也；乾坤者其性情，理之同者也。」

**予兹藐焉，乃混然中處。**

混然，合而無間之謂。合父母之生成於一身，即合天地之性情於一心也。

**故天地之塞，吾其體，天地之帥，吾其性。**

塞者，流行充周；帥，所以主持而行乎秩敘也。塞者，氣也，氣以成形；帥者，志也，所謂天地之心也。天地之心，性所自出也。父母載乾坤之德以生成，則天地運行之氣、生物之心在是，而吾之形色天性，與父母無二，即與天地無二也。

**民，吾同胞；物，吾與也。**

繇吾同胞之必友愛，交與之必信睦，則於民必仁、於物必愛之理，亦生心而不容已矣。

**大君者，吾父母宗子；其大臣，宗子之家相也。**

家之有宗子，父母所尊奉者，❷乃天之秩敘，在人心理，必奉此而安者。唯其必有是心，必有是理，故「三月無君則皇皇如也」，「居是邦則事其大夫之賢者」，皆不容已之誠，而人道之所自立也。

**尊高年，所以長其長；慈孤弱，所以幼其幼。**

❶「周子」，各本脱。
❷「者」，草堂本以下各本無此字。

家之有長幼，必敬而慈之，故心從其類，有觸必感。此理人皆有之，最爲明切。

**聖，其合德；賢，其秀也。**

合德，謂與父母之德合；秀者，父母所矜愛之賢子孫也。希聖友賢，成身以順親，即所以順天。

**凡天下疲癃殘疾、惸獨鰥寡，皆吾兄弟之顛連而無告者也。**

顛連無告而無惻隱之心，則兄弟亦可不恤，故曰「苟能充之，足以保四海，苟不充之，不足以保妻子」，生理之明昧而已。

**「于時保之」，子之翼也；「樂且不憂」，純乎孝者也。**

守身以敬親而事天，則悦親而樂天，無小大之異也。

**違曰悖德；害仁曰賊；濟惡者不才；其踐形，惟肖者也。**

父母繼健順之理以生成，吾所求肖者此也。親志以從而無違爲順，然有可從、不可從之異，而理則唯其善而從之者爲順。不從其善而從其不善，或至於殘害天理，則賊所生之理矣。濟惡而不能干蠱，父母成乎惡而爲天之蠹矣；故必踐形斯爲肖子，肖乾坤而後肖父母，爲父母之肖子，則可肖天地矣。故舜所踐者瞽瞍之形，而與天合德。

**知化則善述其事，窮神則善繼其志。**

化者，天地生物之事；父母之必教育其子，亦此事也。善述者必至於知化，而引伸之以陶成乎萬物。神者，天地生物之心理，父母所生氣中之理，亦即此也。善繼者必神無不存，而合撰於乾坤以全至德。

**不愧屋漏爲無忝；存心養性爲匪懈。**

止惡於幾微，存誠於不息，聖功之至，亦止以敬親之身而即以昭事上帝矣。

**惡旨酒，崇伯子之顧養；育英才，潁封人之錫類。**

惟遏欲可以養親，可以奉天；惟與人爲善，則廣吾愛而弘天地之仁。

**不弛勞而底豫，舜其功也。**

不可逆者親，而有時不能順，舜盡誠而終於大順，以此知天地之變化剥復無恒，而大人撥亂反治，惟正己立誠而可挽氣化之偏。

**無所逃而待烹，申生其恭也。**

道盡則安命，而不以死爲憂，蓋生我者乾坤之大德，非己自有生而天奪之。故身爲父母之身，殺之生之無可逃之義；德未至於聖，無如自靖以俟命。

體其受而全歸者，參乎！

全形以歸父母，全性以歸天地，而形色天性初不相離，全性乃可以全形。

勇於從而順令者，伯奇也。

勇於從，不畏難也。乾坤之德，易簡而已，而險阻該焉。故父母無不愛之子而不無苦難之令，勇於從則皆順矣。

富貴福澤，將厚吾之生也；貧賤憂戚，庸玉女於成也。

乾坤之德至矣，或厚其生，或玉於成，皆所以成吾之德；父母之愛與勞，體此者也。無往而不體生成之德，何驕怨之有！

存，吾順事；没，吾寧也。

有一日之生，則受父母之生於一日。即受天地之化於一日。順事以没，事親之事畢，而無擾陰陽之和以善所歸，則適得吾常而化自正矣。

此章切言君子修身立命存心養性之功，皆吾生所不容已之事，而即心以體之，則莫切於事親，故曰「仁之實，事親是也」。事親之中，天德存焉，則精義以存誠，誠有不容自諉者。若其負父母之生我，即負天地之大德。學者誠服膺焉，非徒擴其量之弘，而日乾夕惕之心，常有父母以臨之，惟恐或蔽於私，以悖德而賊仁，則成身之功，不待警而自篤矣。程、朱二子發明其體之至大，而未極其用之至切，蓋欲使學者自求之，而非可以論説窮其蘊也。

## 可狀篇

此篇張子書之東牖以示學者，名曰《砭愚》，蓋以砭二氏之愚而明聖道之要。程子改曰《東銘》。舊説唯「戲言出於思也」以下爲《東銘》，今按十七篇之數，則此二篇合爲一篇明矣，正之。

凡可狀，皆有也；

實有其體，故可狀。

凡有，皆象也；

天地之間所有者，形質雖殊而各肖其所生，皆天之所垂象者也。

凡象，皆氣也。

使之各成其象者，皆氣所聚也，故有陰有陽，有柔有剛，而聲色、臭味、性情、功效之象著焉。

**氣之性本虛而神，**

性，謂其自然之良能，未聚則虛，虛而能有，故神。虛則入萬象之中而不礙，神則生萬變之質而不窮。

**則神與性乃氣所固有，**

自其變化不測則謂之神；自其化之各成而有其條理，以定志趣而效功能者則謂之性。氣既神矣，神成理而成乎性矣，則氣之所至，神必行焉，性必凝焉，故物莫不含神而具性，人得其秀而最靈者爾。耳目官骸亦可狀之象，凝滯之質，而良知良能之靈無不貫徹，蓋氣在而神與性偕也。

**此鬼神所以體物而不可遺也。❶**

鬼神者，氣之往來屈伸者也，物以之終，以之始，孰能遺之！此言天下富有之物，❷皆神之所流行，理之所融結，大而山澤，小而昆蟲草木，靈而爲人，頑而爲物，形形色色，重濁凝滯之質氣皆淪浹其中，與爲屈伸。蓋天包地外而入於地中，重泉确石，天無不徹之化，則即象可以窮神，於形色而見天性，所以辟釋氏幻妄起滅、老、莊有生於無之陋說，而示學者不得離皆備之實體以求見性也。

**至誠，天性也；**

至誠者，實有之至也。目誠能明，耳誠能聰，思誠能睿，子誠能孝，臣誠能忠，誠有是形則誠有是性，此氣之保合太和以爲定體者也。

**不息，天命也。**

天之命物，於無而使有，於有而使不窮，屈伸相禪而命之者不已。蓋無心而化成，無所倚而有所作止，方來不倦，成功不居；是以聰明可以日益，仁義可以日充。雖在人有學問之事，而所以能然者莫非天命也。惟天有不息之命，故人得成其至誠之體；而人能成其至誠之體，則可以受天不息之命。不然，二氣之妙合自流行於兩間，而時雨不能潤槁木，白日不能炤幽谷，命自不息而非其命，惟其有形不踐而失吾性也。

**人能至誠，則性盡而神可窮矣；**

有至誠之性在形中而盡之，則知神之妙萬物也。凡吾身之形，天下之物，形質嗜欲之粗滯，皆神之所不遺者。

**不息，則命行而化可知矣。**

天命不息，而人能瞬存息養，晨乾夕惕，以順天行，

❶「可」，草堂本以下各本脱此字。

❷「富」，草堂本以下各本誤作「當」。

則刻刻皆與天相陟降，而受天之命，無有所遺，於凡萬物變化，萬事險阻，皆有百順至當之理，隨喜怒哀樂而合於太和，所以感人心於和平而贊天地之化育者，自無間矣。

**學未至知化，非真得也。**張子自注：舍氣，有象否？非象，有意否？

既言「學必至於知化」，又云「舍氣無象，非象無意」，以見知化之學，非索之於虛空變幻之中，即此形形色色庶物人倫之理，無一義之不精，無一物之不體，則極盡乎氣之良能而化即在是，此至誠之所以無息。彼不誠無物者，以介然之悟，立幻妄之教，指休歇爲究竟，事至物遷而不能繼，性之不盡而欲至於命，其狂愚甚矣。

**有無虛實通爲一物者，性也；**

此理體驗乃知之。於有而可不礙其未有，於未有而可以爲有，非見見聞聞之所能逮。惟性則無無不有，無虛不實，有而不拘，實而不滯。故仁義禮智，求其形體，皆無也，虛也；而定爲體，發爲用，則皆有也，實也。耳之聽，目之明，心之睿，麗於事物者，皆有也，實也；而用之不測，則無也，虛也。至誠者，無而有，虛而實者也。此性之體撰爲然也。

**不能爲一，非盡性也。**

視之而見，聽之而聞，則謂之有；目窮於視，耳窮於聽，則謂之無；功效可居，則謂之實；頑然寂静，則謂之虛，故老氏以兩間爲槖籥，釋氏以法界爲夢幻，知有之有而不知無之有，知虛之虛而不知虛之實，因謂實不可居而有爲妄。此正彼所謂徇耳目内通而外於心知，捏目生花，自迷其頭者，而謂之盡性，可乎？

**飲食男女，皆性也；**

理皆行乎其中也。

**是烏可滅？**

釋、老亦非能滅之，姑爲之説爾。

**然則有無皆性也，是豈無對！**

老、釋以無在有外，夐然無對之孤光爲性，惟不知神之與氣，氣之與形，相淪貫而爲一體，虛者乃實之藏，而特聞見之所不逮爾。

**莊、老、浮屠爲此説久矣，果暢真理乎？**

莊、老言虛無，言體之無也；浮屠言寂滅，言用之無也；而浮屠所云真空者，則亦銷用以歸於無體。蓋晉、宋間人緣飾浮屠以莊、老之論，故教雖異而實同，其以飲食男女爲妄，而廣徒衆以聚食，天理終不可滅。唯以孩提之愛爲貪痴，父母爲愛惑所感，毁人倫，滅天理，而同於盜賊禽獸爾。

天包載萬物於内，所感所性，乾坤、陰陽二端而已；

陰陽實體，乾坤其德也。體立於未形之中，而德各效焉，所性也。有陰則必順以感乎陽，有陽則必健以感乎陰，相感以動而生生不息，因使各得陰陽之撰以成體而又生其感。

無内外之合，無耳目之引取，與人物蕞然異矣。

人物各成其蕞然之形，性藏不著而感以其畛，故見物爲外，見己爲内，色引其目而目蔽於色，聲引其耳而耳蔽於聲，因以所見聞者爲有，不可見聞者爲無，不能如天地之陰陽渾合，包萬物之屈伸而無所蔽也。

人能盡性知天，不爲蕞然起見，則幾矣。

知其性之無不有而感以其動，感則明，不感則幽，未嘗無也，此不爲耳目蕞然之見聞所域者也。

有無一，内外合。張子自注：庸聖同。

雖愚不肖，苟非二氏之徒愚於所不見，則於見聞之外，亦不昧其有理，人倫庶物之中，亦不昧其有不可見之理而不可滅，此有無之一，庸之同於聖也。既已爲人，則感必因乎其類，目合於色，口合於食，苟非如二氏之愚，欲閉内而滅外，使不得合，則雖聖人不能舍此而生其知覺，但即此而得其理爾。此内外之合，聖之同於庸也。

此人心之所自來也。

内心合外物以啓，覺心乃生焉，而於未有者知其有也；故人於所未見未聞者不能生其心。

若聖人，則不專以聞見爲心，故能不專以聞見爲用。

流俗以逐聞見爲用，釋、老以滅聞見爲用，皆以聞見爲心故也。昧其有無通一之性，則不知無之本有，而有者正所以載太虚之理。此盡心存神之功，唯聖人能純體之，超乎聞見，而聞見皆資以備道也。

此章舊連下節爲一，今分之。

無所不感者，虚也；感即合也，咸也。

至虚之中，陰陽之撰具焉，絪緼不息，必無止機。故一物去而一物生，一事已而一事興，一念息而一念起，以生生無窮，而盡天下之理，皆太虚之和氣必動之幾也。陰陽合而後仁義行，倫物正，感之效也；無所不合，感之周徧者也，故謂之咸。然則莫妙於感，而大經之正，百順之理在焉，二氏欲滅之，愚矣。

**以萬物本一，故一能合異；以其能合異，故謂之感；若非有異，則無合。**

天下之物，皆天命所流行，太和所屈伸之化，既有形而又各成其陰陽剛柔之體，故一而異。惟其本一，故能合；惟其異，故必相須以成而有合。然則感而合者，所以化物之異而適於太和者也；非合人倫庶物之異而統於無異，則仁義不行。資天下之有以用吾之虛，《咸》之《彖辭》曰：「觀其所感而天地萬物之情見矣。」見其情乃得其理，則盡性以合天者，必利用此幾而不容滅矣。

**天性，乾坤、陰陽也，**

我之性，萬物之性，❶皆不越陰陽健順之二端，純駁、良楛、靈蠢，隨其質而皆兼體。

**二端，故有感；本一，故能合。**

健順剛柔，相須以濟，必感於物以生其用，而二端本太和，感之斯合矣。以知聲色、臭味、君臣、父子、賓主、賢愚，皆吾性相須以合一之誠，不容滅也。

**天地生萬物，所受雖不同，皆無須臾之不感，所謂性即天道也。**

天地之寒暑、雨暘、風雷、霜露、生長、收藏，皆陰陽相感以爲大用；萬物之所自生，即此動幾之成也。故萬物之情，無一念之間，無一刻之不與物交；嗜欲之所自興，即天理之所自出。耽嗜慾者迷於一往，感以其蕞然之聞見而不咸爾，非果感之爲害也。若君子瞬有存，息有養，晨乾夕惕，以趨時而應物，則即所感以見天地萬物之情，無物非性所皆備，即無感而非天道之流行矣。蓋萬物即天道以爲性，陰陽具於中，故不窮於感，非陰陽相感之外，別有寂然空窅者以爲性。釋、老欲卻感以護其蕞然之靈，❷違天害性甚矣。

**感者，性之神；性者，感之體。** 張子自注：在天在人，❸其究一也。

健順，性也；動靜，感也；陰陽合於太和而相容，爲物不貳，然而陰陽已自成乎其體性，待感而後合以起用。天之生物，人之成能，非有陰陽之體，感無從生，非乘乎感以動靜，則體中槁而不能起無窮之體。體生神，神復立體；繇神之復立體，説者遂謂初無陰陽，靜乃生陰，動乃生陽，是徒知感後之體，而不知性在動靜之先本有其

---

❶「萬物」，草堂本以下各本作「乾坤」。
❷「釋老」，各本作「釋氏」。
❸「在天在人」，各本作「在人在天」。中華本《張載集》亦作「在天在人」，與此本同。

體也。

惟屈伸、動静、終始之能，一也，故所以妙萬物而謂之神，通萬物而謂之道，體萬物而謂之性。

屈伸動静，感也：感者，因與物相對而始生，而萬物之静躁、剛柔、吉凶、順逆，皆太和絪緼之所固有，以始於異而終於大同，則感雖乘乎異而要協於一也。是以神無不妙，道無不通，皆原於性之無不體；在天者本然，而人能盡性體道以窮神，亦惟不失其感之正爾。

至虚之實，實而不固；至静之動，動而不窮。

在天者和氣絪緼於太虚，充塞無間，中函神妙，隨形賦生而不滯。在聖人無私而虚，虚以體理，無理不實；無欲而静，静以應感，無感不通。

實而不固，則一而散；

天以之并育不害，聖人以之與時偕行。

動而不窮，則往且來。

天以之運行不息，聖人以之屈伸合一，是窮神盡性，合天之道，惟在至虚之實，至静之動而已。流俗滯於物以爲實，遂於動而不反，異端虚則喪實，静則廢動，皆違性而失其神也。

性通極於無，氣其一物爾；

無，謂氣未聚，形未成，在天之神理。此所言氣，謂成形以後形中之氣，足以有爲者也。氣亦受之於天，而神爲之御，理爲之宰，非氣之即爲性也。

命禀同於性，遇乃適然焉。

天命之以生，即命之以性，性善而無惡，命亦吉而無凶；若否泰、利鈍，因乎時之所遇，天化之屈伸，不以一人而設，遇之者吉凶殊爾。

人一己百，人十己千，然有不至，猶難語性，可以言氣。

在氣則有愚明、柔强之異，而性不異。故善學者存神而氣可變化，若恃氣之清剛，則終有所限。

行同報異，猶難語命，可以言遇。

比干之死，孔孟之窮，非天命之使然，所過之時然也。故君子言知命、立命而不言安命，所安者遇也。以遇爲命者，不知命者也。

浮屠明鬼，謂有識之死，受生循環，遂厭苦

求免，可謂知鬼乎？

鬼者，歸也，歸於太虛之絪緼也。

以人生爲妄，可謂知人乎？

人者，陰陽合德之神所聚，而相陰陽以協天地萬物之居者也。

天人一物，輒生取舍，可謂知天乎？

天之用在人，人之體無非天。天至虛而實，人實而含虛。聲色、臭味、父子、君臣、賓主、賢愚，皆天理之所顯現而流行，非空之而别有天也。

孔孟所謂天，彼所謂道。

道一也，在天則爲天道，在人則有人道。人之所謂道，人道也。人道不違於天，然强求同於天之虛静，則必不可得，而終歸於無道。

惑者指「游魂爲變」爲輪迴，未之思也。

《易》言「游魂爲變」，謂魂返於天，唯天所變化，而非人之所能與。儒之駁者，惑於浮屠，謂死而魂不散，游於兩間爲中陰，身復隨因而變四生之果，誣聖教以助邪説，愚矣！

大學當先知天德，知天德則知聖人，知鬼神。

天之所以爲天而化生萬物者，太和也，陰陽也，聚散之神也。聖人，體此者也；鬼神，其聚散之幾也。

今浮屠極論要歸，必謂死生轉流，非得道不免，謂之悟道，可乎？張子自注：悟則有義有命，均死生，一天人，惟知晝夜，通陰陽，體之不二。

死生流轉，無蕞然之形以限之，安得復即一人之神識還爲一人！若屈伸乘時，則天德之固然，必不能免；假令能免，亦復何爲？生而人，死而天，人盡人道而天還天德，其以合於陰陽之正者，一也。

自其説熾傳中國，儒者未容窺聖學門牆，已爲引取，淪胥其間，指爲大道。

繇其不窺聖學，乍於流俗利欲之中聞清脱之説，意爲歆動，或遂譏聖學與爲卑近，或誣聖學與爲一致，❶皆所必然。

其俗達之天下，致善惡、知愚、男女、臧獲，人人著信。

天下豈有男女、臧獲、淫坊、屠肆而可與語上之理，士君子不以爲辱而指之爲大道，愚矣哉！

使英才閒氣，生則溺耳目恬習之事，長則

❶「與」，各本脱。

師世儒宗尚之言，遂冥然被驅，

如李習之、趙閲道、張子韶，皆英才也，被其驅而陷於邪，惜哉！

因謂聖人可不修而至，大道可不學而知。故未識聖人心，已謂不必求其迹；未見君子志，已謂不必事其文。

近世王氏良知之説正若此，一以浮屠言語道斷、心行路絶、迴脱根塵、不立知見爲宗。

此人倫所以不察，庶物所以不明，治所以忽，德所以亂，異言滿耳，上無禮以防其僞，下無學以稽其弊。

王氏之學，一傳而爲王畿，再傳而爲李贄，無忌憚之教立，而廉恥喪，盗賊興，中國淪没，❶皆惟怠於明倫察物而求逸獲，故君父可以不恤，膚髮可以不顧。❷陸子静出而蒙古興，❸其流禍一也。

自古詖淫邪遁之詞，翕然並興，一出於佛氏之門者千五百年，自非獨立不懼，精一自信，有大過人之才，何以正立其間，與之較是非、計得失！

精者研幾精求，必求止於至善，惟精而後能一。

釋氏語實際，乃知道者所謂誠也，天德也。

既謂之實際，則必實有之而爲事理之所自出，唯誠與天德可以當之。空則不實，莽蕩虚枵則無際。

其語到實際，則以人生爲幻妄，有爲爲贅疣，以世界爲陰濁，遂厭而不有，遺而弗存；就使得之，乃誠而惡明者也。

釋氏之實際，大率以耳目之窮，疑其無有者也。生而與世相感，雖厭之，安能離之，雖遺之，安能使之無存！自欺而謂有得，信爲實而自謂誠，於人倫庶物不明矣，則固僞而不誠矣。安有誠而惡明者哉！

儒者則因明致誠，因誠致明，故天人合一，致學而可以成聖，得天而未始遺人，《易》

❶「中國淪没」，草堂本以下各本至古籍出版社本均無此四字，中華本據周校補入。

❷「膚髮」，草堂本以下各本至古籍出版社本皆作「名義」，中華本據周校改正。

❸「陸子静出而蒙古興」，草堂本以下各本至中華本均作「陸子静出而宋亡」。中華本未改，殆由周調陽《校勘記》漏此條。

所謂不遺、不流、不過者也。

誠者，天之實理；明者，性之良能。性之良能出於天之實理，故交相致，而明誠合一。必於人倫庶物，研幾、精義、力行以推致其極，馴致於窮神知化，❶則天下之理得，而成位乎其中矣。

彼語雖似是，觀其發本要歸，與吾儒二本殊歸矣。

其發本也，下愚厭苦求樂之情；其要歸，則求必不可得之真空而已。語似是者，謂戒邪淫、殺、盜之類。

道一而已，此是則彼非，此非則彼是，固不當同日而語。

後世陸子静、王伯安必欲同之。

其言流遁失守，

始以白骨微塵爲觀，不可行則轉曰事事無礙。

窮大則淫，

無量無邊，憑空爲猖狂之語。

推行則詖，

爲人之所不爲，不爲人之所爲。

致曲則邪，

下而以金銀琉璃誘貪夫，以地獄餓鬼怖懦夫，以因果誘布施，不耕坐食。

求之一卷之中，此弊數數有之。

欲自回互，成其妄説故也。

大率知晝夜陰陽，則能知性命，❷能知性命則能知聖人，知鬼神。彼欲直語太虛，不以晝夜、陰陽累其心，則是未始見易；

西域愚陋之夷，❸本不足以知性命。中國之儒者，抑不能深研而體驗之，而淫於邪説。故聞太虛之名，則以爲空無所有而已，明則謂之有，幽則謂之無，豈知錯綜往來，易之神乎！

未始見易，則雖欲免陰陽、晝夜之累，末由也已。

彼欲免累者，怖死而已，故欲無生。陰陽晝夜，本非累也；見爲累，安能免乎！

❶「馴至於窮神知化」，各本作「馴致於窮神」，脱「知化」二字，「至」作「致」。

❷「知」，自底本至太平洋本均作「一」。古籍出版社本、中華本作「知」，中華本《張載集》亦作「知」，茲據改。

❸「夷」，草堂本、學署本作「氏」，金陵本作「民」，以下各本相沿作「民」。

易且不見，又烏能更語真際！

易，感之神也。真際，性之體也。

舍真際而談鬼神，妄也。

其言鬼神也，無異於淫巫之陋。

所謂實際，彼徒能語之而已，未始心解也。

《正蒙》一編，則所以發實際之藏也。

《易》謂「原始反終，故知死生之説」者，謂原始而知生，則求其終而知死必矣，此夫子所以直子路之問而不隱也。

始終，非有無之謂也；始者聚之始，日增而生以盛，終者聚之終，數盈則日退而息於幽。非有則無以始，終而無則亦不謂之終矣，所自始者即所自終。故夫子令子路原始以知終，非拒其問之不切而不告也。

體不偏滯，乃可謂無方無體。偏滯於晝夜、陰陽者，物也；

滯於有者不知死，滯於無者不知生。流俗異端，皆執物之滯於陰陽、晝夜者以爲有無。

若道，則兼體而無累也。

爲主於無聲無臭之中而不累於無，流行於人倫庶物之繁而不累於有，能明太虛之有實，乃可知萬象之皆神。

以其兼體，故曰「一陰一陽」，

言陰陽之均有也。此以静生陰、動生陽言之。

又曰「陰陽不測」，

静而生陰，非無陽；動而生陽，非無陰。

又曰「一闔一闢」，

陰受陽施而闔，陽施於陰而闢。

又曰「通乎晝夜」。

闔闢、陰陽雖迭相爲用，而道貫其中，晝夜一也。

語其推行，故曰「道」；

在天爲推行之理，在人則率之以行。

語其不測，故曰「神」；

道爲神所著之迹，神乃道之妙也。

語其生生，故曰「易」；

不滯於一端而貫通乎終始，故變易而皆以順乎大經，易所以著其錯綜化生之象。❶

其實一物，指事異名爾。

---

❶「所以」，草堂本以下各本作「所」。

道函神而神成乎道，易於此生焉，則以明夫聚散死生皆在道之中，而非滅盡無餘，幻妄又起，別有出離之道也。

大率天之爲德，虚而善應；

吉凶無成心，故曰虚。

其應非思慮聰明可求，故謂之神。

理有其定，合則應，或求而不得，或不求而得，人見其不測，不知其有定而謂之神。

老氏況諸谷，以此。

老氏見其自然之應，而以谷之應聲比之，亦相似矣。而谷無聲之實，天有應之理，則非老氏所知也。

太虚者，氣之體。

太虚之爲體，氣也，氣未成象，人見其虚，充周無間者皆氣也。

氣有陰陽。敔按：此二句指陰陽合於太和之氣。

此動静之先，陰陽之本體也。

屈伸相感之無窮，故神之應也無窮；

氣有陰陽二殊，故以異而相感，其感者即其神也。無所不感，故神不息而應無窮。

其散無數，故神之應也無數。

既感而成象，漸以成形，靈蠢、大小、流峙、死生之散殊，雖各肖其所生而各自爲體，不可以數計，而神皆行乎其間。無數者，不可紀之辭。性情、形象、色聲、臭味，無相肖者，人事之得失、悔吝亦如之。但此陰陽之變化屈伸，無有乖越，而欲分類目言之，則終不可得。邵子以數限之，愚所未詳。

雖無窮，其實湛然；

非逐物而應之，虚静而含至理則自應。

雖無數，其實一而已。

無數者，不出陰陽之二端；陰陽之合於太和者，一也。

陰陽之氣，散則萬殊，人莫知其一也；

有形有象之後，執形象之異而不知其本一。❶

合則混然，人不見其殊也。

象未著，形未成，人但見太虚之同於一色，而不知其有陰陽自有無窮之應。

形聚爲物，

❶「執形象」，各本作「執形執象」。

神在形中。

形潰反原。

形散而氣不損。

反原者，其游魂爲變與！

游於太虛以聽天之變化。

所謂變者，對聚散、存亡爲文，

聚而散，散而聚，故時存時亡。

非如螢雀之化，指前後身而爲説也。

散而反原，無復有形之蕞然者以拘之。即前身爲後身，釋氏之陋説也。

益物必誠，如天之生物，日進日息；

息，長也。誠者，如其應得之理而予之，不計功，不謀利，自見爲不容已，無所吝而不倦也。誠故於物無所矯强，而因材之篤不妄，此天之所以神也。至誠之教育而物自化亦如之，惟誠斯感而神。

自益必誠，如川之方至，日增日得。

以實理爲學，貞於一而通於萬，則學問思辨皆逢其原，非少有得而自恃以止也。自益益人，皆唯盡其誠，而非在聞見作爲之間，此存神之所以百順也。

施之妄，學之不勤，

恃聰明聞見，而不存神以體實理，其教人必抑人從己，其自爲學必矜妙悟而不求貫通，怠於精義，必成乎妄也。

欲自益且益人，難矣哉！

異端之教學以之。

《易》曰：「益長裕而不設。」信夫！

設者，非理所固有，隨意所見，立科範以求益於其中也。小有所覺，大有所迷，妄而已矣，惟求速獲而倦勤故也。蓋誠原不息，息則不誠。張子之言天道、聖學，皆上達之旨，而要歸於不妄而勤，所以體自强不息之天德，爲下學處心用力之實功，示學者以企及，至深切矣。

將修己，必先厚重以自持，厚重知學，德乃進而不固矣。

安而不勤者，必輕佻而驕吝，誠之不存，神去之矣。

忠信進德，惟尚友而急賢；欲勝己者親，無如改過之不吝。

過之成也，成於徇迹而妄動；徇物欲，徇意氣，皆妄感之迹也。改過不吝，反而求之於心之安，則賢者樂與之親而氣不妄動，神乃可存，所學皆天德之實矣。靜專動直，氣正而不息，作聖之功，反求諸身心而已也。敔按：此章釋《論語》「君子不重」章之旨，爲下《東銘》所元本。

**戲言出於思也，戲動作於謀也。**

言動雖無大咎，而非理所應然，任一時之適者，❶皆戲也。心無游泆之情，則戲言何自而生；不謀非所當爲之事，則戲動何自而成！凝神正氣，則二者之失亡矣。敔按：此「思」字猶《易》「朋從爾思」之思。

**發乎聲，見乎四支，謂非己心，不明也；欲人無己疑，不能也。**

見於身則已動其心，加於人則人見其妄，而謂偶然言動，無關得失乎！蘇子瞻之所以淫昵而召禍也。

**過言，非心也；過動，非誠也。**

非物理之應得，任聞見之小辨以言動，雖始非不善而終成乎惡，謂之過。非心者，非其初心；非誠者，非心之實得。敔按：心者，自盡之心；誠者，實有之理，忠信是也。

**失於聲，繆迷其四體，謂己當然，自誣也；欲他人己從，誣人也。**

始亦有意於善，而過則終成乎惡矣。不存誠精義以求至當，自恃其初心之近道自誣，則未有能强人者也。王介甫之所以怙過而取怨於天下也。❷

**或者以出於心者歸咎爲己戲，失於思者自誣爲己誠；**敔按：出於實心者必不戲，失於浮思者必不誠。

謂爲戲，無傷於大義；誣爲誠，謂可不怍於天人；自命爲君子而成乎妄人。

**不知戒其出汝者，歸咎其不出汝者，長傲且遂非，不知孰甚焉！**敔按：戒其出汝者，謂戒其朋從之思；歸咎其不出汝者，謂心不自盡，歸咎於偶戲。

謂己戲而人何疑之已甚，謂偶有過而人不相諒以信從，則怨天尤人，而不知下學之不立其基也。重則無戲，改則無過，瞬有存，息有養，何暇至於戲！過豈有不知，知豈有復行者乎！合天存神之學，切於身心者如此，下學而作聖之功在矣，盡己而化物之道存矣，故《正蒙》以此終焉。

乙丑孟春月下旬丁亥成

庚午季夏月重訂❸

❶「任一時之適者」，劉氏鈔本作「任一時任一事之適者」。

❷「怨」，草堂本以下各本誤作「之」。

❸「乙丑」至「重訂」，草堂本以下各本無。

# 附　録

## 宋史張子本傳

張載，字子厚，長安人。少喜談兵，至欲結客取洮西之地。年二十一，以書謁范仲淹，一見知其遠器，乃警之曰：「儒者自有名教可樂，何事於兵！」因勸讀《中庸》。載讀其書，猶以爲未足，又訪諸釋老，累年究極其説，知無所得，反而求之六經。嘗坐虎皮講《易》京師，聽從者甚衆。一夕，二程至，與論《易》。次日，語人曰：「比見二程深明《易》道，吾所弗及，汝輩可師之！」撤坐輟講。與二程語道學之要，涣然自信曰：「吾道自足，何事旁求！」於是盡棄異學，淳如也。

舉進士，爲祁州司法參軍，雲巖令。政事以敦本善俗爲先，每月吉，具酒食召鄉人高年會縣庭，親爲勸酬，使人知養老事長之義，因問民疾苦，及告所以訓戒子弟之意。

熙寧初，御史中丞吕公著言其有古學，神宗方一新百度，思得才哲士謀之，召見，問治道。對曰：「爲政不法三代者，終苟道也。」帝悦，以爲崇文院校書。他日見王安石，安石問以新政，載曰：「公與人爲善，則人以善歸公；如教玉人琢玉，則宜有不受命者矣。」

明州苗振獄起，往治之，末殺其罪。

還朝，即移疾屏居南山下。終日危坐一室，左右簡編，俯而讀，仰而思，有得則識之，或中夜起坐，取燭以書。其志道精思，未始須臾息，亦未嘗須臾忘也。敝衣蔬食，與諸生講學，每告以知禮成性變化氣質之道，學必如聖人而後已；以爲知人而不知天，求爲賢人而不求爲聖人，此秦漢以來學者大蔽也。故其學尊禮，貴德，樂天，安命，以《易》爲宗，以《中庸》爲體，以孔、孟爲法，黜怪妄，辨鬼神。其家昏喪葬祭，率用先王之意而傅以今禮。又論定井田、宅里、發斂、學校之法，皆欲條理成書，使可舉而措諸事業。

吕大防薦之，曰：「載之始終，善發明聖人之遺旨，其論政治略可復古，宜還其舊職，以備諮訪。」迺詔知太常禮院。與有司議禮，不合，復以疾歸。中道疾甚，沐浴更衣而寢，旦而卒。貧無以斂，門人共買棺奉其喪還。翰林學士許將等言其恬於進取，乞加贈卹，詔賜館職半賻。

載學古力行，爲關中士人宗師，世稱爲横渠先生。著書號《正蒙》，又作《西銘》。《銘》載《乾稱篇》首。程頤嘗言：「《西銘》明理一而分殊，擴前聖所未發，與孟子性善養氣之論同功，自孟子後蓋未之見。」學者至今尊其書。

嘉定十三年，賜謚曰明公。淳祐元年，封郿伯，從祀孔子廟庭。

# 上蔡語録

〔北宋〕謝良佐 撰
〔南宋〕朱 熹 輯
嚴文儒 校點

# 目録

# 校點説明

《上蔡語録》三卷，宋謝良佐語録，謝氏弟子所記，朱熹删定。

謝良佐（一〇五〇—一一〇二），字顯道，蔡州上蔡（今河南上蔡）人。二程（程顥、程頤）弟子，與游酢、吕大臨、楊時並稱「程門四先生」。登進士第。建中靖國初，官京師，忤旨去，監西京竹木場。坐口語繫詔獄，廢爲民。良佐記問該贍，學有所長，得到程頤贊許。著作有《論語説》行於世。良佐受業於程子，爲學以切問近思爲要。《上蔡語録》係與弟子論學問答之語，四庫館臣以爲「其言論閎肆，足以啓發後進。惟才高意廣，不無過中之弊」（《四庫全書提要·上蔡語録》）。

《上蔡語録》傳者甚鮮，朱熹稱初得友人吴任寫本一篇，後得吴中版本一篇，皆温陵曾恬所記。最後得胡安國家寫本二篇。朱熹將四篇相參校，考其真僞，辨其重復，删其訛誤，定爲三卷。

《上蔡語録》朱熹删定之宋刻本今已不可得見。存世最早的刊本是明正德八年汪正刻本（藏浙江省圖書館），其後有明正德九年許翔鳳刻遞修本（藏國家圖書館）、明刻本（藏上海辭書出版社）等。存世最早的叢書本爲《諸儒鳴道》本（宋端平中閩川黄壯猷修補刊本）。據陳來先生考定，以爲叢書中收録的《上蔡語録》「當出自朱子定本」（陳來《略論〈諸儒鳴道集〉》，《北京大學學報（哲社）》一九八六年第一期）。清人翻刻甚多，收録的叢書大致有《朱子遺書》（清康熙中禦兒吕氏寶誥堂刊本）、《西京清麓叢書正編·朱子遺書重刻合編》（清光緒十二年刊本）、《正誼堂全書》清光緒中刊本，《四庫全書》本等。民國間亦屢見翻刻重印，其中復性書院校勘刊印本較佳。

此次校點，以上海圖書館藏《諸儒鳴道》（宋端平中閩川黄壯猷修補刊本）所收《上蔡語録》爲底本，校以明刻本（藏上海辭書出版社。簡稱「明刻本」），明正德九年刻遞修本（藏國家圖書館。簡稱「明遞修本」）、《四庫全書》文淵閣本（簡稱「四庫本」）及清《正誼堂全書》本（簡稱「正誼堂本」）等。又據《晦庵先生朱文公文集》補録朱熹撰《謝上蔡語録後序》與《謝上蔡語録後記》二篇，附録於後。

如有疏漏之處，尚請不吝指正。

校點者　嚴文儒

# 上蔡先生語録上

問：學佛者欲免輪回，超三界，於意云何？曰：是有利心，私而已矣。輪回之説，信然否？曰：此心有止，凡人慮事，心先困，故言「有止」。而太虛決知其無盡，必爲輪回。推之於始，何所付受？其終，何時間斷也？且天下人物，各有數矣。

孔子曰：「天之將喪斯文也，後死者不得與於斯文也。天之未喪斯文也，匡人其如予何？」於「天之將喪斯文」下便言「後死者不得與於斯文」，則是文之興喪在孔子，與天爲一矣。蓋聖人德盛，與天爲一，出此等語，自不覺耳。孟子地位未能到此，故曰：「天未欲平治天下也。如欲平治天下，當今之世，舍我其誰？」聽天所命，未能合一。明道云。

問：孟子言「盡其心者知其性」，如何是「盡其心」？曰：昔有人問明道先生：「何如斯可謂之恕心？」先生曰：「充擴得去則爲恕心。」「如何是充擴得去底氣象？」曰：「天地變化草木蕃。」「充擴不去時如何？」曰：「天地閉，賢人隱。」察此可以見盡不盡矣。

敢問何謂浩然之氣？孟子曰：「難言也。」明道先生云：「只他道箇『難言也』，便知這漢肚裏有爾許大事。若是不理會得底，便撑拄胡説將去。」氣雖難言，却須教他識箇體段始得。故曰「其爲氣也，至大至剛，以直養而無害，則塞乎天地之間」，「配義與道」者，將道義明出此事。

人有智愚之品不同，何也？曰：無氣稟異耳。聖人「不忿疾于頑」者，憫其所遇氣質偏駁，不足疾也。「然則可變歟？」曰：其本性一，安不可變之有！ 性，本體也。 目視耳聽，手舉足運，見於作用者，心也。 自孟子没，天下學者向外馳求，不識自家寶藏。 被他佛氏窺見一班半點，遂將擎拳竪拂底事把持在手，敢自尊大，輕視中國學士大夫，而世人莫敢與之争，又從而信向歸依之。 使聖學有傳，豈至此乎？

心者何也？ 仁是已。 仁者何也？ 活者爲仁，死者爲不仁。 今人身體麻痹不知痛癢，謂之不仁。 桃杏之核可種而生者，謂之桃仁、杏仁，言有生之意。 推此，仁可見矣。 學佛者知此，謂之見性，遂以爲了，故終歸妄誕。 聖門學者見此消息，必加功焉。 故曰：「回雖不敏，請事斯語矣。」「雍雖不敏，請事斯語矣。」仁，「操則存，舍則亡」。 故曾子曰：「動容貌」，「正顔色」，「出辭氣」。「出辭氣」者，從此廣大心中流出也。 以私意發言，豈「出辭氣」之謂乎？ 夫人一日間顔色容貌試自點檢，何嘗正，何嘗動，怠慢而已。 若夫大而化之，合於自然，則正、動、出不足言矣。

仁者，天之理，非杜撰也。 故「哭死而哀，非爲生也；經德不回，非干禄也；言語必信，非正行也」，天理當然而已矣。 當然而爲之，是爲天之所爲也。 聖門學者大要以克己爲本。「克己復禮」，無私心焉，則天矣。 孟子曰：「仁，人心也。」「盡其心者，知其性也。 知其性，則知天矣。」

人之氣禀不同，顔子似弱，孟子似强。 顔子「具體而微」，所謂「具體」者，合下來有恁地氣象，但未彰著耳。 微，如《易》「知微知彰」、「微顯闡幽」之「微」。 孟子强勇，以身任道，「後車數十乘，從者數百人」，所至王侯分庭抗禮，壁立萬仞，誰敢正覷着？ 非孟子恁地手脚，也撑拄此事不去。 雖然，猶有大底氣象，未能消磨得盡，不然「藐大人」等語言不説出來，所以見他未至聖人地位。

孔子曰：「事君盡禮，人以爲諂。」當時諸國君相怎生當得他聖人恁地禮數，是他只管行禮，又不與你計較長短。「與上大夫言」，便「誾誾如也」；「與下大夫言」，便「侃侃如也」；冕者、瞽者，見之便作，過之便趨。蓋其德全盛，自然到此，不是勉强做出來，氣象與孟子渾别。孟子「説大人則藐之，勿視其巍巍然」，猶自參較彼我，未有合一底氣象。

顔子學得親切如孟子。「仰之彌高，鑽之彌堅」，無限量也，以見聖人之道大。「瞻之在前」即不及，「忽焉在後」又蹉却，以見聖人之道中。觀此一段，即知顔子看得來親切。「博我以文」，使知識廣；「約我以禮」，歸宿處也。

横渠教人以禮爲先，大要欲得正容謹節。其意謂世人汗漫無守，便當以禮爲地，教他就上面做工夫。然其門人下梢頭溺於刑名度數之間，行得來困，無所見處，如喫木札相似，更没滋味，遂生厭倦，故其學無傳之者。明道先生則不然，先使學者有知識，却從敬入。予問：横渠教人以禮爲先，與明道使學者從敬入，何故不同？謝曰：既有知識，窮得物理，却從敬上涵養出來，自然是别。正容謹節，外面威儀，非禮之本。

横渠嘗言：「吾十五年學箇『恭而安』不成。」❶明道曰：「可知是學不成，有多少病在。」謝子曰：凡恭謹必勉强不安，安肆必放縱不恭。恭如「勿忘」，安如「勿助長」，正當「勿忘」、「勿助長」之間，須子細體認取。

所謂有知識，須是窮物理。只如黄金天

❶「吾」，原作「五」，據明刻本、正誼堂本改。

下至寶，先須辨認得他體性始得。不然被人將鍮石來喚作黃金，辨認不過，便生疑惑，纔有疑惑，便執不定。故經曰：「物格然後知至，知至然後意誠。」所謂格物窮理，須是識得天理始得。所謂天理者，自然底道理，無毫髮杜撰。「今人乍見孺子將入於井，皆有怵惕惻隱之心。」方乍見時，其心怵惕，所謂天理也。「要譽於鄉黨朋友」，「內交於孺子父母兄弟」，「惡其聲而然」，即人欲耳。天理與人欲相對，有一分人欲，即滅却一分天理；存一分天理，即勝得一分人欲。人欲纔肆，天理滅矣。任私用意，杜撰做事，所謂「人欲肆」也。❶故莊子曰：「去智與故，循天之理。」若在聖人分上，即説循字不着。「勿忘」，又「勿助長」，正當恁地時自家看取，天理見矣。所謂天者，理而已。只如視聽動作，一切是天。天命有德，便五服五章；天討有罪，便五刑五用。渾不是杜撰做作來。學者直須明天理，爲是自然底道理，移易不得。不然，諸子百家，便人人自生出一般見解，欺誑衆生。識得天理，然後能爲天之所爲。聖門學者爲天之所爲，故敢以天自處。佛氏却不敢恁地做大。明道嘗曰：「吾學雖有所受，『天理』二字却是自家拈出來。」

伊川才料大，使了大事，指顧而集，不動聲色，何以驗之？曰：只議論中便可見。陝西曾有議欲罷鑄銅錢者，以謂官中費一貫，鑄得一貫，爲無利。伊川曰：「此便是公家之利。利多費省，私鑄者衆；費多利薄，盜鑄者息。盜鑄者息，權歸公上，非利而何？」又曾有議解鹽抄，欲高其價者，增六千爲八千。伊川曰：「若增抄價，賣數須減。鹽出既衆，

❶「也」，明刻本、正誼堂本作「矣」。

低價易之，人人食鹽，鹽不停積，歲入必敷。」已而增抄價，歲額果虧，減之而歲入溢。温公初起時欲用伊川，伊川曰：「帶累人去裏。使韓、富在時，吾猶可以成事。」後來温公欲變法，伊川使人語之曰：「切未可動着，即三五年不能定疊去。」未幾變之，果紛紛不能定。

王荆公平生養得氣完，爲他不好做官職，作宰相只喫魚羹飯，得受用底不受用，緣省便去就自在。嘗上殿進一劄子擬除人，神宗不允，對曰：「阿除不得。」又進一劄子擬人，神宗亦不允，又曰：「阿也除不得。」下殿出來便乞去，更留不住，平生不屈也奇特。

問：温公所學如何？謝曰：曾作《中庸解》，不曉處闕之。或語明道，曰：「闕甚處？」曰：「如『强哉矯』之類。」明道笑曰：「由自得裏，將謂從『天命之謂性』處便闕却。」吕微仲何如？謝子曰：他不合尚有貴底相態在，❶不是。明道嘗曰：「宰相，吕微仲須做，只是這漢俗。」吕晉伯甚好，但處事太煩碎。如召賓客食，亦須臨時改換食次。吾嘗語之曰：「每日早晚衙纔覆便令放者，只爲定故也。」凡事皆有恁地簡易不易底道理，看得分明，何勞之有？《易》曰：「易簡而天下之理得。」晉伯甚好學，初理會仁字不透。吾因曰：「世人説仁只管着愛上，怎生見得仁？只如『力行近乎仁』，力行關愛甚事？何故却『近乎仁』？」推此類具言之。晉伯因悟曰：「公説仁字，正與尊宿門説禪一般。」晉伯兄弟中皆有見處。一人作詩詠曾點事，曰：「函丈從容問且酬，展才無不至諸侯。可憐曾點推鳴瑟，獨對春風詠不休。」一人有詩

❶「底」，明刻本、正誼堂本作「賤」。

曰：「學如元凱方成癖，文到相如反類俳。獨立孔門無一伎，只傳顔子得心齋。」

邵堯夫直是豪才，嘗有詩云：「當年志氣欲横秋，今日看來甚可羞。事到强爲終屑屑，道非心得竟悠悠。鼎中龍虎忘看守，棊上山河廢講求。」又有詩云：「斟有淺深存爕理，飲無多少繫經綸。卷舒萬古興亡手，出入千重雲水身。」此人在風塵時節，便是偏霸手段，學者須是天人合一始得。❶ 邵堯夫有詩云：「萬物之中有一身，一身中有一乾坤。能知造化備於我，肯把天人别立根。天向一中分體用，人於心上起經綸。天人安有兩般義，道不虚行只在人。」問：此詩如何？曰：説得大體亦是，但不免有病，不合説「一中分體用」。又問曰：此句何故有病？謝子因曰：昔富彦國問邵堯夫云：「一從甚處起？」邵曰：「公道從甚處起？」富曰：「一起於震。」邵曰：「一起於乾。」問：兩説如何？謝曰：兩説都得。震謂發生，乾探本也。若會得天理，更説甚一二。

問：堯夫所學如何？謝曰：與聖門却不同。問：❷何故却不同？曰：他也只要見物理，到逼真處不下工夫。何故却不着工夫？曰：爲他見得天地進退萬物消長之理，便敢做大。於聖門下學上達底事，更不施工。堯夫精《易》之數，事物之成敗始終，人之禍福修短，筭得來無毫髮差錯。如指此屋，便知起於何時，至某年月日而壞，無不如其言。然二程不貴其術，堯夫喫不過，一日問伊川曰：「今歲雷從甚處起？」伊川曰：「起處起。」如堯夫必用推筭，某更無許多

❶ 「者」，原脱，據明刻本、明遞修本、正誼堂本補。
❷ 「問」，原脱，據明刻本、明遞修本、正誼堂本補。

事。」邵即默然。邵精於數，知得天地萬物進退消長之理，便將此事來把在掌握中，直敢做大，以天自處。如富彥國身都將相，嚴重有威，衆人不敢仰視，他將做小兒樣看，直是不管你也，可謂豪傑之士。

學者須是胸懷擺脱得開，始得有見。❶明道先生在鄠縣作簿時，有詩云：「雲淡風輕近午天，望花隨柳過前川。旁人不識予心樂，將謂偷閑學少年。」看他胸懷直是好，與曾點底事一般。先生又有詩云：「閑來無事不從容，睡覺東窗日已紅。萬物静觀皆自得，四時佳興與人同。道通天地有形外，思入風雲變態中。富貴不淫貧賤樂，男兒到此是豪雄。」問：周恭叔恁地放開如何？謝曰：他不是擺脱得開，只爲立不住，便放却忒早在裏。明道門擺脱得開，爲他所過者化。問：見箇甚道理便能所過者化？謝曰：呂晉伯下得一轉語好，道所存者神，便能所過者化；所過者化，便能所存者神。横渠云：「性性爲能存神，物物爲能過化。」甚親切。

古詩即今之歌曲，今人唱曲往往能使人感動，至學《詩》却無感動興發處，只爲泥却章句故也。明道先生善言《詩》，他又渾不曾章解句釋，但優游玩味，吟哦上下，便使人有得處。「瞻彼日月，悠悠我思。道之云遠，曷云能來？」思之切矣。終曰：「百爾君子，不知德行。不忮不求，何用不臧。」歸于正也。《詩》云：「鳶飛戾天，魚躍于淵。」猶韓愈謂「魚川泳而鳥雲飛」，上下自然，各得其所也。詩人之意，言如此氣象，周王作人似之。子思之意，言「上下察」也，猶孟子所謂「必有事焉而勿正」，察見天理不用私意也。故結上

❶「有」，原作「不」，據明刻本、四庫本、正誼堂本改。

文云：「君子語大，天下莫能載；語小，天下莫能破。」今人學《詩》，將章句横在肚裏，怎生得脱洒去。莫道章句，便將堯舜横在肚裏也即不得。

問：爲政如何？謝子曰：吾爲縣立信以示之。始時事煩，吾信既立，今則簡矣。凡事皆與之議而處其方，只如理債，則先約之息不得過本，不及本則計日月償之。又爲之期，期至而不還，治其罪。息過本，則不理。凡胥吏稟吾約束者，申爲之約而言不再，❶期既至而事未集，治其罪不復縱。凡此皆所以示吾信。余又問：處事何以得其要？謝曰：試舉一端，只如繳引勾到人，便令於引上作三項開説，某人是陳狀，某人是被論，某人是證見，即時便見得事。因問：當不用更看元詞？謝子遂言曰：吾每就事上着工夫學，只如喜怒逐日消磨，須要去得盡。余問：吾丈應是銷去多時。曰：「不遷怒」須是顔子始做得，假使高聲一句便是罪過。又曰：任意喜怒，都是人欲，須察見天理，涵養始得。❷余又問：變化風俗如何？謝曰：此事須是他聖人便有恁地手段。此方風俗至薄惡，欲變易之，吾則未能。子貢稱孔子曰：「夫子之得邦家者，所謂立之斯立，道之斯行，綏之斯來，動之斯和。」須還這老子始得，爲他與天合一，變化在手，便做得恁地事。余又問：孟子云「如欲平治天下，當今之世，捨我其誰」，使孟子得志如何？曰：是他須從法度上做起。變化風俗底事，恐也未了得在。如二《南》《麟趾》、《騶虞》之應，須是他文王始得。

❶「申」，原作「中」，據明刻本、四庫本、正誼堂本改。
❷「涵」，原作「含」，據明刻本、四庫本、正誼堂本改。

孟子曰：「養心莫善於寡欲。」此一句如何？謝子曰：吾昔亦曾問伊川先生，曰：「此一句淺近，不如『理義之悦我心，猶芻豢之悦我口』，最親切有滋味。然須是體察得理義之悦我心，真箇猶芻豢始得。」明道先生曰：「『操則存，舍則亡，出入無時』，非聖人之言也，心安得有出入乎？」

問：從上諸聖皆有相傳處，至如老子門如何？謝子曰：他見得錯了。余問：錯在甚處？曰：只如「失道而後德，失德而後仁，失仁而後義，失義而後禮」，是甚説話！自然不可易底，便唤做道；體在我身上，便唤做德；有知覺，識痛癢，便唤做仁；運用處皆是當，便唤做義。大都只是一事，那裏有許多分別。

問：❶莊周如何？謝曰：吾曾問莊周與佛如何，伊川曰：「莊周安得比他佛。❷佛説直有高妙處，莊周氣象大，故淺近。如人睡初覺時，乍見上下東西，指天説地，怎消得恁地，只是家常茶飯，誇逞箇甚底。」謝曰：吾曾歷舉佛説與吾儒同處問，伊川先生曰：「恁地同處雖多，只是本領不是，一齊差却。」余問：本領何故不是？謝曰：爲他不窮天理，只將拈起匙把箸日用底，便承當做大小大事，任意縱横，將來作用，便是差處，便是私處。余問：作用何故是私？曰：把來作用做弄，便是做兩般看。當了是將此事横在肚裏，一如子路、冉子相似，便被他曾點將冷眼看，他只管獨對春風吟詠，肚裏渾没些能解，豈不快活？余又問：堯、舜、湯、武做底事業，豈不是作用？謝子曰：他做底事業，

❶「問」，原脱，據明刻本、明遞修本、正誼堂本補。
❷「莊」，原脱，據明刻本、正誼堂本補。

只是與天理合一，幾曾做作，橫在肚裏？他見做出許多掀天動地蓋世底功業，如太空中一點雲相似，他把做甚麽？❶如子路「願乘肥馬，衣輕裘，與朋友共，敝之無憾」，亦是有要做好事底心。顏子早是參彼己，孔子便不然。老者合當養底便安之，少者不能立底便懷之。君君、臣臣、父父、子子，自然合做底道理，便是天之所爲，更不作用。

余問：佛説「直下便是，動念即乖」，如何？謝子曰：此是乍見孺子已前底事。乍見孺子底，吾儒唤做心，他便唤做前塵妄想，當了是見得太高。吾儒要就上面體認做工夫，他却一切掃除却，那裏得地位進步？佛家説大乘頓教，一聞便悟。將乍見孺子底心一切掃除，須是他顏、雍已上底資質始得。顏子猶要「請事斯語」，❷今資質萬倍不如他，却便要一切掃除，怎生得？且如乍見孺子底心，生出來便有，是自然底天理，怎生掃除得去？佛大概是自爲私心，❸學佛者欲脱離生死，豈不是私？只如要度一切衆生，亦是爲自己發此心願，且看那一箇不拈香禮佛。儒者直是放得下，無許多事。

謝子曰：術者處事之名，人涉世欲善處事，必先更歷天下之事。事既更歷不盡，必須觀古人準則，只讀《左傳》亦可以見矣。如隱公欲爲休老之計，或勸之即真，公以誠告之，其人不自安，反見殺，隱公失之不早決斷耳。推此類可以見其餘。

謝子與伊川別一年，往見之，伊川曰：相別又一年，做得甚工夫？謝曰：也只是去

❶「麽」，原作「磨」，據明刻本、四庫本、正誼堂本改。
❷「猶」，明刻本、正誼堂本作「欲」。
❸「是自」，明刻本、正誼堂本作「自是」。

箇「矜」字。曰：何故？曰：子細檢得來，病痛盡在這裏。若按伏得這箇罪過，方有向進處。伊川點頭，因語在坐同志者曰：此人爲學，切問近思者也。余問：「矜」字罪過何故恁地大？謝子曰：今人做事，只管要誇耀别人耳目，渾不關自家受用事。有底人「食前方丈」，便向人前喫，只蔬食菜羹，❶却去房裏喫，❷爲甚恁地？

游子問謝子曰：公於外物，一切放得下否？謝子謂胡子曰：可謂切問也。胡子曰：何以答之？謝子曰：實向他道，就上面做工夫來。胡子曰：如何做工夫？謝子曰：凡事須有根。屋柱無根，拆却便倒。樹木有根，雖剪枝條，相次又發。如人要富貴，他要做甚？必須有用處尋討要用處病根，將來斬斷，便没事。❸

余問死生之説。謝子曰：人死時，氣盡也。曰：有鬼神否？謝子曰：余當時亦曾問明道先生，明道曰：「待向你道無來，你怎生信得及？待向你道有來，你但去尋討看。」謝曰：此便是答底語。又曰：横渠説得來别。這箇便是天地間妙用，須是將來做箇題目入思議始得，講説不濟事。曰：沉魂滯魄，影響底事如何？曰：須是自家看得破始得。張亢郡君化去，嘗來附語，亢所知事皆能言之。亢一日方與道士圍碁，又自外來。張亢欲接之，道士封一碁子，令將去問之。不知數，便道不得。乃曰：「許多時共你做夫婦，今日却信一道士胡説，我今後更不來。」又如紫姑神，不識字底把着寫不得，不信底

❶「蔬」，原作「疏」，據明刻本、正誼堂本改。
❷「喫」，原脱，據明刻本、明遞修本、正誼堂本補。
❸「來」，原脱，據明刻本、正誼堂本補。

把着寫不得，推此可以見矣。曰：先王祭享鬼神則甚？曰：是他意思别，三日齊，五日戒，求諸陰陽四方上下。蓋是要集自家精神，所以格「有廟」，必於《萃》與《涣》言之。如武王伐商，所過名山大川致禱，山川何知？武王禱之者以此。雖然如是，以爲有亦不可，以爲無亦不可，這裏有妙理於若有若無之間，須斷置得去始得。曰：如此却是鶻突也。謝子曰：不是鶻突。自家要有便有，自家要無便無始得。鬼神在虚空中辟塞滿，觸目皆是，爲他是天地間妙用，祖考精神便是自家精神。

知命雖淺近，也要信得及，將來做田地，就上面下工夫。余初及第年，歲前夢入内庭，不見神宗，而太子涕泣。及釋褐時，神宗晏駕，哲廟嗣位。如此事直不把來草草看却。萬事真實有命，人力計較不得。吾平生未嘗干人，在書局亦不謁執政。或勸之，吾對曰：「他安能陶鑄我，我自有命在。」❶若信不及，風吹草動便生恐懼憂喜，枉做却閑工夫，枉用却閑心力。信得命及便養得氣，不折挫。

謝子曰：道須是「下學而上達」始得，不見古人就洒掃應對上做起。曰：洒掃應對上學，却似太瑣屑，不展托。❷曰：凡事不必須要高遠，且從小處看。只如將一金與人，與將天下與人，雖大小不同，其實一也。我若有輕物底心，將天下與人如一金與人相似；我若有吝底心，將一金與人如天下與人相似。又若行千尺臺邊，心便恐懼；行平地上，心却安穩。我若去得恐懼底心，雖履千仞之

❶「我」，原脱，據明遞修本、正誼堂本補。
❷「托」，明刻本、明遞修本、正誼堂本作「拓」。

險，亦只與行平地上一般。只如洒掃，不着此心，怎洒掃得？應對不着此心，怎應對得？故曾子欲「動容貌」、「正顔色」、「出辭氣」爲此。古人須要就洒掃應對上養取誠意出來。

問：求仁如何下工夫？謝曰：如顔子視、聽、言、動上做亦得，如曾子顔色、容貌、辭氣上做亦得。「出辭氣」者，猶佛所謂從此心中流出。今人唱一喏，不從心中出，便不識痛癢。古人曰：「心不在焉，視而不見，聽而不聞，食而不知其味。」「不見」、「不聞」、「不知味」，便是不仁。死漢不識痛癢了。又如仲弓「出門如見大賓，使民如承大祭」，但存得「如見大賓」、「如承大祭」底心在，便長識痛癢。

子路百世之師，揀難割捨底，要不做便不做，故孟子將來與舜禹作一處舉揚。

横渠以禮教人，明道以忠信爲先。

近道莫如静。「齋戒以神明其德」，天下之至静也。心之窮物有盡，而天者無盡，❶如之何包之？此理，有言下悟者，有數年而悟者，有終身不悟者。

或問：吕與叔問常患思慮紛擾，程夫子答以心主於敬，則自然不紛擾。何謂敬？謝子曰：事至應之，不與之往，非敬乎！萬變而此常存，奚紛擾之有？夫子曰「事思敬」，正謂此耳。

「觀，盥而不薦」，潔其誠矣，何必薦也。此所以爲神道設教。孔子不欲觀「禘自既灌而往者」，此也。

食正欲飽，居正欲安，無求飽求安之心，可也。「敏於事」，則如天運而不息；「慎於

❶「盡」，明刻本作「静」。

言」，則正辭氣而出之也。「就有道而正焉」，非忘我者不能。

顔子充擴其學，孟子能爲其大。孟子之才甚高，顔子之學粹美。

血氣之屬有陰陽牝牡之性，而釋氏絶之，何異也。釋氏所謂性，乃吾儒所謂天。釋氏以性爲日，以念爲雲，去念見性，猶披雲見日。釋氏之所去，正吾儒之所當事者。吾儒以名利關爲難透，釋氏以聲色關爲難透。釋氏不窮理，以去念爲宗。釋氏指性於天，故蠢動含靈，與我同性。明道有言：以吾儒觀釋氏，疑於無異，然而不同。

謝子曰：吾嘗習忘以養生，明道曰：「施之養生則可，於道有害。」習忘可以養生者，以其不留情也。學道則異於是。夫「必有事焉而勿正」，何謂乎？且出入起居寧無事者？正心以待之，則先事而迎，忘則涉乎去念，助則近於留情，故聖人之心如鑑。孟子所以異於釋氏，心也。

子開有大臣氣象，不以言色假人。

動而不已，其神乎？滯而有迹，其鬼乎？往來不息，神也；摧仆歸根，鬼也。致生之，故其鬼神；致死之，故其鬼不神。何也？人以爲神則神，以爲不神則不神矣。知死而致生之不智，知死而致死之不仁，聖人所以神明之也。

禮者，攝心之規矩。循理而天，則動作語默，無非天也。内外如一，則視、聽、言、動，無非我矣。

德可以易言耶？「動容周旋中禮」，聖人之事也，止曰「盛德之至」；具天下之至善，止曰有德；爲天下之大惡，止曰失德。故禮樂皆得，謂之有德。「鬼神之爲德，盛矣乎！」

養氣延年，則人勝天矣。曰：不外乎一氣耳。

《易》之《蒙》九二曰：「包蒙吉，納婦吉，子克家。」蔽蒙不通者包之，順從者納之而不拒，子克家之道也。舜不藏怒宿怨，包蒙也；以愛兄之道來，誠信而喜之，納婦也。

凡事只是積其誠意，自然動得。

苗履見伊川，語及一武帥。苗曰：「此人舊日宣力至多，今官高而自愛，不肯向前。」伊川曰：「何自待之輕乎？位愈高，則當愈思所以報國者。飢則爲用，飽則揚去，是以鷹犬自期也。」

申顔自謂不可一日無侯無可。或問其故，曰：「無可能攻人之過。一日不見，則吾不得聞吾過矣。」

謝子曰：人不可與不勝己者處，鈍滯了人。

或問：「劉子進乎？」曰：「未見他有進處。」「所以不進者何？」「只爲未有根。」因指庭前酴醾曰：「此花只爲有根，故一年長盛如一年。」「何以見他未有進處？」「不道全不進，只他守得定，不變却，亦早是好手。如康仲之徒，皆忘却了。」

事父母有輕重否？曰：無輕重。曰：父母所見不同，從父而母不悦，順母而父不悦，則如之何？曰：凡人子之所欲，固有父母制之不得者矣。苟欲兩順之，獨無方便乎？若不以親之心爲心，非孝子也。予曰：❶親之心或有逆於義理，則亦以親之心爲心乎？曰：未論到此，但只盡自家愛親之心。苟盡矣，或得罪於鄉黨州閭，則歸之無可奈何耳。所以從兄者，爲愛親也。故從此

❶「予」，原脱，據明刻本、明遞修本、正誼堂本補。

推去，至於兼愛萬物。

問：❶色欲想已去多時。曰：伊川則不絶，某則斷此二十來年矣。所以斷者，當初有爲之心多，欲有爲，則當强盛方勝任得，故斷之。又用導引吐納之術，非爲長生如道家也，亦以助養吾浩然之氣耳。氣强則勝事。然色欲自別，當作兩般理會。登徒子不好色，❷而有淫行。色出於心，去不得。淫出於氣。又問：於勢利如何？曰：打透此關十餘年矣。當初大故做工夫，揀難捨底棄却。後來漸漸輕，至今日於器物之類置之，只爲合要用，却並無健羨底心。

問：太虛無盡，心有止，安得合一？曰：心有止，只爲用他，若不用則何止？吾丈莫已不用否？曰：未到此地。除是聖人便不用。當初曾發此口，被伊川一句壞了二十年。曾往見伊川，伊川曰：「近日事如何？」某對曰：「天下何思何慮？」伊川曰：「是則是有此理，賢却發得太早在。」問：當初發此語時如何？曰：見得這箇事，經時無他念，接物亦應副得去。問：如此却何故被一句轉却？曰：當了終須有不透處。當初若不得他一句救拔，便入禪家去矣。伊川直是會鍛鍊得人，説了又却道「恰好着工夫也」。問：聞此語後如何？曰：至此未敢道到何思何慮地位。始初進時速，後來遲，十數年過却如夢。問：何故却遲？曰：如射弓，到滿時便難開。此二十年聞見知識却煞長。明道曰：「賢看某如此，某煞用工夫。」見理後須放開，不放開只是守，開又近於放倒，故有禮以節之。守幾於不自在，故有樂以樂之，

❶「問」，原脱，據四庫本、正誼堂本補。

❷「徒」，原作「途」，據明刻本、正誼堂本改。

樂即是放開也。

國史不特作《詩》序，凡《詩》皆經其手删定。

明道初見謝，語人曰：「此秀才展托得開，將來可望。」

# 上蔡先生語録中

仁是四肢不仁之仁，不仁是不識痛癢，仁是識痛癢。

曾氏本此下云：儒之仁，佛之覺。

「不知禮，無以立。」使人人皆能有立，天下有治而無亂。

曾本此下云：不知命，❶無以爲君子，非謂君子也，謂學爲君子者也。

人須識其真心。見孺子將入井時，是真心也。非思而得也，非勉而中也。予嘗學射，到一把處難去，半把處尤難去，則恁地放了底多。昔有一人學射，摸得鏃與把齊，然後放。學者纔有些所得便住，人多易住。唯顏子善學，故孔子有「見其進」、「未見其止」之嘆。須是百尺竿頭，更進步始得。

曾本云：予嘗學射，到一把去聲。處難去，半把處尤難去，到一把放了底多，半把放了者尤多，少有鏃齊放者。人有學射，摸得鏃與把齊，然後放。因舉伯淳語曰：「射法具而不滿者，無志者也。」學者纔少有所得便住，人多易住。伯淳嘗有語：學者如登山，平處孰不闊步，到峻處便住。佛家有小歇場、大歇場，到孟子處更一住便是好歇。❷唯顏子善學，故孔子有「見其進」、「未見其止」之嘆。須是百尺竿頭，更須進步始得。昔日每進語相契，伯淳必曰「更須勉力」。

問：子思曰「小人之中庸」，小人何故有

❶「命」，明刻本、正誼堂本作「禮」。

❷「住」，原作「作」，據明刻本、正誼堂本改。

中庸？曰：「小人之中庸」者，小人自以爲中庸。小人以他安常習故處爲中庸，故「無忌憚」也。「君子而時中」，無往而不中也。中無定體，須是權以取中。「執中無權，猶執一也。」今人以變詐爲權，便不壞了權字？

曾本云：問：「君子中庸，小人反中庸」，又曰「君子之中庸，小人之中庸」，不知小人何故有中庸？或曰「小人之反中庸」，是否？曰：不須着「反」字。「小人之中庸」者，小人自以爲中庸。小人以他安常習故處爲中庸，❶故無忌憚也。「君子而時中」，無往而非中也。中無定體，因指所執扇曰：以長短言之則彼爲中，以輕重言之則此爲中，須權輕重以取中。吴本云：因指所執扇曰：謂扇頭爲中，則扇柄非中也，須是以輕重之中爲中。如此又却是權，「執中無權，猶執一也」。今人以變詐爲權，便不壞了權字？

學者且須是窮理。物物皆有理，窮理則能知天之所爲，知天之所爲，則與天爲一，與天爲一，無往而非理也。窮理則是尋箇是處。有我不能窮理，人誰識真我？何者爲我？理便是我。窮理之至，自然「不勉而中，不思而得，從容中道」。曰：理必物物而窮之乎？曰：必窮其大者。理一而已，一處理窮，觸處皆通。恕，其窮理之本歟？

曾本云：學者先須窮理。因摇扇曰：此亦有理。物物皆有理，自然之理也，天也。窮理則能知天之所爲，知天之所爲則與天爲一，與天爲一，無往而非理也。窮理只是尋箇是處。有我不能窮理，人誰識真我？何者爲我？理便是我。格物，窮理也。格物必至於知至，不知至，是猶識

❶「他」，明刻本、正誼堂本作「能」。

金，安知其非鍮石也？故必知至，然後能意誠。窮理之至，自然「不思而得，不勉而中，從容中道」。問：理須物物窮否？曰：理一而已，一處理通，觸處皆通。物雖細者，亦有理也。

今之學，須是如飢之須食、寒之須衣始得。若只欲彼善於此，則不得。一作「不可」。

釋與吾儒有非同非不同處，蓋理之精微處，纔有私意，便支離了。

曾本云：釋氏之與吾儒，須認取精微處，有非同非不同處，須認得理之精微處。纔有私意，便支離了。

問：敬、慎有異否？曰：「執輕如不克」，「執虛如執盈」，慎之至也。敬則慎在其中矣。敬則外物不能易。學者須去却不合做底事，則於敬有功。敬換不得，方其敬也，甚物事換得？因指所坐亭子曰：這箇亭子須只喚做白岡院亭子，却着甚底換得？曰：

學者未能便窮理，莫須先省事否？曰：非事上做不得工夫也，須就事上做工夫。如或人説動中有静，静中有動，有此理。然静而動者多，動而静者少，故多着静不妨。人須是卓立中塗，不得執一邊。

曾本云：問：敬與慎同異？曰：「執輕如不克」，「執虛如執盈，入虛如有人」，慎之至也。敬則慎在其中矣。敬則外物不能易。「坐如尸，立如齋」，「出門如見大賓，使民如承大祭」，非禮勿言、動、視、聽，須是如顔子「事斯語」。吴本有「始得」字。鄭氏云「坐如尸」，坐時習，「立如齋」，立時習，是不可須臾離也。曰：固是。昔日作課簿，以記日用言、動、視、聽，是禮與非禮者。昔日學時，只垂足坐，不敢盤足。因説伯淳終日坐如泥塑人，然接人則渾是一團和氣，所謂「望之儼然，即之也温」。又云：昔日用工處甚多，但不敢説與諸公，恐諸公以謂須得如此。此下「須去不合做底事」至「多着静不妨」，與胡氏本同。昔伯淳先生教予，予只管看他言語。伯淳曰：「與賢説話却似扶醉漢。救得一邊，倒了一邊，只怕人執着一邊。」

或問：或曰我初學問事必不當，人必笑，然我未有所得，須直情言之。若掩藏畏人笑，徒自欺耳。此言如何？曰：是也。謂同坐諸子曰：亦須切記此語。

昔在二先生門下，伯淳最愛中立，正叔最愛定夫。觀二人氣象亦相似。

「嘿而識之」，與書紳者異矣。

天，理也，人亦理也。循理則與天爲一，與天爲一，我非我也，理也。理非理也，天也。唯文王有純德，故曰「在帝左右」。帝謂文王。帝是天之作用處。或曰：意、必、固，我有一焉，則與天地不相似矣。曰：然理上怎安得箇字？《易》曰：「與天地相似，故不違。」相似猶自是語。

問：敬之貌如何？曰：於「儼若思」時，可以見敬之貌。問曰：學爲敬，不免有矜持，如何？曰：矜持過當，却不是。尋常作事，用心過當，便有失，要在「勿忘」、「勿助長」之間耳。曰：初學莫未能和樂否？曰：雖不能便和樂，亦須以和樂養之。

曾本云：問：「執輕如不克」是慎之貌也，如何是敬之貌？每遇事着心是否？曰：於「儼若思」時，可以見敬之貌。問：始學爲敬，不免有矜持否？尋常矜持甚覺勞，是否？曰：太矜持却不是。如尋常做事，用心過當却有失，在「勿忘」、「勿助」間耳。强有力者，亦須做得徹。然人亦須量力，太强其心，却成狂妄念起也，且放去。又問：佛氏有「不怕念起，只怕覺遲」之説。曰：豈免念起，然須識得念起時。又問：「中心斯須不和不樂，則鄙詐之心入之矣；外貌斯須不莊不敬，則慢易之心入之矣。」初學能至此否？曰：雖未能便至和樂，亦須以和樂養之，此交相養之道也。又問：静時悠悠思多，如何去得？曰：能敬，則悠悠思住不得，自去。

問：言、動非禮即可以止，視、聽如何得合禮？曰：四者皆不可易，易即多非禮。故「仁者先難而後獲」。所謂難者，以我視，以我聽，以我言，以我動也。又曰：聖人以慎言語爲善學，君子之言，聽之也厲。須存這箇氣味在胸中，朝夕玩味方可。

曾本云：問：顔子「請事斯語」，非禮則勿視、聽、言、動，若言、動非禮則止，甚分明，視、聽如何得合禮？曰：視、聽、言、動皆不可易，易則非禮，故「仁者先難而後獲」。所謂難者，以我視，以我聽，以我言，以我動也。「仰面貪看鳥，回頭錯應人。」視、聽不以我也，胥失之矣。又曰：聖人以慎言語爲善學，君子之言，聽之也厲。須存這氣味在胸中，朝夕玩味，不須輕説與人。不説與人吴本有「不」字。是吝，輕説與人，人未必信，況吴本無此上五字。使人生鄙悖之心，却是自家不是，須留在胸中。且看尋常有些自得事在胸中，别纔説了又别。只看不言不語底人，做得出惡來也毒。

問儒佛之辨，曰：吾儒「下學而上達」，窮理之至，自然見道，與天爲一。故孔子曰：「知我者，其天乎！」以天爲我也。佛氏不從理來，故不自信，必待人證明然後信。

曾本云：問：佛氏見得，何故不肯就理？曰：既見了，自是不肯就理。因舉正叔視伯淳墳，侍行，問儒佛之辨。正叔指墳圍曰：「吾儒從裏面做，豈有不見？佛氏只從牆外見了，却不肯入來做，不可謂佛氏無見處。」吾儒「下學而上達」，窮理之至，自然見道，與天爲一。故孔子曰：「知我者，其天乎！」以天爲我也。故自理去，則見得牢，亦自信得及。佛氏不從理來，故不自信，必待人證明然後信。

問忠恕之别，曰：猶形影也。無忠，做恕不出來。恕，如心而已。恕，天道也。

曾本云：問忠恕，曰：猶形影也。無忠，做恕不出來。「己所不欲，勿施於人。」施諸己而勿願，亦勿施諸人，説得自分明。恕，如心而已。恕，天道也。伯淳曰：「『天地變化草木蕃』，是天地之恕。『天地閉，賢人隱』，是天地之不恕。」朱問：天地何故亦有不恕？曰：天無意，天因人者也。若不因人，何故人能與天爲一。故有意、必、固、我，則與天地不相似。

能窮理，理窮吴本無此上二字。則便盡性，性盡便知命。因指屋柱曰：此木可以爲柱者，理也。其曲直者，性也。所以爲曲直者，命。理、性、命，一而已。

門人有初見請教者，先生曰：人須先立志，志立則有根本。譬如樹木，須先有箇根本，然後培養，能成合抱之木。若無根本，又培養箇甚。此學不可將以爲善後學爲人，自是當爲人道。人道不教人做，却教誰做？

曾本云：二人初見，請教，先生曰：人須先立志，志立則有根本。因指小樹子：須是先生根本，然後栽培。又曰：須是有諸己，「有諸己之謂信」。指小樹，有箇根本在，始培養灌溉，能成就爲合抱之木。若無根本，又培養箇甚麽？又曰：此學不可將以爲善後學爲人。此下與胡氏本皆同。

問：視、聽、言、動合理而與禮不相合，如何？曰：言、動猶可以禮，視、聽有甚禮文？以斯視，以斯聽，自然合理。合理便合禮文，循理便是復禮。

曾本云：問：合視、聽、言、動處，視、聽、言、動只是理，何故得合禮？曰：怎生外面討得禮文來合？循理便是復禮。言、動猶可以有禮文，視、聽有甚禮文？以斯視，以斯聽，自然合理。合這箇「理」字便合禮文。禮，理之不可易者也，只是壹箇「敬」字。

問：「言有物而行有常」，如何是「有物」？曰：妄則無物，物則是箇實。存誠則有物。曰：敬是存誠之道否？曰：是也。須是體便見得。

曾本云：問：「言有物而行有常」，如何是「有物」？曰：妄則無物，是不誠也。「不誠無物。」「誠者，物之終始。」終始者，有常之謂也。物則是箇實，存誠則有物。問：敬是存誠之道否？曰：須是體便見得。

學須是熟講。

曾本云：學不講，用盡工夫，只是舊時人。「學之不講」，「是吾憂也」。「仁亦在夫熟之而已。」

這箇人與這箇仁相合爲一，便是道。道立則仁與人之名亡矣。

問：孟子云「知天」、「事天」，如何別？曰：今人莫不知有君，能事其君者少。存心養性便是事天處。曰：心、性何別？曰：心是發用處，性是自然。

曾本云：石問：孟子所謂「盡其心者知其性，知其性則知天。存其心，養其性，所以事天」。「知天」、「事天」，如何？曰：事天又别。問：知天莫便能事天否？曰：不然。且如今人莫不知有君父，能事君父者少。存心養性，便是事天處。朱曰：事天工夫最難周。曰：事則是不違。又問：心與性是如何？曰：心是發用處，性是自然。

學須先從理上學，盡人之理，斯盡天之理，學斯達矣。「下學而上達」，其意如此。故曰：「知我者，其天乎！」人心與天地一般，只爲私心一本作「意」。自小了。任理因物而已無與焉，天而已，豈止與天地一般，只便是天地。

李泌不娶妻食肉，見他已甚，必不能久，亦自無此理。如今只是學箇依本分。

今人有明知此事義理有不可，尚吝惜不肯捨去，只是不勇，與「月攘一雞」何異？天下之達道三：❶智、仁、勇，如斯而已。有所偏，且克將去，尚恐不恰好，不須慮恐過甚。

曾本此下註云：矯揉就中之謂也。

問：一日静坐，見一切事平等，皆在我和氣中，此是仁否？曰：此只是静中工夫，只是心虚氣平也。須於應事時有此氣象方好。

義重於生則舍生取義，生重於義則當舍義取生。最要臨時權輕重以取中。

佛之論性，如儒之論心。佛之論心，如儒之論意。循天之理便是性，不可容些私意。纔有意，便不能與天爲一。

曾本此下云：便非天性。

❶「道」，明刻本、正誼堂本作「德」。

聞見之知，非真知也。知水火自然不蹈，真知故也。真知，自然行之不難；不真知而行，未免有意，意有盡時。

孟子論性善，論之至也。性非不可爲不善，但非性之至。如水之就下，搏擊之非不可上，但非水之性。性雖可以爲不善，然善者依舊在。「觀過斯知仁。」既是過，那得仁，然仁亦自在。

學者先學文，鮮有能至道。至如博觀泛覽，亦自爲害。故明道先生教予嘗曰：「賢讀書，慎勿尋行數墨。」

曾本云：論楚州徐仲車所論煞得中體，却謂人不可不作文，猶且演義理作詩賦，多是尋人意不到處，遶天十八遭走，幾時曾教在宅中。學者先學文，鮮有能至道。又云：至如博觀泛覽，亦自爲害。因舉伯淳語云：「賢讀書，慎勿尋行數墨。」黎云：古禪老有遮眼之説。蓋有所得，以經遮眼可也。無所得，所謂牛皮也須穿透。

或以誠爲專意。先生曰：誠是實理，不是專。

曾本云：誠是實理，不是專一。尋常人謂至誠，至是謂專一。如「惡惡臭」，「好好色」，不是安排來。

「鳶飛戾天，魚躍于淵」，無些私意。「上下察」以明道體無所不在，非指鳶魚而言也。若指鳶魚爲言，則上面更有天，下面更有地在。知「勿忘」、「勿助長」則知此，知此則知夫子與點之意。

曾本此下云：季路、冉求言志之事，非大才吴本作「賢」。做不得。然常懷此意在胸中，在曾點看着正可笑爾。學者不可着一事在胸中，纔着些事便不得其正。且道曾點有甚事，列子御風事近之。然易做，只是無心，近於忘。

敬是常惺惺法，心齋是事事放下，其理不同。

或以知言、養氣爲一道事。先生曰：知言是智，養氣是仁。浩然之氣須於心得其正時識取。

曾本云：問：養氣只是「集義所生」，亦須壯其氣，盛氣以作事否？曰：亦須壯着氣。如今人有氣索時，安能充其體？況塞天地。明道云「何謂浩然之氣，曰難言也」，是孟子有此氣。其下旁説大綱。問：知言、養氣，或謂辭氣是一道事。曰：知言是智，養氣是仁。又問：「行有不慊於心」，或謂多「不」字。曰：慊是厭足之意，看不厭足時，人氣如何？又曰：要識浩然之氣，於心得其正識取。又曰：志與氣交相養，故下面論心，然亦須外面養他。

問：與元道相似否？曰：是氣與神合，只是無「配義與道」。❶又問：如今有盛氣人作事不是，却無忌憚，此八字吴本作「有不是事是不配義」。能不慊否？曰：如此安能浩然？浩然是無虧欠時。

或曰：矜夸爲害最大。先生曰：舜傳位與禹，是大小大事，只稱他「不矜」、「不伐」。若無矜伐，更有甚事。人有己便有夸心。立己與物，幾時到得與天爲一處。須是克己，纔覺時便克將去，從偏勝處克。克己之私，則見理矣。曰：獨處時未必有此心，多是見人後如此。曰：「子路衣敝緼袍，與衣狐貉者立而不恥。」許大子路，孔子却只稱其如此，只爲他心下無事。此等事打疊過，不怕此心因事出來，正好着工夫。不見可欲，却無下

❶「無」，明刻本、正誼堂本作「能」。

工夫處。曰：有人未必有所得，却能守本分，何也？曰：亦有之。人之病不一，此是賢病，人却别有病處。

曾本云：問：某有一病，且如作一簡，便須安排言語寫教如法，要人傳玩。飯一客，便要器皿飲饌如法，教人感激。推此每事皆然。先生曰：此夸心欲以勝人，皆私也。作簡請客如法，是合做底，只下面一句便是病根。此病根因甚有？只爲不合有己。得人道好，於我何加？因説孟子就「宫室之美，妻妾之奉，所識窮乏者得我與」，皆是有箇夸心。❶如今老郎家亦恐不免。又云：有人愛騎好馬，道長人精神。又思古人有自爲衣服制度者，❷推此多少般不可勝數。此所謂玩悦小兒家具。吴本有「曰然」字。因舉孟之反事。予曰：今人亦有能此，又須要人知其不伐。先生笑曰：直如此巧。此四字，吴本有「如是底」。又曰：舜傳位與禹，是大小大事，只稱他「不矜」、「不伐」。若無矜伐，更有甚事。夸勝爲矜，有其善爲伐，矜伐煞害事。又問：更有一病，稱好則溢美，稱不好則溢惡，此猶是好惡使然。且如今日泥濘，只是五寸，須説一尺。有利害猶且得無利害，須要如此，此病在甚處？曰：欲以意氣加人，亦是夸心。有人做作，説話張筋努脉，皆爲有己。立己與物，幾時到得與天爲一處。須是克己，纔覺時便克將去，從偏勝處克。克者，勝之之謂也。又問：獨處無事時，未必有此心，纔遇事逢人，此心便出，不能忘我。至末事，如見人着好衣，便愛着好衣，



❶「箇夸」，明刻本、正誼堂本作「物欲」。

❷「又」，原作「意」，據明刻本、正誼堂本改。

未必是自家本意，多是爲人。曰：子路衣敝緼袍，許大子路，却只以此稱他，只謂心下無此等事，打疊得過。❶又云：亦須就事上做工夫，不怕此心因事出來，正好處置，與心自爲賞罰。不見可欲，却無下工夫處。又問：有一般人未必有所得，却能守本分，不要夸勝人。曰：亦有之。然人之病不一，此是賢病，人却別有病處。

或曰：無學之人，好惡直做得十分。儒者纔有道理去不得處便住。先生曰：真儒不到得窒礙，不能變通乃腐儒爾。此漢高所以慢罵者也。

曾本云：問：堯夫論霍光、周勃做得許大事，只爲無學問。無學問人做事，好惡直到十分。意謂儒者纔有道理去不得處便住，更前面有甚大事也不管，不肯枉尺直尋，是否？先生曰：此亦一說。真儒不到得窒礙處，不能通變乃腐儒爾。此高祖所慢罵者。因舉張良立太子，却致「四皓」，所謂「納約自牖」，從人君明處納也。

問學《詩》之法，曰：《詩》須諷味以得之，❷發乎情性，止乎禮義，便是法。

曾本云：問學《詩》以何爲先，云：先識取六義體面。又問：莫須於《小序》中求否？云：《小序》亦不盡，更有《詩》中以下句證上句。不可泥訓詁，須諷味以得之，發乎情性，❸止乎禮義，便是法。

誠是無虧欠，忠是實有之理，忠近於誠。

問：聞見比昔日全別，唯是見義未能決烈，便爲未能得別，如舊。謝子曰：使賢當初

❶「疊」，原脱，據明刻本、正誼堂本補。
❷「味」，明刻本、正誼堂本作「咏」。下「味」字同。
❸「性」，原脱，據明刻本、正誼堂本補。

見二先生革一革便别，須是有道理革之，不革其舊，安能從新？不見異人，當讀異書。

投壺非着意，非不着意，莫知其所以然而中，此神之所爲也。但教每事如此。

謝子見河南夫子，辭而歸。尹子送焉，問曰：何以教我？謝子曰：吾徒朝夕從先生，見行則學，聞言則識。譬如有人服烏頭者，方其服也，顔色悦澤，筋力强盛。一旦烏頭力去，將如之何？尹子反以告夫子，夫子曰：可謂益友矣。

明道見謝子記問甚博，曰：「賢却記得許多，可謂玩物喪志。」謝子被他折難，身汗面赤，先生曰：「只此便是惻隱之心。」惻然有隱於心。

爲學必以聖人爲之則，志在天下，必以宰相事業自期。降此寧足道乎！

元承曰：「誠意積於中者既厚，則感動于外者亦深。」故伯淳所在臨政，上下自然響應。

四十萬人死於長平，皆命乎？曰：可知皆是命，只被人眼孔小。

# 上蔡先生語録下

心本一，支離而去者，乃意爾。

看文字，須是一看過領得，方是理通。

克己須是從性偏難去處克將去，克己之私，則心虛見理矣。

問：思可去否？曰：思如何去？「思曰睿，睿作聖」，思豈可去！陳問：遇事出言，每思而發，是否？曰：雖不中，不遠矣。

釋氏所以不如吾儒，無「義以方外」一節。義以方外，便是窮理。釋氏却以理爲障礙。然不可謂釋氏無見處，但見了不肯就理。諸公不須尋見處，但且敬與窮理。「敬以直內，義以方外」，然後成德，故曰「德不孤」。

昔從明道、伊川學者多有語録，唯某不曾録。常存着他這意思，寫在册子上，失了他這意思。因言二劉各録得數册。又云：一段事纔録得，轉了一字，便壞了一段意思。昔録五經語作一册，伯淳見，謂曰：「玩物喪志。」

伯淳謂正叔曰：「異日能尊師道，是二哥。若接引後學，隨人才而成就之，則不敢讓。」

懷固蔽自欺之心，長虛驕自大之氣，皆好名之故。

伯淳常談《詩》，並不下一字訓詁，有時只轉却一兩字，點平聲。掇地念過，便教人省悟。又曰：❶「古人所以貴親炙之也。」

邢七云：「一日三點檢。」伯淳曰：「可哀

❶「又」，原作「石」，據明刻本、正誼堂本改。

也哉！其餘時勾當甚事？蓋傚三省之説錯了，可見不曾用工。」又多逐人面上説一般話，伯淳責之，邢曰：「無可説。」伯淳曰：「無可説，便不得不説。」

張横渠著《正蒙》時，處處置筆硯，得意即書。伯淳云：「子厚却如此不熟。」

古人千言萬語許多模様，只要得一箇「是」字。

或舉伯淳語云：有四百四病，皆不由自家，則是心須教由自家。

論及荆公勝流俗之説，人多謂荆公以同己者爲流俗。某謂荆公此説，起於方特立有爲之前，非解於行新法之後。人能用此以行其所學，爲補不細。

問：患知道理如此，不決烈便做，常恤世俗人情毁譽，覺得勝流俗之説甚好。先生曰：合做便做，不須恤其他。不恤世俗人情毁譽固好，世俗人情有不害事者，若故不恤，特異世俗，致人毁笑，以儒爲戲，或生鄙悖，又却不是。范彝叟欲同二程先生看斸地黄，明道率謝子，謝以前輩爲辭，明道曰：「一般是人。」

明道嘗曰：「天理二字，是某帖體出來。」

伊川與君實語終日，無一句相合。明道與語，直是道得下。

觀洛陽議論，子厚謂二程纔窮理，當下便了盡性至命。論韓魏公、范文正公，皆是天資，不由講學。因及夏侯節夫，云：「此人不學。天下有一般人，不肯爲惡，只是泛泛地過。有一般人，未必便合天理，却有可開警處。」

舉瑩中道吕源明只會作宰相，石子植論其家學修相業，云：有之。宰相也不難做，只是公其心可以爲相。申公寡言，在中書議事，衆人議畢，然後以一語去取之，人亦不能易其議。至如用人，於己分合，除得若干人，須教是。當初自洛中上《君道》十篇，不止可用於當時，爲君之道，幾無出此。如徐鉉《質論》初成，每篇數千字，後删改極簡，可爲人君座右銘。

堯夫《易》數甚精。自來推長曆者至久必差，唯堯夫不然，指一二近事，當面可驗。明道云：「待要傳與某兄弟，某兄弟那得工夫。要學須是二十年工夫。」或云邢七好學，明道云：「邢七二十年裏待做多少事，豈肯學這底。」或云邢七要學，堯夫不肯，曰：「徒長姦雄。」謝云：「恨某生不早，却辦得弟子之禮。」明道笑云：「賢却没放過底事。」堯夫初學於李挺之，師禮甚嚴，雖在一野店，飯必襴，❶坐必拜。欲學堯夫，必亦如此。伯淳聞説甚熟，一日因監試無事，以其説推筭之，皆合。出，謂堯夫曰：「堯夫之數只是加一倍法，以此知《太玄》都不濟事。」堯夫驚撫其背，曰：「大哥，你恁地聰明！」伊川謂堯夫：「知《易》數爲知天，知《易》理爲知天？」曰：❷「須還知理爲知天。」因説今年雷起甚處，伊川云：「堯夫怎知？某便知。」又問甚處起，伊川云：「起處起。」堯夫愕然。他日伊川問明道曰：「加倍之數如何？」曰：「都忘之矣。」因嘆其心無偏繫如此。

「聽其言也厲」，須是有力。某尋常纔覺心不在時，語便無力。

敬只是與事爲一，未論得是不是。問：此有存主，不逐彼去，是敬之理否？曰：先有存

❶「襴」，原爲墨釘，據明刻本、四庫本、正誼堂本補。
❷「曰」，原脱，據明刻本、四庫本、正誼堂本補。《二程外書》卷十二作「堯夫云」。

主，然後視、聽、言、動却汗漫了。且只認取與事爲一時便是敬，其他説各是一理。「從容中道，聖人也。」方做一事，忘了其他亦不免。顏子「聞一知十」之才，猶自「請事斯語」。

問：多愛記事，如明日有件事，今日一日記着，晚些有件事，❶只今不肯放下。至如事過，又須追思，知其非而無法以處之。又每遇事多急躁，常自訟之，云：「事之未來，不須預憂；事之方至，不須忙迫；事之過去，不須追悔。終之以一毫不立，唯覺而已。」然終未得如願。先生云：須有這箇道理處之。某舊有疑疾，一件要如此，又要如彼。後行一氣法，名五元化氣，《素問》有其説而無其法。初傳時，云行之能於事無凝滯。某行一遍，兩月便覺其效。問云：所病，心疾也，而此法何以能平之？答云：氣能動其心，和其氣，所以和其心也。喜怒哀樂失其節，❷皆是病。

端立問：暢論敬云：「正其衣冠，端坐儼然，自有一般氣象。」某嘗以其説行之，果如其説。此是敬否？曰：不如執事上尋，便更分明。「事思敬」，「居處恭，執事敬」，若只是静坐時有之，却只是「坐如尸」也。

舉明道云：「忠恕」兩字，要除一箇不得。

敏是得理之速，明理而行，不期而速，非是手忙脚亂。

「與其得辠於州閭鄉黨，寧孰諫」，是父母之過，未至此不可諫也。予曰：煞有人爲孝悌按本子做，不能以義處，却致父母兄弟不睦者甚多，極好笑。先生然之。

明道云：「病卧於床，委之庸醫，比於不慈不孝。事親者亦不可不知醫。」

❶「些」，原作「西」，據明刻本、四庫本、正誼堂本改。
❷「失」，原作「矣」，據明刻本、四庫本、正誼堂本改。

「一日克己復禮，天下歸仁焉」，只就性上看。

「必有事焉而勿正心」，是持敬否？是矜持過當否？曰：近之。答季向書云：「每聞進學甚力，深慰此懷。兹承見喻，尤見好悦，豈不欲傾盡所知，顧未識所疑安在，難以毫楮而泛論也。然秦、漢以來，學雖不明，而爲善者不絶於天下。足下若能志於大者遠者，不爲目前移奪，雖是非小有失中，大體固已立矣。不失此心可也。」

或問：天下多少事，如何見得是處？曰：窮理便見得。事不勝窮，理則一也。

答胡康侯小簡云：「承進道之意浸灌，❶深所望於左右，儒異於禪，正在下學。如顔子工夫，❷真百世軌範，舍此應無入路，無住宅。三二十年不覺，便虚過了，可戒，幸毋忽。朱君聞進學可喜，向亦嘗講仁、敬之説，當不忘之。遊於河南之門者甚多，不知從事于斯，則見功不遠，行之方可信此語也。」

又答簡云：「蓋如語録，只少却三兩字，便血脉不貫，其語不活。如《春秋》之説正如此，幸亮之。《春秋》大約如法家斷例也，折以中道耳。承諭進學加功處，甚善甚善。若欲少立得住，做自家物，須着如此。邇來學者何足道，能言真如鸚鵡也。富貴利達，今人少見出脱得者，所以全看不得，難以好事祈待他。非是小事，切須勉之。透得名利關，便是小歇處。然須藉窮理工夫，至此方可望有入聖域之理，不然休説。」

總老嘗問一官員云：「『嘿而識之』，是識箇甚？『無入而不自得』，是得箇甚？」

❶「灌」，原作「確」，據明刻本、正誼堂本改。
❷「如」，原作「處」，據明刻本、正誼堂本改。

# 附録

## 謝上蔡語録後序

朱熹

右《上蔡先生語録》三篇。先生姓謝氏，名良佐，字顯道，學於程夫子昆弟之門。篤志力行，於從遊諸公間所見最爲超越。有《論語説》行於世，而此書傳者蓋鮮焉。熹初得友人括蒼吴任寫本一篇，題曰《上蔡先生語録》。後得吴中板本一篇，題曰《逍遥先生語録》，陳留江續之作序，云得之先生兄孫少卿伋及天隱之子希元者。二家之書，皆温陵曾恬天隱所記，最後得胡文定公家寫本二篇於公從子籍溪先生，題曰《謝子雅言》。凡書四篇，以相參校。胡氏上篇五十五章，記文定公問答，皆他書所無有，而提綱挈領，指示學者，用力處亦卓然，非他書所及。下篇四十七章，與板本、吴氏本略同，然時有小異，蓋損益曾氏所記，而精約過之。輒因其舊，定著爲二篇，且著曾氏本語及吴氏之異同者於其下，以備參考。獨板本所增多猶百餘章，然或失本指，雜他書，其尤者五十餘章。至詆程氏以助佛學，直以「或者」目程氏，而以「予曰」自起，其辭皆荒浪無根，非先生所宜言，亦不類答問記述之體。意近世學佛者私竊爲之，以亢其術。偶出於曾氏雜記異聞之書，而傳者弗深考，遂附之於先生，傳之久遠，疑誤後學。使先生爲得罪於程夫子，而曾氏爲得罪於先生者，則必是書之爲也。故竊不自知其固陋，輒放而絶之，雖或被之以僭妄之罪，而不敢辭也。其餘所謂失本指、雜他書甚者，亦頗刊去，而得先生遺語三十餘章，别爲一篇，然記録不精，僅存仿佛，非復前篇比矣。凡所定著書三篇，已校定，可繕寫，因論其所以然之意，附見其後，以俟知言有道君子考而擇焉。紹興二十九年三月庚午新安朱熹謹書。

原載《晦庵先生朱文公文集》卷七十五

## 謝上蔡語録後記

朱　熹

熹頃年校定《上蔡先生語録》三篇，未及脱藁，而或者傳去，遂鋟木於贛上，愚意每遺恨焉。比因閑暇，復爲定著此本，然亦未敢自以爲可傳也。因念往時削去版本五十餘章，特以理推知其決非先生語，初未嘗有所左驗，亦不知其果出於何人也。後籍溪胡先生入都，於其學者吕祖謙得江民表《辨道録》一篇，讀之則盡向所削去五十餘章者，首尾次序，無一字之差，然後知其爲江公所著，而非謝氏之語益以明白。夫江公行誼風節固當世所推高，而陳忠肅公又嘗稱其論明道先生有足目相應之語，蓋亦略知吾道之可尊矣。而其爲言若此，豈差之毫釐，則夫千里之繆有所必至而不能已者耶！因書以自警，且示讀者使毋疑。舊傳謝先生與胡文定公手柬，今并掇其精要之語，附三篇之後云。乾道戊子四月壬寅熹謹記。

原載《晦庵先生朱文公文集》卷七十七

# 延平答問

〔南宋〕李侗　撰
〔南宋〕朱熹　編
嚴佐之　校點

# 目録

# 校點説明

《延平李先生師弟子答問》一卷，宋李侗撰，宋朱熹編；《後録》一卷，宋朱熹撰，朱熹門人編。宋《郡齋讀書志附志》著録云「延平先生李侗愿中語，而晦庵先生所録也」，清《四庫全書總目提要》逕作「宋朱子撰」，而清康熙吕氏寶誥堂刻本卷端則題署「門人朱熹元晦編」。今據實改録如右。

李侗，字愿中，南劍州（今福建南平）劍浦人，生於北宋哲宗元祐八年（一〇九三）。年二十四，棄舉子業，從鄉賢羅從彦學，受《春秋》、《中庸》、《語》、《孟》之説，而得伊川、龜山一脈之傳。「既而退居山田，謝絶世故，餘四十年，食飲或不繼，而怡然自適」。南宋高宗隆興元年（一一六三）卒，終年七十一，謚文靖，學者稱延平先生。朱熹，字元晦，號晦庵。世居徽州婺源（今屬江西），高宗建炎四年（一一三〇）生於南劍州尤溪。紹興十八年（一一四八）進士，嘗從李侗學。光宗慶元六年（一二〇〇）卒於建陽縣考亭，終年七十一。李侗與朱熹之父朱松爲同門友，故熹初以父執事之，及至紹興二十三年赴任同安縣主簿，始徒步謁李侗於延平而師事之，「由是往來從之者累年，精思實體，所造益深」。朱熹於而立之年師事李侗，是他早年學術思想的一大轉折。因爲在此之前，朱熹已「出入於釋老」，「馳心空妙之域者十餘年」，而自此之後，他轉而接續上了伊洛淵源，所以後人或稱此爲「逃禪歸儒」，認爲「朱子從遊三賢，及訪李侗而學乃大成」。顯然，轉師延平先生李侗，正是朱熹「逃禪歸儒」的一大關鍵，是他日後成爲理學宗師的開端。從宋高宗紹興二十三年朱熹初見李侗，到孝宗隆興元年延平先生作古，前後不過十一年，而其間師弟子二人相聚論學的時光，更只數月之短，質疑問難，授業解惑，主要通過書信往返。這些書劄在李侗殁後，由朱熹親手編訂成帙，即《延平答問》（或名《延平問答》、《延平先生問答》、《延平師弟子問答》、《延平李先生師弟子答問》等）。對此，後世儒者認爲：「《延平答問》者，子朱子述其師延平李先生答其平日之問，以明其傳之有自也。」「延平亦主澄心静坐，乃反能救文公之幾陷禪學，一轉爲大中至正之歸。」「先生之能不可見，觀之朱子當見之矣，則朱子之所以得爲朱子，實賴是編以啟之也。」因此，《延平答問》一書，既是朱熹對乃師學術思想的一份紀念和總結，也同時給後世留下考察他思想嬗變與學術傳承的一段歷史對話。

朱熹手訂《延平答問》的具體時間有二説：一據《答問》輯録書劄的始迄年月，推斷在隆興二年；一據朱熹《與羅參議書》透露的信息，考訂在隆興元年八月下旬至九月上旬之間。最初行世的《延平答問》，首起丁丑六月二十日書，末止癸未七月二十八日書，凡六十九通，後附李侗《與劉平甫書》二通，合爲一卷，係朱熹親訂者。按《郡齋讀書志》載「《延平先生問答》一卷」、《宋史·藝文志》著録「《延平師弟子問答》一卷」，或即最初行世的朱熹原本。此後，朱熹門人又摭取乃師談論李侗的語録和所撰《祭文》、《行狀》等文獻，别爲《附録》（或稱《後録》）一卷，並刊傳世。若清錢謙益《絳雲樓書目》收録之宋嘉定姑孰郡齋刻本「《延平答問》一卷，又《後録》一卷」，即是。及至明弘治八年，浙江布政司右參政周木，乃據宋嘉定姑孰郡齋本校訂重刊於嚴州，並從《朱子文集》、《語類》等處輯出有關文字，補編《續録》一卷，與正編、《後録》同刊並行。《延平答問》歷代傳本的内容，不外乎以上三種情況。

《延平答問》在宋代已知曾有三次刊印。其一爲嘉定七年當塗郡守北海王耕道「刊之郡齋」者，即前述姑孰郡齋刊本，朱熹弟子趙師夏爲之序，後世諸刊多出於此。其二，嘉定九年都昌曹彦約益昌學宫刊本。彦約字簡甫，淳熙八年進士，「嘗從朱熹講學」，時官利州路轉運判官兼知利州，因「得當塗印本於黄巖趙師夏致道」，遂校之以「臨川鄒非熊宗望録本與麻沙印本」，「録本益昌學宫」。其三，即因曹彦約刊書跋文提及而知的建陽「麻沙印本」。這三種宋版均早亡佚。《延平答問》在明代的傳刻，依次有弘治八年周木嚴州刊本，正德間李侗裔孫李習刊本、萬曆間書林熊尚文知本堂刊本等。但時至如今，周木刊本已不復見，李習本僅殘存《續録》，知本堂本亦不易求訪，後世通行，多賴清代諸刻。清刊本大致可分爲兩個系統。一是與周木刊本、李習刊本一脈相承的康熙四十七年延平府周元文刻本，及其乾隆間修補印本與光緒初張其曜重刻本。康熙原刻、乾隆補刻本迄今亦已難見，各館所藏多爲光緒重刻本。另一系統是無周木補編《續録》的版本，如康熙中禦兒吕氏寶誥堂刻《朱子遺書》本、乾隆《四庫全書》本，以及光緒間賀瑞麟刻《西京清麓叢書》本《朱子遺書重刻合編》等，都比較常見而通行。吕氏寶誥堂本號稱「重刻白鹿洞原本」，《四庫全書》本未言明版本來源，但校比文字内容，二者與周木刊本系統之正編、《後録》並無大異。另據周木序云，他在獲見「宋嘉定間刻本」之前，曾「得延平郡庠近刻本而讀之」。既謂「近刻」則當在成化、弘治間。復考正編卷首書名下原校：「近本無『師弟子答問』字，而作『書中要語卷上』。」則所校「延平郡庠近刻本」，宜即《延平李先生書中要語》二卷，而實在就是正編一卷之内容。是本早佚，但今存有明抄《藝海彙函》本《延平先生要語》二卷。此外，朱熹所編《延平答問》還輯入李侗詩文集，如清康熙間張伯行輯《正誼堂叢書》本之《李延平文集》。而《四庫全書》存目著録《延平文集》，「乃侗裔孫葆初，更彙詩文一卷附綴於後，改題此名」。

這次整理校點採用康熙吕氏寶誥堂《朱子遺書》本作底本，書名亦仍其舊；以清光緒張其曜延平府刻本（簡稱光緒本）、明李習刊本殘卷（簡稱明本）爲對校本，並酌用《正誼堂叢書》本《延平文集》（簡稱正誼堂本）參校。需作特別交代的是，底本原有雙行小字夾注校記，係循周木刊本舊式，正編校記中的「近本」，正是周木序中提到的「延平郡庠刊本」，《後録》所校之「元本」，當是宋嘉定七年北海王耕道姑孰郡齋刊本。周木雖然不滿「近本」的「承傳舛訛」，卻詳校異同，大量明顯誤字、無校勘價值的異字，充斥校記；且雙行夾校，不僅在觀感上造成文字割裂、文意支離的弊端，而且還容易與朱熹原注混淆。但因「近本」是唯一早於周木刊本的明本，且明顯非出一源，確有參校價值，故仍予適當保留，但作兩項變更，一是删汰無用之校，二是改夾行校爲頁下尾校，一併歸入勘記中。

校點者　嚴佐之

# 延平李先生師弟子答問❶

門人朱熹元晦編

丁丑六月二十六日書云：承喻涵養用力處，足見近來好學之篤也。甚慰甚慰！但常存此心，勿爲他事所勝，即欲慮非僻之念自不作矣。孟子有「夜氣」之説，更熟味之，當見涵養用力處也。於涵養處著力，正是學者之要，若不如此存養，終不爲己物也。更望勉之。

戊寅七月十七日書云：某村居一切只如舊，有不可不應接處，又難廢墮，但靳靳度日爾。朝夕無事，齒髮已邁，筋力漸不如昔。所得於師友者，往來於心，求所以脱然處，竟未得力，❷頗以是懼爾。

《春秋》且將諸家熟看，以胡文定解爲準，玩味久，必自有會心處，卒看不得也。伊川先生云：「《春秋》大義數十，炳如日星，所易見也；唯微辭奧旨時措從宜者，所難知爾。」更須詳考其事，又玩味所書抑揚予奪之處看如何，積道理多，庶漸見之，大率難得。學者無相啓發處，終憒憒不灑落爾。

問：子曰：「父在觀其志，父没觀其行。三年無改於父之道，可謂孝矣。」東坡謂可改者不待三年。熹以爲使父之道有不幸不可不即改者，亦當隱忍遷就於義理之中，使事

❶「師弟子答問」下，原校「近本無『師弟子答問』字，而作『書中要語卷上』」。

❷「竟」，原校「近本作『覺』」。

體漸正，而人不見其改之之迹，則雖不待三年，而謂之無改可也。此可見孝子之心，與「幾諫」事亦相類。先生曰：「三年無改」，前輩論之詳矣。類皆執文泥迹，有所遷就，失之。須是認聖人所説，於言外求意乃通。所謂道者，是猶可以通行者也。三年之中，日月易過，若稍稍有不愜意處，即率意改之，則孝子之心何在？如説《春秋》者不忍遽變，左氏有「官命未改」之類。有孝子之心者，自有所不忍耳。非斯須不忘、極體孝道者，能如是耶？東坡之語，有所激而然，是亦有意也。事只有箇可與不可而已，若大段有害處，自應即改何疑，恐不必言「隱忍遷就」，使「人不見其改之之迹」。此意雖未有害，❶第恐處心如此，❷即駸駸然所失處却多。吾輩欲求寡過，且謹守格法爲不差也。「幾諫」事，意恐不相類，更思之。

問：孟武伯問孝，子曰：「父母唯其疾之憂。」舊説孝子不妄爲非，惟疾病然後使父母憂。熹恐夫子告孟孫之意不然。蓋言父母之心慈愛其子無所不至，疾病人所不免，猶恐其有之以爲憂，則餘可知也。爲人子者知此，而以父母之心爲心，則所以奉承遺體而求免於虧辱者，豈一端而已哉！此曾子所以戰戰兢兢，啓手足而後知免焉者也。「不遠遊，遊必有方」，「不登高，不臨深」，皆是此意。先生曰：「父母唯其疾之憂」，當如上所説爲得之，舊説不直截。聖人之告人，使知所以自求者，惟深切庶可用力也。

問：子游問孝，子曰：「今之孝者，是謂能養。至於犬馬，皆能有養。不敬，何以別

❶「雖」下，原校「近本有『善』字」。
❷「第」，原校「近本作『事』」。

乎？」熹謂犬馬不能自食，待人而食者也。故蓄犬馬者必有以養之，但不敬爾。然則養其親而敬有所不至，不幾於以犬馬視其親乎？敬者，尊敬而不敢忽忘之謂，非特恭謹而已也。人雖至愚，孰忍以犬馬視其親者？然不知幾微之間，尊敬之心一有不至，則是所以視其親者，實無以異於犬馬而不自知也。聖人之言，警乎人子，未有若是之切者，然諸家之説多不出此。熹謂當以《春秋》所書歸生、許止之事觀之，則所謂犬馬之養，誠不爲過。不然，設譬引喻不應如是之疎，而子游之賢，亦不待如此告戒之也。　先生曰：此一段，恐當時之人習矣而不察，只以能養爲孝，❶雖孔門學者亦恐未免如此。故夫子警切以告之，使之反諸心也。苟推測至此，孝敬之心一不存焉，即陷於犬馬之養矣。孟子又有「養口體」、「養志」之説，似亦説破學者之未察處，皆所以警乎人子者也。若謂以《春秋》所書之事觀之，則所謂犬馬之養，誠不爲過，恐不須如此説，歸生、許止各是發明一例也。

問：子曰：「吾與回言終日，不違如愚，退而省其私，亦足以發。回也不愚。」熹竊謂「亦足以發」是顏子聞言悟理、心契神受之時，夫子察焉而於心有感發也。子夏「禮後」之問，夫子以爲「起予」，亦是類也。但子夏所發在言語之間，而顏子所發，乃其所自得處有以默相契合，不待言而喻也。然非聖人有所未知，必待顏子而後發。如言「非助我者」，豈聖人待門弟子答問之助耶？　先生曰：「亦足以發」，前説似近之，恐與「起予」不類，深玩之可見。「『非助我者』，豈聖人待門

❶「孝」，原校「近本作『敬』」。

弟子答門之助」，固是如此。然亦須知顏子默曉聖人之言，便知親切道體處，非枝葉之助也。他人則不能見如此精微矣。妄意如此氣象，未知如何。

問：「子張學干禄」，夫子告以多聞多見闕疑殆，而謹言行其餘。蓋不博無以致約，故聞見以多爲貴。然不闕其所未信未安，則言行之間，意不誠矣，故以闕之爲善。疑殆既闕，而於言行有不謹焉，❶則非所謂無敢慢者，故以謹之爲至。有節於内若此，尤、悔何自而入乎？然此皆庸言庸行之所必然，非期以干禄也，而禄固已在其中矣。❷孟子曰「經德不回，非以干禄也」，與夫子之意一也。伊川先生亦曰：子張以仕爲急，故夫子告之以此，使定其心而不爲利禄動。恐亦是此意，未知是否？先生曰：古人干禄之意，非後世之干禄也。蓋胸中有所蘊，亦欲發泄而見諸事爾。此爲己之學也。然求之有道，苟未見所以求之之道，一萌意焉，則外馳矣。故夫子以多聞見而闕疑殆告之，又使之慎其餘，則反求諸己也切矣。故孟子有「經德不回，非以干禄」之語。苟能深體得此，則馳外之心不作矣。伊川所謂「才有縫罅便走了」之意。

戊寅冬至前二日書云：承示問皆聖賢之至言，某何足以知之，而吾元晦好學之篤如此，又安敢默默也。輒以昔所聞者，各箋釋於所問目之下，聊以塞命爾。它日若獲款曲，須面質論難，又看合否，如何？大率須見灑然處，然後爲得，雖説得行，未敢以爲然也。

❶「言行」，原校「近本作『疑殆』」。

❷「而禄」至「干禄也」，原校「近本無『而禄』下二十字」。

問：向以「亦足以發」之義求教，因引「起予」爲證，蒙批諭云「亦足以發」與「起予」不類。熹反覆思之，於此二者，但見有淺深之異，而未見全不相似處，乞賜詳喻。先生曰：顔子氣象與子夏不同，先玩味二人氣象於胸中，然後體會夫子之言「亦足以發」，與「起予者商也」之語氣象如何。顔子深潛淳粹，於聖人體段已具，故聞夫子之言，即默識心融，觸處洞然，自有條理。故終日言，但見其「不違如愚」而已，退省其私，則於語默日用動容之間，皆足以發明夫子之道，坦然由之而無疑也。子夏因問《詩》，如不得「繪事後素」之言，即「禮後」之意未必到，似有因問此一事而夫子印可之意。此所以不類也。不知是如此否？偶追憶前日所問處，意不來，又未知向日因如何疑而及此也，更俟他日熟論。

問：《春秋》威公二年「滕子來朝」，❶按滕本稱侯，伊川謂「服屬於楚」，故貶稱子。熹按：楚是時未與中國通，滕又遠楚，終春秋之世未嘗事楚，但爲宋役爾，不知伊川別有何據。又陳、蔡諸國後來屬楚者，亦未嘗貶爵也。胡文定以爲爲朝威而貶之，以討亂賊之黨，此義似勝。然滕自此不復稱侯，至定公之喪來會葬猶稱子。夫豈以祖世有罪而并貶其子孫乎？然則胡氏之説亦有可疑者，不知當以何説爲正。胡氏又謂凡朝威者皆貶，獨紀侯以咨謀齊難而來，志不在於朝威，故再朝皆無貶焉。熹竊以爲果如此，則是義理之正，可以危急而棄之也。不知《春秋》之法果如此否。二年「紀侯來朝」，《左氏》作「杞」字。後有入杞、會鄧事，《傳》皆有説可據。伊川、胡氏依

❶「威」，原校「近本作『桓』，下並同」。按，避宋欽宗諱。

《公》、《穀》作「紀」字。

先生曰：「滕子來朝」，考之《春秋》，夫子凡所書諸侯來朝，皆不與其朝也。胡文定謂春秋之時諸侯之朝，皆無有合於先王之時世朝之禮者，故書皆譏之也。滕本稱侯，威二年來朝稱子者，以討亂賊之黨貶，於諸家之説義爲精。先儒又以爲「時王所黜」者，胡氏以爲果如此則《春秋》不作矣，恐先儒之説非。來喻以謂自此終春秋之世不復稱侯，「豈以祖世有罪而并貶其子孫乎」。若如此言，大段害理。《春秋》與人改過遷善，又善善長，惡惡短，不應如此，是可疑也。某竊以謂從胡之説，於理道爲長。觀夫子所書討亂之法甚嚴，滕不以威之不義而朝之，只在於合黨締交，此夷狄也。既已貶矣，後世子孫碌碌無聞，無以自見於時，又壤地褊小，本一子男之國。宋之盟，《左傳》有「宋人請滕」，欲以爲私屬，則不自强而碌碌於時者久矣。❶ 自一貶之後，夫子再書，各沿一義而發，遽又以侯稱之，無乃紛紛然殽亂《春秋》之旨不明而失其指乎？蓋聖人之心，必有其善，然後進之。若無所因，是私意也，豈聖人之心哉？若如此看，似於後世之疑不礙，道理爲通，又不知如何？《春秋》所以難看者，蓋以常人之心推測聖人，未到聖人洒然處，豈能無失耶？請俟他日反復面難，庶幾或得其旨。伊川之説，考之諸處，未見春秋之前「服屬於楚」事迹，更俟尋考。又來喻以謂紀侯來諂謀齊難，志不在於朝威，故再朝無貶，則是義理之正，可以危急而棄之。若果如此，尤害義理。《春秋》有誅意之説，紀侯志不在於朝威，則非滕子之類也。列國有急難，以義而動，又何貶耶？「紀侯

❶「久」，原校「近本作『同』」。

來朝」，《左氏》作「杞」字，後有「入杞」之事，傳皆有説，胡氏因《公》、《穀》作「紀」字。《春秋》似此之類者多，如齊子糾，《左傳》只云「納糾」。伊川乃以二傳爲證，又嘗有看《春秋》之法云：「以傳考經之事跡，以經別傳之真僞。」參考理義之長，求聖人所書之意，庶或得之。

問：「禮之用，和爲貴」一章之義。　先生曰：孟子曰：「仁之實，事親是也；義之實，從兄是也。」「禮之實，節文斯二者是也。」禮之道，雖以和爲貴，然必須體其源流之所自來而節文之，則不失矣。若「小大由之」而無隆殺之辨，「知和而和」於節文不明，是皆不可行，則禮之體用失矣。世之君子，有用禮之嚴至拘礙者，和而失其節者，皆非知禮者也。故有子以是語門人，使知其節爾。

問：「因不失其親，亦可宗也。」横渠先生曰：「君子寧孤立無與，不失親於可賤之人。」熹據此，則因也、親也、宗也，皆依倚附託之名，但言之漸重爾。所因或失其所親，謂可賤之人不可親也。則亦不可宗。人之可親者必可宗，其不可親者必不可宗也。故君子非孤立無與之患，而不失其親爲難。其將欲有所因也，必擇其可親者而因之，使彼誠賢，則我不失其所親，而彼亦可宗矣。立文與上二句相似，皆言必慮其所終，行必稽其所敝之意。不審尊意以爲如何。　先生曰：伊川先生曰：「信本不及義，恭本不及禮，然信近於義，恭近於禮也。信近於義，以言可復也；恭近於禮，以遠恥辱也。因恭信而不失親，近於禮義，故亦可宗也。猶言禮義者不可得見，得見恭信者可矣。」詳味此語，則失親於可賤之人，自無有矣。蓋以禮義爲主故也。

問：「《詩》三百，一言以蔽之，曰『思無

邪』。」蘇東坡曰：「夫子之於《詩》，取其會於吾心者，斷章而言之。頌魯侯者，未必有意於是也。」子由曰：「思無邪，則思馬而馬應，思馬而馬應，則思之所及無不應也。故曰：『思無邪，思馬斯徂。』此頌魯侯者之意也。」兩説未知孰是？　先生曰：詩人興刺，雖亦曲折達心之精微，然必止乎禮義。夫子删而取之者，以此爾。若不止於禮義，即邪也。故三百篇一言足以蔽之，只是「思無邪」而已。所以能興起感動人之善心，蓋以此也。頌魯侯者，偶於形容盛德如此，故曰「思無邪」。於馬言之者，又有「秉心塞淵」，然後「騋牝三千」之意。

問：「吾十有五而志于學」一章，横渠先生曰：「常人之學，日益而莫自知也。仲尼行著習察，異於它人，故自十五至於七十，化而知裁。其進德之盛者與！」伊川先生曰：「孔子生而知之，自十五至七十，進德直有許多節次者，聖人未必然，亦只是爲學者立下一法。」❶盈科而後進，不可差次，須是成章乃達。」兩説未知孰是？　先生曰：此一段，二先生之説各發明一義，意思深長。横渠云「化而知裁」，伊川云「盈科而後進」，不成章不達，皆是有力處，更當深體之可爾。某竊以謂聖人之道中庸，立言常以中人爲説。必十年乃一進者，若使困而知學，積十年之久，日孳孳而不倦，是亦可以變化氣質而必一進也。❷若以鹵莽滅裂之學而不用心焉，雖十年亦只是如此，則是自暴自棄之人爾。言十年之漸次，所以警乎學者，雖中才，於夫子之

❶「下一」二字原倒，原校「近本作『下一』」，《程氏遺書》卷一五亦作「下一」，今據改。

❷「而不倦是亦」，原校「近本無『而不倦是亦』字，而作『操心積慮焉』」。

道皆可積習勉力而至焉，聖人非不可及也。不知更有此意否。

問：「禘自既灌而往者，吾不欲觀之矣。」伊川曰：「灌以降神，祭之始也。既灌而往者，自始及終皆不足觀，言魯祭之非禮也。」謝氏引《禮記》曰：「吾欲觀夏道，是故之杞，而不足證也。❶我欲觀殷道，是故之宋，而不足證也。我觀周道，幽、厲傷之，吾舍魯何適矣？魯之郊禘非禮也，周公其衰矣。」以此爲證，而合此章於上文杞、宋不足證之説，曰：「考之杞、宋，則文獻不足；考之當今，則魯之郊禘又不足觀，蓋傷之也。」吕博士引《荀子》「大昏之未發，祭之未納尸，❷喪之未小斂，一也」解此與趙氏《春秋纂例》之説，不審何者爲是？先生曰：《記》曰：「魯之郊禘非禮也，周公其衰矣。」以其難言，故《春秋》皆因郊禘事中之失而書，譏魯自在其中。今曰「禘自既灌而往者，吾不欲觀之矣」，則是顛倒失禮，如昭穆失序之類，於灌而求神以至於終，皆不足觀，蓋歎之也。對或人之問，又曰不知，則夫子之深意可知矣。既曰不知，又曰：「知其説者之於天下也，其如視諸斯乎！」指其掌。則非不知也，只是難言爾。原幽明之故，知鬼神之情狀，則燭理深矣，於天下也何有！

問：「或問禘之説」一章，伊川以此章屬之上文，曰：「不知者，蓋爲魯諱。」「知夫子不欲觀之説，則天下萬物各正其名，其治如指諸掌也。」或以爲此魯君所當問而不問，或人不當問而問之，故夫子以爲不知，所以微諷之也。餘如伊川説云。龜山引《禮記》：

❶「證」，原校「近本作『徵』，下同」。按，避宋仁宗諱。
❷「尸」，原作「戸」，據正誼堂本及《荀子》改。

「禘嘗之義大矣，治國之本也，不可不知也。明其義者君也，能其事者臣也。不明其義，君人不全；不能其事，爲臣不全。非或人可得而知也。其爲義大，豈度數云乎哉？蓋有至賾存焉。知此則於天下乎何有？」此數說不審孰是？ 先生曰：詳味「禘自既灌」以下至「指其掌」，看夫子所指意處如何，却將前後數説皆包在其中，似於意思稍盡。又未知然否。

問：「祭如在，祭神如神在。」熹疑此二句乃弟子記孔子事，又説孔子之言於下以發明之，❶曰「吾不與祭，如不祭」也。 先生曰：某嘗聞羅先生曰：「祭如在，及見之者；祭神如神在，不及見之者。」以至誠之意與鬼神交，庶幾享之。若誠心不至，於禮有失焉，則神不享矣，雖祭也何爲？

問：「居上不寬，爲禮不敬，臨喪不哀，吾何以觀之哉？」熹謂此非謂不足觀，蓋不誠無物，無物則無以觀之也。 先生曰：居上寬，爲禮敬，臨喪哀，皆其本也。有其本而末應，若無其本，粲然文采何足觀？

問：子曰：「參乎，吾道一以貫之。」曾子曰：「唯。」子出，門人問曰：「何謂也？」曾子曰：「夫子之道，忠恕而已矣。」熹謂曾子之學主於誠身，其於聖人之日用，觀省而服習之，蓋已熟矣。惟未能即此以見夫道之全體，則不免疑其有二也。然用力之久，而亦將有以自得。故夫子以「一以貫之」之語告之，蓋當其可也。曾子惟此少許未達，故夫子直以此告之。曾子於是默會其旨，故門人有問，而以忠恕告之。蓋以夫子之道不離乎日用之間，自其盡己而言則謂之忠，自其及物而言則謂之恕，



❶「説」，原校「近本作『記』」。

莫非大道之全體，雖變化萬殊於事爲之末，而所以貫之者，未嘗不一也。然則夫子所以告曾子，曾子所以告其門人，豈有異旨哉？而或者以爲忠恕未足以盡一貫之道，曾子姑以「違道不遠」者告其門人，使知入道之端，恐未曾盡曾子之意也。如子思之言「忠恕違道不遠」，乃是示人以入道之端。如孟子之言「行仁義」，曾子之稱夫子，乃所謂「由仁義行」者也。先生曰：伊川先生有言曰：「『維天之命，於穆不已』，忠也。『乾道變化，各正性命』，恕也。」體會於一人之身，不過只是盡己及物之心而已。曾子於日用處，夫子自有以見之，恐其未必覺此亦是一貫之理，故卒然問曰：「參乎，吾道一以貫之。」曾子於是領會而有得焉，輒應之曰「唯」，忘其所以言也。東坡所謂「口耳俱喪」者亦佳。至於答門人之問，只是發其心耳，豈有二耶？若以謂聖人一以貫之之道，其精微非門人之問所可告，❶姑以忠恕答之，恐聖賢之心不如是之支也。如孟子稱「堯、舜之道孝弟而已」，人皆足以知之，但合内外之道，使之「體用一源，顯微無間」，精粗不二，袞同盡是此理，則非聖人不能是也。《中庸》曰「忠恕違道不遠」，特起此以示人相近處。然不能貫之，則忠恕自是一忠恕爾。

十一月十三日書云：吾人大率坐此窘窶，百事驅遣不行，唯於稍易處處之爲庶幾爾。某村居兀坐，一無所爲，亦以窘迫遇事窒塞處多。每以古人貧甚極難堪處自體，即啜菽飲水亦自有餘矣，夫復何言！

來喻以爲，人心之既放，如木之既伐。心雖既放，然夜氣所息而平旦之氣生焉，則其

❶「其」，原校「近本作『甚』」。

好惡猶與人相近；木雖既伐，然雨露所滋而萌蘖生焉，則猶有木之性也。恐不用如此說。大凡人禮義之心何嘗無，❶唯持守之即在爾。若於旦晝間不至梏亡，則夜氣存矣，夜氣存，則平旦之氣未與物接之時，湛然虛明氣象自可見。此孟子發此「夜氣」之說，於學者極有力。若欲涵養，❷須於此持守可爾。恐不須說心既放、木既伐，恐又似隔截爾。如何如何？又見喻云：伊川所謂「未有致知而不在敬者」，考《大學》之序則不然。如夫子言非禮勿視聽言動，伊川以爲「制之於外，以養其中」數處，蓋皆各言其入道之序如此。要之，敬自在其中也，不必牽合貫穿爲一說。又所謂但敬而不明於理，則敬特出於勉强，而無洒落自得之功，意不誠矣。洒落自得氣象，其地位甚高。恐前數說方是言學者下工處，不如此則失之矣。❸由此持守之久，漸漸融釋，使之不見有制之於外，持敬之心，理與心爲一，庶幾洒落爾。某自聞師友之訓，賴天之靈，時常只在心目間，雖資質不美，世累妨奪處多，此心未嘗敢忘也。於聖賢之言，亦時有會心處，亦間有識其所以然者。但覺見反爲理道所縛，殊無進步處。今已老矣，日益恐懼。吾元晦乃不鄙孤陋寡聞，遠有質問所疑，何愧如之！

己卯六月二十二日書云：聞不輟留意於經書中，縱未深自得，❹亦可以驅遣俗累，氣象自安閑也。

己卯長至後三日書云：今學者之病，所患在於未有洒然冰解凍釋處，縱有力持守，



❶「禮」，光緒本、正誼堂本作「理」。
❷「欲」，原校「近本作『有』」。
❸「如」，原校「近本作『知』」。「之」，原校「近本作『道』」。
❹「深自得」，光緒本作「能純粹」。

不過只是苟免，顯然尤悔而已。❶似此恐皆不足道也。

庚辰五月八日書云：某晚景别無他，唯求道之心甚切，雖間能窺測一二，竟未有洒落處，以此兀坐，殊憒憒不快。昔時朋友絶無人矣，無可告語，安得不至是耶？可嘆可懼！示諭「夜氣」説甚詳，亦只是如此，切不可更生枝節尋求，即恐有差。大率吾輩立志已定，若看文字，心慮一澄然之時，略綽一見，與心會處，便是正理。若更生疑，即恐滯礙。伊川語録中有記明道嘗在一倉中坐，見廊柱多，因默數之，疑以爲未定，屢數愈差，遂至令一人敲柱數之，乃與初默數之數合，正謂此也。「夜氣」之説所以於學者有力者，須是兼旦晝存養之功，不至梏亡，即夜氣清，若旦晝間不能存養，即夜氣何有？疑此便是「日月至焉」氣象也。某曩時從羅先生學問，終日相對静坐，只説文字，未嘗及一雜語。先生極好静坐，某時未有知，退入室中，亦只静坐而已。先生令静中看「喜怒哀樂未發之謂中」，未發時作何氣象。此意不唯於進學有力，兼亦是養心之要。元晦偶有心恙，不可思索，更於此一句内求之，静坐看如何，往往不能無補也。此中相去稍遠，思欲一見未之得。恐元晦以親旁無人傔侍，亦難一來，奈何！切望隨宜攝養，勿貽親念爲至禱也。

承惠示濂溪遺文與潁濱《語》《孟》，極荷愛厚，不敢忘，不敢忘。遹書向亦曾見一二，❷但不曾得見全本，今乃得一觀，殊慰卑抱也。二蘇《語》《孟》説儘有可商論處，俟他

❶「顯」，原校「近本無『顯』字」。
❷「遹書」，光緒本作「遺書」，正誼堂本作「通書」。

日見面論之。嘗愛黄魯直作《濂溪詩序》云：「春陵周茂叔，人品甚高，胸中洒落，如光風霽月。」此句形容有道者氣象絶佳。胸中洒落，即作爲盡洒落矣。學者至此雖甚遠，亦不可不常存此體段在胸中，庶幾遇事廓然，於道理方少進。願更存養如此。

羅先生山居詩，某記不全，今只據追思得者録去。《顔樂齋》詩云：「山染嵐光帶日黄，蕭然茅屋枕池塘。自知寡與真堪笑，此一句似非。賴有顔瓢一味長。」《池畔亭曰濯纓》詩云：「擬把冠纓挂墻壁，等閒窺影自相酬。」《邀月臺》詩云：「矮作墻垣小作臺，時邀明月寫襟懷。夜深獨有長庚伴，不許庸人取次來。」又有《獨寐榻》、《白雲亭》詩，❶皆忘記。白雲亭坐處，望見先生母氏墳，故名。某向日見先生將出此詩，《邀月臺》詩後兩句不甚愜人意，嘗妄意云：「先生可改下兩句，不甚渾然。」先生别云：「也知鄰鬭非吾事，且把行藏付酒杯。」蓋作此數絶時，正靖康間也。

聞召命不至，❷復有指揮。今來亦執前説辭之，甚佳。蓋守之已定，自應如此，縱煎迫擾擾，何與我事，若於義可行，便脱然一往亦可也。某嘗以謂遇事若能無毫髮固滯，便是洒落。即此心廓然大公，無彼己之偏倚，庶幾於理道一貫。若見事不徹，中心未免微有偏倚，即涉固滯，皆不可也。未審元晦以爲如何？爲此説者，非理道明，心與氣合，未易可以言此，不然只是説也。

庚辰七月書云：某自少時從羅先生學問，彼時全不涉世故，未有所入，聞先生之言，便能用心静處尋求，至今淟汨憂患，磨滅

❶「榻」，原校「近本作『龕』」。
❷「至」，原校「近本作『置』」。

甚矣。四五十年間，每遇情意不可堪處，即猛省提掇，以故初心未嘗忘廢，非不用力，而迄于今，更無進步處。常切静坐思之，疑於持守及日用儘有未合處，或更有關鍵未能融釋也。向來嘗與夏丈言語間稍無間，因得一次舉此意質之。渠乃以釋氏之語來相淘，終有纖奸打訛處，全不是吾儒氣味，旨意大段各別，當俟他日相見劇論可知。大率今人與古人學殊不同。如孔門弟子，群居終日相切摩，又有夫子爲之依歸，日用間相觀感而化者甚多，恐於融釋而脱落處，非言説可及也。不然，子貢何以謂「夫子之言性與天道，不可得而聞」耶？元晦更潛心於此，勿以老邁爲戒，而怠於此道。乃望承欲秋涼一來，又不知偏侍下别無人，可以釋然一來否？只爲往來月十日事，疑亦可矣。但亦須處得老人情意帖帖無礙乃佳爾。

所云見《語録》中有「仁者渾然與物同體」一句，即認得《西銘》意旨。所見路脉甚正，宜以是推廣求之。然要見一視同仁氣象，却不難，須是理會分殊，雖毫髮不可失，方是儒者氣象。

又云因看「必有事焉而勿正，心勿忘，勿助長」數句，偶見全在日用間，非著意非不著意處，才有毫髮私意，便没交涉。此意亦好，但未知用處却如何，須喫緊理會這裏始得。某曩時傳得吕與叔《中庸解》甚詳。當時陳幾叟與羅先生門，皆以此文字説得浸灌浹洽，比之龜山《解》却似枯燥。晚學未敢論此。今此本爲相知借去，亡之已久，但尚記得一段云：「謂之有物則『不得於言』，謂之無物則『必有事焉』。『不得於言』者，視之不見，聽之不聞，無聲形接乎耳目而可以道也。『必有事焉』者，『莫見乎隱，莫顯乎微』，『體物而不可遺』者也。」「學者見乎此，則庶乎能擇乎中庸而執之隱微之間，不可求之於耳目，不可道之於言語，然有所謂昭昭而不可欺、感之而能應者，正惟虛心以求之，則庶乎見之。」又據孟子説「必有事焉」至於「助長」、「不耘」之意，皆似是言道體處。來諭乃體認出來，學者正要如此，但未知用時如何脗合渾然、體用無間乃是。不然，非著意非不著意，溟溟涬涬，疑未然也。某嘗謂進步不得者，髣髴多是如此類窒礙。更望思索，它日熟論，須見到心廣體胖，遇事一一洒落處，方是道理，不爾只是説也。

又云「便是『日月至焉』氣象」一段，某之意只謂能存養者積久亦可至此，若比之「不違」，氣象，又迥然別也。今之學者雖能存養，知有此理，然旦晝之間一有懈焉，遇事應接舉處，不覺打發機械，即離間而差矣。唯存養熟，理道明，習氣漸爾消鑠，道理油然而生，然後可進，亦不易也。來諭以謂能存養者無時不在，不止「日月至焉」。若如此時，却似輕看了也。如何？

承諭心與氣合及所注小字，意若逐一理會心與氣，即不可。某鄙意止是形容到此解會融釋，不如此，不見所謂氣、所謂心渾然一體流浹也。到此田地，若更分別那箇是心，那箇是氣，即勞攘爾。不知可以如此否。不然即成語病無疑。若更非是，無惜勁論，吾儕正要如此。

録示明道二絶句，便是吟風弄月，❶有「吾與點也」之氣味。某尚疑此詩，若是初見周茂叔歸時之句即可，此後所發之語，恐又不然也。

❶「是」，原校「近本作『見』」。

二蘇《語》《孟》説，儘有好處。蓋渠聰明過人，天地間理道不過只是如此，有時見到，皆渠聰明之發也。但見到處却有病，❶學者若要窮理，亦不可不論。某所謂儘有商議者，謂此爾。如來諭云「説養氣處皆顛倒了」，渠本無淵源，自應如此也。然得惠此本，所警多矣。

某兀坐於此，朝夕無一事，若可以一來甚佳，致千萬意如此。然又不敢必覬，恐侍旁乏人，老人或不樂，即未可，更須於此審處之。某尋常處事，每值情意迫切處，即以輕重本末處之，似少悔吝。願於出處間更體此意。❷

辛巳二月二十四日書云：示下所疑極荷不外，已有鄙見之説繼其後矣。但素來拙訥，發脱道理不甚明亮，得以意詳之可也。

問：「性相近也，習相遠也。」二程先生謂：「此言氣質之性，非性之本。」尹和靖云：「性一也，何以言相近？蓋由習相遠而爲言。」熹按：和靖之意，云「性一也」，則正是言性之本萬物之一源處，所以云近，但對遠而言，非實有異品而相近也。竊謂此説意稍渾全，不知是否。先生曰：尹和靖之説雖渾全，然却似没話可説，學者無着力處。恐須如二先生謂此言氣質之性，使人思索體認氣質之説道理如何，爲有力爾。蓋氣質之性不究本源，❸又由習而相遠，政要玩此曲折也。❹

問：「公山弗擾」、「佛肸」二章，程先生謂欲往者，聖人以天下無不可改過之人，故欲

❶ 「見」下，原校「近本有『不』字」。
❷ 「此意」下，原校「近本此已前分爲卷上，已後多『延平先生書中要語卷下門人朱熹元晦編』字」。
❸ 「質」下，光緒本、正誼堂本原校「近本無『質』字」。
❹ 「政」，原校「近本作『故』」。

往，然終不往者，知其必不能改也。又云欲往者，示人以迹，子路不喻。居夷、浮海之類。熹疑召而欲往，乃聖人虚明應物之心，答其善意，自然而發；終不往者，以其爲惡已甚，義不可復往也。此乃聖人體用不偏，道並行而不相悖處。不知是否。又兩條告子路不同者，即其所疑而喻之爾。❶ 子路於公山氏，疑聖人之不必往，故夫子言可往之理；此語意中微似竿木隨身之意，不知然否。於佛肸，恐其浼夫子也，故夫子告以不能浼己之意。不知是否。又謂「示人以迹」者，熹未喻其旨。先生曰：元晦前説深測聖人之心，❷一箇體段甚好，但更有少礙。若使聖人之心不度義，如此易動即非。就此更下語。❸ 又兩條告子路不同，「即其疑而喻之」以下亦佳，「竿木隨身」之説，氣象不好，聖人定不如是。元晦更熟玩孔子所答之語，求一指歸處方是。❹ 聖人廓然明達，無所不可，非道大德宏者不能爾也。子路未至此，於所疑處即有礙。龜山謂之「包羞」，誠有味也。「示人以迹」，恐只是心迹。❺ 據此，事迹皆可爲，然又未必爾者，蓋有憂樂行違確然之不同，無定體也。

問：「予欲無言」，明道、龜山皆云此語爲門人而發。熹恐此句從聖人前後際斷，使言語不著處不知不覺地流出來，非爲門人發也。子貢聞之而未喻，故有疑問，到後來自云「夫子之文章可得而聞也，夫子之言性與天道不可得而聞也」，方是契此旨趣。顔、曾則不待疑問，若子貢以下，又不知所疑也。

❶「喻」，原校「近本作『論』」。
❷「測」，原校「近本作『得』」。
❸「就此更下語」，原校「近本無『就此更下語』五字」。
❹「是」，原校「近本作『見』」。
❺「迹」下，原校「近本多『之迹』二字」。

先生曰：此一段説甚佳，但云「前後際斷，使言語不著處不知不覺地流出來」，恐不消如此説。只玩夫子云「天何言哉，四時行焉，百物生焉，天何言哉」數語，便見氣味深長，則「予欲無言」，可知旨歸矣。

問：「殷有三仁焉」，和靖先生曰：「無所擇於利害而爲所當爲，惟仁者能之。」熹未見微子當去，箕子當囚，比干當死，端的不可易處，不知使三人者易地而處又如何。東坡云：「箕子常欲立微子，帝乙不從而立紂，故箕子告微子曰：『我舊云刻子，王子不出，我乃顛隮。』言我舊所言者害子，子若不去，并我得禍。是以二子或去或囚。蓋居可疑之地，雖諫不見聽，故不復諫。比干則無所嫌，❶故諫而死。」胡明仲非之曰：「如此是避嫌疑，度利害也。以此論仁，不亦遠乎？」熹按：此破東坡之説甚善。但明仲自解乃云：「微子，殷王元子，以存宗祀爲重，而非背國也。比干，三孤，以義弼君，以存人臣之義，而非要名也。箕子，天畀九疇，以存皇極之法，爲天而非貪生也。」熹恐此説亦未盡善。如箕子一節尤無意思。不知三人者端的當爲處，當如何以求之。先生曰：三人各以力量竭力而爲之，非有所擇，此「求仁」「得仁」者也。微子義當去；箕子囚奴，偶不死爾；比干即以死諫，庶幾感悟。存祀、九疇，皆後來事，初無此念也，後來適然爾，豈可相合看，致仁人之心不瑩徹耶？仁只是理，初無彼此之辨，當理而無私心即仁矣。胡明仲破東坡之説可矣，然所説三人後來事相牽，何異介甫之説三仁。恐如此政是病處，昏了仁字，不可不察。

問：「太極動而生陽」，先生嘗曰：「此只

❶「嫌」，原校「近本作『逆』」。

是理，做已發看不得。」熹疑既言「動而生陽」，即與《復》卦一陽生而「見天地之心」何異？竊恐「動而生陽」，即天地之喜怒哀樂發處，於此即見天地之心；「二氣交感，化生萬物」，即人物之喜怒哀樂發處，於此即見人物之心。如此做兩節看，不知得否。先生曰：「太極動而生陽」，至理之源，只是動靜闔闢。至於終萬物始萬物，亦只是此理一貫也。到得「二氣交感，化生萬物」時，又就人物上推，亦只是此理。《中庸》以喜怒哀樂未發已發言之，又就人身上推尋，至於見得「大本」「達道」處，又衮同只是此理。此理就人身上推尋，若不於未發已發處看，即何緣知之？蓋就天地之本源與人物上推來，不得不異。此所以於「動而生陽」，難以爲喜怒哀樂已發言之，在天地只是理也。今欲作兩節看，切恐差了。《復》卦「見天地之心」，先儒以爲靜見天地之心，伊川先生以爲動乃見，此恐便是「動而生陽」之理。然於《復》卦發出此一段示人，又於初爻以顏子「不遠復」爲之，此只要示人無間斷之意。人與天理一也，就此理上皆收攝來，「與天地合其德，與日月合其明，與四時合其序，與鬼神合其吉凶」，皆其度内爾。妄測度如此，未知元晦以爲如何。有疑，更容他日得見劇論。語言既拙，又無文采，似發脱不出也。元晦可意會消詳之，看理道通否。

辛巳上元日書云：昔嘗得之師友緒餘，以謂問學有未愜適處，只求諸心。若反身而誠，清通和樂之象見，即是自得處。更望勉力以此而已。

辛巳五月二十六日書云：某村居一切如

舊，❶無可言者。窘束爲人事所牽，間有情意不快處，❷一切消釋，不復能恤。蓋日昃之離，理應如此爾。

承諭近日學履甚適，向所耽戀不洒落處，今已漸融釋。此便是道理進之効，甚善甚善。思索有窒礙，及於日用動静之間有咈戾處，便於此致思，求其所以然者，久之自循理爾。

「五十知天命」一句，三先生之説皆不敢輕看。某尋常看此數句，竊以謂人之生也，自少壯至於老耄，血氣盛衰消長自不同。❸學者若循其理，不爲其所使，則聖人之言自可以馴致，但聖賢所至處淺深之不同爾。若五十矣，尚昧於所爲，即大不可也。横渠之説似有此意，試一思索看如何。

辛巳中元後一日書云：喻及所疑數處，詳味之，所見皆正當可喜，但於洒落處恐未免滯礙。今此便速，不暇及之，謹俟涼爽，可以來訪，就曲折處相難，庶彼此或有少補焉爾。

辛巳十月十日書云：看文字必覺有味，静而定否。

承録示《韋齋記》，追往念舊，令人凄然。某中間所舉《中庸》始終之説，❹元晦以謂「肫肫其仁，淵淵其淵，浩浩其天」，即全體是未發底道理，惟聖人盡性能然。若如此看，即於全體何處不是此氣象？第恐無甚氣味爾。某竊以謂「肫肫其仁」以下三句，乃是體認到此「達天德」之効處，就喜怒哀樂未發處

❶「村」，原校「近本作『閑』」。
❷「間」，原校「近本作『拘』」。
❸「自」，原校「近本作『有』」。
❹「某」，原校「近本無『某』字」。

存養，至見此氣象，儘有地位也。❶某嘗見吕芸閣與伊川論中説。吕以謂循性而行，❷無往而非禮義。伊川以謂氣味殊少。吕復書云云，政謂此爾。大率論文字切在深潛縝密，然後蹊徑不差。釋氏所謂「一超直入如來地」，恐其失處正坐此，不可不辨。

某衰晚碌碌只如舊，所恨者中年以來即爲師友捐棄，獨學無助，又涉世故，沮困殆甚。尚存初心，有端緒之可求，時時見於心目爾。

壬午四月二十二日書云：吾儕在今日，止可於僻寂處草木衣食，❸苟度此歲月爲可，他一切置之度外，惟求進此學問爲庶幾爾。若欲進此學，須是盡放棄平日習氣，更鞭飭所不及處，❹使之脱然有自得處，始是道理少進。承諭應接少暇即體究，方知以前皆是低看了道理。此乃知覺之效，更在勉之。有所疑，便中無惜詳及，庶幾彼此得以自警也。

壬午五月十四日書云：承諭處事擾擾，便似内外離絶，不相該貫。此病可於静坐時收攝，將來看是如何，便如此就偏著處理會，久之知覺，即漸漸可就道理矣。更望勉之也。

壬午六月十一日書云：承諭仁一字條陳所推測處，足見日來進學之力，甚慰。某嘗以謂仁字極難講説，只看天理統體便是。更心字亦難指説，唯認取發用處是心。二字須要體認得極分明，方可下工夫。仁字難説，《論語》一部，只是説與門弟子求仁之方，知所以用心，庶幾私欲沉，天理見，則知仁矣。

❶「有」，原校「近本作『得』」。
❷「循」，原校「近本作『隨』」。
❸「木衣」，原校「近本作『衣木』」。
❹「飭」，光緒本作「辟」。

如顔子、仲弓之問，聖人所以答之之語，皆其要切用力處也。孟子曰：「仁，人心也。」心體通有無，貫幽明，無不包括，與人指示於發用處求之也。又曰：「仁者，人也。」人之一體，便是天理無所不備具。❶若合而言之，人與仁之名亡，則渾是道理也。來諭以謂：「仁是心之正理，能發能用底一箇端緒。如胎育包涵其中，生氣無不純備，而流動發生自然之機，又無頃刻停息，憤盈發洩，觸處貫通，體用相循，初無間斷。」此說推擴得甚好。但又云：「人之所以爲人而異乎禽獸者，以是而已，若犬之性、牛之性，則不得而與焉。」若如此說，恐有礙。蓋天地中所生物，本源則一，雖禽獸草木，生理亦無頃刻停息間斷者，但人得其秀而最靈，五常中和之氣所聚，禽獸得其偏而已，此其所以異也。若謂「流動發生自然之機」，與夫「無頃刻停息間斷」，即禽獸之體亦自如此。若以爲此理唯人獨得之，即恐推測體認處未精，於他處便有差也。又云「須體認到此純一不雜處，方見渾然與物同體氣象」一段，語却無病。又云：「從此推出分殊合宜處便是義，以下數句，莫不由此，而仁一以貫之。蓋五常百行無往而非仁也。」此說大概是，然細推之，却似不曾體認得。伊川所謂「理一分殊」，龜山云「知其理一，所以爲仁，知其分殊，所以爲義」之意，蓋全在知字上用著力也。《謝上蔡語録》云不仁便是「死漢不識痛癢了」，仁字只是有知覺了了之體段，若於此不下工夫令透徹，即何緣見得本源毫髮之分殊哉？若於此不了了，即體用不能兼舉矣。此正是本源體用兼舉處，人道之立，正在於此。仁之一字，正如

❶「是」，原校「近本無『是』字」。

四德之元。而仁義二字，正如立天道之陰陽，立地道之柔剛，皆包攝在此二字爾。大抵學者多爲私欲所分，故用力不精，不見其效。若欲於此進步，須把斷諸路頭，静坐默識，使之泥滓漸漸消去方可，不然亦只是説也。更熟思之。

「葉公問孔子於子路，子路不對」一章，昔日得之於吾黨中人，謂葉公亦當時號賢者，夫子名德經天緯地，人孰不識之，葉公尚自見問於其徒，所見如此，宜子路之不對也。若如此看仲尼之徒，渾是客氣，非所以觀子路也。蓋弟子形容聖人盛德，有所難言爾。如「女奚不曰」下面三句，元晦以謂「發憤忘食」者，言其求道之切。聖人自道理中流出，即言求道之切，恐非所以言聖人。此三句只好渾然作一氣象看，則見聖人渾是道理，不見有身世之礙，故「不知老之將至」爾。元晦更以此意推廣之看，如何？大抵夫子一極際氣象，終是難形容也。尹和靖以謂皆「不居其聖」之意，此亦甚大。但「不居其聖」一節事，乃是門人推尊其實如此。故孔子不居，因事而見爾。❶若常以不居其聖横在肚裹，則非所以言聖人矣。如何如何？

以今日事勢觀之，處此時，唯儉德避難，更加韜晦爲得所，他皆不敢以姑息自恕之事奉聞也。元晦更切勉之。上蔡先生語，近看甚有力。渠一處云：「凡事必有根。」又云：「必須有用處尋討要用處病根，將來斬斷便没事。」此語可時時經心也。

壬午七月二十一日書云：某在建安，竟不樂彼。蓋初與家人約，二老只欲在此，繼而家人爲兒輩所迫，不能謹守，遂往。某獨

❶「因」上，光緒本有「蓋」字。「事」，原校「近本作『是』」。

處家中，亦自不便，故不獲已往來，彼此不甚快。自念所寓而安方是道理，今乃如此，正好就此下工夫，看病痛在甚處以驗之，它皆不足道也。某幸得早從羅先生遊，自少時粗聞端緒，中年一無佽助，❶爲世事溯汩者甚矣。所幸比年來得吾元晦相與講學，於頹墮中復此激發，恐庶幾於晚境也。何慰之如！

《封事》熟讀數過，立意甚佳。今日所以不振，立志不定、事功不成者，正坐此以和議爲名爾。書中論之甚善。見前此赦文中有和議處一條，❷又有「事迫許便宜從事」之語，蓋皆持兩端，使人心疑也。要之，斷然不可和。自整頓綱紀，以大義斷之，以示天下向背，立爲國是可爾。此處更可引此。又「許便宜從事」處，更下數語以曉之，如何？某不能文，不能下筆也。《封事》中有少疑處，已用貼紙貼出矣，更詳之。明道語云治道在於脩己、責任、求賢，《封事》中此意皆有之矣。甚善甚善！吾儕雖在山野，憂世之心，但無所伸爾。亦可早發去爲佳。

辛巳八月七日書云：某歸家，凡百只如舊，但兒輩所見凡下，家中全不整頓，至有疎漏欲頹敝處，氣象殊不佳。既歸來，不免令人略略脩治，亦須苟完可爾。家人猶豫未歸，諸事終不便，亦欲於冷落境界上打疊，庶幾漸近道理。他不敢恤，但一味窘束，亦有沮敗人佳處，無可奈何也。

謝上蔡語極好玩味。蓋渠皆是於日用上下工夫，又言語只平說，尤見氣味深長。今已抄得一本矣，謹以奉內，恐亦好看也。

問：熹昨妄謂仁之一字乃人之所以爲人

❶ 「佽」，原校「近本作『朋』」。

❷ 「赦」，原校「近本作『數』」。

而異乎禽獸者，先生不以爲然。熹因以先生之言思之而得其説，敢復求正於左右。熹竊謂天地生物，本乎一源，人與禽獸草木之生，莫不具有此理。其一體之中，即無絲毫欠剩，其一氣之運，亦無頃刻停息，所謂仁也。先生批云：「有有血氣者，有無血氣者，更體究此處。」但氣有清濁，故稟有偏正。惟人得其正，故能知其本，具此理而存之，而見其爲仁；物得其偏，故雖具此理而不自知，而無以見其爲仁。然則仁之爲仁，人與物不得不同；知人之爲人而存之，人與物不得不異。故伊川夫子既言「理一分殊」，而龜山又有「知其理一，知其分殊」之説。而先生以爲「全在知字上用著力」，恐亦是此意也。先生勾斷批云：「以上大概得之，它日更用熟講體認。」不知果是如此否。又詳伊川之語推測之，竊謂「理一而分殊」，此一句言理之本然如此，全在性分之内，本體未發時看。先生抹出批云：「須是兼本體已發未發時看，合内外爲可。」合而言之，則莫非此理，然其中無一物之不該，便自有許多差别。雖散殊錯糅，不可名狀，而纖微之間，[1]同異畢顯，所謂「理一而分殊」也。「知其理一，所以爲仁；知其分殊，所以爲義。」此二句乃是於發用處該攝本體而言，因此端緒而下工夫以推尋之處也。蓋「理一而分殊」一句，正如孟子所云「必有事焉」之處，而下文兩句，即其所以有事乎此之謂也。先生抹出批云：「恐不須引孟子説以證之。孟子之説，若以微言，恐下工夫處落空如釋氏。然孟子之説亦無隱顯精粗之間。今録謝上蔡一説於後，玩味之，即無時不是此理也。此説極有力。」大抵仁字正是天理流動之機，[2]以其包容和粹，涵育融漾，不

[1]「微」，光緒本作「毫」。
[2]「字」，原校「近本作『者』」。

可名貌，故特謂之仁。其中自然文理密察，各有定體處，便是義。只此二字，包括人道已盡。義固不能出乎仁之外，仁亦不離近本作。乎義之內也。然則「理一而分殊」者，乃是本然之仁義。先生勾斷批云：「推測到此一段甚密，爲得之。加以涵養，何患不見道也。甚慰甚慰！」前此乃以從此推出分殊合宜處爲義，失之遠矣。又不知如此上則推測又還是不，❶更乞指教。

先生曰：謝上蔡云：「吾常習忘以養生。明道曰：『施之養則可，於道則有害。習忘可以養生者，以其不留情也。學道則異於是。「必有事焉勿正」何謂乎？且出入起居寧無事者？正心待之則先事而迎，忘則涉乎去念，助則近於留情。故聖人心如鑑，所以異於釋氏心也。』」上蔡録明道此語，於學者甚有力。蓋尋常於静處體認下工夫，即於鬧處使不著，蓋不曾如此用功也。自非謝先生確實於日用處便下工夫，又言：「吾每就事上作工夫學。」即恐明道此語亦未必引得出來。此語録所以極好玩索，近方看見如此意思顯然。元晦於此更思看，如何？唯於日用處便下工夫，或就事上便下工夫，庶幾漸可合爲己物，不然只是説也。某輒妄意如此，如何如何？

問：❷熹又問《孟子》「養氣」一章，向者雖蒙曲折面誨，而愚意竟未見一總會處，近日求之，頗見大體，只是要得心氣合而已。故説「持其志，無暴其氣」，「必有事焉而勿正，心勿忘，勿助長也」，皆是緊切處。只是要得這裏所存主處分明，則一身之氣，自然一時奔湊翕聚，向這裏來存之不已，及其充積盛滿，睟面盎背，便是塞乎天地氣象，非求

❶ 「則」，原校「近本作『所』」。
❷ 「問」，原校「近本無『問』字」。

之外也。如此則心氣合一，不見其間，心之所向，全氣隨之。雖加齊之卿相得行道焉，亦沛然行其所無事而已，何動心之有！《易》曰：「直方大，不習无不利。」而《文言》曰：「敬義立而德不孤」，「則不疑其所行也」。正是此理。不審先生以爲如何。　先生曰：養氣大概是要得心與氣合，不然心是心，氣是氣，不見所謂「集義」處，終不能合一也。元晦云「睟面盎背便是塞乎天地氣象」，與下云「亦沛然行其所無事」二處爲得之，見得此理甚好。然心氣合一之象，更用體察，令分曉路陌方是。某尋常覺得於畔援歆羨之時，未必皆是正理，亦心與氣合到此，若髣髴有此氣象，一差則所失多矣，豈所謂「浩然之氣」耶？某竊謂孟子所謂「養氣」者，自有一端緒，須從「知言」處養來乃不差，於「知言」處下工夫，儘用熟也。謝上蔡多謂「於田地上面下工夫」，此知言之説，乃田地也。先於此體認令精審，認取心與氣合之時，不倚不偏氣象是如何，方可看《易》中所謂「直方大，不習無不利」，然後「不疑其所行」，皆沛然矣。元晦更於此致思看，如何？某率然如此，極不揆是與非，更俟他日面會商量可也。

問：熹近看《中庸》「鬼神」一章，竊謂此章正是發明顯微無間只是一理處。且如鬼神有甚形迹，然人却自然有畏敬之心以承祭祀，便如真有一物在其上下左右。此理亦有甚形迹，然人却自然秉彝之性，才存主著這裏，便自見得許多道理。參前倚衡，雖欲頃刻離而遁之而不可得，只爲至誠貫徹，實有是理，無端無方，無二無雜。方其未感，寂然不動；及其既感，無所不通。濂溪翁所謂「静無而動有，至正而明達」者，於此亦可以見之。不審先生以爲如何。　先生曰：此段看得甚好，更引濂溪翁所謂「靜無而動有」，作一貫曉會尤佳。《中庸》發明微顯之理，於承祭祀時爲言者，只謂於此時鬼神之理昭然易見，令學者有入頭處爾。但更有一說：若看此理，須於四方八面盡皆收入體究來，令有會心處方是。謝上蔡云：「鬼神橫渠説得來別，這箇便是天地間妙用，須是將來做箇題目入思慮始得，❶講説不濟事。」又云：「鬼神自家要有便有，要無便無。」更於此數者一併體認，不可滯在一隅也。某偶見如此，如何如何？

壬午八月九日書云：此箇氣味爲上下相咻，無不如此者。這箇風俗如何得變？某於此有感焉。當今之時，苟有修飭之士，須大段涵養韜晦始得，若一旦齟齬，有所去就，雖去流俗遠矣，❷然以全體論之，得失未免相半也。使衰世之公子皆信厚，須如文王方得，若未也，恐不若且誦龜山與胡文定《梅花》詩，直是氣味深長也。如何？龜山詩：「欲驅殘臘變春風，只有寒梅作選鋒。莫把疎英輕鬬雪，好藏清艷月明中。」右《渚宮觀梅寄康侯》。

韜晦一事，嘗驗之，極難。自非大段涵養深潛，定不能如此，遇事輒發矣，亦不可輕看也。如何如何？書後注此數語。

十月朔日書云：承諭近日看仁一字，頗有見處，但乍喧乍靜，乍明乍暗，子細點撿，儘有勞攘處，詳此足見潛心體認用力之效。蓋須自見得病痛窒礙處，然後可進，因此而修治之，推測自可見。甚慰甚慰！孟子曰：「夫仁，亦在夫熟之而已。」乍明乍暗，乍喧乍靜，皆未熟之病也。更望勉之，至祝至祝！

❶「慮」，原校「近本作『議』」。

❷「去」，原校「近本作『出』」。「俗」，原校「近本作『輩』」。光緒本無此原校。

癸未五月二十三日書云：近日涵養必見應事脱然處否？須就事兼體用下工夫，久久純熟，漸可見渾然氣象矣。勉之勉之！

六月十四日書云：❶承諭令表弟之去，反而思之，中心不能無愧悔之恨。自非有志於求仁，何以覺此！《語録》有云：「罪己責躬不可無，然亦不可常留在心中爲悔。」來諭云悔吝已顯然，如何便銷隕得？胸中若如此，即於道理極有礙，有此氣象，即道理進步不得矣，政不可不就此理會也。某竊以謂有失處。罪己責躬固不可無，然過此以往，又將奈何？常留在胸中，却是積下一團私意也。到此境界，須推求其所以愧悔不去，爲何而來。若來諭所謂，似是於平日事親事長處，不曾存得恭順謹畏之心，即隨處發見之時，即於此處，就本源處推究涵養之令漸明，即此等固滯私意，當漸化矣。又昔聞之羅先生云：「横渠教人，令且留意神化二字，所存者神，便能所過者化。私吝盡無，即渾是道理，即所過自然化矣。」更望以此二説於静默時及日用處下工夫看，如何？吾輩今日所以差池道理不進者，只爲多有坐此境界中爾。禪學者則不然。渠亦有此病，却只要絶念不採，以是爲息滅，殊非吾儒就事上各有條理也。元晦試更以是思之，如何？或體究得不以爲然，便中示報爲望。後見先生又云：「前日所答，只是據今日病處説，《語録》中意却未盡。它所以如此説，只是提破，隨人分量看得如何。若地位高底人微有如此處，只如此提破，即涣然冰釋，無復凝滯矣。」

某人之去，傳者以爲緣衆士人於通衢罵辱之，責以講和誤國之罪，時事遂激而一變。或以爲逐此人誠快輿論，然罵辱之者亦無行

❶「四」，原校「近本作『六』」。

遺，恐使人失上下之分。某竊以爲不然，今日之事只爲不曾於原本處理會，末流雖是亦何益？不共戴天，正今日第一義，舉此不知其它，即弘上下之道而氣正矣。夷狄所以盛者，只爲三綱五常之道衰也。

七月十三日書云：在此粗安，第終不樂於此。若以謂隨所寓而安之，即於此𨉖硊便不是。此微處皆學者之大病，大凡只於微處充擴之，方見礙者大爾。

七月二十八日書云：今日三綱不振，義利不分。緣三綱不振，故人心邪辟不堪用，是致上下之氣間隔，而中國之道衰，夷狄盛，皆由此來也。義利不分，自王安石用事，陷溺人心，至今不自知覺。如前日有旨有升擢差遣之類，緣有此利誘，故人只趍利而不顧義，而主勢孤。此二事皆今日之急者，欲人主於此留意二者，苟不爾，則是「雖有粟，吾得而食諸」也。

《與劉平甫書》云：學問之道不在於多言，但默坐澄心，體認天理，若見雖一毫私欲之發，亦自退聽矣。久久用力於此，庶幾漸明，講學始有力也。

又《與劉平甫書》云：大率有疑處，須靜坐體究，人倫必明，天理必察，於日用處著力，可見端緒。在勉之爾！

延平李先生師弟子答問終

# 延平李先生答問後録

李延平初間也是豪邁底人，到後來也是磨琢之功。在鄉若不異於常人，鄉曲以上底人只道他是箇善人。他也略不與人説，待問了方與説。

羅仲素先生嚴毅清苦，殊可畏。

李先生終日危坐，而神彩精明，略無隤墮之氣。

問：延平先生言行。曰：他却不曾著書，充養得極好。凡爲學也，不過是恁地涵養將去，初無異義，只是先生睟面盎背，自然不可及。

明道教人静坐，李先生亦教人静坐。看來須是静坐始能收斂。

羅仲素都是著實子細去理會。

延平先生氣象好。

熹初爲學，全無見成規模，這邊也去理會尋討，那邊也去理會尋討。後來見李先生，較説得有下落，更縝密。

李先生説人心中大段惡念却易制伏，最是那不大段計利害乍往乍來底念慮，相續不斷，難爲駈除。今看得來是如此。

或問：近見廖子晦言，今年見先生，問延平先生静坐之説，先生頗不以爲然，不知如何？曰：這事難説。静坐理會道理自不妨，只是討要静坐則不可，只是理會得道理明透，自然是静。今人都是討静坐以省事，則不可。嘗見李先生説，舊見羅先生説《春秋》，頗覺不甚好，不知到羅浮静極後又理會得如何。是時羅已死。某心常疑之，以今觀之，是如此。蓋心下熱鬧，如何看得道理出，須是静方看得出。所謂静坐，只是打叠得心下無事，則道理始出，道理既出，心下愈明静矣。

行夫問：李先生謂常存此心，勿爲事物所勝。先生答之，云云。頃之復曰：李先生涵養得自是别，真所謂不爲事物所勝者。古人云終日無疾言遽色，他真箇是如此。尋常人去近處必徐行，出遠處行必稍急，先生出近處也如此，出遠處亦只如此。尋常人叫一人，叫之一二聲不至，則聲必厲，先生叫之不至，聲不加於前也。又如坐處壁間有字，某每常亦須起頭一看。若先生則不然，方其坐時固不看也，若是欲看，則必起就壁下視之。其不爲事物所勝，大率若此。嘗聞先生後生時極豪邁，一飲必數十盃，醉則好馳馬，❶一驟三二十里不迴。後來收得恁地醇粹，所以難及。

問：先生所作《李先生行狀》云：「終日危坐，以驗夫喜怒哀樂之前氣象爲如何，而求所謂中者。」與伊川之説若不相似。曰：這處是舊日下得語太重，今以伊川之語格之，則其下工夫處亦是有些子偏。只是被李先生静得極了，便自見得是有箇覺處，不似别人，今終日危坐，只是且收斂在此，勝如奔馳。若一向如此，又似坐禪入定。

淳問：延平欲於未發之時觀其氣象，❷此與楊氏體驗於未發之前者，異同如何？曰：這箇亦有些病。那體驗字是有箇思量了，便是已發，若觀時恁著意看，便也是已發。問：此體驗是著意觀，只恁平常否？曰：此亦是以不觀觀之。

或問：延平先生何故驗於喜怒哀樂未發

❶「醉」，原校「元本無『醉』字」。
❷「時」，明本、正誼堂本作「前」。

之前而求所謂中？曰：只是要見氣象。陳後之曰：持守良久亦可見未發氣象。曰：延平即是此意。若一向這裏，又差從釋氏去。

李先生云：看聖賢言語，但一踔看過便見道理者，却是真意思，纔著心去看，便蹉過了多。

道喪千載，兩程勃興。有的其緒，龜山是承。龜山之南，道則與俱。有覺其徒，望門以趨。惟時豫章，傳得其宗。一簞一瓢，凛然高風。猗歟先生，果自得師。❶身世兩忘，惟道是資。精義造約，窮深極微。凍解冰釋，發於天機。乾端坤倪，鬼秘神彰。風霆之變，日月之光。爰暨山川，草木昆蟲。人倫之正，王道之中。一以貫之，其外無餘。縷析毫差，其分則殊。體用混圓，隱顯昭融。萬變並酬，浮雲太空。仁孝友弟，灑落誠明。清通和樂，展也大成。婆娑丘林，世莫我知。優哉游哉，卒歲以嬉。迨其季年，德盛道尊。有來摳衣，發其蔽昏。侯伯聞風，擁篲以迎。大本大經，是度是程。税駕云初，講議有端。疾病乘之，醫窮技殫。嗚呼先生，而止於斯！命之不融，誰實尸之？合散屈伸，消息滿虚。廓然大公，與化爲徒。古今一息，曷計短長？物我一身，孰爲窮通？嗟惟聖學，不絶如綫。先生得之，既厚以全。進未獲施，退未及傳。殉身以没，孰云非天！熹也小生，丱角趨拜。恭惟先君，實共源派。誾誾侃侃，斂衽推先。冰壺秋月，謂公則然。施及後人，敢渝斯志。從游十年，誘掖諄至。春山朝榮，秋堂夜空。即事即理，無幽不窮。相期日深，見勵彌切。蹇步方休，鞭繩已掣。安車暑行，過我衡門。返旆相遭，涼秋已分。

❶「果」，各本同，《晦庵集》作「早」。

熹於此時，適有命召。問所宜言，反覆教詔。最後有言：「吾子勉之：凡茲衆理，子所自知；奉以周旋，幸不失墜。」歸裝朝嚴，訃音夕至。失聲長號，淚落懸泉。何意斯言，而訣終天！病不舉扶，没不飯含。奔走後人，死有餘憾。儀刑永隔，卒業無期。墜緒茫茫，孰知我悲？伏哭柩前，奉奠以贄。不亡者存，鑒此誠意。《祭文》。

先生諱侗，字愿中，姓李氏，南劍州劍浦人。❶ 曾祖諱幹，屯田郎中致仕，贈金紫光禄大夫。妣清源郡太夫人朱氏。祖諱纁，朝散大夫，贈中奉大夫。妣永嘉郡大君胡氏、咸寧郡大君朱氏。父諱渙，朝奉郎，贈右朝議大夫。妣太恭人饒氏。先生朝議公之季子也。生有異禀，幼而穎悟，少長，孝友謹篤，朝議公、太恭人特所鍾愛。既冠，遊鄉校，有聲稱。已而，聞郡人羅仲素先生得河雒之學於龜山楊文靖公之門，遂往學焉。羅公清介絶俗，雖里人鮮克知之，見先生從遊受業，或頗非笑。先生若不聞，從之累年，受《春秋》、《中庸》、《語》、《孟》之説，從容潛玩，有會于心，盡得其所傳之奥。羅公少然可，亟稱許焉。於是退而屏居山田，結茅水竹之間，謝絶世故餘四十年，簞瓢屢空，怡然自適。中間，郡將學官聞其名而招致之，或遣子弟從游受學，州郡士子有以矜式焉。晚以二子舉進士，試吏旁郡，更請迎養，先生不得已爲一行。自建安如鉛山，訪外家兄弟於昭武，過其門弟子故人於武夷潭溪之上，徜徉而歸。會閩帥玉山汪公以書禮車乘來迎，蓋將相與講所疑焉，先生因往見之。至之日疾作，遂卒于府治之館舍。是年七十有一矣，隆興元

❶ 自「南劍州」至「公之季子也」八十六字，明本無。

年十月十有五日也。汪公爲遺參議官王君伯序、觀察推官謝公倣護喪事，躬視棺斂，禮意喪具無不周悉。居數日，諸子畢至，遂以喪歸。先生娶同郡吴氏。子男三人：友直，左修職郎、信州鉛山縣尉；信甫，左修職郎、建寧府建安縣主簿；友聞，未仕。女一人，早亡。孫男四人、女八人，皆幼。初，龜山先生倡道東南，士之游其門者甚衆，然語其潛思力行、任重詣極如羅公，蓋一人而已。先生既從之學，講誦之餘，危坐終日，以驗夫喜怒哀樂未發之前氣象爲如何，而求所謂中者。若是者蓋久之，而知天下之大本真有在乎是也。蓋天下之理無不由是而出，既得其本，則凡出於此者，雖品節萬殊，曲折萬變，莫不該攝洞貫，以次融釋，而各有條理，如川流脉絡之不可亂。大而天地之所以高厚，細而品彙之所以化育，以至於經訓之微言，日用之小物，折之於此，無一不得其衷焉。由是操存益固，涵養益熟，精明純一，觸處洞然，泛應曲酬，發必中節。故其事親誠孝，左右無違。仲兄性剛多忤，先生事之致誠盡敬，更得其懽心焉。閨門内外，夷愉肅穆，若無人聲，而衆事自理。與族姻舊故，恩意篤厚，久而不忘。生事素薄，然處之有道，量入爲出，賓祭謹飭，租賦必爲鄰里先。親戚或貧不能婚嫁，爲之經理，節衣食以賑助之。與鄉人處，食飲言笑，終日油油如也。年長者，事之盡禮，少者、賤者，接之各盡其道。以故鄉人愛敬，暴悍化服。其接後學答問，窮晝夜不倦，隨人淺深，誘之各不同，而要以反身自得，而可以入於聖賢之域。故其言曰：「學問之道，不在多言，但默坐澄心，體認天理，若見雖一毫私欲之發，亦退聽矣。久久用力於此，庶幾漸明，講學始有力耳。」又嘗曰：「學者之病，在於未有灑然冰解凍釋處，縱有力持守，不過苟免顯然悔尤而已。若此者，恐未足道也。」又嘗曰：「今人之學與古人異。如孔門諸子，群居終日，交相切磨，又得夫子爲之依歸，日用之間，觀感而化者多矣，恐於融釋而脱落處，非言説所及也。不然，子貢何以言『夫子之言性與天道不可得而聞也』耶？」嘗以黄太史稱濂溪周夫子「胸中灑落，如光風霽月」云者，爲善形容有道者氣象。嘗諷誦之，而顧謂學者曰：「存此於胸中，庶幾遇事廓然，而義理少進矣。」其語《中庸》曰：「聖門之傳是書，其所以開悟後學，無遺策矣。然所謂『喜怒哀樂未發之謂中』者，又一篇之指要也。若徒記誦而已，則亦奚以爲哉？必也體之於身，實見是理，若顔子之歎，卓然見其爲一物而不違乎心目之間也。然後擴充而往，無所不通，則庶乎其可以言中庸矣。」其語《春秋》曰：「《春秋》一事各是發明一例，如觀山水，徙步而形勢不同，不可拘以一法。然所以難言者，蓋以常人之心推測聖人，未到聖人灑然處，豈能無失邪？」其於《語》、《孟》他經，無不貫達。苟有疑問，答之必極其趣，然語之而不惰者或寡矣。蓋嘗曰：「讀書者知其所言莫非吾事，而即吾身以求之，則凡聖賢所至而吾所未至者，皆可勉而進矣。若直以文字求之，悦其詞義，以資誦説，其不爲玩物喪志者幾希。」以故未嘗爲講解文書，然其辨析精微，毫釐畢察。嘗語問者曰：「講學切在深潛縝密，然後氣味深長，蹊徑不差。若概以理一而不察乎其分之殊，此學者所以流於疑似亂真之説，而不自知也。」其開端示人，大要類此。先生姿禀勁特，氣節豪邁，而充養完粹，無復圭角。精純之氣，達於面目，色温言厲，神定氣和，語默動静，端詳閑泰，自然之中，若有成法。平居恂恂，於事若無甚可否，及其酬酢事變，斷以義理，則有截然不可犯者。蚤歲聞道，即棄場屋，超然遠引，若無意於當世，然憂時論事，感激動人。其語治道，必以明天理、正人心、崇節義、厲廉耻爲先，本末備具，可舉而行，非特空言而已。異端之學，無所入於其心，然一聞其説，則知其詖淫邪遁之所以然者。蓋辯之於錙銖眇忽之間，而儒、釋之邪正分矣。熹先君子與先生爲同門友，雅敬重焉。嘗與沙縣鄧迪天啓語及先生，鄧曰：「愿中如冰壺秋月，瑩徹無瑕，非吾曹所及。」先君子深以爲知言，亟稱道之。其後熹獲從先生遊，每一去而復來，則所聞必益超絶。蓋其上達不已，日新如此。嗚呼！若先生之道德純備，學術通明，求之當世，殆絶倫比。然不求知於世而已，未嘗輕以語人，故上之人既莫之知，而學者亦莫之識。是以進不獲施之於時，退未及傳之於後，而先生方且玩其所安樂者於畎畝之中，悠然不知老之將至。蓋所謂「依乎中庸，遯世不見知而不悔」者，先生庶幾焉。比年以來，學者始益親，而方伯連帥之賢者，又樂聞其道而邀致之，其意豈徒然哉！不幸天喪斯文，而先生没矣。龜山之所聞於程夫子而授之羅公者，至是而不得其傳矣。嗚呼，痛哉！諸孤方謀窀穸之事，謂熹承學之久，宜知先生之藴，使具其事以請銘於作者，將勒諸幽堂，以告後世知德者有以考焉。熹愚不肖，蒙被教育不爲不久，聽其言觀其行而服膺焉不爲不詳，然未能有以得其遠者大者，故悉取凡聞見所及一二書之，詞若繁而不敢殺者，蓋有待于筆削云耳。謹狀。《行狀》。

# 跋

延平李先生之學得之仲素羅先生，羅先生之學得之龜山楊先生，龜山蓋伊雒之高弟也。李先生不特以得於所傳授者爲學，其心造之妙，蓋有先儒之所未言者。今觀此編與行述之所紀，智者觀之，當見之矣。始我文公朱先生之大人吏部公，與延平先生俱事羅先生，爲道義之交，故文公先生於延平爲通家子。文公幼孤，從屏山劉公學問。及壯，以父執事延平而已，至於論學，蓋未之契，而文公每誦其所聞，延平亦莫之許也。文公領簿同安，反復延平之言，若有所得者，於是盡棄所學而師事焉。則此編所録，蓋同安既歸之後也。文公先生嘗謂師夏曰：「余之始學，亦務爲儱侗宏濶之言，好同而惡異，喜大而耻於小。於延平之言，則以爲何爲多事若是，天下之理一而已，心疑而不服。同安官餘，以延平之言反覆思之，始知其不我欺矣。蓋延平之言曰：『吾儒之學所以異於異端者，理一分殊也。理不患其不一，所難者分殊耳。』此其要也。」今文公先生之言行布滿天下，光明俊偉，毫釐必辨而有以會其同，曲折致詳而有以全其大，所謂「致廣大而盡精微，極高明而道中庸」，本末兼舉，細大不遺。而及門之士，亦各隨其分量，有所依據而篤守，循序而漸進，無憑虚蹈空之失者，實延平先生一言之緒也。世之學者，其尊信文公之道者，則以爲聰明絶世，故其探討之微有不可及，至於不能無疑者，則又以爲其學出於性習之似，得之意好之偏而已，而不知師弟子之間，離合從違之際，其難也如此。嗚呼！此蓋爲千古計也，豈容有一毫曲徇苟合相爲容悦之意哉！北海王耕道舊讀此書而悦之，攝郡姑孰，取之刊之郡齋，以畀學者，其惠宏矣。師夏贅貳于此，因得述其所聞于後，以告同學者，蓋丙辰夏夜之言也，幸貰其僭。嘉定甲戌三月望日後學趙師夏謹識。

# 近思録

〔南宋〕朱熹 呂祖謙 編著
劉永翔 嚴佐之 校點

# 目録

# 校點説明

《近思録》是北宋理學家周敦頤、二程、張載思想要義的摘録，由吕祖謙與朱熹共同編著，用來作爲初學者理學入門的讀物。

關於此書的編著，朱熹在序言中説：「淳熙乙未（一一七五）之夏，東萊吕伯恭來自東陽，過予寒泉精舍。留止旬日，相與讀周子、程子、張子之書，歎其廣大閎博，若無津涯，而懼夫初學者不知所入也，因共掇取其關於大體而切於日用者，以爲此編。總六百二十二條，分十四卷。」雖是入門讀物，朱熹却極爲重視其價值，曾説：「四子，六經之階梯；《近思録》，四子之階梯。」（《朱子語類》卷一百五）

《近思録》自初稿成後就有刊本問世，朱熹《答吕伯恭書》云：「欽夫寄得所刻《近思録》來，却欲添入説舉業數段，已寫付之，但不知渠已去，彼能了此書否耳。」（《晦庵先生朱文公文集》卷三四）又《答張敬夫書》云：「《近思》舉業三段及横渠語一段並録呈，幸付彼中舊官屬正之。或更得數字，説破增添之意尤佳。蓋閩、浙本流行已廣，恐見者疑其不同。」（同上卷三二）二書所説爲一事。可見朱、吕生前即有閩、浙二种刊本。《直齋書録解題》卷九《儒家類》著録《近思録》十四卷，云：「朱熹、吕祖謙取周、程之書關於大體而切於實用者六百十九條。」所言條數與朱熹自序有異，則顯是另一版本了。其時諸本的不同當是朱熹不斷修改的緣故。

現存的《近思録》版本不下四十種。尚留天壤間的惟一宋刊本是楊伯嵒的《泳齋近思録衍注》，今藏北京大學圖書館。

明刻本則分白文本、葉采集解本和周公恕分類集解本三种。白文本有崇禎九年張雋等人刻本，係翻刻南京國子監汪偉刻本而成者，國家圖書館藏；嘉靖六年賈世祥刊本，中國科學院圖書館藏；嘉靖十七年吴邦模刊本，上海圖書館藏。葉采集解本有元刻明修本，國家圖書館藏；正德十四年刊本，北京大學圖書館藏；年代不詳明刊本，上海圖書館藏。周公恕《分類經進近思録集解》有成化九年張元楨刊本，上海圖書館藏；稽古齋刊本，北京大學圖書館藏；嘉靖十七年劉仕賢刊本，國家圖書館藏。

清代刻本和鈔本中，白文本較少，以康熙中禦兒吕氏寶誥堂《朱子遺書》本爲最著。葉采集解本有清初刻本，桂林培遠堂翻刻乾隆本，《四庫全書》本。此外，清代還出現了一些新注本：張伯行《近思録集解》，今見同治間重刊《正誼堂全書》；李文炤《近思録集解》，康熙五十九年湘川李氏刊本，華東師範大學圖書館藏；茅星來《近思録集注》，《四庫全書》本、道光三年姚氏刊本；江永《近思録集注》，此本清代刻印最多，有《四庫全書》本、嘉慶十二年刊本、咸豐三年刊本，此外同光間望三益齋、楚北崇文書局、浙江書局皆曾翻刻嘉慶十九年王鼎校本；陳沆《近思録補注》稿本，湖北省圖書館藏。

本書的校點，取上海圖書館所藏明吴邦模所刻白文本爲底本，以此本曾爲藏家據宋本校過，批語具存，彌足珍貴。校以國家圖書館所藏明崇禎九年張雋刻白文本（簡稱崇禎本）及元刻明修葉采集解本（簡稱元刻葉本）、北京大學圖書館所藏明正德十四年葉采集解本（簡稱正德葉本）。

校點謬誤之處，敬祈讀者不吝賜教。

校點者 劉永翔 嚴佐之

# 近思録敘

録者何？録哲言以明心學也。思者何？心之官也。近者何？因心也。心之官則思，猶目之官則視、耳之官則聽也。聽因於聲，視因於色。故同聲而聽，雖盡耳也，無改聞矣；同色而視，雖盡目也，無改見矣。觸而應，過而無跡，不慮而知，不學而能，如鑑效照，如鐘應響，無古今聖愚一也。何獨至於心而疑之？正心者之於思也，亦若是而已矣。廓然而大公，物來而順應。是以先天而天弗違，後天而奉天時，考諸三王而不謬，百世以俟聖人而不惑也。其所由病也，則不因以爲之故爾。或將也，或迎也，或留也，或戰也，四者思之莫因也，是以遠也。其猶病耳者之自鳴乎，不因於聲矣，將不可得而聽也；猶病目者之自翳乎，不因於色矣，將不可得而視也。此之謂失其本心。《繫辭》曰：「天下何思何慮，天下殊途而同歸，一致而百慮。」《通書》曰：「無思，本也；思，通用也。」嗚乎，盡之矣，是則近思之説也。使得其説而通之，則於是録思亦過半；不然，執是録而拘拘求之事爲之末以證所謂近思，抑又遠矣。希程張君令吴江時，惟取是録，託吴子以傳，其亦探本之義也與哉！予承乏二載，始克讀而序之，思與同志共明其旨云。淳熙戊戌秋季望後仙居林應麒書。❶

❶「淳熙」，此二字經剜改，當爲「嘉靖」。

# 朱序

淳熙乙未之夏，東萊吕伯恭來自東陽，過予寒泉精舍。留止旬日，相與讀周子、程子、張子之書。歎其廣大閎博，若無津涯，而懼夫初學者不知所入也，因共掇取其關於大體而切於日用者，以爲此編。總六百二十二條，分十四卷。蓋凡學者所以求端用力、處己治人之要，與夫辨異端、觀聖賢之大略，皆粗見其梗概。以爲窮鄉晚進有志於學，而無明師良友以先後之者，誠得此而玩心焉，亦足以得其門而入矣。如此，然後求諸四君子之全書，沈潛反復，優柔厭飫，以致其博而反諸約焉，則其宗廟之美、百官之富，庶乎其有以盡得之。若憚煩勞，安簡便，以爲取足於此而可，則非今日所以纂集此書之意也。五月五日新安朱熹謹識。

# 呂 序

《近思録》既成，或疑首卷陰陽變化性命之説，大氐非始學者之事。祖謙竊嘗與聞次緝之意，後出晚進，於義理之本原雖未容驟語，苟茫然不識其梗概，則亦何所底正？列之篇端，特使之知其名義，有所嚮望而已。至於餘卷所載講學之方、日用躬行之實，具有科級，循是而進，自卑升高，自近及遠，庶幾不失纂集之指。若乃厭卑近而鶩高遠，躐等陵節，流於空虛，迄無所依據，則豈所謂「近思」者耶？覽者宜詳之。

淳熙三年四月四日東萊呂祖謙謹書。

# 近思録引書

周子《太極通書》
《明道先生文集》
《伊川先生文集》
《周易程氏傳》
《程氏經説》
《程氏遺書》
《程氏外書》
横渠先生《正蒙》
《横渠先生文集》
横渠先生《易説》
横渠先生《禮樂説》
横渠先生《論語説》
横渠先生《孟子説》
《横渠先生語録》

# 近思録卷之一 凡五十一條

濂溪先生曰：無極而太極。太極動而生陽，動極而靜；靜而生陰，靜極復動。一動一靜，互爲其根，分陰分陽，兩儀立焉。陽變陰合，而生水、火、木、金、土。五氣順布，四時行焉。五行，一陰陽也；陰陽，一太極也；太極，本無極也。五行之生也，各一其性。無極之真，二五之精，妙合而凝。乾道成男，坤道成女。二氣交感，化生萬物。萬物生生，而變化無窮焉。惟人也，得其秀而最靈。形既生矣，神發知矣；五性感動，而善惡分、萬事出矣。❶聖人定之以中正仁義聖人之道，仁義中正而已矣。而主靜，無欲故靜。立人極焉。故聖人與天地合其德，日月合其明，四時合其序，鬼神合其吉凶。君子脩之吉，小人悖之凶。故曰：「立天之道，曰陰與陽；立地之道，曰柔與剛；立人之道，曰仁與義。」又曰：「原始反終，故知死生之説。」大哉《易》也，斯其至矣！

誠，無爲；幾，善惡。德：愛曰仁，宜曰義，理曰禮，通曰智，守曰信。性焉、安焉之謂聖，復焉、執焉之謂賢。發微不可見、充周不可窮之謂神。《通書》。

伊川先生曰：喜怒哀樂之未發，謂之中。中也者，言「寂然不動」者也，故曰「天下之大本」。發而皆中節，謂之和。和也者，言「感而遂通」者也，故曰「天下之達道」。《文集》。下同。

心一也，有指體而言者，寂然不動是也。

❶「事」，原作「物」，據崇禎本及元刻葉本、正德葉本改。

有指用而言者，感而遂通天下之故是也。惟觀其所見何如耳。❶

乾，天也。天者，乾之形體；❷乾者，天之性情。乾，健也；健而無息之謂乾。夫天，專言之則道也，「天且弗違」是也。分而言之，則以形體謂之天，以主宰謂之帝，以功用謂之鬼神，以妙用謂之神，以性情謂之乾。《易傳》。下同。

四德之元，猶五常之仁。偏言則一事，專言則包四者。

天所賦爲命，物所受爲性。

鬼神者，造化之迹也。

剥之爲卦，諸陽消剥已盡，獨有上九一爻尚存，如碩大之果不見食，將有復生之理。上九亦變，則純陰矣，然陽無可盡之理，變於上，則生於下，無間可容息也。聖人發明此理，以見陽與君子之道不可亡也。或曰：剥盡則爲純坤，豈復有陽乎？曰：以卦配月，則坤當十月。以氣消息言，則陽剥爲坤，陽來爲復，陽未嘗盡也。剥盡於上，則復生於下矣。故十月謂之陽月，恐疑其無陽也。陰亦然，聖人不言耳。

一陽復於下，乃天地生物之心也。先儒皆以静爲見天地之心，蓋不知動之端乃天地之心也。非知道者，孰能識之？

仁者，天下之公，善之本也。

有感必有應。凡有動皆爲感，感則必有應，所應復爲感，所感復有應，所以不已也。感通之理，知道者默而觀之可也。

天下之理，終而復始，所以恒而不窮。

❶ 「何如」，元刻葉本作「如何」。案底本校記云：「何如，宋板作如何。」

❷ 「乾」，底本校記云：「乾之形體，宋板作天之形體。」

恒非一定之謂也，一定則不能恒矣。惟隨時變易，乃常道也。天地常久之道，天下常久之理，非知道者，孰能識之？

人性本善，有不可革者，何也？曰：語其性則皆善也，語其才則有下愚之不移。所謂下愚有二焉：自暴也，自棄也。人苟以善自治，則無不可移者，雖昏愚之至，皆可漸磨而進。惟自暴者拒之以不信，自棄者絶之以不爲，雖聖人與居，不能化而入也。仲尼之所謂下愚也。然天下自棄、自暴者非必皆昏愚也，往往强戾而才力有過人者，商辛是也。聖人以其自絶於善，謂之下愚，然考其歸，則誠愚也。既曰下愚，其能革面，何也？曰：心雖絶於善道，其畏威而寡罪則與人同也。惟其有與人同，所以知其非性之罪也。

在物爲理，處物爲義。

動静無端，陰陽無始，非知道者，孰能識之？《經説》。下同。

仁者，天下之正理，失正理則無序而不和。

明道先生曰：天地生物，各無不足之理。常思天下君臣、父子、兄弟、夫婦，有多少不盡分處。《遺書》。下同。

「忠信所以進德」，「終日乾乾」，君子當終日對越在天也。蓋「上天之載，無聲無臭」，其體則謂之易，其理則謂之道，其用則謂之神，其命于人則謂之性。率性則謂之道，修道則謂之教。孟子去其中又發揮出浩然之氣，可謂盡矣。故説神「如在其上，如在其左右」，大小大事而只曰「誠之不可揜如此夫」。徹上徹下，不過如此。形而上爲道，形而下爲器，須著如此説，器亦道，道亦器，但得道在，不繫今與後、己與人。

醫書言手足痿痺爲不仁，此言最善名狀。仁者，以天地萬物爲一體，莫非己也。認得爲己，何所不至？若不有諸己，自不與己相干。如手足不仁，氣已不貫，皆不屬己。故博施濟衆，乃聖之功用。仁至難言，故止曰：「己欲立而立人，己欲達而達人，能近取譬，可謂仁之方也已。」欲令如是觀仁，可以得仁之體。

「生之謂性」，性即氣，氣即性，生之謂也。人生氣禀，理有善惡，然不是性中元有此兩物相對而生也。有自幼而善，有自幼而惡。后稷之克岐克嶷，子越椒始生，人知其必滅若敖氏之類。是氣禀有然也。善固性也，然惡亦不可不謂之性也。蓋「生之謂性」、「人生而静」以上不容説，才説性時便已不是性也。凡人説性，只是説「繼之者善也」，孟子言性善是也。❶夫所謂「繼之者善也」者，猶水流而就下也。皆水也，有流而至海，終無所污，此何煩人力之爲也？有流而未遠，固已漸濁；有出而甚遠，方有所濁。有濁之多者，有濁之少者。清濁雖不同，然不可以濁者不爲水也。如此，則人不可以不加澄治之功。故用力敏勇則疾清，用力緩怠則遲清。及其清也，則却只是元初水也，不是將清來換却濁，亦不是取出濁來置在一隅也。水之清，則性善之謂也。故不是善與惡在性中爲兩物相對，各自出來。此理，天命也。順而循之，則道也。循此而脩之，各得其分，則教也。自天命以至於教，我無加損焉，此舜有天下而不與焉者也。

觀天地生物氣象。周茂叔看。

萬物之生意最可觀，此「元者，善之長

❶「性」，底本校記云：「性字上，宋板有人字。」

也」，斯所謂仁也。

滿腔子是惻隱之心。

天地萬物之理，無獨必有對，皆自然而然，非有安排也。每中夜以思，不知手之舞之、足之蹈之也。

中者，天下之大本，天地之間亭亭當當、直上直下之正理。出則不是，惟敬而無失最盡。

伊川先生曰：公則一，私則萬殊。人心不同如面，只是私心。

凡物有本末，不可分本末爲兩段事。洒掃應對是其然，必有所以然。

楊子拔一毛不爲，墨子又摩頂放踵爲之，此皆是不得中。至如子莫執中，欲執此二者之中，不知怎麽執得？識得，則事事物物上皆天然有箇中在那上，不待人安排也，安排著，則不中矣。

問：時中如何？曰：中字最難識，須是默識心通。且試言：一廳則中央爲中，一家則廳中非中，而堂爲中；言一國則堂非中，而國之中爲中。推此類可見矣。如三過其門不入，在禹稷之世爲中，若居陋巷，則非中也。居陋巷，在顔子之時爲中，若三過其門不入，則非中也。

无妄之謂誠，不欺其次矣。李邦直云：「不欺之謂誠。」便以不欺爲誠。徐仲車云：「不息之謂誠。」《中庸》言「至誠無息」，非以无息解誠也。或以問先生，先生曰云云。

沖漠無朕，萬象森然已具，未應不是先，已應不是後。如百尺之木，自根本至枝葉皆是一貫，不可道上面一段事無形無兆，却待人旋安排引入來教入塗轍。既是塗轍，却只是一箇塗轍。

近取諸身，百理皆具。屈伸往來之義，

只於鼻息之間見之。屈伸往來只是理，不必將既屈之氣復爲方伸之氣。生生之理，自然不息。如《復》卦言「七日來復」，其間元不斷續。陽已復生，物極必返，其理須如此。有生便有死，有始便有終。

明道先生曰：天地之間，只有一箇感與應而已，更有甚事？

問仁，伊川先生曰：此在諸公自思之，將聖賢所言仁處類聚觀之，體認出來。孟子曰：「惻隱之心，仁也。」後人遂以愛爲仁。愛自是情，仁自是性，豈可專以愛爲仁？孟子言：「惻隱之心，仁之端也。」既曰仁之端，則不可便謂之仁。退之言：「博愛之謂仁。」非也。仁者固博愛，然便以博愛爲仁，則不可。

問：仁與心何異？曰：心譬如穀種，生之性便是仁，陽氣發處，乃情也。

義訓宜，禮訓別，智訓知，仁當何訓？説者謂訓覺、訓人，皆非也。當合孔孟言仁處大概研窮之，二三歲得之，未晚也。

性即理也。天下之理，原其所自，未有不善。喜怒哀樂未發，何嘗不善？發而中節，則無往而不善。❶凡言善惡，皆先善而後惡；言吉凶，皆先吉而後凶；言是非，皆先是而後非。《易傳》曰：「成而後有敗，敗非先成者也；得而後有失，非得何以有失也？」

問：心有善惡否？曰：在天爲命，在義爲理，在人爲性，主於身爲心，其實一也。心本善，發於思慮則有善有不善。若既發，則可謂之情，不可謂之心。譬如水，只可謂之水。至如流而爲派，或行於東，或行於西，却謂之流也。

❶「善」下，元刻葉本有「發不中節然後爲不善故」十字。

性出於天，才出於氣。氣清則才清，氣濁則才濁。才則有善有不善，性則無不善。

性者自然完具，信只是有此者也，故四端不言信。

心，生道也。有是心，斯具是形以生。惻隱之心，人之生道也。

橫渠先生曰：氣坱然太虛，升降飛揚，未嘗止息。此虛實動静之機、陰陽剛柔之始。浮而上者陽之清，降而下者陰之濁。其感遇聚結，❶爲風雨，爲霜雪。萬品之流形，山川之融結，糟粕煨燼，無非教也。《正蒙》。下同。

游氣紛擾，合而成質者，生人物之萬殊；其陰陽兩端，循環不已者，立天地之大義。

天體物不遺，猶仁體事而無不在也。「禮儀三百，威儀三千」，無一物而非仁也。「昊天曰明，及爾出王。昊天曰旦，及爾游衍」，無一物之不體也。

鬼神者，二氣之良能也。

物之初生，氣日至而滋息。物生既盈，氣日反而游散。至之謂神，以其伸也；反之謂鬼，以其歸也。

性者，萬物之一源，非有我之得私也，惟大人爲能盡其道。是故立必俱立，知必周知，愛必兼愛，成不獨成。彼自蔽塞而不知順吾理者，則亦末如之何矣。

一故神，譬之人身，四體皆一物，故觸之而無不覺，不待心使至此而後覺也。此所謂「感而遂通」，「不行而至，不疾而速」也。橫渠《易説》。

心，統性情者也。

❶「結」，元刻葉本作「散」。

凡物莫不有是性，由通、蔽、開、塞，所以有人物之别；由蔽有厚薄，故有知愚之别。塞者，牢不可開；厚者，可以開，而開之也難。薄者，開之也易，開則達於天道，與聖人一。

# 近思録卷之二凡百十一條

濂溪先生曰：聖希天，賢希聖，士希賢。伊尹、顔淵，大賢也。伊尹恥其君不爲堯舜，一夫不得其所，若撻于市；顔淵不遷怒，不貳過，三月不違仁。志伊尹之所志，學顔子之所學，❶過則聖，及則賢，不及則亦不失於令名。《通書》。下同。

聖人之道，入乎耳，存乎心，藴之爲德行，行之爲事業。彼以文辭而已者，陋矣。

或問：聖人之門，其徒三千，獨稱顔子爲好學。夫《詩》《書》六藝，三千子非不習而通也，然則顔子所獨好者，何學也？伊川先生曰：學以至聖人之道也。聖人可學而至歟？曰：然。學之道如何？曰：天地儲精，得五行之秀者爲人。其本也真而静，其未發也五性具焉，曰仁、義、禮、智、信。形既生矣，外物觸其形而動其中矣。❷其中動而七情出焉，曰喜、怒、哀、樂、愛、惡、欲。❸情既熾而益蕩，其性鑿矣。是故覺者約其情，使合於中，正其心，養其性；愚者則不知制之，縱其情而至於邪僻，梏其性而亡之。然學之道，必先明諸心，知所養，❹然後力行以求至，所謂自明而誠也。誠之之道，在乎信道篤。信道篤則行之果，行之果則守之固。仁義忠信不離乎心，造次必於是，顛沛必於是，出處語默必於是。久而弗失，則居之安，動容周旋中禮，而邪

❶「子」，底本校記云：「顔子，宋板作顔淵。」

❷「其」，底本校記云：「動其中，宋板作動于中。」

❸「樂」，底本校記云：「一作懼。」

❹「養」，底本校記云：「一作往。」案元刻葉本作「往」。

僻之心無自生矣。故顏子所事，則曰：「非禮勿視，非禮勿聽，非禮勿言，非禮勿動。」仲尼稱之，則曰：「得一善，則拳拳服膺而弗失之矣。」又曰：「不遷怒，不貳過。有不善未嘗不知，知之未嘗復行也。」此其好之、篤學之之道也。然聖人則不思而得，不勉而中，顏子則必思而後得，必勉而後中，其與聖人相去一息。所未至者，守之也，非化之也。以其好學之心，假之以年，則不日而化矣。後人不達，以謂聖本生知，非學可至，而爲學之道遂失。不求諸己而求諸外，以博聞强記、巧文麗辭爲工，榮華其言，鮮有至於道者。則今之學與顏子所好異矣。《文集》。

橫渠先生問於明道先生曰：定性未能不動，猶累於外物，何如？明道先生曰：所謂定者，動亦定，靜亦定，無將迎，無内外。苟以外物爲外，牽己而從之，是以己性爲有内外也。且以性爲隨物於外，則當其在外時，何者爲在内？是有意於絶外誘而不知性之無内外也。既以内外爲二本，則又烏可遽語定哉？夫天地之常，以其心普萬物而無心；聖人之常，以其情順萬事而無情。故君子之學，莫若擴然而大公，物來而順應。《易》曰：「貞吉悔亡，憧憧往來，朋從爾思。」苟規規於外誘之除，將見滅於東而生於西也。非惟日之不足，顧其端無窮，不可得而除也。人之情各有所蔽，故不能適道，大率患在於自私而用智。自私則不能以有爲爲應迹，用智則不能以明覺爲自然。今以惡外物之心而求照無物之地，是反鑑而索照也。《易》曰：「艮其背，不獲其身；行其庭，不見其人。」《孟子》亦曰：「所惡於智者，爲其鑿也。」與其非外而是内，不若内外之兩忘也。兩忘則澄然無事矣。無事則定，定則明，明則尚何應物之爲累哉？聖人之喜，以物之當喜；聖人之怒，以物之當怒。是聖人之喜怒不繫於心而繫於物也。是則聖人豈不應於物哉？烏得以從外者爲非，而更求在内者爲是也？今以自私用智之喜怒，而視聖人喜怒之正爲如何哉？夫人之情，易發而難制者，惟怒爲甚。第能於怒時遽忘其怒，而觀理之是非，亦可見外誘之不足惡，而於道亦思過半矣。

伊川先生答朱長文書曰：聖賢之言，不得已也。蓋有是言，則是理明；無是言，則天下之理有闕焉。如彼耒耜陶冶之器，一不制，則生人之道有不足矣。聖賢之言，雖欲已，得乎？然其包涵盡天下之理，亦甚約也。後之人始執卷，則以文章爲先，平生所爲動多於聖人，然有之無所補，無之靡所闕，乃無用之贅言也。不止贅而已，既不得其要，則離真失正，反害於道必矣。來書所謂欲使後人見其不忘乎善，此乃世人之私心也。夫子「疾没世而名不稱焉」者，疾没身無善可稱云爾，非謂疾無名也。名者可以厲中人，君子所存，非所汲汲。

内積忠信，所以進德也；擇言篤志，所以居業也。「知至至之」，致知也。求知所至而後至之，知之在先，故可與幾，所謂「始條理者，知之事也」。「知終終之」，力行也。既知所終，則力進而終之，守之在後，故可與存義，所謂「終條理者，聖之事也」。此學之始終也。《易傳》。下同。

君子主敬以直其内，守義以方其外。敬立而内直，義形而外方。義形於外，非在外也。敬義既立，其德盛矣，不期大而大矣。德不孤也，無所用而不周，無所施而不利，孰爲疑乎？

動以天爲无妄，動以人欲則妄矣。无妄之義大矣哉！雖無邪心，苟不合正理，則妄也，乃邪心也。既已无妄，不宜有往，往則妄也。故《无妄》之《象》曰：「其匪正有眚，不利有攸往。」

人之蘊蓄，由學而大，在多聞前古聖賢之言與行。考跡以觀其用，察言以求其心，識而得之，以蓄成其德。

《咸》之《象》曰：「君子以虛受人。」傳曰：中無私主，則無感不通。以量而容之，擇合而受之，非聖人有感必通之道也。其九四曰：「貞吉悔亡，憧憧往來，朋從爾思。」傳曰：感者，人之動也，故咸皆就人身取象。四當心位而不言咸其心，感乃心也。感之道無所不通，有所私係，則害於感通，所謂悔也。聖人感天下之心，如寒暑雨暘，無不通、無不應者，亦貞而已矣。貞者，虛中無我之謂也。若往來憧憧然，用其私心以感物，則心之所及者有能感而動，所不及者不能感也。以有係之私心，既主於一隅一事，豈能廓然無所不通乎？

君子之遇艱阻，必自省於身，有失而致之乎？有所未善則改之，無歉於心則加勉，乃自脩其德也。

非明則動無所之，非動則明無所用。

習，重習也。時復思繹，浹洽於中，則説也。以善及人，而信從者衆，故可樂也。雖樂於及人，不見是而無悶，乃所謂君子。《經説》。下同。

「古之學者爲己」，欲得之於己也；「今之學者爲人」，欲見知於人也。

伊川先生謂方道輔曰：聖人之道，坦

如大路，學者病不得其門耳。得其門，無遠之不到也。求入其門，不由於經乎？今之治經者亦衆矣，然而買櫝還珠之蔽，人人皆是。經，所以載道也，誦其言辭，解其訓詁，而不及道，乃無用之糟粕耳。覬足下由經以求道，勉之又勉，異日見卓爾有立於前，然後不知手之舞、足之蹈，不加勉而不能自止矣。《手帖》。

明道先生曰：「脩辭立其誠」，不可不子細理會。言能脩省言辭，便是要立誠。若只是脩飾言辭爲心，只是爲僞也。若脩其言辭，正爲立己之誠意，乃是體當自家「敬以直内、義以方外」之實事。道之浩浩，何處下手？惟立誠纔有可居之處。有可居之處，則可以脩業也。「終日乾乾」，大小大事，却只是「忠信所以進德」爲實下手處，「脩辭立其誠」爲實脩業處。《遺書》。下同。

伊川先生曰：志道懇切，固是誠意；若迫切不中理，則反爲不誠。蓋實理中自有緩急，不容如是之迫。觀天地之化乃可知。

孟子才高，學之無可依據。學者當學顏子，入聖人爲近，有用力處。又曰：學者要學得不錯，須是學顏子。有準的。

明道先生曰：且省外事，但明乎善，惟進誠心，其文章雖不中，不遠矣。所守不約，泛濫無功。

學者識得仁體，實有諸己，只要義理栽培。如求經義，皆栽培之意。

昔受學於周茂叔，每令尋顏子、仲尼樂處，所樂何事。

所見所期，不可不遠且大，然行之亦須量力有漸。志大心勞，力小任重，恐終敗事。

朋友講習，更莫如「相觀而善」工夫多。

須是大其心使開闊，譬如爲九層之臺，須大做脚須得。❶

明道先生曰：自「舜發於畎畝之中」至「孫叔敖舉於海」，❷若要熟，也須從這裏過。

參也竟以魯得之。

明道先生以記誦博識爲玩物喪志。時以經語録作一册。鄭轂云：嘗見顯道先生云：某從洛中學時，録古人善行，別作一册，明道先生見之曰：「是玩物喪志。」蓋言心中不宜容絲髮事。胡安國云：謝先生初以記問爲學，自負該博，對明道舉史書，成篇不遺一字。明道曰：「賢却記得許多，可謂玩物喪志。」謝聞此語，汗流浹背，面發赤。及看明道讀史，又却逐行看過，不蹉一字，謝甚不服。後來省悟，却將此事做話頭，接引博學之士。

禮樂只在進反之間，便得性情之正。以上並明道語。

父子君臣，天下之定理，無所逃於天地之間。安得天分，不有私心，則行一不義、殺一不辜，有所不爲。有分毫私，便不是王者事。

論性不論氣，不備；論氣不論性，不明。二之則不是。

論學便要明理，論治便須識體。

曾點、漆雕開已見大意，故聖人與之。

根本須是先培壅，然後可立趨向也。趨向既正，所造淺深則由勉與不勉也。

敬、義夾持直上，達天德自此。

懈意一生，便是自棄自暴。

不學便老而衰。

人之學不進，只是不勇。

學者爲氣所勝、習所奪，只可責志。

❶「須」，崇禎本、元刻葉本作「始」。

❷「孫叔敖舉於海」，底本校記云：「宋板作百里奚舉於市。」

內重，則可以勝外之輕；得深，則可以見誘之小。

董仲舒謂：「正其義，不謀其利；明其道，不計其功。」孫思邈曰：「膽欲大而心欲小，智欲圓而行欲方。」可以爲法矣。

大抵學不言而自得者，乃自得也。有安排布置者，皆非自得也。

視聽、思慮、動作，皆天也，人但於其中要識得真與妄爾。

明道先生曰：學只要鞭辟近裏，著己而已。故「切問而近思」，則「仁在其中矣」。「言忠信，行篤敬，雖蠻貊之邦，行矣。言不忠信，行不篤敬，雖州里，行乎哉？立則見其參於前也，在輿則見其倚於衡也，夫然後行。」只此是學。質美者明得盡，查滓便渾化，却與天地同體。其次惟莊敬持養。及其至，則一也。

「忠信所以進德」，「脩辭立其誠，所以居業」者，乾道也；「敬以直內，義以方外」者，坤道也。

凡人才學，便須知著力處；既學，便須知得力處。

有人治園圃，役知力甚勞。先生曰：《蠱》之《象》：「君子以振民育德。」君子之事，惟有此二者，餘無他焉。二者，爲己、爲人之道也。

「博學而篤志，切問而近思」，何以言「仁在其中矣」？學者要思得之。了此便是徹上徹下之道。

弘而不毅，則難立；毅而不弘，則無以居之。《西銘》言弘之道。

伊川先生曰：古之學者，優柔厭飫，有先後次序。今之學者，却只做一場話說，務高而已。常愛杜元凱語：「若江海之浸、膏澤之潤，涣然冰釋，怡然理順，然後爲得也。」今之學者，往往以游夏爲小，不足學。然游夏一言一事，却總是實。後之學者好高，如人游心於千里之外，然自身却只在此。

脩養之所以引年，國祚之所以祈天永命，常人之至於聖賢，皆工夫到這裏，則有此應。

忠恕所以公平。造德則自忠恕，其致則公平。

仁之道，要之只消道一「公」字。公只是仁之理，不可將公便唤做仁。公而以人體之，故爲仁。只爲公則物我兼照，故仁，所以能恕，所以能愛，恕則仁之施，愛則仁之用也。

今之爲學者，如登山麓，方其迤邐，莫不闊步，及到峻處便止。須是要剛决果敢以進。

人謂要力行，亦只是淺近語。人既能知見，一切事皆所當爲，不必待著意。纔著意，便是有箇私心。這一點意氣，能得幾時子？

知之必好之，好之必求之，求之必得之。古人此箇學是終身事，果能顛沛造次必於是，豈有不得道理？

古之學者一，今之學者三，異端不與焉。一曰文章之學，二曰訓詁之學，三曰儒者之學。欲趨道，舍儒者之學不可。

問：作文害道否？曰：害也。凡爲文，不專意則不工；若專意，則志局於此，又安能與天地同其大也？《書》曰：「玩物喪志。」爲文亦玩物也。吕與叔有詩云：「學如元凱方成癖，文似相如始類俳。獨立孔門無一事，只輸顔氏得心齋。」古之學者惟務養情性，❶其他則不學。今爲文者，專務章句悦人耳目，既務悦人，非俳優而何？曰：古者學爲文否？曰：人見六經，便以謂聖人亦作文，不知聖人亦攄發胸中所藴，自成文耳，所謂「有德者必有言」也。曰：游夏稱文學，何也？曰：游夏亦何嘗秉筆學爲詞章也？且如「觀乎天文以察時變，觀乎人文以化成天下」，此豈詞章之文也？

涵養須用敬，進學則在致知。

莫説道將第一等讓與別人，且做第二等。才如此説，便是自棄。雖與不能居仁由義者差等不同，其自小一也。言學便以道爲志，言人便以聖爲志。

問：「必有事焉」，當用敬否？曰：敬是涵養一事，「必有事焉」，須用集義。只知用敬，不知集義，却是都無事也。又問：義莫是中理否？曰：中理在事，義在心。

問：敬、義何別？曰：敬只是持己之道，義便知有是有非。順理而行，是爲義也。若只守一箇敬，不知集義，却是都無事也。且如欲爲孝，不成只守著一箇孝字。須是知所以爲孝之道，所以侍奉當如何，温清當如何，然後能盡孝道也。

學者須是務實，❷不要近名方是。有意近名，則爲僞也。❸大本已失，更學何事？爲名與爲利，清濁雖不同，然其利心則一也。

「回也，其心三月不違仁」，只是無纖毫私意，有少私意，便是不仁。

❶「古」上，底本校記云：「宋板有此詩甚好四字。」「古之」，底本校記云：「宋板作昔之。」

❷「是」，底本校記云：「須是，宋板作須要。」

❸「爲」，底本校記云：「爲僞，宋板作是僞。」案元刻葉本作「是僞」。

「仁者先難而後獲」，有爲而作，皆先獲也。古人惟知爲仁而已，今人皆先獲也。

有求爲聖人之志，然後可與共學；學而善思，然後可與適道；思而有所得，則可與立；立而化之，則可與權。

「古之學者爲己」，其終至於成物；今之學者爲物，其終至於喪己。

君子之學必日新。日新者，日進也。不日新者必日退，未有不進而不退者。惟聖人之道無所進退，以其所造者極也。以上並《遺書》。

明道先生曰：性静者可以爲學。

弘而不毅，則無規矩；毅而不弘，則隘陋。

知性善，以忠信爲本，此先立其大者。

伊川先生曰：人安重，則學堅固。

「博學之，審問之，慎思之，明辨之，篤行之」，五者廢其一，非學也。

張思叔請問，其論或太高，伊川不答。良久曰：累高必自下。

明道先生曰：人之爲學，忌先立標準。若循循不已，自有所至矣。

尹彦明見伊川後半年，方得《大學》、《西銘》看。

有人説無心，伊川曰：無心便不是，只當云無私心。

謝顯道見伊川，❶伊川曰：近日事如何？對曰：天下何思何慮？伊川曰：是則是有此理，賢却發得太早在。伊川直是會鍛鍊得人，説了又道，恰好著工夫也。

謝顯道云：昔伯淳教誨，只管著他言語。伯淳曰：與賢説話，却似扶醉漢，救得

❶「伊川」，底本校記云：「一作伯淳。」

一邊，倒了一邊。只怕人執著一邊。以上《外書》。

橫渠先生曰：「精義入神」，事豫吾内，求利吾外也；「利用安身」，素利吾外，致養吾内也；「窮神知化」，乃養盛自至，非思勉之能强。故崇德而外，君子未或致知也。

形而後有氣質之性，善反之，則天地之性存焉。故氣質之性，君子有弗性者焉。

德不勝氣，性命於氣；德勝其氣，性命於德。窮理盡性，則性天德、命天理。氣之不可變者，獨死生脩夭而已。

莫非天也。陽明勝，則德性用；陰濁勝，則物欲行。領惡而全好者，其必由學乎！

大其心，則能體天下之物。物有未體，則心爲有外。世人之心，止於見聞之狹；聖人盡性，不以見聞梏其心，其視天下，無一物非我。孟子謂盡心則知性知天，以此。天大無外，故有外之心，不足以合天心。

仲尼絶四，自始學至成德，竭兩端之教也。意，有思也；必，有待也；固，不化也；我，有方也。四者有一焉，則與天地爲不相似矣。❶

上達反天理，下達徇人欲者歟？

知崇，天也，形而上也。通晝夜而知，其知崇矣。知及之，而不以禮性之，非己有也。故知禮成性而道義出，如天地位而易行。

困之進人也，爲德辨，爲感速，孟子謂「人有德慧術智者，常存乎疢疾」，以此。

言有教，動有法。晝有爲，宵有得。息有養，瞬有存。

❶ 「矣」，底本校記云：「宋板無矣字。」

横渠先生作《訂頑》曰：乾稱父，坤稱母。予兹藐焉，乃混然中處。故天地之塞，吾其體；天地之帥，吾其性。民吾同胞，物吾與也。大君者，吾父母宗子；其大臣，宗子之家相也。尊高年，所以長其長；慈孤弱，所以幼其幼。聖，其合德；賢，其秀也。凡天下疲癃殘疾、惸獨鰥寡，皆吾兄弟之顛連而無告者也。于時保之，子之翼也；樂且不憂，純乎孝者也。違曰悖德，害仁曰賊。濟惡者不才，其踐形惟肖者也。知化則善述其事，窮神則善繼其志。不愧屋漏爲無忝，存心養性爲匪懈。惡旨酒，崇伯子之顧養；育英材，潁封人之錫類。❶不弛勞而底豫，舜其功也；無所逃而待烹，申生其恭也。體其受而歸全者，參乎！勇於從而順令者，伯奇也。富貴福澤，將厚吾之生也；貧賤憂戚，庸玉汝於成也。存，吾順事；没，吾寧也。明道先生曰：《訂頑》之言，極醇無雜，秦漢以來學者所未到。又曰：《訂頑》一篇，意極完備，乃仁之體也。學者其體此意，令有諸己。其地位已高，到此地位，自別有見處，不可窮高極遠，恐於道無補也。又曰：《訂頑》立心，便達得天德。又曰：游酢得《西銘》讀之，即涣然不逆於心，曰：此《中庸》之理也，能求於言語之外者也。楊中立問曰：《西銘》言體而不及用，恐其流遂至於兼愛，何如？伊川先生曰：横渠立言，誠有過者，乃在《正蒙》。《西銘》之書，推理以存義，擴前聖所未發，與孟子性善、養氣之論同功，豈墨氏之比哉！《西銘》明理一而分殊，墨氏則二本而無分。分殊之蔽，私勝而失仁；無分之罪，兼愛而無義。分立而推理一，以止私勝之流，仁之方也；無別而迷兼愛，以至於無父之極，義之賊也。子比而同之，過矣。且彼欲使人推而行之，本爲用也，反謂不及，不亦異乎！

又作《砭愚》曰：戲言，出於思也；戲動，作於謀也。發於聲，見乎四支，謂非己

❶「潁」，原作「穎」，據文意改。

心，不明也。欲人無己疑，不能也。過言，非心也；過動，非誠也。失於聲，繆迷其四體，謂己當然，自誣也。欲他人己從，誣人也。或者謂出於心者，歸咎爲己戲；失於思者，自誣爲己誠。不知戒其出汝者，歸咎其不出汝者。長傲且遂非，不智孰甚焉？横渠學堂雙牖，右書《訂頑》，左書《砭愚》。伊川曰：是起爭端，改《訂頑》曰《西銘》，《砭愚》曰《東銘》。以上並《正蒙》。❶

將脩己，必先厚重以自持。厚重知學，德乃進而不固矣。忠信進德，惟尚友而急賢。欲勝己者親，無如改過之不吝。《横渠文集》。下同。

横渠先生謂范巽之曰：吾輩不及古人，病源何在？巽之請問。先生曰：此非難悟。設此語者，蓋欲學者存意之不忘，庶游心浸熟，有一日脱然如大寐之得醒耳。

未知立心，惡思多之致疑；既知所立，惡講治之不精。講治之思，❷莫非術内，雖勤而何厭？所以急於可欲者，求立吾心於不疑之地，然後若決江河，以利吾往。遜此志，務時敏，厥脩乃來。故雖仲尼之才之美，然且敏以求之。今持不逮之資，而欲徐徐以聽其自適，非所聞也。

明善爲本，固執之乃立，擴充之則大，易視之則小，在人能弘之而已。

今且只將尊德性而道問學爲心，日自求於問學者有所背否，於德性有所懈否。此義亦是博文約禮、下學上達。以此警策一年，安得不長？每日須求多少爲益。知所亡，改得少不善，此德性上之益；讀書求

❶「以上並正蒙」，此五字原缺，據底本校記引宋板補。

❷「之」，底本校記云：「一作致。」案元刻葉本作「致」。

義理，編書須理會有所歸著，勿徒寫過，又多識前言往行，此問學上益也。勿使有俄頃閒度，逐日似此，三年庶幾有進。

爲天地立心，爲生民立道，爲去聖繼絶學，爲萬世開太平。

載所以使學者先學禮者，只爲學禮，則便除去了世俗一副當習熟纏繞。譬之延蔓之物，解纏繞即上去。苟能除去了一副當世習，便自然脱灑也。又學禮，則可以守得定。

須放心寬快，公平以求之，乃可見道，況德性自廣大。《易》曰：「窮神知化，德之盛也。」豈淺心可得？橫渠《易説》。

人多以老成則不肯下問，故終身不知。又爲人以道義先覺處之，不可復謂有所不知，故亦不肯下問。從不肯問，遂生百端，欺妄人我，寧終身不知。橫渠《論語説》。

多聞不足以盡天下之故，苟以多聞而待天下之變，則道足以酬其所嘗知。若劫之不測，則遂窮矣。橫渠《孟子説》。下同。

爲學大益，在自求變化氣質。不爾，皆爲人之弊，卒無所發明，不得見聖人之奥。

文要密察，心要洪放。《語録》。下同。

不知疑者，只是不便實作；既實作，則須有疑。有不行處，是疑也。

心大則百物皆通，心小則百物皆病。

人雖有功，不及於學，心亦不宜忘。心苟不忘，則雖接人事，即是實行，莫非道也。心若忘之，則終身由之，只是俗事。

合内外、平物我，此見道之大端。

既學而先有以功業爲意者，於學便相害。既有意，必穿鑿創意，作起事端也。❶德未成而先以功業爲事，是代大匠斵，希不

❶「端也」，底本校記云：「宋板無端也二字。」

傷手也。

竊嘗病孔孟既没，諸儒囂然，不知反約窮源，勇於苟作，持不逮之資，而急知後世。明者一覽，如見肺肝然，多見其不知量也。方且創艾其弊，默養吾誠。顧所患日力不足，而未果他爲也。

學未至而好語變者，必知終有患。蓋變不可輕議，若驟然語變，則知操術已不正。

凡事蔽蓋不見底，只是不求益。有人不肯言其道義所得所至，不得見底，又非於吾言無所不説。

耳目役於外，攬外事者，其實是自墮。不肯自治，只言短長，不能反躬者也。

學者大不宜志小氣輕。志小則易足，易足則無由進；氣輕則以未知爲已知、未學爲已學。

# 近思録卷之三 凡七十八條

伊川先生答朱長文書曰：心通乎道，然後能辨是非，如持權衡以較輕重，孟子所謂「知言」是也。心不通於道，而較古人之是非，猶不持權衡而酌輕重，竭其目力，勞其心智，雖使時中，亦古人所謂「億則屢中」，君子不貴也。《文集》。下同。

伊川先生答門人曰：孔孟之門，豈皆賢哲，固多衆人。以衆人觀聖賢，弗識者多矣，惟其不敢信己而信其師，是故求而後得。今諸君於頤言，纔不合，則置不復思，所以終異也。不可便放下，更且思之，致知之方也。

伊川先生答横渠先生曰：所論大概，有苦心極力之象，而無寬裕温厚之氣。非明睿所照，而考索至此，故意屢偏而言多窒，小出入時有之。明所照者，如目所覩，纖微盡識之矣；考索至者，如揣料於物，約見髣髴爾，能無差乎？更願完養思慮，涵泳義理，他日自當條暢。

欲知得與不得，於心氣上驗之。思慮有得，中心悦豫，沛然有裕者，實得也；思慮有得，心氣勞耗者，實未得也，强揣度耳。嘗有人言：比因學道，思慮心虚。曰：人之血氣，固有虚實，疾病之來，聖賢所不免；然未聞自古聖賢因學而致心疾者。《遺書》。下同。

今日雜信鬼怪異説者，只是不先燭理。若於事上一一理會，則有甚盡期？須只於學上理會。

學原於思。

所謂「日月至焉」與久而不息者，❶所見規模雖略相似，其意味氣象迥別。須心潛默識，玩索久之，庶幾自得。學者不學聖人則已，欲學之，須熟玩味聖人之氣象，不可只於名上理會，如此只是講論文字。

問：忠信進德之事，固可勉强，然致知甚難。伊川先生曰：學者固當勉强，然須是知了方行得。若不知，只是覷却堯，學他行事，無堯許多聰明睿智，怎生得如他動容周旋中禮？如子所言，是篤信而固守之，非固有之也。未致知，便欲誠意，是躐等也。勉强行者，安能持久？除非燭理明，自然樂循理。性本善，循理而行，是順理事，本亦不難，但爲人不知，旋安排著，便道難也。知有多少般數，煞有深淺，學者須是真知，纔知得是，便泰然行將去也。某年二十時，解釋經義，與今無異。然思今日，覺得意味與少時自別。

凡一物上有一理，須是窮致其理。窮理亦多端，或讀書講明義理；或論古今人物，別其是非；或應接事物，而處其當。皆窮理也。或問：格物須物物格之，還只格一物而萬理皆知？曰：怎得便會貫通？若只格一物便通衆理，雖顏子亦不敢如此道。須是今日格一件，明日又格一件，積習既多，然後脱然自有貫通處。又曰：所務於窮理者，非道盡窮了天下萬物之理，又不道是窮得一理便到，只要積累多後，自然見去。

「思曰睿」，思慮久後，睿自然生。若於一事上思未得，且別換一事思之，不可專守著這一事。蓋人之知識於這裏蔽著，雖强思亦不通也。

❶「焉」下，崇禎本有「者」字。

問：人有志於學，然知識蔽固，力量不至，則如之何？曰：只是致知。若智識明，則力量自進。

問：觀物察己，還因見物反求諸身否？曰：不必如此說。物我一理，❶纔明彼，即曉此，此合内外之道也。又問：致知，先求之四端如何？曰：求之情性，固是切於身。然一草一木皆有理，須是察。又曰：自一身之中以至萬物之理，但理會得多，相次自然豁然有覺處。

「思曰睿」，「睿作聖」。致思如掘井，初有渾水，久後稍引動得清者出來。人思慮始皆溷濁，久自明快。

問：如何是「近思」？曰：以類而推。

學者先要會疑。以上並《遺書》。❷

横渠先生答范巽之曰：所訪物怪神姦，此非難語，顧語未必信耳。孟子所謂知性知天，❸學至於知天，則物所從出當源源自見。知所從出，則物之當有當無，莫不心諭，亦不待語而後知。諸公所論，但守之不失，不爲異端所劫，進進不已，則物怪不須辨，異端不必攻，不逾期年，吾道勝矣。若欲委之無窮，付之以不可知，則學爲疑撓，智爲物昏，交來無間，卒無以自存，而溺於怪妄必矣。《文集》。下同。

子貢謂：「夫子之言性與天道，不可得而聞。」既言「夫子之言」，則是居常語之矣。聖門學者以仁爲己任，不以苟知爲得，必以了悟爲聞，因有是説。

義理之學，亦須深沉方有造，非淺易輕

❶「我」，原作「有」，據底本校記改。崇禎本、正德葉本、元刻葉本同。
❷「以上並遺書」，此五字原缺，據底本校記引宋板補。
❸「謂」，原作「論」，據底本校記引宋板改。

浮之可得也。

學不能推究事理，只是心麄，至如顔子未至於聖人處，猶是心麄。

博學於文者，只要得習坎心亨，蓋人經歷險阻艱難，然後其心亨通。

義理有疑，則濯去舊見，以來新意。心中有所開，❶即便劄記，不思則還塞之矣。更須得朋友之助，一日間朋友論著，則一日間意思差別。❷須日日如此講論，久則自覺進也。

凡致思到説不得處，始復審思明辨，乃爲善學也。若告子，則到説不得處遂已，更不復求。横渠《孟子説》。

伊川先生曰：凡看文字，先須曉其文義，然後可求其意。未有文義不曉而見意者也。《遺書》。下同。

學者要自得。六經浩渺，乍來難盡曉。且見得路徑後，各自立得一箇門庭，歸而求之可矣。

凡解文字，但易其心，自見理。理只是人理，甚分明，如一條平坦底道路。《詩》曰：「周道如砥，其直如矢。」此之謂也。或曰：聖人之言，恐不可以淺近看他。曰：聖人之言，自有近處，自有深遠處。如近處，怎生强要鑿教深遠得？揚子曰：「聖人之言遠如天，賢人之言近如地。」頤與改之曰：「聖人之言，其遠如天，其近如地。」

學者不泥文義者，又全背却遠去；理會文義者，又滯泥不通。如子濯孺子爲將之事，孟子只取其不背師之意，人須就上面理會事君之道如何也。又如萬章問舜完廩

❶「中」下，底本校記云：「心中下（宋板）多一荀字。」

❷「一日間朋友論著則」，此八字原缺，據底本校記補。

浚井事，孟子只答他大意。人須要理會浚井如何出得來，完廩又怎生下得來。若此之學，徒費心力。

凡觀書，不可以相類泥其義，不爾，則字字相梗。當觀其文勢上下之意。如「充實之謂美」，與《詩》之美不同。

問：瑩中嘗愛《文中子》：「或問學《易》，子曰：『終日乾乾可也。』」此語最盡。文王所以聖，亦只是箇不已。先生曰：凡説經義，如只管節節推上去，可知是盡。夫終日乾乾，未盡得《易》，據此一句，只做得九三使。若謂乾乾是不已，不已又是道，漸漸推去，自然是盡。只是理不如此。

「子在川上曰：逝者如斯夫」，言道之體如此，這裏須是自見得。張繹曰：此便是無窮。先生曰：固是道無窮，然怎生一箇「無窮」便道了得他？

今人不會讀書。如「誦《詩》三百，授之以政，不達；使於四方，不能專對。雖多，亦奚以爲？」須是未讀《詩》時，不達於政，不能專對；既讀《詩》後，便達於政，能專對四方，始是讀《詩》。「人而不爲《周南》、《召南》，其猶正墻面」，須是未讀《詩》時如面墻，到讀了後，便不面墻，方是有驗。大抵讀書只此便是法。如讀《論語》，舊時未讀是這箇人，及讀了後來，又只是這箇人，便是不曾讀也。

凡看文字，如七年、一世、百年之事，皆當思其如何作爲，乃有益。以上並《遺書》。❶

凡解經不同，無害，但緊要處不可不同爾。《外書》。

焞初到，問爲學之方。先生曰：公要

❶「以上並遺書」，此五字原缺，據底本校記引宋板補。

知爲學，須是讀書。書不必多看，要知其約；多看而不知其約，書肆耳。頤緣少時讀書貪多，如今多忘了。須是將聖人言語玩味，入心記著，然後力去行之，自有所得。

初學入德之門，無如《大學》，其他莫如《語》、《孟》。《遺書》。下同。

學者先須讀《論》、《孟》。窮得《語》、《孟》，自有要約處，以此觀他經，甚省力。《論》、《孟》如丈尺權衡相似，以此去量度事物，自然見得長短輕重。

讀《論語》者，但將諸弟子問處便作己問，將聖人答處便作今日耳聞，自然有得。若能於《論》、《孟》中深求玩味，將來涵養成甚生氣質！

凡看《語》、《孟》，且須熟玩味，將聖人之言語切己，不可只作一場話説。人只看得此二書，切己終身儘多也。

《論語》有讀了後全無事者，有讀了後其中得一兩句喜者，有讀了後知好之者，有讀了後不知手之舞之、足之蹈之者。

學者當以《論語》、《孟子》爲本。《論語》、《孟子》既治，則六經可不治而明矣。讀書者當觀聖人所以作經之意，與聖人所以用心，與聖人所以至聖人，而吾之所以未至者，所以未得者。句句而求之，晝誦而味之，中夜而思之，平其心，易其氣，闕其疑，則聖人之意見矣。

讀《論語》、《孟子》而不知道，所謂「雖多，亦奚以爲」。以上並《遺書》。❶

《論語》、《孟子》，只剩讀著，便自意足，學者須是玩味；若以語言解著，意便不足。某始作此二書文字，既而思之，又似剩。只

❶ 「以上並遺書」，此五字原缺，據底本校記引宋板補。

有些先儒錯會處，却待與整理過。《外書》。下同。

問：且將《語》、《孟》緊要處看，如何？伊川曰：固是好，然若有得，終不浹洽。蓋吾道非如釋氏，一見了便從空寂去。

「興於《詩》」者，吟詠性情，涵暢道德之中而歆動之，有「吾與點」之氣象。又曰：「興於《詩》」，是興起人善意，汪洋浩大，皆是此意。

謝顯道云：明道先生善言《詩》。他又渾不曾章解句釋，但優游玩味，吟哦上下，便使人有得處。「瞻彼日月，悠悠我思。道之云遠，曷云能來？」思之切矣。終曰：「百爾君子，不知德行。不忮不求，何用不臧？」歸於正也。又云：伯淳常談《詩》，並不下一字訓詁，有時只轉却一兩字，點掇地念過，便教人省悟。又曰：古人所以貴親炙之也。《外書》。下同。

明道先生曰：學者不可以不看《詩》，看《詩》便使人長一格價。

「不以文害辭」，文，文字之文，舉一字則是文，成句是辭。《詩》爲解一字不行，却遷就他說，如「有周不顯」，自是作文當如此。

看《書》須要見二帝三王之道，如二《典》，即求堯所以治民、舜所以事君。《遺書》。下同。

《中庸》之書，是孔門傳授，成於子思、孟子。其書雖是雜記，更不分精粗，一衮說了。今人語道，❶多說高便遺却卑，說本便遺却末。

伊川先生《易傳序》曰：易，變易也，隨時變易以從道也。其爲書也，廣大悉備，將

❶「人」，底本校記引宋板作「之」。

以順性命之理，通幽明之故，盡事物之情，而示開物成務之道也。聖人之憂患後世，可謂至矣。去古雖遠，遺經尚存，然而前儒失意以傳言，後學誦言而忘味，自秦而下，蓋無傳矣。予生千載之後，悼斯文之湮晦，將俾後人沿流而求源，此《傳》所以作也。「《易》有聖人之道四焉：以言者尚其辭，以動者尚其變，以制器者尚其象，以卜筮者尚其占。」吉凶消長之理、進退存亡之道備於辭。推辭考卦，可以知變，象與占在其中矣。「君子居則觀其象而玩其辭，動則觀其變而玩其占」。得於辭，不達其意者有矣，未有不得於辭而能通其意者也。至微者理也，至著者象也，體用一源，顯微無間。觀會通以行其典禮，則辭無所不備。故善學者，求言必自近，易於近者，非知言者也。予所傳者辭也，由辭以得意，則在乎人焉。《文集》。下同。

伊川先生答張閎中書曰：《易傳》未傳，自量精力未衰，尚覬有少進爾。來書云：《易》之義本起於數，❶則非也。有理而後有象，有象而後有數。《易》因象以明理，由象以知數。❷得其義，則象數在其中矣。理無形也，故因象以明理。理既見乎辭矣，則可由辭以觀象。故曰「得其義，則象數在其中矣」。必欲窮象之隱微，盡數之毫忽，乃尋流逐末，術家之所尚，非儒者之所務也。

知時識勢，學《易》之大方也。《易傳》。下同。

大畜初二，乾體剛健而不足以進，四五陰柔而能止。時之盛衰、勢之强弱，學《易》者所宜深識也。

❶「謂義起於數」，此五字原缺，據底本校記引宋板補。

❷「以」，底本校記引宋板作「而」。

諸卦二五，雖不當位，多以中爲美，三四雖當位，或以不中爲過。中常重於正也。蓋中則不違於正，正不必中也。天下之理莫善於中，於九二、六五可見。

問：胡先生解九四作太子，恐不是卦義。先生云：亦不妨，只看如何用。當儲貳則做儲貳使，九四近君，便作儲貳亦不害。但不要拘一，若執一事，則三百八十四爻只作得三百八十四件事便休了。❶《遺書》。下同。

看《易》且要知時，凡六爻，人人有用：聖人自有聖人用，賢人自有賢人用，衆人自有衆人用，學者自有學者用，君有君用，臣有臣用，無所不通。因問：坤卦是臣之事，人君有用處否？先生曰：是何無用？如厚德載物，人君安可不用？

《易》中只是言反復往來上下。

作《易》，自天地幽明至於昆蟲草木微物，無不合。《外書》。下同。

今時人看《易》，皆不識得《易》是何物，只就上穿鑿。若念得不熟，與就上添一德亦不覺多，就上減一德亦不覺少。譬如不識此兀子，若減一隻脚，亦不知是少；若添一隻，亦不知是多。若識，則自添減不得也。

游定夫問伊川「陰陽不測之謂神」，伊川曰：賢是疑了問，是揀難底問？

伊川以《易傳》示門人，曰：只說得七分，後人更須自體究。

伊川先生《春秋傳序》曰：天之生民，必有出類之才起而君長之。治之而爭奪息，導之而生養遂，教之而倫理明，然後人

❶「了」，底本校記引宋板作「也」。

道立，天道成，地道平。二帝而上，聖賢世出，隨時有作，順乎風氣之宜。不先天以開人，各因時而立政。暨乎三王迭興，三重既備。子丑寅之建正，忠質文之更尚。人道備矣，天運周矣。聖王既不復作，有天下者，雖欲倣古之跡，亦私意妄爲而已。事之繆，秦至以建亥爲正；道之悖，漢專以智力持世。豈復知先王之道也？夫子當周之末，以聖人不復作也，順天應時之治不復有也，於是作《春秋》，爲百王不易之大法，所謂「考諸三王而不謬，建諸天地而不悖，質諸鬼神而無疑，百世以俟聖人而不惑」者也。先儒之傳曰：「游、夏不能贊一辭。」辭不待贊也，言不能與於斯耳。斯道也，惟顔子嘗聞之矣。「行夏之時，乘殷之輅，服周之冕，樂則《韶》舞。」此其準的也。後世以史視《春秋》，謂褒善貶惡而已，至於經世之大法，則不知也。《春秋》大義數十，其義雖大，炳如日星，乃易見也。惟其微辭隱義，時措從宜者，爲難知也。或抑或縱，或與或奪，或進或退，或微或顯，而得乎義理之安、文質之中、寬猛之宜、是非之公，乃制事之權衡、揆道之模範也。夫觀百物然後識化工之神，聚衆材然後知作室之用，於一事一義而欲窺聖人之用心，非上智不能也。故學《春秋》者，必優游涵泳、默識心通，然後能造其微也。後王知《春秋》之義，則雖德非禹湯，尚可以法三代之治。自秦而下，其學不傳。予悼夫聖人之志不明於後世也，故作《傳》以明之。俾後之人通其文而求其義，得其意而法其用，則三代可復也。是《傳》也，雖未能極聖人之藴奥，庶幾學者得其門而入矣。《文集》。

《詩》、《書》載道之文，《春秋》聖人之

用。《詩》、《書》如藥方，《春秋》如用藥治病。聖人之用，全在此書，所謂「不如載之行事深切著明」者也。有重疊言者，如征伐、盟會之類。蓋欲成書，勢須如此，不可事事各求異義。但一字有異，或上下文異，則義須别。《遺書》。下同。

五經之有《春秋》，猶法律之有斷例也。律令唯言其法，至於斷例，則始見其法之用也。

學《春秋》亦善，一句是一事，是非便見於此。此亦窮理之要。然他經豈不可以窮理？但他經論其義，《春秋》因其行事，是非較著，故窮理爲要。嘗語學者且先讀《論語》、《孟子》，更讀一經，然後看《春秋》。先識得箇義理，方可看《春秋》。《春秋》以何爲準？無如中庸。欲知中庸，無如權。須是時而爲中，若以手足胼胝、閉户不出二者之間取中，便不是中。若當手足胼胝，則於此爲中；當閉户不出，則於此爲中。權之爲言，秤錘之義也。何物爲權？義也，時也。只是説得到義，義以上更難説，在人自看如何。

《春秋》，傳爲按，經爲斷。程子又云：某年二十時，看《春秋》，黄聱隅問某如何看，某答曰：以傳考經之事迹，以經别傳之真僞。

凡讀史，不徒要記事迹，須要識其治亂安危興廢存亡之理。且如讀《高帝紀》，便須識得漢家四百年終始治亂當如何。是亦學也。

先生每讀史到一半，便掩卷思量，料其成敗，然後却看。有不合處，又更精思。其間多有幸而成、不幸而敗。今人只見成者便以爲是，敗者便以爲非，不知成者煞有不是，敗者煞有是底。

讀史須見聖賢所存治亂之機，賢人君子出處進退，便是格物。

元祐中，客有見伊川者，几案間無他書，惟印行《唐鑑》一部。先生曰：近方見此書，三代以後，無此議論。《外書》。

横渠先生曰：《序卦》不可謂非聖人之蘊。今欲安置一物，猶求審處，况聖人之於《易》。其間雖無極至精義，大概皆有意思。觀聖人之書，須遍布細密如是。大匠豈以一斧可知哉！横渠《易説》。

《天官》之職，須襟懷洪大方看得。蓋其規模至大，若不得此心，欲事事上致曲窮究，湊合此心，如是之大，必不能得也。釋氏錙銖天地，可謂至大，然不嘗爲大，則爲事不得。若畀之一錢，則必亂矣。又曰：《太宰》之職難看，蓋無許大心胸包羅，記得此，復忘彼。其混混天下之事，當如捕龍蛇、搏虎豹，用心力看方可。其他五官便易看，止一職也。《語録》。下同。

古人能知《詩》者惟孟子，爲其以意逆志也。夫詩人之志至平易，不必爲艱嶮求之。今以艱嶮求《詩》，則已喪其本心，何由見詩人之志？詩人之情性温厚、平易老成，本平地上道著言語。今須以崎嶇求之，先其心已狹隘了，則無由見得。詩人之情本樂易，只爲時事拂著他樂易之性，故以詩道其志。

《尚書》難看，蓋難得胸臆如此之大。只欲解義，則無難也。

讀書少，則無由考校得義精。蓋書以維持此心，一時放下，則一時德性有懈。讀書則此心常在，不讀書則終看義理不見。

書須成誦。精思多在夜中，或静坐得之。不記則思不起，但通貫得大原後，書亦易記。所以觀書者，釋己之疑，明己之未達，每見每知新益，則學進矣。於不疑處有疑，方是進矣。

六經須循環理會，義理儘無窮。待自家長得一格，則又見得别。

如《中庸》文字輩，直須句句理會過，使其言互相發明。以上並《語録》。❶

《春秋》之書，在古無有，乃仲尼所自作，惟孟子能知之。非理明義精，殆未可學。先儒未及此而治之，故其説多鑿。



❶「以上並語録」，此五字原缺，據底本校記引宋板補。

# 近思録卷之四凡七十條

或問：聖可學乎？濂溪先生曰：可。有要乎？曰：有。請問焉。曰：一爲要。一者，無欲也，無欲則静虚動直。静虚則明，明則通；動直則公，公則溥。明通公溥，庶矣乎！《通書》。

伊川先生曰：陽始生甚微，安静而後能長。故《復》之《象》曰：「先王以至日閉關。」《易傳》。下同。

動息節宣，以養生也；飲食衣服，以養形也；威儀行義，以養德也；推己及物，以養人也。

「慎言語」以養其德，「節飲食」以養其體。事之至近而所繫至大者，莫過於言語飲食也。

「震驚百里，不喪匕鬯」，臨大震懼，能安而不自失者，惟誠敬而已，此處震之道也。

人之所以不能安其止者，動於欲也。欲牽於前而求其止，不可得也。故艮之道當「艮其背」，所見者在前，而背乃背之，是所不見也。止於所不見，則無欲以亂其心，而止乃安。「不獲其身」，不見其身也，謂忘我也。無我則止矣。不能無我，無可止之道。「行其庭，不見其人」，庭除之間，至近也，在背則雖至近不見，謂不交於物也。外物不接，内欲不萌，如是而止，乃得止之道，於止爲无咎也。

明道先生曰：若不能存養，只是説話。《遺書》。下同。

聖賢千言萬語，只是欲人將已放之心，

約之使反復入身來，自能尋向上去，下學而上達也。

李籲問：每常遇事，即能知操存之意。無事時如何存養得熟？曰：古之人，耳之於樂，目之於禮，左右起居，盤盂几杖，有銘有戒，動息皆有所養。今皆廢此，獨有理義之養心耳。但存此涵養意，久則自熟矣。「敬以直内」，是涵養意。

吕與叔嘗言患思慮多，不能驅除。曰：此正如破屋中禦寇，東面一人來，未逐得，西面又一人至矣。左右前後，驅逐不暇。蓋其四面空疏，盗固易入，無緣作得主定。又如虚器入水，水自然入。若以一器實之以水，置之水中，水何能入來？蓋中有主則實，實則外患不能入，自然無事。

邢和叔言：吾曹常須愛養精力，精力稍不足則倦，所臨事皆勉强而無誠意。接賓客語言尚可見，况臨大事乎！

明道先生曰：學者全體此心，學雖未盡，若事物之來，不可不應。但隨分限應之，雖不中，不遠矣。

「居處恭，執事敬，與人忠」，此是徹上徹下語。聖人元無二語。

伊川先生曰：學者須敬守此心，不可急迫，當栽培深厚，涵泳於其間，然後可以自得。但急迫求之，只是私己，終不足以達道。

明道先生曰：「思無邪」，「毋不敬」，只此二句，循而行之，安得有差？有差者，皆由不敬、不正也。

今學者敬而不自得，❶又不安者，只是心生，亦是太以敬來做事得重，此「恭而無

❶「自」，崇禎本作「見」。

禮則勞」也。恭者，私爲恭之恭也。禮者，非體之禮，是自然底道理也。只恭而不爲自然底道理，故不自在也，須是恭而安。今容貌必端、言語必正者，非是道獨善其身，要人道如何，只是天理合如此，本無私意，只是箇循理而已。

今志于義理而心不安樂者，何也？此則正是剩一箇助之長。雖則心「操之則存，捨之則亡」，然而持之太甚，便是「必有事焉」而正之也。亦須且恁去，如此者只是德孤。「德不孤，必有鄰」，到德盛後，自無窒礙，左右逢其原也。

敬而無失，便是「喜怒哀樂未發謂之中」。敬不可謂中，但敬而無失，即所以中也。

司馬子微嘗作《坐忘論》，是所謂「坐馳」也。

伯淳昔在長安倉中閒坐，見長廊柱，以意數之，已尚不疑。再數之，不合，不免令人一一聲言數之，乃與初數者無差。則知越著心把捉越不定。

人心作主不定，正如一箇翻車，流轉動搖，無須臾停。所感萬端，若不做一箇主，怎生奈何？張天祺昔嘗言：自約數年，自上著牀，便不得思量事。不思量事後，須强把他這心來制縛，亦須寄寓在一箇形象，皆非自然。君實自謂：吾得術矣，只管念箇「中」字。此又爲中所繫縛，且中亦何形象？有人胸中常若有兩人焉，欲爲善，如有惡以爲之間；欲爲不善，又若有羞惡之心者。本無二人，此正交戰之驗也。持其志，使氣不能亂，此大可驗。要之，聖賢必不害心疾。

明道先生曰：某寫字時甚敬，非是要

字好，只此是學。

伊川先生曰：聖人不記事，所以常記得；今人忘事，以其記事。不能記事、處事不精，皆出於養之不完固。

明道先生在澶州日，脩橋少一長梁，曾博求之民間。後因出入，見林木之佳者，必起計度之心。因語以戒學者：心不可有一事。

伊川先生曰：入道莫如敬，未有能致知而不在敬者。今人主心不定，視心如寇賊而不可制，不是事累心，乃是心累事。當知天下無一物是合少得者，不可惡也。

人只有一箇天理，却不能存得，更做甚人也？

人多思慮，不能自寧，只是做他心主不定。要作得心主定，惟是止於事、「爲人君止於仁」之類。如舜之誅四凶，四凶已作惡，舜從而誅之，舜何與焉？人不止於事，只是攬他事，不能使物各付物。物各付物，則是役物；爲物所役，則是役於物。有物必有則，須是止於事。以上並伊川語。

不能動人，只是誠不至。於事厭倦，皆是無誠處。

靜後見萬物自然皆有春意。

孔子言仁，只説「出門如見大賓，使民如承大祭」。看其氣象，便須心廣體胖，動容周旋中禮自然，惟慎獨便是守之之法。聖人脩己以敬，以安百姓，篤恭而天下平。惟上下一於恭敬，則天地自位，萬物自育，氣無不和，四靈何有不至？此體信達順之道，聰明睿智皆由是出，以此事天饗帝。

存養熟後，泰然行將去，便有進。

不愧屋漏，則心安而體舒。

心要在腔子裏。

只外面有些隙罅，便走了。

人心常要活，則周流無窮，而不滯於一隅。

明道先生曰：「天地設位，而易行乎其中」，只是敬也。敬則無間斷。

「毋不敬」，可以對越上帝。

敬勝百邪。

「敬以直内，義以方外」，仁也。若以敬直内，則便不直矣。「必有事焉，而勿正」，則直也。

涵養吾一。

「子在川上曰：『逝者如斯夫！不舍晝夜。』」自漢以來，儒者皆不識此義。此見聖人之心純亦不已也。純亦不已，天德也。有天德便可語王道，其要只在慎獨。

「不有躬，無攸利」。不立己，後雖向好事，猶爲化物，不得以天下萬物撓己。己立後，自能了當得天下萬物。

伊川先生曰：學者患心慮紛亂，不能寧靜，此則天下公病。學者只要立箇心，此上頭儘有商量。

閑邪則誠自存，不是外面捉一箇誠將來存著。今人外面役役於不善，於不善中尋箇善來存著，如此則豈有入善之理？只是閑邪則誠自存。故孟子言性善皆由内出，只爲誠便存，閑邪更著甚工夫？但惟是動容貌、整思慮，則自然生敬，敬只是主一也。主一則既不之東，又不之西，如是則只是中；既不之此，又不之彼，如是則只是内。存此則自然天理明。學者須是將「敬以直内」涵養此意，直内是本。尹彦明曰：敬有甚形影？只收斂身心便是主一。且如人到神祠中致敬時，其心收斂，更着不得毫髮事，非主一而何？

閑邪則固一矣，然主一則不消言閑邪。有以一爲難見，不可下工夫，如何？一者無他，只是整齊嚴肅，則心便一。一則自是無非僻之干，❶此意但涵養久之，則天理自然明。

有言：未感時，知何所寓？曰「操則存，舍則亡，出入無時，莫知其鄉」，更怎生尋所寓？只是有操而已。操之之道，「敬以直内」也。

敬則自虚静，不可把虚静喚做敬。

學者先務，固在心志，然有謂欲屏去聞見知思，則是「絶聖棄智」。有欲屏去思慮，患其紛亂，則須坐禪入定。如明鑑在此，❷萬物畢照，是鑑之常，難爲使之不照；人心不能不交感萬物，難爲使之不思慮。若欲免此，惟是心有主。如何爲主？敬而已矣。有主則虚，虚謂邪不能入；無主則實，實謂物來奪之。大凡人心不可二用，用於一事，則他事更不能入者，事爲之主也。事爲之主，尚無思慮紛擾之患，若主於敬，又焉有此患乎？所謂敬者，主一之謂敬；所謂一者，無適之謂一。且欲涵泳主一之義，不一則二三矣。至於不敢欺、不敢慢，尚不愧於屋漏，皆是敬之事也。

嚴威儼恪，非敬之道，但致敬須自此入。

「舜孳孳爲善」，若未接物，如何爲善？只是主於敬，便是爲善也。以此觀之，聖人之道，不是但嘿然無言。

問：人之燕居，形體怠惰，心不慢，可否？曰：安有箕踞而心不慢者？昔呂與

❶「干」，底本校記云：「宋板作奸。」

❷「此」，底本校記云：「宋板作上。」

叔六月中來緱氏，閒居中某嘗窺之，必見其儼然危坐，可謂敦篤矣。學者須恭敬，但不可令拘迫，拘迫則難久。❶

思慮雖多，果出於正，亦無害否？曰：且如在宗廟則主敬，朝廷主莊，軍旅主嚴，此是也。如發不以時，紛然無度，雖正亦邪。

蘇季明問：喜怒哀樂未發之前求中，可否？曰：不可。既思於喜怒哀樂未發之前求之，又却是思也。既思即是已發，思與喜怒哀樂一般。纔發便謂之和，不可謂之中也。又問：吕學士言，當求於喜怒哀樂未發之前，如何？曰：若言存養於喜怒哀樂未發之前則可，若言求中於喜怒哀樂未發之前則不可。又問：學者於喜怒哀樂發時，固當勉强裁抑；於未發之前，當如何用功？曰：於喜怒哀樂未發之前，更怎生求？只平日涵養便是。涵養久，則喜怒哀樂發自中節。曰：當中之時，耳無聞、目無見否？曰：雖耳無聞、目無見，然見聞之理在始得。賢且説静時如何？曰：謂之無物則不可，然自有知覺處。曰：既有知覺，却是動也，怎生言静？人説「復，其見天地之心」，皆以謂至静能見天地之心，非也。復之卦，下面一畫便是動也，安得謂之静？或曰：莫是於動上求静否？曰：固是，然最難。釋氏多言定，聖人便言止，所謂止，❷如「爲人君止於仁，爲人臣止於敬」之類是也。《易》之《艮》言止之義曰：「艮其止，止其所也。」人多不能止，蓋人萬物皆備，遇事時，各因其心之所重者更互而出。

❶「久」下，底本引宋板有「也」字。元刻葉本同。

❷「所謂止」，此三字原缺，據底本引宋板補。

纔見得這事重，便有這事出。若能物各付物，便自不出來也。或曰：先生於喜怒哀樂未發之前，下動字，下静字？曰：謂之静則可，然静中須有物始得，這裏便是難處。學者莫若且先理會得敬，能敬則知此矣。或曰：敬何以用功？曰：莫若主一。季明曰：昞嘗患思慮不定，或思一事未了，他事如麻又生，如何？曰：不可，此不誠之本也。須是習，習能專一時便好。不拘思慮與應事，皆要求一。

人於夢寐間亦可以卜自家所學之淺深。如夢寐顛倒，即是心志不定、操存不固。

問：人心所繫著之事果善，夜夢見之，莫不害否？曰：雖是善事，心亦是動。凡事有朕兆入夢者却無害，捨此皆是妄動。人心須要定，使他思時方思乃是。今人都由心。曰：心誰使之？曰：以心使心則可。人心自由，便放去也。

「持其志，無暴其氣」，内外交相養也。

問：「出辭氣」，莫是於言語上用工夫否？曰：須是養乎中，自然言語順理。若是慎言語、不妄發，此却可著力。

先生謂繹曰：吾受氣甚薄，三十而浸盛，四十、五十而後完。今生七十二年矣，校其筋骨，於盛年無損也。繹曰：先生豈以受氣之薄，而厚爲保生邪？夫子默然，曰：吾以忘生狥欲爲深耻。

大率把捉不定，皆是不仁。《外書》。下同。

伊川先生曰：致知在所養，養知莫過於「寡欲」二字。

心定者，其言重以舒；不定者，其言輕以疾。

明道先生曰：人有四百四病，皆不由

自家，則是心須教由自家。

謝顯道從明道先生於扶溝。明道一日謂之曰：爾輩在此相從，只是學顥言語，故其學心口不相應，盍若行之？請問焉，曰：且静坐。伊川每見人静坐，便歎其善學。

横渠先生曰：始學之要，當知「三月不違」與「日月至焉」内外賓主之辨。使心意勉勉循循而不能已，過此，幾非在我者。《文集》。

心清時少，亂時常多。其清時，視明聽聰，四體不待羈束，而自然恭謹。其亂時反是。如此何也？蓋用心未熟，客慮多而常心少也；習俗之心未去，而實心未完也。人又要得剛，太柔則入於不立。亦有人生無喜怒者，則又要得剛，剛則守得定不回，進道勇敢。載則比他人自是勇處多。《語録》。下同

戲謔不惟害事，志亦爲氣所流。不戲謔亦是持氣之一端。

正心之始，當以己心爲嚴師。凡所動作，則知所懼。如此一二年，守得牢固，則自然心正矣。

定，然後始有光明。若常移易不定，何求光明？《易》大抵以艮爲止，止乃光明。故《大學》「定」而至於「能慮」，人心多，則無由光明。《易説》。下同。

「動静不失其時，其道光明。」學者必時其動静，則其道乃不蔽昧而明白。今人從學之久，不見進長，正以莫識動静，見他人擾擾，非關己事，而所脩亦廢。由聖學觀之，冥冥悠悠，以是終身，謂之「光明」，可乎？

敦篤虚静者，仁之本。不輕妄，則是敦

厚也。無所繫閡昏塞，則是虚静也。此難以頓悟，苟知之，須久於道實體之，方知其味。夫仁亦在乎熟之而已。《孟子説》。

# 近思録卷之五 凡四十一條

濂溪先生曰：君子乾乾不息於誠，然必懲忿窒欲、遷善改過而後至。乾之用，其善是，❶損益之大莫是過，聖人之旨深哉！吉凶悔吝生乎動。噫，吉一而已，動可不愼乎！《通書》。

濂溪先生曰：孟子曰：「養心莫善於寡欲。」予謂養心不止於寡而存耳，蓋寡焉以至於無，無則誠立明通。誠立，賢也；明通，聖也。《遺文》。

伊川先生曰：顔淵問克己復禮之目，夫子曰：「非禮勿視，非禮勿聽，非禮勿言，非禮勿動。」四者身之用也，由乎中而應乎外。制於外，所以養其中也。顔淵請事斯語，❷所以進於聖人。後之學聖人者，宜服膺而勿失也。因箴以自警。《視箴》曰：「心兮本虛，應物無迹。操之有要，視爲之則。蔽交於前，其中則遷。制之於外，以安其內。克己復禮，久而誠矣。」《聽箴》曰：「人有秉彝，本乎天性。知誘物化，遂亡其正。卓彼先覺，知止有定。閑邪存誠，非禮勿聽。」《言箴》曰：「人心之動，因言以宣。發禁躁妄，内斯静專。矧是樞機，興戎出好。吉凶榮辱，惟其所召。傷易則誕，傷煩則支。己肆物忤，出悖來違。非法不道，欽哉訓辭。」《動箴》曰：「哲人知幾，誠之於思。志士厲行，守之於爲。順理則裕，從欲

❶「其」，底本校記云：「一作莫。」
❷「請」，底本校記云：「宋板無請字。」

惟危。造次克念，戰兢自持。❶習與性成，聖賢同歸。」《文集》。

《復》之初九曰：「不遠復，无祇悔，元吉。」《傳》曰：陽，君子之道，故復爲反善之義。初，復之最先者也，是不遠而復也。失而後有復，不失則何復之有？惟失之不遠而復，則不至於悔，大善而吉也。顏子無形顯之過，夫子謂其「庶幾」，乃「无祇悔」也。過既未形而改，何悔之有？既未能不勉而中，所欲不踰矩，是有過也。然其明而剛，故一有不善，未嘗不知；既知，未嘗不遽改。故不至於悔，乃「不遠復」也。學問之道無他也，惟其知不善，則速改以從善而已。《易傳》。下同。

《晉》之上九：「晉其角，維用伐邑，厲、吉，无咎，貞吝。」《傳》曰：人之自治，剛極則守道愈固，進極則遷善愈速。如上九者，以之自治，則雖傷於厲，而吉且无咎也。嚴厲非安和之道，而於自治則有功也。雖自治有功，然非中和之德，故於貞正之道爲可吝也。❷

損者，損過而就中，損浮末而就本實也。天下之害，無不由末之勝也。峻宇雕墻，本於宮室；酒池肉林，本於飲食；淫酷殘忍，本於刑罰；窮兵黷武，本於征討。凡人欲之過者，皆本於奉養，其流之遠，則爲害矣。先王制其本者，天理也；後人流於末者，人欲也。損之義，損人欲以復天理而已。

夫人心正意誠，乃能極中正之道，而充

❶「自」，原作「是」，據底本校記、崇禎本、元刻葉本改。

❷「故於」，底本校記云：「宋板作所以。」「也」，底本校記云：「宋板無也字。」

實光輝。若心有所比，❶以義之不可而決之，雖行於外，不失其中正之義，可以无咎，然於中道未得爲光大也。蓋人心一有所欲，則離道矣。故《夬》之九五曰：「莧陸夬夬，中行无咎。」而《象》曰：「中行无咎，中未光也。」夫子於此，示人之意深矣。

方説而止，節之義也。

節之九二，不正之節也。以剛中正爲節，如懲忿窒欲、損過抑有餘是也。不正之節，如嗇節於用、懦節於行是也。

人而無克、伐、怨、欲，惟仁者能之。有之而能制其情不行焉，斯亦難能也，謂之仁則未可也。此原憲之問，夫子答以知其爲難，而不知其爲仁。❷此聖人開示之深也。《經説》。

明道先生曰：義理與客氣常相勝，只看消長分數多少，爲君子、小人之别。義理所得漸多，則自然知得客氣消散得漸少，消盡者是大賢。《遺書》。下同。

或謂人莫不知和柔寬緩，然臨事則反至於暴厲。曰：只是志不勝氣，氣反動其心也。

人不能祛思慮，只是吝，吝故無浩然之氣。

治怒爲難，治懼亦難。克己可以治怒，明理可以治懼。

堯夫解「他山之石，可以攻玉」，玉者温潤之物，若將兩塊玉來相磨，必磨不成，須是得他箇麄礪底物，方磨得出。譬如君子與小人處，爲小人侵陵，則脩省畏避，動心忍性，增益預防，如此便道理出來。

❶「若」，元刻葉本作「五」。
❷「仁」下，底本校記云：「宋板有也字。」

目畏尖物，此事不得放過，便與克下。室中率置尖物，須以理勝他，尖必不刺人也，何畏之有？

明道先生曰：責上責下，而中自恕己，豈可任職分？

「舍己從人」，最爲難事。己者，我之所有，雖痛舍之，猶懼守己者固而從人者輕也。

九德最好。

飢食渴飲，冬裘夏葛，若致些私吝心在，便是廢天職。

獵，自謂今無此好。周茂叔曰：何言之易也？但此心潛隱未發，一日萌動，復如前矣。後十二年因見，果知未也。明道先生年十六七時好田獵。十二年暮歸，在田野間見田獵者，不覺有喜心。

伊川先生曰：大抵人有身，便有自私之理，宜其與道難一。

罪己責躬不可無，然亦不當長留在心胸爲悔。

所欲不必沉溺，只有所向，便是欲。

明道先生曰：子路亦百世之師。人告之以有過則喜。

人語言緊急，莫是氣不定否？曰：此亦當習，習到自然緩時，便是氣質變也。學至氣質變，方是有功。

問：「不遷怒，不貳過」，何也？《語録》有怒甲不遷乙之説，是否？伊川先生曰：是。曰：若此則甚易，何待顔子而後能？曰：只被説得粗了，諸君便道易，此莫是最難。須是理會得因何不遷怒，如舜之誅四凶，怒在四凶，舜何與焉？蓋因是人有可怒之事而怒之，聖人之心本無怒也。譬如明鏡，好物來時，便見是好，惡物來時，便見是惡，鏡何嘗有好惡也？世之人固有怒於室而色於市。且如怒一人，對那人説話，能無怒色否？有能怒一人而不怒别人者，能忍得如此，已是煞知義理。若聖人因物而未嘗有怒，此莫是甚難。君子役物，小人役於物。今見可喜可怒之事，自家著一分陪奉他，此亦勞矣。聖人之心如止水。

人之視最先，非禮而視，則所謂開目便錯了。次聽，次言，次動，有先後之序。人能克己，則心廣體胖，仰不愧，俯不怍，其樂可知。有息則餒矣。《外書》。下同。

聖人責己感也處多，責人應也處少。

謝子與伊川先生别一年，往見之，伊川曰：相别一年，做得甚工夫？謝曰：也只去箇「矜」字。曰：何故？曰：子細檢點得來，病痛盡在這裏。若按伏得這箇罪過，方有向進處。伊川點頭，因語在坐同志者曰：此人爲學，切問近思者也。

思叔詬詈僕夫，伊川曰：何不動心忍性？思叔慙謝。

見賢便思齊，有爲者亦若是；見不賢而内自省，蓋莫不在己。

横渠先生曰：湛一氣之本，攻取氣之欲。口腹於飲食、鼻口於臭味，❶皆攻取之性也。知德者屬厭而已，不以嗜欲累其心，不以小害大、末喪本焉爾。《正蒙》。下同。

纖惡必除，善斯成性矣；察惡未盡，雖善必粗矣。

惡不仁，故不善未嘗不知。徒好仁而不惡不仁，則習不察、行不著。是故徒善未必盡義，徒是未必盡仁，好仁而惡不仁，然後盡仁義之道。

❶「口」，崇禎本作「舌」。

責己者，當知無天下國家皆非之理，故學至於不尤人，學之至也。

有潛心於道，忽忽爲他慮引去者，此氣也。舊習纏繞，未能脱洒，畢竟無益，但樂於舊習耳。古人欲得朋友與琴瑟簡編，❶常使心在於此。惟聖人知朋友之取益爲多，故樂得朋友之來。橫渠《論語説》。

矯輕警惰。《語録》。下同。

「仁之難成久矣，人人失其所好」，蓋人人有利欲之心，與學正相背馳，故學者要寡欲。

君子不必避他人之言，以爲太柔太弱。至於瞻視，亦有節：視有上下，視高則氣高，視下則心柔，故視國君者，不離紳帶之中。學者先須去其客氣。其爲人剛行，終不肯進。「堂堂乎張也，難與並爲仁矣。」蓋目者，人之所常用，且心常託之，視之上下，且試之，己之敬傲，必見於視。所以欲下其視者，欲柔其心也。柔其心，則聽言敬且信。人之有朋友，不爲燕安，所以輔佐其仁。今之朋友，擇其善柔以相與，拍肩執袂以爲氣合，一言不合，怒氣相加。朋友之際，欲其相下不倦，故於朋友之間，主其敬者，日相親與，得效最速。仲尼嘗曰：「吾見其居於位也，與先生並行也，非求益者，欲速成者。」則學者先須温柔，温柔則可以進學。《詩》曰：「温温恭人，惟德之基。」蓋其所益之多。

世學不講，男女從幼便驕惰壞了，到長益凶狠。只爲未嘗爲子弟之事，則於其親已有物我，不肯屈下。病根常在，又隨所居而長，至死只依舊。爲子弟，則不能安洒掃

❶「古人」，底本校記云：「古人上，宋板有是故二字。」

應對；在朋友，則不能下朋友；有官長，則不能下官長；爲宰相，不能下天下之賢。甚則至於徇私意，義理都喪，也只爲病根不去，隨所居所接而長。人須一事事消了病，則義理常勝。

## 近思録卷之六 凡二十二條

伊川先生曰：弟子之職，力有餘則學文，不脩其職而學，非爲己之學也。《經解》。

孟子曰：「事親若曾子可也。」未嘗以曾子之孝爲有餘也。蓋子之身所能爲者，皆所當爲也。《易傳》。下同。

「幹母之蠱，不可貞」，子之於母，當以柔巽輔導之，使得於義。不順而致敗蠱，則子之罪也。從容將順，豈無道乎？若伸己剛陽之道，遽然矯拂，則傷恩，所害大矣，亦安能入乎？在乎屈己下意，巽順相承，使之身正事治而已。剛陽之臣事柔弱之君，義亦相近。

蠱之九三，以陽處剛而不中，剛之過也，故小有悔。然在巽體，不爲無順。順，事親之本也，又居得正，故無大咎。然有小悔，已非善事親也。

正倫理，篤恩義，家人之道也。

人之處家，在骨肉父子之間，大率以情勝禮，以恩奪義。惟剛立之人，則能不以私愛失其正理，故家人卦大要以剛爲善。

家人上九爻辭，謂治家當有威嚴，而夫子又復戒云，當先嚴其身也。威嚴不先行於己，則人怨而不服。

歸妹九二，守其幽貞，未失夫婦常正之道。世人以媟狎爲常，故以貞靜爲變常，不知乃常久之道也。

世人多慎於擇壻，而忽於擇婦，其實壻易見，婦難知，所繫甚重，豈可忽哉！《遺書》。下同。

人無父母，生日當倍悲痛，更安忍置酒

張樂以爲樂？若具慶者，可矣。

問：《行狀》云：「盡性至命，必本於孝弟。」不識孝弟何以能盡性至命也？曰：後人便將性命别作一般事説了。性命、孝弟，只是一統底事，就孝弟中，便可盡性至命。如洒掃應對與盡性至命，亦是一統底事，無有本末、無有精粗，却被後來人言性命者别作一般高遠説。故舉孝弟，是於人切近者言之。然今時非無孝弟之人，而不能盡性至命者，由之而不知也。

問：第五倫視其子之疾與兄子之疾不同，自謂之私，如何？曰：不待安寢與不安寢，只不起與十起，便是私也。父子之愛本是公，才著些心做，便是私也。又問：視己子與兄子有間否？曰：聖人立法，曰：兄弟之子猶子也，是欲視之猶子也。又問：天性自有輕重，疑若有間然？曰：只爲今人以私心看了。孔子曰：「父子之道，天性也。」此只就孝上説，故言父子天性，若君臣、兄弟、賓主、朋友之類，亦豈不是天性？只爲今人小看却，不推其本所由來故爾。己之子與兄之子，所争幾何？是同出於父者也。只爲兄弟異形，故以兄弟爲手足。人多以異形故，親己之子異於兄弟之子，甚不是也。又問：孔子以公冶長不及南容，故以兄之子妻南容，以己之子妻公冶長，何也？曰：此亦以己之私心看聖人也。凡人避嫌者，皆内不足也。聖人自至公，何更避嫌？凡嫁女，各量其才而求配，或兄之子不甚美，必擇其相稱者爲之配，己之子美，必擇其才美者爲之配，豈更避嫌耶？若孔子事，或是年不相若，或時有先後，皆不可知。以孔子爲避嫌，則大不是。如避嫌事，賢者且不爲，况聖人乎！

問：孀婦於理似不可取，如何？曰：然。凡取，以配身也。若取失節者以配身，是己失節也。又問：或有孤孀貧窮無託者，可再嫁否？曰：只是後世怕寒餓死，故有是説。然餓死事極小，失節事極大。

病臥於床，委之庸醫，比之不慈不孝。事親者亦不可不知醫。《外書》。下同。

程子葬父，使周恭叔主客。客欲酒，恭叔以告，先生曰：勿陷人於惡。

買乳婢多不得已，或不能自乳，必使人。然食己子而殺人之子，非道。必不得已，用二乳食三子，❶足備他虞。或乳母病且死，則不爲害，又不爲己子殺人之子，但有所費。若不幸致誤其子，害孰大焉？

先公太中，諱珦，字伯温，前後五得任子，以均諸父子孫。嫁遺孤女，必盡其力，所得俸錢，分贍親戚之貧者。伯母劉氏寡居，公奉養甚至。其女之夫死，公迎從女兒以歸，教養其子，均於子姪。既而女兒之女又寡，公懼女兒之悲思，又取甥女以歸，嫁之。時小官禄薄，克己爲義，人以爲難。公慈恕而剛斷，平居與幼賤處，惟恐有傷其意，至於犯義理，則不假也。左右使令之人，無日不察其飢飽寒燠。娶侯氏。侯夫人事舅姑以孝謹稱，與先公相待如賓客。先公賴其内助，禮敬尤至。而夫人謙順自牧，雖小事未嘗專，必禀而後行。仁恕寬厚，撫愛諸庶，不異己出；從叔幼姑，夫人存視，常均己子。治家有法，不嚴而整，不喜笞朴奴婢。視小臧獲如兒女，諸子或加呵責，必戒之曰：「貴賤雖殊，人則一也。汝如是大時，能爲此事否？」先公凡有所

❶「二」下，元刻葉本有「子」字。

怒，必爲之寬解，唯諸兒有過，則不掩也。常曰：「子之所以不肖者，由母蔽其過而父不知也。」夫人男子六人，所存惟二，其愛慈可謂至矣，然於教之之道，不少假也。纔數歲，行而或蹎，家人走前扶抱，恐其驚啼，夫人未嘗不呵責，曰：「汝若安徐，寧至蹎乎？」飲食常置之坐側，常食絮羹，既叱止之，❶曰：「幼求稱欲，長當何如？」雖使令輩，不得以惡言罵之。故頤兄弟平生於飲食衣服無所擇，不能惡言罵人，非性然也，教之使然也。與人爭忿，雖直不右，曰：「患其不能屈，不患其不能伸。」及稍長，常使從善師友游，雖居貧，或欲延客，則喜而爲之具。夫人七八歲時，誦古詩曰：「女子不夜出，夜出秉明燭。」自是日暮則不復出房閤。既長，好文而不爲辭章，見世之婦女以文章筆札傳於人者，則深以爲非。《文集》。

横渠先生嘗曰：事親奉祭，豈可使人爲之？《行狀》。

舜之事親，有不悦者，爲父頑母嚚，不近人情。若中人之性，其愛惡略無害理，姑必順之。親之故舊，所喜者當極力招致，以悦其親。凡於父母、賓客之奉，必極力營辦，亦不計家之有無。然爲養，又須使不知其勉强勞苦，苟使見其爲而不易，則亦不安矣。《横渠記説》。

《斯干》詩言：「兄及弟矣，式相好矣，無相猶矣。」言兄弟宜相好，不要厮學。猶，似也。人情大抵患在施之不見報則輟，故恩不能終。不要相學，己施之而已。《詩説》。下同。

「人不爲《周南》、《召南》，其猶正墻面

❶「既」，底本校記、元刻葉本作「即」。

而立」，常深思此言，誠是。不從此行，甚隔著事，向前推不去。蓋至親至近，莫甚於此，故須從此始。

婢僕始至者，本懷勉勉敬心，若到所提掇更謹，則加謹，慢則棄其本心，便習以性成。故仕者，入治朝則德日進，入亂朝則德日退，只觀在上者有可學無可學爾。《語録》。

# 近思録卷之七凡三十九條

伊川先生曰：賢者在下，豈可自進以求於君？苟自求之，必無能信用之理。古人之所以必待人君致敬盡禮而後往者，非欲自爲尊大，蓋其尊德樂道之心，不如是不足與有爲也。《易傳》。下同。

君子之需時也，安静自守，志雖有須，而恬然若將終身焉，乃能用常也。雖不進而志動者，不能安其常也。

《比》：「吉，原筮，元永貞，无咎。」《傳》曰：人相親比，必有其道，苟非其道，則有悔咎。故必推原占，決其可比者而比之，所比得元永貞，則无咎。元，謂有君長之道；永，謂可以常久；貞，謂得正道。上之比下，必有此三者；下之從上，必求此三者，則无咎也。

《履》之初九曰：「素履，往无咎。」《傳》曰：夫人不能自安於貧賤之素，則其進也，乃貪躁而動，求去乎貧賤耳，非欲有爲也。既得其進，驕溢必矣，故往則有咎。賢者則安履其素，其處也樂，其進也將有爲也，故得其進則有爲而無不善。若欲貴之心與行道之心交戰於中，豈能安履其素乎？

大人於否之時，守其正節，不雜亂於小人之羣類，身雖否而道之亨也。故曰：「大人否亨。」不以道而身亨，乃道否也。

人之所隨，得正則遠邪，從非則失是，無兩從之理。隨之六二，苟係初，則失五矣，故《象》曰：「弗兼與也。」所以戒人從正當專一也。

君子所貴，世俗所羞；世俗所貴，君子

所賤。故曰：「賁其趾，舍車而徒。」

《蠱》之上九曰：「不事王侯，高尚其事。」《象》曰：「不事王侯，志可則也。」《傳》曰：士之自高尚，亦非一道：有懷抱道德，不偶於時，而高潔自守者；有知止足之道，退而自保者；有量能度分，安於不求知者；有清介自守，不屑天下之事，獨潔其身者。所處雖有得失小大之殊，皆自高尚其事者也。《象》所謂「志可則」者，進退合道者也。

遯者，陰之始長，君子知微，故當深戒。而聖人之意，未便遽已也，故有「與時行」、「小利貞」之教。聖賢之於天下，雖知道之將廢，豈肯坐視其亂而不救？必區區致力於未極之間，强此之衰，艱彼之進，圖其暫安。苟得爲之，孔孟之所屑爲也，王允、謝安之於漢、晉是也。

明夷初九，事未顯而處甚艱，非見幾之明不能也。如是，則世俗孰不疑怪？然君子不以世俗之見怪而遲疑其行也。若俟衆人盡識，則傷已及而不能去矣。

《晉》之初六，在下而始進，豈遽能深見信於上，苟上未見信，則當安中自守，雍容寬裕，無急於求上之信也。苟欲信之心切，非汲汲以失其守，則悻悻以傷於義矣。故曰：「晉如摧如，貞吉，罔孚，裕，无咎。」然聖人又恐後之人不達寬裕之義，居位者廢職失守以爲裕，故特云初六裕則无咎者，始進未受命當職任故也。若有官守，不信於上而失其職，一日不可居也。然事非一概，久速唯時，亦容有爲之兆者。

不正而合，未有久而不離者也；合以正道，自無終睽之理。故賢者順理而安行，智者知幾而固守。

君子當困窮之時，既盡其防慮之道而不得免，則命也，當推致其命以遂其志。知命之當然也，則窮塞禍患不以動其心，行吾義而已。苟不知命，則恐懼於險難，隕穫於窮戹，所守亡矣，安能遂其爲善之志乎？

寒士之妻、弱國之臣，各安其正而已。苟擇勢而從，則惡之大者，不容於世矣。

《井》之九三，渫治而不見食，乃人有才智而不見用，以不得行爲憂惻也。蓋剛而不中，故切於施爲，異乎「用之則行，舍之則藏」者矣。

《革》之六二，中正則無偏蔽，文明則盡事理，應上則得權勢，體順則無違悖。時可矣，位得矣，才足矣，處革之至善者也。必待上下之信，故「已日乃革之」也。如二之才德，當進行其道，則吉而无咎也，不進則失可爲之時，爲有咎也。

鼎之有實，乃人之有才業也，當慎所趨向。不慎所往，則亦陷於非義。❶故曰：「鼎有實，慎所之也。」

士之處高位，則有拯而無隨；在下位，則有當拯，有當隨，有拯之不得而後隨。

「君子思不出其位」，位者，所處之分也。萬事各有其所，得其所則止而安。若當行而止，當速而久，或過或不及，皆出其位也，况踰分非據乎？

人之止，難於久終，故節或移於晚，守或失於終，事或廢於久，人之所同患也。《艮》之上九，敦厚於終，止道之至善也。故曰：「敦艮吉。」

《中孚》之初九曰：「虞吉。」《象》曰：

❶「陷」，底本校記云：「宋板作蹈。」

「志未變也。」《傳》曰：當信之始，志未有所從，而虞度所信，則得其正，是以吉也。志有所從，則是變動，虞之不得其正矣。

賢者惟知義而已，命在其中，中人以下，乃以命處義，如言「求之有道，得之有命」，是求無益於得」。知命之不可求，故自處以不求。若賢者則求之以道，得之以義，不必言命。《遺書》。下同。

人之於患難，只有一箇處置，盡人謀之後，却須泰然處之。有人遇一事，則心心念念不肯捨，畢竟何益？若不會處置了放下，便是無義無命也。

門人有居太學而欲歸應鄉舉者，問其故，曰：蔡人尠習《戴記》，决科之利也。先生曰：汝之是心，已不可入於堯舜之道矣。夫子貢之高識，曷嘗規規於貨利哉！特於豐約之間不能無留情耳。且貧富有命，彼乃留情於其間，多見其不信道也。故聖人謂之「不受命」。有志於道者，要當去此心而後可語也。

人苟有「朝聞道，夕死可矣」之志，則不肯一日安於所不安也。何止一日，須臾不能。如曾子易簀，須要如此乃安。人不能若此者，只爲不見實理。實理者，實見得是，實見得非。凡實理，得之於心自别，若耳聞口道者，心實不見，若見得，必不肯安於所不安。人之一身，儘有所不肯爲，及至他事又不然。若士者，雖殺之使爲穿窬必不爲，其他事未必然。至如執卷者，莫不知説禮義，又如王公大人，皆能言軒冕外物，及其臨利害，則不知就義理，却就富貴。如此者只是説得，不實見。及其蹈水火，則人皆避之，是實見得。須是有「見不善如探湯」之心，則自然别。昔曾經傷於虎者，他人語虎，則雖三尺童子，皆知虎之可畏，終不似曾經傷者，神色懾懼，至誠畏之，是實見得也。得之於心，是謂有德，不待勉强。然學者則須勉强。古人有捐軀隕命者，若不實見得，則烏能如此？須是實見得生不重於義、生不安於死也，故有殺身成仁，只是成就一箇是而已。

孟子辨舜、跖之分，只在義利之間。言間者，謂相去不甚遠，所争毫末爾。義與利，只是箇公與私也。纔出義，便以利言也。只那計較，便是爲有利害，若無利害，何用計較？利害者，天下之常情也。人皆知趨利而避害，聖人則更不論利害，惟看義當爲不當爲，便是命在其中也。

大凡儒者，未敢望深造於道，且只得所存正，分别善惡，識廉恥。如此等人多，亦須漸好。

趙景平問：「子罕言利」，所謂利者何利？曰：不獨財利之利，凡有利心便不可。如作一事，須尋自家穩便處，皆利心也。聖人以義爲利，義安處便爲利。如釋氏之學，皆本於利，故便不是。

問：邢七久從先生，想都無知識，後來極狼狽。先生曰：謂之全無知則不可，只是義理不能勝利欲之心，便至如此也。

謝湜自蜀之京師，過洛而見程子。子曰：爾將何之？曰：將試教官。子弗答。湜曰：何如？子曰：吾嘗買婢，欲試之，其母怒而弗許，曰：「吾女非可試者也。」今爾求爲人師而試之，必爲此媪笑也。湜遂不行。

先生在講筵，不曾請俸。諸公遂牒户部，問不支俸錢。户部索前任曆子，先生云：某起自草萊，無前任曆子。舊例：初入京官時，用下狀出給料錢曆。先生不請，其意謂朝廷起我，便當「廩人繼粟、庖人繼肉」也。遂令户部自爲出券曆。又不爲妻求封，范純甫問其故。先生曰：某當時起自草萊，三辭然後受命，豈有今日乃爲妻求封之理？問：今人陳乞恩例，義當然否？人皆以爲本分，不爲害。先生曰：只爲而今士大夫道得箇乞字慣，却動不動又是乞也。因問：陳乞封父祖如何？先生曰：此事體又別。再三請益，但云：其説甚長，待別時説。

漢策賢良，猶是人舉之，如公孫弘者，猶强起之乃就對。至如後世賢良，乃自求舉爾。若果有曰我心只望廷對，欲直言天下事，則亦可尚已；若志富貴，❶則得志便驕縱，失志則便放曠與悲愁而已。

伊川先生曰：人多説某不教人習舉業，某何嘗不教人習舉業也？人若不習舉業而望及第，却是責天理而不脩人事。但舉業既可以及第即已，若更去上面盡力求必得之道，是惑也。

問：家貧親老，應舉求仕，不免有得失之累，何脩可以免此？伊川先生曰：此只是志不勝氣，若志勝，自無此累。家貧親老，須用禄仕，然得之不得爲有命。曰：在己固可，爲親奈何？曰：爲己爲親，也只是一事。若不得，其如命何？孔子曰：「不知命，無以爲君子。」人苟不知命，見患難必避，遇得喪必動，見利必趨，其何以爲君子？

或謂科舉事業奪人之功，是不然。且一月之中，十日爲舉業，餘日足可爲學。然人不志此，必志于彼。故科舉之事，不患妨

❶「志」下，崇禎本、元刻葉本有「在」字。

功，惟患奪志。《外書》。

横渠先生曰：世禄之榮，王者所以録有功、尊有德，愛之厚之，示恩遇之不窮也。爲人後者，所宜樂職勸功，以服勤事任，長廉遠利，以似述世風。而近代公卿子孫，方且下比布衣，工聲病，售有司。不知求仕非義，而反羞循理爲不能；❶不知蔭襲爲榮，而反以虚名爲善繼。誠何心哉！《文集》。

不資其力而利其有，則能忘人之勢。《孟子説》。

人多言安於貧賤，其實只是計窮力屈才短，不能營畫耳。若稍動得，恐未肯安之。須是誠知義理之樂於利欲也乃能。《語録》。下同。

天下事，大患只是畏人非笑。不養車馬，食麄衣惡，居貧賤，皆恐人非笑。不知當生則生，當死則死。今日萬鍾，明日棄之；今日富貴，明日飢餓亦不卹。惟義所在。

❶「不」，崇禎本、元刻葉本作「無」。

# 近思録卷之八 凡二十五條

濂溪先生曰：治天下有本，身之謂也；治天下有則，家之謂也。本必端，端本，誠心而已矣；則必善，善則，和親而已矣。家難而天下易，家親而天下疏也。家人離，必起於婦人，故《睽》次《家人》，以「二女同居」，而「其志不同行」也。堯所以釐降二女于嬀汭，舜可禪乎？吾玆試矣。是治天下觀于家，治家觀身而已矣。身端，心誠之謂也；誠心，復其不善之動而已矣。不善之動，妄也，妄復則无妄矣，无妄則誠焉。故《无妄》次《復》，而曰：「先王以茂對時，育萬物。」深哉！《通書》。

明道先生言於神宗曰：得天理之正，極人倫之至者，堯舜之道也；用其私心，依仁義之偏者，霸者之事也。王道如砥，本乎人情，出乎禮義，若履大路而行，無復回曲。霸者崎嶇反側於曲逕之中，❶而卒不可與入堯、舜之道。故誠心而王，則王矣；假之而霸，則霸矣。二者，其道不同，在審其初而已。《易》所謂「差若毫釐，繆以千里」者，其初不可不審也。惟陛下稽先聖之言，察人事之理，知堯舜之道備於己，反身而誠之，推之以及四海，則萬世幸甚。《文集》。下同。

伊川先生曰：當世之務，所尤先者有三：一曰立志，二曰責任，三曰求賢。今雖納嘉謀、陳善筭，非君志先立，其能聽而用

❶「曲」，原作「由」，據崇禎本及元刻葉本改。

之乎？君欲用之，非責任宰輔，其孰承而行之乎？君相協心，非賢者任職，其能施於天下乎？此三者本也，制於事者用也。三者之中，復以立志爲本。所謂立志者，至誠一心，以道自任，以聖人之訓爲可必信，先王之治爲可必行，不狃滯於近規，不遷惑於衆口，必期致天下如三代之世也。

《比》之九五曰：「顯比，王用三驅，失前禽。」《傳》曰：人君比天下之道，當顯明其比道而已。如誠意以待物，恕己以及人，發政施仁，使天下蒙其惠澤，是人君親比天下之道也。如是，天下孰不親比於上？若乃暴其小仁，違道干譽，欲以求下之比，其道亦已狹矣，其能得天下之比乎？王者顯明其比道，天下自然來比。來者撫之，固不煦煦然求比於物。若田之三驅，禽之去者從而不追，來者則取之也。此王道之大，所以其民皥皥而莫知爲之者也。非惟人君比天下之道如此，大率人之相比莫不然。以臣於君言之，竭其忠誠，致其才力，乃顯其比君之道也。用之與否，在君而已，不可阿諛逢迎，求其比己也。在朋友亦然，脩身誠意以待之，親己與否，在人而已，不可巧言令色，曲從苟合，以求人之比己也。於鄉黨、親戚，於衆人，莫不皆然，「三驅，失前禽」之義也。《易傳》。下同。

古之時，公卿大夫而下，位各稱其德，終身居之，得其分也。位未稱德，則君舉而進之。士脩其學，學至而君求之。皆非有預於己也。農工商賈，勤其事而所享有限。故皆有定志，而天下之心可一。後世自庶士至於公卿，日志於尊榮，農工商賈，日志於富侈，億兆之心，交騖於利，天下紛然，如之何其可一也？欲其不亂難矣！

《泰》之九二曰：「包荒，用馮河。」《傳》曰：人情安肆，則政舒緩，而法度廢弛，庶事無節。治之之道，必有包含荒穢之量，則其施爲寬裕詳密，弊革事理，而人安之。若無含弘之度，有忿疾之心，則無深遠之慮，有暴擾之患。深弊未去，而近患已生矣，故在「包荒」也。自古泰治之世，必漸至於衰替，蓋由狃習安逸，因循而然。自非剛斷之君、英烈之輔，不能挺特奮發以革其弊也，故曰「用馮河」。或疑上云「包荒」，則是包含寬容，此云「用馮河」，則是奮發改革，似相反也。不知以含容之量，施剛果之用，乃聖賢之爲也。

《觀》：「盥而不薦，有孚顒若。」《傳》曰：君子居上，爲天下之表儀，必極其莊敬，如始盥之初；勿使誠意少散，如既薦之後。則天下莫不盡其孚誠，顒然瞻仰之矣。

凡天下，至於一國一家，至於萬事，所以不和合者，皆由有間也，無間則合矣。以至天地之生、萬物之成，皆合而後能遂；凡未合者，皆爲間也。若君臣、父子、親戚、朋友之間，有離貳怨隙者，蓋讒邪間於其間也。去其間隔而合之，則無不和且治矣。噬嗑者，治天下之大用也。

《大畜》之六五曰：「豶豕之牙，吉。」《傳》曰：物有總攝，事有機會。聖人操得其要，則視億兆之心猶一心。道之斯行，止之則戢，故不勞而治，其用若「豶豕之牙」也。豕，剛躁之物，若强制其牙，則用力勞而不能止；若豶去其勢，則牙雖存而剛躁自止。君子法「豶豕」之義，知天下之惡不可以力制也，則察其機，持其要，塞絶其本原，故不假刑法嚴峻，而惡自止也。且如止盜，民有欲心，見利則動，苟不知教，而迫於饑寒，雖刑殺日施，其能勝億兆利欲之心乎？聖人則知所以止之之道，不尚威刑而脩政教，使之有農桑之業，知廉耻之道，「雖賞之不竊」矣。

《解》：「利西南，无所往，其來復吉。有攸往，夙吉。」《傳》曰：西南，坤方。坤之體，廣大平易。當天下之難方解，人始離艱苦，不可復以煩苛嚴急治之，當濟以寬大簡易，乃其宜也。既解其難，而安平無事矣，是「无所往」也。則當脩復治道，正紀綱，明法度，進復先代明王之治，是「來復」也。謂反正理也。自古聖王救難定亂，其始未暇遽爲也，既安定，則爲可久可繼之治。自漢以下，亂既除，則不復有爲，姑隨時維持而已，故不能成善治，蓋不知「來復」之義也。「有攸往，夙吉」，謂尚有當解之事，則早爲之乃吉也。當解而未盡者，不早去，則將復盛；事之復生者，不早爲，則將漸大。故夙則吉也。

夫有物必有則。父止於慈，子止於孝，君止於仁，臣止於敬。萬物庶事，莫不各有其所，得其所則安，失其所則悖。聖人所以能使天下順治，非能爲物作則也，惟止之各於其所而已。

《兑》説而能貞，是以上順天理，下應人心，説道之至正至善者也。若夫「違道以干百姓之譽」者，苟説之道，違道不順天，干譽非應人，苟取一時之説耳，非君子之正道。君子之道，其説於民，如天地之施，感之於心，而説服無斁。❶

天下之事，不進則退，無一定之理。濟之終，不進而止矣，無常止也，衰亂至矣，蓋

❶「服」，原闕，據崇禎本及元刻葉本、正德葉本補。

其道已窮極也。聖人至此奈何？曰：唯聖人爲能通其變於未窮，不使至於極也，堯舜是也，故有終而無亂。

爲民立君，所以養之也。養民之道，在愛其力。民力足則生養遂，生養遂則教化行而風俗美，故爲政以民力爲重也。《春秋》凡用民力必書，其所興作，不時害義，固爲罪也，雖時且義必書，見勞民爲重事也。後之人君知此義，則知慎重於用民力矣。然有用民力之大而不書者，爲教之意深矣。僖公脩泮宮、復閟宮，非不用民力也，然而不書。二者復古興廢之大事，爲國之先務，如是而用民力，乃所當用也。人君知此義，知爲政之先後輕重矣。《經説》。下同。

治身齊家以至平天下者，治之道也。建立治綱，分正百職，順天時以制事，至於創制立度，盡天下之事者，治之法也。聖人治天下之道，唯此二端而已。

明道先生曰：先王之世，以道治天下，後世只是以法把持天下。《遺書》。下同。

爲政須要有紀綱文章，「先有司」、鄉官讀法、平價、謹權量，皆不可闕也。人各親其親，然後能不獨親其親。仲弓曰：「焉知賢才而舉之？」子曰：「舉爾所知。爾所不知，人其舍諸？」便見仲弓與聖人用心之大小。推此義，則一心可以喪邦，一心可以興邦，只在公私之間爾。

治道亦有從本而言，亦有從事而言。從本而言，惟從「格君心之非」，「正心以正朝廷，正朝廷以正百官」。若從事而言，不救則已，若須救之，必須變，大變則大益，小變則小益。

唐有天下，雖號治平，然亦有夷狄之風。三綱不正，無君臣、父子、夫婦，其原始於太宗也。故其後世子弟皆不可使，君不君，臣不臣，故藩鎮不賓，權臣跋扈，陵夷有五代之亂。漢之治過於唐。漢大綱正，唐萬目舉，本朝大綱正，萬目亦未盡舉。

教人者，養其善心而惡自消；治民者，導之敬讓而爭自息。《外書》。下同。

明道先生曰：必有《關雎》、《麟趾》之意，然後可行《周官》之法度。

「君仁莫不仁，君義莫不義」，天下之治亂，繫乎人君仁不仁耳。離是而非，則「生於其心」，必「害於其政」，豈待乎作之於外哉？昔者孟子三見齊王而不言事，門人疑之，孟子曰：「我先攻其邪心。」心既正，然後天下之事可從而理也。夫政事之失、用人之非，知者能更之，直者能諫之。然非心存焉，則一事之失，救而正之，後之失者，將不勝救矣。「格其非心」，使無不正，非大人其孰能之？

橫渠先生曰：「道千乘之國」，不及禮樂刑政，而云「節用而愛人，使民以時」。言能如是則法行，不能如是則法不徒行，禮樂刑政，亦制數而已耳。《正蒙》。下同。❶

法立而能守，則德可久，業可大。鄭聲、佞人，能使爲邦者喪其所守，❷故放遠之。

橫渠先生答范巽之書曰：朝廷以道學、政術爲二事，此正自古之可憂者。巽之謂孔孟可作，將推其所得而施諸天下邪，將以其所不爲而强施之於天下歟？大都君相以父母天下爲王道，不能推父母之心於

❶ 「下同」，原闕，案其下「法立而能守」條並見《正蒙》，今據元刻葉本、正德葉本補。

❷ 「其所」，底本校記云：「宋板作所以。」

百姓，謂之王道可乎？所謂父母之心，非徒見於言，必須視四海之民如己之子。設使四海之内皆爲己之子，則講治之術，必不爲秦漢之少恩，必不爲五伯之假名。巽之爲朝廷言，「人不足與適，政不足與間」，能使吾君愛天下之人如赤子，則治德必日新，人之進者必良士，帝王之道不必改途而成，學與政不殊心而得矣。《文集》。

# 近思録卷之九凡二十七條

濂溪先生曰：古聖王制禮法，脩教化，三綱正，九疇敘，百姓大和，萬物咸若，乃作樂以宣八風之氣，以平天下之情。故樂聲淡而不傷，和而不淫，入其耳，感其心，莫不淡且和焉。淡則欲心平，和則躁心釋。優柔平中，德之盛也；天下化中，治之至也。是謂道配天地，古之極也。後世禮法不脩，刑政苛紊，縱欲敗度，下民困苦。謂古樂不足聽也，代變新聲，妖淫愁怨，導欲增悲，不能自止。故有賊君棄父，輕生敗倫，不可禁者矣。嗚呼！樂者，古以平心，今以助欲；古以宣化，今以長怨。不復古禮，不變今樂，而欲至治者，遠哉！《通書》。

明道先生言於朝曰：治天下以正風俗、得賢才爲本。宜先禮命近侍賢儒及百執事，悉心推訪有德業充備、足爲師表者，其次有篤志好學、材良行脩者，延聘敦遣，萃於京師，俾朝夕相與講明正學。其道必本於人倫，明乎物理，其教自小學洒掃應對以往，脩其孝弟忠信，周旋禮樂。其所以誘掖激厲、漸摩成就之道，皆有節序。其要在於擇善脩身，至於化成天下，自鄉人而可至於聖人之道。其學行皆中於是者爲成德。取材識明達、可進於善者，使日受其業。擇其學明德尊者，爲太學之師，次以分教天下之學。擇士入學，縣升之州，州賓興於太學，太學聚而教之，歲論其賢者、能者於朝。凡選士之法，皆以性行端潔、居家孝悌、有廉耻禮遜、通明學業、曉達治道者。《文集》。下同。

明道先生論十事：一曰師傅，二曰六官，三曰經界，四曰鄉黨，五曰貢士，六曰兵役，七曰民食，八曰四民，九曰山澤，脩虞衡之職。十曰分數。冠昏、喪祭、車服、器用等差。其言曰：無古今，無治亂，如生民之理有窮，則聖王之法可改。後世能盡其道則大治，或用其偏則小康，此歷代彰灼著明之效也。苟或徒知泥古而不能施之於今，姑欲徇名而遂廢其實，此則陋儒之見，何足以論治道哉！然儻謂今人之情皆已異於古，❶先王之迹不可復於今，趣便目前，不務高遠，則亦恐非大有爲之論，而未足以濟當今之極弊也。

伊川先生上疏曰：三代之時，人君必有師、傅、保之官。師，道之教訓；傅，傅之德義；保，保其身體。後世作事無本，知求治而不知正君，知規過而不知養德。傅德義之道，固已疏矣；保身體之法，復無聞焉。臣以爲傅德義者，在乎防見聞之非，節嗜好之過；保身體者，在乎適起居之宜，存畏慎之心。今既不設保傅之官，則此責皆在經筵。欲乞皇帝在宮中，言動服食，皆使經筵官知之。有翦桐之戲，則隨事箴規；違持養之方，則應時諫止。《文集》。《遺書》云：某嘗進説，欲令人主於一日之中，親賢士大夫之時多，親宦官宮人之時少，所以涵養氣質，薰陶德性。

伊川先生《看詳三學條制》云：舊制公私試補，蓋無虛月。學校禮義相先之地，而月使之争，殊非教養之道。請改試爲課，有所未至，則學官召而教之，更不考定高下。制尊賢堂以延天下道德之士，及置待賓吏

❶「已」，原作「以」，底本校記云：「以，宋板作已。」今據崇禎本及元刻葉本、正德葉本改。

師齋，立檢察士人行檢等法。又云：自元豐後，設利誘之法，增國學解額至五百人。來者奔湊，捨父母之養，忘骨肉之愛，往來道路，旅寓他土，人心日偷，士風日薄。今欲量留一百人，餘四百人分在州郡解額窄處。自然士人各安鄉土，養其孝愛之心，息其奔趨流浪之志，風俗亦當稍厚。又云：三舍升補之法，皆案文責迹，有司之事，非庠序育材論秀之道。蓋朝廷授法，必達乎下。長官守法而不得有爲，是以事成於下，而下得以制其上，此後世所以不治也。或曰：「長貳得人則善矣。」或非其人，不若防閑詳密，可循守也。」殊不知先王制法，待人而行，未聞立不得人之法也。苟長貳非人，不知教育之道，徒守虛文密法，果足以成人才乎？

《明道先生行狀》云：先生爲澤州晉城令，民以事至邑者，必告之以孝悌忠信，入所以事父兄，出所以事長上。度鄉村遠近爲伍保，使之力役相助，患難相恤，而姦僞無所容。凡孤煢殘廢者，責之親戚鄉黨，使無失所。行旅出於其塗者，疾病皆有所養。諸鄉皆有校，暇時親至，召父老與之語；兒童所讀書，親爲正句讀；教者不善，則爲易置；擇子弟之秀者，聚而教之。鄉民爲社會，爲立科條，旌别善惡，使有勸有耻。

《萃》：「王假有廟。」《傳》曰：羣生至衆也，而可一其歸仰；人心莫知其鄉也，而能致其誠敬；鬼神之不可度也，而能致其來格。天下萃合人心、總攝衆志之道非一，其至大莫過於宗廟。故王者萃天下之道，至於有廟，則萃道之至也。祭祀之報，本於人心，聖人制禮以成其德耳。故豺獺能祭，其性然也。《易傳》。

古者戍役,再期而還。今年春暮行,明年夏代者至,復留備秋,至過十一月而歸。又明年中春,遣次戍者。每秋與冬初,兩番戍者,皆在疆圉,乃今之防秋也。《經説》。

聖人無一事不順天時,故至日閉關。《遺書》。下同。

韓信多多益辦,只是分數明。

伊川先生曰:管轄人亦須有法,徒嚴不濟事。今帥千人,能使千人依時及節得飯喫,只如此者,亦能有幾人?嘗謂軍中夜驚,亞夫堅卧不起。不起善矣,然猶夜驚何也?亦是未盡善。

管攝天下人心,收宗族,厚風俗,使人不忘本,須是明譜系,收世族,立宗子法。一年有一年工夫。

宗子法壞,則人不自知來處,以至流轉四方,往往親未絶,不相識。今且試以一二巨公之家行之,其術要得拘守得,須是且如唐時立廟院,仍不得分割了祖業,使一人主之。

凡人家法,須月爲一會以合族。古人有花樹韋家宗會法,可取也。每有族人遠來,亦一爲之。吉凶嫁娶之類,更須相與爲禮,使骨肉之意常相通。骨肉日疏者,只爲不相見,情不相接爾。

冠昏喪祭,禮之大者,今人都不理會。豺獺皆知報本,今士大夫家多忽此,厚於奉養而薄於先祖,甚不可也。某嘗脩六禮,大略家必有廟,庶人立影堂。廟必有主,高祖以上即當祧也。主式見《文集》。又云:今人以影祭,或一髭髮不相似,則所祭已是别人,大不便。月朔必薦新,薦後方食。時祭用仲月,止於高祖。旁親無後者,祭之别位。冬至祭始祖,冬至,陽之始也;始祖,厥初生民之祖也。無主，於廟中正位設一位，❶合考妣享之。立春祭先祖，立春，生物之始也；先祖，始祖而下，高祖而上，非一人也。亦無主，設兩位，分享考妣。季秋祭禰；季秋，成物之時也。忌日遷主，祭於正寢。凡事死之禮，當厚於奉生者。人家能存得此等事數件，雖幼者可使漸知禮義。

卜其宅兆，卜其地之美惡也。地美則其神靈安，其子孫盛。然則曷謂地之美者？土色之光潤，草木之茂盛，乃其驗也。而拘忌者，惑以擇地之方位，決日之吉凶，甚者不以奉先爲計，而專以利後爲慮，尤非孝子安措之用心也。惟五患者，不得不慎：須使異日不爲道路，不爲城郭，不爲溝池，不爲貴勢所奪，不爲耕犁所及。一本所謂五患者：溝渠，道路，避村落，遠井、窑。

正叔云：某家治喪，不用浮圖。在洛亦有一二人家化之。

今無宗子，故朝廷無世臣。若立宗子法，則人知尊祖重本。人既重本，則朝廷之勢自尊。古者子弟從父兄，今父兄從子弟，由不知本也。且如漢高祖欲下沛時，只是以帛書與沛父老，其父兄便能率子弟從之。又如相如使蜀，亦移書責父老，然後子弟皆聽其命而從之。只有一箇尊卑上下之分，然後順從而不亂也。若無法以聯屬之，安可？且立宗子法，亦是天理。譬如木，必有從根直上一幹，亦必有旁枝；又如水，雖遠必有正源，亦必有分派處，自然之勢也。然又有旁枝達而爲幹者，故曰「古者天子建國，諸侯奪宗」云。

❶「一」，原作「二」，底本校記云：「二位，宋板作一位。」又《河南程氏遺書》卷一八、《河南程氏文集》卷十並作「一位」，今據元刻葉本改。

邢和叔叙明道先生事云：堯、舜、三代帝王之治，所以博大悠遠，上下與天地同流者，先生固已默而識之。至於興造禮樂、制度文爲，下至行師用兵戰陣之法，無所不講，皆造其極。外之夷狄情狀，山川道路之險易，邊鄙防戍、城寨斥候控帶之要，靡不究知。其吏事操決、文法簿書，又皆精密詳練。若先生，可謂通儒全才矣。《附録》。

介甫言律是八分書，是他見得。《外書》。

横渠先生曰：兵謀師律，聖人不得已而用之，其術見三王方策、歷代簡書。惟志士仁人，爲能識其遠者大者，素求預備而不敢忽忘。《文集》。

肉辟於今世死刑中取之，亦足寬民之死。過此，當念其散之之久。

吕與叔撰《横渠先生行狀》云：先生慨然有意三代之治，論治人先務，未始不以經界爲急。嘗曰：仁政必自經界始，貧富不均，教養無法，雖欲言治，皆苟而已。世之病難行者，未始不以亟奪富人之田爲辭。然兹法之行，悦之者衆，苟處之有術，期以數年，不刑一人而可復。所病者，特上之未行耳。❶乃言曰：縱不能行之天下，猶可驗之一鄉。方與學者議古之法，共買田一方，畫爲數井，上不失公家之賦役，退以其私正經界，分宅里，立斂法，❷廣儲畜，興學校，成禮俗，救菑恤患，敦本抑末，足以推先王之遺法，明當今之可行。此皆有志未就。

横渠先生爲雲巖令，政事大抵以敦本善俗爲先。每以月吉具酒食，召鄉人高年會縣庭，親爲勸酬，使人知養老事長之義。



❶「之」下，元刻葉本有「人」字。

❷「立」，底本校記云：「宋板作正。」

因問民疾苦，及告所以訓戒子弟之意。《行狀》。

橫渠先生曰：古者有東宫，有西宫，有南宫，有北宫，異宫而同財。此禮亦可行。古人慮遠，目下雖似相疏，其實如此乃能久相親。蓋數十百口之家，自是飲食衣服難爲得一。又異宫乃容子得伸其私，所以「避子之私也，子不私其父，則不成爲子」。古之人曲盡人情，必也同宫，有叔父、伯父，則爲子者何以獨厚於其父？爲父者又烏得而當之？父子異宫，爲命士以上，愈貴則愈嚴。故異宫猶今世有逐位，非如異居也。《樂説》。

治天下不由井地，終無由得平。周道止是均平。《語録》。下同。

井田卒歸於封建乃定。

# 近思録卷之十 凡六十四條

伊川先生上疏曰：夫鍾，怒而擊之則武，悲而擊之則哀，誠意之感而入也。告於人亦如是，古人所以齋戒而告君也。臣前後兩得進講，未嘗敢不宿齋預戒，潛思存誠，覬感動於上心。若使營營於職事，紛紛其思慮，待至上前，然後善其辭説，徒以頰舌感人，不亦淺乎？《文集》。下同。

伊川《答人示奏稿書》云：觀公之意，專以畏亂爲主。頤欲公以愛民爲先，力言百姓饑且死，丐朝廷哀憐，因懼將爲寇亂可也。不惟告君之體當如是，事勢亦宜爾。公方求財以活人，祈之以仁愛，則當輕財而重民；懼之以利害，則將恃財以自保。古之時，得丘民則得天下。後世以兵制民，以財聚衆，聚財者能守，保民者爲迂。惟當以誠意感動，覬其有不忍之心而已。

明道爲邑，及民之事，多衆人所謂法所拘者，然爲之未嘗大戾於法，衆亦不甚駭。謂之得伸其志則不可，求小補，則過今之爲政者遠矣。人雖異之，不至指爲狂也。至謂之狂，則大駭矣。盡誠爲之，不容而後去，又何嫌乎？

明道先生曰：一命之士，苟存心於愛物，於人必有所濟。

伊川先生曰：君子觀天水違行之象，知人情有争訟之道。故凡所作事，必謀其始，絶訟端於事之始，則訟無由生矣。謀始之義廣矣，若慎交結、明契券之類是也。《易傳》。下同。

師之九二，爲師之主。恃專則失爲下

之道，不專則無成功之理。故得中爲吉。凡師之道，威和並至則吉也。

世儒有論魯祀周公以天子禮樂，以爲周公能爲人臣不能爲之功，則可用人臣不得用之禮樂。是不知人臣之道也。夫居周公之位，則爲周公之事，由其位而能爲者，皆所當爲也。周公乃盡其職耳。

《大有》之九三曰：「公用亨于天子，小人弗克。」《傳》曰：三當大有之時，居諸侯之位，有其富盛，必用亨通于天子，謂以其有爲天子之有也，乃人臣之常義也。若小人處之，則專其富有以爲私，不知公己奉上之道，故曰「小人弗克」也。

《隨》九五之《象》曰：「孚于嘉吉，位正中也。」《傳》曰：隨以得中爲善，隨之所防者過也。蓋心所説隨，則不知其過矣。

人心所從，多所親愛者也。常人之情，愛之則見其是，惡之則見其非。故妻孥之言，雖失而多從；所憎之言，雖善爲惡也。苟以親愛而隨之，則是私情所與，豈合正理？故《隨》之初九，出門而交，則「有功」也。

《坎》之六四曰：「樽酒簋貳用缶，納約自牖，終无咎。」《傳》曰：此言人臣以忠信善道結於君心，必自其所明處乃能入也。人心有所蔽，有所通，通者明處也，當就其明處而告之，求信則易也，故曰「納約自牖」。能如是，則雖艱險之時，終得无咎也。且如君心蔽於荒樂，唯其蔽也故爾，雖力詆其荒樂之非，如其不省何？必於所不蔽之事，推而及之，則能悟其心矣。自古能諫其君者，未有不因其所明者也。故訐直强勁者，率多取忤，而温厚明辨者其説多行。非唯告於君者如此，爲教者亦然。夫教必就人之所長，所長者，心之所明也。從其心之所明而入，然後推及其餘，孟子所謂「成德」、「達才」是也。

《恒》之初六曰：「浚恒，貞凶。」《象》曰：「浚恒之凶，始求深也。」《傳》曰：初六居下，而四爲正應。四以剛居高，又爲二三所隔，應初之志，異乎常矣。而初乃求望之深，是知常而不知變也。世之責望故素而至悔咎者，皆浚恒者也。

《遯》之九三曰：「係遯，有疾厲，畜臣妾吉。」《傳》曰：係戀之私恩，懷小人女子之道也，故以畜養臣妾則吉。然君子之待小人，亦不如是也。

《睽》之《象》曰：「君子以同而異。」《傳》曰：聖賢之處世，在人理之常，莫不大同，於世俗所同者，則有時而獨異。不能大同者，亂常拂理之人也；不能獨異者，隨俗習非之人也。要在同而能異耳。

《睽》之初九，當睽之時，雖同德者相與，然小人乖異者至衆，若棄絶之，不幾盡天下以仇君子乎？如此則失含弘之義，致凶咎之道也，又安能化不善而使之合乎？故必「見惡人」，則「无咎」也。古之聖王所以能化姦凶爲善良、革仇敵爲臣民者，由弗絶也。

《睽》之九二，當睽之時，君心未合，賢臣在下，竭力盡誠，期使之信合而已。至誠以感動之，盡力以扶持之，明義理以致其知，杜蔽惑以誠其意，如是宛轉以求其合也。遇非枉道逢迎也，巷非邪僻由徑也。故《象》曰：「遇主于巷，未失道也。」

《損》之九二曰：「弗損益之。」《傳》曰：不自損其剛貞，則能益其上，乃益之也。若失其剛貞，而用柔説，適足以損之而已。世之愚者，有雖無邪心，而惟知竭力順上爲忠者，蓋不知「弗損益之」之義也。

《益》之初九曰：「利用爲大作，元吉，无咎。」《象》曰：「元吉，无咎，下不厚事也。」《傳》曰：在下者本不當處厚事。厚事，重大之事也。以爲在上所任，所以當大事，必能濟大事，而致元吉，乃爲无咎。能致元吉，則在上者任之爲知人，己當之爲勝任。不然，則上下皆有咎也。

革而無甚益，猶可悔也，況反害乎？古人所以重改作也。

《漸》之九三曰：「利禦寇。」《傳》曰：君子之與小人比也，自守以正。豈唯君子自完其己而已乎？亦使小人得不陷於非義。是以順道相保，禦止其惡也。

《旅》之初六曰：「旅瑣瑣，斯其所取災。」《傳》曰：志卑之人，既處旅困，鄙猥瑣細，無所不至，乃其所以致悔辱，取災咎也。

在旅而過剛自高，致困災之道也。

《兑》之上六曰：「引兑。」《象》曰：「未光也。」《傳》曰：説既極矣，又引而長之，雖説之之心不已，而事理已過，實無所説。事之盛則有光輝，既極而强引之長，其無意味甚矣，豈有光也？

《中孚》之《象》曰：「君子以議獄緩死。」《傳》曰：君子之於議獄，盡其忠而已；於決死，極於惻而已。天下之事，無所不盡其忠，而議獄緩死，最其大者也。

事有時而當過，所以從宜，然豈可甚過也？如過恭、過哀、過儉，大過則不可，所以小過，爲順乎宜也。能順乎宜，所以大吉。

防小人之道，正己爲先。

周公至公不私，進退以道，無利欲之

蔽。其處己也，夔夔然存恭畏之心；其存誠也，蕩蕩焉無顧慮之意。所以雖在危疑之地，而不失其聖也。《詩》曰：「公孫碩膚，赤舄几几。」《經説》。下同。

採察求訪，使臣之大務。

明道先生與吳師禮談介甫之學錯處，謂師禮曰：爲我盡達諸介甫：我亦未敢自以爲是。如有説，願往復。此天下公理，無彼我。果能明辨，不有益于介甫，則必有益于我。《遺書》。下同。

天祺在司竹，常愛用一卒長。及將代，自見其人盜筍皮，遂治之無少貸。罪已正，待之復如初，略不介意。其德量如此。

因論「口將言而囁嚅」云：若合開口時，要他頭也須開口。如荆軻於樊於期。須是「聽其言也厲」。

須是就事上學。《蠱》「振民育德」，然有所知後，方能如此。「何必讀書，然後爲學」？

先生見一學者忙迫，問其故，曰：欲了幾處人事。曰：某非不欲周旋人事者，曷嘗似賢急迫？

安定之門人，往往知稽古愛民矣，則「於爲政也何有」？

門人有曰：吾與人居，視其有過而不告，則於心有所不安；告之而人不受，則奈何？曰：與之處而不告其過，非忠也。要使誠意之交通，在於未言之前，則言出而人信矣。又曰：責善之道，要使誠有餘而言不足，則於人有益，而在我者無自辱矣。

職事不可以巧免。

「居是邦，不非其大夫」，此理最好。

「克勤小物」最難。

欲當大任，須是篤實。

凡爲人言者，理勝則事明，氣忿則招怫。

居今之時，不安今之法令，非義也。若論爲治，不爲則已，如復爲之，須於今之法度内處得其當，方爲合義。若須更改而後爲，則何義之有？

今之監司，多不與州縣一體，監司專欲伺察，州縣專欲掩蔽。不若推誠心與之共治，有所不逮，可教者教之，可督者督之。至於不聽，擇其甚者去一二，使足以警衆可也。

伊川先生曰：人惡多事，或人憫之。世事雖多，盡是人事。人事不教人做，更責誰做？

感慨殺身者易，從容就義者難。

人或勸先生以加禮近貴，先生曰：何不見責以盡禮，而責之以加禮？禮盡則已，豈有加也？

或問：簿，佐令者也。簿所欲爲，令或不從，奈何？曰：當以誠意動之。今令與簿不和，只是争私意。令是邑之長，若能以事父兄之道事之，過則歸己，善則唯恐不歸於令，積此誠意，豈有不動得人？

問：人於議論，多欲直己，無含容之氣，是氣不平否？曰：固是氣不平，亦是量狹。人量隨識長，亦有人識高而量不長者，是識實未至也。大凡别事人都强得，惟識量不可强。今人有斗筲之量，有釜斛之量，有鐘鼎之量，有江河之量。江河之量亦大矣，然有涯，有涯亦有時而滿，惟天地之量則無滿。故聖人者，天地之量也。聖人之量，道也；常人之有量者，天資也。天資有量須有限，大抵六尺之軀，力量只如此，雖欲不滿，不可得也。如鄧艾位三公，年七十，處得甚好，及因下蜀有功，便動了。謝安聞謝玄破苻堅，對客圍碁，報至不喜，及歸，折屐齒，强終不得也。更如人大醉後益恭謹者，只益恭便是動了，雖與放肆者不同，其爲酒所動一也。又如貴公子，位益高，益卑謙，只卑謙便是動了，雖與驕傲者不同，其爲位所動一也。然惟知道者，量自然宏大，不勉强而成。今人有所見卑下者，無他，亦是識量不足也。

人纔有意於爲公，便是私心。昔有人典選，其子弟係磨勘，皆不爲理，此乃是私心。人多言古時用直，不避嫌得。後世用此不得，自是無人，豈是無時？ 因言少師典舉、明道薦才事。

君實嘗問先生云：欲除一人給事中，誰可爲者？ 先生曰：初若泛論人才却可，今既如此，頤雖有其人，何可言？ 君實曰：出於公口，入於光耳，又何害？ 先生終不言。

先生云：韓持國服義最不可得。一日，頤與持國、范夷叟泛舟於潁昌西湖，須臾，客將云：「有一官員上書謁見大資。」頤將爲有甚急切公事，乃是求知己。頤云：「大資居位，却不求人，乃使人倒來求己，是甚道理？」夷叟云：「只爲正叔太執，求薦章，常事也。」頤云：「不然。只爲曾有不求者不與，來求者與之，遂致人如此。」持國便服。

先生因言：今日供職，只第一件便做他底不得。吏人押申轉運司狀，頤不曾簽。國子監自係臺省，臺省係朝廷官。外司有事，合行申狀，豈有臺省倒申外司之理？只爲從前人只計較利害，不計較事體，直得恁地。須看聖人欲正名處，見得道名不正時，便至禮樂不興，是自然住不得。

學者不可不通世務。天下事譬如一家，非我爲則彼爲，非甲爲則乙爲。已上並《遺書》。

「人無遠慮，必有近憂」，思慮當在事外。《外書》。下同。

聖人之責人也常緩，便見只欲事正，無顯人過惡之意。

伊川先生云：今之守令，唯「制民之産」一事不得爲，其他在法度中甚有可爲者，患人不爲耳。

明道先生作縣，凡坐處皆書「視民如傷」四字，常曰：顥常愧此四字。

伊川每見人論前輩之短，則曰：汝輩且取他長處。

劉安禮云：王荆公執政，議法改令，言者攻之甚力。明道先生嘗被旨赴中堂議事，荆公方怒言者，厲色待之。先生徐曰：「天下之事，非一家私議，願公平氣以聽。」荆公爲之媿屈。《附録》。下同。

劉安禮問臨民，明道先生曰：使民各得輸其情。問御吏，曰：正己以格物。

横渠先生曰：凡人爲上則易，爲下則難。然不能爲下，亦未能使下，不盡其情僞也。大抵使人，常在其前己嘗爲之，則能使人。《文集》。

《坎》「維心亨」，故「行有尚」。外雖積險，苟處之心亨不疑，則雖難必濟，而「往有功也」。今水臨萬仞之山，要下即下，無復凝滯之在前，❶惟知有義理而已，則復何回避？所以心通。《易説》。下同。

人所以不能行己者，於其所難者則惰，

❶「之」，《張子全書》卷九《易説》作「人」。「在」，底本校記云：「宋板作於。」

其異俗者，雖易而羞縮。惟心弘，則不顧人之非笑，所趨義理耳，視天下莫能移其道。然爲之，人亦未必怪，正以在己者義理不勝。惰與羞縮之病消則有長，不消則病常在，意思齷齪，無由作事。在古氣節之士，冒死以有爲，於義未必中，然非有志概者莫能，況吾於義理已明，何爲不爲？

《姤》初六：「羸豕孚蹢躅。」豕方羸時，力未能動，然至誠在於蹢躅，得伸則伸矣。如李德裕處置閹宦，徒知其帖息威伏，而忽於志不忘逞，照察少不至，則失其幾也。

人教小童，亦可取益。絆己不出入，一益也；授人數數，己亦了此文義，二益也；對之必正衣冠、尊瞻視，三益也；常以因己而壞人之才爲憂，則不敢惰，四益也。《語録》。

# 近思録卷之十一 凡二十一條

濂溪先生曰：剛善，爲義，爲直，爲斷，爲嚴毅，爲幹固；惡，爲猛，爲隘，爲强梁。柔善，爲慈，爲順，爲巽；惡，爲懦弱，爲無斷，爲邪佞。惟中也者，和也，中節也，天下之達道也，聖人之事也。故聖人立教，俾人自易其惡，自至其中而止矣。《通書》。

伊川先生曰：古人生子，能食能言而教之。大學之法，以豫爲先。人之幼也，知思未有所主，便當以格言至論日陳於前，雖未曉知，且當薰聒，使盈耳充腹，久自安習，若固有之，雖以他言惑之，不能入也。若爲之不豫，及乎稍長，私意偏好生於内，衆口辯言鑠於外，欲其純完，不可得也。《文集》。

《觀》之上九曰：「觀其生，君子无咎。」《象》曰：「觀其生，志未平也。」《傳》曰：君子雖不在位，然以人觀其德，用爲儀法，故當自慎。省觀其所生，常不失於君子，則人不失所望而化之矣。不可以不在於位故，安然放意，無所事也。《易傳》。

聖人之道如天然，與衆人之識甚殊邈也。門人弟子既親炙，而後益知其高遠。既若不可以及，則趨望之心怠矣。故聖人之教，常俯而就之。事上臨喪，不敢不勉，君子之常行，不困於酒，尤其近也。而以己處之者，不獨使夫資之下者勉思企及，而才之高者亦不敢易乎近矣。《經説》。

明道先生曰：憂子弟之輕俊者，只教以經學念書，不得令作文字。子弟凡百玩好皆奪志。至於書札，於儒者事最近，然一向好著，亦自喪志。如王、虞、顔、柳輩，誠爲好人則有之，曾見有善書者知道否？平生精力一用於此，非惟徒廢時日，於道便有妨處，足知喪志也。《遺書》。下同。

胡安定在湖州，置治道齋，學者有欲明治道者，講之於中，如治民、治兵、水利、筭數之類。嘗言劉彝善治水利，後累爲政，皆興水利有功。

凡立言，欲涵蓄意思，不使知德者厭、無德者惑。

教人未見意趣，必不樂學。欲且教之歌舞，如古《詩》三百篇，皆古人作之。如《關雎》之類，正家之始，故用之鄉人，用之邦國，日使人聞之。此等詩，其言簡奧，今人未易曉。別欲作詩，略言教童子洒掃應對事長之節，令朝夕歌之，似當有助。

子厚以禮教學者最善，使學者先有所據守。

語學者以所見未到之理，不惟所聞不深徹，反將理低看了。

舞、射便見人誠。古之教人，莫非使之成己。自洒掃應對上，便可到聖人事。

自「幼子常視無誑」以上，便是教以聖人事。

「先傳」、「後倦」，君子教人有序。先傳以小者近者，而後教以大者遠者；非是先傳以近小，而後不教以遠大也。

伊川先生曰：說書必非古意，轉使人薄。學者須是潛心積慮，優游涵養，使之自得。今一日說盡，只是教得薄。至如漢時說下帷講誦，猶未必說書。

古者八歲入小學，十五入大學，擇其才可教者聚之，不肖者復之農畝。蓋士農不易業，既入學則不治農，然後士農判。在學之養，若士大夫之子，則不慮無養；雖庶人之子，既入學則亦必有養。古之士者，自十五入學，至四十方仕，中間自有二十五年學，又無利可趨，則所志可知，須去趨善，便自此成德。後之人自童稚間已有汲汲趨利之意，何由得向善？故古人必使四十而仕，然後志定。只營衣食却無害，惟利禄之誘最害人。人有養，便方定志於學。

天下有多少才，只爲道不明於天下，故不得有所成就。且古者「興於《詩》，立於禮，成於樂」，如今人怎生會得？古人於《詩》如今人歌曲一般，雖閭巷童稚，皆習聞其説而曉其義，故能興起於《詩》。後世老師宿儒，尚不能曉其義，怎生責得學者，是不得興於《詩》也。古禮既廢，人倫不明，以至治家皆無法度，是不得立於禮也。古人有歌詠以養其性情，聲音以養其耳目，舞蹈以養其血脈，今皆無之，是不得成於樂也。古之成材也易，今之成材也難。

孔子教人，「不憤不啓，不悱不發」。蓋不待憤悱而發，則知之不固；待憤悱而後發，則沛然矣。學者須是深思之，思而不得，然後爲他説便好。初學者須是且爲他説，不然，非獨他不曉，亦止人好問之心也。已上並《遺書》。

横渠先生曰：「恭敬撙節退讓以明禮」，仁之至也，愛道之極也。己不勉明，則人無從倡，道無從弘，教無從成矣。《正蒙》。

《學記》曰：「進而不顧其安，使人不由其誠，教人不盡其材。」人未安之，又進之，未喻之，又告之，徒使人生此節目。不盡材，不顧安，不由誠，皆是施之妄也。教人至難，必盡人之材，乃不誤人。觀可及處，然後告之。聖人之明，直若庖丁之解牛，皆知其隙，刃投餘地，無全牛矣。人之才足以

有爲，但以其不由於誠，則不盡其才。若曰勉率而爲之，則豈有由誠哉？ 横渠《禮記説》。下同。❶

古之小兒便能敬事。長者與之提携，則兩手奉長者之手，問之，掩口而對。蓋稍不敬事，便不忠信。故教小兒，且先安詳恭敬。

孟子曰：「人不足與適也，政不足與間也，唯大人爲能格君心之非。」非惟君心，至於朋游學者之際，彼雖議論異同，未欲深較。惟整理其心，使歸之正，豈小補哉？ 横渠《孟子説》。

❶ 「下同」，此二字原無。案其下「古之小兒」條末原小字注「横渠禮記説」五字，與此條重出，今據原書編例增補二字，並删下條末小注五字。

# 近思録卷之十二 凡三十三條

濂溪先生曰：仲由喜聞過，令名無窮焉。今人有過，不喜人規，如護疾而忌醫，寧滅其身而無悟也。噫！《通書》。

伊川先生曰：德善日積，則福禄日臻。德踰於禄，則雖盛而非滿。自古隆盛，未有不失道而喪敗者也。《易傳》。下同。

人之於豫樂，心説之，故遲遲，遂至於耽戀不能已也。豫之六二，以中正自守，其介如石，其去之速，不俟終日，故貞正而吉也。處豫不可安且久也，久則溺矣。如二可謂見幾而作者也。蓋中正，故其守堅，而能辨之早，去之速也。

人君致危亡之道非一，而以豫爲多。聖人爲戒，必於方盛之時。方其盛而不知戒，故狃安富則驕侈生，樂舒肆則綱紀壞，忘禍亂則釁孽萌，是以浸淫不知亂之至也。

《復》之六三，以陰躁處動之極，復之頻數而不能固者也。復貴安固，頻復頻失，不安於復也。復善而屢失，危之道也。聖人開遷善之道，與其復而危其屢失，故云「厲无咎」。不可以頻失而戒其復也，頻失則爲危，屢復何咎？過在失而不在復也。劉質夫曰：頻復不已，遂至迷復。

睽極則咈戾而難合，剛極則躁暴而不詳，明極則過察而多疑。睽之上九，有六三之正應，實不孤，而其才性如此，自睽孤也。如人雖有親黨，而多自疑猜，妄生乖離，雖處骨肉親黨之間，而常孤獨也。

《解》之六三曰：「負且乘，致寇至，貞

吝。」《傳》曰：小人而竊盛位，雖勉爲正事，而氣質卑下，本非在上之物，終可吝也。若能大正則如何？曰：大正非陰柔所能也，若能之，則是化爲君子矣。

《益》之上九曰：「莫益之，或擊之。」《傳》曰：理者天下之至公，利者衆人所同欲。苟公其心，不失其正理，則與衆同利，無侵於人，人亦欲與之。若切於好利，蔽於自私，求自益以損於人，則人亦與之力争。故莫肯益之，而有擊奪之者矣。

《艮》之九三曰：「艮其限，列其夤，厲薰心。」《傳》曰：夫止道貴乎得宜，行止不能以時，而定於一，其堅强如此，則處世乖戾，與物睽絶，其危甚矣。人之固止一隅，而舉世莫與宜者，則艱蹇忿畏焚撓其中，豈有安裕之理？「厲薰心」，謂不安之勢薰爍其中也。

大率以説而動，安有不失正者。

男女有尊卑之序，夫婦有倡隨之禮，❶此常理也。若徇情肆欲，唯説是動，男牽欲而失其剛，婦狃説而忘其順，則凶而無所利矣。

雖舜之聖，且畏巧言令色。説之惑人，易入而可懼也如此。

治水，天下之大任也，非其至公之心，能捨己從人，盡天下之議，則不能成其功，豈方命圮族者所能乎？鯀雖九年而功弗成，然其所治，固非他人所及也。惟其功有叙，故其自任益强，咈戾圮類益甚，公議隔而人心離矣，是其惡益顯，而功卒不可成也。《經説》。下同。

❶「禮」，底本校記云：「宋板原作理。」案《周易程氏傳》卷四作「禮」。

君子「敬以直内」。微生高所枉雖小，而害則大。

人有慾則無剛，剛則不屈於慾。

人之過也，各於其類。君子常失於厚，小人常失於薄；君子過於愛，小人傷於忍。

明道先生曰：富貴驕人，固不善，學問驕人，害亦不細。《遺書》。下同。

人以料事爲明，便駸駸入逆詐、億不信去也。

人於外物奉身者，事事要好，只有自家一箇身與心却不要好。苟得外面物好時，却不知道自家身與心却已先不好了也。

人於天理昏者，是只爲嗜欲亂著他。莊子言「其嗜欲深者，其天機淺」，此言却最是。

伊川先生曰：閲機事之久，機心必生。蓋方其閲時，心必喜，既喜，則如種下種子。

疑病者，未有事至時，先有疑端在心；周羅事者，先有周事之端在心。皆病也。

較事大小，其弊爲枉尺直尋之病。

小人、小丈夫，不合小了，他本不是惡。

雖公天下事，若用私意爲之，便是私。

做官奪人志。

驕是氣盈，吝是氣歉。人若吝時，於財上亦不足，於事上亦不足，凡百事皆不足，必有歉歉之色也。

未知道者如醉人，方其醉時，無所不至，及其醒也，莫不愧耻。人之未知學者，自視以爲無缺，及既知學，反思前日所爲，則駭且懼矣。

邢七云：一日三點檢。明道先生曰：可哀也哉！其餘時理會甚事？蓋倣三省之説錯了，可見不曾用功。又多逐人面上説一般話，明道責之。邢曰：無可説。明道曰：無可説便不得不説？

横渠先生曰：學者捨禮義，則飽食終日，無所猷爲，與下民一致，所事不踰衣食之間、燕遊之樂爾。《正蒙》。

鄭衛之音悲哀，令人意思留連，又生怠惰之意，從而致驕淫之心；雖珍玩奇貨，其始感人也，❶亦不如是切，從而生無限嗜好。故孔子曰必放之，亦是聖人經歷過，但聖人能不爲物所移耳。横渠《禮樂説》。

孟子言「反經」，❷特於鄉原之後者，以鄉原大者不先立，心中初無作，❸惟是左右看，順人情不欲違，一生如此。横渠《孟子説》。

❶「感」，崇禎本及元刻葉本、正德葉本均作「惑」。

❷「經」下，原衍「者」字，今據底本校記引宋板及崇禎本删。

❸「作」，元刻葉本作「主」，底本校記云：「宋板作作。」

# 近思録卷之十三凡十四條

明道先生曰：楊、墨之害，甚於申、韓；佛、老之害，甚於楊、墨。楊氏「爲我」疑於仁，墨氏「兼愛」疑於義。❶申、韓則淺陋易見。故孟子只闢楊、墨，爲其惑世之甚也。佛、老其言近理，又非楊、墨之比，此所以爲害尤甚。楊、墨之害，亦經孟子闢之，所以廓如也。《遺書》。下同。

伊川先生曰：儒者潛心正道，不容有差，其始甚微，其終則不可救。如「師也過，商也不及」。於聖人中道，師只是過於厚些，商只是不及些。然而厚則漸至於「兼愛」，不及則便至於「爲我」。其過不及同出於儒者，其末遂至楊、墨。至如楊、墨，亦未至於無父無君，孟子推之便至於此，蓋其差必至於是也。

明道先生曰：道之外無物，物之外無道，是天地之間，無適而非道也。即父子而父子在所親，即君臣而君臣在所嚴，以至爲夫婦，爲長幼，爲朋友，無所爲而非道，此道所以不可須臾離也。然則毁人倫、去四大者，其分於道也遠矣。❷故「君子之於天下也，無適也，無莫也，義之與比」。若有適有莫，則於道爲有間，非天地之全也。彼釋氏之學，於「敬以直内」，則有之矣，「義以方外」，則未之有也。故滯固者入於枯槁，疏通者歸於恣肆，此佛之教所以爲隘也。吾

❶「楊氏爲我疑於仁墨氏兼愛疑於義」，底本校記云：「仁、義兩字，宋板倒。」

❷「分」，元刻葉本、正德葉本作「戾」。

道則不然，「率性」而已。斯理也，聖人於《易》備言之。又云：佛有一箇覺之理，可以「敬以直内」矣，然無「義以方外」。其直内者，要之其本亦不是。

釋氏本怖死生爲利，豈是公道？唯務上達而無下學，然則其上達處，豈有是也？元不相連屬，但有間斷，非道也。孟子曰：「盡其心者，知其性也。」彼所謂識心見性是也，若存心養性一段事，則無矣。彼固曰出家獨善，便於道體自不足。或曰：釋氏地獄之類，皆是爲下根之人設此，怖令爲善。先生曰：至誠貫天地，人尚有不化，豈有立僞教而人可化乎？以上明道語。

學者於釋氏之説，直須如淫聲美色以遠之，不爾，則駸駸然入其中矣。顔淵問爲邦，孔子既告之以二帝三王之事，而復戒以「放鄭聲，遠佞人」，曰：「鄭聲淫，佞人殆。」彼佞人者，是他一邊佞耳，然而於己則危，只是能使人移，故危也。至於禹之言曰：「何畏乎巧言令色！」巧言令色，直消言畏，只是須著如此戒慎，猶恐不免。釋氏之學，更不消言常戒，到自家自信後，便不能亂得。

所以謂萬物一體者，皆有此理，只爲從那裏來。「生生之謂易」，生則一時生，皆完此理。❶人則能推，物則氣昏推不得，不可道他物不與有也。人只爲自私，將自家軀殼上頭起意，故看得道理小了他底。放這身來，都在萬物中一例看，大小大快活。釋氏以不知此，去他身上起意思，奈何那身不得，故却厭惡，要得去盡根塵，爲心源不定，故要得如枯木死灰。然没此理，要有此理，除是死也。釋氏其實是愛身，放不得，故説

❶「完」，底本校記云：「宋板作具。」

許多。譬如負版之蟲，❶已載不起，猶自更取物在身。又如抱石投河，以其重愈沈，終不道放下石頭，惟嫌重也。

人有語導氣者，問先生曰：君亦有術乎？❷曰：吾嘗「夏葛而冬裘，饑食而渴飲」，「節嗜欲，定心氣」，如斯而已矣。

佛氏不識陰陽晝夜、死生古今，安得謂形而上者與聖人同乎？

釋氏之説，若欲窮其説而去取之，則其説未能窮，固已化而爲佛矣。只且於迹上考之，其設教如是，則其心果如何？固難爲取其心不取其跡，有是心則有是跡。王通言心跡之判，便是亂説。故不若且於跡上斷定不與聖人合。其言有合處，則吾道固已有；有不合者，固所不取。如是立定，却省易。

問：神仙之説有諸？曰：若説白日飛昇之類，則無；若言居山林間，保形鍊氣，以延年益壽，則有之。譬如一鑪火，置之風中則易過，置之密室則難過，有此理也。又問：揚子言「聖人不師仙，厥術異也」，聖人能爲此等事否？曰：此是天地間一賊，若非竊造化之機，安能延年？使聖人肯爲，周孔爲之矣。

謝顯道歷舉佛説與吾儒同處，問伊川先生。先生曰：恁地同處雖多，只是本領不是，一齊差却。《外書》。

橫渠先生曰：釋氏妄意天性，而不知範圍天用，❸反以六根之微因緣天地。明不能盡，則誣天地日月爲幻妄，蔽其用於一身

❶「版」，原作「販」，據正德葉本改。
❷「有」，原闕，據崇禎本及元刻葉本、正德葉本補。
❸「天」，底本校記云：「宋板作之。」

之小，溺其志於虛空之大，此所以語大語小，流遁失中。其過於大也，塵芥六合；其蔽於小也，夢幻人世。謂之窮理可乎？不知窮理，而謂之盡性可乎？謂之無不知可乎？塵芥六合，謂天地爲有窮也；夢幻人世，明不能究其所從也。《正蒙》。下同。

《大易》不言有無。言有無，諸子之陋也。

浮圖明鬼，謂有識之死，受生循環，遂厭苦求免，可謂知鬼乎？以人生爲妄見，可謂知人乎？天人一物，輒生取舍，可謂知天乎？孔孟所謂天，彼所謂道，惑者指「遊魂爲變」爲輪迴，未之思也。大學當先知天德，知天德，則知聖人、知鬼神。今浮圖劇論要歸，必謂死生流轉，非得道不免，謂之悟道可乎？悟則有義有命，均死生，一天人，推知晝夜，通陰陽，體之無二。自其說熾傳中國，儒者未容窺聖學門墻，已爲引取，淪胥其間，指爲大道。乃其俗達之天下，致善惡、知愚、男女、臧獲，人人著信。使英才間氣，生則溺耳目恬習之事，長則師世儒崇尚之言，遂冥然被驅，因謂聖人可不脩而至，大道可不學而知。故未識聖人心，已謂不必求其迹；未見君子志，已謂不必事其文。此人倫所以不察，庶物所以不明，治所以忽，德所以亂。異言滿耳，上無禮以防其僞，下無學以稽其弊。自古詖淫邪遁之辭，翕然並興，一出於佛氏之門者千五百年。❶向非獨立不懼，精一自信，有大過人之才，何以正立其間，與之較是非、計得失哉？

❶「千」，底本校記云：「宋板作已。」

# 近思録卷之十四凡二十六條

明道先生曰：堯與舜更無優劣，及至湯武便別。孟子言「性之」、「反之」，自古無人如此説，只孟子分別出來，便知得堯舜是生而知之，湯武是學而能之。文王之德，則似堯舜，禹之德則似湯武。要之皆是聖人。《遺書》。下同。

仲尼，元氣也；顔子，春生也；孟子，并秋殺盡見。仲尼無所不包；顔子示「不違如愚」之學於後世，有自然之和氣，不言而化者也；孟子則露其材，蓋亦時然而已。仲尼，天地也；顔子，和風慶雲也；孟子，泰山巖巖之氣象也。觀其言，皆可見之矣。仲尼無跡，顔子微有跡，孟子其跡著。孔子儘是明快人，顔子儘豈弟，孟子儘雄辯。

曾子傳聖人學，其德後來不可測，安知其不至聖人？如言「吾得正而斃」，且休理會文字，只看他氣象極好，被他所見處大。後人雖有好言語，只被氣象卑，終不類道。

傳經爲難。如聖人之後纔百年，傳之已差。聖人之學，若非子思、孟子，則幾乎息矣。道何嘗息，只是人不由之。「道非亡也，幽、厲不由也」。

荀子才高，❶其過多；揚雄才短，其過少。

荀子極偏駁，只一句「性惡」，大本已失；揚子雖少過，然已自不識性，更説甚道？

董仲舒曰：「正其義，不謀其利；明其

❶「子」，底本校記云：「宋板作卿。」

道，不計其功。」此董子所以度越諸子。

漢儒如毛萇、董仲舒，最得聖賢之意，然見道不甚分明。下此即至揚雄，規模又窄狹矣。

林希謂揚雄爲禄隱。揚雄，後人只爲見他著書，便須要做他是，怎生做得是？

孔明有王佐之心，道則未盡。王者如天地之無私心焉，行一不義而得天下不爲。孔明必求有成，而取劉璋。聖人寧無成耳，此不可爲也。若劉表子琮，將爲曹公所并，取而興劉氏可也。

諸葛武侯有儒者氣象。

孔明庶幾禮樂。

文中子本是一隱君子。世人往往得其議論，附會成書。其間極有格言，荀、揚道不到處。

韓愈亦近世豪傑之士。如《原道》中言語雖有病，然自孟子而後，能將許大見識尋求者，才見此人。至如斷曰：「孟子醇乎醇。」❶又曰：「荀與揚，擇焉而不精，語焉而不詳。」若不是他見得，豈千餘年後便能斷得如此分明？

學本是脩德，有德然後有言。退之却倒學了，因學文，日求所未至，遂有所得。如曰：「軻之死，不得其傳。」似此言語，非是蹈襲前人，又非鑿空撰得出，必有所見。若無所見，不知言所傳者何事。

周茂叔胸中灑落，如光風霽月。其爲政精密嚴恕，務盡道理。《通書附録》。

伊川先生撰《明道先生行狀》曰：先生資禀既異，而充養有道。純粹如精金，温潤如良玉。寬而有制，和而不流。忠誠貫於

❶「子」，崇禎本及正德葉本作「氏」。

金石，孝悌通於神明。視其色，其接物也，如春陽之温；聽其言，其入人也，如時雨之潤。胸懷洞然，徹視無間。測其蘊，則浩乎若滄溟之無際；極其德，美言蓋不足以形容。先生行己，內主於敬，而行之以恕，見善若出諸己，不欲弗施於人。居廣居而行大道，言有物而動有常。先生爲學，自十五六時，聞汝南周茂叔論道，遂厭科舉之業，慨然有求道之志。未知其要，泛濫於諸家，出入於老、釋者幾十年，返求諸六經而後得之。明於庶物，察於人倫。知盡性至命，必本於孝悌；窮神知化，由通於禮樂。辨異端似是之非，開百代未明之惑，秦漢而下，未有臻斯理也。謂孟子没而聖學不傳，以興起斯文爲己任。其言曰：「道之不明，異端害之也。昔之害近而易知，今之害深而難辨。昔之惑人也，乘其迷暗；今之入人也，因其高明。自謂之窮神知化，而不足以開物成務；言爲無不周遍，實則外於倫理；窮深極微，而不可以入堯舜之道。天下之學，非淺陋固滯，則必入於此。自道之不明也，邪誕妖異之説競起，塗生民之耳目，溺天下於污濁。雖高才明智，膠於見聞，醉生夢死，不自覺也。是皆正路之蓁蕪，聖門之蔽塞，闢之而後可以入道。」先生進將覺斯人，退將明之書。不幸早世，皆未及也。其辨析精微，稍見於世者，學者之所傳耳。先生之門，學者多矣。先生之言，平易易知，賢愚皆獲其益，如羣飲於河，各充其量。先生教人，自致知至於知止，誠意至於平天下，洒掃應對至於窮理盡性，循循有序。病世之學者捨近而趨遠，處下而闚高，所以輕自大而卒無得也。先生接物，辨而不間，感而能通。教人而人易從，怒人而人不怨，賢愚善惡，咸得其心。狡僞者獻其誠，暴慢者致其恭，聞風者誠服，覿德者心醉。雖小人以趨向之異，顧於利害，時見排斥，退而省其私，未有不以先生爲君子也。先生爲政，治惡以寬，處煩而裕。當法令繁密之際，未嘗從衆爲應文逃責之事。人皆病於拘礙，而先生處之綽然。衆憂以爲甚難，而先生爲之沛然。雖當倉卒，不動聲色。方監司競爲嚴急之時，其待先生率皆寬厚，設施之際，有所賴焉。先生所爲綱條法度，人可效而爲也。至其道之而從，動之而和，不求物而物應，未施信而民信，則人不可及也。《文集》。

明道先生曰：周茂叔窗前草不除去，問之，云：「與自家意思一般。」子厚觀驢鳴，亦謂如此。《遺書》。下同。

張子厚聞生皇子，喜甚；見餓莩者，食便不美。

伯淳嘗與子厚在興國寺講論終日，而曰：不知舊日曾有甚人於此處講此事？

謝顯道云：明道先生坐如泥塑人，接人則渾是一團和氣。《外書》。下同。

侯師聖云：朱公掞見明道於汝，歸謂人曰：「光庭在春風中坐了一箇月。」游、楊初見伊川，伊川瞑目而坐，二子侍立。既覺，顧謂曰：「賢輩尚在此乎？日既晚，且休矣。」及出門，門外之雪深一尺。

劉安禮云：明道先生德性充完，粹和之氣盎於面背，樂易多恕，終日怡悦。立之從先生三十年，未嘗見其忿厲之容。《附録》。

吕與叔撰《明道先生哀詞》云：先生負特立之才，知大學之要，博文强識，躬行力究，察倫明物，極其所止，涣然心釋，洞見道體。其造於約也，雖事變之感不一，知應以是心而不窮；雖天下之理至衆，知反之吾身而自足。其致於一也，異端並立而不能移，聖人復起而不與易。其養之成也，和氣充浹，見於聲容，然望之崇深，不可慢也；遇事優爲，從容不迫，然誠心懇惻，弗之措也。❶其自任之重也，寧學聖人而未至，不欲以一善成名；寧以一物不被澤爲己病，不欲以一時之利爲己功。其自信之篤也，吾志可行，不苟潔其去就；吾義所安，雖小官有所不屑。

呂與叔撰《横渠先生行狀》云：康定用兵時，先生年十八，慨然以功名自許，上書謁范文正公。公知其遠器，欲成就之，乃責之曰：「儒者自有名教，何事於兵？」因勸讀《中庸》。先生讀其書，雖愛之，猶以爲未足，於是又訪諸釋、老之書，累年盡究其説，知無所得，反而求之六經。嘉祐初，見程伯淳、正叔於京師，共語道學之要。先生涣然自信曰：「吾道自足，何事旁求？」於是盡棄異學，淳如也。尹彦明云：横渠昔在京師，坐虎皮説《周易》，聽從甚衆。一夕，二程先生至，論《易》。次日，横渠徹去虎皮，曰：「吾平日爲諸公説者皆亂道。有二程近到，深明《易》道，吾所弗及，汝輩可師之。」晚自崇文移疾西歸横渠，終日危坐一室，左右簡編，俯而讀，仰而思，有得則識之，或中夜起坐，❷取燭以書。其志道精思，未始須臾息，亦未嘗須臾忘也。學者有問，多告以知禮成性、變化氣質之道，學必如聖人而後已，聞者莫不動心有進。嘗謂門人曰：「吾學既得於心，則修其辭；命辭無差，然後斷事；斷事無失，吾乃沛然。精義入神者，豫

❶「弗」，崇禎本及元刻葉本作「勿」。
❷「起坐」，底本校記云：「宋板作坐起。」

而已矣。」先生氣質剛毅，德盛貌嚴，然與人居，久而日親。其治家接物，大要正己以感人，人未之信，反躬自治，不以語人，雖有未諭，安行而無悔。故識與不識，聞風而畏，非其義也，不敢以一毫及之。

横渠先生曰：二程從十四五時，便脱然欲學聖人。❶《語録》。

❶「脱」，崇禎本作「鋭」。

# 近思録跋

《近思録》者，朱、吕二夫子之所爲編也。我玉泉張先生令吴江，以是書爲士人進道之基，不寧取給於身心，異時居官任政所以尊主庇民者，端有賴焉。蓋事有本末，道無精粗，其致一也。屬命邦模復新諸梓。愧不肖不足以窺先生之盛心，而竊疑其在此也。庸表而出之，俾讀者庶幾有益，而是書也，抑不寧彌文爾矣。雖然，嘗觀先生經綸之略，牧愛之方，清修之節，而實推於淵源之漸，若今律吕史綱之解之纂可考焉。是書也，先生其身之矣，讀者當重嘉先生而知所法也。謹載拜稽首，而爲之跋云。迺若名編之意，則二夫子之序具存，不敢復言，懼贅也。延陵後學吴邦模題時❶

❶「時」下，疑有脱文。

# 近思録集註

〔清〕江　永　撰

嚴佐之　校點

# 目録

# 校點説明

《近思録集註》十四卷，清江永撰。江永（一六八一——一七六二），字慎修，號慎齋，徽州婺源（今江西婺源縣）人。生於康熙二十年，自幼家境貧寒，六歲始讀書，其父以《十三經註疏》口授之；十八歲讀《大學》而熟玩儒先之言，於程子「致知功夫在格物」深信其然；康熙四十年歲試，補婺源學弟子員；雍正八年（一七三〇）撽升太學，因家計艱難而未赴；乾隆十五年（一七五〇）特詔薦舉經明行修之士，婺源縣令特往起之，稱病且老而謝之；乾隆二十七年卒，終年八十有二。江永生朱子之鄉，讀朱子之書，而於「科舉陋習，少即厭之，不得已而隨行逐隊，身側科舉之林，心遊科舉之外」。故其一生未嘗出仕，第以坐館授徒爲業，並潛心學術，專意著述。他邃於經學，尤精三禮，兼擅音韻、鐘律、步算之學，不祇發揮漢學，精擅考據，且能深入宋儒奥窔，研悦而羽翼之，卓然爲當世大儒。著書布海内，累數百卷，除《近思録集註》外，并有《周禮疑義舉要》、《儀禮釋宫增注》、《禮記訓義擇言》、《禮書綱目》、《儀禮釋例》、《春秋地理考實》、《群經補義》、《律吕新論》、《律吕闡微》、《四聲切韻表》、《數學》、《考訂朱子世家》等四十餘種，凡收入《四庫全書》者十三種，《四庫存目》三種，《續修四庫全書》七種。江永長年處居鄉里，楗户授業，從學門人弟子衆多，其中戴震、金榜、程瑶田諸人，皆以經史考據卓聞於世，師弟子薪火傳承，遂成樸學皖系一派。是以江永於清代學術史，實有創新開派之功。其傳詳見《清史稿》、《清儒學案》。

按《近思録集註》自序撰於乾隆七年壬戌，時江永已年届六十又二。據其自述，他早歲由「先人授以《朱子遺書》原本」《近思録》，「沈潛反覆有年」，及至垂暮，仍「日置是書案頭，默自省察，以當嚴師」，蓋亦終身爲之而不厭者。而他之所以發願集注，一則是因《近思録》「義旨淵微，非注不顯」，惟「考朱子朝夕與門人講論，多及此書」，可以「與此相發」，而宋葉采《近思録集解》却「採朱子語甚略」；二來是因爲近世流行之明周公恕輯本，乃「以己意别立條目，移置篇章，破析句段，細校原文，或增或複，且復脱漏譌舛，大非寒泉纂集之舊，後來刻本相仍，幾不可讀」。故此，江永《集註》的特點：一是仍《朱子遺書》原本《近思録》次第，恢復舊貌；二是「凡朱子《文集》、《或問》、《語類》中，其言有相發明者，悉行採入分注」。江氏《集註》既出傳世，即爲編修《四庫全書》館臣收入，稱之「引據頗爲詳洽」，「亦具有體例，與空談尊朱者異也」。儒林學界，并多贊譽，謂之「輯朱子之語以注朱子之書，至爲精切」，「比類發明，條理精密，不特不敢輕下己見，並不敢雜以他儒之議論，俾後之學者一意遵朱而不惑於多歧」云云，以爲「自葉仲圭《集解》以下注釋者數家，惟此最爲善本」。是以後世歷朝，屢屢重刻再造，成爲清中期以降最爲流行的《近思録》注本。

江永《集註》初刻於何時，《四庫》寫本之前有否刊印，皆不得其詳。惟知現存最早的刻印本，是清嘉慶十二年婺源李承端京師刊本，該本源出朱珪家藏抄本。後世據此重刻者，計有道光二十四年張日晸大梁書院刻本、咸豐三年刻本、光緒十五年金陵書局刻本等，遂自成一版本系統。另嘉慶十九年，江西督學王鼎以己藏舊本，與李氏京師新刻本「合而校之」，重爲刊刻，頒發郡縣學官。後世據之重刻者，計有同治四年吴棠望三益齋刻本、同治七年崇文書局刻本、光緒十四年廣雅書局刻本、光緒十五年長沙少墟書院刻本、光緒二十五年浙江書局刻本等，是别成一版本系統。繼而同治八年，江蘇藩臺應寶時「出舊藏婺源洪氏刻本」，與吴棠刻本互校，并附王炳撰《校勘記》一卷，於江蘇書局刊印。後世據之重刻者，計有光緒十五年掃葉山房刻本、光緒三十年蜀東成善堂刻本、光緒二十七年文瑞樓石印本等，則又成一版本系統（參見程水龍著《〈近思録〉版本與傳播研究》）。

鑒於嘉慶李承端所刊爲存世最早之江永《集註》印本，而應寶時本嘗取吴棠本對校，已兼合王鼎本系統之特點。故此次校點，乃以上海圖書館藏嘉慶十二年李承端刻本爲底本，而取私藏同治八年應寶時江蘇書局刻本（簡稱局本）對校，並適當參校局本所附《校勘記》之「婺源洪氏刻本」（簡稱洪本）。至於底本附刻江永撰《考訂朱子世家》一卷，則删去不用。校點既畢，是以爲記。

校點者　嚴佐之

# 近思録集註序

道在天下，亘古長存，自孟子後，一綫弗墜。有宋諸大儒起而昌之，所謂「爲天地立心，爲生民立道，爲去聖繼絶學，爲萬世開太平」，其功偉矣。其書廣大精微，學者所當博觀而約取，玩索而服膺者也。昔朱子與呂東萊先生晤於寒泉精舍，讀周子、程子、張子之書，歎其閎博無涯，恐始學不得其門。因共掇其關於大體、切於日用者，爲《近思録》十四卷，凡義理根原，聖學體用，皆在此編。其於學者心身疵病，應接乖違，言之尤詳，箴之極切，蓋自孔、曾、思、孟而後，僅見此書。朱子嘗謂「四子，六經之階梯，《近思録》，四子之階梯」，又謂《近思録》所言，「無不切人身、救人病者」，則此書直亞於《論》、《孟》、《學》、《庸》，豈尋常之編録哉！其閒義旨淵微，非注不顯。考朱子朝夕與門人講論，多及此書，或解析文義，或闡發奥理，或辨別同異，或指摘瑕疵，又或因他事及之，與此相發，散見《文集》、《或問》、《語類》諸書，前人未有爲之薈萃者。宋淳祐間，平巖葉氏采進《近思録集解》，採朱子語甚略。近世有周公恕者，因葉氏注，以己意別立條目，移置篇章，破析句段。細校原文，或增或複，且復脱漏譌舛，大非寒泉纂集之舊，後來刻本相仍，幾不可讀。永自早歲，先人授以《朱子遺書》原本，沈潛反覆有年。今已垂暮，所學無成，日置是書案頭，默自省察，以當嚴師。竊病近本既行，原書破碎，朱子精言，復多刊落。因仍原本次第，裒輯朱子之言有關此録者，悉採入注，朱子説未備，乃採平巖及他氏説補之，間亦竊附鄙説，盡其餘藴，蓋欲昭晰，不厭詳備。由是尋繹本文，彌覺義旨深遠，研之愈出，味之無窮。竊謂此録既爲四子之階梯，則此注又當爲此録之牡鑰，開扃發鐍，祛疑釋蔽，於讀者不無小補。晚學幸生朱子之鄉，取其遺編輯而釋之，或亦儒先之志，既以自勖，且公諸同好，共相與砥礪焉。

乾隆壬戌九月丁巳朔婺源後學江永序。

# 近思録書目原序

婺源後學江永集註

周子《太極通書》
明道先生《文集》
伊川先生《文集》
《周易程氏傳》
《程氏經説》
《程氏遺書》
《程氏外書》
横渠先生《正蒙》
横渠先生《文集》
横渠先生《易説》
横渠先生《禮樂説》
横渠先生《論語説》
横渠先生《孟子説》
横渠先生《語録》❶

淳熙乙未之夏，東萊吕伯恭來自東陽，過予寒泉精舍。留止旬日，相與讀周子、程子、張子之書，歎其廣大閎博，若無津涯，而懼夫初學者不知所入也。因共掇取其關於大體而切於日用者，以爲此編。總六百二十二條，分十四卷。蓋凡學者所以求端用力，處己治人之要，與夫辨異端，觀聖賢之大略，皆粗見其梗概。以爲窮鄉晚進有志於學，而無明師良友以先後之者，誠得此而玩心焉，亦足以得其門而入矣。如此然後求諸四君

❶「録」，原作「説」，據局本改。

子之全書，沈潛反復，❶優柔厭飫，以致其博而反諸約焉，則其宗廟之美，百官之富，庶乎其有以盡得之。若憚煩勞，安簡便，以爲取足於此而可，則非今日所以纂集此書之意也。五月五日新安朱熹謹識。

《近思録》既成，或疑首卷陰陽變化性命之説，大抵非始學者之事。祖謙竊嘗與聞次緝之意，後出晚進，於義理之本原，雖未容驟語，苟茫然不識其梗概，則亦何所底止。列之篇端，特使之知其名義，有所嚮望而已。至於餘卷所載講學之方，日用躬行之實，具有科級。循是而進，自卑升高，自近及遠，庶幾不失纂集之指。若乃厭卑近而騖高遠，躐等陵節，流於空虚，迄無所依據，則豈所謂「近思」者耶！覽者宜詳之。淳熙三年四月四日東萊吕祖謙謹識。

朱子《答吕伯恭》曰：《近思録》向時嫌其太高，去却數段，如太極及明道論性之類者，今看得似不可無。如以顔子論爲首，却非專論道體，自合入第二卷作第三段。又事親居家，直在第九卷，亦似太緩。今欲別作一卷，令在出處之前，乃得其序。卷中添却數段，不知於尊意如何。此書若欲行之，須更得老兄數字，附於目録之後，致丁寧之意爲佳，千萬勿吝也。○又曰：《近思》數段已補入逐篇之末。今以上呈，恐有未安，却望見教。所欲移第六卷者可否，亦望早垂喻也。○《答汪易直》曰：《近思録》此間書坊別刊得一本，卷尾所增，已附入卷中矣。○《答宋澤之》曰：《近思録》比舊本增多數條。如買櫝還珠之論，尤可以警今日學者用心之謬。家儀鄉儀，亦有補於風教。幸勿以爲空言而輕讀之也。○《答宋深之》曰：熹自十四五時，得河南程先生、横渠張先生兩家之書讀之，至今四十餘年，但覺其義之深，指之遠，而近世紛紛所謂文章議論者，殆不足復過眼，信乎孟氏以來一人而已。然非用力之深者，亦無以信其必然也。舊嘗擇其言之近者，別爲一書，名《近思録》，幸細讀之。○《答李子能》曰：程先生説「涵養須是敬，進學則在致知」，若只於此用力，自然此心常存，衆理自著，日用應接，各有條理

❶「復」，原作「覆」，據局本改。

矣。《近思録》前三、四卷專説此事。○《答竇文卿》曰：知日誦四書，時時省察，此意甚善。《近思録》説得近世學問規模病痛親切，更能兼看亦佳。○答或人曰：《近思録》本爲學者不能徧觀諸先生之書，故掇其要切者，使有入道之漸。若已看得浹洽通曉，自當推類旁通以致其博。若看得未熟，只此數卷之書，尚不能曉會，何暇盡案頭邊所載之書而悉觀之乎？○修身大法，《小學》備矣，義理精微，《近思録》詳之。○《近思録》好看。四子，六經之階梯；《近思録》，四子之階梯。○《近思録》逐篇綱目：一道體，二爲學大要，三格物窮理，四存養，五改過遷善、克己復禮，六齊家之道，七出處進退辭受之義，八治國平天下之道，九制度，十君子處事之方，十一教學之道，十二改過及人心疵病，十三異端之學，十四聖賢氣象。○《近思録》大率所録雜，逐卷不可以一事名。如第十卷亦不可以「處事」目之，以其有人教小童一段在。○《近思録》一書，無不切人身、救人病者。○或言《近思録》中語甚有切身處。曰：聖賢説得語言平，如《中庸》、《大學》、《論語》、《孟子》皆平易。《近思録》是近來人説話，便較切。○且熟看《大學》了，即讀《論》、《孟》、《近思録》又難看。○《近思録》首卷難看。某所以與伯恭商量，教他做數語以載於後，正謂此也。若只讀此，則道理孤單，如頓兵堅城之下。却不如《語》、《孟》只是平鋪説去，可以游心。○看《近思録》，若於第一卷未曉得，且從第二、第三卷看起，久久後看第一卷，則漸曉得。○問：蜚卿《近思録》看得何如？曰：所疑甚多。曰：今猝乍看這文字也是難，有時前面恁地説，後面又不是恁地，這裏説得如此，那裏又却不如此。子細看來看去，却自中間有箇路陌，推尋通得四五十條後，又却只是一箇道理。伊川云，窮理豈是一日窮得盡。窮得多後，道理自通徹。○因論《近思録》曰：「不當編《易傳》所載。」問：「如何？」曰：「公須自見。」意謂《易傳》已自成書。○《東見録》中，明道曰「學者先須識仁，仁者渾然與物同體，義禮智信皆仁也」云云極好，當添入《近思録》。○《遺書・晁氏客語》卷中，張思叔記程先生語云「思欲格物則固已近道」一段甚好，當收入《近思録》。○橫渠語録用關陝方言，甚者皆不可曉。《近思録》所載皆易曉者。○因論《近思續録》曰：如今書已儘多了，更有却看不辯。

# 近思録集註凡例

一、是録原本六百二十二條，各卷中以所引書爲先後，一條或及數事，全文不可破坼也。淳祐中葉采進《集解》，尚仍原文。近世周公恕，分出細目，移動本文，破碎糾紛，或漏落，或妄增，大失朱、吕之意。新安朱氏刊本仍之，題作吉水李振裕、宛平高裔重編，皆非其實。其間譌繆益多，有節去本文，有以本文作分注，以葉注作本文者，此書遂不可讀。今悉遵《朱子遺書》原本，以還其舊。

一、原本十四卷，各爲事類，而無篇目。朱子嘗言「逐卷不可以一事名」。近本題篇目，如第一卷題云《道體篇》，亦非其舊。今本《語類》「《近思録》逐篇綱目」一條，注於卷首，俾各篇有總領，仍不失朱子之意。

一、朱子《文集》、《語類》，言編此録及讀此録之法，彙爲綱領，列於書目、原序之後，俾讀者知其大要。

一、朱子之説，散見《文集》、《語類》、《或問》等書者甚夥，今倣《性理大全》、《太極》、《通書》、《西銘》附注之例，凡朱子説悉採入，有數條文異意同者從略。

一、所引《太極》、《通書》、《西銘》，惟載朱子本解。其他説甚繁，自有《性理全書》，此不備載。

一、朱子説有不備，則採先儒諸家説及葉氏説補之，葉説有未安或未盡，則附鄙説足之。本文已詳明，可不煩注釋者從略。

一、是書原有本注者，加「本注」二字以別之。

一、諸條有字義姓名當釋者釋之，所引經史雜書，間釋一二，其原文不盡載。蓋是書非爲幼學設，不必一一訓詁，讀者自能詳之。

一、近世新安汪氏佑，每篇增入朱子之言，爲《五子近思録》，施氏璜又爲之《發明》，採薛敬軒、胡敬齋、羅整菴、高景逸四家語録入注，各自成書。此不能旁及，亦恐後儒衍説太多，讀者易生厭倦也。

# 近思録集註審定及校勘姓氏 不及次序

桐城吴貽詠種之
休寧汪滋畹蘭畬
懷寧汪德鉞銳齋
歙縣鮑勳茂樹堂
青陽王宗誠蓮府
合肥黄鳴傑季侯
涇縣朱　菁雅亭
涇縣朱　珔蘭友
涇縣朱德懋澹菴
涇縣朱　格仁齋
歙縣葉世澧魚山
黟縣孫士梧翠庭

歙縣洪福田倬甫
旌德江　伸藕洲
舒城高際盛純亭
定遠方　琪恬菴
桐城劉　敏曙園
婺源汪　桂薌林
婺源李承端翼堂

近思録　校勘姓氏

# 近思録卷之一　凡五十一條

婺源後學江永集註

朱子曰：此卷道體。

**濂溪先生曰：無極而太極。**朱子曰：「上天之載，無聲無臭」，而實造化之樞紐，品彙之根柢也，故曰「無極而太極」，非太極之外復有無極也。**太極動而生陽，動極而静，静而生陰，静極復動。一動一静，互爲其根，分陰分陽，兩儀立焉。**朱子曰：太極之有動静，是天命之流行也，所謂「一陰一陽之謂道」。「誠者聖人之本」，物之終始，而命之道也。其動也，誠之通也，「繼之者善」，萬物之所資以始也。其静也，誠之復也，「成之者性」，萬物各正其性命也。「動極而静」，「静極復動」，「一動一静，互爲其根」，命之所以流行而不已也。「動而生陽」，「静而生陰」，「分陰分陽，兩儀立焉」，分之所以一定而不移也。蓋太極者，本然之妙也；動静者，所乘之機也。太極，形而上之道也；陰陽，形而下之器也。是以自其著者而觀之，則動静不同時，陰陽不同位，而太極無不在焉；自其微者而觀之，則沖漠無朕，而動静陰陽之理，已悉具於其中矣。雖然，推之於前，而不見其始之合；引之於後，而不見其終之離也。故程子曰：「動静無端，陰陽無始，非知道者，孰能識之？」**陽變陰合，而生水火木金土。五氣順布，四時行焉。**朱子曰：有太極，則一動一静而兩儀分；有陰陽，則一變一合而五行具。然五行者，質具於地，而氣行於天者也。以質而語其生之序，則曰水火木金土，而水木陽也，火金陰也。以氣而語其行之序，則曰木火土金水，而木火陽也，金水陰也。又統而言之，則氣陽而質陰也。又錯而言之，則動陽而静陰也。蓋五行之變，至於不可窮。然無適而非陰陽之道，至其所以爲陰陽者，則又無適而非太極之本然也。夫豈有所虧欠間隔哉？**五行，一陰陽也；陰陽，一太極也；太極，本無極也。五行之生也，各一其性。**朱子曰：五行具，則造化發育之具無不備矣。故又即此而推本之，以明其渾然一體，莫非無極之妙，而無極之妙，亦未嘗不各具於一物之中也。蓋五行異質，四時異氣，而皆不能外乎陰陽；陰陽異位，動静異時，而皆不能離乎太極。至於所以爲太極者，又初無聲臭之可言，是性之本體然也。天下豈有性外之物哉？然五行之生，隨其氣質而所稟不同，所謂「各一其性」也。各一其性，則渾然太極之全體，無不各具於一物之中，而性之無所不在，又可見矣。**無極之真，二五之精，妙合而凝。乾道成男，坤道成女。二氣交感，化生萬物。萬物生生，而變化無窮焉。**朱子曰：夫天下無性外之物，而性無不在，此「無極」、「二五」所以混融而無間者也，所謂「妙合」者也。真以理言，「無妄」之謂也；精以氣言，「不二」之名也。凝者聚也，氣聚而成形也。蓋性爲之主，而陰陽五行爲之經緯錯綜，又各以類凝聚而成形焉。陽而健者成男，則父之道也；陰而順者成女，則母之道也。是人物之始，以氣化而生者也。氣聚成形，則形交氣感，遂以形化，而人物生生，變化無窮矣。自男女而觀之，則男女各一其性，而男女一太極也。自萬物而觀之，則萬物各一其性，而萬物一太極也。蓋合而言之，萬物統體一太極也；分而言之，一物各具一太極也。所謂天下無性外之物，而性無不在者，於此尤可以見其全矣。子思子曰：「君子語大，天下莫能載焉；語小，天下莫能破焉。」此之謂也。**惟人也，得其秀而最靈。形既生矣，神發知矣，五性感動而善惡分，萬事出矣。**朱子曰：此言衆人具動静之理，而常失之於動也。蓋人物之生，莫不有太極之道焉。然陰陽五行，氣質交運，而人之所稟，獨得其秀。故其心爲最靈，而有以不失其性之全，所謂「天地之心」，而人之極也。然形生於陰，神發於陽，五行之性，感物而動，而陽善陰惡，又以類分，而五性之殊，散爲萬事。蓋二氣五行化生萬物，其在人者又如此，自非聖人全體太極有以定之，則欲動情勝，利害相攻，人極不立，而違禽獸不遠矣。**聖人定之以中正仁義，**〔本注〕聖人之道，仁義中正而已矣。**而主静，**〔本注〕無欲故静。**立人極焉。故聖人與天地合其德，日月合其明，四時合其序，鬼神合其吉凶。**朱子曰：此言聖人全動静之德，而常本之於静也。蓋人稟陰陽五行之秀氣以生，而聖人之生，又得其秀之秀者。是以其行之也中，其處之也正，其發之也仁，其裁之也義。蓋一動一静，莫不有以全夫太極之道而無所虧焉，則嚮之所謂欲動情勝、利害相攻者，於此乎定矣。然静者，誠之復而性之真也。苟非此心寂然無欲而静，則又何以酬酢事物之變，而一天下之動哉？故聖人中正仁義，動静周流，而其動也必主乎静。此其所以成位乎中，而天地、日月、四時、鬼神，有所不能違也。蓋必體立而後用有以行。若程子論乾坤動静，而曰「不專一則不能直遂，不翕聚則不能發散」，亦此意爾。君子修之吉，小人悖之凶。朱子曰：聖人太極之全體，一動一静，無適而非中正仁義之極，蓋不假修爲而自然也。未至此而修之，君子之所以吉也，不知此而悖之，小人之所以凶也。修之悖之，亦在乎敬肆之間而已矣。敬則欲寡而理明，寡之又寡以至於無，則静虚動直，而聖可學矣。故曰：「立天之道，曰陰與陽；立地之道，曰柔與剛；立人之道，曰仁與義。」又曰：「原始反終，故知死生之説。」朱子曰：陰陽成象，天道之所以立也；剛柔成質，地道之所以立也；仁義成德，人道之所以立也。道一而已，隨事著見，故有三才之別，而於其中又各有體用之分焉，其實則一太極也。陽也，剛也，仁也，物之始也；陰也，柔也，義也，物之終也。能原其始而知所以生，則反其終而知所以死矣。此天地之間，綱紀造化，流行古今，不言之妙。聖人作《易》，其大意蓋不出此，故引之以證其説。大哉《易》也，斯其至矣！朱子曰：《易》之爲書，廣大悉備。然語其至極，則此圖盡之，其旨豈不深哉！

誠，無爲；朱子曰：實理自然，何爲之有，即太極也。幾，善惡。朱子曰：幾者動之微，善惡之所由分也。蓋動於人心之微，則天理固當發見，而人欲亦已萌乎其間矣，此陰陽之象也。德：愛曰仁，宜曰義，理曰禮，通曰智，守曰信。朱子曰：道之得於心者謂之德，其別有是五者之用，而因以名其體焉，即五行之性也。性焉安焉之謂聖，朱子曰：性者獨得於天，安者本全於己，聖者「大而化之」之稱。此不待學問勉强，而誠無不立，幾無不明，德無不備者也。復焉執焉之謂賢。朱子曰：復者反而至之，執者保而持之，賢者才德過人之稱。此思誠研幾以成其德，而有以守之者也。發微不可見，充周不可窮之謂神。《通書》。○朱子曰：發之微妙而不可見，充之周徧而不可窮，則聖人之妙用而不可知者也。

伊川先生曰：「喜怒哀樂之未發謂之

中」，中也者，言「寂然不動」者也，故曰「天下之大本」。「發而皆中節謂之和」，和也者，言「感而遂通」者也，故曰「天下之達道」。《文集》。下同。○朱子曰：喜怒哀樂，情也。其未發，則性也。無所偏倚，故謂之中。發皆中節，情之正也。無所乖戾，故謂之和。大本者，天命之性，天下之理，皆由此出，道之體也。達道者，循性之謂，天下古今之所共由，道之用也。○中，性也，「寂然不動」，言其體則然也。和，情也，「感而遂通」，言其用則然也。○中和以情性言，❶寂感以心言，中和蓋所以爲寂感也。觀「言」字、「者」字，可以見其微意矣。○問：伊川言「喜怒哀樂未發謂之中，中也者，寂然不動是也」。南軒言伊川此處有小差，所謂喜怒哀樂之中，言衆人之常性，「寂然不動」者，聖人之道心。又南軒《辯呂與叔論中書》説亦如此。今載《近思録》如何？曰：前輩多如此説，不但欽夫。自五峰發此論，某自是曉不得。今湖南學者往往守此説。某看來「寂然不動」，衆人皆有是心，至「感而遂通」，惟聖人能之，衆人却不然。蓋衆人雖具此心，未發時已自汨亂了，思慮紛擾，夢寐顛倒，曾無操存之道，至感發處，如何得如聖人中節？○天命之性，純粹至善，而具於人心者，其體用之全，本皆如此，不以聖愚而有加損也。然静而不知所以存之，則天理昧，而大本有所不立矣。動而不知所以節之，則人欲肆，而達道有所不行矣。

心一也，有指體而言者，〔本注〕「寂然不動」是也。有指用而言者，〔本注〕「感而遂通天下之故」是也。惟觀其所見何如耳。朱子曰：伊川此語，甚渾圓無病。問：心本是箇動物，不審未發之前，全是寂然而静，還是静中有動意？曰：不是静中有動意。周子謂「静無而動有」，静不是無，以其未形而謂之無，非因動而後有，以其可見而謂之有。横渠「心統性情」之説甚善。性是静，情是動，心則兼動静而言，或指體，或指用，隨人所見。方其静時，動之理已在，及動時，又只是静底。○伊川此語，與横渠「心統性情」相似。○「寂然不動」是性，「感而遂通」是情，故横渠云「心統性情者也」。伊川此説最爲穩當。

乾，天也。天者乾之形體，乾者天之性情。乾，健也，健而無息之謂乾。夫天專言之則道也，「天且弗違」是也。分而言之，則

❶「情性」，局本從洪本作「性情」。

**以形體謂之天，以主宰謂之帝，以功用謂之鬼神，以妙用謂之神，以性情謂之乾。**《易傳》。下同。○朱子曰：《程易》單説道理處，如此章「天專言之則道也」以下數句，皆極精。○「乾者天之性情」，指理而言也。謂之「性情」，該體用、動静而言也。○火之性情是熱，水之性情是寒，天之性情則只是一箇健。健故不息，惟健乃能不息。○「性情」二字常相參。情便是性之發，非性何以有情？健而不息，非性何以能此？○健之體便是天之性，健之用便是天之情。「静專」便是性，「動直」便是情。○乾坤是性情，天地是皮殼。○「天專言之則道也」，所謂「天命之謂性」，此是説道。所謂「天之蒼蒼」，此是形體。所謂「惟皇上帝，降衷于下民」，此是謂帝。○「天專言之則道也，『天且弗違』是也」，此語某亦未敢以爲然。「天且弗違」，此只是上天。曰：「知性則知天」，此天便是「專言之則道」者否？曰：是。○問：「以主宰謂之帝」，孰爲主宰？曰：自有主宰。蓋天是箇至剛至陽之物，自然如此轉運不息。所以如此，必有爲之主宰者。這樣處要人自見得，非語言所能盡也。○問：「以功用謂之鬼神，以妙用謂之神」，二「神」字不同否？曰：鬼神之神，此神字説得粗。如《繫辭》言「神也者妙萬物而爲言」，此所謂「妙用謂之神」也；言「知鬼神之情狀」，此所謂「功用謂之鬼神」也。○功用兼精粗而言，是説造化。妙用以其精者言，其妙不可測。○功用言其氣也，妙用言其理也。功用是有迹底，妙用是無迹底。○鬼神者有屈伸往來之迹，如寒來暑往，日往月來，春生夏長，秋斂冬藏，皆鬼神之功用，此皆可見也。忽然而來，忽然而往，方如此，又如彼，使人不可測知，鬼神之妙用也。○鬼神是有箇漸次形迹。神則忽然如此，忽然不如此，無一箇蹤由，要之亦不離於鬼神，只是無迹可見。○勉齋黄氏曰：合而言之，言鬼神則神在其中矣；析而言之，則鬼神者其粗致，神者其妙用也。

**四德之元，猶五常之仁。偏言則一事，專言則包四者。**《乾·彖》傳。❶ ○朱子曰：要理會得仁，當就初處看。❷ 如元亨利貞，而元爲四德之首，就初生處看便是仁。如春夏秋冬，春爲一歲之首，由是而爲夏爲秋爲冬，皆自此生出。所以謂仁包四德者，只緣四箇是一箇，

❶「彖」，原無，據局本補。

❷「初」，原作「粗」，據局本改。

只是三箇元，却有元之元、元之亨、元之利、元之貞，又有亨之元，利之元、貞之元。曉得此意，則仁包四者，尤明白了。○問：仁如何包四者？曰：《易》便説得好，「元者善之長」，義、禮、智莫非善，這箇却是善之長。又曰：義、禮、智無仁則死矣，何處更討義、禮、智來？○須是統看仁如何包得四者，又却分看禮、義、智、信如何亦謂之仁。大抵於仁上見得盡，須知發於剛果處亦是仁，發於辭遜是非亦是仁。○仁是箇温和底意思，義是慘烈剛斷底意思，禮是宣著發揮底意思，智是收斂無痕迹底意思。性中有此四者，聖門却以求仁爲急。緣仁是四者之先，若常存得温厚底意思，到宣著發揮時便自然會宣著發揮，到剛斷時便自然會剛斷，到收斂時便自然會收斂。若將別箇做主，便都對副不著了。此仁之所以包四者也。○且就氣上看，如春夏秋冬，看他四時界限，又却看春如何包得三時。四時之氣，温涼寒熱。涼與寒既不能生物，夏氣又熱，亦非生物之時，惟春氣温厚，乃見天地生物之心，到夏是生物之長，❶秋是生氣之斂，冬是生氣之藏。若春無生物之意，後面三時都無了。此仁所以包得義、禮、智也。○問：仁何以能包四者？曰：人只是一箇心，就裏面分爲四者。且以惻隱論之，本只是箇惻隱，遇當辭遜便爲辭遜，不安處便爲羞惡，分別處便爲是非。若無一箇動底醒底在裏面，便也不知羞惡，不知辭遜，不知是非。如天地只是一箇春氣，發生之初爲春氣，發生得透便爲夏，收斂便爲秋，消縮便爲冬。明年又從春起，渾然只是一箇發生之氣。○問：仁包四者，就初意上看，就生意上看？曰：統是箇生意。四時雖異，生意則同。劈頭是春生，到夏長養，是長養那生底，秋成遂，是成遂那生底，冬堅實，亦是堅實那生底。草木未華實，去摧折他，生意便死了。仁、義、禮、智，都只是箇生意。當惻隱而不惻隱，便無生意，便死了，當羞惡而無羞惡，這生意亦死了，以至當辭遜而失其辭遜，當是非而失其是非，心便死，全無那活底意思。○仁是生底意思，通貫周流於四者之中，須得辭遜、斷制、是非三者，方成得仁之事。○問：仁可包義、禮、智，惻隱如何可包羞惡三端？曰：但看羞惡時，自有一般惻怛底意思，便可見。○仁之包四德，猶冢宰之統六官。○仁乃天地生物之心而在人者，故特爲衆善之長，雖列於四者之目，而四者不能外焉。所謂「專言之則包四者」，亦是指生物之心而言，非別有包四者之仁，而又別有主一事之仁也。惟是即此一事便包四者，此則仁之所以爲妙也。○偏言則曰愛之理，專言則曰心之德。

❶「物」，局本從洪本作「氣」。

○偏言、專言，亦不是兩箇仁，小處也只是大裹面。○説著偏言底，專言底便在裹面；説著專言底，則偏言底便在裹面。雖是相關，又要看得界限分明。如孝弟「爲仁之本」，就愛上説，此是説偏言之仁。至説「克己復禮爲仁」，「居處恭，執事敬，與人忠」，「仁，人心也」，此是説專言之仁。然雖説專言之仁，所謂偏言之仁亦在裹面。○偏言、專言，恰似有箇小底仁，又有箇大底仁，不知仁只是一箇。如知福州是這箇人，此偏言也，及專言之，爲九州安撫，亦是這一箇人，不是兩人也。故明道謂義、禮、智皆仁也。若見得此理，則聖人言仁處，或就人上説，或就事上説，皆是這一箇道理。○葉氏曰：元者天地之生理也，亨者生理之達，利者生理之遂，貞者生理之正也。仁者人心之生理也，禮者仁之節文，義者仁之裁制，智者仁之明辨，信者仁之真實也。

天所賦爲命，物所受爲性。《乾・彖》傳。❶

○朱子曰：天以陰陽五行化生萬物，氣以成形，而理亦賦焉，猶命令也。於是人物之生，因各得其所賦之理，以爲健順五常之德，所謂性也。○命猶誥敕，性猶職任。天以此理命於人，人稟受此理則謂之性。○理一也，自天之所賦與萬物言之，謂之命；以人物之所稟受於天言之，謂之性。其實所從言之地頭不同耳。

鬼神者，造化之迹也。《乾・文言》傳。○問「鬼神者，造化之迹」，朱子曰：風雨霜露，四時代謝。又問：此是迹可得而見？又曰：視之不見，聽之不聞，何也？曰：説道無又有，説道有又無。物之生成，非鬼神而何？然又去那裹討鬼神？○如日月星辰風雷，皆造化之迹。天地之間，只是此一氣耳。來者爲神，往者爲鬼。○問：伯有爲厲，此豈亦「造化之迹」乎？曰：皆是也。若論正理，則似樹上忽生出花葉，此便是「造化之迹」。又如空中忽有雷霆風雨，皆是也。但人所常見，故不之怪。○造化之妙，不可得而見，於其氣之往來屈伸者足以見之。微鬼神，則造化無迹矣。

剥之爲卦，諸陽消剥已盡，獨有上九一爻尚存，如碩大之果不見食，將有復生之理，上九亦變則純陰矣。然陽無可盡之理，變於上則生於下，無間可容息也。聖人發明此理，以見陽與君子之道不可亡也。或曰：剥

❶「彖」，原無，據局本補。

盡則爲純坤，豈復有陽乎？曰：以卦配月，則坤當十月。以氣消息言，則陽剥爲坤，陽來爲復，陽未嘗盡也。剥盡於上，則復生於下矣。故十月謂之陽月，恐疑其無陽也。陰亦然，聖人不言耳。《爾雅》「十月爲陽」。○問：剥、復相因，畢竟須經由坤，坤卦純陰無陽，如此陽有斷滅。朱子曰：凡陰陽之生，一爻當一月，須是滿三十日，方滿得那腔子，做得一畫成。坤卦非是無陽，陽始生甚微，未滿那腔子，做一畫未成。然此亦不是甚深奥事，但伊川當時不曾分明道與人，故令人做一件大事看。○「陽無可盡之理」，伊川説得甚精。且以卦配月，則剥九月，坤十月，復十一月。剥一陽尚存，復一陽已生，坤純陰，陽氣闕了三十日，安得謂之無盡？嘗細推之，這一陽不是倏地生出，纔立冬便萌芽，上面剥一分，下面便萌芽一分，上面剥二分，下面便萌芽二分，積累到那復處，方成一陽。消時亦如此。但伊川説欠幾句漸漸消長之意。○問：❶冬至子之半，如何是一陽方生？曰：❷冬至方是結算那一陽，冬至以後又漸生成二陽，過一月却成臨卦。○復之一陽不是頓然便生，乃是自坤卦中積來。且一月三十日，以復之一陽分作三十分，從小雪後便一日生一分，上面纔得一分，下面便生一分，到十一月半，一陽始生也。❸以此便見天地無休息處。○天運流行，本無一息間斷，豈解一月無陽？且如木之黄落時，萌芽已生了。不特如此，木之冬青者必先萌芽，而後舊葉方落。若論變時，天地無時不變，不惟月變日變，而時亦有變，但人不覺耳。○「陰亦然」，以夬、乾、姤推之亦可見。但聖人所以不言者，這便是一箇參贊裁成之道。蓋抑陰而進陽，長善而消惡，用君子而退小人，此理自是倏地。雖堯、舜之世，豈無小人？但有聖人壓在上面，不容他出而有爲耳。

一陽復於下，乃天地生物之心也。先儒皆以静爲見天地之心，蓋不知動之端乃天地之心也。非知道者，孰能識之？《復·彖》傳。❹朱子曰：天地以生物爲心者也。雖氣有闔闢，物有盈虚，而天地之心，則亘古亘今，未始有毫釐之間斷也。故陽極於外而復生於内，聖人以爲於此可以「見天地之心」焉。蓋其復者氣

❶「○」，原無，據局本補。
❷「曰」，原無，據局本補。
❸「生」，局本從《語類》作「成」。
❹「復彖傳」，原無，據局本補。

也，其所以復者，則有自來矣。向非天地之心生生不息，則陽之極也，一絶而不復續矣，尚何以復生於内，而爲闔闢之無窮乎？此則「動之端」者，乃一陽之所以動，非指夫一陽之已動者而言之也。○問：伊川以「動之端」爲天地之心。曰：動亦不是天地之心，只是見天地之心。如十月豈得無天地之心？天地之心，流行自若。元、亨、利、貞，貞是結實歸宿處。若無這歸宿處，便也無這元了，惟有這歸宿處，元又從此起，如此循環無窮。十月萬物收斂，寂無踪跡，到一陽動處，生物之心始可見。○十月陽氣收斂，天地生物之心固未嘗息，但無端倪可見。惟一陽動，則生意始發露出，乃始可見端緒也。言動之頭緒於此處起，於此處方見天地之心也。○不直下「動」字，却云「動之端」，雖動而物未生，未到大段動處。凡發生萬物，都從這裏起，豈不是天地之心？

仁者天下之公，善之本也。《復》六二傳。○朱子曰：伊川此説，説得渾淪開闊無病。○此説固好，然説得太渾淪，只恐人理會不得。○葉氏曰：仁者以天地萬物爲一體，故曰「天下之公」。四端萬善皆統乎仁，故曰「善之本」。

有感必有應。凡有動皆爲感，感則必有應，所應復爲感，所感復有應，所以不已也。感通之理，知道者默而觀之可也。《咸》四九傳。○朱子曰：凡在天地間，無非感應之理，造化與人事皆是。如雨便感得暘來，暘已是應，又感得雨來。寒暑晝夜，無非此理。如父慈則感得子孝，子孝則感得父愈慈，其理亦只一般。○因這一件事，又生出一件事，便是感與應。因第二件事，又生出第三件事，第二件事又是感，第三件事又是應。○問：感應之理，於學者工夫有用處否？曰：此理無乎不在，如何學者用不得？「精義入神以致用也，利用安身以崇德也」，亦是這道理。

天下之理，終而復始，所以恒而不窮。恒非一定之謂也，一定則不能恒矣。惟隨時變易，乃恒道也。天地常久之道，天下常久之理，非知道者，孰能識之？《恒·彖》傳。○朱子曰：恒非一定之謂，故晝則必夜，夜而復晝，寒則必暑，暑而復寒，若一定則不能常也。其在人，冬日則飲湯，夏日則飲水，可以仕則仕，可以止則止，今日道合則從，明日不合則去，皆隨時變易，故可以爲常也。○所謂不易者，亦須有以變通，乃能不窮。如君尊臣卑，分固不易，然上下不交也不得。父子固是親親，然所謂「命士以上，父子異宮」，則又有變焉。惟其如此，所以爲恒。論其體則終是恒，然體之常，所以爲用之變，用之變，乃所以爲體之常。○能常而後能變，能常而不已，所以能變，及其變也，常亦只在其中。伊川却説變而後能常，非是。

人性本善，有不可革者，何也？曰：語其性則皆善也，語其才則有下愚之不移。所謂下愚有二焉：自暴也，自棄也。人苟以善自治，則無不可移者，雖昏愚之至，皆可漸磨而進。惟自暴者拒之以不信，自棄者絶之以不爲，雖聖人與居，不能化而入也，仲尼之所謂「下愚」也。然天下自棄自暴者，非必皆昏愚也，往往强戾而才力有過人者，商辛是也。聖人以其自絶於善，謂之「下愚」，然考其歸，則誠愚也。既曰「下愚」，其能革面，何也？曰：心雖絶於善道，其畏威而寡罪，則與人同也。惟其有與人同，所以知其非性之罪也。

《革》上六傳。○問：「語其才則有下愚之不移」，孟子「非天之降才爾殊」，語意不同。朱子曰：孟子之説，自是與程子之説小異。孟子只見得是性善，便把才都做善看，不知氣稟各不同。如后稷岐嶷，❶越椒知其必滅若敖，是氣稟如此，須説到氣稟方得。程子説得較密。○言非禮義，以禮義爲非而拒之以不信，自賊害也。吾身不能居仁由義，自謂不能而絶之以不爲，自棄絶也。○自暴者，剛惡之所爲。自棄者，柔惡之所爲。○習與性成，而至於相遠，則固有不可移之理。然人性本善，雖至惡之人，一日而能從善，則爲一日之善人。夫豈有終不可移之理？當從伊川之説，所謂雖强戾如商辛，亦有可移之理是也。○孔子説「不移」，便定是不移了。人之氣質，實有如此者，如何必説變得？所以謂之「下愚」，而其所以至此下愚者，便是氣質之性。伊川却只説得七分，不説到底。孟子却只説得性善。其所言地頭各自不同。○如堯、舜之不可爲桀、紂，桀、紂之不可爲堯、舜。夫子説底只是如此。伊川却又推其説，須知異而不害其爲同。○以聖人之言觀之，則曰「不移」而已，不曰「不可移」也。以程子之言考之，則以其不肯移，而後不可移耳。蓋聖人之言，本皆以氣質之稟而言其品第，未及乎不肯不可之辨

❶「如」，原作「知」，據局本改。

也。程子之言，則以人責其不可移也，而徐究其本焉，則以其稟賦甚異而不肯移，非以其稟賦之異而不能移也。○葉氏曰：《史記》稱紂資辯捷敏，材力過人，手格猛獸，知足以拒諫，言足以飾非，則其天資固非昏愚者。然其勇於爲惡，而自絶於善，要其終，真下愚耳。

**在物爲理，處物爲義。**《艮·彖》傳。○朱子曰：凡物皆有理，理不外乎事物之間。是非可否，處之得宜，所謂義也。○理是在此物上便有此理，義是於此物上自家處置合如此，便是義，便有箇區處。如這棹子於理可以安頓事物，我把他如此用，便是義。○揚雄言「義以宜之」，韓愈言「行而宜之之謂義」，若只以義爲宜，則義有在外意。須如程子言「處物爲義」，則是處物者在心而非外也。○事之宜雖若在外，然所以制其宜則在心。程子曰「處物爲義」，非此一句，則後人恐未免有義外之見矣。

**動静無端，陰陽無始。非知道者，孰能識之？**《經説》。下同。○朱子曰：「動静無端，陰陽無始」，説道有，有無底在前，説道無，有有底在前，是箇循環物事。○動之前有静，静之前又有動。推而上之，其始無端，推而下之，以至未來之際，其卒無終。○如云「太極動而生陽」，不成動以前便無静。程子曰「動静無端」，蓋此亦是且自那動處説起。若論著動以前，又有静，静以前，又有動。○仁爲四端之首，而智則能成終成始。猶元雖四德之長，然元不生於元，而生於貞。蓋天地之化，不翕聚則不能發散，理固然也。仁智交際之間，乃萬化之機軸。此理循環不窮，總合無間。程子所謂「動静無端，陰陽無始」者，此也。○「動静無端，陰陽無始」，看來只是一箇實理。○「動静無端，陰陽無始」，天道也。始於陽，成於陰，本於静，流於動，人道也。然陽復本於陰，静復根於動，其動静亦無端，其陰陽亦無始，則人蓋未始離乎天，而天亦未始離乎人也。

**仁者天下之正理，失正理則無序而不和。**朱子曰：「仁者天下之正理」，只是泛説，不是以此説仁體。○此説太寬，如義亦可謂天下之正理，禮亦可謂天下之正理。○程子説得自好，只是太寬。須是説仁者本心之全德。人若本然之良心存而不失，則所作爲自有序而和。若此心一放，只是人欲私心放出來，❶安得有序？安得有和？○永按：此釋「人而不仁如禮何，人而不仁如樂

❶「放」，局本作「倣」。

何」也。

明道先生曰：天地生物，各無不足之理。常思天下君臣、父子、兄弟、夫婦，有多少不盡分處。《遺書》。下同。○葉氏曰：分者，天理當然之則。天之生物，理無虧欠，而人之處物，每不盡理。如君臣、父子、兄弟、夫婦，一毫不盡其心，不當乎理，是爲不盡分。故君子貴精察而力行之也。

「忠信所以進德」，「終日乾乾」，君子當終日「對越在天」也。蓋「上天之載，無聲無臭」，其體則謂之易，其理則謂之道，其用則謂之神，其命於人則謂之性。率性則謂之道，修道則謂之教。孟子去其中又發揮出浩然之氣，可謂盡矣。故説神「如在其上，如在其左右」，大小大事，而只曰「誠之不可掩如此夫」，徹上徹下不過如此。形而上爲道，形而下爲器，須著如此説，器亦道，道亦器，但得道在，不繫今與後，己與人。朱子曰：此是因解「乾」字，遂推言許多名字。只是一理，而各有分別，雖各有分別，又却只是一箇實理。誠者實理之謂也。○此一段只是解箇「終日乾乾」。在天之剛健者，便是天之乾，在人之剛健者，便是人之乾。「其體則謂之易」，便是横渠所謂「坱然太虛，升降飛揚，未嘗止息」者。自此而下，雖有許多般，要之「形而上者謂之道，形而下者謂之器」。皆是實理，以時節分段言之，便有古今，以血氣支體言之，便有人己，却只是箇理也。○此段只是解「終日乾乾」。忠信進德，修辭立誠，便無間斷，❶便是「終日乾乾」，不必更説「終日對越在天」。下面説「上天之載」云云，便是説許多事都只是一箇天。○此只是解「終日乾乾」，故説此一段，從「上天之載」説起。雖是「無聲無臭」，其闔闢變化之體，則謂之易，然所以能闔闢變化之理，則謂之道，其功用著見處，則謂之神。此皆就天上説，及説到性、道、教，是就人身上説。上下説得如此子細都説了，可謂盡矣，故説神「如在」。又皆是此理顯著之迹，看甚事都離這箇事不得，上而天地鬼神，下而萬事萬物，都不出此，故曰「徹上徹下，不過如此」。形而上者，無形無影是此理；形而下者，有情有狀是此器。然有此器則有此理，有

❶「便」，局本從洪本作「更」。

此理則有此器，未嘗相離，却不是於形器之外別有所謂理。亘古亘今，萬事萬物，皆只是這箇，所以説「但得道在，不係今與後，己與人」。○體是體質之體，猶言骨子也。易者，陰陽錯綜，交換代易之謂，如寒暑晝夜，闔闢往來。天地之間，陰陽交錯，而實理流行，蓋與道爲體也。寒暑晝夜，闔闢往來，而實理流行其間，非此則實理無所頓放。故曰「其體則謂之易」，言易爲此理之體質也。○「體」字與「實」字相似，是該體用而言。如陰陽動静之類，畢竟是陰爲體，陽爲用，静而動，動而静，是所以爲易之體也。○就人身而言，易猶心也，道猶性也，神猶情也。易者變化錯綜，如陰陽晝夜，雷風水火，反復流轉，縱横經緯而不已也。人心則語默動静變化不測者是也。言體則亦是形而下者，其理則形而上者也。○易是陰陽屈伸，隨時變易。大底古今只是大闔闢、小闔闢。聖人便於六十四卦，只以陰陽奇耦寫出來。至於所以爲陰陽，爲古今，乃是此道理。及至忽然生物，如花木之類，驀然而出，花時都花，實時都實，生氣便發出來，此便是神。○此一段皆是明道體無乎不在，名雖不同，只是一理發出，是箇無始無終底意。○北溪陳氏曰：道不離乎器，道只是器之理。人事有形狀處，都謂之器，人事中之理便是道。所以明道曰「道亦器，器亦道」。○葉氏曰：大小猶多少也，不繫猶不拘也。

醫書言手足痿痺爲不仁，此言最善名狀。仁者以天地萬物爲一體，莫非己也。認得爲己，何所不至？若不「有諸己」，自不與己相干。如手足不仁，氣已不貫，皆不屬己。故博施濟衆，乃聖之功用。仁至難言，故止曰：「己欲立而立人，己欲達而達人，能近取譬，可謂仁之方也已。」欲令如是觀仁，可以得仁之體。問：《遺書》中取醫家言仁，又一段言醫家以不識痛癢爲不仁，又以不知覺、不認義理爲不仁，又却從知覺上説。朱子曰：覺是覺於理。問：與上蔡説同異？曰：異。上蔡説覺，纔見此心耳。❶○問：「仁者以天地萬物爲一體」，此即人物初生時驗之可見，人物均受天地之氣而生，所以同一體，如人兄弟異形，而皆出父母胞胎，所以皆當愛。曰：不須問他初時，只今便是一體。猶之水，江河池沼皆是此水。如以兩椀盛得水來，不必尋討這一椀是這裏酌來，

❶「見」，原作「是」，據局本改。

那一椀是那裏酌來，既都是水，便是同體。如説人與物均受此氣，均受此理，所以皆當愛，便是不如此。「愛」字不在同體上説，他那物事自是愛，不是同體了方愛。惟其同體，所以無所不愛。所以愛者，以其有此心也；所以無所不愛者，以其同體也。○「仁者以天地萬物爲一體」，説得太深，無捉摸處。《易傳》「偏言」、「專言」，又云「仁者天下之公」，此兩處説得極平實，學者當精看此等處。○「認得爲己，何所不至」，認得箇什麽？夫仁者己欲立便立人，己欲達便達人，此即仁之體也。能「近取譬」，則是推己之恕，故曰「可謂仁之方」。「欲令如是觀仁，可以得仁之體」，這處却好看仁。○「氣已不貫」，血脈都在這氣字上。○問：「博施濟衆」一段，程子全做仁之體，先生却分別箇體用，便有用力處。曰：某説非破程子之説，程子之説却兼得某説。程説似渾淪一箇屋子，某説如屋下分間架爾。○問：《集注》以上一截説仁之體，下一截説仁之術，而程子乃合而言。曰：程子合而言之，上下句似不相應，不若分作兩截看。然惟其仁者之心如此，故求仁之術必如此也。○問：於此「可以得仁之體」，是此處見得人與己相關甚切，便是生意相貫處否？曰：亦是，只無私意，理便流通。然此處也是己對人説便恁地，若只就自己説，此又使不得。蓋此是仁之發出處，若未發之前，只一念之私，便是不仁。○葉氏曰：天地萬物，與我同體，心無私蔽，則自然愛而公矣，所謂仁也。苟是理不明，而爲私意所隔截，則形骸爾汝之分，了無交涉。譬如手足痿痺，氣不相貫，疾痛疴癢，皆不相關，此四體之不仁也。

**「生之謂性」，性即氣，氣即性，生之謂也。**朱子曰：天之付與萬物者謂之命，物之稟受於天者謂之性。然天命流行，必二氣五行交感凝聚，然後能生物也。性命形而上者也，氣則形而下者也。形而上者，一理渾然，無有不善；形而下者，則紛紜雜揉，善惡有所分矣。故人物既生，則即此所稟以生之氣，而天命之性存焉。此程子所以發明告子「生之謂性」之説，而以「性即氣，氣即性」者言之也。○此章内「性」字，有指其墮在氣質中者而言，有指其本原至善者而言。須且分別此一字，令分明不差，方可子細逐項看詳。○「生之謂性」一條難説，須子細看。此條程子説得亦未盡。「生之謂性」，是生下來唤做性底，便有氣稟夾雜，便不是理底性了。○問：「性即氣，氣即性」，此言人生性與氣混合者？曰：有此氣爲人，即理具於身，方可謂之性。○「性即氣，氣即性」，這且是滚説。性便是理，氣便是氣，是未分別説。其實理無氣，亦無所附。○問：告子之言，若果如程先生之説亦無害，而渠意直是指氣爲性，與程子之意不同。曰：程子之言，亦是認告子語脈小差。果如此説，則孟子何必排之，則知其發端固非矣。人生氣禀，理有善惡，然不是性中元有此兩物相對而生也。有自幼而善，有自幼而惡，〔本注〕后稷之「克岐克嶷」，子越椒始生，人知其必滅若敖氏之類。是氣禀有然也。善固性也，然惡亦不可不謂之性也。朱子曰：所禀之氣，所以必有善惡之殊者，亦性之理也。蓋氣之流行，性爲之主，以其氣之或純或駁，而善惡分焉，故非性中本有二物相對也。然氣之惡者，其性亦無不善，故惡亦不可不謂之性也。先生又曰：善惡皆天理，謂之惡者本非惡，但或過或不及，便如此。蓋天下無性外之物，本皆善而流於惡耳。○「人生氣禀，理有善惡」，此「理」字不是説實理，猶云理當如此，只作「合」字看。○不是兩物相對而生，蓋言性善也。問：既言性善，下却言「善固性也，然惡亦不可不謂之性」，却是言氣禀之性，似與上文不接。曰：不是言氣禀之性。蓋言性本善，而今乃惡，亦是此性爲惡所汩。正如水爲泥沙所混，不成不喚做水。○問：惡專是氣禀，不干性事，如何説「惡亦不可不謂之性」？曰：既是氣禀惡，便也牽引得那性不好。蓋性只是搭附在氣禀上，所以謂濁亦不可不謂之水。○他原頭處都是善，因氣禀偏，這性便偏了。如人渾身都是惻隱而無羞惡，都是羞惡而無惻隱，這便是惡德，這喚做性却不是。如墨子之心，本是惻隱，孟子推其弊到無父處，這便是「惡亦不可不謂之性也」。○問：「惡亦不可不謂之性」，疑與孟子牴牾。曰：這般處難説，乍卒理會未得。某初看亦自疑，但看來看去自是分明。今定是不錯，只著工夫子細看。蓋「生之謂性」，「人生而静」以上不容説，才説性時，便已不是性也。凡人説性，只是説「繼之者善也」，孟子言性善是也。夫所謂「繼之者善也」者，猶水流而就下也。朱子曰：性則理而已矣，何言語之可形容哉？故善言性者，不過即其發見之端而言之，而性之緼固可默識矣，如孟子之論四端是也。觀水之流而必下，則水之性下可知，觀性之發而必善，則性之緼善亦可知也。○周子言「無極而太極」，程子又言「『人生而静』以上不容説」。蓋聖賢論性，無不因心而發，若欲專言之，則是所謂「無極」而「不容言」者，亦無體段之可名矣。○「人生而静」，只是性之未發，但於此可見天性之全，非真以静狀性也。○「人生而静」是未發時，以上即是人物未生之時，不可謂性。才謂之性，便是人生以後，此理墮在形氣之中，不是性之本體矣，然其本體又未嘗外此。要人即此而見得其不雜於此者耳。○静者固其性，然只「生」字便帶却氣質了，但「生」字以上又不容説。蓋此道理未有形見處，故才説性，便須帶著氣質，無能懸空説得性者。○「人生而静」以上，天命之本體也。○人物未生時，只可謂之理，説性未得。○「人生而静」以上，只説箇天道，下「性」字未得，所以云「夫子之言性與天道」，便是如此。所謂「天命之謂性」者，是就人身中指出這箇是天命之性，不雜氣稟者而言爾。○人有此形氣，此理始具於形氣之中而謂之性。才是説性，便已涉乎有生，而兼乎氣質，不得爲性之本體。然性之本體，亦未嘗雜。要人就此上面，見得本體元未嘗離，亦未嘗雜耳。○程先生説性，有本然之性，有氣質之性。人具此形體，便是氣質之性。「才説性」，此「性」字是雜氣質與本來性説，「便已不是性」，此「性」字是本然之性。才説氣質底，❶便不是本然底。「人生而静」以下，方有形體可説。○如説善，即是有性了方説得善。○「凡人説性，只是説『繼之者善也』」，便兼氣質了。問：恐是兼了情？曰：情便兼質了。○這「繼」字主於人之發用處言之。○《易》説天命流行處，明道却將來就人發處説。孟子言性善，亦是就發處説。因其發處之善，是以知其本無不善，猶循流而知其源也。《易》以天命言，程子就人言，蓋人便是一箇小天地也。○孟子説性，便是從中間斡出好底説，故謂之善。○性之在人，猶水之在山，其清不可得而見，流出而見其清，然後知其本清也。所以孟子只就見孺子入井，皆有怵惕惻隱之心處，指以示人，便知性之本善也。○《易》謂「繼之者善」，在性之先，此所引在性之後，天道流行如此，所以人性發見亦如此。○問：《易》與孟子，就天人分上，各以流出處言，明道則假彼以明此耳。曰：然。○問：「繼之者善」，《易》與程子之説異。曰：明道先生之言，高遠閎闊，不拘本文正意，如此處多。若執其方而論，則所不可通者，不但此句而已。○「不容説」處，即性之本體。如水則只是水，別著一字不得。至謂之善，則性之發，如水之下矣。

皆水也，有流而至海，終無所汙，此何煩人力之爲也。有流而未遠，固已漸濁；有出而甚遠，方有所濁。有濁之多者，有濁之少者。清濁雖不同，然不可以濁者不爲水也。如此

❶「才」上，原衍「○」，據局本刪。

則人不可以不加澄治之功。故用力敏勇則疾清，用力緩怠則遲清。及其清也，則却只是元初水也，不是將清來換却濁，亦不是取出濁來置在一隅也。水之清，則性善之謂也。故不是善與惡在性中爲兩物相對，各自出來。

朱子曰：此又以水之清濁譬之。水之清者，性之善也。流而至海不污者，氣稟清明，自幼而善，聖人性之而全其天者也。流未遠而已濁者，氣稟偏駁之甚，自幼而惡者也。流既遠而方濁者，長而見異物而遷焉，失其赤子之心者也。濁有多少，氣之昏明純駁有淺深也。不可以濁者不爲水，惡亦不可不謂之性也。然則人雖爲氣所昏，流於不善，而性未嘗不在其中。特謂之性，則非其本然，謂之非性，則初不離是。以其如此，故人不可以不加澄治之功。惟能學以勝氣，則知此性渾然，初未嘗壞，所謂「元初水」也。雖濁而清者存，故非將清來換濁；既清則本無濁，故非取濁置一隅也。如此則其本善而已矣，性中豈有兩物對立而並行也哉？○此段引譬喻亦叢雜。如説「水流而就下」了，又説從「清濁」去，與「就下」不相續。這處只認得大意可也。○其言水之下與水之清，亦是兩意，須細分別。○「猶水流而就下也」，這下更欠言語，須爲他作文補這裏始得。蓋水之就下，是喻性之善。如孟子所謂「過顙在山」，雖不是順水之性，然不謂之水不得。這便是前面「惡亦不可不謂之性」之説。到得説水之清，却依舊是譬喻。○問：先生嘗云「性不可以物譬」，明道以水喻性，還有病否？曰：若比來比去，也終有病。只是不以這箇比，又不能得分曉。○問：水流就下以後，是説氣稟否？若説氣稟，則生下已定，安得有遠近之別？曰：此是夾習説。○問：以水譬性，天道純然一理，便是水本來清，陰陽五行交錯雜揉而有昏濁，便是水被泥污了。昏濁可以復清者，只因他母子清。曰：然。那下愚不移底人，却是那臭穢底水。問：也須可以澄治？曰：也減得些分數。舊時人裝惠山泉去京師，或時臭了。京師人會洗水，將沙石在筧中，上面傾水從筧中下去，如此數十番，便漸如故。問：下愚恐他自不肯去澄治？曰：那水雖臭，想也未至污穢。問：物更推不去，却似那臭泥。曰：是如此。○問：此一節是説人變化氣質，然變了氣質，復還本然之性，亦不是在外面添得。曰：是如此。○「生之謂性」一段，當作三節看，有言天命者，有言氣質者。「生之謂性」是一節，「水流就下」是一節，「清濁」又是一節。橫渠云「形而後有氣質之性，善反之，則天地之性存焉」，將此兩箇「性」

字分別。自「生之謂性」以下，凡説「性」字者，孰爲天地之性，孰爲氣質之性，則其理自明矣。**此理，天命也。順而循之，則道也。循此而修之，各得其分，則教也。自天命以至於教，我無加損焉，此舜「有天下而不與焉」者也。**朱子曰：「此理天命也」，該始終本末而言也。修道雖以人事而言，然其所以修者，莫非天命之本然，非人私智所能爲也。然非聖人有不能盡，❶故以舜明之。○問：「此理天命也」，這處方提起以此理説，則是純指上面天理而言，不雜氣説。曰：固是。又曰：理離氣不得。而今講學用心著力，却是用這氣去尋箇道理。○所引舜事，非《論語》本文之意。

**觀天地生物氣象。**〔本注〕周茂叔看。○問：程子「觀天地生物氣象」。朱子曰：他也只是偶然見如此，便説出來示人。而今不成只管去守看生物氣象。

**萬物之生意最可觀，此「元者善之長」也，斯所謂仁也。**朱子曰：物之初生，其本未遠，固好看，及榦成葉茂，便不好看。如赤子入井時，怵惕惻隱之心，只些子仁，得見時却好看。到得發政施仁，其仁周廣，便看不見得何處是仁。○仁是箇和柔底物事。譬如物之初生，自較和柔，及至夏間長茂，方始稍堅硬，秋則收結成實，冬則斂藏，然四時生氣無不該貫。如程子説「生意」處，只是説似生物皆能發動，❷死物則不能。如穀種烝殺，則不能生也。○萬物之生，天命流行，自始至終，無非此理。但初生之際，淳粹未散，尤易見耳。如元、亨、利、貞皆是善，而元則爲善之長，亨、利、貞皆是那裏來。仁、義、禮、智亦皆善也，而仁則爲萬善之首，義、禮、智皆從這裏出爾。

**滿腔子是惻隱之心。**朱子曰：惻，傷之切。隱，痛之深。所謂不忍人之心也。○腔子猶言軀殼，是俗語。「滿腔子」只是言充塞周徧，本來如此。○此就人身上指出此理充塞處，最爲親切。若於此見得，即萬物一體，更無内外之分。○滿這箇軀殼，都是惻隱之心，纔觸著便是這箇物事出來，大感則大應，小感則小應。恰似大段痛傷固是痛，只如針子略挑些血出也便痛。故日用所當應接，更無些子間隔，癢疴疾痛莫不相關，纔是有些子不通，便是被些私意隔了。○問：心所發者不一，便説惻隱如何？曰：惻隱

❶「盡」，原無，據局本補。
❷「只」，原作「非」，據局本改。

之心，渾身皆是，無處不發。如見赤子有惻隱之心，見一蟻子，亦豈無此心。○問：此莫是人生惻隱之心具足否？曰：如今也恁地看。事有箇不穩當處，便自覺不穩，這便是惻隱之心。問：處事物亦然否？曰：此心應物不窮。若事事物物常是這箇心，便是仁，若有一事不如此，便是不仁了。○不特是惻隱之心，滿腔子是羞惡之心，滿腔子是辭遜之心，滿腔子是是非之心，彌滿充實，都無空闕處。

**天地萬物之理，無獨必有對，皆自然而然，非有安排也。每中夜以思，不知手之舞之，足之蹈之也。**朱子曰：東西、上下、寒暑、晝夜、生死，皆是相反而相對，天地間物未嘗無相對者。看得來真箇好笑。○問：對是物也，理安得有對？曰：如高下、小大、清濁之類皆是。有高必有下，有大必有小，皆是理必當如此。如天之生物，不能獨陰必有陽，不能獨陽必有陰，皆是對。所以有對者，是理合當恁地。○問：太極便對甚底？曰：太極便與陰陽相對。此是「形而上者謂之道，形而下者謂之器」，便對過，却是横對了。如土便與金、木、水、火相對，蓋金木水火是有方所，土却無方所，亦對得過，四物皆資土故也。湖南學者云善無對，不知惡乃善之對，惡者反乎善者也。○一便對二，形而上便對形而下。然就一言之，一中又自有對。且如眼前一物，便有背面、上下、内外。二又各自爲對。雖説無獨必有對，然獨中又自有對。如棋盤末梢，中間只空一路，若似無對，然此一路對了三百六十路。此所謂一對萬，道對器也。○程子謂惟道無對，予嘗與人論此而問之，曰：「棋局之中一路者，孰爲對乎？」其人曰：「是所以對夫三百六十路者云爾。」其言深有會於予意，知此則程子之意可以推之而無窮矣。❶ ○天下之物，未嘗無對，然又却只是一箇道理。如人行出去是這脚，歸亦是這脚。譬如口中之氣，嘘則爲温，吸則爲寒耳。

**中者天下之大本，天地之間，亭亭當當、直上直下之正理，出則不是，惟「敬而無失」最盡。**朱子曰：亭亭當當，此俗語也，蓋不偏不倚、直上直下之意也。○亭亭當當，直上直下，皆是形容中之在我，其體段如此。「出則不是」者，出便是已發，發而中節，只可謂之和，不可謂之中矣。○「敬而無失」，只是常敬，便是喜怒哀樂未發之中也。

---

❶「知」，原作「如」，據局本改。

伊川先生曰：公則一，私則萬殊。人心不同如面，只是私心。永按：義理之正，人心所同，故「公則一」。

凡物有本末，不可分本末爲兩段事。灑埽應對是其然，必有所以然。問：「其然」、「所以然」之説。朱子曰：灑埽應對之事，其然也，形而下者也。灑埽應對之理，所以然也，形而上者也。自形而下者而言，則灑埽應對之理，「精義入神」，本末精粗，不可同日而語矣。自夫形而上者言之，則初未嘗以其事之不同，而有餘於此，不足於彼也。曰：物有本末，而本末不可分者何也？曰：有本末者，其然之事也。不可分者，以其悉具所以然之理也。○須是就事上理會道理，非事何以識理？灑埽應對，末也；「精義入神」，本也。不可説這箇是末，不足理會，只理會那本。又不可説這末便是本，但學其末，則本便在此也。○問：「所以然」者是如何？曰：若無誠意，如何灑埽應對？○治心修身是本，灑埽應對是末，皆其然之事也。至於所以然，則理也。理無精粗本末，皆是一貫。

楊子拔一毛不爲，墨子又摩頂放踵爲之，此皆是不得中。至如「子莫執中」，欲執此二者之中，不知怎麽執得。識得則事事物物上，皆天然有箇中在那上，不待人安排也，安排著便不中矣。朱子曰：「子莫執中」，正是安排尋討。



問：時中如何？曰：中字最難識，須是默識心通。且試言一廳則中央爲中，一家則廳中非中而堂爲中，言一國則堂非中而國之中爲中，推此類可見矣。如三過其門不入，在禹、稷之世爲中，若居陋巷，則非中也。居陋巷，在顔子之時爲中，若三過其門不入，則非中也。朱子曰：居陋巷，則似楊氏；三過其門不入，則似墨氏。要之禹、稷似「兼愛」而非「兼愛」，顔子似「爲我」而非「爲我」。

无妄之謂誠，不欺其次矣。〔本注〕李邦直云「不欺之謂誠」，便以不欺爲誠。徐仲車云「不息之謂誠」，《中庸》言「至誠無息」，非以無息解誠也。或以問先生，先生曰云云。○朱子曰：无妄者，聖人也。謂聖人爲无妄則可，謂聖人爲不欺則不可。問：此所謂「誠者天之道，思誠者人之道」。曰：然。无妄是自然之誠，不欺是著力去做底。〇非无妄故能誠，无妄便是誠。无妄是四方八面都去得，不欺猶是兩箇物事相對。〇无妄兼天地萬物所同得底渾淪道理，不欺是就一邊説。問：不欺是就人身説否？曰：然。〇无妄自是我无妄，故誠。不欺者對物而言之，故次之。

沖漠無朕，萬象森然已具，未應不是先，已應不是後。如百尺之木，自根本至枝葉皆是一貫，不可道上面一段事無形無兆，却待人旋安排引入來教入塗轍。既是塗轍，却只是一箇塗轍。朱子曰：此一段只是説「無極而太極」。〇此言未有這事，先有這理。如未有君臣父子，已先有君臣父子之理。不成元無此理，直待有君臣父子，却旋將道理入在裏面。〇未應是未應此事，已應是已應此事。未應固在先，却只是後來事，已應固是後，却只是未應時理。〇未有事物之時，此理已具，少間應處，只是此理。所謂塗轍，即是所由之路。如父之慈，子之孝，只是一條路，從源頭下來。〇「既是塗轍，却只是一箇塗轍」，如既有君君臣臣底塗轍，却只是元君臣之理也。❶〇是這一箇事，便只是這一箇道理，精粗一貫，元無兩樣。今人只見得前面一段事無形無兆，將謂是空蕩蕩，却不知道沖漠無朕，萬象森然已具。如釋氏便只説空，老氏便只説無，却不知道莫實於理。〇「既是塗轍，却只是一箇塗轍」，恐是記者欠了字。

近取諸身，百理皆具。屈伸往來之義，只於鼻息之間見之。屈伸往來只是理，不必將既屈之氣復爲方伸之氣。生生之理，自然不息。如《復》卦言「七日來復」，其間元不斷續。陽已復生，物極必返，其理須如此。有生便有死，有始便有終。問：屈伸往來，氣也，程子云「只是理」，何也？朱子曰：其所以屈伸往來者，是理必如此。「一陰一陽之謂道」，陰陽，氣也，其所以一陰一陽循環而不已，乃道也。〇氣雖有屈伸，❷要之方伸之氣，自非既屈之氣，氣雖屈，而物亦自一面生出，此所謂「生生之理，自然不息」也。〇此段爲横渠「形潰反原」之説而發也。〇果齋李氏曰：往而屈者，其氣已散；來而伸者，其氣方生。生生之理，自然不窮，若以既屈之氣復爲方伸之氣，則是天

❶「只是元」，局本從《語類》作「是元有」。
❷「雖」，原作「須」，據局本改。

地間只有許多氣來來去去，造化之理不幾於窮乎？釋氏不明乎此，所以有輪迴之説。○永按：程子破張子「形潰反原」之説，固爲正論，而人物間有投生者，又別有理。理固有常有變也，但學者不可以此溺其心爾。

明道先生曰：天地之間，只有一箇感與應而已，更有甚事？朱子曰：陰陽之變化，萬物之生成，情僞之相通，事爲之終始，一爲感則一爲應，循環相代，所以不已也。○事事物物，皆有感應，寤寐、語默、動静亦然。譬如氣聚則風止，風止則氣復聚。○問：感只是内感？曰：不專是内感，固有自外感者。

問仁，伊川先生曰：此在諸公自思之，將聖賢所言仁處類聚觀之，體認出來。孟子曰：「惻隱之心，仁也。」後人遂以愛爲仁。愛自是情，仁自是性，豈可專以愛爲仁？孟子言「惻隱之心，仁之端也」，既曰仁之端，則不可便謂之仁。退之言「博愛之謂仁」，非也。仁者固博愛，然便以博愛爲仁則不可。朱子曰：不可便以愛爲仁，此正謂不可認情爲性耳，非謂仁之性不發於愛之情，而愛之情不本於仁之性也。○仁便是愛之體，愛便是仁之用。○仁離愛不得。上蔡諸公不把愛做仁，他見伊川言博愛非仁也。伊川也不是道愛不是仁。若當初有人會問，必說道愛是仁之情，仁是愛之性，如此方分曉。

問：仁與心何異？曰：心譬如穀種，生之性便是仁，陽氣發處乃情耳。朱子曰：心性以穀種論，❶則包裹底是心，❷有秫種，有秔種，隨那種發出不同，這便是性。心是箇發出底，他只會生。又如服藥，喫了會治病，此是藥力，或温或涼，便是藥性，至於喫了有温證涼證，這便是情。○以穀種譬之，一粒穀春發生，夏成苗，秋結實，冬收藏，生意依舊包在裹面。每箇穀子裹有一箇生意，種而復生。○穀種之喻甚善。若有這種，種在這裹，何患生理不存？○問：仁者生之理而動之機。曰：這自是難説，若要見得分明，只看程先生説「心譬如穀種，生之性便是仁」，便分明。若更要真實識得仁之體，只看夫子説「克己復禮」。克去己私，如何便唤仁？曰：若如此看，則程子所謂

❶「性」，原作「相」，據局本改。
❷「裹」，原作「裏」，據局本改。

「公」字愈覺親切。曰：公也只是仁底殼子，盡他未得在，畢竟裏面是箇甚物事。「生之性」也只是狀得仁之體。○「生之性」便是愛之理。

義訓宜，禮訓別，智訓知，仁當何訓？說者謂訓覺訓人，皆非也。當合孔、孟言仁處，大概研窮之，二三歲得之，未晚也。問：仁當何訓？朱子曰：不必須用一字訓，但要識得大意通透。覺決不可以言仁，雖足以知仁，自屬智了。○仁是愛之體，覺自是智之用。仁統四德，故仁則無不覺。然便以覺爲仁，則不可。○永按：《中庸》以人訓仁，猶之以宜訓義。古人訓字多用諧聲，苟識得大意，則人字未嘗不可訓。要之仁字之義，朱子「心之德」、「愛之理」二言盡之矣。

性即理也，天下之理，原其所自，未有不善。喜怒哀樂未發，何嘗不善？發而中節，則無往而不善。❶ 凡言善惡，皆先善而後惡；言吉凶，皆先吉而後凶；言是非，皆先是而後非。〔本注〕《易傳》曰：「成而後有敗，敗非先成者也；得而後有失，非得何以有失也？」○朱子曰：「性即理也」，在心喚做性，在事喚做理。○「性即理也」，自孔孟後無人見得到此，亦自古無人敢如此道。○「性即理也」四字，攧撲不破，實自己身上見得出來。○「性即理也」一語，直是自孔子後惟伊川說得盡。這一句便是千萬世說性根基。○問：所謂理者，仁、義、禮、智是也，不知是否？曰：四者固性之綱維，然其中無所不包，更詳味之。○未發之前，氣不用事，所以有善而無惡。

問：心有善惡否？曰：在天爲命，在義爲理，在人爲性，主於身爲心，其實一也。心本善，發於思慮，則有善有不善。若既發，則可謂之情，不可謂之心。譬如水，只可謂之水，至如流而爲派，或行於東，或行於西，却謂之流也。朱子曰：疑此段微有未穩處。蓋凡事莫非心之所爲，雖放僻邪侈，亦是心之爲也。善惡但如反覆手耳，翻一轉便是惡，只安頓不著，也便是不善。如當惻隱而羞惡，便不是。問：心之用雖有不善，亦不可謂之非心否？

❶「善」下，局本從洪本有「發不中節然後爲不善故」十字。

曰：然。○問：❶看來不善之發有二，有自思慮上不知不覺自發出來者，有因外誘然後引動此思慮者。曰：謂發處有兩端固是，然畢竟從思慮發者，也只在外來底。天理渾是一箇，只不善便是不從天理出來，便是出外底了。○問：思慮從心生，心若善，思慮因何有不善？曰：思慮以交物而蔽，故有不善。○問：「既發則可謂之情，不可謂之心」，如何？曰：心是貫徹上下，不可只於一處看。○「既發則可謂之情，不可謂之心」，此句亦未穩。又曰：是亦記者之誤。○既發不可不謂之心，但有不善，則非心之本體。

性出於天，才出於氣。氣清則才清，氣濁則才濁。才則有善有不善，性則無不善。

朱子曰：程子此説「才」字，與孟子本文小異。蓋孟子專指其發於性者言之，故以爲才無不善。程子專指其發於氣者言之，則人之才固有昏明强弱之不同矣。張子所謂「氣質之性」是也。二説雖殊，各有所當，然以事理考之，程子爲密。蓋氣質所稟，雖有不善，而不害性之本善，性雖本善，而不可以無省察矯揉之功，學者所當深玩也。○孟子論才是本然者，不如程子之備。曰：然則才亦稟於天乎？曰：皆天所爲，但理與氣分爲兩路。又問：程子謂才稟於氣如何？曰：氣亦天也。○問：性之所以無不善者，以其出於天也，才之所以有善有不善，以其出於氣也。要之性出於天，氣亦出於天，何故便至於此？曰：性是形而上者，氣是形而下者。形而上者全是天理，形而下者只是渣滓。至於形，又是渣滓至濁者也。○一般能爲謂之才。才之初，亦無不善，緣他氣稟有善惡，故才亦有善惡。孟子自其同者言之，故以爲出於性，程子自其異者言之，故以爲稟於氣。要之須兼是二者言之方備。只緣孟子不曾説到氣上，覺得此段説話無結煞，故有後來荀、揚、韓許多議論。○氣質之性，古人雖不曾説，考之經典，却有此意。如《書》云「惟人萬物之靈」，「亶聰明作元后」，與夫「天乃錫王勇知」之説，皆此意也。孔子謂「性相近，習相遠」，孟子辯告子「生之謂性」，亦是説氣質之性。近世被濂溪拈掇出來，横渠、二程始有氣質之説。此伊川論才，所以云「有善有不善」者，蓋主此而言也。○氣稟之殊，其類不一，非但清濁二字而已。今人有聰明通達、事事曉了者，其氣清矣，而所爲或未必皆中於理，則是其氣之不醇也。人有謹厚忠信、事事平穩者，其氣醇矣，而所知未必皆達於理，則是其氣之不清也。推此類以求之，才自見矣。

❶「問」，原作「明」，據局本改。

性者自然完具，信只是有此者也，故「四端」不言信。問「四端不言信」，朱子曰：如惻隱真箇惻隱，羞惡真箇羞惡，此便是信。曰：此却是已發時，方有這信？曰：其中真箇有此理。○信是箇真實無妄底道理，如仁、義、禮、智，❶皆真實而無妄，故信字更不須說。○信是誠實此四者，實有是仁，實有是義，禮、智皆然。如五行之有土，非土不足以載四者。又如土於四時，各王十八日。○「四端」之信，猶五行之土，無定位，無成名，❷無專氣，而水火金木無不待是以生者。故土於四行無不在，於四時則寄王焉，其理亦猶是也。○五行非土不立，而土無定位。五常非信不有，而信非一端。故曰：「誠者物之終始，不誠無物。」亦可以觀矣。

心，生道也。有是心，斯具是形以生。惻隱之心，人之生道也。朱子曰：「心生道也」，此句是張思叔所記，疑有欠闕處。問：何故入在《近思録》中？曰：如何敢不載？但只恐有闕文，此四字說不盡。○「心生道也」，謂天地以生物爲心，而人得之以爲心者。○天地生物之心是仁，人之稟賦接得此天地之心，方能有生。故惻隱之心，在人亦爲生道也。○「心生道也」，心乃生之道。「惻隱之心，人之生道也」，乃是得天之心以生，生物便是天之心。○上面「心生道也」，全然做天底也不得。蓋理只是一箇渾然底，人與天地混合無間。○問：「生道」者是本然也？所以生者也？曰：是人爲天地之心意。○永按：又有一條云：「『有是心，斯具是形以生』，是心乃屬天地，未屬我在。」疑非定說。

橫渠先生曰：氣坱然太虛，升降飛揚，未嘗止息。此虛實動静之機，陰陽剛柔之始。浮而上者陽之清，降而下者陰之濁。其感遇聚結，爲風雨，爲霜雪，萬品之流形，山川之融結，糟粕煨燼，無非教也。《正蒙》。下同。○朱子曰：「氣坱然太虛，升降飛揚，未嘗止息」，此張子所謂「虛空即氣」也。蓋天在四畔，地居其中，減得一尺地，遂有一尺氣，但人不見耳。此是未成形者。問：虛實以陰陽言否？曰：以有無言。及至「浮而上」、「降而下」，則已成形者，若所謂「山川之融結，糟粕煨燼」，即是氣之渣滓。要之皆是示

❶「仁」，原作「信」，據局本改。
❷「名」，原作「性」，據局本改。

人以理。○「升降飛揚」，所以生人物者，「未嘗止息」，但人不見耳。○問：言「機」言「始」，莫是説理否？曰：此本只是説氣，理自在其中。一箇動一箇静，便是機處。「無非教也」，教便是説理。此等言語，都是經鍛鍊底語，須熟念細看。○問：「氣坱然太虚」，此是言天地未判之時，爲復亘古今如此？曰：只是統説，只今便如此。問：「升降」者是陰陽之兩端，「飛揚」者是游氣之紛擾否？曰：此只是説陰陽之兩端。下文「虚實動静」二句，此正是説陰陽之兩端。到得爲雨露、霜雪、流形、融結，却正是説游氣之紛擾者也。○問：「虚實動静」兩句，欲云虚實動静乘此氣以爲機，陰陽剛柔資此氣以爲始，可否？曰：此兩句只一般，實與動便是陽，虚與静便是陰。但虚實動静是言其用，陰陽剛柔是言其體而已。問「始」字之義，曰：只是説如箇生物底母子相似，萬物都從這裏生出去。上文説「升降飛揚」，便含這「虚實動静」兩句在裏面了。所以「虚實動静」、「陰陽剛柔」者，便是這「升降飛揚」者爲之，非兩般也。至「浮而上者」兩句便是例。○問：「無非教也」，都是道理在上面發見。曰：然。精底都從粗底上發見，道理都從氣上流行，雖至粗底物，無非是道理發見。

**游氣紛擾，合而成質者，生人物之萬殊；其陰陽兩端循環不已者，立天地之大義。**問：此段是説氣與理否？❶朱子曰：此段專是説氣，未及言理。「生人物之萬殊」，言氣到此，已是渣滓粗濁者去生人物。「立天地之大義」，此説氣之本。上章亦是發明此意。○游氣、陰陽，陰陽即氣也，豈陰陽之外復有游氣？所謂「游氣」者，指其所以賦與萬物。一物各得一箇性命，便有一箇形質，此氣「合而成」之也。雖是如此，而所謂「陰陽兩端」成片段滚將出來者，❷固自若也。亦猶論太極物物皆有之，而太極之體未嘗不存也。○晝夜運而無息者，便是陰陽之兩端，其散出紛擾者，便是游氣以生人物之萬殊。正如麪磨相似，其四邊只管撒出，正如天地之氣運轉無已，只管生出人物，其中有粗有細，故人物有偏有正，有精有粗。○「循環不已」者，「乾道變化」也。「合而成質」者，「各正性命」也。○陰陽循環如磨，游氣紛擾如磨中出者。《易》曰「陰陽相摩，八卦相盪，鼓之以雷霆，潤之以風雨，日月運行，一寒一暑」，此陰陽之循環也。「乾道成男，坤道成女」，此游氣之紛擾也。○

❶「否」，原作「合」，據局本改。
❷「將」，原作「然」，據局本改。

游是散殊。比如水車一上一下，❶只管滚轉，便是循環不已，中間帶得水灌溉所在，便是生人物之萬殊。天地之間，二氣只管渾轉，❷不知不覺生出人物。即他這箇幹轉，便是生物時節。○游氣自裹面底，如扇相似。扇便是「立天地之大義」底，扇出風來便是「生人物」底。○游氣是氣之發散生物底氣，游亦流行之意，紛擾者參錯不齊，既生物便是游氣。若是生物常運行而不息者，二氣初無增損也。○游氣、陰陽，固是一物。横渠言「游氣紛擾，合而成質」，是指陰陽交會言之，「陰陽兩端循環不已」，是指那分開底說。○横渠說得稍支離。只合云陰陽五行循環錯綜，升降往來，所以生人物之萬殊，立天地之大義。

天體物不遺，猶仁體事而無不在也。「禮儀三百，威儀三千」，無一物而非仁也。「昊天曰明，及爾出王，昊天曰旦，及爾游衍」，無一物之不體也。朱子曰：此數句是從赤心片片說出來，荀、揚豈能到？○體物猶言爲物之體也，蓋物物有箇天理。體事謂事事是仁做出來。凡言體，便是做他骨子。○天體在物上，仁體在事上，猶言天體於物，仁體於事。本是言物以天爲體，事以仁爲體，緣須著從上說，❸故如此下語。○體物猶言幹事，「事之幹」也。○問「仁體事而無不在」，曰：只是未理會得仁字，若理會得這一字了，則到處都理會得。○「禮儀三百，威儀三千」，須得仁以爲骨子。○往來游衍，無非是理。「無一物之不體」，猶言無一物不將這箇做骨。

鬼神者，二氣之良能也。朱子曰：往來屈伸，乃理之自然，非有安排布置，故曰「良能」。○屈伸往來，是二氣自然能如此。○問：鬼神是功用良能？曰：但以一屈一伸看，一伸去便生許多物事，一屈來更無一物，便是良能功用。○伊川謂「鬼神者造化之迹」，却不如横渠所謂「二氣之良能」。程子之說固好，但渾淪在這裏。張子之說，分明便見有箇陰陽在。

物之初生，氣日至而滋息，物生既盈，氣日反而游散。至之謂神，以其伸也；反之謂鬼，以其歸也。朱子曰：造化之妙，不可得而見，於其

❶「比」，原作「此」，據局本改。

❷「渾」，局本從洪本作「運」。

❸「緣」，原無，據局本補。

氣之往來屈伸者，❶足以見之。微鬼神，則造化無迹矣。横渠「物之初生」一章，尤説得分曉。○問：此「息」字是生息之息。曰：然。○横渠言「至之謂神」，「反之謂鬼」，固是。然雷風山澤亦有神，今之廟貌亦謂之神，亦以方伸之氣爲言耳。此處要錯綜周徧而觀之，伸中有屈，屈中有伸。伸中有屈，如人有魄是也；屈中有伸，如鬼而有靈是也。○天下萬事萬物，只是箇陰陽消息屈伸。横渠將屈伸説得貫通。○人死便是歸，❷「祖考來格」便是伸。❸

性者萬物之一源，非有我之得私也。惟大人爲能盡其道，是故立必俱立，知必周知，愛必兼愛，成不獨成。彼自蔽塞而不知順吾性者，❹則亦末如之何矣。 問：性爲「萬物之一源」。朱子曰：所謂性者，人物之所同得。非惟己有是，而人亦有是；非惟人有是，而物亦有是。○永按：「自蔽塞」謂惟知有我之私也。

一故神。譬之人身，四體皆一物，故觸之而無不覺，不待心使至此而後覺也。此所謂「感而遂通」，「不行而至，不疾而速」也。 横渠《易説》。○問「一故神」，朱子曰：一是一箇道理，却有兩端用處不同。譬如陰陽，陰中有陽，陽中有陰，陽極生陰，陰極又生陽，所以神化無窮。○發於心，達於氣，天地與吾身，共只是一團物事。所謂鬼神者，只是自家氣，自家心下思慮才動，這氣即敷於外，自然有所感通。○「一故神」，横渠説得極好。但《近思録》所載，與本書不同。當時緣伯恭不肯全載，故後來不曾與他添得。「一故神」，横渠親注云「兩在故不測」。只是一物，却周行乎事物之間，如陰陽屈伸往來上下，以至於行乎什伯千萬之中，無非這一箇物事，所以謂「兩在故不測」。「兩故化」，注云「推行乎一」。凡天下事，一不能化，惟兩而後能化。雖是兩箇，要之亦是推行乎此一耳。説得極精，須子細看。

心，統情性者也。 横渠《語録》。下同。○朱子曰：「心統性情」，語最精密。○横渠此句，乃不易之論。孟子説心許多，皆未有似此語端的。子細看便見，其他諸子等

❶「於」，原作「然」，據局本改。
❷「歸」，原作「鬼」，據局本改。
❸「伸」，原作「神」，據局本改。
❹「性」，局本從洪本作「理」。

書，皆無依稀似此。○「心統性情」，二程却無一句似此切。統猶兼也。○性是體，情是用，性情皆出於心，故心能統之。統如統兵之統，言有以主之也。仁、義、禮、智是性，孟子曰「仁、義、禮、智根於心」；惻隱四端是情，孟子曰「惻隱之心」云云。以此見得「心統性情」。一心之中，自有動靜，靜者性也，動者情也。○性者心之理，情者心之動，❶心者性情之主。○凡物有心，而其中必虛，人心亦然。只這虛處，便包藏許多道理，彌綸天地，該括古今。推廣得來，蓋天蓋地，莫不由此。此所以爲人心之妙與。理在人心，是之謂性。性如心之田地，充此中虛，莫非是理而已。心是神明之舍，爲一身之主宰，性便是許多道理，得之於天而具於心者，發於智識念慮處皆是情，故曰「心統性情」。○先生取《近思録》「心統性情」之語示學者，或問曰：心之未發，則屬乎性，既發則情也。曰：是此意。○舊看五峰說，只將心對性說，一箇情字都無下落。後來看横渠「心統性情」之説，乃知此語大有功，始尋得箇情字著落，與孟子説一般。又曰：古人制字，亦先制得「心」字，性與情皆從「心」。

凡物莫不有是性，由通蔽開塞，所以有人物之别；由蔽有厚薄，故有知愚之别。塞者牢不可開，厚者可以開，而開之也難，薄者開之也易，開則達於天道，與聖人一。朱子曰：此似欠了生知之聖。○此段不如呂與叔分别得分曉。呂曰：「蔽有淺深，故爲昏明；蔽有開塞，故爲人物。」○問：通蔽，開塞，横渠與呂芸閣説，孰爲親切？曰：與叔倒分明似横渠之説。看來塞中也有通處，如猿狙之性即靈，猪則全然蠢了。本乎天者親上，本乎地者親下。如人頭向上，所以最靈；草木頭向下，所以最無知；禽獸頭横，所以無知。猿狙稍靈，爲他頭有時也似人，故稍向得上。○問：人物之性一源，何以有異？曰：人之性論明暗，物之性只是偏塞。暗者可使之明，只偏塞者不可使之通。横渠言「凡物莫不有是性」云云，至「薄者開之也易」，是也。○問：人物皆禀天地之理以爲性，皆受天地之氣以爲形，若人品之不同，固是氣有昏明厚薄之異，若在物言之，不知是所禀之理便有不全耶？亦是緣氣禀之昏蔽故如此耶？曰：惟其所受之氣只有許多，故其理亦只有許多。又問：物物具一太極，則是理無不全。曰：謂之全亦可，謂之偏亦可。以理言之，則無不

❶「心」，局本從洪本作「性」。

全，以氣言之，則不能無偏。故吕與叔謂物之性有近人之性者，人之性有近物之性者。○問：氣質有不同，則天命之性有偏全否？曰：亦非有偏全。謂如日月之光，在露地盡見之，若在蔀屋之下，則有見有不見。在人則蔽塞有可通之理。至於禽獸，亦是此性，被他形體所拘，蔽隔之甚，無可通處。至於虎狼之仁，豺獺之祭，蜂蟻之義，却只通這些子，譬如一隙之光。至於獼猴形狀類人，便最靈於他物。若昏愚之人，便在人與禽獸之間，所以終難改。

近思録卷之一終

# 近思録卷之二

凡百十一條

婺源後學江永集註

朱子曰：此卷爲學大要。

濂溪先生曰：聖希天，賢希聖，士希賢。朱子曰：希，望也，字本作「睎」。伊尹、顔淵，大賢也。伊尹恥其君不爲堯舜，一夫不得其所，若撻于市。顔淵「不遷怒，不貳過」，「三月不違仁」。朱子曰：説見《書》及《論語》，皆賢人之事也。志伊尹之所志，學顔子之所學，朱子曰：此言「士希賢」也。過則聖，及則賢，不及則亦不失於令名。《通書》。下同。○朱子曰：三者隨其用力之淺深，以爲所至之近遠。不失令名，以其有爲善之實也。○胡氏曰：周子患人以發策決科，榮身肥家，希世取寵爲事也，故曰「志伊尹之所志」，患人以廣聞見，工文辭，矜智能，慕空寂爲事也，故曰「學顔子之所學」。人能志此志而學此學，則知此書之包括至大，而其用無窮矣。

聖人之道，入乎耳，存乎心，藴之爲德行，行之爲事業。彼以文辭而已者，陋矣。朱子曰：欲人知道義之重，而不溺於文辭之陋也。

或問：聖人之門，其徒三千，獨稱顔子爲好學。夫《詩》、《書》、六藝，三千子非不習而通也，然則顔子所獨好者何學也？伊川先生曰：學以至聖人之道也。聖人可學而至歟？曰：然。學之道如何？曰：天地儲精，得五行之秀者爲人。朱子曰：天地儲蓄得二氣之精聚，故能生出萬物。「得五行之秀者爲人」，只説五行，不言陰陽也，❶蓋做這人，須是五行方做得成，然陰陽便在五行中，所以周子云「五行一陰陽也」。其本也真而靜，其未發也五性具焉，曰仁、義、禮、智、信。

❶「也」，局本從洪本作「者」。

朱子曰：「其本也真而静」，是説未發，真便是不雜，無人僞，静便是未感。○真、静兩字不同。真指本體而言，静但言其初未感乎物。未發即静之謂，五性即真之謂。仁、義、禮、智、信者，未發之蘊，而性之真也。○五性便是真，未發便是静，只是疊説。

形既生矣，外物觸其形而動其中矣。其中動而七情出焉，曰喜、怒、哀、懼、愛、惡、欲。情既熾而益蕩，其性鑿矣。

問：性上如何説鑿？ 朱子曰：性固不可鑿，但人不循此理，任意妄作，去傷了他耳。

是故覺者約其情使合於中，正其心，養其性；愚者則不知制之，縱其情而至於邪僻，梏其性而亡之。然學之道，必先明諸心，知所往，然後力行以求至，所謂「自明而誠」也。

朱子曰：「覺者約其情使合於中，正其心，養其性」，方是大綱説。「學之道，必先明諸心，知所往，然後力行以求至」，便是詳此意。一本作「知所養」，恐「往」字爲是，「往」與「行」字相應。○「明諸心，知所往」，窮理之事也。「力行」、「求至」，踐履之事也。

誠之之道，在乎信道篤，信道篤則行之果，行之果則守之固。仁義忠信不離乎心，「造次必於是，顛沛必於是」，出處語默必於是，久而弗失，則「居之安」，動容周旋中禮，而邪僻之心無自生矣。故顏子所事，則曰：「非禮勿視，非禮勿聽，非禮勿言，非禮勿動。」仲尼稱之，則曰：「得一善，則拳拳服膺而弗失之矣。」又曰：「不遷怒，不貳過。」「有不善未嘗不知，知之未嘗復行也。」此其好之、篤學之之道也。然聖人則不思而得，不勉而中，顏子則必思而後得，必勉而後中。其與聖人相去一息，所未至者，守之也，非化之也。以其好學之心，假之以年，則不日而化矣。

朱子曰：聖人無怒，何待於不遷？聖人無過，何待於不貳？所以不遷不貳者，猶有意存焉，所謂守之非化之也。○問守之非化之，曰：聖人則無這箇，顏子則疑於遷貳與不遷貳之間。○「大而化之」，理與己一。其未化者，如人操尺度量物，用之尚未免有差。若至於化者，則己便是尺度，尺度便是己。顏子未化，若化則便是仲尼也。後人不達，以謂聖本生知，非學可至，而爲學之道遂失。不求諸己而求諸外，以博聞强記、巧文麗辭爲工，榮華其言，鮮有至於道者。則今之學與顔子所好異矣。《文集》。下同。○或謂人不知性，故怠於希聖之學，而樂於希名慕利之學。朱子曰：不是他樂於希名慕利之學，是他不知聖之可學，别無可做，只得向那裏去，因曰世上萬般皆下品。若見得這道理高，見世間萬般皆低。故這一段緊要處，只在先明諸心上。蓋先明諸心了，方知聖之可學，有下手處，方就這裏做工夫。○《好學論》是程子十八歲時，已做得這文好。這箇説話，便是所以爲學之本。惟知所本，然後可以爲學。○此論説得條理，只依此學，便可以終其身也。

横渠先生問於明道先生曰：定性未能不動，猶累於外物，何如？明道先生曰：所謂定者，動亦定，静亦定，無將迎，無内外。苟以外物爲外，牽己而從之，是以己性爲有内外也。且以性爲隨物於外，則當其在外時，何者爲在内？是有意於絶外誘，而不知性之無内外也。既以内外爲二本，則又烏可遽語定哉？問：聖人動亦定，静亦定，所謂定者是體否？朱子曰：是。曰：此是惡物來感時定，抑善惡來皆定？曰：惡物來不感，這裏自不接。曰：善物則如何？曰：當應便應，有許多分數來，便有許多分數應，這裏自定。曰：「子哭之慟」，何以見其爲定？曰：此是當應也。○問聖人定處，曰：「知止而后有定」，只看此一句，便了得。萬物各有當止之所，知得則此心自不爲物動。曰：舜「號泣于旻天」，「象憂亦憂，象喜亦喜」，當此時，何以見其爲定？曰：此是當應而應，當應而應便是定。若不當應而應，便是亂了，當應而不應，則又是死了。○西山真氏曰：定性者，理定於中，而事不能惑也。理定於中，静時固定，動時亦未嘗不定也。不隨物而往，不先物而動，故曰「無將迎」。理自内出而周於事，事自外來而應以理，理即事，事即理也，故曰「無内外」。○勉齋黄氏曰：此書分七段讀，此首段。「定性」字當作「定心」看。若以心有内外，不惟未可語定，亦且不識心矣。夫天地之常，以其心普萬物而無心；聖人之常，以其情順萬事而無情。故君子之學，莫若擴然而大公，物來而順應。問：

「普萬物」，莫是以心周徧而無私否？朱子曰：天地以此心普及萬物，人得之遂爲人之心，物得之遂爲物之心，只是一箇天地之心耳。今須要知得他有心處，又要知得他無心處。○「擴然而大公」，是「寂然不動」。「物來而順應」，是「感而遂通」。○所謂「普萬物」、「順萬事」者，即「擴然而大公」之謂。所謂「無心」、「無情」者，即「物來而順應」之謂。○問：「大公」、「順應」，學者卒未到此，奈何？曰：雖未到此，規模也是恁地，只是除却私意，事物之來，順他道理應之。且如有一事，自家見得道理是恁地，却有箇偏曲底意思要爲那人，便是不公，便逆了這道理，不能順應。聖人自有聖人大公，賢人自有賢人大公，學者自有學者大公。曰：學者大公當如何？曰：也是要存得這箇在，克去私意。這兩句是有頭有尾説話，大公是包説，順應是就裏面細説。○勉齋黄氏曰：此第二段。此書大意不過此二句：擴然大公是不絶乎物，物來順應，是不累乎物。**《易》曰：「貞吉悔亡，憧憧往來，朋從爾思。」苟規規於外誘之除，將見滅於東而生於西也。非惟日之不足，顧其端無窮，不可得而除也。**朱子曰：往來不合著「憧憧」了，便是私意。擴然大公便不是「憧憧」，物來順應便不是「朋從爾思」。○勉齋黄氏曰：此第三段，引《易》以結上段之意。「貞吉」則虚中無我，不絶乎物，而亦不累乎物也。「憧憧」則累乎物矣。**人之情各有所蔽，故不能適道，大率患在於自私而用智。自私則不能以有爲爲應迹，用智則不能以明覺爲自然。今以惡外物之心，而求照無物之地，是反鑑而索照也。**問：自私則不能擴然大公，所以「不能以有爲爲應迹」；用智則不能物來順應，所以「不能以明覺爲自然」。朱子曰：然。○應迹謂應事物之迹，若心則未嘗動也。○問：程子謂釋氏自私，先生嘗以此自私説得較粗，是常人之自私。然細思之，如自私則「不能以有爲爲應迹」，用智則「不能以明覺爲自然」，亦自説得煞，恐只是釋氏之自私。曰：此説得較闊，兼兩意。也是見横渠説得有這病，故如此説。問：「反鑑」、「索照」，亦是説絶外物而求定之意？曰：然。但所謂「自私而用智」，如世人一等嗜慾也是，如異端絶滅外物也是。若廓然大公，物來順應，便上不淪於空寂，下不累於物欲。○勉齋黄氏曰：此第四段，只是與前二段相反。自私便是求絶乎物，用智是反累乎物。不能「以有爲爲應迹」，故求絶乎物；不能「以明覺爲自然」，故反累乎物。《易》曰：「艮其背，不獲其身；行其庭，不見其人。」《孟子》亦曰：「所惡於智者，爲其鑿也。」與其非外而是內，不若內外之兩忘也。兩忘則澄然無事矣，無事則定，定則明，明則尚何應物之爲累哉！ 朱子曰：「艮其背」云云，《易》中只是説「艮其止，止其所」。人之四支百骸，皆能動作，惟背不能動。止於背，是止得其當止之所。明道《定性書》舉其語，是此意，伊川説却不同。○問：內外兩忘，是內不自私，外應不鑿否？曰：是。大抵不可以在內者爲是，在外者爲非，只得隨理順應。○勉齋黄氏曰：此第五段，亦引《易》以結上文。艮「不獲其身」則無我，無我則不自私，用智而鑿，則不「以明覺爲自然」，故「不若內外之兩忘也」。

聖人之喜，以物之當喜；聖人之怒，以物之當怒。是聖人之喜怒，不繫於心而繫於物也。是則聖人豈不應於物哉？烏得以從外者爲非，而更求在內者爲是也？今以自私用智之喜怒，而視聖人喜怒之正爲何如哉？ 問：聖人恐無怒容否？朱子曰：怎生無怒容？合當怒時，必亦形於色。如要治那人之罪，自爲笑容則不可。曰：如此則恐涉忿怒之氣否？曰：天之怒，雷霆亦震。舜誅四凶，當其時亦須怒。但當怒而怒便中節，事過便消了，更不積。○血氣之怒不可有，義禮之怒不可無。❶ ○勉齋黄氏曰：此第六段，以聖人喜怒，明其擴然大公，物來順應也。

夫人之情，易發而難制者，惟怒爲甚。第能於怒時遽忘其怒，而觀理之是非，亦可見外誘之不足惡，而於道亦思過半矣。 朱子曰：舊時謂觀理之是非，才見己是而人非，則其爭愈力。後來看不如此。如孟子所謂「我必不仁也」，「自反而仁」，「其橫逆由是也」，則「曰此亦妄人而已矣」。○若知其理之曲直不必校却好，若見其直而又怒，則愈甚。○此明道爲學者理未甚明底説。言於怒時且權停閣這怒，而觀理之是非，少間自然見得當怒不當怒。蓋怒氣易發難制，如水之澎漲，能權停閣這怒，則如水漸漸歸港。○勉齋黄氏曰：此第七段，未嘗無怒，而觀理是非，則未至於聖人，而於道思過半矣。此段專説順應一邊，然未嘗不怒，則是大公。文公舊説，則兼大公、順應而

❶「禮」，局本作「理」。

言，蓋以「遽忘其怒」爲大公也。〔總論〕朱子曰：定性者，存養之功至，而得性之本然也。惟定則動静如一，❶而内外無間矣。天地之所以爲天地，聖人之所以爲聖人，不以其定乎？君子之學，亦以求定而已矣。故「擴然而大公」者，仁之所以爲體也；「物來而順應」者，義之所以爲用也。仁立義行，則性定而天下之動一矣，所謂貞也。夫豈爲是急於外誘之除，而反爲是憧憧哉？然常人之所以不定者，非其性之本然也。自私以賊夫仁，用智以害夫義，是以情有所蔽而憧憧耳。不知自反以去其蔽，顧以惡外物爲心，而反求照於無物之地，亦見其用力愈勞，而燭理愈昧，益以憧憧而不自知也。「艮其背」則不自私矣，「行所無事」則不用智矣。内外兩忘，非忘也，一循於理，不是内而非外也。不是内而非外，則大公而順應，尚何事物之爲累哉？聖人之喜怒，大公而順應，天理之極也。衆人之喜怒，自私而用智，人欲之盛也。忘怒則公，觀理則順，二者所以爲自反而去蔽之方也。夫張子之於道，固非後學所敢議。然意其强探力取之意多，涵泳完養之功少，故不能無疑於此。程子以是發之，其旨深哉！○問：《定性書》是正心誠意工夫否？曰：是正心誠意以後事。問：《定性》所論，固是不可有意於除外誘，然此説地位高者之事，在初學恐亦不得不然否？曰：初學也不解如此。外誘如何除得？有當應者，也只得順應，便看理如何。此篇大綱，只在「擴然而大公，物來而順應」兩句，其他引《易》、《孟子》，皆是如此。末謂「第能於怒時遽忘其怒，而觀理之是非」，一篇著力緊要，只在此一句。遽忘其怒，便是擴然大公，觀理之是非，便是物來順應。明道言語渾淪，子細看節節有條理。○明道意，言不惡事物，亦不逐事物。今人惡則全絶之，逐則又爲物引將去。惟不拒不流，泛應曲當，則善矣。蓋横渠有意於絶外物而定其内，明道意以爲須是内外合一，動静皆定，則應物之際，自然不累於物，苟只静時能定，則動時恐被物引去矣。○《定性書》一篇中，都不見一箇下手處，或云擴然大公兩句，是下工夫處否？曰：這是説已成處。今人私欲萬端，如何得大公？所見與理皆背馳，如何得順應？曰：這便是先生前日所謂也須存得這箇在？曰：也不由你存。這須是見得，須是知得天下之理，都著一毫私意不得方是，所謂「知止而后有定」也。○自私、用智，此書首尾只此兩項。明道文字多只成片説去，細看中間自有脈絡貫串將去。大公、順應，自後許多話，都是此二句意。引《易》是説大公，引《孟子》是説順應，忘怒是

❶「惟」，局本作「性」。

應大公，觀理是應順應。○明道此書，自胸中瀉出，如有物在後逼逐他相似，皆寫不辨。直卿云：此所謂「有造道之言」。曰：然。○問：此書難理會。曰：也不難。「定性」字說得詫異，此「性」字是箇「心」字意。明道言語甚圓轉，初讀未曉得，子細看却成段相應。此書在鄠時作，年甚少。

伊川先生《答朱長文書》曰：聖賢之言，不得已也。蓋有是言則是理明，無是言則天下之理有闕焉。如彼耒耜陶冶之器，一不制則生人之道有不足矣。聖賢之言雖欲已，得乎？然其包涵盡天下之理，亦甚約也。後之人始執卷，則以文章爲先，平生所爲，動多於聖人，然有之無所補，無之靡所闕，乃無用之贅言也。不止贅而已，既不得其要，則離真失正，反害於道必矣。來書所謂欲使後人見其不忘乎善，此乃世人之私心也。夫子「疾沒世而名不稱焉」者，疾沒身無善可稱云爾，非謂疾無名也。名者可以厲中人，君子所存，非所汲汲。

內積忠信，「所以進德也」；擇言篤志，「所以居業也」。「知至至之」，「致知」也，求知所至而後至之，知之在先，故「可與幾」，所謂「始條理者，知之事也」。「知終終之」，「力行」也，既知所終，則力進而終之，守之在後，故「可與存義」，所謂「終條理者，聖之事也」。此學之始終也。《易傳》。下同。○朱子曰：「內積忠信」，積字說得好。某「實其善」之說雖密，不似積字。見得積在此而未見於事之意。○一言一動，必忠必信，是積也。○「內積忠信」是實心，「擇言篤志」是實事。「擇言」是「修辭」，「篤志」是「立誠」。○伊川「擇言篤志」，說得來寬，不如明道云：「修省言辭」，「正爲立己之誠意，乃是體當自家『敬以直內』、『義以方外』之實事。」○「知至至之」，全在知字；「知終終之」，在著力守之。○「知至」是真實知得，「如惡惡臭，如好好色」，「至之」便真箇求到其地。「知終」是知得進到這處了，如何保守得，便終保守，此是「終之」。「可與幾」是未到那裏，先見得箇事幾，「可與存義」便是守得箇物事在。○問：「知至至之」是「致知」，「知終終之」是「力行」，固是如此，然細思，恐「知至」與「知終」屬「致知」，「至之」、「終之」屬「力行」，二者自相兼帶。曰：程子云：「知至至之」主知，「知終終之」主行。然某却疑似亦不必如此說，只將「忠信所以進德，修辭立其誠所以居業」說，自得。○「知至至之」，「進德」之事；「知終終之」，「居業」之事。

君子主敬以直其内，守義以方其外。敬立而内直，義形而外方。義形於外，非在外也。敬義既立，其德盛矣，不期大而大矣，「德不孤」也。無所用而不周，無所施而不利，孰爲疑乎？ 朱子曰：「直」是直上直下，無纖毫委曲。「方」是割截方正之意，是處事皆合宜，如一物四方在面前，不可得而移易之意。○敬立而内自直，義形而外自方。若欲以敬要去直内，以義要去方外，則非矣。○問「義形而外方」，曰：義是心頭斷事，心斷於内，而外自方正，萬物各得其宜。○此《坤》六二之爻，以敬解「直」，以義解「方」，將不孤來解「大」字。若敬而無義，則做出事來必錯了，只義而無敬，則無本何以爲義？皆是孤也。須是「敬義立」，方「不孤」。

動以天爲无妄，動以人欲則妄矣。无妄之義大矣哉！ 葉氏曰：震下乾上爲无妄，震，動也；乾，天也。故曰「動以天爲無妄」。雖無邪心，苟不合正理，則妄也，乃邪心也。既已无妄，不宜有往，往則妄也。故《无妄》之《彖》曰：「其匪正有眚，不利有攸往。」朱子曰：所謂「雖無邪心」而「不合正理」者，該動静而言。如燕居獨處之時，物有來感，理所當應，而此心頑執不動，則此不動處便非正理。又如應事接物處，理當如彼，而吾所以應之者乃如此，則雖未必出於血氣人欲之私，然只此亦是不合正理。既不合正理，非邪妄而何？又如賢智者過之，其心豈有邪？却不合正理。○人之應事，有不出於意欲之私，而但以不是義理之當然，❶遂陷於不正者多矣。董子所謂「以善爲之而不知其義，是以被之惡言而不敢辭」者，正謂此耳。如「鬻拳强諫」之類是也。

人之蘊蓄，由學而大，在多聞前古聖賢之言與行。考跡以觀其用，察言以求其心，

❶「是」，局本從洪本作「見」。

識而得之以蓄成其德。《大畜·象》傳。

《咸》之《象》曰：「君子以虛受人。」傳曰：中無私主，則無感不通。以量而容之，擇合而受之，非聖人有感必通之道也。朱子曰：心無私主，也只是公，善則好之，惡則惡之，善則賞之，惡則刑之。此聖人至公至神之化，如天地一般，寒則偏天下皆寒，熱則偏天下皆熱，便是有感皆通。問：心無私主最難？曰：只是克去己私，便心無私主。若心有私主，只是相契者應，不想契者則不應。○以量而容，隨我量之大小以容人，便是不虛了。○葉氏曰：有量必有限，有合則必有不合。

其九四曰：「貞吉悔亡，憧憧往來，朋從爾思。」傳曰：感者人之動也，故《咸》皆就人身取象。四當心位而不言咸其心，感乃心也。感之道無所不通，有所私係則害於感通，所謂悔也。聖人感天下之心，如寒暑雨暘，無不通無不應者，亦貞而已矣。貞者虛中無我之謂也。若往來憧憧然，用其私心以感物，則思之所及者有能感而動，所不及者不能感也。以有係之私心，既主於一隅一事，豈能廓然無所不通乎？問：《易傳》云「貞者虛中無我之謂」，《本義》云貞者「正而固」，不同何也？朱子曰：某尋常解經，只要依訓詁説字。如貞作正而固，仔細玩索，自有滋味。若曉得正而固，則虛中無我亦在裏面。○問：往來是心中憧憧然，猶言往來於懷否？曰：非也。下文分明説日月寒暑往來，安得爲心中之往來？伊川説微倒了。一往一來，感應之常理，是自然之往來。此憧憧者，是加私意不好底往來，只是加一箇忙迫底心，不能順自然之理。○伊川説得未備。往來自還他自然之理，惟正静爲主。至於憧憧則私爲主，而思慮之所及者朋從，所不及者不朋從矣。

君子之遇艱阻，必思自省於身，有失而致之乎？有所未善則改之，無歉於心則加勉，乃自修其德也。《蹇·象》傳。○葉氏曰：此教人以處險阻之道。

非明則動無所之，非動則明無所用。《豐》初九傳。○朱子曰：豐「明以動」，以明心應事物也。○徒明不行，則明無所用，空明而已。徒行不明，則行無所向，冥行而已。

習，重習也。時復思繹，浹洽於中，則説也。以善及人，而信從者衆，故可樂也。雖樂於及人，不見是而無悶，乃所謂君子。《經説》。下同。○朱子曰：「浹洽」二字，宜子細看。凡於聖賢言語，思量透徹，乃有所得。譬之浸物於水，水若未入，只是外面稍濕，裏面依前乾燥，必浸之久，則透内皆濕。程子之言，極有深意。○己既有得，何待人之信從始爲可樂？須知己之有得，亦欲人之皆得。然信從始但一二人，亦未能愜吾之意，至於信從者衆，豈不可樂？○大抵私小底人，或有所見，則不肯告人，持以自多。君子存心廣大，己有所得，足以及人。若己能之，以教人而人不能，多少可悶。今既信從者衆，安得不樂？○問：初學將自謀不暇，何以及得人？曰：如傳得師友好説話、好文字，歸與朋友，亦是及人。

「古之學者爲己」，欲得之於己也；「今之學者爲人」，欲見知於人也。

伊川先生謂方道輔曰：聖人之道，坦如大路，學者病不得其門耳。得其門，無遠之不到也。求入其門，不由於經乎？今之治經者亦衆矣，然而買櫝還珠之蔽，人人皆是。經所以載道也，誦其言辭，解其訓詁，而不及道，乃無用之糟粕耳。覬足下由經以求道，勉之又勉，異日見卓爾有立於前，然後不知手之舞足之蹈，不加勉而不能自止矣。《手帖》。○方元寀字道輔。買櫝還珠事見《韓子》。○朱子曰：買櫝還珠之論，尤可以警今日學者用心之謬。○朱子以此書示學者，曰：他只恁平鋪無緊要説出來，只是要移易他一兩字也不得，要改動他一句也不行。

明道先生曰：「修辭立其誠」，不可不子細理會。言能修省言辭，便是要立誠，若只是修飾言辭爲心，只是爲僞也。若修其言辭，正爲立己之誠意，乃是體當自家「敬以直内，義以方外」之實事。道之浩浩，何處下手？惟立誠纔有可居之處，有可居之處，則可以修業也。「終日乾乾」，大小大事，却只是「忠信所以進德」爲實下手處，「修辭立其

**誠」爲實修業處。**《遺書》。下同。○問：蘇季明以治經爲傳道居業之事，居常講習只是空言無益，質之兩先生如何？　朱子曰：季明是横渠門人，祖横渠修辭之説，以立言傳後爲修辭，是爲居業。明道與説《易》上修辭，不恁地修辭，只是如「非禮勿言」。「若修其言辭，正爲立己之誠意，乃是體當自家『敬以直内，義以方外』之實事」，便是理會敬義之實事，便是表裏相應。「敬以直内，義以方外」，便是立誠。道之浩浩，何處下手？　惟立誠方有可居之處，有可居之處則可以修業，修業便是逐日底事業，似日課一般。❶忠信進德爲實下手處，如是心中實見得理之不妄，「如惡惡臭，如好好色」，常常恁地，❷則德不期而進矣。誠便是忠信，修省言辭，便是要立得這忠信。若口不擇言，逢事便説，則忠信亦被汩没動蕩，立不住了。○問：何不説事，却説辭？　曰：事尚可欺人，辭不可掩，故曰「言顧行，行顧言」。

**伊川先生曰：志道懇切，固是誠意，若迫切不中理，則反爲不誠。蓋實理中自有緩急，不容如是之迫。觀天地之化乃可知。**朱子《答劉子澄》云：學者正欲胸中廓然大公，明白四達，方於致知窮理有得力處。今乃追咎往昔，念念不忘，竊恐徒自煎熬，無復義理悦心之味也。程子所謂「迫切不中理，則反爲不誠」，正慮此耳。升高自下，陟遐自邇，能不遺寸晷，而不計近功，則終必有至矣。

**孟子才高，學之無可依據。學者當學顔子，入聖人爲近，有用力處。又曰：學者要學得不錯，須是學顔子。**〔本注〕有準的。○朱子曰：孔子體面大，不用恁地説，道理自在裏面。孟子多是就發見處盡説與人，終不似夫子立得根本住，所以程子謂其「才高，學之無可依據」。○「孟子才高，學之無可依據」，爲他元來見識自高。顔子才雖未嘗不高，然其學却細膩切實，所以學者有用力處。孟子終是粗。○孟子説得粗，不甚子細，只是他才高，自至那地位。若學者學他，或錯認了他意思。若顔子説話，便可下手做，孟子底，更須解説方得。○問：如説養氣處，豈得爲無可依據？　曰：孟子皆是要用，顔子須就己做工夫，所以學顔子則不錯。○勉齋黄氏曰：如「博文約禮」，「克己復禮」，「不遷怒，不貳過」，皆用力處，就務實切己

❶「似」，原作「以」，據局本改。
❷「地」，原作「他」，據局本改。

下功，所以入聖人爲近。

明道先生曰：且省外事，但明乎善，惟進誠心，其文章雖不中不遠矣。所守不約，泛濫無功。問：「且省外事，但明乎善，惟進誠心」，只是教人鞭辟近裏，明善是致知，誠心是誠意否？朱子曰：知至即便意誠，善才明，誠心便進。問：「其文章雖不中不遠矣」，便是應那「省外事」一句否？曰：然。外事所可省者即省之，所不可省者亦强省不得。善只是那每事之至理，文章是威儀制度。「所守不約，泛濫無功」，説得極切。這般處只管將來玩味，則道理自然都見。又曰：這段是吕與叔自關中來，初見二程時説話。蓋横渠多教人禮文制度之事，他學者用心不近裏，故以此説教之。然只可施之與叔諸人，若與龜山言，便不著地頭了。○「且省外事，但明乎善，惟進誠心」，是且理會自家切己處，明善了，又更須看自家進誠心與未。

學者識得仁體，實有諸己，只要義理栽培。如求經義，皆栽培之意。朱子曰：「學者識得仁體，實有諸己」，識得與實有，須做兩句看，識得是知之，實有是得之。若只識得，只是知有此物，却須實有諸己，方是己物也。

昔受學於周茂叔，每令尋顔子、仲尼樂處所樂何事。朱子曰：程子之言，引而不發，蓋欲學者深思而自得之。今亦不敢妄爲之説，學者但當從事於博文約禮之誨，以至於欲罷不能而竭其才，則庶乎有以得之矣。○問：顔子所樂何事，周子、程子終不言，不審先生以爲所樂何事？曰：人之所以不樂者，有私意耳，克己之私則樂矣。○問：孔、顔所樂何事？曰：不要去孔、顔身上問，只去自家身上討。○問：孔、顔之樂，若但以爲在於樂道，則是孔、顔與道終爲二物。要之孔、顔之樂，只是私意浄盡，天理昭融，自然無一毫繫累耳。曰：然。但今人説樂道，説得來淺了，要之説樂道亦無害。曰：觀周子之問，其爲學者甚切。曰：然。頃之復曰：程子云：「人能克己，則心廣體胖，仰不愧，俯不怍，其樂可知，有息則餒矣。」○問：孔、顔之樂，求之亦甚難？曰：且就聖賢著實用功處求之。如克己復禮，致謹於視聽言動之間，久久自當純熟，充達向上去。○或説顔子之樂云：天理流行，渾融貫通，顔子見得這箇物事分明在面前，其樂自不能已。曰：也不要説得似有一箇物事樣，道是箇公共底道理，但是安頓不能得恰好。顔子向

前見不得底今見得，向前做不得底今做得，所以樂，不是抱這一箇物事來恁地快活。❶

所見所期，不可不遠且大，然行之亦須量力有漸。志大心勞，力小任重，恐終敗事。朱子曰：學者志道，固不可不以遠大自期。然苟悦其遠而忽於近，慕於大而累於細，則無漸次經由之實，而徒有懸空跂望之勞，亦終不能以自達矣。

朋友講習，更莫如「相觀而善」工夫多。《學記》「相觀而善之謂摩」。

須是大其心使開闊，譬如爲九層之臺，須大做脚始得。朱子曰：心只是放寬平便大，不要先有一私意隔礙便大，心大則自然不急迫。

明道先生曰：自「舜發於畎畝之中」，至「百里奚舉於市」，若要熟，也須從這裏過。朱子曰：只是要事事經歷過。○問：「若要熟，也須從這裏過」，人須從貧困艱苦中做來方堅牢。曰：若不從這裏過，也不識所以堅牢者。似一條路，須每日從上面往來，行得熟了，方認得許多險阻去處。若素不曾行，❷忽然一旦撞行將去，少間定墮坑落塹去也。

參也竟以魯得之。朱子曰：曾子魯鈍難曉，只是不肯放過，直捱到透徹了方住。❸不似別人只略綽見得些小便休。一様敏底見得容易，又不能堅守，鈍底捱得到略曉得處，便説道理止此，更不深求。惟曾子不肯放舍，若這事看未透，真是捱得到透處。❹所以竟得之。○緣他質鈍不解，便理會得，故著工夫去看，遂看得來透徹，非他人所及。有一等伶俐人，見得雖快，然只是從皮膚上略過，所以不如他。○魯鈍之人却能守，其心專一。明達者每事要入一分，半上落下，多不專一。○非説須要魯，魯是他一般病，但却是上好底病，他却是得這箇魯底力。

明道先生以記誦博識爲「玩物喪志」。〔本注〕時以經語録作一册。鄭轂云：某從洛中學時，録古人善行別作一册。明道先生見之，曰：「是玩物喪志。」蓋言心中不宜容絲髮事。胡安國云：謝先

❶「抱」，局本作「把」。
❷「曾」，原作「會」，據局本改。
❸「透」，原作「達」，據局本改。
❹「透」，局本從洪本及《語類》作「盡」。

生初以記問爲學，自負該博，對明道舉史書成篇，不遺一字。明道曰：「賢却記得許多，可謂玩物喪志。」謝聞此語，汗流浹背，面發赤。及看明道讀史，又却逐行看過，不蹉一字，謝甚不服。後來省悟，却將此事做話頭，接引博學之士。○謝良佐字顯道，上蔡人，程子門人。○朱子曰：明道以上蔡記誦爲「玩物喪志」，蓋謂其意不是理會道理，只是誇多鬬靡爲能。若明道看史不蹉一字，則意思自別。此正爲己爲人之分。○「玩物喪志」之戒，乃爲求多聞而不切己者發。○明道「玩物喪志」之説，蓋是箴上蔡記誦博識，而不理會道理之病。渠得此語，遂一向埽蕩，直要得曠然無一毫所累，則可謂矯枉過其正矣。觀其論曾點事，遂及列子御風，以爲易做，則可見也。明道謂「與學者語，如扶醉人」，真是如此。

**禮樂只在進反之間，便得性情之正。**〔原注〕以上並明道語。○問：《記》曰：「禮主其減，樂主其盈。禮減而進，以進爲文；樂盈而反，以反爲文。」恐減與盈是禮樂之體本如此，進反是用功處否？朱子曰：減是退讓、撙節、收斂底意思，是禮之體本如此。進者力行之謂。盈是和悦、舒散、快滿底意思，是樂之體如此。反者退斂之謂。禮主其減，却欲進一步向前著力去做。樂主其盈，却須退斂節制收拾歸裏。如此則得性情之正。問：如此則禮樂相爲用矣。曰：然。○禮主於撙節、退遜、檢束，然以其難行，須勇猛力進始得，故「以進爲文」。樂主於舒暢、發越，然一向如此，必至於流蕩，故「以反爲文」。○主於減者，以進爲文；主於盈者，以反爲文；中間便自有箇恰好處，所謂「性情之正」也。

**父子君臣，天下之定理，無所逃於天地之間。安得天分，不有私心，則行一不義，殺一不辜，有所不爲，有分毫私，便不是王者事。**朱子曰：天分，即天理也。父子君臣各安其分，則安得私。

**論性不論氣不備，論氣不論性不明，二之則不是。**朱子曰：論性不論氣，則無以見生質之異。論氣不論性，則無以見義理之同。○本然之性，只是至善，然不以氣質而論之，則不知其有昏明開塞、剛柔强弱，故有所不備。徒論氣質之性，而不自本原言之，則雖知有昏明開塞、剛柔强弱之不同，而不知至善之源未嘗有異，故其論有所不明。須是合性與氣觀之，然後盡。○如只説仁、義、禮、智是性，世間却有生出來便無狀底，是如何？只是氣稟如此。若不論氣，這道理便不周匝。若只論氣稟，這箇善這箇惡，却不論那一原處，這道理又却不明。○天命之性，若無氣質，却無安頓處。如一勺水，非有物盛之，則水無歸著。程子「論性不論氣」云云，所以發明千古聖賢未盡之意，甚爲有功。○論氣不論性，荀子言性惡，揚子言善惡混是也。論性不論氣，孟子言性善是也。○孟子論性不論氣，但只認説性善，雖説得好，終是欠了下面一截。○孟子終是未備，所以不能杜絶荀、揚之説。○不備則少欠耳，不明則大害事。○韓愈也説得好，只是少箇「氣」字。○須是兩邊都説，理方明備。「二之」正指上兩句，「論性不論氣」，「論氣不論性」，便是「二之」。○問：氣質之説，始於何人？曰：此起於張、程，極有功於聖門，有補於後學。韓退之《原性》中説三品，説得也是，但不曾分明説是氣質之性。孟子説性善，但説得本原處，下面却不曾説得氣質之性，所以有費分疏。諸子説性惡與善惡混。使張、程之説早出，這許多説話，自不用分争。故張、程之説立，則諸子之説泯矣。○周子《太極圖》，却有氣質底意思。程子之論，又自《太極圖》中見出來。

**論學便要明理，論治便須識體。**朱子曰：事理合當做處，凡事皆有箇體。如作州縣，便合治告訐，除盗賊，勸農桑，抑末作。如朝廷便須開言路，通下情，消朋黨。如爲大吏，便須求賢才，去贓吏，除暴斂，均力役。這箇是定底格局，合當如此做。○只怕人傷了那大體。如爲天子近臣，合當蹇諤正直，又却恬退寡欲，及至處鄉里，合當閉門自守，躬廉退之節，又却向前要做事。這箇便都傷了那大體。今人議論都是如此，合當舉賢才而不舉，而曰我遠權勢，合當去姦惡而不去，而曰不爲已甚。

**曾點、漆雕開已見大意，故聖人與之。**

問：如何是「已見大意」？朱子曰：是他見得大了，便小合殺不得。開只説得一句，如何便見他已見大意？工夫只在「斯」字「信」字上。「斯」是許多道理見於日用之間。君臣、父子、仁義、忠孝之理，雖已見得如此，却恐做不盡，不免或有過差，雖是知其已然，未能決其將然。規模小底，易自以爲是，❶規模大，則工夫卒難了。所以自謂「未能信」。○「大意」便是本初處。若不見得大意，如何下手做工夫？若已見大意，而不下手做工夫，亦不可。○問：「大意」畢竟是如何？曰：若推其極，只是「惟皇上帝，降衷于下民」。○《答曾擇之》曰：漆雕語意深密難尋，而曾點之言，可以玩索而見其意。若見得曾點意，則漆雕之意，亦見得矣。且看

❶「是」，局本從洪本作「足」。似是。

程子説「大意」二字是何意，二子見得是向甚處，如何見得。又曰：謂開有經綸天下之志，則未必然，正是已分上極親切處，自覺有未盡處耳。雖其見處不及點之開闊，得處未至如點之從容，然其功夫精密，則恐點有所不逮也。然今日只欲想象聖賢胸襟洒落處，却未有益。須就自家下學致知力行處做工夫，覺得極辛苦不快活，便漸見好意思也。○舊看皆云曾點高，今看來却是開著實，點頗動蕩。○點開闊，開深穩。○論其資禀之誠慤，則開優於點；語其見趣超詣，脱然無毫髮之累，則點賢於開。然開之進則未已也。○點已見大意，却做得有欠缺，開見得不如點透徹，而用功却密。點天資甚高，如一箇大屋，但見外面牆圍周匝，裏面間架却未見得，却又不肯做工夫。如邵康節見得恁地，只管作弄。

**根本須是先培壅，然後可立趨向也。趨向既正，所造淺深，則由勉與不勉也。**朱子曰：涵養持敬，便是栽培。○此段只如「弟子入則孝」云云之意，先從實上培壅一箇根脚，却學文做工夫去。

**敬義夾持直上，「達天德」自此。**朱子曰：最是他説「夾持」兩字好。敬主乎中，義方於外。❶二者相夾持，要放下霎時也不得，只得直上去，故便「達天德」。○表裏夾持，更無東西走作去處，上面只更有箇天德。○直上者，無許多人欲牽惹也。又曰：不爲物欲所蔽，❷無到東來西之謂也。❸

**懈意一生，便是自棄自暴。**

**不學便老而衰。**或云：人之晚年，知識却會長進。朱子曰：也是後生時都定了，便長進也不會多。然而能用心於學問底，便會長進，若不學問，只縱其客氣底，亦如何會長進？日見昏了。有人後生氣盛時，説盡萬千道理，晚年只恁地闒靸了。或引程先生曰人「不學便老而衰」，曰：只這一句説盡了。

**人之學不進，只是不勇。**

**學者爲氣所勝，習所奪，只可責志。**或以科舉作館廢學自咎者，朱子曰：不然，只是志不立，不曾做工夫耳。伊川曰「學者爲氣所勝，習所奪，只可責志」，正爲此也。若志立，則無處無工夫。○爲學大端，在於求復性命

❶「方」，局本從洪本作「防」。
❷「蔽」，局本從洪本作「累」。
❸「無到」，局本從洪本作「而倒」。

之本然，求造聖賢之極致。須是立志如此，便做去始得。若曰我之志只是要做箇好人，識些道理便休，宜乎工夫不進，日漸消靡。程子云：「學者爲氣所勝，習所奪，只可責志。」○葉氏曰：立志不大不剛，則義理不足以勝其氣質之痼蔽，學力不足以移其習俗之纏繞。

内重則可以勝外之輕，得深則可以見誘之小。葉氏曰：道義重則外物輕，造理深則嗜欲微。

董仲舒謂：「正其義，不謀其利；明其道，不計其功。」孫思邈曰：「膽欲大而心欲小，智欲圓而行欲方。」可以爲法矣。此仲舒對江都易王語。思邈，隋、唐間人。○問：道義如何分別？朱子曰：道義是箇體用，道是大綱説，義是就一事上説。義是道中之細分別，功是就道中做得功效出來。○問：正義在先，明道在後否？曰：未有先後，此只是合掌底意思。又云：微有先後之序。事成之謂利，❶所以有義，功成則是道，便不是「惠迪吉，從逆凶」，然惠迪亦未必皆吉。○問「膽欲大」，曰：彼丈夫也，我丈夫也，吾何畏彼哉？○膽大是「千萬人吾往」處，天下萬物不足以動其心，「貧賤不能移，威武不能屈」，皆是膽大。心小是畏敬之謂，文王「小心翼翼」，曾子「戰戰兢兢」是也。○「膽欲大而心欲小」，「戰戰兢兢」，方能爲「赳赳武夫，公侯干城」之事。○問：四者缺一不可？曰：圓而不方則譎詐，方而不圓則執而不通，膽不大則卑陋，心不小則狂妄。江西諸人，便是膽大而心不小者也。○智是對仁、義、禮、信而言，須是知得是非，方謂之智。問：智欲圓轉，若行不方正合於義，則將流於權謀譎詐。曰：是如此。

大抵學不言而自得者，乃自得也。有安排布置者，皆非自得也。永按：不言自得者，用力之久，浹洽於中，熟而悦者也。安排布置，勉强而已，安能自得？

視聽、思慮、動作，皆天也，人但於其中要識得真與妄爾。朱子曰：言視聽、思慮、動作，皆是天理，其順發出來，無非當然之理，即所謂真，其妄者却是反乎天理者也。雖是妄，亦無非天理，只是發得不當地頭。恰如「善固性也」，「惡亦不可不謂之性」之意。○問：視聽、思慮、動作，發得不中節是妄？曰：妄是私意，不是不中節。

❶「之」，原重，據局本删。

問：此是顔子之所謂非禮者？曰：非禮處便是私意。○識字是緊要處，要識得時，須是學始得。

明道先生曰：學只要鞭辟近裏，著己而已，故「切問而近思」，則「仁在其中矣」。「言忠信，行篤敬，雖蠻貊之邦行矣。言不忠信，行不篤敬，雖州里行乎哉？立則見其參於前也，在輿則見其倚於衡也，夫然後行。」只此是學。質美者明得盡，查滓便渾化，却與天地同體。其次惟莊敬持養，及其至則一也。問：「鞭辟」是如何？朱子曰：此是洛中語，大約是要鞭督向裏去。今人皆不是鞭督向裏，心都向外。下言「切問而近思」云云，何嘗有一句説做外面去。○問「博學篤志」章，曰：明道常説「學只要鞭辟近裏，著己而已」，若能如此，便是心在己，❶是有七八分仁了。○「天地同體」處，如義理之精英。查滓是私意人欲之未消者。「克己復禮爲仁」，己是查滓，復禮便是「天地同體」處。「有不善未嘗不知」，不善處是查滓。曾子言「不忠」、「不信」、「不習」，是曾子查滓處。漆雕開言「未能信」，皆是有些查滓處。只是質美者見得透徹，查滓處都盡化了。若未到此，須當「莊敬持養」，旋旋磨擦去教盡。○所謂「持養」，亦非是作意去穿鑿以求其明，但只此心常敬，則久久自明。

「忠信所以進德」，「修辭立其誠，所以居業」者，乾道也。「敬以直内，義以方外」者，坤道也。朱子曰：乾言聖人之學，故曰「忠信所以進德」云云。坤言賢人之學，故曰「敬以直内」云云。問：既分聖賢之學，其歸如何？曰：歸無異。但乾所言便有自然底意思，坤所言只是作得持守。○忠信進德，修辭立誠，是流行發用，朴實頭便做將去，是健之義。敬以直内，義以方外，便只簡静循守，是順之義。大率乾是做，坤是守。

凡人才學便須知著力處，既學便須知得力處。葉氏曰：始學不知用力之地，則何以爲入道之端？既學而不知得力之地，則何以爲造道之實？

有人治園圃，役知力甚勞。先生曰：《蠱》之《象》「君子以振民育德」，君子之事，

❶「己」，局本作「已」，屬下讀。

惟有此二者，餘無他焉。二者，爲己、爲人之道也。朱子曰：役智力於農圃，内不足以成己，外不足以治人，濟得甚事？○葉氏曰：振民，謂興起作成之。育德，謂正養己德。

「博學而篤志，切問而近思」，何以言「仁在其中矣」？學者要思得之，了此便是徹上徹下之道。朱子曰：四者皆學問思辨之事耳，未及乎力行而爲仁也。然從事於此，則心不外馳，而所存自熟，故曰「仁在其中矣」。○問：「學者要思得之」，莫便是先生所謂「心不外馳而所存自熟」之意？曰：然。於四者中見得箇仁底道理，便是徹上徹下之道。○問：「了此便是徹上徹下之道」，此是深説也恁地，淺説也恁地否？曰：是，只是這箇道理，深説淺説都恁地。

弘而不毅，則難立；毅而不弘，則無以居之。〔本注〕《西銘》言弘之道。○朱子曰：弘，寬廣也。毅，强忍也。○弘而不毅，如近世龜山之學者，其流與世之常人無以異。毅而不弘，如胡氏門人，都恁地撑腸拄肚，少間都没頓著處。○永按：「弘而不毅」者縱弛，「毅而不弘」者狹陋。《西銘》之道，能實體之，渾然與物同體，弘之至也。

伊川先生曰：古之學者，優柔厭飫，有先後次序。今之學者，却只做一場話説，務高而已。常愛杜元凱語：「若江海之浸，膏澤之潤，涣然冰釋，怡然理順，然後爲得也。」今之學者，往往以游、夏爲小不足學，然游、夏一言一事，却總是實。後之學者好高，如人游心於千里之外，然自身却只在此。永按：杜預《春秋左傳序》中語，本謂學《春秋》當如是，程子借以言學也。

脩養之所以引年，國祚之所以祈天永命，常人之至於聖賢，皆工夫到這裏，則自有此應。葉氏曰：明學聖賢者，當真積力久而得之也。

忠恕所以公平，❶造德則自忠恕，其致則公平。朱子曰：進德則自忠恕，是從這裏做出來。其致則

❶「恕」，原作「怒」，據局本改。

公平，言其極則公平也。○忠恕是工夫，公平是忠恕之效，所以謂「其致則公平」。致，極至也。

仁之道，要之只消道一「公」字。公只是仁之理，不可將公便喚做仁。公而以人體之，故爲仁。只爲公則物我兼照，故仁，所以能恕，所以能愛。恕則仁之施，愛則仁之用也。朱子曰：程子之言，本末甚備，今撮其大要，不過數言。蓋曰：仁者生之性也，而愛其情也，孝弟其用也；公者所以體仁，猶言「克己復禮爲仁」也。學者於前三言，可以識仁之名義，於後一言，可以知其用力之方矣。○仁者性之德而愛之本。因其性之有仁，是以其情能愛。但或蔽於有我之私，則不能盡其體用之妙。惟克己復禮，廓然大公，然後此體渾全，此用昭著，動静本末，血脈貫通。○仁是愛底道理，公是仁底道理。故公則仁，仁則愛。公却是仁發處，無公則仁行不得。○仁是本有之性，生物之心，惟公則能體之，非因公而後有也，故曰「公而以人體之，故爲仁」。細看此語，却是人字裏面，帶得仁字過來。○非以公爲仁，須是「公而以人體之」。伊川自謂不可以公爲仁。世有以公爲心，而慘刻不恤者。須公而有惻隱之心，此工夫却在人字上。蓋人體之以公，方是仁。○「公而以人體之」，此句本微有病，然若真箇曉得，方知這一句説得好。所以程子又曰「公近仁」。蓋這箇仁便在這人字上。你元自有這仁，合下便帶得來，只爲不公，所以蔽塞了不出來，若能公，仁便流行。如溝中水被沙土壅塞了，故水不流，若能擔去沙土，水便流矣。又非是外面别將水來放溝中，是溝中元有此水。如「克己復禮爲仁」，能去己私，天理便自流行，不是克己了，又别討箇天理來放在裏面。○永按：此數條重人字，恐非定説，當以後答陳安卿一條爲正。○朱子曰：公之爲仁，猶言去其壅塞，則水自流通。然便謂無壅塞者爲水，則不可。○仁是本有之理，公是克己功夫極至處，故惟公然後能仁。其曰「公而以人體之」，則是克盡己私之後，只就自身上看，便見得仁也。○公猶無塵也，人猶鏡也，仁則猶鏡之光明也。鏡之明非自外來，元來自有光明，今不爲塵所昏耳。人心元來自有這仁，今不爲私欲所蔽耳。○董銖問：體猶骨也，如「體物不可遺」之體，非體用之體。❶曰：公是仁之方法，人是仁之材料。有此人，方有此仁。蓋有形氣，便具此生理，若無私意間隔，則人身上全體皆是仁。體字便作體認

❶「用」，局本從洪本作「認」。

之體亦不妨。體認者是將此身去裏面體察，如「體群臣」之體。又問：先生謂「作體認之體亦不妨」，銖思之未達。竊謂有此人則具此仁，然人所以不仁者，以其私也。能無私心則此理流行，即此人而仁在矣，非是公後又要去體認尋討也。曰：仁字説得是了，但認體字未是。體者乃是以人而體公。蓋人撐起這公作骨子，則無私心而仁矣。蓋公只是一箇公理，仁是人心本仁。人而不公，則害夫仁，故必體此公在人身上以爲之體，則無所害其仁，而仁流行矣。作如此看方是。○陳安卿問：先生謂緊要在人字上，淳竊謂此段之意，人字只是指吾身而言，與《中庸》「仁者人也」之人自不同，不必重看，緊要都在體字上。❶公如何體？亦不過克盡己私。至於此心豁然瑩浄光潔，徹表裏純是天理之公，則天地生物之意常存。此所以能恕能愛。曰：此説得之。○恕與愛本皆出於仁，然非公則安能恕？安能愛？○公、恕、愛，皆所以言仁者也。公在仁之前，恕與愛在仁之後。公則能仁，仁則能恕能愛。○仁之發處自是愛，恕是推那愛底，愛是恕之所推者。若不是恕處推那愛，❷也不能及物，也不能「親親」、「仁民」、「愛物」，只是自愛而已。若裏面元無那愛，又推箇甚麼？如開溝相似，愛，水也，開之者，恕也。○問：施與用如何分？曰：恕之所施，施其愛耳。不恕，則雖有愛而不能及人也。○施是從這裏流出，用是就事説。推己當恕，❸恕是從己流出去及那物，愛是才調恁地。愛如水，恕如水之流。陳淳問：先生謂「愛如水，恕如水之流」，退而思，有所不合。竊謂仁如水，愛如水之潤，恕如水之流。曰：説得是，昨日説過了。○恕是分俵那愛底。如一桶水，愛是水，恕是分俵此水何處一杓，故謂之施。○「施」、「用」兩字移動全不得，惟孔、孟能如此下。此等處極當細看。

今之爲學者，如登山麓，方其迤邐，莫不闊步，及到峻處便止。須是要剛決果敢以進。

朱子曰：爲學須要剛毅果決，悠悠不濟事。如「發憤忘食，樂以忘憂」，是什麼精神！什麼骨力！

人謂要力行，亦只是淺近語。人既能知，見一切事皆所當爲，不必待著意，纔著意便是有箇私心。這一點意氣，能得幾時了？

❶「都」，局本從洪本作「却」。
❷「處」，局本從洪本作「去」。
❸「當」，局本作「爲」。

問：力行如何是淺近語？朱子曰：不明道理，只是硬行。他只見聖賢所爲，心下愛，硬依他行，這是私意，若見得道理時，皆是當恁地行。問：「這一點意氣能得幾時了」是如何？曰：久時將次只是恁地休了。○伊川謂説力行是淺近事，惟知爲上，知最要緊。

知之必好之，好之必求之，求之必得之。古人此箇學是終身事。果能顛沛造次必於是，豈有不得道理？

古之學者一，今之學者三，異端不與焉。一曰文章之學，二曰訓詁之學，三曰儒者之學。欲趨道，舍儒者之學不可。朱子曰：此切要之言。夫子之所志，顏子之所學，子思、孟子之所傳，皆是學也。

問：作文害道否？曰：害也。凡爲文不專意則不工，若專意則志局於此，又安能與天地同其大也？《書》曰「玩物喪志」，爲文亦玩物也。呂與叔有詩云：「學如元凱方成癖，文似相如始類俳。獨立孔門無一事，只輸顏氏得心齋。」古之學者，惟務養情性，其他則不學。今爲文者，專務章句悦人耳目。既務悦人，非俳優而何？曰：古者學爲文否？曰：人見六經，便以謂聖人亦作文，不知聖人亦攄發胸中所藴，自成文耳，所謂「有德者必有言」也。曰：游、夏稱文學何也？曰：游、夏亦何嘗秉筆學爲詞章也？且如「觀乎天文以察時變，觀乎人文以化成天下」，此豈詞章之文也？呂大臨字與叔，張、程門人。○朱子曰：貫穿百氏及經史，乃所以辨驗是非，明此義理，豈特欲使文辭不陋而已，義理既明，又能力行不倦，則其存諸中者，必也光明四達，何施不可，發而爲言，以宣其心志，當自發越不凡，可愛可傳矣。今執筆以習研鑽華采之文，務悦人者，外而已，可恥也矣。○道者文之根本，文者道之枝葉。惟其根本乎道，所以發之於文者皆道也。三代聖賢文章，皆從此心寫出，文便是道。

涵養須用敬，進學則在致知。朱子曰：涵養此心須用敬。譬之養赤子，須時其起居飲食，養之屋室之中，而謹顧守之，方有向成之期。○問：涵養又在致知之先？曰：涵養是合下在先。古人從小以敬涵養，漸教之讀書識義理。今若説待涵養了，方去致知，也無期限。須是兩下用功，也著涵養，也著致知。○無事時且存養在這裏，提撕警覺，不要放肆，到講習應接時，便當思量義理。○問：敬先於知，然知至則敬愈分明。曰：此正如「配義與道」。○二者偏廢不得，致知須用涵養，涵養須用致知。○下「須」字「在」字，便是皆要齊頭著力，不可道知得了方始行。○此兩言如車兩輪，如鳥兩翼，未有廢其一而可行可飛者也。○此二言者，體用本末，無不該備。○敬、克己、致知，此三事以一家譬之，敬是守門户之人，克己則是拒盜，致知則是去推察自家與外來底事。伊川言「涵養須用敬，進學則在致知」，不言克己，蓋敬勝百邪，便自是克，如誠則不消言閑邪之意。如善守門户，則與拒盜便是一等事，不消更言拒盜。若以涵養對克己言之，則各作一事亦可。涵養譬如將息，克己譬如服藥去病。能純於敬，自無邪僻，何用克己？若初學則須是功夫都到。

莫説道將第一等讓與別人，且做第二等。才如此説，便是自棄。雖與「不能居仁由義」者差等不同，其自小一也。言學便以道爲志，言人便以聖爲志。

問：「必有事焉」，當用敬否？曰：敬是涵養一事，「必有事焉」，須用集義。只知用敬，不知集義，却是都無事也。又問：義莫是中理否？曰：中理在事，義在心。問：孟子之所謂「有事」者，集義而已。程子之論，每以有事於敬爲言，何也？朱子曰：孟子之學，以集義爲養氣之本。程子之學，以敬爲入德之門。此其言之所以異也。然義非敬則不能以自集，故孟子雖言集義，而必先之以持敬。敬非義不能以自行，故程子雖言持敬，而於其門人有事於敬之問，亦未嘗不以集義爲言也。○問：「敬是涵養一事」，敬不足以盡涵養否？曰：五色養其目，聲音養其耳，義理養其心，皆是養也。○涵養須用敬，處事須是集義。○敬有死敬，有活敬。若只守著主一之敬，遇事來，不濟之以義，辨其是非，則不活。若熟後，敬便有義，義便有敬。○敬、義工夫不可偏廢。彼專務集義，而不知主敬者，固有虛驕急迫之病，而所謂義者或非其義。然專言主敬，而不知就日用間念慮起處，分別其公私義利之所在，而決取舍之幾焉，則亦未免於昏憒雜擾，而所謂敬者，有非其敬矣。○「義莫是中理」，如此説却是義在外也。○中理只是做得事來中理，義則所以能中理者也。義便有揀擇取舍。《易傳》曰：「在物爲理，處物爲義。」

問：敬、義何別？曰：敬只是持己之道，義便知有是有非。❶順理而行，是爲義也。若只守一箇敬，不知集義，却是都無事也。且如欲爲孝，不成只守著一箇孝字。須是知所以爲孝之道，所以侍奉當如何，温清當如何，然後能盡孝道也。

學者須是務實，不要近名方是。有意近名，則爲僞也。大本已失，更學何事？爲名與爲利，清濁雖不同，然其利心則一也。朱子曰：務實一事，觀今日學者不能進步，病痛全在此處。

「回也，其心三月不違仁」，只是無纖毫私意，有少私意便是不仁。朱子曰：三月言其久。仁者心之德，心不違仁者，無私欲而有其德也。

「仁者先難而後獲」，有爲而作，皆先獲也。古人惟知爲仁而已，今人皆先獲也。朱子曰：先計其效，而後爲其事，則其事雖公，而意則私。

有求爲聖人之志，然後可與共學；學而善思，然後可與適道；思而有所得，則可與立；立而化之，則可與權。朱子曰：可與共學，知所以求之也。可與適道，知所往也。可與立者，篤志固執而不變也。可與權，謂能權輕重使合義也。

古之學者爲己，其終至於成物；今之學者爲物，其終至於喪己。問：伊川云「爲己欲得之於己也，爲人欲見知於人也」，後又云「古之學者爲己，其終至於成物」云云，何也？朱子曰：此兩段意思自別。前段是低底爲人，後段是好底爲人。前爲人只是欲見知於人而已，後爲人却是真箇要爲人。然不曾先去自家身心上做得工夫，非惟是爲那人不得，末後和己也喪了。

君子之學必日新。日新者，日進也。不日新者必日退，未有不進而不退者。惟聖人

❶「知」，原作「如」，據局本改。

之道無所進退，以其所造者極也。葉氏曰：聖人理造乎極，行止乎成，❶則無所進退。○永按：聖人之學，亦日新不已。蓋有獨覺其進而人不知者，然必無所退也。唯其不已，所以不退。

明道先生曰：性靜者可以爲學。《外書》。下同。○永按：智以靜而明，行以靜而篤。

弘而不毅則無規矩，毅而不弘則隘陋。問：程子謂「弘而不毅則無規矩」而難立，恐毅字訓義，非可以有規矩言之。朱子曰：毅有忍耐底意思。無規矩是説目今，難立是説後來。

知性善以忠信爲本，此先立其大者。朱子曰：知性善以忠信爲本，須是的然識得這箇物事，然後從忠信做將去，若不識得這箇，不知是做甚麽，故曰「先立乎其大者」。

伊川先生曰：人安重則學堅固。朱子曰：如人言語簡重，舉動詳緩，則厚重可知。言語輕率，舉動輕肆，其人輕易可知。輕最害事，飛揚浮躁，所學安能堅固？○葉氏曰：躁擾輕浮，則所知者易忘，所守者易隳。

「博學之，審問之，慎思之，明辨之，篤行之」，五者廢其一，非學也。問：學、問、思、辨亦有序乎？朱子曰：學之博，然後有以備事物之理，故能參伍之，以得所疑而有問。問之審，然後有以盡師友之情，故能反復之，以發其端而可思。思之謹，則精而不雜，故能有所自得，而可以施其辨。辨之明，則斷而不差，故能無所疑惑，而可以見於行。行之篤，則凡所學、問、思、辨而得之者，又皆必踐其實，而不爲空言矣。此五者之序也。

張思叔請問，其論或太高，伊川不答，良久曰：累高必自下。張繹字思叔。○永按：思叔與尹彦明同事伊川先生，思叔以高識，彦明以篤行，俱爲程子所稱。然又謂尹焞魯，張繹俊，俊者他日過之，魯者終有守也。故思叔請問，常有過高之病。「累高必自下」，所以抑而救之也。

明道先生曰：人之爲學，忌先立標準。若循循不已，自有所至矣。問：爲學若以聖人爲標準，何不可之有？若無所指擬，茫然而去，將何所歸宿？朱子曰：忌先立標準，如孟子所謂「勿正」者。學者固當以

❶「止」，局本作「底」。

聖人爲標準，然豈可日日比並而較量之乎？ 觀顔子喟然之嘆，不於高堅瞻忽處用功，却就博文約禮上進步，則可見矣。○學者固當以聖人爲師，然亦何須先立標準。才立標準，心裏只計較思量幾時得到聖人，便有箇先獲之心。顔淵謂「舜何人，予何人，有爲者亦若是」，也只如此平説。只恁下著工夫，少間自有所至。○以聖爲志而忌立標準者，「必有事焉而勿正」也。循循不已，自有所至者，「心勿忘勿助長」也。「先難後獲」，意亦類此。

尹彦明見伊川後，半年方得《大學》、《西銘》看。尹焞字彦明，號和靖。○朱子曰：尹和靖從伊川半年後，方見《大學》、《西銘》，不知那半年是做甚麽，想只是且教他聽説話。問：也是初入門未知次第，驟與他看未得。曰：是如此。○問：此意如何？ 曰：也是教他自就切己處思量，自看平時是不是，未欲便把那書與之讀。問：如此，則末後以此二書併授之，還是以尹子已得此意？ 還是以二書互相發故？ 曰：他好把《西銘》與學者看，也是要教他知天地間有箇道理，恁地開闊。○此意思也好，也有病。蓋且養他氣質，淘潠了許多不好底意思。如《學記》所謂「未卜禘不視學，游其志也」之意固好，然也有病者。蓋天下有許多書，若半年間都不教看一字，幾時讀得天下許多書。《易》曰「富有之謂大業」，天下事無不當理會者，才工夫不到，業無由得大，少間措諸事業，便有欠缺，此便是病。問：想當時《大學》未成倫緒，難看。曰：然。尹彦明看《大學》，臨了連格物也看錯了，所以深不信伊川「今日格一件，明日格一件」之説，是看箇甚麽。

有人説無心。伊川曰：無心便不是，只當云無私心。永按：無心之説，入於空寂。聖賢之心，公而已矣。

謝顯道見伊川，伊川曰：「近日事何如？」對曰：「天下何思何慮？」伊川曰：「是則是有此理，賢却發得太早在。」伊川直是會鍛鍊得人，説了又道：「恰好著工夫也。」問：謝氏説「何思何慮」處，程子道「恰好著工夫」，此是著何工夫？ 朱子曰：人所患者，不能見得大體。謝氏合下便見得大體處，只是下學之工夫却欠。程子道「恰好著工夫」，便是教他著下學底工夫。○永按：事物各有當然之理，「何思何慮」，順理而行，因物付物者也。謝氏之學未至此，故謂其發之太早。

○謝顯道云：昔伯淳教誨，只管著他言語。伯淳曰：「與賢説話，却似扶醉漢，救得一邊，倒了一邊。」只怕人執著一邊。朱子曰：上蔡因有發於明道「玩物喪志」之一言，故其所論每每過高。如「浴沂御風」、「何思何慮」之類，皆是墮於一偏，如「扶醉漢」，真是如此。○「扶醉漢」之説，今之學者大抵皆然。如云讀史成誦亦是玩物喪志，學者若不理會得，聞這説話，又一齊棄了。

橫渠先生曰：「精義入神」，事豫吾内，求利吾外也。「利用安身」，素利吾外，致養吾内也。「窮神知化」，乃養盛自至，非思勉之能强。故崇德而外，君子未或致知也。《正蒙》。下同。○朱子曰：下學之事，盡力於「精義」「利用」，而交養互發之機自不能已，自是以上，則亦無所用其力矣。至於「窮神知化」，乃德盛仁熟而自致耳。○問：求利吾外，「求」字似有病，便有箇先獲底心。「精義入神」，自然能利吾外，何待於求？曰：然。當云所以利吾外也。○精熟義理而造於神，事業定乎内，而乃所以求利乎外也。通達其用，而身得其安，素利乎外，乃所以致養其内也。蓋内外相應之理。○入神是入至於微妙處，此却似向内做工夫，非是作用於外，然乃所以致用於外也。故嘗謂門人曰：「吾學既得於心，則修其辭，命辭無差，然後斷事，斷事無失，吾乃沛然精義入神者，豫而已。」橫渠可謂「精義入神」。○事豫吾内，事未至而先知其理之謂豫。

形而後有氣質之性，善反之則天地之性存焉。故氣質之性，君子有弗性者焉。朱子曰：天地之所以生物者理也，其生物者氣與質也。人物得是氣質以成形，而其理之在是者則謂之性。然所謂氣質者，有偏正純駁、昏明厚薄之不齊，故性之在是者，其爲品亦不一，所謂「氣質之性」者也。告子所謂「生之謂性」，程子所謂「生質之性」、「所稟之性」，所謂「才」者，皆謂是也。然其本然之理，則純粹至善而已，所謂「天地之性」者也。孟子所謂「性善」，程子所謂「性之本」，所謂「極本窮原之性」，皆謂此也。○天地之性，太極本然之妙，萬殊之一本也。氣質之性，二氣交運而生，一本而萬殊也。○天地之性是理，才到有陰陽五行處，便有氣質之性，於此便有昏明厚薄之殊。○

人只是一般人，厚於仁而薄於義，有餘於禮而不足於智，便自氣質上來。○氣質之性，只是此性墮在氣質之中，故隨氣質而自爲一性。正周子所謂「各一其性」者。向使元無本然之性，則此氣質之性又從何處得來耶？○本原之性無有不善，只被氣質有昏濁隔了，「故氣質之性，君子有弗性者焉」。學以反之，則天地之性存矣。《皋陶謨》所謂「寬而栗」等九德，皆是論反氣質之意。○若工夫未到，則氣質之性不得不重；若工夫至，則氣質豈得不聽命於義理？

德不勝氣，性命於氣；德勝其氣，性命於德。窮理盡性，則性天德，命天理。氣之不可變者，獨死生修夭而已。 問：「性命於氣」，「性命於德」，前日先生説以性命之命爲聽命之命，適見先生舊答潘恭叔書，以命與性字只一般，如「言性與命」也，所以後面分言「性天德，命天理」，不知如何？朱子曰：也是如此，但命字較輕得些。問：若將性命作兩字看，則於氣於德，當云性命皆由於氣，由於德。曰：橫渠文自如此。○德性若不勝那氣禀，則性命只由那氣；德性能勝其氣，則性命都是那德。兩者相爲勝負，蓋其禀受之初便如此矣。然亦非是元地頭不渾全，只是氣禀之偏隔著，故窮理盡性，則善反之功也。「性天德，命天理」，則無不是元來至善之物矣。若使不用修爲之功，則雖聖人之才，未必成性。然有聖人之才，則自無不修爲之理。○性與氣皆從上面流下來，❶自家之德若不能勝其氣，則只是承當得所賦之氣，若德有以勝其氣，則我之受其賦予者皆是德。故窮理盡性，則我之所受皆天之德，其所以賦予我者皆天之理。氣之不可變者，惟死生修夭。蓋死生修夭，富貴貧賤，這却還他氣。至「仁之於父子，義之於君臣」，「命也有性焉，君子不謂命」，這箇却須由我。○問：所謂勝者，莫是指人做處否？曰：固是。又問：「性命於氣」，是性命都由氣，則性不能全其本然，命不能順其自然；「性命於德」，是性命皆由德，則性能全天德，命能順天理否？曰：固是。○問：「性天德，命天理」，這處性、命如何分？曰：性是以其定者而言，命是以其流行者而言。命便是水恁地流底，❷性便是將椀盛得水。大椀盛得多，小椀盛得少，潔浄椀盛得清，汙漫椀盛得濁。○人生氣禀，自然不同。天非有殊，人自異禀。有學問之功，則性命於德，不能學問，然後性命惟其氣禀耳。曰：從前看「性

❶「皆」，原作「質」，據局本改。
❷「水」，原作「本」，據局本改。

命於德」，意謂此性由其德之所命。今如此云，則是性、命二者皆是德也。曰：然。○氣不可變惟壽夭。要之此亦可變，但大概如此。○問：知所攝養者，則多壽考，肆其嗜慾者，則多殀亡，是死生修夭亦可變也。故程子以火爲喻，與此說不合，如何？曰：《正蒙》之言，恐不能無偏。

莫非天也，陽明勝則德性用，陰濁勝則物欲行。「領惡而全好」者，其必由學乎！

《禮記》「領惡而全好」，鄭氏曰：「領，猶理治也。好，善也。」○問：「莫非天也」，是兼善惡言否？朱子曰：然。正所謂「善固性也，然惡亦不可不謂之性」，二者皆出於天也。陽是善，陰是惡，陽便清明，陰便昏濁。大抵陰陽有主對待而言者。如陽仁陰義之類，又別是一樣，專就善上說。○「陽明勝則德性用，陰濁勝則物欲行」，只將自家意思體驗，便見人心虛静，自然清明，才爲物欲所蔽，復黑暗了。

大其心則能體天下之物，物有未體，則心爲有外。世人之心，止於見聞之狹。聖人盡性，不以見聞梏其心，其視天下無一物非我。孟子謂盡心則知性知天，以此。天大無外，故有外之心，不足以合天心。朱子曰：「大其心則能體天下之物」，「世人之心，止於見聞之狹」，故不能體天下之物。惟聖人盡性，故不以所見所聞梏其心，故大而無外，「其視天下無一物非我」。「孟子謂盡心則知性知天」，蓋盡心則心極其大，知性知天，而無有外之心矣。問：今未到聖人盡心處，則亦當推去否？曰：未到那裏，也須知聞見之外，猶有我不聞不見底道理在。若不知聞見之外猶有道理，如何推得？要之此亦是横渠之意，孟子之意則未必然。孟子只是說窮理之至，則心自然極其全體而無餘，非是要大其心，而後知性知天也。問：只如横渠所說，亦自難下手。曰：便是横渠有時自要恁地說，似只是懸空想像，而心自然大。○大其心則能遍體天下之物，體猶仁體事而無不在，言心理流行，脉絡貫通，無有不到。苟有一物未體，則便有不到處，包括不到，是心爲有外。蓋私意間隔，而物我對立，則雖至親，且未必能無外矣。故有外之心，不足以合天心。○横渠此說，只是言人心要廣大耳。不知未能盡得此心之理，如何便能盡其心？兼「大其心」，亦做「盡心」說不得。○問：「物有未體」，此體字是體察之體否？曰：須認得如何喚做體察。曰：是將自家這身入那事物裏面去體認否？曰：然。猶曰「體群臣」也。伊川云「天理二字自家體貼出來」，是這樣體字。又曰：是置心在物中究見其理，如格物致知之義。○問：如何得「不以見聞梏其心」？曰：張子此説，是説聖人盡性事。如今人理會學，須是有見聞，豈能舍此？先是於見聞上做工夫到，然後脱然貫通。○「天大無外」，物無不包，物理所在，一有所遺，則吾心爲有外，便與天地不相似。○十分事做得七八分，便是有外。所以致知格物者，要得無外也。○問如何是「有外之心」？曰：只有私意，便内外扞格，只見得自己，凡物皆不與己相關，便是「有外之心」。此説固好，然只管如此説，便無歸著，人於邪道之説。❶如夫子都説得平易，從得夫子之言，便是無外之實。若便要説「天大無外」，則此心便瞥入虚空裏去了。

仲尼絶四，自始學至成德，竭兩端之教也。意，有思也；必，有待也；固，不化也；我，有方也。四者有一焉，則與天地爲不相似矣。朱子曰：横渠之意，以絶爲禁止之辭，是言聖人將這四者使學者禁絶而勿爲。毋字亦是禁止之意，故曰「自始學至成德，竭兩端之教」。○「意有思也」，未安。意却是箇有爲底意思，爲此一事，故起此一意也。○問：夫子嘗言「學而不思則罔」，又言「君子有九思」。今横渠言「意有思也」，與此相反。曰：絶四是聖人事，「不思不勉」者也。學者則思不可無，但不可有私意耳。○「我有方也」，方所也，猶言有限隔也。

上達反天理，下達徇人欲者與！葉氏曰：反天理，則所趨日以高明；徇人欲，則所趨日以沉溺。

知崇天也，形而上也。通晝夜而知，其知崇矣。知及之，而不以禮性之，非己有也。故知禮成性而道義出，如天地位而易行。朱子曰：「知崇天也」，言知識高明如天。「形而上」指此理。「通晝夜而知」，通猶兼也，兼陰陽晝夜之道而知。知晝不知夜，知夜不知晝，則知皆未盡也。合「知禮成性」，則「道義出」矣，知禮行處也。○問横渠「知禮成性」之説，曰：横渠説成性，謂是渾成底性，「知禮成性」，如「習與性成」之意同。又問「不以禮性之」，曰：如「堯、舜性之」相似，但他言語艱，意是如此。○性者我所得於天底，道義是衆人共由底。

困之進人也，爲德辨，爲感速。孟子謂「人有德慧術智者，常存乎疢疾」，以此。朱子

❶「道」，局本從洪本作「遁」。

曰：辨猶子細。感速言我之感發速也。

言有教，動有法；晝有爲，宵有得；息有養，瞬有存。朱子曰：横渠此語極好。君子「終日乾乾」，不可食息間，亦不必終日讀書，或静坐存養亦是。雖静坐，亦有所存主始得，不然兀坐而已。○一息之間亦有養，一瞬之頃亦有存，如「造次顛沛必於是」之意。但説得太緊。

横渠先生作《訂頑》曰：乾稱父，坤稱母。予兹藐焉，乃混然中處。朱子曰：天，陽也，以至健而位乎上，父道也。地，陰也，以至順而位乎下，母道也。人禀氣於天，賦形於地，以藐然之身，混合無間而位乎中，子道也。然不曰天地而曰乾坤者，天地其形體也，乾坤其性情也。乾者健而無息之謂，萬物之所資以始者也。坤者順而有常之謂，萬物之所資以生者也。是乃天地之所以爲天地，而父母乎萬物者，故指而言之。故天地之塞，吾其體；天地之帥，吾其性。朱子曰：乾陽坤陰，此天地之氣塞乎兩間，而人物之所資以爲體者也。故曰「天地之塞，吾其體」。乾健坤順，此天地之志爲氣之帥，而人物之所得以爲性者也，故曰「天地之帥，吾其性」。深察乎此，則父乾母坤，「混然中處」之實可見矣。民吾同胞，物吾與也。朱子曰：人物並生於天地之間，其所資以爲體者，皆天地之塞，其所得以爲性者，皆天地之帥也。然體有偏正之殊，故其於性也，不無明暗之異。惟人也，得其形氣之正，是以其心最靈，而有以通乎性命之全體，於並生之中，又爲同類而最貴焉，故曰「同胞」，則其視之也，皆如己之兄弟矣。物則得夫形氣之偏，而不能通乎性命之全，故與我不同類，而不若人之貴，然原其性體之所自，是亦本之天地，而未嘗不同也，故曰「吾與」，則其視之也，亦如己之儕輩矣。惟同胞也，故以天下爲一家，中國爲一人，如下文所云。惟吾與也，故凡有形於天地之間者，若動若植，有情無情，莫不有以若其性，遂其宜焉。此儒者之道，所以必至於「參天地，贊化育」，然後爲功用之全，而非有所强於外也。大君者，吾父母宗子；其大臣，宗子之家相也。尊高年，所以長其長；慈孤弱，所以幼其幼。聖其合德，賢其秀也。凡天下疲癃殘疾，惸獨鰥寡，皆吾兄弟之顛連而無告者也。朱子曰：乾父坤母，而人生其中，凡天下之人皆天地之子矣。然繼承天地，統理人物，則大君而已，故爲父母之宗子。輔佐大君，綱紀衆事，則大臣而已，故爲宗子之家相。天下之老一也，故凡尊天下之高年者，乃所以長吾之長。天下之幼一也，故凡慈天下之孤弱者，乃所以幼吾之幼。聖人與天地合其德，是兄弟之合德乎父母者也。賢者才德過於常人，是兄弟之秀出乎等夷者也。是皆以天地之子言之，則凡天下之疲癃殘疾，惸獨鰥寡，非吾兄弟無告者而何哉！于時保之，子之翼也。樂且不憂，純乎孝者也。朱子曰：畏天以自保者，猶其敬親之至也。樂天而不憂者，猶其愛親之純也。違曰悖德，害仁曰賊，濟惡者不才，其踐形惟肖者也。朱子曰：不循天理而徇人欲者，不愛其親而愛他人也，故謂之悖德。戕滅天理，自絶本根者，賊殺其親，大逆無道也，故謂之賊。長惡不悛，不可教訓者，世濟其凶，增其惡名也，故謂之不才。若夫盡人之性，而有以充人之形，則與天地相似而不違矣，故謂之肖。知化則善述其事，窮神則善繼其志。朱子曰：孝子，善繼人之志，善述人之事者也。聖人知變化之道，則所行者無非天地之事矣；通神明之德，則所存者無非天地之心矣。此二者皆樂天踐形之事也。不愧屋漏爲「無忝」，存心養性爲「匪懈」。朱子曰：《孝經》引《詩》曰「無忝爾所生」，故事天者仰不愧，俯不怍，則不忝乎天地矣。❶又曰「夙夜匪懈」，故事天者存其心，養其性，則不懈乎事天矣。此二者畏天之事，❷而君子所以求踐夫形者也。惡旨酒，崇伯子之顧養；育英才，潁封人之錫類。朱子曰：好飲酒而不顧父母之養者，不孝也。故遏人欲，如禹之惡旨酒，則所以「顧天之養」者至矣。性者萬物之一源，非有我之得私也。故育英才，如潁考叔之及莊公，則所以「永錫爾類」者廣矣。不弛勞而底豫，❸舜其功也；無所逃而待烹，申生其恭也。朱子曰：舜盡事親之道，而瞽瞍底豫，其功大矣。故事天者盡事天之道，而天心豫焉，則亦天之舜也。申生無所逃而待烹，其恭至矣。故事天者夭壽不貳，而修身以俟之，則亦天之申生也。體其受而歸全者，參乎；勇於從而順令者，伯奇也。朱子曰：父母全而生之，子全而歸之。若曾參之啟手啟足，則體其所受乎親者而歸其全也。況天之所以與我者，無一善之不備，亦全而生之也。故事天者，能體其所受於天者而全歸

❶「地」，原作「也」，據局本改。
❷「畏」，原作「事」，據局本改。
❸「弛」，原作「施」，據局本改。

之，則亦天之曾子矣。子於父母，東西南北，惟令之從，若伯奇之履霜中野，則勇於從而順令也。況天之所以命我者，吉凶禍福，非有人欲之私。故事天者，能勇於從而順受其正，則亦天之伯奇矣。**富貴福澤，將厚吾之生也；貧賤憂戚，庸玉女於成也。**朱子曰：富貴福澤，所以大奉於我，而使吾之爲善也輕；貧賤憂戚，所以拂亂於我，而使吾之爲志也篤。天地之於人，父母之於子，其設心豈有異哉？故君子之事天也，以周公之富而不至於驕，以顏子之貧而不改其樂；其事親也，愛之則喜而弗忘，惡之則懼而無怨。其心亦一而已矣。**存吾順事，没吾寧也。**朱子曰：孝子之身存，則其事親也，不違其志而已，没則安而無所愧於親也。仁人之身存，則其事天也，不逆其理而已，没則安而無所愧於天也。蓋所謂「朝聞夕死」，「吾得正而斃焉」者。故張子之銘以是終焉。○〔本注〕明道先生曰：《訂頑》之言，極醇無雜，秦漢以來學者所未到。又曰：《訂頑》一篇，意極完備，乃仁之體也。學者其體此意，令有諸己，其地位已高。到此地位，自别有見處，不可窮高極遠，恐於道無補也。又曰：《訂頑》立心，便達得天德。又曰：游酢得《西銘》讀之，即涣然不逆於心，曰此《中庸》之理也，能求於言語之外者也。○〔本注〕楊中立問曰：《西銘》言體而不及用，恐其流遂至於「兼愛」，何如？伊川先生曰：横渠立言，誠有過者，乃在《正蒙》。《西銘》之書，推理以存義，擴前聖所未發，與孟子性善、養氣之論同功，豈墨氏之比哉！《西銘》明理一而分殊，墨氏則二本而無分。分殊之蔽，私勝而失仁；無分之罪，兼愛而無義。分立而推理一，以止私勝之流，仁之方也。無别而迷兼愛，以至於無父之極，義之賊也。子比而同之，過矣。且彼欲使人推而行之，本爲用也，反謂不及，不亦異乎？○游酢字定夫，楊時字中立，皆程子門人。○朱子曰：《西銘》要句句見理一而分殊，今人説只中間五六句理一分殊。據某看「乾稱父，坤稱母」，直至「存吾順事，没吾寧也」，句句皆是理一分殊。唤做「乾稱」「坤稱」，便是分殊，逐句渾淪看，便見理一，當中横截看，便見分殊。〔餘詳見《性理大全》。〕

**又作《砭愚》曰：❶戲言出於思也，戲動作於謀也。發於聲，見乎四支，謂非己心，不明也。欲人無己疑，不能也。過言非心也，**

❶「又作砭愚曰」以下一段，原與上段接排，按本卷「凡百十一條」，據此計數，另行别起。

過動非誠也。失於聲，繆迷其四體，謂己當然，自誣也。欲他人己從，誣人也。或者謂出於心者，歸咎爲己戲；失於思者，自誣爲己誠。不知戒其出汝者，歸咎其不出汝者。長傲且遂非，不知孰甚焉。朱子曰：横渠學力絶人，尤勇於改過，獨以戲爲無傷。一日忽曰：「凡人之過，猶有出於不知而爲之者，至戲則皆有心爲之也，其爲害尤甚。」遂作《東銘》。○問《東銘》，曰：此正如今法書所謂「故失」兩字。❶ ○〔本注〕横渠學堂雙牖，右書《訂頑》，左書《砭愚》。伊川曰：「是起争端。」改《訂頑》曰《西銘》，《砭愚》曰《東銘》。○朱子《答江仲謀》曰：二銘雖同出於一時之作，然其詞義之所指，氣象之所及，淺深廣狹，迥然不同。是以程門專以《西銘》開示學者，而於《東銘》則未之嘗言。蓋學者誠於《西銘》之言反復玩味，而有以自得之，則心廣理明，意味自别。若《東銘》則雖分别「長傲」、「遂非」之失於毫釐之間，所以開警後學，亦不爲不切，然意味有窮，而於下學工夫，蓋猶有未盡者，又安得與《西銘》徹上徹下、一以貫之之旨，同日而語哉？

將修己，必先厚重以自持。厚重知學，德乃進而不固矣。忠信進德，惟尚友而急賢。欲勝己者親，無如改過之不吝。《横渠文集》。下同。○問：張子「學則不固」之説如何？朱子曰：此蓋古注舊説，而張子從之，但文勢若有反戾而不安者。蓋曰「不重則不威」，則當曰「不學則固」，若曰「學則不固」，則當曰「重則有威」。且學之爲功，又豈止於不固而已哉？

横渠先生謂范巽之曰：吾輩不及古人，病源何在？巽之請問。先生曰：此非難悟。設此語者，蓋欲學者存意之不忘，庶游心浸熟，有一日脱然如大寐之得醒耳。范育字巽之。○朱子曰：今人不能如大寐之得醒，只是捉道理説也説得去，只是不透徹。又曰：正要常存意，便不忘。❷ 釋氏只是如此。黄直卿曰：張子語似釋氏，❸更有窮理工夫在。曰：工夫固自在，也須相存意。❹ 問：直卿如何説「存意」「不

❶「故」，原作「改」，據局本改。
❷「便」，局本從洪本作「使」。
❸「似」，局本從洪本作「比」。
❹「相」，局本從洪本作「用」。

忘」？曰：只是常存不及古人意。曰：設此語者，只不欲放倒此意耳。○横渠之意，正要學者將此題目時時省察，使之積久貫熟，而自得之耳。○人於義理，須如所謂「脱然如大寐之得醒」，方始是信得處。

未知立心，惡思多之致疑；既知所立，惡講治之不精。講治之思，莫非術内，雖勤而何厭？所以急於可欲者，求立吾心於不疑之地，然後若決江河以利吾往。遜此志，務時敏，厥修乃來。故雖仲尼之才之美，然且敏以求之。今持不逮之資，而欲徐徐以聽其自適，非所聞也。朱子曰：未知立心，則或善或惡，故胡亂思量，惹得許多疑起。既知所立，則是此心已立於善而無惡，便又惡講治之不精，又却用思。講治之思，莫非在我這道理之内，如此則雖勤而何厭？所以急於可欲者，蓋急於可欲之善，則便是無善惡之雜，便是立吾心於不疑之地。人之所以有疑，而不果於爲善者，以有善惡之雜。今既有善而無惡，則若決江河以利吾往矣。「遜此志，務時敏」，雖是低下著此心以順道理，又却抖擻起精神，敏速以求之，則「厥修乃來」矣。下面云云只是説一敏字。○「未知立心，惡思多之致疑」，此説甚好，便見有次序處。事固當考索，然心未有主，每泛然理會不得。若是思慮紛然，趨向未定，未有箇主宰，如何講學？

明善爲本，固執之乃立，擴充之則大，易視之則小，在人能弘之而已。永按：「易視之」，謂玩忽視之，安於固陋，不能擴充也。

今且只將「尊德性而道問學」爲心，日自求於問學者有所背否，於德性有所懈否。此義亦是博文約禮，下學上達。以此警策一年，安得不長？每日須求多少爲益。知所亡，改得少不善，此德性上之益；讀書求義理，編書須理會有所歸著，勿徒寫過，又多識前言往行，此問學上益也。勿使有俄頃閒度，逐日似此三年，庶幾有進。

爲天地立心，爲生民立道，爲去聖繼絶學，爲萬世開太平。朱子曰：此道自孟子没千有餘歲，若天不欲此道復明，則不使今人有知者，既使人有知者，則必有復明之理。此皆先生以道自任之意。○葉氏曰：天地以生生爲心，聖人參贊化育，使萬物各正其性命，此「爲天地立心」也。建明義理，扶植綱常，此「爲生民立道」也。「繼絶學」，謂纘述道統。「開太平」，謂有王者起，必來取法，利澤垂於萬世。學者以此立志，則所任至大而不安於小成，所存至公而不苟於近用。

載所以使學者先學禮者，只爲學禮，則便除去了世俗一副當習熟纏繞。譬之延蔓之物，解纏繞即上去。苟能除去了一副當世習，便自然脱灑也。又學禮，則可以守得定。葉氏曰：學禮則可以消除習俗之累，又有所據依而自守。

須放心寬快，公平以求之，乃可見道，況德性自廣大。《易》曰「窮神知化，德之盛也」，豈淺心可得？横渠《易説》。○葉氏曰：偏狹固滯，不足以見道。

人多以老成則不肯下問，故終身不知。又爲人以道義先覺處之，不可復謂有所不知，故亦不肯下問。從不肯問，遂生百端，欺妄人我，寧終身不知。横渠《論語説》。

多聞不足以盡天下之故。苟以多聞而待天下之變，則道足以酬其所嘗知。若劫之不測，則遂窮矣。横渠《孟子説》。下同。○葉氏曰：心通乎道，則能盡夫事理之所以然，故應變而不窮。不通乎道，而徒事乎記問，則見聞有限，而事變無涯，卒然臨之以所未嘗知，則窮矣。

爲學大益，在自求變化氣質。不爾，皆爲人之弊，卒無所發明，不得見聖人之奥。

文要密察，心要洪放。《語録》。下同。○葉氏曰：文不密察，則見理粗疎；心不洪放，則所存狹滯。

不知疑者，只是不便實作，既實作則須有疑，有不行處，是疑也。朱子曰：人須是做工夫方有疑，初做時定是觸著相礙，沒理會處。如居敬窮理，始初定分作兩段，居敬則執持在此，才動則便忘了。

心大則百物皆通，心小則百物皆病。朱子曰：通是透得那道理處，病則是窒礙了。○心狹隘，則事有窒礙不行。如仁則流於姑息，義則入於殘暴，皆見此不見彼。○心小是卑陋狹隘，事物來都没奈何，打不去，只見礙，皆是病。如要敬則礙和，要仁則礙義，要剛則礙柔，爲敬便一向拘拘，爲和便一向放肆，仁便煦煦姑息，義便粗暴決裂。心大便能容天下萬物，有這物則有這理，有那物則有那理，並行而不相悖，並育而不相害。○問：横渠云「心要洪放」，又云「心大則百物皆通」，孫思邈云「膽欲大而心欲小」，竊謂横渠是言心之體，思邈是言心之用否？曰：心自有合要大處，有合要小處。

人雖有功，不及於學，心亦不宜忘。心苟不忘，則雖接人事，即是實行，莫非道也。心若忘之，則終身由之，只是俗事。永按：學不止讀書，接人事無非道，即無非學。實行與俗事，特以心之所有者不同耳。

合内外，平物我，此見道之大端。朱子曰：道只是致一公平之理而已。

既學而先有以功業爲意者，於學便相害。既有意，必穿鑿創意，作起事端也。德未成而先以功業爲事，是代大匠斲，希不傷手也。永按：學成自能立功業，若先以此爲志，則穿鑿創造，有害於道矣。「代大匠斲」者傷其手，老子語。

竊嘗病孔孟既没，諸儒囂然，不知反約窮源，勇於苟作，持不逮之資，而急知後世。明者一覽，如見肺肝然，多見其不知量也。方且創艾其弊，默養吾誠。顧所患日力不足，而未果他爲也。葉氏曰：不知反約窮源，故浮淺而無實。默養吾誠，則反約窮源之事也。

學未至而好語變者，必知終有患。蓋變不可輕議，若驟然語變，則知操術已不正。葉氏曰：變者非常行之道，權宜之事也。非見理明、制義精者，不足以與此。

凡事蔽蓋不見底，只是不求益。有人不肯言其道義所得所至，不得見底，又非「於吾言無所不説」。永按：學者於師友之前，不肯自言其所得之淺深，惟恐人之知其底裏，與顔子之「無所不説而如愚」

者異矣。

耳目役於外，攬外事者，其實是自惰，不肯自治，只言短長，不能反躬者也。永按：好攬外事則自治輕，徒言短長則躬行緩。

學者大不宜志小氣輕。志小則易足，易足則無由進；氣輕則以未知爲已知，未學爲已學。永按：志小者恒自畫，氣輕者多虚夸。

近思録卷二終

# 近思録卷之三

凡七十八條

婺源後學江永集註

朱子曰：此卷格物窮理。

伊川先生《答朱長文書》曰：心通乎道，然後能辨是非，如持權衡以較輕重，孟子所謂「知言」是也。心不通於道，而較古人之是非，猶不持權衡而酌輕重，竭其目力，勞其心智，雖使時中，亦古人所謂「億則屢中」，君子不貴也。《文集》。下同。○永按：此言心未通道，未可輕論古人是非也。欲通乎道，窮理而已。後言窮理者，或論古今人物而辨其是非，又即以此爲窮理，意與此異。蓋彼欲究其是非之實，而此則億度較量，理未明而强辨論也。亦因長文之失而告之。

伊川先生答門人曰：孔孟之門，豈皆賢哲，固多衆人。以衆人觀聖賢，弗識者多矣，惟其不敢信己而信其師，是故求而後得。今諸君於頤言纔不合，則置不復思，所以終異也。不可便放下，更且思之，致知之方也。朱子曰：伊川云不信其師，乃知當時有不信者。

伊川先生答横渠先生曰：所論大概有苦心極力之象，而無寛裕温厚之氣，非明睿所照，而考索至此，故意屢偏而言多窒，小出入時有之。〔本注〕明所照者，如目所覩，纖微盡識之矣。考索至者，如揣料於物，約言髣髴爾，❶能無差乎？更願完養思慮，涵泳義理，他日自當條暢。朱子曰：横渠只是一向苦思，求將向前去，却欠涵泳，以待其義理自形見處。如云「由氣化，有道之名」，説得是好，終是生受辛苦。如以太虚、太和爲道體，却只是説得形而下者。

❶「言」，局本從洪本作「見」。

欲知得與不得，於心氣上驗之。思慮有得，中心悦豫，沛然有裕者，實得也；思慮有得，心氣勞耗者，實未得也，强揣度耳。嘗有人言比因學道，思慮心虛。曰：人之血氣固有虛實，疾病之來，聖賢所不免，然未聞自古聖賢因學而致心疾者。《遺書》。下同。○永按：此條本欲人致思慮，但其自得與否，心氣上亦可驗之。學者致思，當由勞苦而後得悦豫，若慮其致心疾，而曰因學道思慮心虛，則憚勞者之辭耳。惟思慮過苦者，當如上條「完養」之説。

今日雜信鬼怪異説者，只是不先燭理。若於事上一一理會，則有甚盡期？須只於學上理會。永按：燭理明，則鬼怪之事，皆可以理斷之。理有常變，怪者亦不足爲異也。

學原於思。朱子曰：學原於思，思所以起發其聰明。

所謂「日月至焉」與久而「不息」者，所見規模雖略相似，其意味氣象迥別。須潛心默識，玩索久之，庶幾自得。學者不學聖人則已，欲學之，須熟玩味聖人之氣象，不可只於名上理會，如此只是講論文字。問：「日月至焉」與「不息」者全別，此言略相似，何也？朱子曰：若論到至處，却與久而「不息」底一般。只是「日月至」者至得不長久，「不息」者純然無間斷。○永按：玩味聖人氣象，亦窮理之事也。

問：忠信進德之事固可勉强，然致知甚難。伊川先生曰：學者固當勉强。然須是知了方行得。若不知，只是覷却堯，學他行事，無堯許多聰明睿智，怎生得如他「動容周旋中禮」？如子所言，是篤信而固守之，非固有之也。葉氏曰：固守者勉强堅持，固有者從容自得。○永按：非固有者，未嘗真知故也。未致知，便欲誠意，是躐等也。勉强行者，安能持久？永按：此言未致知亦不能誠意耳，非謂誠意功夫有等待也。故朱子嘗云：爲學次第，雖有先後，然須用一齊做去，如格物致知而後誠意，不成説物未格，知未至，且未要誠意，安有此理？聖人亦只説大綱自然次序如此，非謂做一件無餘，方做一件也。除非燭理明，自然樂循理。性本善，循理而行，是順理事，本亦不難，但爲人不知，旋安排著，便道難也。知有多少般數，煞有深淺，學者須是真知，纔知得是，便泰然行將去也。朱子曰：程子論知之淺深，從前未有人説到此。○人果見得分曉，如烏喙之不可食，水火之不可蹈，見善如飢之欲食，寒之欲衣，則意自實矣。某年二十時，解釋經義與今無異，然思今日，覺得意味與少時自別。朱子曰：程子晚而自言如此，此温故知新之大者。學者當以是爲的而深求之。○葉氏曰：此可見先生致知之功，進德之實。而聖經之旨，要必玩味積久，乃能真知，亦不徒在於解釋文義而已。

凡一物上有一理，須是窮致其理。窮理亦多端，或讀書講明義理，或論古今人物，別其是非，或應接事物而處其當，皆窮理也。朱子曰：物理無窮，故他説得來亦自多端。如讀書以講明道義，則是理存於書；如論古今人物以別其是非邪正，則是理存於古今人物；如應接事物而處其當否，則是理存於應接事物。或問：格物須物物格之，還只格一物而萬理皆知？曰：怎得便會貫通？若只格一物便通衆理，雖顏子亦不敢如此道。須是今日格一件，明日又格一件，積習既多，然後脱然自有貫通處。〔本注〕又曰：所務於窮理者，非道盡窮了天下萬物之理，又不道是窮得一理便到，只要積累多後，自然見去。○問：一理通則萬理通，其説如何？朱子曰：伊川嘗云雖顏子亦未到此，天下豈有一理通便解萬理皆通也？須積累將去。如顏子高明，不過聞一知十，亦是大段聰明了。學問却有漸，無急迫之理。○一日一件者，格物工夫次第也。脱然貫通者，知至效驗極致也。不循其序而遽責其全，則爲自罔；但求粗曉而不期貫通，則爲自畫。○程子此語，便是真實做工夫來。也不説格一件後便會通，也不説盡格天下物理後方始通，只云「積習既多，然後脱然有箇貫通處」。○問：今日格一件，明日格一件，工夫如何？曰：如讀書今日看一段，明日看一段。又如今日理會一事，明日理會一事。積習多後，自然貫通。○問：今日格一件，明日格一件，莫太執著否？曰：人日用間自是不察耳，若體察當格之物，一日之間儘有之。○積習既多，自當脱然有貫通處。乃是零零碎碎湊合將來，不知不覺，自然醒悟。其始固須用力，及其得之也，又却不假用力。此箇事不可欲速，欲速則不達，須是慢慢做將去。○積累多後，便是學之博；脱然有貫通處，便是約。○程子此言該内外，寬緩不迫，有涵泳從容之意。○所謂不必盡窮天下之物者，如十事已窮得八九，其一二雖未窮得，將來湊會，都自見得。○問：知至若論極盡處，則聖賢亦未可謂之知至。曰：然。如何要一切知得？然理會得已極多，萬一有插生一件差異底事來，也都識得他破，只是貫通，便不知底亦通將去。某舊來亦如此疑，後來看程子説格物，非謂盡窮天下之物云云，方理會得。

「思曰睿」，思慮久後，睿自然生。若於一事上思未得，且別換一事思之，不可專守著這一事。蓋人之知識，於這裏蔽著，雖强思亦不通也。問：於窮不得處，正當努力，豈可遷延逃避，別窮一事耶？朱子曰：這是言隨人之量，非曰遷延逃避也。蓋於此處既理會不得，若專一守在這裏，却轉昏了。須著別窮一事，又或可以因此而明彼也。○問：程子此説，與《中庸》「弗得弗措」相發明否？曰：看來有一樣底。若「弗得弗措」，一向思量這箇，少間便會擔閣了。若謂窮一事不得便掉了，也不得。程子爲見學者有恁地底，不得已説此話。○程子之言誠善，然窮一事未透，又便欲窮一事，❶亦不得。彼謂有甚不通者，不得已而如此耳。不可便執此説，容易改換，却致工夫不專一也。○問：伊川此説與延平之説何如？曰：這説自有一項難窮底事，如造化、禮樂、度數等事，是卒急難曉，只得且放住。延平説是窮理之要。若平常遇事，一件理會未透，又理會第二件，第二件理會未透，又理會第三件，恁地終身不長進。

問：人有志於學，然知識蔽固，力量不至，則如之何？曰：只是致知。若智識明，則力量自進。葉氏曰：真知事理之當然，則自有不容已者。

問：觀物察己，還因見物反求諸身否？曰：不必如此説。物我一理，纔明彼，即曉此，此合内外之道也。又問：致知，先求之四

❶「欲」，局本從洪本作「別」。

端何如？曰：求之情性，固是切於身。然一草一木皆有理，須是察。〔本注〕又曰：自一身之中，以至萬物之理，但理會得多，相次自然豁然有覺處。❶○問：「觀物察己，還因見物反求諸己」，此説亦是，程子非之何也？朱子曰：這理是天下公共之理，人人都一般，初無物我之分，不可道我是一般道理，人又是一般道理，將來相比。○知得事物上是非分明，便是自家心下是非分明，所以説「纔明彼，即曉此」。○於這一物窮得一分之理，即我之知亦知得一分。其實只是一理，「纔明彼即曉此」。所以《大學》説「致知在格物」，蓋致知便在格物中，非格之外別有致處也。○窮理者，欲知事物之所以然，與其所當然者而已。知其所以然，故志不惑，知其所當然，故行不謬，非謂取彼之理而歸諸此也。程子所謂「物我一理，才明彼即曉此」。○問：草木當如何格？曰：此推而言之，雖草木亦有理存。如麻麥稻粱，甚時種，甚時收，地之厚薄不同，宜植某物，亦皆有理。○格物之論，伊川意雖謂眼前無非是物，然其格之也，亦須有先後緩急之序，豈遽以爲存心於一草木器用之間，而忽然懸悟也哉？今爲學而不窮天理，明人倫，講聖言，通世故，乃兀然存心於草木器用之間，此是何學問？如此而望有所得，是炊沙而欲其成飯也。○「自一身之中，以至萬物之理，理會得多，自當豁然有箇覺處」，此一段尤要切，學者所當深究。○一身之中，是仁義禮智惻隱四端，與夫視聽言動，皆所當理會。至若萬物之榮悴，與夫動植小大，這底可以如何使，那底可以如何用，皆所當理會。○問：自一身以至萬物之理，所謂由中而外，自近而遠，秩然有序而不迫切者。曰：然。到得豁然處，是非人力勉强而致者也。

「思曰睿」，「睿作聖」。致思如掘井，初有渾水，久後稍引動得清者出來。人思慮始皆溷濁，久自明快。朱子曰：思索如穿井，不解便得清水。先亦須是濁，漸漸刮將去，却自清。

問：如何是「近思」？曰：以類而推。朱子曰：程子説得推字極好。問：「以類」莫是比這箇意思推去否？曰：固是。如爲子當止於孝，爲臣當止於忠，自此節節推去。然只一愛字，雖出於孝，畢竟千頭萬緒，皆當推去始得。○此語道得好。不要跳越望遠，亦不是縱横陡頓，

❶「相」，局本從洪本作「胸」。

只是近傍那曉得處挨將去。如這一件理會得透了，又因這件推去，只管挨將去，次第都能理會得。今人不曾以類而推，不曾先理會得一件，却便理會那一件。須是劈初頭要理會教分曉透徹。○從已理會得處推將去，如此便不隔越。若遠去尋討，則不切於己。○問：程伯子云：「學只要鞭辟近裏著己而已，故『切問而近思』，則『仁在其中矣』。」叔子云「近思」「以類而推」。兩程子所謂「近思」，其義似不同。曰：伯子之意，蓋曰思之以不遠乎己耳。叔子則以思之有序爲近也。伯子之言，固得其本旨，然不參以類推之說，則將有捐事棄物，專以反思默造爲功，而不自知其陷於異端者。故二子之說，不可以偏廢也。

學者先要會疑。朱子曰：書始讀未知有疑，其次漸漸有疑，又其次節節有疑。過此一番後，疑漸漸釋，以至融會貫通，都無可疑，方始是學。

橫渠先生《答范巽之》曰：所訪物怪神姦，此非難語，顧語未必信耳。孟子所論知性、知天，學至於知天，則物所從出，當源源自見。知所從出，則物之當有當無，莫不心諭，亦不待語而後知。諸公所論，但守之不失，不爲異端所劫，進進不已，則物怪不須辨，異端不必攻，不逾期年，吾道勝矣。若欲委之無窮，付之以不可知，則學爲疑撓，智爲物昏，交來無間，卒無以自存，而溺於怪妄必矣。《文集》。下同。○問：橫渠「物怪神姦」書，先生提出「守之不失」一句。朱子曰：且要守那定底。如「精氣爲物，游魂爲變」，此是鬼神定說。又如孔子說「非其鬼而祭之諂也」，「敬鬼神而遠之」等語，皆是定底。其他變處，如未曉得，且當守此定底。○如「精氣爲物，游魂爲變」，此理之常，守之勿失者。以此爲正，且恁地去，他日當自見也。若委之無窮，求之不可知，此又溺於茫昧，不能以常理爲主者也。伯有爲厲，別是一種道理，此言其變，如世之妖妄者也。

子貢謂「夫子之言性與天道，不可得而聞」，既言「夫子之言」，則是居常語之矣。聖門學者以仁爲己任，不以苟知爲得，必以了悟爲聞，因有是說。葉氏曰：苟知者徒聞其說，了悟者深達其理。

義理之學，亦須深沉方有造，非淺易輕

浮之可得也。朱子曰：子張謂「執德不弘」，弘字有深沉重厚之意。横渠謂義理「深沉方有造，非淺易輕浮所可得」，此語最佳。○聖人言語，一重又一重，須入深處看方有得，若只見皮膚，便有差錯。

學不能推究事理，只是心粗。至如顔子未至於聖人處，猶是心粗。問：顔子心粗之説恐太過否？朱子曰：顔子比之衆人純粹，比之孔子便粗。如「有不善未嘗不知，知之未嘗復行」，是他細膩如此，然猶有這不善，便是粗。伊川説「未能不勉而中，不思而得，便是過」，説得好。○顔子尚心粗，人有一毫不是，便是心粗。○心粗，學者之通病。顔子未至聖人，猶是心粗。一息不存，即爲粗病。要在精思明辨，使理明義精。而操存涵養，無須臾離，無毫髮間，則天理常存，人欲消去，其庶矣乎。

「博學於文」者，只要得《習坎》「心亨」。蓋人經歷險阻艱難，然後其心亨通。朱子曰：難處見得事理透，便處斷無疑，行之又果決，便是《習坎》「心亨」。凡事皆如此。且如看文字，見這説好，見那説又好，如此説有礙，如彼説又有礙，便是險阻處，到這裏須討一路去方透，便是《習坎》「心亨」。○「博學於文」，又要得《習坎》「心亨」。如應事接物之類皆是文，但以事理切磨講究，自是心亨。且如讀書每思索不通處，則翻來覆去，處處窒塞，然其間須有一路可通，只此便是許多艱難險阻，習之可以求通，通處便是亨也。

義理有疑，則濯去舊見，以來新意。心中有所開，即便劄記，不思則還塞之矣。更須得朋友之助，一日間朋友論著，則一日間意思差別。須日日如此講論，久則自覺進也。朱子曰：横渠云「濯去舊見，以來新意」，此説甚當。若不濯去舊見，何處得新意來。今學者有二病，一是主私意，一是舊有先入之説，雖欲擺脱，亦被他自來相尋。○學者不可只管守從前所見，須除了方見新意。如去了濁水，然後清者出焉。○到理會不得處，便當「濯去舊見，以來新意」，仍且只就本文看之。

人致思到説不得處，❶始復審思明辨，乃爲善學也。若告子則到説不得處便已，更不

❶「人」，局本從洪本作「凡」。

復求。橫渠《孟子説》。○葉氏曰：思之其説似窮，然後更加審思明辨之功，則其窮者通而所得者深。

伊川先生曰：凡看文字，先須曉其文義，然後可求其意。未有文義不曉而見意者也。《遺書》。下同。

學者要自得。六經浩渺，乍來難盡曉，且見得路徑後，各自立得一箇門庭，歸而求之可矣。問：門庭豈容各立耶？朱子曰：此是説讀六經，只要從師講問，且識得如何下工夫，便是立定門庭。❶却歸去依此實下工夫，便是「歸而求之」。○問：如何是門庭？曰：是讀書之法。如讀此一書，須知此書當如何讀。伊川教人看《易》，以王輔嗣、胡翼之、王介甫三人《易》解看，此便是讀書之門庭。緣當時諸經尚未有成説，學者乍難捉摸，故教人如此。問：如《詩》是吟咏性情，讀《詩》者便當以此求之否？曰：然。

凡解文字，但易其心，自見理。理只是人理甚分明，如一條平坦底道路。《詩》曰「周道如砥，其直如矢」，此之謂也。或曰：聖人之言，恐不可以淺近看他。曰：聖人之言，自有近處，自有深遠處。如近處怎生强要鑿教深遠得？揚子曰：「聖人之言遠如天，賢人之言近如地。」頤與改之曰：「聖人之言，其遠如天，其近如地。」揚子，揚雄，《法言》中語。○朱子曰：今之談經者往往有四病：本卑也，而抗之使高；本淺也，而鑿之使深；本近也，而推之使遠；本明也，而必使至於晦。

學者不泥文義者，又全背却遠去；理會文義者，又滯泥不通。如子濯孺子爲將之事，孟子只取其不背師之意，人須就上面理會事君之道如何也。又如萬章問舜完廩浚井事，孟子只答他大意，人須要理會浚井如何出得來，完廩又怎生下得來。若此之學，徒費心力。

---

❶「定」，局本從洪本作「得」。

凡觀書不可以相類泥其義，不爾，則字字相梗。當觀其文勢上下之意，如「充實之謂美」，與《詩》之美不同。朱子曰：凡讀書須看上下文意是如何，不可泥著一字。如揚子「於仁也柔，於義也剛」，到《易》中又將剛來配仁，柔來配義。孟子「學不厭，知也；教不倦，仁也」，到《中庸》又謂「成己，仁也；成物，知也」。此等須是各隨本文意看，便不相礙。

問：瑩中嘗愛《文中子》：「或問學《易》，子曰：『終日乾乾』可也。」此語最盡。文王所以聖，亦只是箇不已。先生曰：凡說經義，如只管節節推上去，可知是盡。夫「終日乾乾」，未盡得《易》，據此一句，只做得九三使。若謂乾乾是不已，不已又是道，漸漸推去，自然是盡，只是理不如此。瑩中，程子門人。「子曰」者，王通答或人之語。○永按：此言道理各有地頭，經義各有指歸，不可抗之使高也。

「子在川上曰：逝者如斯夫！」言道之體如此，這裏須是自見得。張繹曰：此便是無窮。先生曰：固是道無窮，然怎生一箇「無窮」便道了得他？朱子曰：「無窮」之言固是，但爲渠道出不親切，故以爲不可。○永按：「終日乾乾」不可以盡《易》，無窮不可以了「逝者」，皆欲學者親切觀書，毋以高遠浮泛之言，儱侗說過也。

今人不會讀書。如「誦《詩》三百，授之以政不達，使於四方不能專對，雖多亦奚以爲」？須是未讀《詩》時，不達於政，不能專對，既讀《詩》後，便達於政，能專對四方，始是讀《詩》。「人而不爲《周南》、《召南》，其猶正牆面。」須是未讀《詩》時如面牆，到讀了後便不面牆，方是有驗。大抵讀書只此便是法。如讀《論語》，舊時未讀是這箇人，及讀了後來又只是這箇人，便是不會讀也。❶葉氏曰：讀書之法，但反諸己，驗其實得，致其實用，變化氣質，必有日新之功。

❶「會」，《近思録》卷三、《二程遺書》卷十九作「曾」。

凡看文字，如七年、一世、百年之事，皆當思其如何作爲，乃有益。葉氏曰：治效遲速淺深，當究其規模之略，施爲之方。

凡解經不同無害，但緊要處不可不同爾。《外書》。下同。○永按：緊要對緩漫者言之，謂有關繫處。

焞初到，問爲學之方。先生曰：公要知爲學，須是讀書。書不必多看，要知其約。多看而不知其約，書肆耳。頤緣少時讀書貪多，如今多忘了。須是將聖人言語玩味，入心記著，然後力去行之，自有所得。永按：尹子之學，要約而篤實，蓋終身守此言者。

初學入德之門，無如《大學》，其他莫如《語》、《孟》。《遺書》。下同。○問：初學當讀何書？朱子曰：六經、《語》、《孟》皆當讀，但須知緩急。《大學》、《語》、《孟》最是聖賢爲人切要處，然《語》、《孟》隨事答問，難見要領，惟《大學》是説古人爲學之大方，體統都具。玩味此書，知得古人爲學所鄉，讀《語》、《孟》便易入，後面工夫雖多，而大體已立矣。○某要人先讀《大學》以定其規模，次讀《論語》以立其根本，次讀《孟子》以觀其發越，次讀《中庸》以求古人之微妙處。《大學》有等級次第，總作一處，易曉，宜先看。《論語》却實，但言語散見，初看亦難。《孟子》有感激興發人心處。《中庸》亦難讀，看三書後，方宜讀之。○今且須熟究《大學》作間架，却以他書填補去。○《大學》是修身治人底規模。如人起屋相似，須先打箇地盤。○《大學》如一部行程歷，皆有節次。今人看了，須是行去，今日行到何處，明日行到何處，方可漸到那田地。○伊川舊日教人先看《大學》，那時未有解説，想也看得鶻突。而今著注解，覺大段分曉了，只在仔細去看。○《論》、《孟》、《中庸》，待《大學》貫通浹洽，無可得看後方看，乃佳。○《論》、《孟》都是《大學》中肉菜，先後淺深，參差互見。若不把《大學》做箇匡殼子，卒亦未易看得。○《論語》要冷看，《孟子》要熟讀。《論語》逐文逐章各是一義，故用仔細靜觀。《孟子》成大段，首尾通貫，熟讀文義自見，不可逐一句一段上理會也。

學者先須讀《語》、《孟》，窮得《語》、《孟》，自有要約處，以此觀他經甚省力。《語》、《孟》如丈尺權衡相似，以此去量度事物，自然見得長短輕重。朱子曰：學者若先讀得《語》、《孟》十分透徹，其他書都不費力，觸處便見。

讀《論語》者，但將諸弟子問處便作己問，將聖人答處便作今日耳聞，自然有得。若能於《論》、《孟》中深求玩味，將來涵養成甚生氣質！朱子曰：孔門問答，曾子聞得底，顏子未必聞；顏子聞得底，子貢未必聞。今却合在《論語》一書，後世學者，豈非大幸！但患自家不去用心。○葉氏曰：甚生猶言非常也。

凡看《語》、《孟》，且須熟玩味，將聖人之言語切己，不可只作一場話說。人只看得此二書切己，終身儘多也。朱子曰：且如「學而時習之」，切己看時，曾時習與否。句句如此求之，則有益矣。○如「克己復禮」與「出門如見大賓」等事，須就自家身上體看，我實能克己與主敬行恕否。件件如此方有益。

《論語》有讀了後全無事者，有讀了後其中得一兩句喜者，有讀了後知好之者，有讀了後不知手之舞之、足之蹈之者。朱子曰：有得一二句喜者，到這一二句喜處，便是入頭處。如此讀將去，將久自解。

學者當以《論語》、《孟子》爲本。《論語》、《孟子》既治，則六經可不治而明矣。永按：此猶前條「以此觀他經甚省力」之意。其實治六經自有功夫。朱子云：「《語》、《孟》功夫少，得效多，六經功夫多，得效少。」讀書者當觀聖人所以作經之意，與聖人所以用心，與聖人所以至聖人，而吾之所以未至者，所以未得者。句句而求之，晝誦而味之，中夜而思之，平其心，易其氣，闕其疑，則聖人之意見矣。朱子曰：此條程先生說讀書，最爲親切。今人不會讀書是如何？只緣不曾求聖人之意，才拈得些小，便把己意放裹面胡亂說，故教他就聖人意上求。問：「易其氣」是如何？曰：只是放教寬慢。今人多要硬把捉，如有箇難理會處，便要刻畫百端討出來，只說得自底，那裏見聖人之意。又舉「闕其疑」一句歎美之。

讀《論語》、《孟子》而不知道，所謂「雖多亦奚以爲」。

《論語》、《孟子》只剩讀著，便自意足。學者須是玩味，若以語言解著，意便不足。某始作此二書文字，既而思之又似剩，只有些先儒錯會處，却待與整理過。《外書》。下同。○朱子曰：《論》、《孟》須是熟讀，一一記放心下，時時將來玩味，久久自然貫通。

問：且將《語》、《孟》緊要處看，如何？伊川曰：固是好，然若有得，終不浹洽。蓋吾道非如釋氏，一見了便從空寂去。朱子曰：此程子答吕晉伯問，後來晉伯終身坐此病，説得孤單，入禪學去。學者讀書須逐一去理會，使通貫浹洽。○《論語》有緊要底，有泛説底。今要著力緊要底，便是揀別。若如此，則《孟子》中可删者多矣。聖賢言語，粗説細説，皆著理會教透徹。蓋道體至廣大，故有説得易處，説得難處，説得大處，説得小處。若不盡見，必定有窒礙處。

「興於《詩》」者，吟咏性情，涵暢道德之中而歆動之，有「吾與點也」之氣象。〔本注〕又曰：「興於《詩》」，是興起人善意，汪洋浩大，皆是此意。○朱子曰：《詩》本性情，有邪有正，其爲言既易知，而吟咏之間，抑揚反復，其感人又易入。故學者之初，所以興起其好善惡惡之心，而不能自已者，必於此而得之。○善可爲法，惡可爲戒，他書皆然。古人獨以爲「興於《詩》」者，《詩》便有感發人底意思。今讀之無所感發者，正是被諸儒解殺了，興起人善意不得。今且先置《小序》及舊説，只將元詩虚心熟讀，徐徐玩味，彷彿見詩人本意，却從此推尋將去，方有感發。○讀《詩》正在於吟咏諷誦，觀其委曲折旋之意，自足以感發善心。

謝顯道云：明道先生善言《詩》。他又渾不曾章解句釋，但優游玩味，吟哦上下，便使人有得處。「瞻彼日月，悠悠我思。道之云遠，曷云能來？」思之切矣。終曰：「百爾君子，不知德行。不忮不求，何用不臧？」歸于正也。又云：伯淳嘗談《詩》，並不下一字訓詁，有時只轉却一兩字，點掇地念過，便教人省悟。又曰：古人所以貴親炙之也。《外書》。下同。○朱子曰：讀《詩》之法，只是熟讀涵泳，自然和氣從胸中流出，其妙處不可得而言。不待安排立説，只平讀著，意自足。

明道先生曰：學者不可以不看《詩》，看《詩》便使人長一格價。朱子曰：讀《詩》便使人長一格，今人讀《詩》何緣會長一格？《詩》之興最不緊要，然興起人意處只在興。❶會得詩人之興，便有一格長。

「不以文害辭」，文，文字之文，舉一字則是文，成句是辭。《詩》爲解一字不行，却遷就他説，如「有周不顯」，自是作文當如此。葉氏曰：《詩》言周家豈不顯乎？言其顯也。苟直謂之不顯，則是以文害辭。

看書須要見二帝三王之道。如二典，即求堯所以治民，舜所以事君。《遺書》。下同。○朱子曰：此大概説讀書之法而已，若論堯所以治民，舜所以事君，是事事做得盡。《堯典》都是治民事，《舜典》都是事君事，然亦是治民事。或曰：若論堯、舜治民事君，二典亦不足以盡之。曰：也大概可見。

《中庸》之書，是孔門傳授，成於子思、孟子。其書雖是雜記，便不分精粗一滾説了。今人語道，多説高便遺却卑，説本便遺却末。永按：《中庸》語道，高卑本末皆兼之。

伊川先生《易傳序》曰：易，變易也，隨時變易以從道也。其爲書也，廣大悉備，將以順性命之理，通幽明之故，盡事物之情，而示「開物成務」之道也。聖人之憂患後世，可謂至矣。去古雖遠，遺經尚存。然而前儒失意以傳言，後學誦言而忘味，自秦而下，蓋無傳矣。予生千載之後，悼斯文之湮晦，將俾後人沿流而求源，此傳所以作也。「《易》有聖人之道四焉：以言者尚其辭，以動者尚其變，以制器者尚其象，以卜筮者尚其占。」吉凶消長之理，進退存亡之道備於辭。推辭考卦，可以知變，象與占在其中矣。「君子居則觀

❶「只」，局本從洪本作「正」。

其象而玩其辭，動則觀其變而玩其占。」得於辭不達其意者有矣，未有不得於辭而能通其意者也。至微者理也，至著者象也，體用一源，顯微無間。「觀會通以行其典禮」，則辭無所不備。故善學者求言必自近，易於近者，非知言者也。予所傳者辭也，由辭以得意，則存乎人焉。《文集》。下同。○朱子曰：陰陽有相對而言者，有錯綜而言者。伊川言「易，變易也」，只說得相對之陰陽流轉而已，不說錯綜之陰陽交互之理。言易須兼此二意。○問：易即道也，何以言「變易以從道」？曰：易之所以變易，固皆理之當然。聖人作《易》，因象明理，教人以變易從道之方耳。如《乾》初則「潛」、二則「見」之類是也。○「隨時變易以從道」，主卦爻而言，然天理人事皆在其中。今且以《乾卦》「潛」「見」「飛」「躍」觀之，其流行而至此者易也，其定理之當然者道也，故明道亦曰：「其體則謂之易，其理則謂之道。」易中無一卦一爻不具此理，所以沿流而可以求其源也。○「易，變易也，隨時變易以從道」，正謂伊川這般說話難說，蓋他把這書硬定做人事之書。他說聖人做這書，只爲世間人事本有許多變樣，所以做這書出來。○此《序》無一字無下落，無一語無次序。其曰：「至微者理也，至著者象也，體用一源，顯微無間。」蓋自理而言，則即體而用在其中，所謂「一源」也；自象而言，則即顯而微不能外，所謂「無間」也。○自理而觀，則理爲體，象爲用，而理中有象，是一源也。自象而觀，則象爲顯，理爲微，而象中有理，是無間也。○「體用一源」者，以至微之理言之，則沖漠無眹，而萬象昭然已具也。曰「顯微無間」者，以至著之象言之，則即事即物，而此理無乎不在也。言理則先體而後用，蓋舉體而用之理已具，是所以爲一源也。言事則先顯而後微，蓋即事而理之體可見，是所以爲無間也。○「體用一源」者，體雖無迹，中已有用。「顯微無間」者，顯中便具微。天地未有，萬物已具，此是體中有用。天地既立，此理亦存，此是顯中有微。○體用是物物而不相離，❶故可言一源。○有問尹和靖，伊川《易傳》何處是切要？尹云：「體用一源，顯微無間」，此是最切要處。後舉以問李延平，延平曰：尹說固好，然須是看得六十四卦三百八十四爻都有下落，方始說得此話。○會，謂理之所聚而不可遺處。通，謂理之可行



❶「物物」，局本從洪本作「兩物」。

而無所礙處。○觀會通，是就事上看理之所聚，與其所當行處。辭，謂卦爻之辭。○欲理會理與象，又須辭上理會。辭上所載，皆「觀會通以行其典禮」之事。凡於事物，須就其聚處理會，尋得一箇通路行去。若不尋得一箇通路，只驀地行去，則必有礙。典禮只是常事，會是事之合聚交加難分别處。今學者却於辭上看，「觀其會通以行典禮」也。○問《易傳序》「以行典禮」，曰：如堯、舜揖遜，湯、武征伐，皆是典禮處。典禮只是常事。○「求言必自近，易於近者，非知言者也」，此伊川喫緊爲人處。

伊川先生《答張閎中書》曰：《易傳》未傳，自量精力未衰，尚覬有少進爾。永按：程子云：「《易傳》已成書，但逐旋修補，期以七十，其書可出。」來書云「易之義，本起於數」，則非也。有理而後有象，有象而後有數。易因象以明理，由象以知數，得其義，則象數在其中矣。〔本注〕理無形也，故因象以明理。理既見乎辭矣，則可由辭以觀象。故曰「得其義則象數在其中矣」。○朱子曰：伊川晚年文字，直是盛得水住。○晚年所見甚實，觀《易傳》可見，何嘗有一句不著實。○易得其理則象數在中，固是如此。然泝流以觀，却須先見象數的當下落，方說得理不走作。不然，事無實證，則虛理易差也。

必欲窮象之隱微，盡數之毫忽，乃尋流逐末，術家之所尚，非儒者之所務也。朱子曰：以前解易多只說象數，自程門以後人方都作道理說。○《易傳》言理甚備，象數却欠。○伊川說象，只似譬喻，看來須有箇象如此，只是如今曉他不出。○王輔嗣、伊川皆不信象。今却不敢如此說，只可說道不及見這箇了，且從象以下說，免得穿鑿。所以有象底意思不可見，却只就象上推求道理，不可爲求象不得，便喚做無。如「潛龍」便須有「潛龍」之象。○伊川《易傳》亦有未盡處。當時康節傳得數甚佳，却輕之不問，似此處却閒過了。

知時識勢，學《易》之大方也。《易傳》。下同。○《夬》九二《象》傳。

《大畜》初二，乾體剛健而不足以進，四五陰柔而能止。時之盛衰，勢之强弱，學《易》者所宜深識也。葉氏曰：畜之時不利於進，初二俱位乎下，勢弱不能進也。畜之時在於止，四五位據乎上，勢又足以爲止也。

諸卦二五雖不當位，多以中爲美，三四雖當位，或以不中爲過。中常重於正也。蓋中則不違於正，正不必中也。天下之理莫善於中，於九二、六五可見。《震》六五傳。○朱子曰：中重於正，正不必中，中能度量，而正在其中。○如「君子而時中」，則是中無不正。若君子有時不中，即正未必中。蓋正是骨子好了，而所作事有未恰好處，故未必中也。○事之斟酌得宜合理處是中，則未有不正者。若事雖正，而處之不合時宜，於理無所當，則雖正而不合乎中。○言中則正在其中矣。蓋無正則做中不出來，而單言正則未必能中也。如夷、惠諸子，其正與夫子同，而夫子之中，則非諸子所及也。○如飢渴飲食是正，若過些子便非中節，中節處乃中也。責善，正也，父子之間則不中。○中須以正爲先，若不能先見正處，又何中之可言？如欲行賞罰，須是先看當賞與不當賞，然後量賞之輕重。若不當賞，又何輕重之云乎？

問：胡先生解九四作太子，恐不是卦義。先生云：亦不妨，只看如何用。當儲貳則做儲貳。使九四近君，便作儲貳亦不害。但不要拘一，若執一事，則三百八十四爻，只作得三百八十四件事便休了。《遺書》。下同。○胡瑗字翼之，號安定先生。○問：胡安定將《乾》九四爲儲君。朱子曰：《易》不可恁地看，《易》只是卜筮之書。如五雖主君位，然亦有不可專主君位言者。若只將《乾》九四爲儲位説，則古人未立太子者，不成是虚却此一爻。如一爻只主一事，則三百八十四爻，乃止三百八十四事。○六爻不必限定是説人君。如「潛龍勿用」，若是庶人得之，自當不用，人君得之，也當退避。「見龍在田」，若是衆人得，亦可用事。易不是限定底物。伊川亦自説一爻當一事，則三百八十四爻，只當得三百八十四事。説得自好，不知如何到他解，却恁地説。○問：《程易》説理太多。曰：伊川求之太深。嘗説三百八十四爻云云，其説也好，似他解時，依舊只作三百八十四般用。○程子解《乾》九三云「在下之人」，「君德已著」，此語亦是拘了。程子笑胡安定以九四爲太子云云，此説極是，及到他解《易》，却又拘了。要之此是通上下而言，❶君臣父子以至事物，莫不皆然。

❶「之」，局本從洪本作「知」。

看《易》且要知時。凡六爻人人有用，聖人自有聖人用，賢人自有賢人用，衆人自有衆人用，學者自有學者用，君有君用，臣有臣用，無所不通。因問：《坤卦》是臣之事，人君有用處否？先生曰：是何無用？如「厚德載物」，人君安可不用？問：讀《易》貴知時，今觀爻辭皆是隨時取義，然非聖人見識卓絶，盡得義理之正，則所謂隨時取義，安得不差？朱子曰：古人作《易》，只是爲卜筮，今説《易》者乃是硬去安排。聖人隨時取義，只事到面前，審驗箇是非，難爲如此安排下也。○伊川有一段云「君有君用，臣有臣用」，説得好。及到逐卦解釋，却分作聖人之卦，賢人之卦，更有分作守令之卦者，古何嘗有此？

《易》中只是言反復往來上下。朱子曰：程子言「《易》中只是言反復往來上下」，這只是一箇道理。陰陽之道，一進一退，一長一消，反復往來上下，於此見之。○易是互相轉易之義。觀《先天圖》，東邊一畫陰，便對西邊一畫陽。東本是陽，西本是陰，東邊陰畫皆是自西邊來，西邊陽畫皆是自東邊來。輔廣云：程子所謂「《易》中只説反復往來上下」者，是指此否？曰：看來程子之意又別。邵子《易》，程子多理會他底不得。蓋他只據理説，都不曾去問他。○葉氏曰：反復，如《復》、《姤》之類。往來，如《賁》、《无妄》之類。上下，如《咸》、《恒》之類。皆陰陽變易之道。

作《易》，自天地幽明，至於昆蟲草木微物，無不合。《外書》。下同。○葉氏曰：《易》無不該、無不合者。理之根極，本一原也。

今時人看《易》，皆不識得《易》是何物，只就上穿鑿。若念得不熟，與就上添一德亦不覺多，就上減一德亦不覺少。譬如不識此兀子，若減一隻脚，亦不知是少，若添一隻，亦不知是多。若識則自添減不得也。葉氏曰：學者當體此意，使於卦象辭義，皆的然見其不可易，而後爲得也。

游定夫問伊川「陰陽不測之謂神」，伊川曰：賢是疑了問，是揀難底問？有問盡性至命者，朱子不答，云：❶不要如此看文字。游定夫問「陰陽不測

❶「云」上，局本從洪本有「少頃」二字。

之謂神」，伊川云云，後來人便道游將難底問。大意且要將聖賢言語次第看得分曉，自然知得。〇葉氏曰：游氏或未之深思，特以此語艱深，而率爾請問。故伊川不答，直攻其心，欲使反己而致思也。

伊川以《易傳》示門人，曰：只說得七分，後人更須自體究。永按：此程子不自足之意。然義理無窮，非可以言盡。故朱子又有《本義》，以補《程傳》之所未備。

伊川先生《春秋傳序》曰：天之生民，必有出類之才起而君長之。治之而爭奪息，導之而生養遂，教之而倫理明，然後人道立，天道成，地道平。二帝而上，聖賢世出，隨時有作，順乎風氣之宜，不先天以開人，各因時而立政。暨乎三王迭興，三重既備，子丑寅之建正，忠質文之更尚，人道備矣，天運周矣。聖王既不復作，有天下者雖欲倣古之迹，亦私意妄爲而已。事之繆，秦至以建亥爲正；道之悖，漢專以智力持世。豈復知先王之道也？夫子當周之末，以聖人不復作也，順天應時之治不復有也，於是作《春秋》，爲百王不易之大法。所謂「考諸三王而不繆，建諸天地而不悖，質諸鬼神而無疑，百世以俟聖人而不惑」者也。先儒之傳曰：「游、夏不能贊一辭。」辭不待贊也，言不能與於斯耳。斯道也，惟顏子嘗聞之矣，「行夏之時，乘殷之輅，服周之冕，樂則《韶》舞」，此其準的也。後世以史視《春秋》，謂褒善貶惡而已，至於經世之大法，則不知也。問：伊川謂顏子嘗聞《春秋》大法，何也？朱子曰：此不是孔子將《春秋》大法向顏子說。蓋三代制作極備矣，孔子更不可復作，故告以四代禮樂，只是百王不易之大法。❶其作《春秋》，善者則取之，惡者則誅之，意亦只是如此，故引以爲據耳。〇四代之禮樂是經世之大法，《春秋》之書亦經世之大法，然四代之禮樂是以善者爲法，《春秋》是以不善者爲戒。《春秋》大義數

❶「百」上，局本從洪本有「集」字。

十，其義雖大，炳如日星，乃易見也。惟其微辭隱義，時措從宜者，爲難知也。或抑或縱，或與或奪，或進或退，或微或顯，而得乎義理之安，文質之中，寬猛之宜，是非之公，乃制事之權衡，揆道之模範也。朱子曰：《春秋》大旨，其可見者，誅亂臣，討賊子，内中國，外夷狄，貴王賤伯而已，未必如先儒所言字字有義也。想孔子當時只是要備二百餘年之事，故取史文寫在這裏，何嘗云某事用某法，某事用某例耶？且如書會盟侵伐，大意不過見諸侯擅興自肆耳。書郊禘，大意不過見魯僭禮耳。如三卜四卜，牛傷牛死，是失禮中又失禮也。如不郊「猶三望」，是不必望而猶望也。如書仲遂卒「猶繹」，是不必繹而猶繹也。如此等義，却自分明。○程子謂《春秋》大義數十」，「炳如日星」者，如「成宋亂」、「宋災故」之類，乃是聖人直著誅貶，自是分明。如胡氏謂書「晉侯」，爲「以常情待晉襄」，書「秦人」，爲「以王事責秦穆」處，却恐未必如此。須是己之心果與聖人之心，神交心契，始可斷他所書之旨，不然則未易言也。程子所謂「微辭隱義，時措從宜」者，爲難知耳。○問：孔子有取乎五霸，豈非時措從宜？曰：是。又曰：觀其予五霸，其中便有一箇奪底意思。夫觀百物然後識化工之神，聚衆材然後知作室之用，❶於一事一義而欲窺聖人之用心，非上智不能也。故學《春秋》者，必優游涵泳，默識心通，然後能造其微也。後王知《春秋》之義，則雖德非禹、湯，尚可以法三代之治。朱子曰：《春秋序》云「雖德非禹、湯，亦可以法三代之治」，如是則無本者亦可以措之治乎？語有欠。自秦而下，其學不傳。予悼夫聖人之志不明於後世也，故作傳以明之，俾後之人通其文而求其義，得其意而法其用，則三代可復也。是傳也，雖未能極聖人之蘊奧，庶幾學者得其門而入矣。《文集》。

《詩》《書》載道之文，《春秋》聖人之用。《詩》《書》如藥方，《春秋》如用藥治病。聖人之用，全在此書，所謂「不如載之行事深切著

❶「室」，原作「事」，據局本改。

明」者也。有重疊言者，如征伐、盟會之類，蓋欲成書，勢須如此。不可事事各求異義，但一字有異，或上下文異，則義須別。《遺書》。下同。

五經之有《春秋》，猶法律之有斷例也。律令唯言其法，至於斷例，則始見其法之用也。

學《春秋》亦善，一句是一事，是非便見於此。此亦窮理之要，然他經豈不可以窮理？但他經論其義，《春秋》因其行事，是非較著，故窮理爲要。嘗語學者且先讀《論語》《孟子》，更讀一經，然後看《春秋》。先識得箇義理，方可看《春秋》。《春秋》以何爲準？無如中庸。欲知中庸，無如權。須是時而爲中，若以手足胼胝、閉户不出二者之間取中，便不是中。若當手足胼胝，則於此爲中，當閉户不出，則於此爲中。權之爲言，秤錘之義也。何物爲權？義也，時也。只是説得到義，義以上更難説，在人自看如何。問：何物爲權，義是也？朱子曰：如人犯一罪，性剛者以爲可誅，性寬者以爲可恕，概之以義，皆未是合宜，此則全在權量之精審。須是他平日涵養本原，此心虛明純一，自然權量精密。

《春秋》傳爲案，經爲斷。〔本注〕程子又云：某年二十時看《春秋》，黄聱隅問某如何看，某答曰：「以傳考經之事迹，以經別傳之真僞。」○問：《春秋》當如何看？朱子曰：只如看史樣看。問：程子「以傳考經之事迹，以經別傳之真僞」，如何？曰：便是亦有不可考處。曰：其間不知是聖人果有褒貶否？曰：也見不得。○看《春秋》，且須看得一部《左傳》首尾意思貫通，方能略見聖人筆削，與當時事之大意。問讀《左傳》法，曰：也只是平心看那事理、事情、事勢。○伊川論「《春秋》傳爲案，經爲斷」，尹和靖謂伊川無此言。此兩句即「以傳考經之事迹，以經別傳之真僞」之意，非伊川之言而何？

凡讀史不徒要記事迹，須要識其治亂安危興廢存亡之理。且如讀《高帝紀》，便須識得漢家四百年終始治亂當如何。是亦學也。葉氏曰：觀高祖寬大長者，能用三傑，則知漢所以得天下。觀其入關除秦苛法，則知漢所以立四百年基業。觀僞遊雲夢，則知諸侯王以次而叛。觀繫蕭相國獄，則知漢之大臣多不保終。

先生每讀史到一半，便掩卷思量，料其成敗，然後却看，有不合處又更精思。其間多有幸而成，不幸而敗。今人只見成者便以爲是，敗者便以爲非，不知成者煞有不是，敗者煞有是底。

讀史須見聖賢所存治亂之機，賢人君子出處進退，便是格物。

元祐中，客有見伊川者，几案間無他書，惟印行《唐鑑》一部。先生曰：近方見此書，三代以後，無此議論。《外書》。○范祖禹字淳夫，著《唐鑑》。○問范太史文字，朱子曰：如《唐鑑》雖是好文字，然多照管不及，評論總意不盡。只是文字本體好，然無精神，所以有照管不到處，無氣力，到後面便多脱了。○胡致堂《讀史管見》方是議論。《唐鑑》議論弱，又有不相應處，前面説一項事，末又説別處去。

橫渠先生曰：《序卦》不可謂非聖人之蘊。今欲安置一物，猶求審處，況聖人之於《易》？其間雖無極至精義，大概皆有意思。觀聖人之書，須遍布細密如是。大匠豈以一斧可知哉？橫渠《易説》。○朱子曰：《序卦》，先儒以爲非聖人之蘊。某以爲非聖人之精則可，謂非《易》之蘊則不可。周子分「精」與「蘊」字甚分明。《序卦》却正是《易》之蘊，事事夾雜都有在裏面。問：如何謂《易》之精？曰：「太極生兩儀」，自一箇生出來以至無窮，便是精。○永按：謂《序卦》非聖人之蘊，韓康伯説。

天官之職，須襟懷洪大，方看得。蓋其規模至大，若不得此心，欲事事上致曲窮究，湊合此心如是之大，必不能得也。釋氏錙銖天地，可謂至大，然不嘗爲大，則爲事不得。若畀之一錢，則必亂矣。又曰：太宰之職難看，蓋無許大心胸包羅，記得此，復忘彼。其混混天下之事，當如捕龍蛇，搏虎豹，用心力看方可。其他五官便易看，止一職也。《語録》。下同。○朱子曰：天官之職，是總五官者，若其心不大，如何包得許多事？且冢宰内自王之飲食衣服，外至五官庶事，自大至小，自本至末，千頭萬緒。若不是大其心者，區區處應副，事到面前，便且區處不下。況於先事措置，思患豫防，是著多少精神？所以「記得此，復忘彼」。佛氏只合下將心頓在無用處，才動步便疎脱。❶所以吾儒貴窮理致知，便須事事物物理會過。今文字在面前，尚且看不得，況許多事在面前，如何奈得他？須襟懷大底人始得。

古人能知《詩》者惟孟子，爲其「以意逆志」也。夫詩人之志至平易，不必爲艱險求之。今以艱險求《詩》，則已喪其本心，何由見詩人之志？〔本注〕詩人之性情温厚，平易老成。本平地上道著言語，今須以崎嶇求之，先其心已狹隘了，則無由見得。詩人之情本樂易，只爲時事拂著他樂易之性，故以詩道其志。○朱子曰：「以意逆志」，此句最好。逆是前去追迎之意，是將自家意思去等候詩人之志來，等得來自然相合。此是教人讀書之法，自家虚心在這裏，看他道理如何來，自家便迎接將來。今人讀書都是去捉他，不是逆志。

《尚書》難看，蓋難得胸臆如此之大。只欲解義，則無難也。問：他書亦須大心胸方讀得，如何只説《尚書》？朱子曰：他書却有次第，《尚書》只合下便大。如《堯典》自「克明俊德，以親九族」，至「黎民於變時雍」，展開是大小大，分命羲和「定四時成歲」，便是心中包一箇三百六十五度四分度之一底天，方見得恁地。若不得一箇大底心胸，如何看得？

讀書少，則無由考校得義精。蓋書以維持此心，一時放下，則一時德性有懈。讀書則此心常在，不讀書則終看義理不見。朱子曰：張子説得「維持」字好。蓋不讀書，則此心便無用處。○人常讀書，庶幾可以管攝此心，使之常存。

書須成誦。精思多在夜中，或静坐得

❶「步」，原作「少」，據局本改。

之。不記則思不起，但通貫得大原後，書亦易記。所以觀書者釋己之疑，明己之未達，每見每知新益，則學進矣。於不疑處有疑，方是進矣。朱子曰：讀書須是成誦方精熟。今人所以記不得，説不去，心下若存若亡，皆是不精不熟之患。横渠説讀書須是成誦，今人所以不如古人處，只争這些子。古人記得，故曉得，今人鹵莽，記不得，故曉不得。緊要處慢處皆須成誦，自然曉得也。○近與學者講論，尤覺横渠成誦之説，最爲徑捷。蓋未論看得義理如何，且是收得此心有歸著處，不至走作。然亦須是專一精研，使一書通透爛熟，都無記不起處，方可别换一書，乃爲有益。若但輪流通念而覈之不精，則亦未免枉費工夫也。須是都通透後，又却如此温習，乃爲佳耳。○讀書無疑者須教有疑，有疑者却要無疑。到這裏方是長進。

六經須循環理會，義理儘無窮。待自家長得一格，則又見得别。

如《中庸》文字輩，直須句句理會過，使其言互相發明。朱子曰：横渠謂讀《中庸》如此，今讀《大學》亦然。某年十七八時讀《中庸》、《大學》，每早起須誦十遍。

《春秋》之書，在古無有，乃仲尼所自作，惟孟子能知之。非理明義精，殆未可學。先儒未及此而治之，故其説多鑿。問：先生於《春秋》未有説。朱子曰：《春秋》是當時實事，孔子書在册子上。後世諸儒學未至，而各以己意猜揣，正横渠所謂「非理明義精」「而治之，故其説多鑿」是也。唯伊川以爲「經世之大法」，得其旨矣。然其間極有無定當、難處置處。今不若且存，取胡文定本子，與後來看，縱未能盡得之，然不中不遠矣。

近思録卷之三終

# 近思録卷之四

凡七十條

婺源後學江永集註

朱子曰：此卷存養。

或問：聖可學乎？濂溪先生曰：可。有要乎？曰：有。請問焉，曰：一爲要。一者無欲也，無欲則静虚動直。静虚則明，明則通；動直則公，公則溥。明通公溥，庶矣乎！《通書》。○朱子曰：此章之旨最爲要切，然其辭義明白，不煩訓解。學者能深玩而力行之，則有以知無極之真，兩儀四象之本，皆不外乎此心，而日用間自無别用力處矣。

伊川先生曰：陽始生甚微，安静而後能長。故《復》之《象》曰：「先王以至日閉關。」《易傳》。下同。○朱子曰：一陽初復，陽氣甚微，不可勞動，故當安静以養微陽。如人善端方萌，正欲静以養之，方能盛大。

動息節宣，❶以養生也；飲食衣服，以養形也；威儀行義，以養德也；推己及物，以養人也。《頤卦》傳。

「慎言語」以養其德，「節飲食」以養其體。事之至近而所繫至大者，莫過於言語飲食也。《頤·象》傳。○朱子曰：二者養德養身之切務。

「震驚百里，不喪匕鬯。」臨大震懼，能安而不自失者，惟誠敬而已。此處震之道也。《震·象》傳。○葉氏曰：匕所以載鼎實。鬯，秬酒也。誠敬盡於祀事，則雖震而不爲驚。君子當大恐懼，中有所主，則威震不足以動之矣。

人之所以不能安其止者，動於欲也。欲牽於前而求其止，不可得也。故艮之道，當

❶「息」，原作「静」，據局本改。

「艮其背」，所見者在前，而背乃背之，是所不見也。止於所不見，則無欲以亂其心，而止乃安。「不獲其身」，不見其身也，謂忘我也。無我則止矣。不能無我，無可止之道。「行其庭不見其人」，庭除之間至近也，在背則雖至近不見，謂不交於物也。外物不接，内欲不萌，如是而止，乃得止之道，於止爲无咎也。《艮·彖》傳。○朱子曰：《易傳》云「能使天下順治，非能爲物作則也，惟止之各於其所而已」，此説甚當。至謂「艮其背」爲「止於所不見」，竊恐未然。據《彖辭》自解得分曉，「艮其止，止其所也」。上句止字便是背字，止是當止之處，下句止字是解艮字，所字是解背字，蓋云止於所當止也。所即至善之地。「不獲其身」是無與於己，「不見其人」是亦不見人。無己無人，但見此道理各止其所也。○人之一身，惟背不能動，止於背是止得其所。明道《答定性書》舉其語是此意，伊川説却不同。他解「艮其止，止其所也」，又説得分曉，解「艮其背」，又自有異，想是照顧不到。○問：《易傳》説「艮其背」是「止於所不見」？曰：伊川之意，如説「閑邪存誠」，如所謂「制之於外，以安其内」，如所謂「姦聲亂色，不留聰明」，此意亦自好，但《易》之本意未必是如此。○「外物不接，内欲不萌」，伊川之説，只是非禮勿視聽言動底意思。○問：外物無有絶而不接之理？曰：此一段亦有可疑，外物豈能不接？但當於非禮勿視聽言動四者用力。○外既無非禮之視聽言動，則内自不見有私己之欲矣。

《遺書》。下同。

明道先生曰：若不能存養，只是説話。

聖賢千言萬語，只是欲人將已放之心，約之使反復入身來，自能尋向上去，「下學而上達」也。朱子曰：「學問之道無他，求其放心而已矣」，此孟子開示切要之言。程子又發明之，曲盡其指。學者宜服膺而勿失也。○明道只是大概説如此。若已放之心，如何會收得轉來？只是莫令此心逐物去，則此心便在這裏。只是知求，則心便在此，便是反復入身來。○問：明道「聖賢千言萬語只是收放心」。曰：講學讀書固是，然要知所以講學讀書，所以致知力行，以至習禮習樂，事親從兄，無非只是要收放心。○學問之道，皆所以求放心，不是學問只有求放心一事。程先生説是如此。○看「自能尋向上去，下學而上達」二句，必不至空守此心，無所用也。

李籲問：每常遇事，即能知操存之意。無事時如何存養得熟？曰：古之人，耳之於樂，目之於禮，左右起居，盤盂几杖，有銘有戒，動息皆有所養。今皆廢此，獨有理義之養心耳。但存此涵養意，久則自熟矣。「敬以直内」，是涵養意。籲字端伯，程子門人。

吕與叔嘗言患思慮多，不能驅除。曰：此正如破屋中禦寇，東面一人來未逐得，西面又一人至矣，左右前後驅逐不暇。蓋其四面空疎，盜固易入，無緣作得主定。又如虛器入水，水自然入。若以一器實之以水，置之水中，水何能入來？蓋中有主則實，實則外患不能入，自然無事。朱子曰：有主則實，既言有主，便已是實了，卻似多了一實字。看來這箇實字謂中有主則外物不能入。○永按：與後條「有主則虛」參看。

邢和叔言吾曹常須愛養精力，精力稍不足則倦，所臨事皆勉强而無誠意。接賓客語言尚可見，況臨大事乎？邢恕字和叔。

明道先生曰：學者全體此心。學雖未盡，若事物之來，不可不應，但隨分限應之，雖不中不遠矣。朱子曰：此亦是言其大概，且存得此心在這裏，若事物之來，且隨自家力量應之，更須下工夫，方到得細密的當，止於至善處。此亦且是爲初學言。○全體此心，只是全得此心，不爲私欲汩没，非是更有一心能體此心也。此等當以意會。

「居處恭，執事敬，與人忠」，此是徹上徹下語。聖人元無二語。朱子曰：告樊遲三語，便與告顏淵、仲弓都無異，故云「此是徹上徹下語」。

伊川先生曰：學者須敬守此心，不可急迫，當栽培深厚，涵泳於其間，然後可以自得。但急迫求之，只是私己，終不足以達道。朱子曰：栽，只如種得一物在此，但涵養持守之功，繼繼不已，是謂「栽培深厚」。如此而優游涵泳於其間，則浹洽而有以自得矣。苟急迫求之，則此心已自躁迫紛亂，只是私己而已，終不能優游涵泳以達於道。○道理本自廣大，只是潛心積慮，緩緩養將去，自然透熟。若急迫求之，則是起意去趕趁他，只是私意而已，安足以入道？

明道先生曰：「思無邪」，「毋不敬」，只此二句循而行之，安得有差？有差者，皆由不敬不正也。朱子曰：「思無邪」是心正意誠。「毋不敬」是正心誠意。○永按：思未能無邪者，亦當勉强禁止。如古人以黑白豆記起念善惡，久之而黑者漸少漸無是也。「毋不敬」亦兼正容言之。

今學者敬而不自得，又不安者，只是心生，亦是太以敬來做事得重，此「恭而無禮則勞」也。恭者，私爲恭之恭也。禮者，非體之禮，是自然底道理也。只恭而不爲自然底道理，故不自在也，須是「恭而安」。今容貌必端，言語必正者，非是道獨善其身，要人道如何，只是天理合如此，本無私意，只是箇循理而已。朱子曰：「只是心生」，言只是敬心不熟也。「恭者私爲之恭」，言恭只是人爲，「禮者非體之禮」，言只是禮，無可捉摸。故人爲之恭，必循自然底道理，則自在也。

今志於義理而心不安樂者，何也？此則正是剩一箇「助之長」。雖則心「操之則存，舍之則亡」，然而持之太甚，便是「必有事焉」而正之也。亦須且恁去，如此者只是德孤。「德不孤，必有鄰」，到德盛後，自無窒礙，左右逢其原也。朱子曰：正，預期也。○亦須且恁去，其説蓋曰雖是「必有事焉而勿正」，亦須且恁地把捉操持，不可説道持之太甚，便放下了。德孤只是單丁有這些道理，所以不可靠，易爲外物侵奪。若是處多，不是處少，便不爲外物侵奪。○助長固是不好，然合下未能到從容處，亦須且恁去，猶愈於不能執捉者。○《答吕伯恭》曰：承喻「整頓收斂，則入於著力，從容游泳，又墮於悠悠」，此正學者之通患。然程子嘗曰，亦須且自此去，到德盛後，自然左右逢其原。今亦當且就整頓收斂處著力，但不可用意安排，等候即成病耳。

敬而無失，便是「喜怒哀樂未發謂之中」。敬不可謂中，但敬而無失，即所以中也。朱子曰：未發之中，本體自然，不須窮索。但當此之時，敬以持之，使此氣象常存而不失，則自此而發者必中節矣。故程子於此，每以「敬而無失」爲言。○吴伯豐説：敬而無失則不偏不倚，斯能中矣。曰：説得漫了。❶只敬而無失，便不偏不倚，只此便是中。○只是常敬，敬即所以中。○敬而無失，本不是中，只是敬而無失，便見得中底氣象。此如公不是仁，然公而無私則仁。又曰：中是本來底，須是做工夫，此理方著。○此言持敬而無間斷，則喜怒哀樂渾然在中，而無所偏倚。子夏之言本不如此，程子取其有會於吾心耳。

司馬子微嘗作《坐忘論》，是所謂「坐馳」也。朱子曰：他只管要恁地虚静都無事，但只管要得忘，便忘是馳也。○葉氏曰：司馬承貞字子微，唐天寶中隱居天台之赤城，嘗著論八篇，言清淨無爲，坐忘遺照之道。

伯淳昔在長安倉中閒坐，見長廊柱，以意數之，已尚不疑。再數之不合，不免令人一一聲言數之，乃與初數者無差。則知越著心把捉，越不定。朱子曰：人心至靈，主宰萬變，而非物所能宰。故纔有執持之意，即是此心先自動了。此程子所以每言「坐忘即是坐馳」，又因默數倉柱，發明其説。而其指示學者操存之道，則必曰「敬以直内」，而又有「以敬直内，便不直矣」之云也。

人心作主不定，正如一箇翻車，流轉動摇，無須臾停，所感萬端。若不做一箇主，怎生奈何？張天祺昔嘗言自約數年，自上著牀便不得思量事。不思量事後，須强把他這心來制縛，亦須寄寓在一箇形象，皆非自然。君實自謂吾得術矣，只管念箇「中」字。此又爲「中」所繫縛，且「中」亦何形象？有人胸中常若有兩人焉，欲爲善，如有惡以爲之間；欲爲不善，又若有羞惡之心者。本無二人，此正交戰之驗也。持其志，使氣不能亂，此大可驗。要之聖賢必不害心疾。張戩字天祺，横渠先生之弟。司馬温公字君實。○朱子曰：天祺雖是硬

❶「漫」，原作「慢」，據局本改。

捉，且把定得一箇物事在這裏。温公又管念箇「中」字，❶又更生出頭緒多。他所以説終夜睡不得，天祺是硬截，温公是死守，旋旋去尋討箇中。伊川則曰「持其志」，所以教人且就裏面理會。譬如人有箇家，不自作主，却倩別人來作主。○程子謂一心之中如有兩人，正是言意不誠、心不實處。大凡意不誠，❷分明是吾之賊。我要上，他牽下來，我要前，他拖教後。此最學者所宜察。

明道先生曰：某寫字時甚敬，非是要字好，只此是學。問：作字忽忽，則不成字，是忘也。或作意令好，則愈不好，是助也。以此知持敬者，正勿忘、勿助之間。朱子曰：若如此説，則只是要字好矣，非明道先生之意也。

伊川先生曰：聖人不記事，所以常記得。今人忘事，以其記事。不能記事，處事不精，皆出於養之不完固。朱子曰：聖人之心虚明，故能如此。常人記事忘事，只是著意之故。

明道先生在澶州日，修橋少一長梁，曾博求之民間。後因出入，見林木之佳者，必起計度之心。因語以戒學者，心不可有一事。問：凡事須思而後通，安可謂「心不可有一事」？朱子曰：事如何不思？但事過則不留於心可也。明道肚裏有一條梁，不知今人有幾條梁在肚裏。

伊川先生曰：入道莫如敬，未有能致知而不在敬者。今人主心不定，視心如寇賊而不可制。不是事累心，乃是心累事。當知天下無一物是合少得者，不可惡也。朱子曰：敬則心存，心存則理具於此，而得失可驗，故曰「未有致知而不在敬者」。○問「未有致知而不在敬者」，曰：心若走作不定，何緣見得道理？如理會這一件事未了，又要去理會那事，少間都成無理會。須是理會這事了，方去理會那事。須是主一。○「未有致知而不在敬者」，此是大綱説，要窮理須是著意，不著意如何理會得分曉？○問：「未有致知而不在敬者」，蓋敬則胸次虚明，然後能格物而判其是非。曰：雖是如此，然亦須格物，不使一毫私欲得以爲之蔽，然後胸次

❶「又」，局本從洪本作「只」。
❷「大」，原作「太」，據局本改。

方得虛明。○《答胡廣仲》曰：敬之一字，真聖學始終之要。向來謂必先致知，然後有以用力於此。疑若未安。蓋古人由小學進於大學，其於灑埽應對進退之間，持守堅定，涵養純熟，固已久矣。是以大學之序，特因小學已成之功，而以格物致知爲始。今人未嘗一日從事於小學，而曰必先致知，然後敬有所施。則未知以何爲主，而格物以致其知也。故程子曰：「入道莫如敬，未有能致知而不在敬者。」又論敬云「但存此久之，則天理明」。推而上之，古昔聖賢之言，亦莫不如此者。○葉氏曰：事至當應，初何爲累？顧心無主，應則反累事耳。○永按：天下事皆不可少，不可有厭事之心。

人只有一箇天理，却不能存得，更做甚人也！

人多思慮，不能自寧，只是做他心主不定。要作得心主定，惟是止於事，「爲人君止於仁」之類。如舜之誅四凶，四凶已作惡，舜從而誅之，舜何與焉？人不止於事，只是攬他事，不能使物各付物。物各付物，則是役物。爲物所役，則是役於物。「有物必有則」，須是止於事。以上並伊川語。○葉氏曰：應事而不止其所當止，是以己之私智攬他事，而不能物各付物者也。物各付物者，物來而應，不過其則，物往而化，不滯其迹。是則役物而不爲物所役。

不能動人，只是誠不至。於事厭倦，皆是無誠處。

靜後見萬物自然皆有春意。問：此還是指聖賢而言否？潛室陳氏曰：觀物會心，靜者能之，固是聖賢如此，吾人胸次豈可不見此境界？静却不分聖賢。

孔子言仁，只說「出門如見大賓，使民如承大祭」。看其氣象，便須「心廣體胖」，「動容周旋中禮」自然。惟慎獨便是守之之法。聖人「修己以敬」，「以安百姓」，「篤恭而天下平」。惟上下一於恭敬，則天地自位，萬物自育，氣無不和，四靈何有不至？此「體信」「達順」之道，聰明睿知皆由此出，以此事天

**饗帝。**問：孔子告仲弓，方是持敬底事。程子如此説，豈不有自然勉强之異？朱子曰：程子之言，舉敬之極致而言也。這般處要寬看，識得他意，不可迫切求之。○亦須先見得箇意思，❶方謹獨以守之。○問：「心廣體胖」，「動容周旋中禮」，是平日功夫方能如此，❷非一旦「出門如見大賓，使民如承大祭」，便能如此。曰：自這裏做去，方能如此。只是常能存得此心，便能如此。○惟上下一於恭敬，這却是上之人有以感發興起之。「體信」是忠，「達順」是恕。「體信」是無一毫之僞，「達順」是發而皆中節，無一物不得其所。聰明睿智皆由此出，這是自誠而明。○問：「上下一於恭敬」，上之人、下之人也，「同寅協恭」？曰：聖人之敬，熏天炙地，不是獨修於九重，而天下之人侮慢自若也。如《漢廣》之詩可見。○「體信」是實體此道於身，「達順」是發而中節，推之天下而無所不通也。○信是實理，順是和氣。「體信」是致中底意思，「達順」是致和底意思。此《禮記》中語，言能恭敬則能「體信」「達順」。○「體信」是盡這至誠道理，順即自此發出，所謂和者「天下之達道」。○「聰明睿智皆由是出」者，皆由敬出。「以此事天饗帝」，此則敬也。○問：「聰明睿智」如何「皆由此出」？曰：且看敬則如何不會聰明。人之所以不聰不明，只緣身心惰慢，便昏塞了。敬則虛静，自然通達。○且以一國之君看之，此心才不專静，則姦聲佞辭，雜進而不察，何以爲聰？亂色詖説之容，交蔽而莫辨，何以爲明？睿智皆出於心，心既無主，則應事接物，何以思慮而得其宜？所以此心常要肅然虛明，然後物不能蔽。○問：敬中有誠立明通道理？曰：然。

**存養熟後，泰然行將去，便有進。**

**不愧屋漏，則心安而體舒。**葉氏曰：此謹獨之效。

**心要在腔子裏。**問：心要在腔子裏，莫只是不放却否？朱子曰：得之。○人心終日放在那裏去？得幾時在這裏？孟子所以只管教人求放心。○問：心要在腔子裏，若慮事應物時，心當如何？曰：思慮應接不可廢，但身在此，則心合在此。曰：然則方其應接時則心在事上，事去則此心亦不管著？曰：固是要如此。○問：心如何得在腔子裏？曰：敬便在腔子裏。

**只外面有些隙罅，便走了。**問：外面有些隙

❶「先」，原無，據局本補。

❷「功夫」，局本從洪本作「用功」。

韁便走了，莫是功夫間斷便外馳否？　朱子曰：此心才向外，便走了。

人心常要活，則周流無窮，而不滯於一隅。問：心如何是活？　朱子曰：心無私便可推行。活者不死之謂。○人心活則周流，無偏係即活。憂患樂好，皆偏係也。○活是生活之活，對著死説。天理存則活，人欲用則死。周流無窮，活便能如此。

明道先生曰：「天地設位，而易行乎其中」，只是敬也。敬則無間斷。朱子曰：易是自然造化。聖人本意只説自然造化流行。程子是將來就人身上説，敬則這道理流行，不敬便間斷了。前輩引經文，多是借來説己意。○問：不知易何以言敬？　曰：程子説得闊，使人難曉。就天地之間言之，是實理，就人身言之，惟敬然後見得心之實處流行不息。敬才間斷，是不誠，不誠便無物，是息也。○天地也似有箇主宰，方始恁地變易，便是天地底敬。天理只是直上去，更無四邊滲漏，更無走作。○問：「子在川上」章，也是這意思？　曰：固是。天地與聖人一般，但明道説得寬。○一念不存，也是間斷；一事有差，也是間斷。

「毋不敬」，可以對越上帝。

敬勝百邪。朱子曰：學者常提醒此心，如日之升，群邪自息。

「敬以直内，義以方外」，仁也。若以敬直内，則便不直矣。「必有事焉，而勿正」，則直也。問：「敬以直内，義以方外」，如何便謂之仁？　朱子曰：亦是仁也。若能到私欲浄盡、天理流行處，皆可謂之仁。但從一路入，做到極處，皆是仁。○此亦言「敬以直内，義以方外」，則無一毫私意，而仁自在其中爾。這般處要寬看。○問：以敬直内則不直，何也？　曰：此是解「直」、「方」二字，從上説下來方順，「以敬」則不順矣。○問：必有事而勿正，二程多主於敬？　曰：《孟子》本無敬字，只有義字。程子是移將去敬字上説，非《孟子》本意。

涵養吾一。葉氏曰：心存則不二。

「子在川上曰：『逝者如斯夫！　不舍晝夜。』」自漢以來儒者皆不識此義。此見聖人之心，「純亦不已」也。「純亦不已」，天德也。有天德便可語王道，其要只在慎獨。問：程子謂「自漢以來儒者皆不識此義」。朱子曰：是不曾識得。佛氏却略窺得上面些影子。自漢以來儒者，如仲舒語只約度有這物事，韓退之雖知有這物事，又説得太闊疎了。○聖人見川流之不息，嘆逝者之如斯，原其所以然，乃天命流行不息之體。惟聖人之心默契乎此，故有感焉。於此可見聖人「純亦不已」之心。○川流不息，天運也。「純亦不已」，聖人之心也。謹獨所以爲不已，學者之事也。○問：川上之歎，程子所謂「純亦不已」者，果聖人之本意乎？曰：程子非以聖人之意本如此也，亦曰非其心之如是，則無以見天理之如是耳。其曰「其要只在慎獨」者，言人欲體此道當如此也。蓋道無時而不然，惟慎獨則可以無所間斷，而不虧真體。○有天德則便是天理，便做得王道，無天德則是私意，是計較。後人多無天德，便做王道不成。○謹獨與這裏何相關？若不謹獨，便去隱微處間斷了，如何得與天地相似。

「不有躬，無攸利。」不立己後，雖向好事，猶爲化物。不得以天下萬物撓己，己立後，自能了當得天下萬物。朱子曰：此程子解《易》二句。後二句又是復解此意，在乎以立己爲先，應事爲後。今人平日講究所以治國平天下之道，而自家身己全未曾理會得。若能理會自家身己，雖與外事若不相接，❶然「明德」在這裏了，「新民」只見成推將去。○己不立則在我無主宰，雖向好事，亦只是見那事物好，隨那事物去，便是爲物所化。

伊川先生曰：學者患心慮紛亂，不能寧静，此則天下公病。學者只要立箇心，此上頭儘有商量。朱子曰：學者不先立箇心，便似作室無基址。求此心正爲要立基址，得此心有箇存主處，爲學便有歸著，可以用功。

閑邪則誠自存，不是外面捉一箇誠將來存著。今人外面役役於不善，於不善中尋箇善來存著，如此則豈有入善之理？只是閑邪則誠自存。故孟子言性善皆由内出，只爲誠便存。永按：人性本善，故人心本誠。其有邪者妄也，去妄則無妄矣。故誠非外鑠。閑邪更著甚工夫？但惟是動容貌，整思慮，則自然生敬。敬只是主一也。主一則既不之東，又不之西，如

❶「與」，原作「無」，據局本改。

是則只是中；既不之此，又不之彼，如是則只是内。存此則自然天理明。學者須是將「敬以直内」涵養此意，直内是本。〔本注〕尹彦明曰：敬有甚形影？只收斂身心，便是主一。且如人到神祠中致敬時，其心收斂，更著不得毫髮事，非主一而何？○問「主一」，朱子曰：做這一事，且做一事；做了這一事，却做那一事。今人做這一事未了，又要做那一事，心下千頭萬緒。○問：動而無二三之雜者，主此一也。静而無邪妄之念者，亦主此一也。主一兼動静而言？曰：是。○或謂主一不是主一事，如一日萬幾，須要並應。曰：一日萬幾，也無並應底道理，須還他逐一件理會。○問：或人專守主一。曰：主一亦是。然程子論主一却不然，又要有用，豈是守塊然之主一？○聖人言語，當初未曾關聚，如説「見」「賓」「承」「祭」之類，皆是敬之目，到程子始關聚説出一箇敬來教人。然敬有甚物？只如畏字相似。不是塊然兀坐，只收斂身心，整齊純一，不恁地放縱，便是敬。○程先生所以有功於後學者，最是敬之一字有力。○敬字只著一畏字形容亦得。故和靖只以收斂身心言之。○這心都不著一物，便收斂。他説入神祠云云，最親切。今人若能專一此心，便收斂緊密，無些子空罅。若這事思量未了，又走作那邊去，心便成兩路。○心主這一事，不爲他事所亂，便是不容一物。問：此只是説静時氣象否？曰：然。

閑邪則固一矣，然主一則不消言閑邪。有以一爲難見，不可下工夫，如何？一者無他，只是整齊嚴肅，則心便一。一則自是無非僻之干。此意但涵養久之，則天理自然明。朱子曰：只是覺見邪在這裏，要去閑他，則這心便一了。既一則邪自不能入，更不消説又去閑邪。恰如知得外面有賊，今夜須防他，則便惺了，不須更説防賊。○整齊嚴肅，此心便存，便能惺惺。○才整頓起處，便是天理。無别天理，但常常整頓起，思慮自一。○持敬之説，不必多言，但熟味「整齊嚴肅」「嚴威儼恪」「動容貌，整思慮」「正衣冠，尊瞻視」，此等數語，而實加功焉，則所謂「直内」，所謂「主一」，自然不費安排，而身心肅然，表裏如一矣。○永按：朱子又有一條：「主一似『持其志』，閑邪似『無暴其氣』。」與程子意異，故不録。

有言：未感時，知何所寓？曰：「操則

存，舍則亡，出入無時，莫知其鄉」，更怎生尋所寓？只是有操而已。操之之道，「敬以直内」也。朱子曰：這處難說，只爭這些子，只是看來看去，待自見得。若未應時，❶又更操這所寓，便是有兩箇物事。所以道只有操而已，只操便是主宰在這裏。

敬則自虚静，不可把虚静唤做敬。朱子曰：周子説主静，正是要人静定其心，自作主宰。程子又恐人只管求静，遂與事物不交涉，却説箇敬，云「敬則自虚静」。

學者先務，固在心志，然有謂欲屏去聞見知思，則是「絶聖棄智」。有欲屏去思慮，患其紛亂，則須坐禪入定。如明鑑在此，萬物畢照，是鑑之常，難爲使之不照。人心不能不交感萬物，難爲使之不思慮。若欲免此，惟是心有主。如何爲主？敬而已矣。有主則虚，虚謂邪不能入；無主則實，實謂物來奪之。大凡人心不可二用，用於一事，則他事更不能入者，事爲之主也。事爲之主，尚無思慮紛擾之患，若主於敬，又焉有此患乎？所謂敬者，主一之謂敬；所謂一者，無適之謂一。且欲涵泳主一之義，不一則二三矣。至於不敢欺，不敢慢，「尚不愧於屋漏」，皆是敬之事也。問：程子謂「有主則虚」，又謂「有主則實」？朱子曰：有主於中，外邪不能入，便是虚。有主於中，義理甚實，便是實。○心虚則理實，心實則理虚。「有主則實」，此實字是好字，指理而言。「無主則實」，此實字是不好字，指私欲而言。以理爲主，則此心虚明，一毫私意著不得。○「有主則實」者，自家心裏有主，外患所不能入，此非實而何？「無主則實」者，自家心裏既無以爲之主，則外邪却入來實其中，安得不謂之實？○中「有主則實」，此重在主字上。「有主則虚」，重在敬字上，言敬則自虚静，故邪不得而奸之也。○程子既言「有主則實」，又言「有主則虚」，此不可泥看，須看大意各有不同始得。○「主一」「無適」，此等語須力行之，方見得真實意味。○無適只是持守得定，不馳騖走作之意。持守得定而不馳騖走作，即是主一。主一即

❶「應」，局本從洪本作「感」。

是敬，只是輾轉相解，非無適之外別有主一，主一之外又別有敬也。○敬主於一，做這件事，更不做別事。無適是不走作。問：思其所當思如何？曰：却不妨，但不可胡思。如思此一事，又別思一件事，便不可。問：方應此事未畢，而復有一事至，則當如何？曰：也須是做一件了，又理會一件，亦無雜然而應之理。但甚不得已，則權其輕重可也。○問：伊川言「主一」「無適」，又謂「人心常要活，則周流無窮，而不滯於一隅」。或疑主一則滯，不能周流。竊謂主一則此心便存，心存則物來順應，何有乎滯？曰：固是。然所謂主一者，何嘗滯於一事？不主一，則方理會此事而心留於彼。這却是滯於一隅。

嚴威儼恪，非敬之道，但致敬須自此入。

永按：嚴威儼恪，外面勉强把捉而已，然致敬却須自此始。

「舜孳孳爲善」，若未接物，如何爲善？只是主於敬，便是爲善也。以此觀之，聖人之道，不是但嘿然無言。朱子曰：程子「未接物」之論，尤能發明言外之意，學者所當深念。○主於敬，是存養此心在這裏，照管勿差失。

問：人之燕居，形體怠惰，心不慢者，可否？曰：安有箕踞而心不慢者？昔呂與叔六月中來緱氏，閒居中某嘗窺之，必見其儼然危坐，可謂敦篤矣。學者須恭敬，但不可令拘迫，拘迫則難久。朱子曰：近世學者之病，只是合下欠却持敬工夫，所以事事滅裂。其言敬者，又只説能存此心，自然中理，至於容貌詞氣，往往全不加功，又況心慮荒忽，未必真能存得耶。程子言敬，必須整齊嚴肅，正衣冠，尊瞻視爲先，又言未有「箕踞而心不慢者」，如此乃是至論。○心無不敬，則四體自然收斂，不待十分著意安排，而四體自然舒適。著意安排，則難久而生病矣。

思慮雖多，果出於正，亦無害否？曰：且如在宗廟則主敬，朝廷主莊，軍旅主嚴，此是也。如發不以時，紛然無度，雖正亦邪。

蘇季明問：喜怒哀樂未發之前求中，可否？曰：不可。既思於喜怒哀樂未發之前求之，又却是思也。既思即是已發。〔本注〕思與喜怒哀樂一般。纔發便謂之和，不可謂之中也。

又問：呂學士言當求於喜怒哀樂未發之前，

如何？曰：若言存養於喜怒哀樂未發之前則可，若言求中於喜怒哀樂未發之前則不可。又問：學者於喜怒哀樂發時，固當勉强裁抑，於未發之前，當如何用功？曰：於喜怒哀樂未發之前，更怎生求？只平日涵養便是。涵養久，則喜怒哀樂發自中節。曰：當中之時，耳無聞，目無見否？曰：雖耳無聞，目無見，然見聞之理在始得。賢且説静時如何。曰：謂之無物則不可，然自有知覺處。曰：既有知覺，却是動也，怎生言静？人説「復其見天地之心」，皆以謂至静能見天地之心。非也。復之卦下面一畫，便是動也，安得謂之静？或曰：莫是於動上求静否？曰：固是，然最難。釋氏多言定，聖人便言止。如「爲人君止於仁，爲人臣止於敬」之類是也。《易》之《艮》言止之義曰：「艮其止，止其所也。」人多不能止，蓋人萬物皆備，遇事時，各因其心之所重者更互而出，纔見得這事重，便有這事出。若能物各付物，便自不出來也。或曰：先生於喜怒哀樂未發之前，下動字，下静字？曰：謂之静則可，然静中須有物始得。這裏便是難處。學者莫若且先理會得敬，能敬則知此矣。或曰：敬何以用功？曰：莫若主一。季明曰：昞嘗患思慮不定，或思一事未了，他事如麻又生，如何？曰：不可，此不誠之本也。須是習，習能專一時便好。不拘思慮與應事，皆要求一。

蘇昞字季明，張、程門人。吕學士，與叔也。○朱子曰：「才思即是已發」一句，能發明子思言外之意。蓋言不待喜怒哀樂之發，但有所思，即是已發。此意已極精微，説到未發界至十分盡頭，不可以有加矣。○問：伊川云求中於喜怒哀樂之前，却是已發。延平先生謂驗喜怒哀樂未發之前爲如何，此説又似與季明同。曰：但欲見其如此耳。然亦有病，若不得其道，則流於空。故程子云今只道敬。○此條記得極好。涵養於喜怒哀樂未發之前，只是「戒慎乎其所不睹，恐懼乎其所不聞」。且未有一箇動綻，大綱且約住，執持在這裏，到謹獨處便是發了。當中時，雖耳無聞，目無見，然須是常有箇主宰執持底在這裏始得。不是一向放倒，又不是一向空寂了。下面説復卦，便是説静中有動，不是如瞌睡底静，中間常自有箇主宰執持。後又説艮卦，又是説動中要静。復卦便是一箇大翻轉底艮卦，艮卦便是兩箇翻轉底復卦。○但操存得在時，少間喜怒哀樂自有一箇則在。○「耳無聞，目無見」之答，以下文「若無事時須見須聞」之説參之，其誤必矣。蓋未發時，但爲未有喜怒哀樂之偏耳，若其目之有見，耳之有聞，則當愈益精明而不可亂，豈若心不在焉而遂廢耳目之用哉？○子思只説喜怒哀樂，今却轉向見聞上去。所以説得愈多，愈見支離紛冗，都無交涉。此程門請問記録者之罪。○問：心本動物，不審未發之前全是寂然而静，還是静中有動意？曰：不是静中有動意。周子謂「静無而動有」，不是無，以其未形而謂之無，非因動而後有，以其可見而謂之有耳。方其静時，動之理只在。伊川謂「當中時，耳無聞，目無見」，但見聞之理在始得。及動時，又只是這静底。○謂之無物則不可，無物恐當作有物。○問：未發之前，當戒謹恐懼，提撕警覺，則亦是知覺，而伊川謂「既有知覺却是動」，何也？曰：未發之前，須常恁底醒，不是瞑然不省。若瞑然不省，則道理何在？成甚大本？曰：常醒便是知覺，知覺須是動，何以謂之未發？曰：知覺須是動，❶不害其爲未動。若喜怒哀樂，則又別也。問：知覺須是動，而喜怒哀樂却未發否？曰：是。下面説「復見天地之心」，説得好。復一陽生，豈不是動？問：一陽雖動，然未發生萬物，便是喜怒哀樂未發否？曰：是。○其言静時既有知覺，豈可言静？而引「復以見天地之心」爲説，亦不可曉。蓋當至静之時，但有能知覺者，而未有所知覺也。故以爲静中有物則可，而便以纔思即是已發爲比，則未可。以爲坤卦純陰而不爲無陽則可，而便以復之一陽已動爲比，則未可也。○問：静中有知覺？曰：此是坤中不能無陽，到動處却是復。只將十二卦排便見。○問：静中有物，莫是含喜怒哀樂之理否？曰：喜怒哀樂乃是感物而有。猶鏡中之影，鏡未照物，安得有影？曰：然則静中有物乃鏡中之光明？曰：此却説得近似。所謂静中有物者，只是知覺便是。伊川云才知覺便是動，此恐説得太過。若云知得寒，覺得煖，便是知覺一箇物事，今未曾知覺甚事，但有知覺在，何妨其爲静？不成静坐便是瞌睡？○問：某

❶「須」，局本從洪本作「雖」。下同。

作事時多不能主一。曰：只是心不定。人須是定其心。問：非不欲主一，然竟不能。曰：這箇須是習。程子也教人習。問：莫是氣質薄否？曰：然，亦須涵養本原，則自然別。○無事時固是敬，有事時敬便在事上。所以程子説到專一時方好。蓋專一則有事無事皆是如此。程子答或人問，末梢這一句是緊要處。

人於夢寐間，亦可以卜自家所學之淺深。如夢寐顛倒，即是心志不定，操存不固。

朱子曰：魂與魄交而成寐，心在其間，依舊能思慮，所以做出夢來。若心神安定，夢寐亦不至顛倒。○胡氏説夢，亦有可取者。胡氏曰：「心爲萬物之至靈，人之所以有夢，夢之所以多變也。然聖人誠存，賢人存誠，則夢治。若夫思慮紛擾，精神不定，則所夢雜亂，或正或邪，亦與旦晝之所爲等耳。善學者既謹其言動，而又必驗諸夢寐之間。」

問：人心所繫著之事果善，夜夢見之，莫不害否？曰：雖是善事，心亦是動。凡事有朕兆入夢者却無害，捨此皆是妄動。人心須要定，使他思時方思乃是。今人都由心。曰：心誰使之？曰：以心使心則可。人心自由，便放去也。問：孔子夢周公，恐涉於心動否？

朱子曰：心本是箇動物，怎教他不動？夜之夢，猶晝之思也。思亦是心之動處，但無邪思可矣。夢得其正何害？心存這事，便夢這事，常人便胡夢了。○問：「以心使心」，上心字是道心，下心字是人心。以心使心，則是道心爲一身之主，而人心聽命也。曰：亦是如此。然觀程先生之意，只是説自作主宰耳。○問：「以心使心」，此句有病否？曰無病。其意只要此心有所主宰。○只是一箇心，被他説得來却似有兩箇，子細看來只是這一箇心。

「持其志，無暴其氣」，内外交相養也。朱子曰：持志，所以直其内也。無暴其氣，所以防於外也。兩者各致其功，而無所偏廢焉，則志正而氣自完，氣完而志益正，其於存養之功，且將無一息之不存矣。○以「志壹則動氣，氣壹則動志」觀之，則見内外交相養之理矣。

問：「出辭氣」，莫是於言語上用工夫否？曰：須是養乎中，自然言語順理。若是慎言語不妄發，此却可著力。

先生謂繹曰：吾受氣甚薄，三十而浸盛，四十五十而後完。今生七十二年矣，校其筋骨，於盛年無損也。繹曰：先生豈以受氣之薄，而厚爲保生邪？夫子默然，曰：吾以忘生徇欲爲深恥。南軒張氏曰：若他人養生要康强，只是利，伊川説出來，純是天理。

大率把捉不定，皆是不仁。《外書》。下同。○朱子曰：人心湛然虚定者，仁之本體。把捉不定者，私欲奪之，而動静紛擾矣。然則把捉得定，其惟篤於持敬乎。○問：心之本體湛然虚明，無一毫私欲之累，則心德存。把捉不定則爲私欲所亂，是心外馳，而其德亡矣。曰：如此則是把捉不定，故謂之「不仁」。今此但曰「皆是不仁」，乃是言惟其不仁，所以致把捉不定也。

伊川先生曰：致知在所養，養知莫過於「寡欲」二字。朱子曰：致知者必先有以養其知。有以養之，則所見益明，所得益固。欲養其知者，惟寡欲而已。欲寡則無紛擾之雜而知益明矣，無變遷之患而得益固矣。○問：「養知莫過於寡欲」，是既知後便如此養否？曰：此不分先後。未知之前若不養之，此知如何發得？既知之後若不養，則又差了。○二者自是兩箇話頭，本若無相干，但得其道則交相爲養，失其道則交相爲害。○問：「養知莫過於寡欲」，此句最緊切？曰：便是這話難説，又須是格物方得。若一向靠着寡欲，又不得。

心定者，其言重以舒；不定者，其言輕以疾。朱子曰：言發於心，心定則言必審，故的確而舒遲，不定則内必紛擾，有不待思而發，故淺易而急迫。此亦志動氣之驗也。

明道先生曰：人有四百四病，皆不由自家，則是心須教由自家。永按：四百四病，佛家之説，謂人身爲四大之合，各有百一病也。氣體之病，非人所能爲，心則操之在我而已。

謝顯道從明道先生於扶溝，一日謂之曰：爾輩在此相從，只是學顥言語，故其學心口不相應，盍若行之？請問焉，曰：且静坐。伊川每見人静坐，便嘆其善學。問：程子嘗教人静坐，如何？朱子曰：亦是他見人要多慮，且教人收拾此心耳。初學亦當如此。○明道云無可行時，且去静坐。蓋静坐便涵養得本原稍定，雖是不免逐物，及自覺而收斂歸來，也有箇著落。若不曾存養得本原，茫茫然逐物在外，便要收斂歸來，也無箇著身處也。○明道教人静坐，李先生亦教人静坐。蓋精神不定，則道理無湊泊處。又云須是静坐，方能收斂。○明道教人静坐，蓋爲是時諸人相從學中，無甚外事，故教之如此。今若無事，固是只得静坐。若特地將静坐做一件工夫，則是釋子坐禪矣。但只著一敬字，通貫動静，則於二者之間，自無間斷處。○問：伊川見人静坐，如何便嘆其善學？曰：這却是一箇總要處。

横渠先生曰：始學之要，當知「三月不違」與「日月至焉」，内外賓主之辨，使心意勉勉循循而不能已，過此幾非在我者。《文集》。

○朱子曰：内外賓主之辨，在内之日多，即是爲主，在外之日多，即是爲客。○以屋喻之，「三月不違」者，心常在内，雖間或有出時，然終是在外不穩便，才出即便入。蓋心安於内，所以爲主。「日月至焉」者，心常在外，雖間或有入時，然終是在内不安，才入即便出。蓋心安於外，所以爲賓。日至者一日一至此，月至者一月一至此，「不違」者心常存，「日月至」者有時而存。此無他，知有至未至，意有誠未誠。故貴於見得透，則心意勉勉循循，自不能已矣。過此幾非在我者，猶言過此以往，未之或知。言過此則自家著力不得，待他自長進去。○問：「三月不違」者，是仁常在内，常爲主，「日月至焉」者，是仁常在外，常爲賓否？曰：此倒説了。心常在内，常爲主，心常在外，常爲客。問：如此則心不違仁者，是心在仁内否？曰：不可言心在仁内，略略是恁地意思。○「勉勉循循」之説，猶是真箇到那田地，❶實知得那滋味，方自不能已，要住不得。「過此幾非在我」，言不由我了，如推車相似，才推動了，自然不停。○永按：《或問》謂「『不違』者，仁在内而我爲主，『日月至焉』者，仁在外而我爲客」，蓋朱子未定之説。

心清時少，亂時常多。其清時視明聽聰，四體不待羈束，而自然恭謹。其亂時反是。如此何也？蓋用心未熟，客慮多而常心少也，習俗之心未去，而實心未完也。朱子曰：客慮是泛泛底思慮。習俗之心是從來習染偏勝之心。

❶「猶」，局本從洪本作「須」。

實心是義理之心。○橫渠大段用工夫來，説得更精切。人又要得剛，太柔則入於不立。亦有人生無喜怒者，則又要得剛，剛則守得定不回，進道勇敢。載則比他人自是勇處多。《語録》。下同。○朱子曰：看來這道理須是剛硬立得脚住，方能有所成。曾子、子思、孟子，都是如此剛果決烈，方能傳這道理。若慈善柔弱底，終不濟事。

戲謔不惟害事，志亦爲氣所流。不戲謔亦是持氣之一端。朱子《答劉子澄》曰：戲謔亦是自家有此玩侮之意以爲之根，而日用間流轉運用，機械活熟，致得臨事不覺出來。又自以爲情信辭巧，主於愛人，可以無害於義理，故不復更加防遏，以至於此。蓋不唯害事，而所以害於心術者尤深。昔橫渠先生嘗言之矣。此當痛改，不可緩也。○永按：張子作《東銘》，亦以戲言、戲動爲戒。戲謔之害事，納侮啟釁，招尤致悔是也。人之有口才，多機智而好狎侮者，尤易犯此病，當深戒之。

正心之始，當以己心爲嚴師，凡所動作，則知所懼。如此一二年，守得牢固，則自然心正矣。葉氏曰：視心如嚴師，則知所敬畏，而邪僻之念不作。

定然後始有光明。若常移易不定，何求光明？《易》大抵以艮爲止，止乃光明。故《大學》「定」而至於「能慮」。人心多則無由光明。《易説》。下同。○問：艮何以光明？朱子曰：定則明。凡人胸次煩擾，則愈見昏昧，中有定止，則自然光明。莊子所謂「泰宇定而天光發」是也。○葉氏曰：止水可鑑，而流水不可鑑，亦此理也。

「動静不失其時，其道光明。」學者必時其動静，則其道乃不蔽昧而明白。今人從學之久，不見進長，正以莫識動静。見他人擾擾，非關己事，而所修亦廢。由聖學觀之，冥冥悠悠，以是終身，謂之「光明」可乎？《艮·彖》傳。○葉氏曰：動静各有其時，然學者多失於不當動而動，因循廢學，終何光明之有。

敦篤虚静者，仁之本。不輕妄，則是敦厚也；無所繫閡昏塞，則是虚静也。此難以頓悟。苟知之，須久於道實體之，方知其味。夫仁亦在乎熟之而已。《孟子說》。○朱子曰：張子「敦篤虛静」之説，於學者爲有功。○敦厚虛静，是爲仁之本。○李孝述問：仁爲動之始，禮爲動之極，義爲静之始，智爲静之極。智無所作爲，又所以爲動之本，而仁禮之所由發也。曰：横渠先生曰「虛静者仁之本」，亦此意。○葉氏曰：言動輕妄而不純篤，❶則此心外馳，非仁也。有所繫閡昏塞而不虛静，則此心罔覺，非仁也。然必存心之久，實體於己，然後能深知其味。

近思録卷之四終

❶「純」，局本從洪本作「敦」。

# 近思録卷之五

凡四十一條

婺源後學江永集註

朱子曰：此卷改過遷善，克己復禮。

濂溪先生曰：君子「乾乾」「不息」於誠，然必「懲忿窒慾」、「遷善改過」而後至。乾之用，其善是，損、益之大，莫是過。聖人之旨深哉！朱子曰：此以《乾卦》爻辭、《損》、《益》大象，發明思誠之方。蓋乾乾不息者體也，去惡進善者用也。無體則用無以行，無用則體無所措，故以三卦合而言之。或曰「其」字亦是「莫」字。「吉凶悔吝生乎動。」噫，吉一而已，動可不慎乎！《通書》。○朱子曰：四者一善而三惡，故人之所值，福常少而禍常多，不可不謹。

濂溪先生曰：孟子曰：「養心莫善於寡欲。」予謂養心不止於寡而存耳。蓋寡焉以至於無，無則誠立明通。誠立，賢也；明通，聖也。《遺文》。○朱子曰：欲未便説到那邪僻不好底物事，只是眼前底事，纔多欲，便將本心俱紛離了。❶孟子説寡欲，如今且要得寡，漸至於無。○問：周子言「不止於寡」如何？曰：語其所至，則固然矣，然未有不由寡欲而能至於無者也。語其所至而不由其序，則無自而進；語由其序而不要其至，則或恐其安於小成也。是以周子之説，於此爲有相發之功焉。○濂溪言寡欲「以至於無」，蓋恐人以寡欲爲便得了，故言不止於寡欲而已，必至於無而後可耳。然無底工夫，則由於能寡，欲到無欲，非聖人不能也。曰：然則欲字如何？曰：不同。此寡欲則是合不當如此者，如私欲之類。若是飢而欲食，渴而欲飲，則此欲亦豈能無？但亦是合當如此者。○誠立謂實體安固。明通則實用流行。立如「三十而立」之立，通則「不惑」、「知命」而鄉乎「耳順」矣。○立字輕，如「三十而立」之立。明字就見處説，如「知天命」以上之事。

❶「離」，局本從洪本作「雜」。

伊川先生曰：顔淵問克己復禮之目，夫子曰：「非禮勿視，非禮勿聽，非禮勿言，非禮勿動。」四者身之用也，由乎中而應乎外，制於外所以養其中也。朱子曰：非禮者，己之私也。勿者，禁止之辭。是人心之所以爲主，而勝私復禮之機也。私勝則動容周旋，無不中禮，而日用之間莫非天理之流行矣。○由乎中而應乎外，是勢之自然。制於外所以養其中，是做工夫處。○上句是説視聽言動皆自此心形見，下句即是克己工夫。「制於外所以養其中」，這一句好看。○問：克己工夫從内做去，反説「制於外」如何？曰：制却在内。○問：明知其不當視而自接乎目，明知其不當聽而自接乎耳，這將如何？曰：視與看見不同，聽與聞不同。如非禮之色，若過目便過了，自家不可有要視之之心。非禮之聲，入耳也過了，自家不可有要聽之之心。然這般處也難。古人亦有以禦之，如云「姦聲亂色，不留聰明；淫樂慝禮，不接心術」。顔淵「請事斯語」，所以進於聖人。後之學聖人者，宜服膺而勿失也。因箴以自警。朱子曰：四箴精確縝密，無纖芥之可疑。《視箴》曰：「心兮本虚，應物無迹。操之有要，視爲之則。蔽交於前，其中則遷。制之於外，以安其内。克己復禮，久而誠矣。」朱子曰：四者惟視爲切，所以先言視，而《視箴》之説，尤重於聽。○視聽言動，視最在先，爲操心之準則。此兩句未是不好，至「蔽交於前」，方有非禮而視，故「制之於外，以安其内」，則克己而復禮也。如是功夫無間斷，則久而自從容不勉，故曰「久而誠矣」。○問：制外安内，却與「克伐怨欲不行」底相似。曰：克己工夫，其初如何便會自然也？須著禁制始得，到養熟後，便私意漸漸消磨去矣。《聽箴》曰：「人有秉彝，本乎天性。知誘物化，❶遂亡其正。卓彼先覺，知止有定。閑邪存誠，非禮勿聽。」問：視何以説心？聽何以説性？朱子曰：互換説也得。然諺云「開眼便錯」，視所以就心上説。道理本自好在這裏，却因雜得外面言語來誘化，聽所以就理上説。○問「知誘物化」，曰：《樂記》云：「人生而静，天之性也；感於物而動，性之欲

❶「誘」，原作「諉」，據局本改。

也。物至知知，然後好惡形焉。好惡無節於內，知誘於外，不能反躬，天理滅矣。」人莫不有知，物至則知足以知之而有好惡，這是自然如此。到得好惡無節於內，❶知誘於外，方始不好去。○視是將這裏底引出去，故云「安其內」。聽是聽得外面底來，故云「閑邪存誠」。○問：《聽箴》前面亦大概說，不知可改「聽」字作《視箴》否？曰：《視箴》說又較切，視最在先，開眼便是，所以說得切，至聽處却較輕也。

《言箴》曰：「人心之動，因言以宣。發禁躁妄，內斯靜專。矧是樞機，興戎出好。吉凶榮辱，惟其所召。傷易則誕，傷煩則支。己肆物忤，出悖來違。非法不道，欽哉訓辭。」朱子曰：《言箴》說許多，是人口上有許多病痛。從頭起至「吉凶榮辱，惟其所召」，是就身上謹。「傷易則誕」至「出悖來違」，是當謹於接物間。都說得周備。○上四句是就身上最緊要處，須是不躁妄，方始靜專。才不靜專，自家心自做主不成，如何去接物？「矧是樞機」四句，是說謹言底道理。下是說四項病：傷易則誕，傷煩則支，己肆則物忤，出悖則來違。○心氣和則言順理，然亦須就言上做工夫，「發禁躁妄，內斯靜專」是也。內外表裏，照管無少空闕，始得相應。

《動箴》曰：「哲人知幾，誠之於思。志士厲行，守之於爲。順理則裕，從欲惟危。造次克念，戰兢自持。習與性成，聖賢同歸。」《文集》。○朱子曰：誠之於思，是動之於心。守之於爲，是動之於身。○思是動之微，爲是動之著，這是該動之精粗。爲處動，思處亦動，思是動於內，爲是動於外。蓋思於內不可不誠，爲於外不可不守。然專誠於思而不守於爲，不可；專守於爲而不誠於思，亦不可。○視聽言動，該貫內外，不可謂專在外面功夫，須是誠之於思，守之於爲，內外交致其功可也。○問：哲人、志士是兩般人否？曰：非也。只是誠之於思底，却覺得速，守之於爲者，及其形於事爲，早是見得遲了。此覺有遲速，不可道有兩般，却兩脚做工夫去。○哲人只於思量間，便見得合做與不合做。志士便於做出了，方見得。雖是有兩樣，大抵都是順理便安裕，從欲便危險。○《動箴》那句是緊要？或云「順理則裕」。曰：更連「從欲惟危」句都是。這是生死路頭。○四箴意思都該括得盡，有說多底，有說少底，多底減不得，少底添不得。○其曰制外、

❶「於內」，原無，據局本補。

閑邪而禁躁妄，則克己復禮之事也。曰安内、存誠而内静專，則吾心之德於此具得之矣。❶學者深體而力行之，其庶幾乎。

《復》之初九曰：「不遠復，无祇悔，元吉。」傳曰：陽，君子之道，故復爲反善之義。初，復之最先者也，是不遠而復也。失而後有復，不失則何復之有？惟失之不遠而復，則不至於悔，大善而吉也。顔子無形顯之過，夫子謂其庶幾，乃「无祇悔」也。過既未形而改，何悔之有？既未能不勉而中，所欲不踰矩，是有過也。然其明而剛，故一有不善，未嘗不知，既知，未嘗不遽改。故不至於悔，乃「不遠復」也。學問之道無他也，惟其知不善，則速改以從善而已。《易傳》。下同。○朱子曰：《易傳》云「惟其知不善，則速改以從善而已」，這般説話好簡當。

《晉》之上九：「晉其角，維用伐邑，厲吉，无咎，貞吝。」傳曰：人之自治，剛極則守道愈固，進極則遷善愈速。如上九者，以之自治，則雖傷於厲而吉且无咎也。嚴厲非安和之道，而於自治則有功也。雖自治有功，然非中和之德，❷故於貞正之道爲可吝也。葉氏曰：伐邑，内自治也。

損者，損過而就中，損浮末而就本實也。天下之害，無不由末之勝也。峻宇雕牆，本於宫室；酒池肉林，本於飲食；淫酷殘忍，本於刑罰；窮兵黷武，本於征討。凡人欲之過者，皆本於奉養，其流之遠，則爲害矣。先王制其本者，天理也；後人流於末者，人欲也。損之義，損人欲以復天理而已。《損・象》傳。

夫人心正意誠，乃能極中正之道，而充

❶「具」，局本從《四書或問》作「其」。
❷「德」，原作「道」，據局本改。

實光輝。若心有所比，以義之不可而決之，雖行於外，不失其中正之義，可以无咎，然於中道未得爲光大也。蓋人心一有所欲，則離道矣。故《夬》之九五曰：「莧陸夬夬，中行无咎。」而《象》曰：「中行无咎，中未光也。」夫子於此，示人之意深矣。朱子曰：事雖正而意潛有所係吝，此意不誠之本也。○葉氏曰：九五與上六比，心有所昵，未必能正。特以義不可，而勉勉決去之，意亦未必誠也。

方説而止，節之義也。《節·象》傳。○朱子曰：「説以行險」，伊川説是。説則欲進，而有險在前，進去不得，故有止節之義。○葉氏曰：説則易流，方説而能止，是節之義也。

《節》之九二，不正之節也。以剛中正爲節，如懲忿窒欲，損過抑有餘是也。不正之節，如嗇節於用，懦節於行是也。

人而無克伐怨欲，惟仁者能之。有之而能制其情不行焉，斯亦難能也，謂之仁則未可也。此原憲之問，夫子答以知其爲難，而不知其爲仁。此聖人開示之深也。《經説》。○朱子曰：克好勝，伐自矜，怨忿恨，欲貪欲。有是四者，而能制之使不得行，可謂難矣。仁則天理渾然，自無四者之累，不行不足以言之也。○問：程子以爲聖人開示之深，而原憲不能再問，使憲也而再問，夫子告之宜奈何？曰：聖人未發之旨，孰能測之？然以程子之意而言，則四者之不行，亦制其末而不行於外耳。若其本，則固著之於心，而不能去也。譬之木焉，不去其根，則萌蘖之生自不能已。制而不行，日力亦不給矣。且雖或能制之終身不見於外，而其鬱屈不平之意，乃日鬭進於胸中，則夫所謂仁者，亦且殫殘蔽害，而不能以自存矣。必也絶其萌芽，蹷其根本，不使少有毫髮留於心念之間，則於仁也其庶幾乎。非程子之學之至，何足以及此。然以爲學者，苟不能深省而力行之，則亦徒爲無當之大言而已。故雖發之，而亦有所不敢盡其言者，其旨深矣。

明道先生曰：義理與客氣常相勝，只看消長分數多少，爲君子小人之別。義理所得漸多，則自然知得客氣消散得漸少，消盡者是大賢。《遺書》。下同。○葉氏曰：義理者性命之本然，客氣者形氣之使然。○永按：如克、伐、怨、欲、驕、吝之類，皆客氣也。

或謂人莫不知和柔寬緩，然臨事則反至於暴厲。曰：只是志不勝氣，氣反動其心也。永按：不能持志，則客氣用事，故多暴厲。能持其志，則不爲氣所勝，而臨事自然從容。

人不能祛思慮，只是吝。吝故無浩然之氣。永按：思慮者心多計較，私意小智也。不能祛者，只是心有係吝，故無浩然正大之氣。

治怒爲難，治懼亦難。克己可以治怒，明理可以治懼。葉氏曰：怒氣盛則不能自遏，懼氣怯則不能自立，故治之皆難。然己私既克，則一朝之忿有所不作矣；物理既明，則非理之懼有所不動矣。

堯夫解「他山之石，可以攻玉」：玉者温潤之物，若將兩塊玉來相磨，必磨不成，須是得他箇粗礪底物，方磨得出。譬如君子與小人處，爲小人侵陵，則修省畏避，動心忍性，增益豫防，如此便道理出來。邵康節先生雍，❶字堯夫。○永按：君子與小人，不並立者也。然或有時不幸而與之處，善修己者，正資之以爲進德之助，如粗石能磨玉也。

目畏尖物，此事不得放過，便與克下。室中率置尖物，須以理勝他，尖必不刺人也，何畏之有？朱子曰：人有目畏尖物者，明道先生教以室中率置尖物，使見之熟，而知尖之不刺人也。則知畏者妄，而不復畏矣。○疑病每如此。尖物原不曾刺人，他眼病，只管見尖物來刺人耳。伊川又一處説此稍詳。有人眼病，常見獅子，伊川教他見獅子則捉來，其人一面去捉，捉來捉去捉不著，遂不見獅子了。○問：前輩説治懼，室中率置尖物。曰：那箇本不能害人，心下要恁地懼，且習教不如此妄怕。問：習在危堦上行底，亦是此意否？曰：那箇分明是危底，只教習得不怕著。問：習得不怕，少間到危疑之際，心亦不動否？曰：是如此。

明道先生曰：責上責下，而中自恕己，豈

❶「雍」上，局本從洪本有「名」字。

可任職分？永按：專務責人而不知責己，必不能盡其職分者也。橫渠先生曰：「以責人之心責己，則盡道。」

「舍己從人」，最爲難事。己者我之所有，雖痛舍之，猶懼守己者固而從人者輕也。朱子曰：此程子爲學者言之，若聖人分上，則不如此也。「無適也，無莫也，義之與比。」曰「痛舍之」，則大段費力矣。

「九德」最好。《皋陶謨》「九德」：寬而栗，柔而立，愿而恭，亂而敬，擾而毅，直而温，簡而廉，剛而塞，强而義。○朱子曰：九德分得細密。○九德只是好底氣質，然須兩件合將來方成一德，凡十八種。○葉氏曰：寬弘而莊栗，則寬不至於弛。和柔而卓立，則和不至於懦。愿而恭，則朴愿而不徒尚乎質。亂，治也，亂而敬，則整治而不徒恃乎文。蓋恭著於外，敬守於中也。馴擾而毅，則擾不至於隨。勁直而温，則直不至於訐。簡易者或規矩之不立，今有廉隅，則簡不至於疎。剛果者或傷於刻薄，今塞實而篤厚，則剛不至於虐。强力者或徇血氣之勇，今有勇而義，則强不至於暴。學問之道，在唐虞時論者已如是之密矣。

飢食渴飲，冬裘夏葛，若著些私吝心在，便是廢天職。問：飢食渴飲，冬裘夏葛，何以謂之「天職」？朱子曰：這是天教我如此，飢便食，渴便飲，只得順他。窮口腹之欲便不是。蓋天只教我飢則食，渴則飲，何曾教我窮口腹之欲？○或謂：手之不可履，猶足之不可持，此是天職，❶「率性之謂道」，❷只循此自然之理。曰：不然。桀、紂亦會手持足履，如何便喚做道？若便以爲道，是認欲爲理也。明道云「夏葛冬裘，飢食渴飲，若著些私吝心，便是廢天職」，須看「著些私吝心」字。

獵，自謂今無此好。周茂叔曰：「何言之易也？但此心潛隱未發，一日萌動，復如前矣。」後十二年因見，果知未也。〔本注〕云明道先生年十六七時好田獵，十二年暮歸，在田野間見田獵者，不覺有喜心。○問：明道先生三十年猶不忘遊獵之心。朱子曰：人當以此自點檢。須見得明道氣質如此，年至三十猶不忘，在我者當益加操守方是，不可以此自恕。

伊川先生曰：大抵人有身，便有自私之理，宜其與道難一。朱子曰：不待接事時，方流入於

❶「職」，原作「賦」，據局本改。

❷「謂」，原作「道」，據局本改。

私欲，只未接物時，此心已自流了。須是未接物時，也常剔抉此心，教他分明，少間接事，便不至於流。○如「爲人謀而不忠」，只是爲別人做事，自不著意，這箇病根，尤深於計較利害。伊川云：「人才有形，便有彼己，所以難與道合。」釋氏所謂「流注想」，如水流注下去，才有此形，便有此事。其端甚微，須用省察。

罪己責躬不可無，然亦不可長留在心胸爲悔。問：程子曰「自訟不置，能無改乎」？又曰「罪己責躬不可無」云云。今有學者幸知自訟矣，心胸之悔，又若何而能不留耶？朱子曰：改了便無悔。又問：已往之失却如何？曰：自是無可救了。○悔字難説，既不可常存胸中以爲悔，又不可不悔。若只説不悔，則今番做錯且休，明番做錯又休，不成説話。問：如何是著中底道理？曰：不得不悔，但不可留滯。既做錯此事，他時更遇此事，或與此事相類，便須懲戒，不可再做錯了。○葉氏曰：已往之失，長留愧怍，應酬之間，反爲繫累。

所欲不必沈溺，只有所向便是欲。朱子曰：只是纔有意在上面，便是欲，便自動自家心。❶人好寫字，見壁間有碑軸，便須要看別是非，好畫，見掛畫便須要識美惡。這都是欲，皆足以爲心病。

明道先生曰：子路亦百世之師。〔本注〕人告之以有過則喜。○朱子曰：喜其得聞而改之，其勇於自修如此。

人語言緊急，莫是氣不定否？曰：此亦當習，習到自然緩時，便是氣質變也。學至氣質變，方是有功。

問：「不遷怒，不貳過」，何也？語録有怒甲不移乙之説，是否？伊川先生曰：是。曰：若此則甚易，何待顏子而後能？曰：只被説得粗了，諸君便道易。此莫是最難，須是理會得因何不遷怒。如舜之誅四凶，怒在四凶，舜何與焉？蓋因是人有可怒之事而怒之，聖人之心本無怒也。譬如明鏡，好物來時便見是好，惡物來時便見是惡，鏡何嘗

❶ 上「自」字，局本從洪本作「是」。

有好惡也？世之人固有怒於室而色於市，且如怒一人，對那人説話能無怒色否？有能怒一人而不怒別人者，能忍得如此，已是煞知義理。若聖人因物而未嘗有怒，此莫是甚難。君子役物，小人役於物。今見可喜可怒之事，自家著一分陪奉他，此亦勞矣。聖人之心如止水。朱子曰：顔子見得道理透，故怒於甲者雖欲遷於乙，亦不可得遷也。〇問：「不遷怒」，伊川説得太高，渾淪是個無怒了。曰：喜怒哀樂發皆中節，天下之達道，那有無怒底聖人？只是聖人分上，著「不遷」字不得。顔子不遷怒，便尚在夾界處。〇葉氏曰：役物者，我常定，役於物者，逐物而往。聖人之心，常湛然如止水，無一毫作好作惡。

人之視最先，非禮而視，則所謂開目便錯了。次聽次言次動，有先後之序。人能克己，則心廣體胖，仰不愧，俯不怍，其樂可知。有息則餒矣。《外書》。下同。〇朱子曰：「人能克己」，此數語極有味。

一二〇 聖人責己感也處多，責人應也處少。永按：此感彼應，常理也。有不應焉，反求諸己而已。雖亦有時懲惡禁非，而責己之意恒多也。

謝子與伊川先生別一年，往見之。伊川曰：「相別一年，做得甚工夫？」謝曰：「也只去箇『矜』字。」曰：「何故？」曰：「子細檢點得來，病痛盡在這裏。若按伏得這箇罪過，方有向進處。」伊川點頭，因語在坐同志者曰：「此人爲學，切問近思者也。」問：上蔡才高，所以病痛在此。朱子曰：此説是。〇謝氏謂去得「矜」字，後來矜依舊在，説道理愛揚揚地。〇永按：顔子「願無伐善，無施勞」，亦去「矜」字之病也。謝子語胡文定公，以飲食夸耀人之類爲矜，而説理之好張大處，猶有未及覺者。學者當隨時省察。

思叔詬詈僕夫，伊川曰：「何不『動心忍性』？」思叔慚謝。永按：今人好詬詈下賤者多矣，當以此言自省。

「見賢」便「思齊」，有爲者亦若是。「見

不賢而内自省」，蓋莫不在己。永按：「莫不在己」，謂反躬自省，人之不善，己皆有之也。

橫渠先生曰：湛一氣之本，攻取氣之欲。口腹於飲食，鼻舌於臭味，皆攻取之性也。知德者屬厭而已，不以嗜欲累其心，不以小害大，末喪本焉爾。《正蒙》。下同。○朱子曰：湛一，是未感物之時，湛然純一，此是氣之本。攻取，如目之欲色，耳之欲聲，便是氣之欲。問：「攻取」是攻取那物否？曰：然。

纖惡必除，善斯成性矣。察惡未盡，雖善必粗矣。問：張子言「纖惡必除」云云，學者須是毫髮不得放過，德乃可進。朱子曰：若能如此，善莫大焉。以小惡爲無傷，是誠不可。○橫渠言「成性」，猶孟子言「踐形」，是説去氣稟物欲之私，以成其性。

惡不仁，故不善未嘗不知。徒好仁而不惡不仁，則習不察，行不著。是故徒善未必盡義，徒是未必盡仁。好仁而惡不仁，然後盡仁義之道。葉氏曰：所習或未之察，所行或未之明，雖有好仁之心，卒陷於不仁而莫之覺矣。○永按：去不善乃能盡善。徒知向善而不知惡惡，徒爲其是而不務去其非，皆「好仁而不惡不仁」者也。此張子自爲一説，以「好仁」「惡不仁」爲一人。若《論語》則是言兩種人也。

責己者當知無天下國家皆非之理，故學至於「不尤人」，學之至也。永按：在人者未必皆非，故不敢尤人，而惟務盡己。

有潛心於道，忽忽焉他慮引去者，❶此氣也。舊習纏繞，未能脱灑，畢竟無益，但樂於舊習耳。問：爲他慮所引，必是意不誠，心不定，却以爲氣，是如何？朱子曰：人誰不要此心定？到不定時，也不奈何得。如重擔擔不去，只爲力量不足，心之不定，只是合下無工夫。且「持其志，無暴其氣」可也。若我不放縱此氣，自然心定。

古人欲得朋友，與琴瑟簡編，常使心在於此。惟聖人知朋友之取益爲多，故樂得朋友之來。橫渠《論語説》。○永按：朋來而樂，程子言

❶「焉」，局本從洪本作「爲」。

之切矣。此謂樂其「取益」，亦張子自爲一説。

矯輕警惰。《語録》。下同。○朱子曰：知有此病，必去其病，此便是療之之藥。如覺言語多，便用簡默，意思疎闊，便加細密，覺得輕浮淺易，便須深沈重厚。所謂「矯輕警惰」，蓋如此。

「仁之難成久矣，人人失其所好。」蓋人人有私欲之心，❶與學正相背馳，故學者要寡欲。

君子不必避他人之言，以爲太柔太弱。至於瞻視亦有節，視有上下，視高則氣高，視下則心柔。故視國君者，不離紳帶之中。學者先須去其客氣。其爲人剛行，終不肯進。「堂堂乎張也，難與並爲仁矣。」永按：剛暴者常有矜高之病。蓋目者人之所常用，且心常託之，視之上下。且試之，己之敬傲，必見於視。所以欲下其視者，欲柔其心也。柔其心，則聽言敬且信。人之有朋友，不爲燕安，所以輔佐其仁。今之朋友，擇其善柔以相與，拍肩執袂以爲氣合，一言不合，怒氣相加。朋友之際，欲其相下不倦，故於朋友之間，主其敬者，日相親與，得效最速。永按：敬則相下，而非善柔。日與之親，亦得相觀之益。仲尼嘗曰：「吾見其居於位也，與先生並行也，非求益者，欲速成者。」則學者先須温柔，温柔則可以進學。《詩》曰：「温温恭人，維德之基。」蓋其所益之多。

世學不講，男女從幼便驕惰壞了，到長益凶狠。只爲未嘗爲子弟之事，則於其親，已有物我，不肯屈下。病根常在，又隨所居而長，至死只依舊。爲子弟則不能安灑埽應對，在朋友則不能下朋友，有官長則不能下官長，爲宰相則不能下天下之賢。甚則至於

❶「私」，局本從洪本作「利」。

徇私意，義理都喪。也只爲病根不去，隨所居所接而長。人須一事事消了病，則義理常勝。葉氏曰：後世小學既廢，父母愛踰於禮，恣之驕惰，而莫爲禁止。病根既立，隨遇隨長，卒至盡失其良心，蓋有自來。學者所當察其病源，力加克治，則舊習日消，而道心日長矣。

近思録卷之五終

# 近思録卷之六

凡二十二條

婺源後學江永集註

朱子曰：此卷齊家之道。

伊川先生曰：弟子之職，力有餘則學文。不修其職而學文，非爲己之學也。《經解》。○永按：不修其職而學文，雖《詩》《書》六藝，猶爲務外爲人，况習爲浮華妍巧之詞乎！

孟子曰「事親若曾子可也」，未嘗以曾子之孝爲有餘也。蓋子之身所能爲者，皆所當爲也。《易傳》。下同。○《師》六二傳。○朱子曰：程子論曾子事，先儒所不到。

「幹母之蠱，不可貞。」子之於母，當以柔巽輔導之，使得於義。不順而致敗蠱，則子之罪也。從容將順，豈無道乎？若伸己剛陽之道，遽然矯拂則傷恩，所害大矣，亦安能入乎？在乎屈己下意，巽順相承，使之身正事治而已。剛陽之臣事柔弱之君，義亦相近。《蠱》九二傳。○陳芝拜辭，朱子贈以《近思録》，曰：「公事母，可檢『幹母之蠱』看，便自見得那道理。」因言：「《易傳》自是成書，伯恭都摭來作閫範，今亦載在《近思録》。某本不喜他如此，然細檢點來，段段皆是日用切近功夫，而不可闕者，於學者甚有益。」○葉氏曰：幹，治也。蠱，事之弊也。人子事親，皆當以承順爲主，使事得於理而已。然婦人柔暗，有難以遽曉，尤當以柔順行之，比之事父有間矣。但爲矯拂而反害其所治之事，則子之過也。剛陽之臣事柔弱之君，若孟子於齊宣王，諸葛孔明於蜀後主是也。

《蠱》之九三，以陽處剛而不中，剛之過也，故小有悔。然在巽體，不爲無順。順，事親之本也。又居得正，故无大咎。然有小悔，已非善事親也。

正倫理，篤恩義，家人之道也。《家人·彖》

傳。○問：今欲正倫理，則有傷恩義，欲篤恩義，又有乖於倫理，如何？朱子曰：須是於正倫理處篤恩義，篤恩義而不失倫理方可。○葉氏曰：正倫理則尊卑之分明，篤恩義則上下之情合。

人之處家，在骨肉父子之間，大率以情勝禮，以恩奪義。❶惟剛立之人，則能不以私愛失其正理，故《家人》卦大要以剛爲善。《家人》六二傳。○永按：初九之「閑有家而悔亡」，九三之「嗃嗃而吉」，上九之「威如終吉」，皆以剛爲善。九五之「王假有家，勿恤吉」，剛而得中，尤善之至也。

《家人》上九爻辭，謂治家當有威嚴，而夫子又復戒云當先嚴其身也。威嚴不先行於己，則人怨而不服。葉氏曰：持身謹嚴，無少假弛，則家人自然有所嚴憚而不敢踰越，有所觀感而卒歸於正。

《歸妹》九二，守其幽貞，未失夫婦常正之道。世人以媟狎爲常，故以貞静爲變常，不知乃常久之道也。葉氏曰：貞静乃相處可久之道，媟狎則玩侮乖離所自生。

世人多慎於擇壻，而忽於擇婦。其實壻易見，婦難知，所繫甚重，豈可忽哉！《遺書》。下同。○永按：古人納采之後，加諸卜而後納吉，是以卜筮擇之也。今擇之之法，宜就知其性行者，審於諏問，遲之稍久，而後議婚，如問不能詳審，則以筮決之。《易》中元有「取女吉」、「勿用取女」諸辭，或遇他辭不言取女者，亦可以意斷之也。

人無父母，生日當倍悲痛，更安忍置酒張樂以爲樂？若具慶者可矣。問：程子云：「人無父母，生日當倍悲痛。」如先生舊時，亦嘗有壽母生朝，及太碩人生朝，與向日賀高倅詞，不審又何也？豈在人子自己言，則非其所宜，而爲父母待親朋，則其情又有不容已處否？然恐爲此，則是人子以禮律身，而以非禮事其親，以非禮待於人也。其義如何？朱子曰：此等事是力量不足，放過了處，然亦或有不得已者，其情各不同也。

問：《行狀》云伊川所作《明道行狀》。「盡性

❶「奪」，原作「篤」，據局本改。

至命，必本於孝弟」，不識孝弟何以能盡性至命也？曰：後人便將性命別作一般事説了。性命、孝弟，只是一統底事，就孝弟中便可盡性至命。朱子曰：盡性至命，必從孝弟做起。○若是聖人，如舜之孝，王季之友，便是盡性至命事。如灑埽應對與盡性至命，亦是一統底事，無有本末，無有精粗，永按：程子嘗言灑埽應對是其然，必有所以然。其所以然者，即精也，本也。却被後來人言性命者，別作一般高遠説。故舉孝弟，是於人切近者言之。然今時非無孝弟之人，而不能盡性至命者，由之而不知也。葉氏曰：行不著，習不察，故不能擴而充之，以至於極。

問：第五倫視其子之疾，與兄子之疾不同，自謂之私，如何？曰：不待安寢與不安寢，只不起與十起，便自私也。父子之愛本是公，才著些心做，便是私也。〔本注〕《後漢·第五倫傳》：或問倫曰：「公有私乎？」對曰：「吾兄子嘗病，一夜十起，退而安寢；吾子有疾，雖不省視，而竟夕不眠。若是者豈可謂無私乎？」○葉氏曰：事物各有自然之理，不容安排。父子之愛天性，今子疾不視，而十起於兄子，豈人情哉？著意安排，即是私矣。又問：視己子與兄子有間否？曰：聖人立法，曰「兄弟之子猶子也」，是欲視之猶子也。永按：《喪服》兄弟之子與己之衆子，皆期服。又問：天性自有輕重，疑若有間然？❶曰：只爲今人以私心看了。孔子曰：「父子之道，天性也。」此只就孝上説，故言父子天性。若君臣、兄弟、賓主、朋友之類，亦豈不是天性？只爲今人小看却，不推其本所由來故爾。己之子與兄之子，所争幾何？是同出於父者也。只爲兄弟異形，故以兄弟爲手足。人多以異形故，親己之子異於兄弟之子，甚不是也。又問：孔子以公冶

❶「疑」，原作「宜」，據局本改。

長不及南容，故以兄之子妻南容，以己之子妻公治長，何也？曰：此亦以己之私心看聖人也。凡人避嫌者，皆内不足也。聖人自至公，何更避嫌？凡嫁女各量其才而求配，或兄之子不甚美，必擇其相稱者爲之配，己之子美，必擇其才美者爲之配，豈更避嫌耶？若孔子事，或是年不相若，或時有先後，皆不可知。以孔子爲避嫌，則大不是。如避嫌事，賢者且不爲，況聖人乎？問：伊川言避嫌之事，賢者不爲。自今觀之，閨門中安知無合避嫌處？朱子曰：聖人正大，道理合做處便做，何用避嫌？問：古人「門内之治恩掩義，門外之治義斷恩」，恐閨門中主恩，亦有避嫌處？曰：固是主恩，亦須是當理方可。程子所謂年之長幼，時之先後，正是解或人之説，未必當時如此。大抵二人都是好人可託，或先見公冶長，遂將女妻他，後來見南容亦是個好人，又把兄之女妻之。看來文勢，恐是孔子之女年長先嫁，兄之女少後嫁，亦未可知。程子所謂「凡人避嫌者皆内不足」，實是如此。○問程子避嫌之説。曰：合當委曲，便是道理當如此，且如避嫌亦不能無。如通判與太守是親戚，也合當避嫌。第五倫之事，非不見得如此，自是常有這心在，克不去。今人這樣甚多，只是徇情恁地去，少間將這個做正道理了，大是害事。所以古人於正心誠意上更做工夫，正怕到這處。○問：若是有一項合委曲而不可以直遂者，這不可以爲避嫌。曰：自是道理合如此。如避嫌者，却是怕人道如何，這却是私意。如十起與不起便是私，這便是避嫌。只是他見得這意思，已是大段做工夫，大段會省察了。

問：孀婦於理似不可取，如何？曰：然。凡取以配身也。若取失節者以配身，是己失節也。又問：或有孤孀貧窮無託者，可再嫁否？曰：只是後世怕寒餓死，故有是説。然餓死事極小，失節事極大。

病卧在牀，委之庸醫，比之不慈不孝。事親者亦不可不知醫。《外書》。下同。

程子葬父，使周恭叔主客。客欲酒，恭叔以告。先生曰：勿陷人於惡。周行己字恭叔。

買乳婢多不得已，或不能自乳，必使人。然食己子而殺人之子，非道。必不得已，用二子乳食三子，足備他虞。或乳母病且死，則不爲害，又不爲己子殺人之子，但有所費。若不幸致誤其子，害孰大焉？ 葉氏曰：「幼吾幼以及人之幼」，其慮之周如此。

先公太中諱珦，字伯温。前後五得任子，以均諸父子孫。嫁遣孤女，必盡其力，所得俸錢，分贍親戚之貧者。伯母劉氏寡居，公奉養甚至。其女之夫死，公迎從女兄以歸，教養其子，均於子姪。既而女兄之女又寡，公懼女兄之悲思，又取甥女以歸嫁之。問：取甥女歸嫁一段，與前孤孀不可再嫁相反，何也？ 朱子曰：大綱恁地，但人亦有不能盡者。 時小官禄薄，克己爲義，人以爲難。公慈恕而剛斷，平居與幼賤處，惟恐有傷其意，至於犯義理，則不假也。左右使令之人，無日不察其飢飽寒燠。娶侯氏。侯夫人事舅姑以孝謹稱，與先公相待如賓客。先公賴其内助，禮敬尤至。而夫人謙順自牧，雖小事未嘗專，必禀而後行。仁恕寬厚，撫愛諸庶，不異己出。從叔幼姑，夫人存視，常均己子。治家有法，不嚴而整。不喜笞扑奴婢，視小臧獲如兒女。諸子或加呵責，必戒之曰：「貴賤雖殊，人則一也。汝如是大時，能爲此事否？」先公凡有所怒，必爲之寬解，唯諸兒有過，則不掩也。常曰：「子之所以不肖者，由母蔽其過，而父不知也。」夫人男子六人，所存惟二，其慈愛可謂至矣，然於教之之道，不少假也。纔數歲，行而或踣，家人走前扶抱，恐其驚啼。夫人未嘗不呵責曰：「汝若安徐，寧至踣乎！」飲食常置之坐側。嘗食絮羹，皆叱止之，曰：「幼求稱欲，長當如何？」永按：絮羹嫌味薄，復以厚味調和也。絮，摛慮切。嘗食與絮羹二事，皆求詳於味。他本作「常食絮羹即叱止之」者非。雖使令輩，不得以惡言罵之。故頤兄弟平生於飲食衣服無所擇，不能惡言罵人，非性然也，教之使然也。與人争忿，雖直不右，曰：「患其不能屈，不患其不能伸。」及稍長，常使從善師友遊，雖居貧，或欲延客，則喜而爲之具。夫人七八歲時，誦古詩曰：「女子不夜出，夜出秉明燭。」自是日暮則不復出房閣。既長好文，而不爲辭章，見世之婦女以文章筆札傳於人者，則深以爲非。《文集》。

横渠先生嘗曰：事親奉祭，豈可使人爲之？《行狀》。○葉氏曰：使人代爲，孝敬之心安在？

舜之事親有不悦者，爲父頑母嚚，不近人情。若中人之性，其愛惡略無害理，姑必順之。葉氏曰：事親以順爲主，非甚不得已者，不可輕爲矯拂也。親之故舊所喜者，須極力招致，以悦其心。凡於父母賓客之奉，必極力營辦，亦不計家之有無。然爲養，又須使不知其勉强勞苦，苟使見其爲而不易，則亦不安矣。横渠《記説》。○葉氏曰：所謂「養志」者也。

《斯干》詩言：「兄及弟矣，式相好矣，無相猶矣。」言兄弟宜相好，不要相學。猶，似也。人情大抵患在施之不見報則輟，故恩不能終。不要相學，己施之而已。《詩説》。下同。○問：「兄弟宜相好，不要相學」，指何事而言？朱子曰：不要相學不好處。且如兄去友弟，弟却不能恭其兄，兄豈可學弟之不恭而遂亦不友？爲兄者但當盡其友可也。爲弟能恭其兄，兄乃不友其弟，爲弟者豈可亦學兄之不友而遂忘其恭？爲弟者但當知盡其恭而已。然《詩》之本意，猶字當作相圖謀説，或曰「猶」當作「尤」。○此於本義或未必然，然意則善矣。

「人不爲《周南》、《召南》，其猶正牆面而立。」常深思此言誠是，不從此行，甚隔著事，向前推不去。蓋至親至近，莫甚於此，故須從此始。朱子曰：《周南》、《召南》所言皆修身齊家之事。

「正牆面而立」，言即其至近之地，而一物無所見，一步不可行。

婢僕始至者，本懷勉勉敬心，若到所提掇更謹，則加謹，慢則棄其本心，便習以性成。故仕者入治朝則德日進，入亂朝則德日退，只觀在上者有可學無可學爾。《語録》。○永按：「提掇更謹」者，涖之以莊，御之以道，令其自不敢惰慢，非徒尚威嚴之謂也。

近思録卷之六終

# 近思録卷之七

凡三十九條

婺源後學江永集註

朱子曰：此卷出處進退辭受之義。

伊川先生曰：賢者在下，豈可自進以求於君？苟自求之，必無能信用之理。古人之所以必待人君致敬盡禮而後往者，非欲自爲尊大，蓋其尊德樂道之心不如是，不足與有爲也。《易傳》。下同。○《蒙·象》傳。○葉氏曰：賢者之進，將以行其道也。自非人君有好賢之誠心，則諫不行，言不聽，豈足以有爲哉？

君子之需時也，安静自守，志雖有須，而恬然若將終身焉，乃能用常也。雖不進而志動者，不能安其常也。《需》初九傳。○葉氏曰：静退以待時，而終至於失常者，其身雖退，而志則動也。

《比》「吉，原筮，元永貞，无咎」，傳曰：人相親比，必有其道，苟非其道，則有悔咎。故必推原占決其可比者而比之，所比得元永貞，則无咎。元謂有君長之道，永謂可以常久，貞謂得正道。上之比下，必有此三者，下之從上，必求此三者，則无咎也。永按：朱子《本義》謂筮得此卦者，「當爲人所親輔，然必再筮以自審，有元善長永正固之德，然後可以當衆之歸而无咎」。與《程傳》意異，傳專以君臣相比言之。

《履》之初九曰：「素履，往无咎。」傳曰：夫人不能自安於貧賤之素，則其進也，乃貪躁而動，求去乎貧賤耳，非欲有爲也。既得其進，驕溢必矣，故往則有咎。賢者則安履其素，其處也樂，其進也將有爲也，故得其進，則有爲而無不善。若欲貴之心與行道之心交戰於中，豈能安履其素乎？葉氏曰：欲貴之心勝，則必不能安行乎素位，而亦卒無可行之道矣。

大人於否之時，守其正節，不雜亂於小人之群類，身雖否而道之亨也。故曰：「大人否亨。」不以道而身亨，乃道否也。《否》六二傳。

人之所隨，得正則遠邪，從非則失是，無兩從之理。《隨》之六二，苟係初則失五矣，故《象》曰「弗兼與也」，所以戒人從正當專一也。葉氏曰：《隨》六二與九五爲正應，然下比初九，苟隨私昵，必失正應。

君子所貴，世俗所羞；世俗所貴，君子所賤。故曰：「賁其趾，舍車而徒。」《賁》初九傳。○永按：世俗以勢位爲榮，君子以道義爲貴，故寧舍非道之車，而安於徒步。

《蠱》之上九曰：「不事王侯，高尚其事。」《象》曰：「不事王侯，志可則也。」傳曰：士之自高尚，亦非一道。有懷抱道德，不偶於時而高潔自守者；有知止足之道，退而自保者；有量能度分，安於不求知者；有清介自守，不屑天下之事，獨潔其身者。所處雖有得失小大之殊，皆自高尚其事者也。《象》所謂「志可則」者，進退合道者也。問：「知止足之道」與「量能度分」者何以別？朱子曰：知止足是能做底，量能度分是不能做底。○葉氏曰：懷抱道德，伊尹、太公是也。知止足之道，張良、疏廣是也。量能度分，徐穉、申屠蟠是也。清介自守，嚴光、周黨是也。

遯者，陰之始長。君子知微，固當深戒，而聖人之意，未便遽已也，故有「與時行」、「小利貞」之教。聖賢之於天下，雖知道之將廢，豈肯坐視其亂而不救？必區區致力於未極之間，强此之衰，艱彼之進，圖其暫安。苟得爲之，孔孟之所屑爲也，王允、謝安之於漢、晉是也。朱子曰：「小利貞」，小指陰小之小，況當遯去之時，事勢已有不容正之者。程說雖善，而有不通矣。○伊川說「小利貞」，云尚可以有爲。陰已浸長，如何可以有爲？所說王允、謝安之於漢、晉，恐也不然。王允是算殺了董卓，謝安是乘王敦之老病，皆是他衰微時節，不是浸長之時也。兼他是大臣，亦如何去？此爲在下位有爲之兆者，則可以去，大臣與君存亡，如何去？○葉氏曰：强此之衰，扶君子之道未盡消；艱彼之進，抑小人之道未驟長。

《明夷》初九，事未顯而處甚艱，非見幾之明不能也。如是則世俗孰不疑怪？然君子不以世俗之見怪，而遲疑其行也。若俟衆人盡識，則傷已及而不能去已。葉氏曰：初九傷猶未顯，而曰「君子於行，三日不食」，蓋知幾而去之速，處人之所難而不疑也。楚王戊不設醴酒，而穆生去之，曰：「不去，楚人將鉗我於市。」當時雖申公之賢，猶以爲過。其後申公受胥靡之辱，至是欲去而不得矣。

《晉》之初六，在下而始進，豈遽能深見信於上？苟上未見信，則當安中自守，雍容寬裕，無急於求上之信也。苟欲信之心切，非汲汲以失其守，則悻悻以傷於義矣。故曰：「晉如摧如，貞吉，罔孚，裕，无咎。」然聖人又恐後之人不達寬裕之義，居位者廢職失守以爲裕，故特云「初六裕則无咎」者，始進未受命當職任故也。若有官守，不信於上而失其職，一日不可居也。然事非一概，久速唯時，亦容有爲之兆者。永按：裕者不急進，亦不遽退。孟子所謂「無官守言責，則吾進退綽綽然有餘裕」者也。兆，事之端。爲之兆，謂若孔子之不去魯，示以道有可行之端也。

不正而合，未有久而不離者也。合以正道，自無終暌之理。故賢者順理而安行，智者知幾而固守。《暌》六三傳。○永按：順理安行者，❶隨時之宜，無心遇合也。知幾固守者，知事之微，不求苟合也。

君子當困窮之時，既盡其防慮之道而不得免，則命也，當推致其命，以遂其志。知命之當然也，則窮塞禍患不以動其心，行吾義而已。苟不知命，則恐懼於險難，隕穫於窮

❶「者」，原無，據局本補。

戹，所守亡矣，安能遂其爲善之志乎？《困・象》傳。○朱子曰：「致命」，伊川解作推致其命，雖説得通，然《論語》中「致命」字都是委致之致。○永按：隕穫，謂爲窮戹所壓，而顛墜消落。

寒士之妻，弱國之臣，各安其正而已。苟擇勢而從，則惡之大者，不容於世矣。《困》九四傳。

《井》之九三，渫治而不見食，乃人有才智而不見用，以不得行爲憂惻也。蓋剛而不中，故切於施爲，異乎「用之則行，舍之則藏」者矣。

《革》之六二，中正則無偏蔽，文明則盡事理，應上則得權勢，體順則無違悖。時可矣，位得矣，才足矣，處革之至善者也。必待上下之信，故「已日乃革之」也。如二之才德，當進行其道，則吉而无咎也。不進則失可爲之時，爲有咎也。葉氏曰：「已日乃革之」，謹之至也。革固不可遽，然當其時，處其位，有其才，豈容自已？故辭曰「征吉，无咎」。

《鼎》之「有實」，乃人之有才業也。當慎所趨向，不慎所往，則亦陷於非義。故曰：「鼎有實，慎所之也。」《鼎》九二傳。○葉氏曰：有才者急於有爲，不暇謹持所向，如荀彧之類是也。

士之處高位，則有拯而無隨。在下位，則有當拯，有當隨，有拯之不得而後隨。《艮》六二傳。○永按：拯者救其弊，隨者隨其失也。處高位不可坐視其失，在下位則有職所不及、力所不能者矣。

「君子思不出其位」，位者所處之分也。萬事各有其所，得其所則止而安。若當行而止，當速而久，或過或不及，皆出其位也，況踰分非據乎？《艮・象》傳。○葉氏曰：踰越常分，據非所據，又出位之尤者。

人之止，難於久終，故節或移於晚，守或失於終，事或廢於久，人之所同患也。《艮》

之上九，❶敦厚於終，止道之至善也。故曰：「敦艮吉。」

《中孚》之初九曰：「虞吉。」《象》曰：「志未變也。」傳曰：當信之始，志未有所從，而虞度所信，則得其正，是以吉也。志有所從，則是變動，虞之不得其正矣。葉氏曰：未有所從，則中無私係。苟志有所係，則好惡成於中，是非變於外。

賢者惟知義而已，命在其中。中人以下，乃以命處義。如言「求之有道，得之有命，是求無益於得」。知命之不可求，故自處以不求。若賢者則求之以道，得之以義，不必言命。《遺書》。下同。○朱子曰：程子言義不言命之說，有功於學者，亦前聖所未發之一端。○君子之所急當先義，語義則命在其中。如「行一不義，殺一不辜，而得天下不爲」，此只說義。若不恤義，惟命是恃，則命可以有得，雖萬鍾有不辨禮義而受之矣。義有可取，如爲養親，於義合取，而有不得，則當歸之命爾。○葉氏曰：命雖定於事物之先，實顯於事物之後。義雖因事物而有，實著於應酬之時。如去就辭受，要決於義，而後命從之以顯。苟欲以命決之，可乎？故君子求之道義而已，命不必言也。

人之於患難，只有一個處置，盡人謀之後，却須泰然處之。有人遇一事，則心心念念不肯捨，畢竟何益？若不會處置了放下，便「是無義無命也」。葉氏曰：遇事不能處是無義，處置了不能放下是無命。

門人有居太學而欲歸應鄉舉者，問其故，曰：「蔡人尠習《戴記》，決科之利也。」先生曰：「汝之是心，已不可入於堯舜之道矣。夫子貢之高識，曷嘗規規於貨利哉？特於豐約之間，不能無留情耳。且貧富有命，彼乃留情於其間，多見其不信道也，故聖人謂之『不受命』。有志於道者，要當去此心而後可語也。」

❶「上九」，原倒，據局本乙正。

人苟有「朝聞道，夕死可矣」之志，則不肯一日安於所不安也。何止一日，須臾不能。如曾子易簀，須要如此乃安。朱子曰：道者事物當然之理，苟得聞之，則生順死安，無復遺恨矣。○程子引易簀之事，蓋以道之重於生，明正之安於死，言有夫子所言之志，而後能有曾子所處之事耳。非以聞道便爲得正，亦非以聞道而得正者，便無餘事而可以死也。○問：曾子易簀，當時若差了這一著，喚做聞道不聞道？曰：不論易簀與不易簀，只論他平日是聞道與不聞道。平日已是聞道，那時萬一照管不到，也無奈何。問：若果已聞道，到那時也不會放過？曰：那時是正終大事，既見得，自然不放過。

人不能若此者，只爲不見實理。實理者，實見得是，實見得非。朱子曰：伊川説實理有不可曉處，云「實見得是，實見得非」，恐是記者之誤。「見」字上必有漏落。理自是理，見自是見。○實理與實見不同，蓋有那實理，人須見得確定，若不實見得，又都閒了。○葉氏曰：本以人心見處而言，惟實見是非之理，然後爲實理。蓋理無不實，但見有未實耳。○永按：葉氏説亦可通。凡實理得之於心自別，若耳聞口道者，心實不見，若見得，必不肯安於所不安。人之一身，儘有所不肯爲，及至他事又不然。若士者，雖殺之使爲穿窬，必不爲，其他事未必然。至如執卷者，莫不知説禮義，又如王公大人，皆能言軒冕外物，及其臨利害，則不知就義理，却就富貴。如此者只是説得，不實見。及其蹈水火，則人皆避之，是實見得。須是有「見不善如探湯」之心，則自然別。昔曾經傷於虎者，他人語虎，則雖三尺童子，皆知虎之可畏，終不似曾經傷者神色懾懼，至誠畏之，是實見得也。朱子曰：致知便要窮究徹底，真見得決定如此。程子虎傷之譬甚好。○今人行到五分，便是他只知得五分。譬諸穿窬，稍是個人便不肯做，蓋真知穿窬之不善也。虎傷事亦然。得之於心，是謂有德，不待勉强。然學者則須勉强。朱子曰：這「不待勉强」，不是「不勉而中」，「從容中道」，只是見得通透，做得順便，如所謂「樂循理」底意思。古人有捐軀隕命者，若不實見得，則烏能如此？須是實見得生不重於義，生不安於死也，故有「殺身成仁」，只是成就一個是而已。朱子曰：曾見人解「殺身成仁」，言殺身者所以全性命之理。人當殺身時，何暇更思量我是全性命之理？只爲死便是，生便不是，不過就一個是。故伊川説「生不安於死」。至於全其性命之理，乃是旁人看他説底話，非是其人殺身時有此意也。

孟子辨舜、跖之分，只在義利之間。言間者，謂相去不甚遠，所争毫末爾。義與利，只是個公與私也。纔出義，便以利言也。只那計較，便是爲有利害，若無利害，何用計較？利害者，天下之常情也。人皆知趨利而避害，聖人則更不論利害，惟看義當爲不當爲，便是命在其中也。南軒張氏曰：無所爲而爲之者義也，有所爲而爲之者利也。○葉氏曰：義如是，則命亦當如是。

大凡儒者，未敢望深造於道，且只得所存正，分别善惡，識廉恥。如此等人多，亦須漸好。

趙景平問：「子罕言利」，所謂利者何利？曰：不獨財利之利，凡有利心便不可。如作一事，須尋自家穩便處，皆利心也。聖人以義爲利，義安處便爲利。如釋氏之學，皆本於利，故便不是。朱子曰：程子謂「作一事須尋自家穩便處，皆利心」，如此則善利之間相去毫髮，苟辨之不明，其不反以利爲善者鮮矣。○問：「義安處便爲利」，只是當然而然便安否？曰：是也。只萬物各得其分便是利。君得其爲君，臣得爲其臣，父得其爲父，子得其爲子，何利如之？此利字即《易》所謂「利者義之和」，利便是義之和處。然那句解得不似，此語却親切，正好去解那句。義初似不和而却和。截然不可犯，似不和，分别後萬物各得其所便是和。不和生於不義，義則和而無不利矣。○葉氏曰：釋氏惡死，則欲無生，惡物欲亂心，則絶滅人倫。推其本心，惟欲利己而已，是「賊義」之大者。

問：邢七久從先生，想都無知識，後來極

狼狽。先生曰：謂之全無知則不可，只是義理不能勝利欲之心，便至如此也。邢七，邢恕也，附章惇爲惡。○朱子曰：此言以責人言之則恕，以教人言之則切。

謝湜自蜀之京師，過洛而見程子。子曰：「爾將何之？」曰：「將試教官。」子弗答。湜曰：「何如？」子曰：「吾嘗買婢，欲試之，其母怒而弗許，曰：『吾女非可試者也。』今爾求爲人師而試之，必爲此媪笑也。」湜遂不行。

先生在講筵，不曾請俸。諸公遂牒户部，問不支俸錢。户部索前任歷子，先生云：「某起自草萊，無前任歷子。」〔本注〕舊例，初入京官時，用下狀，出給料錢歷。先生不請，其意謂朝廷起我，便當「廩人繼粟，庖人繼肉」也。遂令户部自爲出券歷。又不爲妻求封。范純甫問其故，先生曰：「某當時起自草萊，三辭然後受命，豈有今日乃爲妻求封之理？」問：「今人陳乞恩例，義當然否？人皆以爲本分，不爲害。」先生曰：「只爲而今士大夫道得個乞字慣，却動不動又是乞也。」因問：「陳乞封父祖如何？」先生曰：「此事體又別。」再三請益，但云：「其説甚長，待別時説。」朱子曰：某因「説甚長」之意思之，後來人只是投家狀，便是陳乞了，以至入任，事事皆然。古者人有才德即舉用。當時這般封贈，朝廷自行之，何待陳乞？程先生之意恐然也。觀後來郊恩，都不曾爲太中陳請，則乞封贈，程先生亦不爲之矣。○問：封父母，此自朝廷合行之禮，當令有司檢舉行下，亦不必俟陳乞也。曰：如此名義却正。○問：若是應舉得官，便只當以常調自處，雖陳乞封蔭亦可。曰：本以應舉得官，則當只以常調自處。此自今常人言之，如此可也，然朝廷待士却不當如此。伊川先生所以難言之也，但云「其説甚長」，則是其意以爲要當從科舉法都改變了，乃是正耳。

漢策賢良，猶是人舉之。如公孫弘者，猶强起之乃就對。至如後世賢良，乃自求舉爾。若果有曰「我心只望廷對，欲直言天下事」，則亦可尚已。若志富貴，則得志便驕縱，失志則便放曠與悲愁而已。

伊川先生曰：人多説某不教人習舉業，某何嘗不教人習舉業也。人若不習舉業而望及第，却是責天理而不修人事。但舉業既可以及第即已，若更去上面盡力求必得之道，是惑也。

問：家貧親老，應舉求仕，不免有得失之累，何修可以免此？伊川先生曰：此只是志不勝氣，若志勝，自無此累。家貧親老須用禄仕，然「得之不得爲有命」。曰：在己固可，爲親奈何？曰：爲己爲親，也只是一事。若不得，其如命何？孔子曰：「不知命，無以爲君子。」人苟不知命，見患難必避，遇得喪必動，見利必趨，其何以爲君子？朱子曰：死生有定命，若合死於水火，死於刀兵，看如何逃不得。此説雖甚粗，然所謂知命者不過如此。若這裏信不及，才見利便趨，見害便避，如何得成君子？

或謂科舉事業奪人之功，是不然。且一月之中，十日爲舉業，餘日足可爲學。然人不志此，必志於彼。故科舉之事，不患妨功，惟患奪志。《外書》。○問：科舉之妨功。朱子曰：程先生有言，不恐妨功，惟恐奪志。若一月之間，著十日事舉業，亦有二十日修學。若被他移了志，則更無醫處矣。○以科舉爲爲親，而不爲爲己之學，只是無志。以舉業爲妨實學，不知曾妨飲食否？只是無志也。○非是科舉累人，自是人累科舉。若高見遠識之士，讀聖賢書，據吾所見而爲文以應之，得失利害置之度外，雖日日應舉，亦不累也。居今之世，使孔子復生，也不免應舉，然豈能累孔子耶？○科舉亦不害爲學。然今人把心不定，所以爲害。才以得失爲心，理會文字意思都别了。

橫渠先生曰：世禄之榮，王者所以録有功，尊有德，愛之厚之，示恩遇之不窮也。爲人後者，所宜樂職勸功，以服勤事任，長廉遠利，以似述世風。而近代公卿子孫，方且下比布衣，工聲病，售有司。不知求仕非義，而反羞循理爲無能；不知蔭襲爲榮，而反以虚名爲善繼。誠何心哉！《文集》。

不資其力而利其有，則能忘人之勢。《孟子説》。〇葉氏曰：人之歆動乎勢位者，皆有待於彼也。惟不藉其力而利其所有，則己自重而彼自輕。

人多言安於貧賤，其實只是計窮力屈，才短不能營畫耳。若稍動得，恐未肯安之。須是誠知義理之樂於利欲也，乃能。《語録》。下同。〇朱子曰：人須是讀書洞見此理，知得不求富貴，只是本分，求著便是罪過。不惟不可有求之迹，亦不可有求之之心。

天下事大患只是畏人非笑。不養車馬，食粗衣惡，居貧賤，皆恐人非笑。不知當生則生，當死則死。今日萬鍾，明日棄之，今日富貴，明日飢餓，亦不卹，「惟義所在」。葉氏曰：義之所在，死生去就，有所不顧。豈有懷齷齪之見，畏人非笑者哉？

近思録卷之七終

# 近思録卷之八

凡二十五條

婺源後學江永集註

朱子曰：此卷治國平天下之道。

濂溪先生曰：治天下有本，身之謂也；治天下有則，家之謂也。朱子曰：則，謂物之可視以爲法者，猶俗言則例、則樣也。本必端，端本，誠心而已矣；則必善，善則，和親而已矣。朱子曰：心不誠則身不可正，親不和則家不可齊。家難而天下易，家親而天下疎也。朱子曰：親者難處，疎者易裁。然不先其難，亦未有能其易者。家人離，必起於婦人，故《睽》次《家人》，以「二女同居」，而「志不同行」也。朱子曰：《睽》次《家人》，《易》卦之序。「二女」以下，《睽・彖》傳文。二女，謂《睽卦》兑下離上，兑少女，離中女也。陰柔之性，外和悦而内猜嫌，故同居而異志。堯所以釐降二女于嬀汭，舜可禪乎？吾兹試矣。朱子曰：釐，理也。降，下也。嬀，水名；汭，水北，舜所居也。堯理治下嫁二女於舜，將以試舜而授之天下也。是治天下觀於家，治家觀身而已矣。身端，心誠之謂也；誠心，復其不善之動而已矣。朱子曰：不善之動息於外，則善心之生於内者，無不實矣。不善之動，妄也；妄復則无妄矣，无妄則誠矣。程子曰：无妄之謂誠。故《无妄》次《復》，而曰「先王以茂對時，育萬物」。深哉！《通書》。○朱子曰：《无妄》次《復》，亦《易》之序。❶「先王」以下，❷引《无妄卦・大象》，以明「對時育物」，惟至誠者能之，而贊其旨之深也。

明道先生嘗言於神宗曰：得天理之正，極人倫之至者，堯舜之道也。用其私心，依

❶「易」，局本從洪本作「卦」。

❷「王」，原作「生」，據局本改。

仁義之偏者，霸者之事也。王道如砥，本乎人情，出乎禮義，若履大路而行，無復回曲。霸者崎嶇反側於曲徑之中，而卒不可與入堯舜之道。故誠心而王，則王矣；假之而霸，則霸矣。二者其道不同，在審其初而已。《易》所謂「差者毫釐，繆以千里」者，其初不可不審也。惟陛下稽先聖之言，察人事之理，知堯舜之道備於己，反身而誠之，推之以及四海，則萬世幸甚。《文集》。下同。○朱子曰：宣帝雜王霸，元不識王霸，只是以寬慈喚做王，嚴酷喚做霸。自古論王霸，至明道先生此劄，無餘蘊矣。

伊川先生曰：當世之務，所尤先者有三：一曰立志，二曰責任，三曰求賢。今雖納嘉謀，陳善算，非君志先立，其能聽而用之乎？君欲用之，非責任宰輔，其孰承而行之乎？君相協心，非賢者任職，❶其能施於天下乎？此三者本也，制於事者用也。三者之中，復以立志爲本。所謂立志者，至誠一心，以道自任，以聖人之訓爲可必信，先王之治爲可必行，不狃滯於近規，不遷惑於衆口，必期致天下如三代之世也。問：程先生進説，只以聖人之説爲可必信，何也？朱子曰：也不得不恁地說。如今説與學者，也只得教他依聖人言語恁地做去，待他就裏面做工夫有見處，便自知得聖人底是確然恁地。○葉氏曰：立志篤實而遠大，則不膠於淺近，不惑於流俗。

《比》之九五曰：「顯比，王用三驅，失前禽。」傳曰：人君比天下之道，當顯明其比道而已。如誠意以待物，恕己以及人，發政施仁，使天下蒙其惠澤，是人君親比天下之道也。如是，天下孰不親比於上？葉氏曰：積誠實之意以待物，推愛己之心以及人，發政施仁，公平正大，群心自然豫附。若乃暴其小仁，違道干譽，欲以求天下之比，其道亦已狹矣，其能得天下之比

❶「任職」，原倒，據局本乙正。

乎？王者顯明其比道，天下自然來比。來者撫之，固不煦煦然求比於物。若田之三驅，禽之去者從而不追，來者則取之也。此王道之大，所以其民皞皞而莫知爲之者也。朱子曰：田獵之禮，置旃以爲門，刈草以爲長圍，田獵者自門驅而入，禽獸向我而出者皆免，惟被驅而入者皆獲。故以「前禽」比去者不追，❶獲者譬來則取之。○永按：樹旃以表其門，御者驅而過之，轂擊則不得入。此未田之前，習過君表之御法也。逐獸別設驅逆之車，非以驅車入門爲驅獸。記録有小差，讀者得其大意可也。非惟人君比天下之道如此，大率人之相比莫不然。以臣於君言之，竭其忠誠，致其才力，乃顯其比君之道也。用之與否，在君而已，不可阿諛逢迎，求其比己也。在朋友亦然，修身誠意以待之，親己與否，在人而已，不可巧言令色，曲從苟合，以求人之比己也。於鄉黨親戚，於衆人，莫不皆然，「三驅，失前禽」之義也。《易傳》。下同。

古之時，公卿大夫而下，位各稱其德，終身居之，得其分也。位未稱德，則君舉而進之。士修其學，學至而君求之。皆非有預於己也。農工商賈，勤其事而所享有限。故皆有定志，而天下之心可一。後世自庶士至於公卿，日志於尊榮，農工商賈，日志於富侈，億兆之心交騖於利，天下紛然，如之何其可一也？欲其不亂難矣！《履·象》傳。○葉氏曰：《履·象》曰「君子以辨上下定民志」。上之人不度其德而制爵位，則爲士者日志於尊榮；不明其分而立品節，則爲民者日志於富侈。貴賤競趨，而心欲無窮，此亂之所由生也。

《泰》之九二曰：「包荒，用馮河。」傳曰：人情安肆，則政舒緩，而法度廢弛，庶事無節。治之之道，必有包含荒穢之量，則其施

❶「者」，原無，據局本補。

爲，寬裕詳密，弊革事理，而人安之。若無含弘之度，有忿疾之心，則無深遠之慮，有暴擾之患。深弊未去，而近患已生矣，故在「包荒」也。自古泰治之世，必漸至於衰替，蓋由狃習安逸，因循而然。自非剛斷之君，英烈之輔，不能挺特奮發以革其弊也，故曰「用馮河」。或疑上云「包荒」，則是包含寬容，此云「用馮河」，則是奮發改革，似相反也。不知以含容之量，施剛果之用，乃聖賢之爲也。葉氏曰：有含容之量，則剛果不至於躁迫；有剛果之用，則含容不至於委靡。二者相資，而治泰之道可成也。〇永按：神宗用王安石更新法，而宋室以否，有馮河之果而無包含之量故也。❶

《觀》：「盥而不薦，有孚顒若。」傳曰：君子居上，爲天下之表儀，必極其莊敬，如始盥之初，勿使誠心少散，❷如既薦之後，則天下莫不盡其孚誠，顒然瞻仰之矣。朱子曰：祭祀無不薦者，此是假設來說。薦是用事了，盥是未用事之初。言常持得這誠敬如盥之意常在，若薦則是用出，用出則纔畢便過了。

凡天下至於一國一家，至於萬事，所以不和合者，皆由有間也。無間則合矣。以至天地之生，萬物之成，皆合而後能遂。凡未合者，皆爲有間也。若君臣父子親戚朋友之間，有離貳怨隙者，蓋讒邪間於其間也。去其間隔而合之，則無不和且洽矣。噬嗑者，治天下之大用也。《噬嗑》傳。〇朱子曰：噬，齧也。嗑，合也。物有間者，齧而合之也。〇葉氏曰：天地有間，則氣不通而生化莫遂。人倫有間，則情不通而恩義日睽。

《大畜》之六五曰：「豶豕之牙，吉。」傳曰：物有總攝，事有機會。聖人操得其要，則視億兆之心猶一心。道之斯行，止之則戢，

❶「含」，局本從洪本作「荒」。

❷「心」，局本從《遺書》、《易傳》作「意」。

故不勞而治，其用若「豶豕之牙」也。豕剛躁之物，若强制其牙，則用力勞而不能止，若豶去其勢，則牙雖存而剛躁自止。君子法「豶豕」之義，知天下之惡不可以力制也，則察其機，持其要，塞絶其本原，故不假刑法嚴峻而惡自止也。❶且如止盗，民有欲心，見利則動，苟不知教，而迫於饑寒，雖刑殺日施，其能勝億兆利欲之心乎？聖人則知所以止之之道，不尚威刑而修政教，使之有農桑之業，知廉恥之道，「雖賞之不竊」矣。葉氏曰：制强暴者，察其機要，治其本原，而人自服。非若後世權謀之術，執其要害以御人之謂也。

「解，利西南，無所往，其來復吉，有攸往，夙吉。」傳曰：西南坤方，坤之體廣大平易。當天下之難方解，人始離艱苦，不可復以煩苛嚴急治之，當濟以寬大簡易，乃其宜也。既解其難而安平無事矣，是「无所往」也。則當修復治道，正紀綱，明法度，進復先代明王之治，是「來復」也，謂反正理也。自古聖王救難定亂，其始未暇遽爲也。既安定，則爲可久可繼之治。自漢以下，亂既除，則不復有爲，姑隨時維持而已，故不能成善治，蓋不知「來復」之義也。❷朱子曰：禍亂既平，正合修明治道，求復三代之規模，却只便休了。兩漢以來，人主還有理會正心誠意否？須得人主如陋巷之士，治心修身，講明義理，以此應天下之務，用天下之才，方見次第。「有攸往，夙吉」，謂尚有當解之事，則早爲之乃吉也。當解而未盡者，不早去則將復盛；事之復生者，不早爲則將漸大，故夙則吉也。葉氏曰：張柬之等不殺武三思，及其勢復盛，乃欲除之，則亦晚矣。

夫「有物必有則」，父止於慈，子止於孝，

❶「而」，原作「則」，據局本改。
❷「來復」，原倒，據局本乙正。

君止於仁，臣止於敬。萬物庶事，莫不各有其所，得其所則安，失其所則悖。聖人所以能使天下順治，非能爲物作則也，惟止之各於其所而已。《艮·彖》傳。○朱子曰：伊川於「艮其止，止其所也」，最解得分明。「艮其背」，恐當只如此説。

兑説而能貞，是以上順天理，下應人心，説道之至正至善者也。若夫「違道以干百姓之譽」者，苟説之道，違道不順天，干譽非應人，苟取一時之説耳，非君子之正道。君子之道，其説於民，如天地之施，感之於心，而説服無斁。朱子曰：説若不「剛中」，便是違道干譽。

天下之事，不進則退，無一定之理。濟之終不進而止矣，無常止也。衰亂至矣，蓋其道已窮極也。聖人至此奈何？曰唯聖人爲能通其變於未窮，不使至於極，堯舜是也，故有終而無亂。《既濟》傳。○葉氏曰：常人苟安於既濟，乃衰亂之所由生。聖人通變於未窮，故有終而無亂。堯舜「通其變，使民不倦」是也。

爲民立君，所以養之也。養民之道，在愛其力。民力足則生養遂，生養遂則教化行而風俗美，故爲政以民力爲重也。《春秋》凡用民力必書，其所興作不時害義，固爲罪也，雖時且義必書，見勞民爲重事也。後之人君知此義，則知慎重於用民力矣。然有用民力之大而不書者，爲教之意深矣。僖公修泮宮，復閟宮，非不用民力也，然而不書。二者復古興廢之大事，爲國之先務，如是而用民力，乃所當用也。人君知此義，知爲政之先後輕重矣。《經説》。下同。○葉氏曰：書不時者，如《隱七年》「夏城中丘」之類。書時者，如《桓十六年》「冬城向」之類。書不義者，如《莊二十三年》「丹桓宮楹」之類。書義者，如《莊元年》「築王姬之館」之類。泮宮，諸侯之學。閟宮，《毛詩》以爲先妣姜嫄之廟。泮宮所以教育賢才，閟宮所以尊事祖先，二者皆爲國之先務。

治身齊家以至平天下者，治之道也。建

立治綱，分正百職，順天時以制事。至於創制立度，盡天下之事者，治之法也。聖人治天下之道，唯此二端而已。

明道先生曰：先王之世以道治天下，後世只是以法把持天下。《遺書》。下同。○葉氏曰：先王治天下，以仁義爲主，法固在其中。後世惟恃法令以控制天下，而法亦非先王之法矣。

爲政須要有紀綱文章，先有司、鄉官讀法、平價、謹權量，皆不可闕也。人各親其親，然後能不獨親其親。仲弓曰：「焉知賢才而舉之？」子曰：「舉爾所知。爾所不知，人其舍諸？」便見仲弓與聖人用心之大小。推此義，則一心可以喪邦，一心可以興邦，只在公私之間爾。朱子曰：所謂「文章」者，便是文飾那謹權審量、讀法、平價之類耳。○問：何以言「人各親其親，然後能不獨親其親」？曰：此所以明夫人必各舉其所知，然後可以得其所不知也。○於此可見聖賢用心之大小。仲弓只緣見識未極其開闊，故如此。人之心量本自大，緣私故小，蔽錮之極，則可以喪邦矣。○程子之意，固非謂仲弓有固權市恩之意而至於喪邦，但一蔽於小，則其害有時而至此，亦不爲難矣。故極言之，以警學者用心之私也。○仲弓之問，未見其爲私意。然其心淺狹，欠闕處多，其流弊便有喪邦之理。凡事微有過差，才有安頓不著處，便是惡。○問：所謂「公私」者，豈非仲弓必欲人才皆由己舉，聖人則使人各得而舉之否？曰：仲弓只是見不到，纔見不到，便陷於私。學者見程子説興邦喪邦，説得甚險，多疑於此。然程子亦曰推其義耳。○程子此章之説，廣大精微，無所不備，學者所宜詳玩。

治道亦有從本而言，亦有從事而言。從本而言，惟是「格君心之非」，「正心以正朝廷，正朝廷以正百官」。若從事而言，不救則已，若須救之，必須變，大變則大益，小變則小益。永按：此謂事有積弊，不可不變革者，須變乃有益。倘輕於改作，或變之不得其道，則不唯無益，而已有煩擾之害矣。

唐有天下，雖號治平，然亦有夷狄之風。

三綱不正，無君臣父子夫婦，其原始於太宗也。故其後世子弟皆不可使，君不君，臣不臣。故藩鎮不賓，權臣跋扈，陵夷有五代之亂。葉氏曰：太宗以智力刼持取天下，其於君臣父子之義有虧，閨門之間又有慚德，三綱皆已不正。是以後世子孫氣習相傳，綱常陵蔑而不可止。明皇使肅宗至靈武則自立，使永王璘使江南則反。君臣之道不正，遂使藩鎮割據於外，閹豎擅專於内，馴致五季之極亂也。漢之治過於唐。漢大綱正，唐萬目舉，本朝大綱正，萬目亦未盡舉。葉氏曰：大綱謂綱常。唐之治目，若世業，若府兵，若租庸調，若省府。其區畫法制，略倣先王之遺意，❶故亦足以維持天下。

教人者養其善心而惡自消，治民者導之敬讓而爭自息。《外書》。下同。

明道先生曰：必有《關雎》、《麟趾》之意，然後可以行《周官》之法度。問：「必有《關雎》、《麟趾》之意」，只是要得誠意素孚否？朱子曰：須是自閨門衽席之微，積累到熏烝洋溢，天下無一民一物不被其化，然後可以行《周官》之法度，不然則爲王莽矣。揚雄不曾説到此，後世論治，皆欠此一意。○孟子云「徒善不足以爲政，徒法不能以自行」。程子嘗言「爲政須要有綱紀文章，謹權審量，讀法平價，皆不可闕」，而又曰「必有《關雎》、《麟趾》之意，然後可以行《周官》之法度」，正謂此也。

「君仁莫不仁，君義莫不義」，天下之治亂，繫乎人君仁不仁耳。離是而非，則「生於其心」，必「害於其政」，豈待乎作之於外哉？昔者孟子三見齊王而不言事，門人疑之，孟子曰：「我先攻其邪心。」心既正，然後天下之事可從而理也。夫政事之失，用人之非，知者能更之，直者能諫之。然非心存焉，則一事之失，救而正之，後之失者，將不勝救矣。「格其非心」，使無不正，非大人其孰能之？朱子曰：大人者，大德之人，正己而物正者也。

橫渠先生曰：「道千乘之國」，不及禮樂

❶「王」，原作「生」，據局本改。

刑政，而云「節用而愛人，使民以時」。言能如是則法行，不能如是則法不徒行。禮樂刑政，亦制數而已。《正蒙》。○楊氏曰：此特論其所存而已，未及爲政也。苟無是心，則雖有政不行焉。

法立而能守，則德可久，業可大。鄭聲、佞人，能使爲邦者喪其所守，故放遠之。葉氏曰：夫子既告顏子以四代之禮樂，而必欲「放鄭聲，遠佞人」，蓋二者蕩心之原，敗法亂紀之要也。

橫渠先生《答范巽之書》曰：朝廷以道學、政術爲二事，此正自古之可憂者。巽之謂孔孟可作，將推其所得而施諸天下邪？將以其所不爲而强施之於天下歟？永按：所得，即所學之道。所不爲，謂非其平日所學者也。葉氏謂「不以政術非吾所事」，非是。 大都君相以父母天下爲王道，不能推父母之心於百姓，謂之王道可乎？所謂父母之心，非徒見於言，必須視四海之民如己之子。❶ 設使四海之內皆爲己之子，則講治之術，必不爲秦漢之少恩，必不爲五伯之假名。巽之爲朝廷言，「人不足與適，政不足與間」，能使吾君愛天下之人如赤子，則治德必日新，人之進者必良士，帝王之道不必改途而成，學與政不殊心而得矣。《文集》。○葉氏曰：帝王之道，即今日之政事，非有兩途。今日之政術，即平日之學問，非有二心也。

近思録卷之八終

❶「如」，原作「子」，據局本改。

# 近思録卷之九

凡二十七條

婺源後學江永集註

朱子曰：此卷制度。

濂溪先生曰：古聖王制禮法，修教化，三綱正，九疇敘，百姓大和，萬物咸若，朱子曰：綱，網上大繩也。三綱者，夫爲妻綱，父爲子綱，君爲臣綱也。疇，類也。九疇見《洪範》。若，順也。此所謂理而後和也。乃作樂以宣八風之氣，以平天下之情。朱子曰：八音以宣八方之風，見《國語》。宣所以達其理之分，平所以節其和之流。故樂聲淡而不傷，和而不流，入其耳，感其心，莫不淡且和焉。淡則欲心平，和則躁心釋。朱子曰：淡者禮之發，和者樂之爲。先淡後和，亦主静之意也。然古聖賢之論樂，曰和而已。此所謂淡，蓋以今樂形之，然後見其本於莊敬齊肅之意耳。優柔平中，德之盛也；天下化中，治之至也。是謂道配天地，古之極也。朱子曰：欲心平，故平中；躁心釋，故優柔。言聖人作樂功化之盛如此。或云「化中」當作「化成」。後世禮法不修，政刑苛紊，縱欲敗度，下民困苦。謂古樂不足聽也，代變新聲，妖淫愁怨，導欲增悲，不能自止。故有賊君棄父，輕生敗倫，不可禁者矣。朱子曰：廢禮敗度，故其聲不淡而妖淫。政苛民困，故其聲不和而愁怨。妖淫故導欲，而至於輕生敗倫。愁怨故增悲，而至於賊君棄父。嗚呼！樂者古以平心，今以助欲；古以宣化，今以長怨。朱子曰：古今之異，淡與不淡，和與不和而已。不復古禮，不變今樂，而欲致治者，遠哉！《通書》。〇朱子曰：復古禮，然後可以變今樂。

明道先生言於朝曰：治天下，以正風俗、得賢才爲本。永按：此句綱領。宜先禮命近侍賢儒及百執事，悉心推訪有德業充備、足爲師表者，其次有篤志好學、材良行修者，延聘敦遣，萃於京師，俾朝夕相與講明正學。永按：以上求賢講學。其道必本於人倫，明乎物理。其教自小學灑埽應對以往，❶修其孝弟忠信，周旋禮樂。其所以誘掖激勵、漸摩成就之道，皆有節序。其要在於擇善修身，至於化成天下。自鄉人而可至於聖人之道，其學行皆中於是者爲成德。取材識明達可進於善者，使日受其業。永按：以上言教學之法，小大體用具備。擇其學明德尊者，爲太學之師，次以分教天下之學。永按：此言教成使爲學官，推教法於天下。擇士入學，縣升之州，州賓興於太學，太學聚而教之，歲論其賢者能者於朝。凡選士之法，皆以性行端潔，居家孝悌，有廉恥禮遜，通明學業，曉達治道者。《文集》。下同。○永按：此言選士之法。○朱子曰：學校選舉之法，必欲乘時改制，以漸復先王之舊，❷而善今日之俗，則必如明道先生熙寧之議。然後可以大正其本，而盡革其末流之弊。

明道先生論十事：一曰師傅，古者自天子達於庶人，必須師友以成就其德業。今師傅之職不修，友臣之義未著，所以尊德樂善之風未成。二曰六官，天地四時之官，歷二帝三王未之或改。今官秩淆亂，職業廢弛，太平之治所以未至。三曰經界，制民常產，使之厚生，則經界不可不正，井地不可不均。今富者跨州縣而莫之止，貧者流離餓殍而莫之恤，幸民雖多而衣食不足者，蓋無紀極。生齒日益繁，而不爲之制，則衣食日蹙，轉死日多。四曰鄉黨，古者政教始乎鄉黨，其法始於比閭族黨州鄉酇遂，以相聯屬統治，故民相安而親睦，刑罰鮮犯，廉恥易格。五曰貢士，庠序所以明人倫，化成天下。今師學廢而道德不一，鄉射亡而禮義不興。貢士不本於鄉里，而行實不修，秀民不養於學校，而人材多廢。六曰兵役，古者府史胥徒，受禄公上，而兵農未始判也。今驕兵耗匱國力，禁衛之外，

❶「教」，原作「道」，據局本改。

❷「王」，原作「生」，據局本改。

不漸歸之農，則將貽深慮。府史胥徒之役，毒徧天下，不更其制，則未免大害。七曰民食，古者民必有九年之食。今天下耕之者少，食之者衆，地力不盡，人功不勤。固宜漸從古制，均田務農，公私交爲儲粟之法，以爲凶歲之備。八曰四民，古者四民各有常職，而農者十居八九，故衣食易給。今京師浮民數逾百萬，此在酌古變今，均多恤寡，漸爲之業以救之。九曰山澤，〔本注〕修虞衡之職。○聖人理物，山虞澤衡，各有常禁，故萬物阜豐，而財用不乏。今五官不修，六府不治，用之無節，取之不時。惟修虞衡之職，使長養之，則有變通長久之勢。十曰分數。〔本注〕冠婚喪祭、車服器用等差。❶○古者冠婚喪祭，車服器用，等差分别，莫敢踰僭，故財用易給，而民有常心。今禮制不足以檢飭人情，名數不足以旌别貴賤，奸詐攘奪，人人求厭其欲，此争亂之道也。○以上十條並節録本文。其言曰：無古今，無治亂，如生民之理有窮，則聖王之法可改。後世能盡其道則大治，或用其偏則小康，此歷代彰灼著明之效也。苟或徒知泥古而不能施之於今，姑欲徇名而遂廢其實，此則陋儒之見，何足以論治道哉！然儻謂今人之情皆已異於古，先王之迹不可復於今，趣便目前，不務高遠，則亦恐非大有爲之論，而未足以濟當今之極弊也。永按：神宗亦欲變法復古，有真儒不用，而用剛愎拂戾之人，則生民之不幸也。

伊川先生上疏曰：三代之時，人君必有師、傅、保之官。師，道之教訓；傅，傅之德義；保，保其身體。後世作事無本，知求治而不知正君，知規過而不知養德。傅德義之道，固已疎矣；保身體之法，復無聞焉。臣以爲傅德義者，在乎防見聞之非，節嗜好之過；保身體者，在乎適起居之宜，存畏慎之心。葉氏曰：非禮之事不接於耳目，嗜好之私不溺乎心術，則德義進矣。外適起居之宜，內存畏謹之念，則心神莊肅，氣體和平矣。今既不設保傅之官，則此責皆在經筵。

❶「差」，原作「事」，據局本改。

欲乞皇帝在宫中，言動服食，皆使經筵官知之，有翦桐之戲，則隨事箴規；違持養之方，則應時諫止。《文集》。○〔本注〕《遺書》云：某嘗進説，欲令人主於一日之中，親賢士大夫之時多，親宦官宫人之時少，所以涵養氣質，熏陶德性。

伊川先生《看詳三學條制》云：舊制公私試補，蓋無虚月。學校禮義相先之地，而月使之争，殊非教養之道。請改試爲課，有所未至，則學官召而教之，更不考定高下。制尊賢堂，以延天下道德之士，及置待賓吏師齋，立檢察士人行檢等法。葉氏曰：尊賢，謂道德可矜式者；待賓，謂行能可賓敬者；吏師，通於治道，可爲吏之師法也。又云：自元豐後設利誘之法，增國學解額至五百人，來者奔湊，捨父母之養，忘骨肉之愛，往來道路，旅寓他土，人心日偷，士風日薄。今欲量留一百人，餘四百人，分在州郡解額窄處。自然士人各安鄉土，養其孝愛之心，息其奔趨流浪之志，風俗亦當稍厚。又云：三舍升補之法，皆案文責跡，有司之事，非庠序育材掄秀之道。蓋朝廷授法必達乎下，長官守法而不得有爲，是以事成於下，而下得以制其上，此後世所以不治也。或曰長貳得人則善矣，或非其人，不若防閑詳密，可循守也。殊不知先王制法，待人而行，未聞立不得人之法也。苟長貳非人，不知教育之道，徒守虚文密法，果足以成人材乎？朱子曰：先王之學，以明人倫爲本，是以當是之時，百姓親睦，風俗淳厚，而聖賢出焉。後世學校雖存，而不復此意，所以教之者，不過趨時干禄之技，而其所以勸勉程督之者，又適所以作其躁競無恥之心。雖有良材美質，可與入於聖賢之域者，亦往往反爲俗學頹風驅誘破壞，而不得有所成就，尚何能望其能致化民成俗之效，如先王之時哉？先生君子蓋有憂之，故程夫子兄弟皆嘗建言，欲以漸變流俗之繆，而復於先王之意。顧皆屈於俗儒之陋説，而不得有所施行矣。後之君子，有能深考其説而申明之，其亦庶幾矣乎。

○今日學制，近出崇、觀，專以月書季考爲陞黜，使學者屑屑然計較得失於毫釐間。而近世之俗，又專務以文字新奇相高，不復根據經之本義。以故學者益騖於華靡，無復探索根源，效勵名檢之志。大抵所以破壞其心術者，不一而足，蓋先王所以明倫善俗，成就人材之意，埽地盡矣。惟元祐間，伊川程夫子在朝，與修學制，獨有意乎深革其弊，而當時或謂其迂濶，❶無所施行。今其書具在，意者後之君子，必有能舉而行之。○問：後世人材不振，士風不美，在於科舉之法。然使便用明道賓興之請，伊川看詳之制，則今之任學校者，皆由科舉而出，豈能遽變而至道？曰：明道所言，始終本末，次序甚明。伊川立法，姑以爲之兆耳。然欲變今而從古，亦不過從此規模以漸爲之。其初不能不費力矯揉，久之成熟，則自然丕變矣。

《明道先生行狀》云：先生爲澤州晉城令，民以事至邑者，必告之以孝悌忠信，入所以事父兄，出所以事長上。度鄉村遠近爲伍保，使之力役相助，患難相恤，而姦僞無所容。凡孤煢殘廢者，責之親戚鄉黨，使無失所；行旅出於其塗者，疾病皆有所養。諸鄉皆有校，暇時親至，召父老與之語；兒童所讀書，親爲正句讀，教者不善，則爲易置；擇子弟之秀者，聚而教之。鄉民爲社會，爲立科條，旌別善惡，使有勸有恥。

《萃》：「王假有廟。」傳曰：群生至衆也，而可一其歸仰；人心莫知其鄉也，而能致其誠敬；鬼神之不可度也，而能致其來格。天下萃合人心、總攝衆志之道非一，其至大莫過於宗廟。故王者萃天下之道至於有廟，則萃道之至也。祭祀之報，本於人心，聖人制禮以成其德耳。故豺獺能祭，其性然也。《易傳》。

古者戍役，再期而還。今年春暮行，明年夏代者至，復留備秋，至過十一月而歸。又明年仲春遣次戍者。每秋與冬初，兩番戍者皆在疆圉，乃今之防秋也。《經説》。○葉氏

❶「或」，局本從洪本作「咸」。

曰：此論《采薇》遺戍役也。北狄畏暑耐寒，又秋氣弓弩可用，❶故秋冬易爲侵暴，每留戍以防之。

聖人無一事不順天時，故至日閉關。《遺書》。下同。

韓信多多益辦，只是分數明。永按：分數明者，管轄有法，區畫分明，能以簡馭煩也。

伊川先生曰：管轄人亦須有法，徒嚴不濟事。今帥千人，能使千人依時及節得飯喫，只如此者亦能有幾人？葉氏曰：法謂區畫分數之法。嘗謂軍中夜驚，亞夫堅卧不起。不起善矣，然猶夜驚何也？亦是未盡善。永按：舉此一事，以明管轄有法之難。

管攝天下人心，收宗族，厚風俗，使人不忘本，須是明譜系，收世族，立宗子法。〔本注〕一年有一年工夫。○葉氏曰：古者諸侯之適子適孫，繼世爲君，其餘庶子不得禰其先君，因各自立爲本派之始祖，其子孫百世皆宗之，所謂大宗也。族人雖五世外，皆爲之齊衰三月。大宗之庶子，又別爲小宗。而小宗有四：其繼高祖之適長子，則與三從兄弟爲宗；繼曾祖之適長子，則與再從兄弟爲宗；繼祖之適長子，則與同堂兄弟爲宗；繼禰之適長子，則與親兄弟爲宗。一身凡事四宗，與大宗爲五宗也。○永按：後世不行封建，則所謂別子爲祖，繼別爲宗者，唯有官職蔭襲者可行。若士庶之家，傳世既久，恐有窒礙難行者矣。今世間有推大宗子主祭者，然無法以維之。其宗子或貧困絶嗣，或流寓四方，或身爲敗類，不足爲族人宗，則難以持久。唯立祠堂，明譜系，使人知尊祖敬宗而收族，則宗法雖不行，庶乎猶有統紀，不至於涣散，而風俗可厚也。朱子嘗言「大宗立不得，亦當立小宗」云。

宗子法壞，則人不自知來處，以至流轉四方，往往親未絶，不相識。今且試以一二巨公之家行之，其術要得拘守得，須是且如唐時立廟院，仍不得分割了祖業，使一人主之。

凡人家法，須月爲一會以合族。古人有花樹韋家宗會法，可取也。每有族人遠來，

❶「弩」，原作「努」，據局本改。

亦一爲之。吉凶嫁娶之類，更須相與爲禮，❶使骨肉之意嘗相通。骨肉日疎者，只爲不相見，情不相接爾。

冠婚喪祭，禮之大者，今人都不理會。豺獺皆知報本，今士大夫家多忽此，厚於奉養而薄於先祖，甚不可也。某嘗修六禮，大略家必有廟，〔本注〕庶人立影堂。○朱子曰：古者命士得立家廟。伊川謂無貴賤，皆祭自高祖而下，但祭有豐殺疏數不同耳。○祭祖自高祖而下，當如伊川所論。温公祭自曾祖而下，伊川以高祖有服所當祭，今見於《遺書》者甚詳。此古禮所無，創自伊川，所以使人盡孝敬追遠之義。○伊川祭自高祖，始疑其過。要之既無廟，又於禮煞缺，祭四代亦無害。古之所謂廟者，其體面甚大，皆有門堂寢室，非如今人但以室爲之。廟必有主，〔本注〕高祖以上，即當祧也。主式見《文集》。又云：今人以影祭，或一髭髮不相似，則所祭已是別人，大不便。○朱子曰：伊川木主制度，其剡刻開竅處，皆有陰陽之數存焉。信乎其有制禮作樂之具也。○伊川制士庶不用主，只用牌子。看來牌子當如主制，只不消做二片相合，及竅其旁以通中。○問：士庶家亦可用主否？曰：用亦不妨。且如今人未仕，只用牌子，到仕後不中換了？若是士人只用主，亦無大利害。問：祧主當如何？曰：當埋之於墓。月朔必薦新，〔本注〕薦後方食。○朱子曰：諸家禮皆云薦新用朔。朔新如何得合？但有新即薦於廟。時祭用仲月，〔本注〕止於高祖，旁親無後者，祭之別位。○問：舊嘗收得先生一本祭儀，時祭皆是卜日，今聞却用二至二分祭，如何？朱子曰：卜日無定，慮有不虔。温公亦云止用分至亦可。問：如此則冬至祭始祖，立春祭先祖，季秋祭禰，此三祭如何？曰：覺得此箇禮數太遠，似有僭上之意。又問：禰祭如何？曰：此却不妨。○問：時祭用仲月清明之類，或是先世忌日，則如之何？曰：却不思量到。古人所以貴於卜日也。○排祖先時，以客位西邊爲上，高祖第一，高祖母次之，只是正排看正面，❷不曾對排，曾祖、祖父皆然。其中有伯叔、伯叔母、兄弟嫂，無人主祭而我爲祭者，各以昭穆論。如祔祭伯叔，則祔於曾

❶「更」，原作「或」，據局本改。
❷「看」，原作「著」，據局本改。

祖之傍一邊，在位牌西邊安，伯叔母則祔曾祖母東邊安，兄弟嫂妻婦則祔於祖母之傍。伊川云曾祖兄弟無主者亦不祭，只是以義起也。○永按：朱子排祖先位以西爲上，蓋謂神道尚右也。然古人祫祭，尸在室，則以東向爲尊，南向昭而北向穆，尸在堂，則以南向爲尊，亦左昭而右穆。今人祭皆在堂，宜以最尊者居中南向，餘則左右對排，似理得而心安。蓋今人習於東上，若以尊者居西，反若不安也。又如夫婦合葬，夫必當居左，則祭位可知矣。旁親無後者，今人或別設一室祭之，似得伊川先生「祭之別位」之意。**冬至祭始祖**，〔本注〕冬至，陽之始也。始祖，厥初生民之祖也。無主，於廟中正位設二位，合考妣享之。○問始祖之祭。朱子曰：古無此，伊川以義起。某當初也祭，後來覺得僭，遂不敢祭。古者諸侯只得祭始封之君，以上不敢祭。大夫有大功，則請於天子，得祭其高祖，然亦止得祭一番，常時不敢祭。程先生亦云，人必祭高祖，❶只是有疏數耳。又問：今士庶亦有始基之祖，莫亦止祭得四代，但四代以上則可不祭否？❷曰：如今祭四代已爲僭。古者官師亦只得祭二代。若是始基之祖，莫亦只存得墓祭。○問：冬至祭始祖是何祖？曰：或謂受姓之祖，如蔡氏則蔡叔之類。或謂「厥初生民之祖」，如盤古之類。○永按：本注「厥初生民之祖」，疑亦指受氏者言之，如周之后稷也。程子嘗言「我祖喬伯，始封於程」，則喬伯爲程氏之始祖。今人祭始祖，或以受姓，或以改姓，或以有大功德，或以始遷，家自爲禮，亦各有義。其太荒遠者，亦不祭矣。**立春祭先祖**，〔本注〕立春，生物之始也。先祖，始祖而下，高祖以上，非一人也。亦無主，設兩位分享考妣。○問：先生祭禮，立春祭高祖而上，只設二位，若古人祫祭，須是逐位祭。朱子曰：某只是依伊川説，伊川禮更略。伊川所定不是成書，温公《儀》却是做成了。○伊川時祭止於高祖，高祖而上，則於立春設二位統祭之，而不用主。此説是也。却又云：「祖又豈可厭多？苟其可知者，無遠近多少，須當盡祭之。」疑是初時未曾討論，故有此説。○始祖、先祖之祭，伊川方有此説，固足以盡孝子慈孫之心。然嘗疑其禮近於禘祫，非臣民所得用，遂不敢行。古者大夫以下，極於三廟，而于祫可以及其高祖。今用先儒之説通祭高祖，已爲過矣。其上世久遠，自合遷毀，不當更祭也。○永按：程子主於追遠，朱子主於限制，學者擇

❶「祭」，原作「有」，據局本改。
❷「可不」，原作「不可」，據局本乙正。

焉。今人祀祖，即從始祖祭之，其禮簡略，似亦無害。又因是使人不忘其祖，亦可以勵薄俗云。季秋祭禰，〔本注〕季秋，成物之時也。忌日遷主，祭於正寢。朱子曰：古無忌祭，近日諸先生方考及此。○忌日祭只設一位。❶凡事死之禮，當厚於奉生者。人家能存得此等事數件，雖幼者可使漸知禮義。

卜其宅兆，卜其地之美惡也。地美則其神靈安，其子孫盛。然則曷謂地之美者？土色之光潤，草木之茂盛，乃其驗也。而拘忌者惑以擇地之方位，❷決日之吉凶，甚者不以奉先爲計，而專以利後爲慮，尤非孝子安厝之用心也。惟五患者不得不慎：須使異日不爲道路，不爲城郭，不爲溝池，不爲貴勢所奪，不爲耕犁所及。〔本注〕一本所謂五患者：溝渠，道路，避村落，遠井、窑。○問風水之說。朱子曰：伊川先生力破俗說，然亦自言須是風順地厚之處乃可。然則亦須稍有形勢，拱揖環抱，無空闕處，乃可用也。但不用某山某水之說耳。○《答孫敬甫書》曰：陰陽家說，前輩所言固爲正論，然恐幽明之故有所未盡，故不敢從。今亦不須深考其書，但道路所經，耳目所接，有數里無人烟處，有欲住者亦住不得，其成聚落有宅舍處，便須山水環合，略成氣象。然則欲掩藏其祖父，安處其子孫者，亦豈可都不揀擇，以爲久遠安寧之慮，而率意爲之乎？但不當極意過求，必爲富貴利達之計耳。此等事自有酌中恰好處，便是正理。世俗固爲不及，而必爲高論者，似亦過之也。○因說地曰：程先生亦云揀草木茂盛處，便不是不擇。伯恭却只胡亂平地上便葬。若是不知此理，亦不是，若是知有此道理，故意不理會，尤不可。○《答程允夫書》曰：熹家中自先人以來，不用浮屠法。今謹守，但卜地未能免俗，然亦只求一平穩處。○永按：朱子之論如此，今之溺於俗說與過爲高論者，可知所折衷矣。又一條因說《易·睽卦》及之，見十卷。

正叔云：某家治喪，不用浮圖。在洛亦有一二人家化之。問：治喪不用浮屠，或親意欲用

❶「設」，局本從洪本作「祭」。
❷「惑」，原作「或」，據局本改。

之，不知當如何處？朱子曰：且以委曲開釋爲先，如不可回，則又不可咈親意也。○問：親死遺囑教用僧道則如何？曰：便是難處。曰：也可以不用否？曰：人子之心有所不忍，這事須仔細商量。

今無宗子，故朝廷無世臣。若立宗子法，則人知尊祖重本，人既重本，則朝廷之勢自尊。古者子弟從父兄，今父兄從子弟，由不知本也。且如漢高祖欲下沛時，只是以帛書與沛父老，其父兄便能率子弟從之。又如相如使蜀，亦遺書責父老，然後子弟皆聽其命而從之。只有一箇尊卑上下之分，然後順從而不亂也。若無法以聯屬之，安可？且立宗子法，亦是天理。譬如木必有從根直上一榦，亦必有旁枝；又如水雖遠，必有正源，亦必有分派處，自然之勢也。然又有旁枝達而爲榦者，故曰「古者天子建國，諸侯奪宗」云。朱子曰：今要立宗，亦只在人，有甚難處？只是而今時節更做事不得。如伊川當時要勿封孔氏，要將朝廷所賜田五百頃，一處給作一「奉聖鄉」，而吕原明便以爲不可，不知如何。○祭祀須是用宗子法，方不亂。不然，前面必有不可處置者。大宗法既立不得，亦當立小宗法。祭自高祖以下，親盡則請出高祖就伯叔位，服未盡者祭之，嫂則别處，使其子私祭之。今世禮全亂了。

邢和叔《敘明道先生事》云：堯、舜、三代帝王之治，所以博大悠遠，上下與天地同流者，先生固已默而識之。至於興造禮樂，制度文爲，下至行師用兵戰陣之法，無所不講，皆造其極。外之夷狄情狀，山川道路之險易，邊鄙防戍、城寨斥候控帶之要，靡不究知。其吏事操決文法簿書，又皆精密詳練。若先生可謂通儒全才矣。《附録》。

介甫言律是八分書，是他見得。《外書》。

○問：介甫言律一條何意？朱子曰：伯恭以凡事皆具，惟律不説，偶有此條，遂漫載之。○律是《刑統》，此書甚好，疑是歷代所有，傳襲下來，周世宗命竇儀注解過，名曰《刑統》，即律也。今世却不用律，只用敕令。大概敕令之法，皆重於

《刑統》，與古法相近，故曰「八分書」。○律所以明法禁非，亦有助於教化，但於根本上少有欠闕耳。八分是其所長處，二分乃其所闕。此言「是他見得」者，蓋許之之詞。○「律是八分書」，是欠些教化處。

横渠先生曰：兵謀師律，聖人不得已而用之，其術見三王方策、歷代簡書。惟志士仁人，❶爲能識其遠者大者，素求預備。而不敢忽忘。《文集》。下同。○葉氏曰：「好謀而成」，「師出以律」，雖聖人用師，無謀必敗，無律必亂。非若後世譎詐以爲謀，酷暴以爲律，斯其爲遠者大者。○永按：志士仁人，有任天下之志，有憂天下之心，故兵事亦留意焉。横渠先生少年喜談兵，所謂「素求預備，不敢忽忘」者。

肉辟於今世死刑中取之，亦足寬民之死過。句。此當念其散之之久。永按：肉辟，墨劓剕宫也。張子欲以此代死刑之情輕者，亦足寬其死過。蓋上失道而民散久，不幸入於死罪，所當念也。葉氏讀「寬民之死」爲句，「過此」爲句，未安。又按：今世死刑情輕者，但於流徒減等，終不忍用肉辟，尤善。



吕與叔撰《横渠先生行狀》云：先生慨然有意三代之治，論治人先務，未始不以經界爲急。嘗曰：「仁政必自經界始。貧富不均，教養無法，雖欲言治，皆苟而已。世之病難行者，未始不以亟奪富人之田爲辭。然兹法之行，悦之者衆，苟處之有術，期以數年，不刑一人而可復。」所病者特上之人未行耳，乃言曰：「縱不能行之天下，猶可驗之一鄉。」方與學者議古之法，共買田一方，畫爲數井，上不失公家之賦役，退以其私正經界，分宅里，立斂法，廣儲蓄，興學校，成禮俗，救菑恤患，敦本抑末，足以推先王之遺法，明當今之可行。此皆有志未就。問：横渠復井田之法如何？❷朱子曰：這箇事某皆不曾敢深考。而今只是差役，尚有萬千難行處，莫道便要奪他田，他豈肯？講學時且恁地講，若欲行之，須有機會。經大亂之後，天下無人，田盡歸官，方可

❶「士」，原作「人」，據局本改。

❷「法」，局本從洪本作「説」。

給與民。如唐口分、世業，是從魏晉積亂之極，至元魏及北齊、後周，乘此機方做得。荀悦《漢紀》一段，正説此意甚好。若平世則誠難行。問：東坡破此論，只行限田之法如何？曰：都是胡説。作事初如霹靂，三五年便放緩了。況限田之法。雖舉於今，一年淡一年，便寢矣。若欲行之，須是行井田。若不能行，則且如今之俗。那限田只是戲論。

横渠先生爲雲巖令，政事大抵以敦本善俗爲先。每以月吉具酒食，召鄉人高年會縣庭，親爲勸酬，使人知養老事長之義。因問民疾苦，及告所以訓戒子弟之意。《行狀》。

横渠先生曰：古者「有東宮，有西宮，有南宮，有北宮，異宮而同財」，永按：此《儀禮·喪服》傳文。此禮亦可行。古人慮遠，目下雖似相疎，其實如此乃能久相親。蓋數十百口之家，自是飲食衣服難爲得一。又異宮乃容子得伸其私，所以「避子之私也，子不私其父，則不成爲子」。古之人曲盡人情。必也同宮，有叔父、伯父，則爲子者何以獨厚於其父？爲父者又烏得而當之？父子異宮，爲命士以上，愈貴則愈嚴。故異宮猶今世有逐位，非如異居也。《樂説》。○朱子曰：古者宗法有南宮、北宮，便是不分財，也須異爨。今若同爨固好，只是少間人多了，又却不齊整，又不如異爨。

治天下不由井地，終無由得平。周道只是均平。《語録》。下同。

井田卒歸於封建乃定。朱子曰：封建、井田，皆易得致弊。○封建、井田，乃聖王之制，公天下之法，豈敢以爲不然。但在今日恐難下手，設使强做得成，亦恐意外别生弊病，反不如前，則難收拾耳。此等事未須深論，他日讀書多，歷事久，當自見之也。○程先生幼年屢説須要井田、封建，到晚年又説難行。想是他經歷世故之多，見得事勢不可行。○永按：朱子之論至矣。語録中有極言封建之弊者，文多不能盡載。凡井田、封建，朱子姑採先儒之説，以其爲先王治天下之大法也。學者當考朱子平日之言爲斷。

近思録卷之九終

# 近思録卷之十

凡六十四條

婺源後學江永集註

朱子曰：此卷處事之方。

伊川先生上疏曰：夫鐘，怒而擊之則武，悲而擊之則哀，誠意之感而入也。告於人亦如是，古人所以齋戒而告君也。臣前後兩得進講，未嘗敢不宿齋預戒，潛思存誠，覬感動於上心。若使營營於職事，紛紛其思慮，待至上前，然後善其辭説，徒以頰舌感人，不亦淺乎？《文集》。下同。○問：伊川未進講時有間斷否？朱子曰：尋常未嘗不誠，臨見君時又加意爾。如孔子沐浴而告哀公是也。

伊川《答人示奏藁書》云：觀公之意，事以畏亂爲主。頤欲公以愛民爲先，力言百姓飢且死，丐朝廷哀憐，因懼將爲寇亂，可也。不惟告君之體當如是，事勢亦宜爾。公方求財以活人，祈之以仁愛，則當輕財而重民；懼之以利害，則將恃財以自保。古之時，得丘民則得天下。後世以兵制民，以財聚衆，聚財者能守，保民者爲迂。惟當以誠意感動，覬其有不忍之心而已。葉氏曰：後世以兵制民，謂民有所不足畏；以財養兵，謂財有所不可闕。於是以聚財爲守國之道，以愛民爲迂緩之事。苟徒懼之以禍亂，則無惻隱愛民之心，愈增其聚財自守之慮矣。

明道爲邑，及民之事，多衆人所謂法所拘者，然爲之未嘗大戾於法，衆亦不甚駭。謂之得伸其志則不可，求小補，則過今之爲政者遠矣。人雖異之，不至指爲狂也。至謂之狂，則大駭矣。盡誠爲之，不容而後去，又何嫌乎？葉氏曰：先生道德之盛，從容裁處，故不大戾當時之法，而有補於民，人亦不至於駭者，亦其存心寬平而區處有方也。「盡誠爲之，不容而後去」，又可見先生忠厚懇惻之心，❶豈若悻悻小丈夫之爲哉！○永按：先生爲邑，正熙寧行新法之時。

明道先生曰：一命之士，苟存心於愛物，於人必有所濟。葉氏曰：苟存愛物之心，必有及物之效。

伊川先生曰：君子觀天水違行之象，知人情有爭訟之道。故凡所作事，必謀其始，絶訟端於事之始，則訟無由生矣。謀始之義廣矣，若愼交結、明契券之類是也。《易傳》。下同。

《師》之九二，爲師之主，恃專則失爲下之道，不專則無成功之理，故得中爲吉。凡師之道，威和並至則吉也。葉氏曰：不恃專者，如衛青不敢專誅，歸諸天子使自裁是也。專者，如將在軍，君令有所不受是也。威而不和，則懼而離；和而少威，則玩而弛。九二剛中，故有威和交濟之象。

世儒有論魯祀周公以天子禮樂，以爲周公能爲人臣不能爲之功，則可用人臣不得用之禮樂。是不知人臣之道也。夫居周公之位，則爲周公之事，由其位而能爲者，皆所當爲也。周公乃盡其職耳。《師》九二傳。○永按：臣事君猶子事親，皆無過分之事。

《大有》之九三曰：「公用亨于天子，小人弗克。」傳曰：三當大有之時，居諸侯之位，有其富盛，必用亨通於天子，謂以其有爲天子之有也，乃人臣之常義也。若小人處之，則專其富有以爲私，不知公己奉上之道，故曰「小人弗克也」。朱子曰：古人於「亨」字，作「享」、「烹」字，通用。「公用亨於天子」，分明是「享」字，解作「亨」字不是。○葉氏曰：如朝覲供貢之儀，凡所以奉上之道，皆不敢自有其有。

❶「見」，原作「是」，據局本改。

人心所從，多所親愛者也。常人之情，愛之則見其是，惡之則見其非。故妻孥之言，雖失而多從；所憎之言，雖善爲惡也。苟以親愛而隨之，則是私情所與，豈合正理？故《隨》之初九，出門而交，則「有功」也。葉氏曰：出門而交，則無所係累，而所從者有功。

《隨》九五之《象》曰：「孚于嘉吉，位正中也。」傳曰：隨以得中爲善，隨之所防者過也。蓋心所説隨，則不知其過矣。

《坎》之六四曰：「樽酒簋貳用缶，納約自牖，終无咎。」傳曰：此言人臣以忠信善道結於君心，必自其所明處乃能入也。人心有所蔽，有所通，通者明處也，當就其明處而告之，求信則易也，故曰「納約自牖」。能如是則雖艱險之時，終得「无咎」也。葉氏曰：牖者，室中所以通明也。且如君心蔽於荒樂，唯其蔽也故爾，雖力詆其荒樂之非，如其不省何？必於所不蔽之事，推而及之，則能悟其心矣。自古能諫其君者，未有不因其所明者也。故訐直强勁者，率多取忤，而温厚明辨者，其説多行。朱子曰：事君匡救其惡，是正理。伊川説「納約自牖」，又是一等。○葉氏曰：訐直則無委曲，强勁則乏和順。温厚者其氣和，明辨者其理著。非唯告於君者如此，爲教者亦然。夫教必就人之所長，所長者心之所明也。從其心之所明而入，然後推及其餘，孟子所謂「成德」、「達財」是也。

《恒》之初六曰：「浚恒，貞凶。」《象》曰：「浚恒之凶，始求深也。」傳曰：初六居下，而四爲正應。四以剛居高，又爲二三所隔，應初之志，異乎常矣。而初乃求望之深，是知常而不知變也。世之責望故素而至悔咎者，皆「浚恒」者也。朱子曰：「浚恒」是欲深以常理求人。

《遯》之九三曰：「係遯，有疾厲，畜臣妾吉。」傳曰：係戀之私恩，懷小人女子之道也，故以畜養臣妾則吉。然君子之待小人，亦不如是也。問：小人、女子，近之則不遜，專以私恩懷之，未必不有悔吝，而此以爲吉何耶？朱子曰：此爻不可大事，但可畜臣妾耳。御下而有以懷之，未爲失正，但恐所以懷之者失其正耳。〇問：「畜臣妾吉」，傳曰：待臣妾之道，「君子之待小人亦不如是」，如何？曰：君子小人更不可相接。若臣妾是終日在自家身邊，若無以懷之，則望望然去矣。

《睽》之《象》曰：「君子以同而異。」傳曰：聖賢之處世，在人理之常，莫不大同，於世俗所同者，則有時而獨異。不能大同者，亂常拂理之人也；不能獨異者，隨俗習非之人也。要在同而能異耳。朱子曰：君子有同處，有異處，如「周而不比」、「群而不黨」是也。此處伊川説得甚好。〇又如今之言地理者，必欲擇地之吉，是同也；不似世俗專以求富貴爲事，惑亂此心，則異矣。如士人應科舉則同也，不曲學以阿世則異矣。事事推去，斯得其旨。

《睽》之初九，當睽之時，雖同德者相與，然小人乖異者至衆，若棄絶之，不幾盡天下以仇君子乎？如此則失含宏之義，致凶咎之道也，又安能化不善而使之合乎？故必「見惡人」則「无咎」也。古之聖王，所以能化姦凶爲善良，革仇敵爲臣民者，由弗絶也。

《睽》之九二，當睽之時，君心未合，賢臣在下，竭力盡誠，期使之信合而已。至誠以感動之，盡力以扶持之，明理義以致其知，杜蔽害以誠其意，❶如是宛轉以求其合也。「遇」非枉道逢迎也，「巷」非邪僻由徑也。故《象》曰：「遇主於巷，未失道也。」

《損》之九二曰：「弗損益之。」傳曰：不自損其剛貞，則能益其上，乃益之也。若失其剛貞而用柔説，適足以損之而已。世之愚者，有雖無邪心，而惟知竭力順上爲忠者，蓋不知「弗損益之」之義也。葉氏曰：剛正不撓，乃能

❶「害」，局本從洪本作「惑」。

有益於君。九二剛中，非有邪心者，但當損下益上之時，惟知損己以奉上，而不知臣道之少貶，未有能致益其君者。

《益》之初九曰：「利用爲大作，元吉，无咎。」《象》曰：「元吉，无咎，下不厚事也。」傳曰：在下者本不當處厚事。厚事，重大之事也。以爲在上所任，所以當大事，必能濟大事而致元吉，乃爲无咎。能致元吉，則在上者任之爲知人，己當之爲勝任，不然則上下皆有咎也。朱子曰：初九上爲四所任而作大事，必盡善而後无咎，若所作不盡善，未免有咎也。故釋之曰「下不厚事也」。蓋在下之人不當重事，若在下之人爲在上之人作事，未能盡善，自應有咎。又云：不惟己不安，而亦累於上。向編《近思録》，説與伯恭，此一段非常有，不必入。伯恭云：「既云非常有，則有時而有，豈可不書以爲戒？」後思之果然。

革而無甚益，猶可悔也，況反害乎？古人所以重改作也。《革・象》傳。○葉氏曰：苟非有大益，無後患，君子不輕改作。

《漸》之九三曰：「利禦寇。」傳曰：君子之與小人比也，自守以正。豈惟君子自完其己而已乎？亦使小人得不陷於非義。是以順道相保，禦止其惡也。葉氏曰：小人近正，亦不敢爲惡。

《旅》之初六曰：「旅瑣瑣，斯其所取災。」傳曰：志卑之人，既處旅困，鄙猥瑣細，無所不至，乃其所以致悔辱，取災咎也。葉氏曰：此教人處旅困之道，當略細故，存大體，斯免悔咎。

在旅而過剛自高，致困災之道也。《旅》九三傳。○葉氏曰：過剛則暴戾而乏和順，自高則矯亢而人不親附。

《兑》之上六曰：「引兑。」《象》曰：「未光也。」傳曰：説既極矣，又引而長之，雖説之之心不已，而事理已過，實無所説。事之盛則有光輝，既極而强引之長，其無意味甚矣，豈有光也？

《中孚》之《象》曰：「君子以議獄緩死。」傳曰：君子之於議獄，盡其忠而已；於決死，極其惻而已。天下之事，無所不盡其忠，而議獄緩死，最其大者也。

事有時而當過，所以從宜，然豈可甚過也？如過恭過哀過儉，大過則不可，所以小過爲順乎宜也。能順乎宜，所以大吉。《小過》傳。○朱子曰：三者之過，皆小者之過。可過於小而不可過於大，可以小過而不可甚過。

防小人之道，正己爲先。《小過》九三傳。○葉氏曰：己正，則彼雖奸詐，無間之可乘矣。

周公至公不私，進退以道，無利欲之蔽。其處己也，夔夔然存恭畏之心；其存誠也，蕩蕩然無顧慮之意。所以雖在危疑之地，而不失其聖也。《詩》曰：「公孫碩膚，赤舄几几。」《經説》，下同。○朱子曰：孫，讓也。碩，大也。膚，美也。赤舄，冕服之舄也。几几，安重貌。公遭流言之變，而其安肆自得乃如此。蓋其道隆德盛，而安土樂天，有不足言者，所以遭大變而不失其常也。○葉氏曰：當危疑之地，既不忿戾而改常，亦不疑懼而失守。

採察求訪，使臣之大務。朱子曰：《詩》云「載馳載驅，周爰咨諏」。使臣自以每懷靡及，故廣詢博訪，以補其不及，而盡其職也。○葉氏曰：採察民隱，求訪賢才，使職之大者也。

明道先生與吳師禮談介甫之學錯處，謂師禮曰：爲我盡達諸介甫，我亦未敢自以爲是。如有説，願往復。此天下公理，無彼我。果能明辯，不有益於介甫，則必有益於我。《遺書》。下同。○永按：介甫惟自以爲是，先生以虛公無我之説箴之，而介甫終不能改也。

天祺在司竹，常愛用一卒長，及將代，自見其人盜筍皮，遂治之無少貸。罪已正，待之復如初，略不介意。其德量如此。葉氏曰：德量大，則不爲喜怒所遷。

因論「口將言而囁嚅」云：若合開口時，

要他頭也須開口。〔本注〕如荆軻於樊於期。○事見《史記・刺客傳》。須是「聽其言也厲」。朱子曰：所謂「合開口」者，亦曰理之所當言耳。樊於期事，非理之所當言者。蓋取其事之難言而猶言之，非以爲理之當言也。

須是就事上學。「蠱，振民育德。」然有所知後，方能如此。「何必讀書，然後爲學？」葉氏曰：「振民育德」，修己治人之事。然必知之至，而後行之至，無非學也。豈但讀書而後謂之學哉？程子之教，固以讀書窮理爲先務，然不就事而學，則捨簡册之外，凡應事接物之際，不知所以用力，其學之間斷多矣。與子路之言意異。

先生見一學者忙迫，問其故，曰：「欲了幾處人事。」曰：「某非不欲周旋人事者，曷嘗似賢急迫？」葉氏曰：事雖多，爲之必有序，事雖急，應之必有節，未聞可以急遽苟且而處之者。

安定之門人，往往知稽古愛民矣，則於爲政也何有？葉氏曰：胡安定教學者以通經術，治時務，明體適用，故其門人皆知以稽古愛民爲事。稽古則爲政之法，愛則爲政之本。

門人有曰：吾與人居，視其有過而不告，則於心有所不安，告之而人不受，則奈何？曰：與之處而不告其過，非忠也。要使誠意之交通，在於未言之前，則言出而人信矣。

又曰：責善之道，要使誠有餘而言不足，則於人有益，而在我者無自辱矣。永按：「誠有餘而言不足」，謂誠至而不爲煩數也。其進言之時，自當宛轉開導，非謂言不可盡。如是而人猶不受，則夫子亦謂「不可則止」矣。

職事不可以巧免。葉氏曰：職所當爲，而巧圖規避，自私用智之人也。

「居是邦，不非其大夫」，此理最好。永按：夫子答「練而杖」之問，指其人則言「不知」，不指其人則言「非禮」是也。事見《家語》。蓋居是邦，當存敬上之心也。若非居是邦，或爲是邦之先大夫，則議論固有及之者矣。由是推之，今時郡縣官員長短得失，亦非君子所宜言。

「克勤小物」最難。永按：「克勤小物」，惟精密謹慤者能之，亦惟才大者能不忽於小。

欲當大任，須是篤實。葉氏曰：篤實則力量深厚，而謀慮審固，❶斯可以任大事。

凡爲人言者，理勝則事明，氣忿則招怫。永按：爲人言者，從容以理譬喻之，則人易曉而言易入矣。

居今之時，不安今之法令，非義也。若論爲治，不爲則已，如復爲之，須於今之法度内處得其當，方爲合義。若須更改而後爲，則何義之有？朱子曰：不安今之法令，謂在下位者。○永按：明道先生爲邑，當法令繁密之際，未嘗從衆爲應文逃責之事，而亦不病其拘礙者，今之法度内處得其當也。

今之監司，多不與州縣一體，監司專欲伺察，州縣專欲掩蔽。不若推誠心與之共治，有所不逮，可教者教之，可督者督之，至於不聽，擇其甚者去一二，使足以警衆可也。

伊川先生曰：人惡多事，或人憫之。世事雖多，盡是人事。人事不教人做，更責誰做？永按：有厭事之心，則有怠惰苟且之病。知其爲人所當爲，則雖多而不厭矣。

感慨殺身者易，從容就義者難。問：如何是從容就義？朱子曰：從容謂徐徐。但義理不精，則思之再三，或汨於利害，❷却悔了，此所以爲難。

人或勸先生以加禮近貴，先生曰：何不見責以盡禮，而責之以加禮？禮盡則已，豈有加也？葉氏曰：與孟子不與右師言意同。○永按：不妄悦人，即是盡禮。

或問：簿，佐令者也。簿所欲爲，令或不從，奈何？曰：當以誠意動之。今令與簿不和，只是爭私意。令是邑之長，若能以事父兄之道事之，過則歸己，善則唯恐不歸於令，積此誠意，豈有不動得人？永按：此條合之「監司」一條，上之使下，下之事上，皆以誠爲本。

❶「審」，原作「深」，據局本改。

❷「汨」，原作「泊」，據局本改。

問：人於議論多欲直己，無含容之氣，是氣不平否？曰：固是氣不平，亦是量狹。人量隨識長，亦有人識高而量不長者，是識實未至也。葉氏曰：見識陋，則人己得失之間，皆爲之動，是即量之狹也。故識長則量亦長。大凡別事，人都强得，惟識量不可强。今人有斗筲之量，有釜斛之量，有鍾鼎之量，有江河之量。江河之量亦大矣，然有涯，有涯亦有時而滿。惟天地之量則無滿。故聖人者，天地之量也。聖人之量，道也。常人之有量者，天資也。天資之量須有限，葉氏曰：聖人之心純乎道，道本無外，故其量亦無涯。大抵六尺之軀，力量只如此，雖欲不滿，不可得也。如鄧艾位三公，年七十，處得甚好，及因下蜀有功，便動了。謝安聞謝玄破苻堅，對客圍棋，報至不喜，及歸折屐齒，强終不得也。更如人大醉後益恭謹者，只益恭謹便是動了，雖與放肆者不同，其爲酒所動一也。又如貴公子位益高，益卑謙，只卑謙便是動了，雖與驕傲者不同，其爲位所動一也。葉氏曰：居之如常而不爲異者，量足以勝之也。一有意於其間，雖驕肆謙恭之不同，要皆爲彼所動也。然惟知道者，量自然宏大，不待勉强而成。永按：此所謂「量隨識長」也。然此亦謂大賢以下之人，若聖人與道如一。更不必言知道。今人有所見卑下者，無他，亦是識量不足也。

人纔有意於爲公，便是私心。昔有人典選，其子弟係磨勘，皆不爲理，此乃是私心。人多言古時用直，不避嫌得。後世用此不得，自是無人，豈是無時？〔本注〕因言少師典舉，明道薦才事。○永按：不爲理磨勘者，避私嫌也。有意避嫌，雖公亦私。苟能以大公之心行之，當遷則遷，當黜則黜，何嫌之避？亦何時而不可行？程子謂「凡人避嫌者，内不足也」。内不足則上不見信於君，下不足信於友，欲不避嫌而不得矣。

君實嘗問先生云：「欲除一人給事中，誰

可爲者？」先生曰：「初若泛論人才，却可。今既如此，頤雖有其人，何可言？」君實曰：「出於公口，入於光耳，又何害？」先生終不言。問：伊川不答温公給事中如何？朱子曰：自是不容預。如兩人有公事在官，爲守令者來問，自不當答。問者已是失。曰：此莫是避嫌否？曰：不然。本原已不是，與避嫌異。○永按：問者爲失言，言之則爲出位。當默而默，制義之方也。

先生云：韓持國服義，最不可得。一日頤與持國、范夷叟泛舟於潁昌西湖。須臾客將去，有一官員上書謁見大資。頤將謂有甚急切公事，乃是求知己。頤云：「大資居位，却不求人，乃使人倒來求己，是甚道理？」夷叟云：「只爲正叔太執。求薦章，常事也。」頤云：「不然。只爲曾有不求者不與，來求者與之，遂致人如此。」持國便服。韓維字持國，范純禮字夷叟。○葉氏曰：求知者失己，使之求知者失士。

先生因言：今日供職，只第一件便做他底不得。吏人押申轉運司狀，頤不曾簽。國子監自係臺省，臺省係朝廷官。外司有事，合行申狀，豈有臺省倒申外司之理？只爲從前人只計較利害，不計較事體，直得恁地。須看聖人欲正名處，見得道名不正時，便至禮樂不興，是自然住不得。朱子曰：明道德性寬大，規模廣闊。伊川氣質剛方，文理密察。其道雖同，而造德各異。故明道嘗爲條例司官，不以爲浼，而伊川所作《行狀》乃獨不載其事。明道猶謂青苗可且放過，而伊川乃於西監一狀，計較如此。此可謂不同矣。然明道之放過，乃孔子之「獵較爲兆」，而伊川之一一理會，乃孟子之「不見諸侯」也。此亦何害其爲同邪？但明道所處，是大賢以上事，學者未至而輕議之，恐失所守。伊川所處雖高，然實中人皆可跂及，學者只當以此爲法，則庶乎寡過矣。然又當觀用之淺深，事之大小，裁酌其宜，難執一意。此君子所以貴窮理也。○程子所論西監申狀之事，尤足以驗聖言於日用之間。

學者不可不通世務。天下事譬如一家，

非我爲則彼爲，非甲爲則乙爲。已上並《遺書》。○葉氏曰：君子存心正大如此，其所以講明世務者，亦非分外之事也。

「人無遠慮，必有近憂」，思慮當在事外。《外書》。下同。○永按：思慮在事外，則圖之早，防之周，而近患可免矣。

聖人之責人也常緩，便見只欲事正，無顯人過惡之意。

伊川先生云：今之守令，惟「制民之産」一事不得爲，其他在法度中，甚有可爲者，患人不爲耳。永按：法度中有可爲之事，惟有愛人之實心者能爲之。

明道先生作縣，凡坐處皆書「視民如傷」四字，常曰「顥常愧此四字」。

伊川每見人論前輩之短，則曰「汝輩且取他長處」。永按：前輩之短，非所當議。舍短取長，則有進德之益，而無浮薄之失。

劉安禮云：王荆公執政，議法改令，言者攻之甚力。明道先生嘗被旨赴中堂議事，荆公方怒言者，厲色待之。先生徐曰：「天下之事，非一家私議，願公平氣以聽。」荆公爲之愧屈。《附録》。下同。○劉立之字安禮，程子門人。王荆公，安石。○葉氏曰：從容一言之間，有以破其私己之見，消其忿厲之氣。

劉安禮問臨民，明道先生曰：使民各得輸其情。問御吏，曰：正己以格物。葉氏曰：使民各得輸其情，惟平易聽達者能之。○永按：正己以格物，不徒恃乎苛察嚴威也。

橫渠先生曰：凡人爲上則易，爲下則難。然不能爲下，亦未能使下，不盡其情僞也。大抵使人常在其前，己嘗爲之，則能使人。《文集》。○永按：己嘗事人，則使人之際，能盡其情，而亦能知其僞。

《坎》「維心亨」，故「行有尚」。外雖積險，苟處之心亨不疑，則雖難必濟，而「往有功也」。今水臨萬仞之山，要下即下，無復凝滯之在前。惟知有義理而已,則復何回避?所以心通。《易説》。下同。○葉氏曰:《坎》爲重險,二五以剛居中,其心自亨通,心亨而無疑,則可以出險矣。人於義理,苟能信之篤,行之決,如水之就下,則何往而不心亨哉!

人所以不能行己者,於其所難者則惰,其異俗者,雖易而羞縮。惟心宏,則不顧人之非笑,所趨義理耳,視天下莫能移其道。永按:心大而志立,故無羞縮與惰之病。然爲之,人亦未必怪。永按:難能異俗之事,義理所當爲,故人亦終不之怪。正以在己者義理不勝,惰與羞縮之病,消則有長,不消則病常在,意思齷齪,無由作事。永按:惰與羞縮之病,常與義理相爲消長。在古氣節之士,冒死以有爲,於義未必中,然非有志概者莫能,況吾於義理已明,何爲不爲?葉氏曰:舉重明輕,所以激昂柔懦之士。

《姤》初六「羸豕孚蹢躅」,豕方羸時,力未能動,然至誠在於蹢躅,得伸則伸矣。如李德裕處置閹宦,徒知其帖息威伏,而忽於志不忘逞,照察少不至,則失其幾也。葉氏曰:唐武宗時,德裕爲相,君臣契合,莫能間之。宦官帖息畏伏,若無能爲,而不知其志在求逞也。繼嗣重事,卒定於宦者之手,而德裕逐矣。幾微之間,所當深察。

人教小童,亦可取益。絆己不出入,一益也。授人數數,上「數」如字,下「數」音朔,謂授書遍數多也。己亦了此文義,二益也。對之必正衣冠,尊瞻視,三益也。常以因己而壞人之才爲憂,則不敢惰,四益也。《語録》。○永按:教小童者,或多出入,授書草率,惰慢無威儀,不顧壞人才,是不善取四益矣。

近思録卷之十終

# 近思録卷之十一　凡二十一條

婺源後學江永集註

朱子曰：此卷教學之道。

濂溪先生曰：剛善，爲義，爲直，爲斷，爲嚴毅，爲幹固；惡，爲猛，爲隘，爲强梁。柔善，爲慈，爲順，爲巽；惡，爲懦弱，爲無斷，爲邪佞。朱子曰：剛柔固陰陽之大分，而其中又各有陰陽，以爲善惡之分焉。惡者固爲非正，而善者亦未必皆得乎中也。惟中也者，和也，中節也，天下之達道也，聖人之事也。朱子曰：此以德性之正而言也。然其以和爲中，與《中庸》不合，蓋就已發無過不及者而言之，如《書》所謂「允執厥中」者也。故聖人立教，俾人自易其惡，自至其中而止矣。《通書》。○朱子曰：易其惡，則剛柔皆善，有嚴毅慈順之德，而無强梁懦弱之病矣。至其中，則其或爲嚴毅，或爲慈順也。又皆中節，而無太過不及之偏矣。

伊川先生曰：古人生子，能食能言而教之。大學之法，以豫爲先。人之幼也，知思未有所主，便當以格言至論日陳於前，雖未有知，❶且當熏聒，使盈耳充腹，久自安習，若固有之，雖以他説惑之，不能入也。若爲之不豫，及乎稍長，私意偏好生於内，衆口辯言鑠於外，欲其純完，不可得也。《文集》。

《觀》之上九曰：「觀其生，君子无咎。」《象》曰：「觀其生，志未平也。」傳曰：君子雖不在位，然以人觀其德，用爲儀法，故當自慎省，觀其所生，常不失於君子，則人不失所望而化之矣。不可以不在於位故，安然放意無

❶「有」，局本從洪本作「曉」。

所事也。《易傳》。○永按：人所觀瞻，而自修之志稍懈，則不足爲人望矣。

聖人之道如天然，與衆人之識甚殊邈也。門人弟子既親炙，而後益知其高遠。既若不可以及，則趨望之心怠矣。故聖人之教，常俯而就之。事上臨喪，不敢不勉，君子之常行，不困於酒，尤其近也。而以己處之者，不獨使夫資之下者，勉思企及，而才之高者，亦不敢易乎近矣。《經説》。○朱子曰：程子之意精矣，但失不以「何有於我」，爲聖人之謙辭耳。

明道先生曰：憂子弟之輕俊者，只教以經學念書，不得令作文字。葉氏曰：志輕才俊者，憚於檢束，而樂於馳騁。使之習經念書，則心平氣定。若令作文字，則得以用其才，而長其輕俊矣。○永按：常人於子弟輕俊者，❶不以爲憂而以爲喜，且早教之作文以干進，他日輕俊之害，不可勝言。此由父兄之無識。子弟凡百玩好皆奪志。至於書札，於儒者事最近，然一向好著，亦自喪志。如王、虞、顔、柳輩，誠爲好人則有之，曾見有善書者知道否？平生精力一用於此，非惟徒廢時日，於道便有妨處，足知喪志也。《遺書》。下同。○永按：書札猶喪志，其他玩好可知。故書札惟欲楷正，不必求工。

胡安定在湖州，置「治道齋」，學者有欲明治道者，講之於中，如治民、治兵、水利、算數之類。嘗言劉彝善治水利，後累爲政，皆興水利有功。葉氏曰：治民，如政教施設之方。治兵，如戰陣部伍之法。水利，如江河渠堰之利。算數，如律曆、《九章》之類。○永按：安定又有「經義齋」，專講明經義。

凡立言，欲涵蓄意思，不使知德者厭，無德者惑。葉氏曰：知德者玩其理而不厭，無德者守其説而不惑。○永按：輕於立言，無涵蓄意思，知德者厭其無味，無德者惑於輕揚。朱子嘗謂尹氏《論語説》「句句有味」，而於張無垢《中庸解》「粗暴淺露」。舉程子此語譏之，可知

❶「常」，局本從洪本作「今」。

立言之方矣。

教人未見意趣，必不樂學。欲且教之歌舞，如古《詩》三百篇，皆古人作之。如《關雎》之類，正家之始，故用之鄉人，用之邦國，日使人聞之。此等詩，其言簡奥，今人未易曉，別欲作詩，略言教童子灑埽應對事長之節，令朝夕歌之，似當有助。

子厚以禮教學者最善，使學者先有所據守。問：横渠之教，以禮爲先。恐謂之禮，則有品節，每遇事却停當方可遵守，初學者或未曾識禮，恐無下手處。敬則有一念之肅，使己改容更貌，不費安排，事事上見得此意，如何？朱子曰：古者自幼入小學，便教以禮，及長自然在規矩之中。横渠却是用官法教人。禮也易學，今人乍見，往往以爲難。

語學者以所見未到之理，不惟所聞不深徹，反將理低看了。永按：未見到之理，必俟其深造將有得而後語之，否則不惟不能深曉，而亦以淺易輕視之矣。

舞射便見人誠。永按：舞射必誠，乃可應節命中。古之教人，莫非使之成己。自灑埽應對上，便可到聖人事。朱子曰：此亦言其理之在是，而由是可以至於彼。苟「習焉而察」，而又「勉焉以造其極」，則不俟改塗而聖可至耳。豈曰一灑埽一應對之不失其節，而遂可直以聖人自居也哉？

自「幼子常視毋誑」以上，便是教以聖人事。永按：小學皆是教之以誠，誠即聖人事也。

「先傳」、「後倦」，君子教人有序。先傳以小者近者，而後教以大者遠者，非是先傳以近小，而後不教以遠大也。朱子曰：灑埽應對，精義入神，事有大小，理無大小。事有大小，故教人有序而不可躐；理無大小，故隨其所處而皆不可不盡。○葉氏曰：子夏正謂教人小大有別。前段程子之説，却就灑埽應對上發明理無大小，自是一義。

伊川先生曰：説書必非古意，轉使人薄。學者須是潛心積慮，優游涵養，使之自得。今一日説盡，只是教得薄。至如漢時説「下帷講誦」，猶未必説書。葉氏曰：理貴玩索，至於口耳之傳，末矣。

古者八歲入小學，十五入大學，擇其才可教者聚之，不肖者復之農畝。蓋士農不易業，既入學則不治農，然後士農判。在學之養，若士大夫之子，則不慮無養，雖庶人之子，既入學則亦必有養。古之士者，自十五入學，至四十方仕，中間自有二十五年學，又無利可趨，則所志可知，須去趨善，便自此成德。後之人，自童稚間已有汲汲趨利之意，何由得向善？故古人必使四十而仕，然後志定。只營衣食却無害，惟利禄之誘最害人。〔本注〕人有養，便定志於學。○朱子曰：程子之言，未知何所據。古者教士，其比閭之學，則鄉老坐於門，而察其出入。其來學也有時，既受學，則退而習於其家。及其升而上也，則亦有時，春秋耕耘，餘時肄業。未聞上之人復有以養之也。夫既給之以百畝之田矣，又給之以學糧，亦安得許多糧給之耶？○葉氏曰：「營衣食」者，求於力分之内，未足以奪志。若誘於利禄，則所學皆非爲己，而根本已撥矣。

天下有多少才，只爲道不明於天下，故不得有所成就。且古者「興於《詩》，立於禮，成於樂」，如今人怎生會得。古人於《詩》，如今人歌曲一般，雖閭巷童稚，皆習聞其説而曉其義，故能興起於《詩》。後世老師宿儒，尚不能曉其義，怎生責得學者，是不得「興於《詩》」也。古禮既廢，人倫不明，以至治家皆無法度，是不得「立於禮」也。古人有歌詠以養其性情，聲音以養其耳目，舞蹈以養其血脈，今皆無之，是不得「成於樂」也。古之成材也易，今之成材也難。

孔子教人，「不憤不啟，不悱不發」。蓋不待憤悱而發，則知之不固，待憤悱而後發，則沛然矣。學者須是深思之，思之不得，然後爲他説便好。朱子曰：憤者，心求通而未得之意。悱者，口欲言而未能之貌。啟謂開其意。發謂達其辭。○問：如何是沛然？曰：此正所謂「時雨之化」。如種植之物，人力隨分已加，但正當那時節，欲發生未發生之際，却欠了雨，忽然得些雨來，生意豈可禦也！○葉氏曰：未嘗深思，其受之也必淺。既無所得，其聽之也若忘。啟發於憤悱之餘，則思深力窮而倏然有得，必沛然而通達矣。

初學者須是且爲他説，不然，非獨他不曉，亦止人好問之心也。已上並《遺書》。○葉氏曰：此又誘進初學之道。

橫渠先生曰：「恭敬樽節退讓以明禮」，仁之至也，愛道之極也。己不勉明，則人無從倡，道無從弘，教無從成矣。《正蒙》。○永按：此張子言以禮教人，當自勉也。教者能「恭敬撙節退讓以明禮」，則能率人使成材，是仁之至，能宏道以教人，是愛道之極。

《學記》曰：「進而不顧其安，使人不由其誠，教人不盡其材。」人未安之，又進之，未喻之，又告之，徒使人生此節目。不盡材，不顧安，不由誠，皆是施之妄也。教人至難，必盡人之材，乃不誤人。觀可及處，然後告之。聖人之明，直若庖丁之解牛，皆知其隙，刃投餘地，無全牛矣。人之才足以有爲，但以其不由於誠，則不盡其才。若曰勉率而爲之，則豈有由誠哉！橫渠《禮記説》。下同。○朱子曰：嘗見橫渠簡與人，謂其子日來誦書不熟，宜教他熟誦，盡其誠與材。○永按：不顧學者之能受而强進之，人雖勉强爲之，而無誠意，既無誠意，則亦不能盡其才質。三者相因，皆躐等陵節之弊也。

古之小兒，便能敬事。長者與之提攜，則兩手奉長者之手，問之，掩口而對。蓋稍不敬事，便不忠信。故教小兒，且先安詳恭敬。葉氏曰：奉手，習扶持尊者。掩口而對，習其鄉尊者屏氣。安詳則不躁率，恭敬則不誕慢，此忠信之本也。

孟子曰：「人不足與適也，政不足與間

也，唯大人爲能格君心之非。」非惟君心，至於朋游學者之際，彼雖議論異同，未欲深較，惟整理其心，使歸之正，豈小補哉？横渠《孟子説》。

近思録卷之十一終

# 近思録卷之十二

凡三十三條

婺源後學江永集註

朱子曰：此卷改過及人心疵病。

濂溪先生曰：仲由喜聞過，令名無窮焉。今人有過，不喜人規，如護疾而忌醫，寧滅其身而無悟也。噫！《通書》。

伊川先生曰：德善日積，則福禄日臻。德踰於禄，則雖盛而非滿。自古隆盛，未有不失道而喪敗者也。《易傳》。下同。○《泰》九三傳。○葉氏曰：德勝於禄，則所享者雖厚而不爲過。禄過其德，薄且不能勝，況於隆盛乎？隆盛之喪敗，必自無德者致之。

人之於豫樂，心悦之，故遲遲，遂至於耽戀不能已也。《豫》之六二，以中正自守，其介如石，其去之速，不俟終日，故貞正而吉也。處豫不可安且久也，久則溺矣。如二可謂「見幾而作」者也。蓋中正，故其守堅，而能辨之早，去之速也。

人君致危亡之道非一，而以豫爲多。《豫》六五傳。

聖人爲戒，必於方盛之時。方其盛而不知戒，故狃安富則驕侈生，樂舒肆則綱紀壞，忘禍亂則釁孽萌，是以浸淫不知亂之至也。《臨·彖》傳。

《復》之六三，以陰躁處動之極，復之頻數而不能固者也。復貴安固，頻復頻失，不安於復也。復善而屢失，危之道也。聖人開遷善之道，與其復而危其屢失，故云「厲无咎」。不可以頻失而戒其復也。頻失則爲危，屢復何咎？過在失而不在復也。〔本注〕劉質夫曰：頻復不已，遂至迷復。○劉絢字質夫，程子門人。○葉氏曰：頻復頻失而不止，久則玩溺而不能復，必至上六之迷復矣。

睽極則咈戾而難合，剛極則躁暴而不詳，明極則過察而多疑。《睽》之上九，有六三之正應，實不孤，而其才性如此，自睽孤也。如人雖有親黨，而多自疑猜，妄生乖離，雖處骨肉親黨之間，而常孤獨也。葉氏曰：《睽》上九居《離》之終，是明極也。多自疑猜，過明之患，妄生乖離，過剛好睽之致也。

《解》之六三曰：「負且乘，致寇至，貞吝。」傳曰：小人而竊盛位，雖勉爲正事，而氣質卑下，本非在上之物，終可吝也。若能大正則如何？曰：大正非陰柔所能也，若能之，則是化爲君子矣。

《益》之上九曰：「莫益之，或擊之。」傳曰：理者天下之至公，利者衆人所同欲。苟公其心，不失其正理，則與衆同利，無侵於人，人亦欲與之。若切於好利，蔽於自私，求自益以損於人，則人亦與之力爭。故莫肯益之，而有擊奪之者矣。

《艮》之九三曰：「艮其限，列其夤，厲熏心。」傳曰：夫止道貴乎得宜。行止不能以時，而定於一，其堅强如此，則處世乖戾，與物睽絶，其危甚矣。人之固止一隅，而舉世莫與宜者，則艱蹇忿畏，焚撓其中，豈有安裕之理？「厲熏心」，謂不安之勢熏爍其中也。葉氏曰：限，界分也。列，絶也。夤，膂肉，亦一身上下之限也。三居内卦之上，實内外之分，故取象皆爲限止之義。

大率以説而動，安有不失正者。《歸妹》傳。○葉氏曰：《歸妹》兑悦，震動。心有所好樂，則不得其正，況從欲而忘返耶？

男女有尊卑之序，夫婦有倡隨之理，此常理也。若徇情肆欲，唯説是動，男牽欲而失其剛，婦狃説而忘其順，則凶而無所利矣。同上。

雖舜之聖，且畏巧言令色。説之惑人，易入而可懼也如此。《兑》六五傳。

治水，天下之大任也。非具至公之心，能舍己從人，盡天下之議，則不能成其功，豈「方命圮族」者所能乎？鯀雖九年而功弗成，然其所治，固非他人所及也。惟其功有敘，故其自任益强，咈戾圮類益甚，公議隔而人心離矣，是其惡益顯而功卒不可成也。《經説》。下同。

君子「敬以直内」，微生高所枉雖小，而害直則大。朱子曰：易得之物，尚委曲如此，若臨大事如何？當有便道有，無便道無。才枉其小，便害其大。

人有慾則無剛，剛則不屈於慾。朱子曰：慾與剛正相反。若耳之欲聲，目之欲色之類，皆是慾也。才有些被他牽引去，此中便無所主，焉得剛？

人之過也，各於其類。君子常失於厚，小人常失於薄。君子過於愛，小人傷於忍。朱子曰：厚與愛畢竟是仁上發來，其苗脈可見。

明道先生曰：富貴驕人固不善，學問驕人，害亦不細。《遺書》。下同。○葉氏曰：君子之學，爲己而已。學問驕人，非特其學爲務外，而傲惰敗德，學亦不進矣。

人以料事爲明，便駸駸入逆詐、億不信去也。永按：喜料事則逆億之心熟，雖中猶爲私意小智，況未必皆中乎。

人於外物奉身者，事事要好，只有自家一箇身與心，却不要好。苟得外面物好時，却不知道自家身與心，却已先不好了也。葉氏曰：所謂「小害大」、「賤害貴」者也。

人於天理昏者，是只爲嗜欲亂著他。莊子言「其嗜欲深者，其天機淺」，此言却最是。永按：天機，天理發動之機也。

伊川先生曰：閲機事之久，機心必生。

蓋方其閱時，心必喜，既喜則如種下種子。葉氏曰：《莊子》云：「有機械者必有機事，有機事者必有機心。」

疑病者，未有事至時，先有疑端在心。周羅事者，先有周事之端在心。皆病也。葉氏曰：周羅事，猶言兜攬事。

較事大小，其弊爲枉尺直尋之病。葉氏曰：事無大小，惟理是視。或者有苟成急就之意，則道雖小屈，義雖微害，亦有冒而爲之者。原其初心，止於權大小，遂至枉尺直尋。其末流之弊，有不可勝言矣。

小人、小丈夫，不合小了他，本不是惡。葉氏曰：性無不善，而局於氣質，汩於利欲者，自小之耳。

雖公天下事，若用私意爲之，便是私。

做官奪人志。問：仕宦奪人志，或言爲富貴所移。愚意以爲不特言此，但才仕宦，則爲事窒礙處，有隨宜區處之意，浸浸遂入於隨時徇俗之域，與初間立心各别，此所謂奪志也。不知程子意出於此否？又不知人未免仕宦，而有此病，又何以救之？朱子曰：所論奪志之説是也。若欲救此，但當隨事省察，而審其輕重耳。然幾微之間，大須著精彩也。

驕是氣盈，吝是氣歉。人若吝時，於財上亦不足，於事上亦不足，凡百事皆不足，必有歉歉之色也。朱子曰：吝之所有，乃驕之所恃也。故驕而不吝，無以保其驕，吝而不驕，無所用其吝。此盈於虚者，所以必歉於實，而歉於實者，所以必盈於虚也。○一學者來問：「驕是氣盈，吝是氣歉」，歉則不盈，盈則不歉，如何却説「使驕且吝」？試商量看。吴伯豐對云：盈是加於人處，歉是存於己者。粗喻之，如勇於爲非，則怯於遷善，明於責人，則暗於恕己，同是一箇病根。先生曰：如人曉些文義，吝惜不肯與人説，便是要去驕人。非驕無所用其吝，非吝則無以爲驕。○驕吝雖有盈歉之殊，然其勢常相因。蓋驕者吝之枝葉，吝者驕之本根。故嘗論之，天下之人，未有驕而不吝、吝而不驕者也。○問：氣之盈歉如何？曰：驕、吝是一般病，驕是放出底吝，吝是不放出底驕。如人病寒熱，攻注上則頭目痛，攻注下則腰腹痛，熱發出外似驕，寒包縮在内似吝。

未知道者如醉人，方其醉時，無所不至，

及其醒也，莫不愧恥。人之未知學者，自視以爲無缺，及既知學，反思前日所爲，則駭且懼矣。

邢七云：「一日三檢點。」明道先生曰：「可哀也哉！其餘時理會甚事？」蓋倣三省之説錯了，可見不曾用功。又多逐人面上説一般話，明道責之。邢曰：「無可説。」明道曰：「無可説，便不得不説？」

橫渠先生曰：學者捨禮義，則飽食終日，無所猷爲，與下民一致，所事不踰衣食之間，燕遊之樂爾。《正蒙》。

鄭、衛之音悲哀，令人意思留連，又生怠惰之意，從而致驕淫之心。雖珍玩奇貨，其始惑人也，亦不如是切，從而生無限嗜好。故孔子曰必放之，亦是聖人經歷過，但聖人能不爲物所移耳。橫渠《禮樂説》。

孟子言「反經」，特於「鄉原」之後者，以鄉原大者不先立，心中初無主，❶惟是左右看順人情不欲違，一生如此。橫渠《孟子説》。○葉氏曰：鄉原浮沈俯仰，無所可否。蓋其義理不立，中無所主，惟務悦人，以是終身，乃亂常之尤者。君子反經，復其常道，則是非昭然。而鄉原僞言僞行，不得以惑之矣。

近思録卷之十二終

❶「主」，原作「仵」，據局本改。

# 近思録卷之十三　凡十四條

婺源後學江永集註

朱子曰：此卷異端之學。

明道先生曰：楊、墨之害，甚於申、韓；佛、老之害，甚於楊、墨。楊氏「爲我」疑於義，墨氏「兼愛」疑於仁，申、韓則淺陋易見。故孟子只闢楊、墨，爲其惑世之甚也。佛、老其言近理，又非楊、墨之比，此所以其惑尤甚。❶楊、墨之害，亦經孟子闢之，所以廓如也。《遺書》。下同。○朱子曰：楊朱學爲義者也，而偏於爲我；墨翟學爲仁者也，而流於兼愛。本其設心，豈有邪哉？皆以善而爲之耳。特於本原之際，微有毫釐之差，是以孟子推言其禍，以爲無父無君，而陷於禽獸，辭而闢之，不少假借。孟子亦豈不原其情，而過爲是刻核之論哉？誠以其賊天理、害人心於幾微之間，使人陷溺而不自知，非若刑名狙詐之術，其禍幾近而易見也。❷是以拔本塞源，不得不如是之力。○問：墨氏兼愛疑於仁，此易見，楊氏爲我，何以疑於義？曰：楊朱看來不似義，他全是老子之學，只是箇逍遥物外，僅足其身，不屑世務之人。只是他自愛其身，界限齊整，不相侵越，微似義耳，然終不似也。○楊朱即老聃弟子。孟子闢楊、墨，則老、莊在其中矣。○葉氏曰：申不害，鄭人，以刑名干韓昭侯。韓非，韓之諸公子，喜刑名法術之學。佛本西域之胡，爲寂滅之學，自漢以來，其説始入中國。老聃，周柱下史，其書論清浄無爲之道。

伊川先生曰：儒者潛心正道，不容有差，其始甚微，其終則不可救。如「師也過，商也不及」，於聖人中道，師只是過於厚些，商只是不及些，然而厚則漸至於兼愛，不及則便至於爲我。其過不及同出於儒者，其末遂至

❶「其惑」，局本從洪本、《遺書》作「爲害」。
❷「幾」，局本從洪本作「淺」。

楊、墨。胡氏曰：楊朱即莊周所謂「楊子居」者，與老聃同時。墨翟又在楊朱之前，宗師大禹。而晏嬰，學之者也。以爲出於二子，則其考之不詳甚矣。○或問：楊、墨學出於師、商，信乎？朱子曰：胡氏論之當矣。○程子論楊、墨之源流，考之有未精者。若曰佛氏之害甚於楊、墨，「儒者潛心正道，不容有差」，則皆至論也。至如楊、墨，亦未至於無父無君，孟子推之便至於此，蓋其差必至於是也。朱子曰：楊朱但知愛身，而不復知有致身之義，故無君。墨子愛無差等，而視其至親無異衆人，故無父。

明道先生曰：道之外無物，物之外無道，是天地之間，無適而非道也。即父子而父子在所親，即君臣而君臣在所嚴，以至爲夫婦，爲長幼，爲朋友，無所爲而非道，此道所以「不可須臾離也」。然則毀人倫、去「四大」者，其外於道也遠矣。葉氏曰：釋氏以地、水、火、風爲「四大」，謂「四大」幻假而成人身，寂滅幻根，斷除一切。故「君子之於天下也，無適也，無莫也，義之與比」。若有適有莫，則於道爲有間，非天地之全也。彼釋氏之學，於「敬以直内」則有之矣，「義以方外」則未之有也。故滯固者入於枯槁，疏通者歸於恣肆，此佛之教所以爲隘也。吾道則不然，率性而已。斯理也，聖人於《易》備言之。〔本注〕又云：佛有一箇「覺」之理，可以「敬以直内」矣，然無「義以方外」。其直内者，要之其本亦不是。○問：佛家如何有「敬以直内」？朱子曰：他有箇覺察，可以「敬以直内」，然與吾儒亦不同。他本是箇不耐煩底人，故盡欲掃去。吾儒便有是有，無是無，於應事接物，只要處得是。○問：《遺書》云「釋氏於『敬以直内』則有之，『義以方外』則未也」，恐未安。曰：前日章蜚卿正論此，以爲釋氏本與吾儒同，只是其末異。某與言正是大本不同。因檢《近思録》有云「佛有一箇『覺』之理」云云，這是當時記得全處，前者記傳不完也。只無「義以方外」，則連「敬以直内」也不是了。程子謂釋氏「唯務上達而無下學，則其上達處豈有是邪」？亦是此意。○葉氏曰：君子之於天下，無可無不可，惟義之從。釋氏寂滅無爲，不可以察理應事，必欲斷除外相，始見真性，非天地本然全體之性矣。釋氏習定，欲得此心收斂虛静，亦若「敬以直内」。然有體而無用，何有於義？離器以爲道，故或拘或肆，皆爲之病，名爲「大自在」，而實則隘陋。吾儒率性之道，動静各正，既不病於拘，亦不至於肆。聖人贊《易》，所謂知幾存義，直内方外，時止時行，體用本末備言之矣。○覺者心無倚著，靈覺不昧，所謂「常惺惺法」，若可「敬以直内」矣。然無制事之義，則所謂「覺」者，猶無寸之尺，無星之雨，其「直内」之本亦非矣。

釋氏本怖死生爲利，豈是公道？葉氏曰：釋氏求不生不滅之理，可免輪迴之苦，此本出於利己之私意。唯務上達而無下學，然則其上達處豈有是也？元不相連屬，但有間斷，非道也。孟子曰：「盡其心者，知其性也。」彼所謂「識心見性」是也，若存心養性一段事則無矣。朱子曰：釋氏怳惚之間，略見得心性影子，都不見裏面許多道理。就使有存養之功，亦只存養得他所見影子，終不分明。○明道論釋氏下學上達處，則無滲漏矣。其下文説盡心知性語亦不完。二先生語中亦間有如此處，必是記者之失。○程子論釋氏有盡心知性而無存養之功者，正承上文譏其無下學非上達，不連屬而有間斷之病，非真以是許之也。其論直内方外，而曰既無方外，則所謂直内者，「其本亦不是」，意亦如此。彼固曰出家獨善，便於道體自不足。葉氏曰：道本人倫，今曰出家，則於道體虧欠大矣。或曰：釋氏地獄之類，皆是爲下根之人設此，怖令爲善。先生曰：至誠貫天地，人尚有不化，豈有立僞教而人可化乎？以上明道語。○司馬温公曰：天堂地獄，若果有之，當與天地俱生。自佛家未入中國之前，❶人死而生者亦有之矣，何故無一人誤入地獄見閻羅等十王者耶？不學者固不足與言，讀書知古者，亦可以少悟矣。

學者於釋氏之説，直須如淫聲美色以遠之，不爾則駸駸然入其中矣。顔淵問爲邦，孔子既告之以二帝三王之事，而復戒以「放鄭聲，遠佞人」，曰：「鄭聲淫，佞人殆。」彼佞人者，是他一邊佞耳，然而於己則危，只是能使人移，故危也。至於禹之言曰：「何畏乎巧

❶「家」，局本從洪本作「法」。

言令色！」巧言令色，直消言畏，只是須著如此戒慎，猶恐不免。釋氏之學，更不消言常戒，到自家自信後，便不能亂得。

所以謂萬物一體者，皆有此理，只爲從那裏來。「生生之謂易」，生則一時生，皆完此理。人則能推，物則氣昏推不得，不可道他物不與有也。人只爲自私，將自家軀殼上頭起意，故看得道理小了他底。放這身來，都在萬物中一例看，大小大快活。葉氏曰：人知萬物一體之理，不爲私己之見，自然與物各得其所。○永按：大小大快活，猶云許多快活也。 釋氏以不知此，去他身上起意思，奈何那身不得，故却厭惡，要得去盡根塵，爲心源不定，故要得如枯木死灰。然没此理，要有此理，除是死也。葉氏曰：釋氏以耳、目、口、鼻、身、意爲「六根」，以色、聲、香、味、觸、法爲「六塵」。其説謂幻塵滅，故幻根亦滅；幻根滅，故幻心亦滅。 釋氏其實是愛身，放不得，故説許多。譬如負版之蟲，已載不起，猶自更取物在身。又如抱石投河，以其重愈沉，終不道放下石頭，惟嫌重也。

人有語導氣者，問先生曰：君亦有術乎？曰：吾嘗「夏葛而冬裘，飢食而渴飲」，「節嗜欲，定心氣」，如斯而已矣。葉氏曰：聖賢養生，順理窒慾而已。豈若偏曲之士，爲長生久視之術哉！

佛氏不識陰陽、晝夜、死生、古今，安得謂形而上者與聖人同乎？葉氏曰：形而上者，性命也。陰陽晝夜死生古今，乃天命之流行，二氣之屈伸。釋氏指爲輪回，爲幻妄，則其所談性命，亦異乎聖人矣。

釋氏之説，若欲窮其説而去取之，則其説未能窮，固已化而爲佛矣。只且於迹上考之，其設教如是，則其心果如何。固難爲取其心不取其迹，有是心則有是迹。王通言「心迹之判」，便是亂説。文中子云：「汝所問者迹也，吾告汝者心也。心迹之判久矣。」故不若且於迹上斷定不與聖人合，其言有合處，則吾道固已有，有不合者，固所不取。如是立定，却省易。永按：毁棄人倫，是其迹之大異者。然則其心皆無父無君也，尚何取於彼哉？

問：神仙之説有諸？曰：若説白日飛昇之類則無，若言居山林間保形鍊氣，以延年益壽，則有之。譬如一鑪火，置之風中則易過，置之密室則難過，有此理也。又問：揚子言「聖人不師仙，厥術異也」，聖人能爲此等事否？曰：此是天地間一賊，若非竊造化之機，安能延年？使聖人肯爲，周、孔爲之矣。朱子《感興詩》曰：「飄飄學仙侣，遺世在雲山。盜啟玄命秘，竊當生死關。金鼎蟠龍虎，三年養神丹。刀圭一入口，白日生羽翰。我欲往從之，脱屣諒非難。但恐逆天道，偷生詎能安？」

謝顯道歷舉佛説與吾儒同處，問伊川先生。先生曰：恁地同處雖多，只是本領不是，一齊差却。《外書》。○問：佛氏所以差？朱子曰：從劈初頭便錯了。如「天命之謂性」，他把做空虛説了。❶吾儒見得都是實，他底從頭到尾都是空。

横渠先生曰：釋氏妄意天性，而不知範圍之用，反以「六根」之微，因緣天地，明不能盡，則誣天地日月爲幻妄，蔽其用於一身之小，溺其志於虛空之大。此所以語大語小，流遁失中。葉氏曰：佛氏謂「六根」悉本天地，「六根」起滅，無有實相，天地日月，等爲幻妄。厭此身之小，則蔽其用而不能推；樂虛空之大，則溺其志而不能反。故其語大語小，輾轉流遁，皆失其中。其過於大也，塵芥六合；其蔽於小也，夢幻人世。謂之窮理可乎？不知窮理，而謂之盡性可乎？謂之無不知可乎？塵芥六合，謂天地爲有窮也；夢幻人世，明不能究其所從也。《正蒙》。下同。○葉氏曰：佛説謂虛空無窮，天地有窮，人世起滅，皆爲幻妄，莫知

❶「虛」，原作「處」，據局本改。

其所從來也。

《大易》不言有無。言有無，諸子之陋也。問：「言有無，諸子之陋。」朱子曰：無者無物，却有此理，有此理則有矣。老氏乃云「物生於有，有生於無」，和理也無，便錯了。○周子云「無極而太極」，周子之言有無，以有無爲一。老氏之言有無，以有無爲二。○永按：《易》不言有無，謂不言無也。《易》謂「易有太極」，是只言有耳。程子嘗云：「聖人作《易》，未嘗言無，惟『無思也，無爲也』，此戒夫作爲也。然下即曰『寂然不動，感而遂通，天下之故』，是動静之理，未嘗爲一偏之説。」此「《易》不言無」也。老子云：「萬物皆生於有，有生於無。」莊子又推言之曰：「有有也者，有無也者，有未始有無也者，有未始有夫未始有無也者。」諸子之言之陋如此。

浮圖明鬼，謂有識之死，❶受生循環，遂厭苦求免，可謂知鬼乎？以人生爲妄見，可謂知人乎？天人一物，輒生取舍，可謂知天乎？孔孟所謂天，彼所謂道。惑者指「遊魂爲變」爲輪迴，未之思也。永按：孔子答宰我鬼神之問云：「骨肉斃於下，陰爲野土，其氣發揚於上，爲昭明。君蒿悽愴，此百物之精也，神之著也。」是即「遊魂爲變」之説也，指爲輪迴，惑矣。大學當先知天德，知天德則知聖人，知鬼神。今浮圖劇論要歸，必謂死生流轉，非得道不免，謂之悟道可乎？〔本注〕悟則有義有命，均死生，一天人，推知晝夜，通陰陽，體之無二。○葉氏曰：當生而生，當死而死，是有義有命，生死均安，何所厭苦？天人一致，何所取舍？知晝夜，通陰陽，則知死生之説，何所謂輪迴？自其説熾，傳中國，儒者未容窺聖學門牆，已爲引取，淪胥其間，指爲大道。乃其俗達之天下，致善惡知愚男女臧獲，人人著信。使英才間氣，生則溺耳目恬習之事，長則師世儒崇尚之言，遂冥然被驅，因謂聖人可不修而至，大道可不學而知。故未識聖人心，已謂不必求其迹；未見君子志，已謂不必事其文。此人倫所以不察，庶

❶「死」，原作「鬼」，據局本改。

物所以不明，治所以忽，德所以亂。異言滿耳，上無禮以防其僞，下無學以稽其弊。自古詖淫邪遁之辭，翕然並興，一出於佛氏之門者千五百年。向非獨立不懼，精一自信，有大過人之才，何以正立其間，與之較是非，計得失哉！朱子《感興詩》曰：「西方論緣業，卑卑喻群愚。流傳世代久，梯接凌空虛。顧盼指心性，名言超有無。捷徑一以開，靡然世爭趨。號空不踐實，躓彼荆榛塗。誰哉繼三聖，爲我焚其書。」

近思録卷之十三終

# 近思録卷之十四

婺源後學江永集註

朱子曰：此卷聖賢氣象。

明道先生曰：堯與舜更無優劣，及至湯、武便别。孟子言「性之」、「反之」，自古無人如此説，只孟子分别出來，便知得堯、舜是生而知之，湯、武是學而能之。文王之德則似堯、舜，禹之德則似湯、武，要之皆是聖人。《遺書》。下同。○朱子曰：堯、舜天性渾全，不假修習。湯、武修身體道，以復其性。又曰：性者得全於天，無所污壞，不假修爲，聖之至也。反之者修爲以復其性，而至於聖人也。○以《書》觀之，湯畢竟反之之功極細密，如「以義制事，以禮制心」等語。又自謂「有慚德」，覺多不是，往往自此益去加功。如武王大故疎，其數紂之罪，辭氣暴厲，如湯便都不如此。○葉氏曰：文王「不識不知，順帝之則」，蓋亦生知之性也。禹「克勤」「克儉」，「不矜」「不伐」，蓋亦學能之事也。

仲尼元氣也，顔子春生也，孟子并秋殺盡見。仲尼無所不包。顔子示「不違如愚」之學於後世，有自然之和氣，不言而化者也。孟子則露其才，蓋亦時焉而已。仲尼天地也，顔子和風慶雲也，孟子泰山巖巖之氣象也。觀其言，皆可見之矣。仲尼無迹，顔子微有迹，孟子其迹著。孔子儘是明快人，顔子儘豈弟，孟子儘雄辯。問「顔子春生」，「孟子并秋殺盡見」。朱子曰：仲尼無不包。顔子方露出春生之意，如「無伐善，無施勞」是也，使此更不露，便是孔子。孟子便如秋殺，都發出來，露其才，如所謂「英氣」，是發用處都見也。明道下二句便是解上三句，獨「時焉而已」難曉。○問顔子之「微有迹」處。曰：如「願無伐善，無施勞」皆是。若孔子無迹，只是人捉摸不著。○問：孟子「露其才」，「時焉而已」，或曰「非常如此，蓋時出之耳」，或曰「戰國之習俗如此」，或曰「世衰道微，孟子不得已耳」，三者孰是？曰：恐只是習俗之説較穩。大抵自堯、舜以來至於本朝，一代各自是一樣氣象不同。○問：「時焉而已」，豈孟子亦有戰國之習否？曰：亦是戰國之習。如三代人物自是一般氣象，《左傳》所載春秋人物又是一般氣象，戰國人物又是一般氣象。○葉氏曰：夫子「清明在躬」，猶青天白日，故極其明快。顔子「有若無，實若虚，犯而不校」，故極其豈弟。孟子「息邪説，距詖行，放淫辭」，故極其雄辯。

曾子傳聖人學，其德後來不可測，安知其不至聖人？如言「吾得正而斃」，且休理會文字，只看他氣象極好，被他所見處大。後人雖有好言語，只被氣象卑，終不類道。葉氏曰：曾子易簀之言，自非樂善不倦，安行天理，一息尚存，必歸於正，夫豈一時之所能勉强哉！

傳經爲難，如聖人之後纔百年，傳之已差。聖人之學，若非子思、孟子，則幾乎息矣。道何嘗息，只是人不由之。「道非亡也，幽、厲不由也。」末二句董仲舒對策語。○葉氏曰：群經定於夫子之手，至孟子時纔百年間，微言絶而大義乖，猶賴曾子之門有傳，子思、孟子之徒相繼纘述，提綱挈領，闢邪輔正，以垂萬世。如《論語》、《大學》、《中庸》、《孟子》之書可見矣。

荀子才高，其過多；揚雄才短，其過少。葉氏曰：荀子名況字卿，爲楚蘭陵令。揚雄字子雲，爲漢光禄卿。荀卿才高，敢爲異論，如以人性爲惡，以子思、孟子爲非，其過多。揚雄才短，如作《太玄》擬《易》，《法言》擬《論語》，皆模擬前聖之遺言，其過少。

荀子極偏駁，只一句「性惡」，大本已失。揚子雖少過，然已自不識性，更説甚道。朱子曰：荀、揚諸人論性，其實只説得氣。荀子只見得不好人底性，便説惡，揚子見半善半惡底人，便説善惡混。○問：揚雄言「學者所以修性」，故伊川謂揚雄爲「不識性」。曰：性不容修，修是揠苗。○「荀子極偏駁」、「揚子雖少過」等語，皆是就分金秤上説下來，若不曾看《荀子》、《揚子》，則所謂「極偏駁」、「雖少過」等語，亦見不得。

董仲舒曰：「正其義，不謀其利，明其道，不計其功。」此董子所以度越諸子。朱子曰：漢儒惟董仲舒三篇説得稍親切，終是不脱漢儒氣味，只對江都易王云「仁人正其誼不謀其利，明其道不計其功」，方無病，又是儒者語。○誼必正，非是有意要正；道必明，非是有意要明。❶ 功利自是所不論，仁人於此有不能自已者。「師出無名，事故不成，明其爲賊，敵乃可服」，此便是有意立名以正其誼。○仲舒所立甚高。後世所以不如古人者，道義功利關不透耳。○仲舒資質純良，摸索道得數句，如正誼不謀利之類，然亦非他真見得這道理。○仲舒本領純正，班固所謂「醇儒」，極是。至於天下國家事業，恐施展未必得。

漢儒如毛萇、董仲舒，最得聖賢之意，然見道不甚分明。下此即至揚雄，規模又窄狹矣。毛萇治《詩》，爲河間獻王博士。○問：伊川於毛公，不知何所主而取之？朱子曰：程子不知何所見而然。嘗考之《詩傳》，其緊要處有數處，如《關雎》所謂「夫婦有别則父子親，父子親則君臣敬，君臣敬則朝廷正，朝廷正則王化成」。要之亦不多見，只是其氣象大概好。○問：董仲舒見道不分明處？曰：見得鶻突，如「命者天之令，性者生之質，情者人之欲」，「命非聖人不行」，「性非教化不成」，「情非制度不節」等語，似不識性善模樣。又云「明於天性，知自貴於物，知自貴於物，然後知仁義，知仁義，然後重禮節，重禮節，然後安處善，安處善，然後樂循理」，又似見得性善模樣。終是説得騎牆，不分明端的。○揚子爲人深沉，會去思索，然《太玄》亦是拙底功夫，道理不是如此。其學似本於黄、老，如云「惟清惟静，惟寂惟寞」之類。某嘗謂揚雄最無用，真是一腐儒，到急處只是投黄老。❷ 自身命也奈何不下，如何會理得别事？

林希謂揚雄爲禄隱。揚雄，後人只爲見他著書，便須要做他是，怎生做得是？葉氏曰：禄隱謂浮沉下位，依禄而隱。雄失身仕莽，以是禄隱，何辭而可？

孔明有王佐之心，道則未盡。王者如天地之無私心焉，行一不義而得天下不爲。孔明必求有成而取劉璋，聖人寧無成耳，此不可爲也。若劉表子琮將爲曹公所并，取而興劉氏可也。朱子曰：程子謂「孔明有王佐之心，道則未

❶「非」，原作「必」，據局本改。
❷「黄老」，原作「閣」，據局本改。

盡」，其論極當。問：殺劉璋事何如？❶曰：這只是不是。問：聖人處此合如何？曰：亦須有别箇道理，若似如此，寧可事不成。只爲後世事欲苟成，功欲苟就，便有許多事。孔明大綱却好，只爲如此，便有斑駁處。○葉氏曰：琮降則地歸曹氏，取以興漢，何負於表？較之取劉璋，則曲直有間矣。

**諸葛武侯有儒者氣象。**問：「武侯有儒者氣象」如何？朱子曰：孔明學不甚正，但資質好，有正大氣象。○葉氏曰：孔明輔漢討賊，以信義爲主，以節制行師，以公誠待人，至於「親賢臣，遠小人」，「諮諏善道，察納雅言」，有大臣格君之業。○永按：「鞠躬盡力，❷死而後已」，「成敗利鈍，非所逆睹」數言，尤近儒者氣象。

**孔明庶幾禮樂。**文中子曰：「使孔明而無死，禮樂其有興乎！」○問：「孔明庶幾禮樂」如何？朱子曰：也不見得孔明是禮樂中人，也只是粗底禮樂。○孔明也粗，若興禮樂，也是粗禮樂。○葉氏曰：亮之治國，政刑修舉，而人心豫附，名正言順，禮樂其庶幾乎！

**文中子本是一隱君子，世人往往得其議論，附會成書。其間極有格言，荀、揚道不到處。**朱子曰：王通極開爽，説得廣闊。緣他於事上講究得精，故於世變興亡，人情物態，更革沿襲，施爲作用，先後次第，都曉得，識得箇仁義禮樂都有用處，若用於世，必有可觀。只可惜不曾向上透一著，於大體處有所欠闕，所以如此。若更曉得高處一著，那裏得來。只細看他書，便見他極有好處，非特荀、揚道不到，雖韓退之也道不到。○文中子其間有見處，也即是老氏。又其間被人夾雜，今也難分别。但不合有許多事全似孔子，其間論文史及時事世變煞好。○伊川謂文中子有些格言，被後人添入壞了。看來必是阮逸諸公增益張大，復借顯者以爲重耳。○葉氏曰：文中子王通，隋末不仕，教授河汾。其弟王凝、子福畤等，收其議論，增益爲書，名曰《中説》。

**韓愈亦近世豪傑之士。如《原道》中言語雖有病，然自孟子而後，能將許大見識尋求者，才見此人。至如斷曰：「孟子醇乎醇。」又曰：「荀與揚擇焉而不精，語焉而不詳。」若**

❶「殺」，局本從洪本作「取」。
❷「力」，局本作「瘁」。

不是他見得，豈千餘年後便能斷得如此分明！

朱子曰：韓退之却有些本領。如《原道》其言雖不精，然皆實，大綱是。○自古罕有人説得端的，惟退之《原道》庶幾近之，却説見大體。程子謂「能作許大見識尋求」，真箇如此。他資才甚高，然那時更無人制服他，便做大了，謂「世無孔子，不當在弟子之列」。○問：《遺書》第一卷言韓愈近世豪傑，揚子雲豈得如愈。第六卷則曰揚子之學實，韓子之學華，華則涉道淺。二説取予似相抵牾？曰：只以言性論之，則揚子善惡混之説，所見僅足以比告子。若退之見得到處，却甚峻絶，性分三品，正是説氣質之性，至程門説破氣字，方有去著，此退之所以不易及。而第二説未得其實也。○問：韓子稱孟子「醇乎醇」，「荀與揚大醇而小疵」。程子謂韓子稱孟子甚善，非見得孟子意，亦道不到，其論荀、揚則非也。竊謂韓子既以「失大本」、「不識性」者爲「大醇」，則其稱孟子「醇乎醇」，亦只是説得到，未必真見得到。曰：如何見得韓子稱荀、揚「大醇」處，便是就論性處説？又云：韓子説荀、揚「大醇」，是泛説，與申不害、韓非之徒較之，則荀、揚爲「大醇」。韓子只説得那一邊，湊不著這一邊。若是會説底，説那一邊，亦自湊著這一邊。

學本是修德，有德然後有言。退之却倒學了，因學文日求所未至，遂有所得。如曰：「軻之死，不得其傳。」似此言語，非是蹈襲前人，又非鑿空撰得出，必有所見。若無所見，不知言所傳者何事。

朱子曰：韓文公第一義是去學文字，第二義才去窮究道理，所以看得不親切。○問：韓公雖有心學問，但於利禄之意甚重。曰：他也是不曾去做工夫。他於外面皮殼上都見得，只是不曾向裏省察，不曾就身上細密做工夫，只從粗處去，不見得原頭來處，平日只以詩文、飲酒、博戲爲事。○問：「軻之死不得其傳」，程子以爲非見得真實，不能出此語，而屏山以爲孤聖道，絶後學，如何？先生笑曰：屏山只要説釋子道流皆得其傳耳。○朱子《韓文考異》云：諸賢之論，惟程子此條爲能極其深處。然考諸臨川王氏之書，則其詩有曰：「紛紛易盡百年身，舉世何人識道真。力去陳言誇末俗，可憐無補費精神。」其爲予奪乃有大不同者，故嘗折其衷而論之。竊謂程子之意固爲得其大端，而王氏之言亦自不爲無理。蓋韓公於道，知其用之周於萬事，而未知其體之具於吾之一心，知其可行於天下，而未知其本之當先於吾之一身也。是以其言常詳於外而略於内，其志常極於遠大，而其行未必能謹於細微。雖知文與道有内外淺深之殊，而終未能審其緩急重輕之序，以決取舍。雖知汲汲以行道濟時，抑邪崇正爲事，而或未免乎貪位慕禄之私。此其見於文字之中，信有如王氏之所譏者。但王氏雖能言此，而其所謂「道真」者，實乃老、佛之餘波，正韓公所深詆，則是楚雖失而齊亦未爲得耳。

周茂叔胸中灑落，如光風霽月。見黄庭堅所作詩序。○朱子曰：延平先生每誦此言，以爲善形容有道者氣象。○所謂灑落者，只是形容一箇不疑所行、清明高遠之意，若有一毫私吝心，何處更有此等氣象。其爲政精密嚴恕，務盡道理。見潘延之所撰墓誌。○《通書・附録》。

伊川先生撰《明道先生行狀》曰：先生資禀既異，而充養有道，純粹如精金，温潤如良玉，寬而有制，和而不流，忠誠貫於金石，孝悌通於神明。視其色，其接物也如春陽之温；聽其言，其入人也如時雨之潤。胸懷洞然，徹視無間。測其藴，則浩乎若滄溟之無際，極其德，美言蓋不足以形容。葉氏曰：以上一節，言資禀之粹，充養之厚也。先生行己，内主於敬，而行之以恕，見善若出諸己，不欲弗施於人，居廣居而行大道，言有物而動有常。葉氏曰：以上一節，言行己之本末也。先生爲學，自十五六時，聞汝南周茂叔論道，遂厭科舉之業，慨然有求道之志。未知其要，泛濫於諸家，出入於老、釋者幾十年，返求諸六經，而後得之。朱子曰：二程之於濂溪，如曰「仲尼、顔子所樂」，「吟風弄月以歸」，皆當時口傳心受、的當親切處。後來二程先生舉似後學，亦不將作第二義看。然則《行狀》所謂「反求之六經，然後得之」者，特語夫功用之大全耳。至其入處則自濂溪，不可誣也。○葉氏曰：按濂溪先生爲南安軍司理參軍時，程公珦攝通守事，視其氣貌非常人，與語，知其爲學知道也。因與爲友，且使其二子受學焉。而《程氏遺書》言「再見周茂叔後，吟風弄月以歸，有『吾與點也』之意」。明道學於濂溪者，雖得其大意，然其博求精察，益充所聞，以抵於成者，尤多自得之功。明於庶物，察於人倫。知盡性至命，必本於孝弟；窮神知化，由通於禮樂。朱子曰：《明道行狀》説孝弟禮樂處，上兩句説心，下兩句説用。○問：「盡性至命，必本於孝弟」，盡性至命是聖人事，然必從孝弟做起否？曰：固是。又問：伊川説就孝弟中便可盡性至命，看來孝弟上面更有幾多事，如何只是孝弟便可至命？曰：知得孝弟之理，便是盡性至命。也只如此，若是做時，須是從孝弟上推將去，方始知得性命。如孝弟「爲仁之本」，不成孝弟便是仁了？但是爲仁自孝弟始。若是聖人，如舜之孝，王季之友，便是盡性至命事。辯異端似是之非，開百代未明之惑，秦、漢而下，未有臻斯理也。謂孟子没而聖學不傳，以興起斯文爲己任。其言曰：「道之不明，異端害之也。昔之害近而易知，今之害深而難辨。昔之惑人也乘其迷暗，今之入人也因其高明。葉氏曰：昔之害，楊、墨、申、韓是也。今之害，佛、老是也。淺近，故迷暗者爲所惑。深遠，故高明者反蹈其中。自謂之窮神知化，而不足以開物成務；言爲無不周遍，實則外於倫理；窮深極微，而不可以入堯、舜之道。天下之學，非淺陋固滯，則必入於此。自道之不明也，邪誕妖異之説競起，塗生民之耳目，溺天下於污濁。雖高才明智，膠於見聞，醉生夢死，不自覺也。是皆正路之蓁蕪，聖門之蔽塞，闢之而後可以入道。」先生進將覺斯人，退將明之書，不幸早世，皆未及也。其辨析精微，稍見於世者，學者之所傳耳。葉氏曰：以上一節，言學道本末，與其闢異端、正人心之大略也。先生之門，學者多矣。先生之言，平易易知，賢愚皆獲其益，如群飲於河，各充其量。朱子曰：明道之言，一見便好，久看愈好，所以賢愚皆獲其益。伊川之言，乍見未好，久看方好，故非久於玩索者不能識其味。此其自任，所以有成人材、尊師道之不同。先生教人，自致知至於知止，誠意至於平天下，灑埽應對至於窮理盡性，循循有序。病世之學者，捨近而趨遠，處下而窺高，所以輕自大而卒無得也。葉氏曰：以上一節，言教人之道，本末備具，而循序漸進也。先生接物，辨而不間，葉氏曰：是非雖明，而亦不絶之。感而能通。教人而人易從，怒人而人不怨，賢愚善惡，咸得其心。狡僞者獻其誠，暴慢者致其恭，聞風者誠服，覿德者心醉。雖小人以趨向之異，顧於利害，時見排斥，退而省其私，未有不以先生爲君子也。葉氏曰：先生以議新法不合，遂遭排斥。然當時用事者，亦曰伯淳忠信人也。則其言行之懿，有不可誣者。○以上一節，言接物之道。先生爲政，治惡以寬，葉氏曰：開其自新之路，改而止。處煩而裕。葉氏曰：得其要領，且順乎理。當法令繁密之際，未嘗從衆爲應文逃責之事。人皆病於拘礙，而先生處之綽然；衆憂以爲甚難，而先生爲之沛然。葉氏曰：法令峻密，而先生未嘗爲苟且應命之事。然而處之有道，故不見其礙，爲之有要，故不見其難。雖當倉卒，不動聲色。葉氏曰：理素明而志素定。方監司競爲嚴急之時，其待先生率皆寬厚，設施之際，有所賴焉。葉氏曰：忠信懇惻，足以感人。故能不徇時好，而得遂其所爲。先生所爲綱條法度，人可效而爲也。至其道之而從，動之而和，不求物而物應，未施信而民信，則人不可及也。《文集》。○葉氏曰：以上一節，言爲政之道。

明道先生曰：周茂叔窗前草不除去，問之，云「與自家意思一般」。《遺書》。下同。○〔本注〕子厚觀驢鳴，亦謂如此。○問：周子取其生生自得之意邪？抑於生物中欲觀天理流行處邪？朱子曰：此不要解得那田地，自理會得。須看自家意思。與那草底意，如何是一般。○問：周子言窗前草不除去，即是謂生意與自家一般。曰：他也只是偶然見與自家意思相契。又問：横渠觀驢鳴，是天機自動意思？曰：固是，但也是偶然見他如此。如謂草與自家意一般，木葉便不與自家意一般乎？如驢鳴與自家呼唤一般，馬鳴便不與自家一般乎？

張子厚聞皇子生，喜甚；見餓莩者，食便不美。吴必大曰：「子厚聞皇子生」云云，正淳嘗云「與人同休戚」，陸子壽曰「此主張題目耳」。先生曾問：致思否？

曰：皆是均氣同體，惟在我者至公無私，故能無間斷，而與之同休戚。曰：固是如此，然亦只説得一截。如是説時，真是「主張題目」，實不曾識得。今土木何嘗有私？然與他物不相管，人則元有此心，故至公無私，便都管攝之，無間斷也。〇葉氏曰：此即《西銘》之意，亦其養德之厚，故隨所感遇，蹶然動於中而不可遏，初無擬議作意而爲之也。

伯淳嘗與子厚在興國寺講論終日，而曰：「不知舊日曾有甚人於此處講此事？」呂原明曰：此處氣象，自有合得如此等人，説此等話道理。

謝顯道云：明道先生坐如泥塑人，接人則渾是一團和氣。《外書》。下同。〇葉氏曰：所謂「望之儼然，即之也温」。

侯師聖云：朱公掞見明道於汝，歸謂人曰：「光庭在春風中坐了一箇月。」游、楊初見伊川，伊川瞑目而坐，二子侍立。既覺，顧謂曰：「賢輩尚在此乎？日既晚，且休矣。」及出門，門外之雪深一尺。侯仲良字師聖，朱光庭字公掞，皆程子門人。〇葉氏曰：明道接人和粹，伊川師道尊嚴，皆盛德所形，但氣質成就有不同耳。明道似顏子，伊川似孟子。

劉安禮云：明道先生德性充完，粹和之氣，盎於面背，樂易多恕，終日怡悦。立之從先生三十年，未嘗見其忿厲之容。《附録》。〇葉氏曰：先生質之美，養之厚，德之全，故其睟然發見，從容豈弟如此。百世之下聞之者，鄙夫寬，薄夫敦，而況於親炙之者乎！

呂與叔撰《明道先生哀詞》云：先生負特立之才，知大學之要，博文强識，躬行力究，察倫明物，極其所止，涣然心釋，洞見道體。其造於約也，雖事變之感不一，知應以是心而不窮，雖天下之理至衆，知反之吾身而自足。其致於一也，異端並立而不能移，聖人復起而不與易。其養之成也，和氣充浹，見於聲容，然望之崇深，不可慢也；遇事優爲，從容不迫，然誠心懇惻，弗之措也。其自任之重也，寧學聖人而未至，不欲以一善成名；寧以一物不被澤爲己病，不欲以一時之利爲己功。其自信之篤也，吾志可行，不苟潔其去就；吾義所安，雖小官有所不屑。❶

吕與叔撰《横渠先生行狀》云：康定用兵時，先生年十八，慨然以功名自許，上書謁范文正公。公知其遠器，欲成就之，乃責之曰：「儒者自有名教，何事於兵？」因勸讀《中庸》。先生讀其書，雖愛之，猶以爲未足，於是又訪諸釋、老之書，累年盡究其説，知無所得，反而求之六經。嘉祐初見程伯淳、正叔於京師，共語道學之要。先生涣然自信曰：「吾道自足，何事旁求！」於是盡棄異學，淳如也。〔本注〕尹彦明云：横渠昔在京師，坐虎皮，説《周易》，聽從甚衆。一夕二程先生至，論《易》。次日横渠撤去虎皮，曰：「吾平日爲諸公説者皆亂道，有二程近到，深明《易》道，吾所弗及，❷汝輩可師之。」○朱子曰：《行狀》有兩本，一云「盡棄其學而學焉」，一云「盡棄異學，淳如也」，後本爲勝。○横渠之學實亦自成一家，但其源則自二程先生發之。○葉氏曰：此可見横渠先生勇於從善，無一毫繫吝之意。非大公至明，孰能如是？　晚自崇文移疾西歸横渠，終日危坐一室，左右簡編，俯而讀，仰而思，有得則識之，或中夜起坐，取燭以書。其志道精思，未始須臾息，亦未嘗須臾忘也。朱子曰：横渠教人，道夜間自不合睡，只爲無可應接，他人皆睡了，己不得不睡。他做《正蒙》時，或夜裏默坐徹曉。他直是恁地勇，方做得。○横渠作《正蒙》時，中夜有得，亦須起寫了，方放下睡，不然放不下，無安著處。學者有問，多告以知禮成性、變化氣質之道，學必如聖人而後已，聞者莫不動心有進。嘗謂門人曰：「吾學既得於心，則修其辭；命辭無差，然後

❶ 此句下，局本校云：洪本有「葉氏曰志若可行不潔其去以爲高義擇所安亦不屑於就以自卑」二十六字。

❷ 「及」，原作「皮」，據局本改。

斷事，斷事無失，吾乃沛然。『精義入神』者，豫而已矣。」朱子曰：橫渠言「吾學既得於心」云云，他意謂須先説得分明，然後行處分明。今人見得不明，故説得自儱侗，如何到得行處分明。○橫渠言「吾學既得於心」云云，看來理會道理須是説得出，一字不穩，便無下落。所以中夜便筆之於紙，只要有下落。橫渠如此，若論道理，他却未熟。然他地位却要如此，高明底却不必如此。○天理、人欲之分，只争些子，故周先生只管説箇「幾」字。然辨之又不可不早，故橫渠每説「豫」字。○葉氏曰：人於義理，其初得於心者，了然無疑，及宣之於口，筆之於牘，則或有差。故命辭無差，則所見已審，以是應酬事物，知明理精，妙用無方矣。是皆窮理致知之功素立，而非勉强擬議於應事之時也。

先生氣質剛毅，德盛貌嚴，然與人居，久而日親。其治家接物，大要正己以感人。人未之信，反躬自治，不以語人，雖有未諭，安行而無悔。故識與不識，聞風而畏，非其義也，不敢以一毫及之。葉氏曰：德貌嚴毅而中誠懇惻，故與人久而益親。躬自厚而薄責於人，故人心服而不敢加以非義。

橫渠先生曰：二程從十四五時，便鋭然欲學聖人。《語録》。○朱子曰：伊川《好學論》十八時作。明道十四五時便學聖人，二十及第，出去做官，一向長進，《定性書》二十二三時作。

近思録卷之十四終

# 跋

前秋謁相國石君師，出《近思録集註》抄本，語端曰：「江先生輯朱子之語以注朱子之書，至爲精切。雖非時儒所好，然使是書得行，必將有讀之而興起者，用裨益於世道人心不淺。夫人必能體程朱之心，然後能爲程朱之學。躬行實踐，豈在多言？以江先生之發揮漢學，著述等身，考據家莫不宗仰，至其深入宋儒奥窔，研悦而羽翼之，則知者鮮矣。」端受書退，因與鋭齋汪君互相校讐，訂其訛舛，請正于師，醵資授梓。今梓成，不幸師不及見，未得一序言爲可惜也。然其表章正學以迪後進之盛心，於兹刻蓋三致意云。

嘉慶十二年丁卯春正月婺源後學李承端謹識。

# 鳴謝

《儒藏》精華編惠蒙善助，共襄斯文；謹列如左，用伸謝忱。

本焕法師　壹佰萬元
智海企業集團董事長　馮建新先生　壹佰萬元
NE·TIGER時裝有限公司董事長　張志峰先生　壹佰萬元
張貞書女士　壹佰萬元
付剛先生　伍拾萬元
北京天創盛世數碼科技有限公司董事長　周洲先生　拾萬元
文哲先生　拾萬元
北京華房美泰建築裝飾工程有限公司董事長　葉騰飛先生　伍萬元

北京大學《儒藏》編纂與研究中心

本册审稿人　王國軒　高海波　孫通海　王秀梅

本册責任編委　谷　建

**圖書在版編目(CIP)數據**

儒藏.精華編.一八六/北京大學《儒藏》編纂與研究中心編.—北京：北京大學出版社，2014.5

ISBN 978-7-301-11904-4

Ⅰ.①儒… Ⅱ.①北… Ⅲ.①儒家 Ⅳ.①B222

中國版本圖書館CIP數據核字（2014）第088054號

| | |
|---|---|
| **書　　名** | 儒藏（精華編一八六）<br>RUZANG（JINGHUABIAN YIBALIU） |
| **著作責任者** | 北京大學《儒藏》編纂與研究中心　編 |
| **責任編輯** | 王　應　童　祁 |
| **標準書號** | ISBN 978-7-301-11904-4 |
| **出版發行** | 北京大學出版社 |
| **地　　址** | 北京市海淀區成府路205號　100871 |
| **網　　址** | http://www.pup.cn　新浪微博: @ 北京大學出版社 |
| **電子郵箱** | 編輯部 dj@pup.cn　總編室 zpup@pup.cn |
| **電　　話** | 郵購部 010-62752015　發行部 010-62750672　編輯部 010-62756449 |
| **印 刷 者** | 北京中科印刷有限公司 |
| **經 銷 者** | 新華書店<br>787毫米×1092毫米　16開本　44印張　491千字<br>2014年5月第1版　2023年10月第2次印刷 |
| **定　　價** | 1200.00元 |

ISBN 978-7-301-11904-4
定價：1200.00元